RESOURCES · ENVIRONMENT · ECONOMY · URBANIZATION

资源·环境·经济·城镇化

——汪一鸣地理研究文集

——GEOGRAPHY SELLECTED WORKS OF WANG YIMING

汪一鸣　著

黄河出版传媒集团
阳光出版社

图书在版编目（CIP）数据

资源·环境·经济·城镇化 ：汪一鸣地理研究文集 / 汪一鸣著. -- 银川 ：阳光出版社，2015.8
ISBN 978-7-5525-2103-0

Ⅰ. ①资… Ⅱ. ①汪… Ⅲ. ①经济地理学—文集 Ⅳ. ①F119.9-53

中国版本图书馆CIP数据核字(2015)第212307号

资源·环境·经济·城镇化——汪一鸣地理研究文集

汪一鸣　著

责任编辑　王　燕
特邀编辑　门军华
装帧设计　万明华
责任印制　岳建宁

黄河出版传媒集团
阳　光　出　版　社　出版发行

地　　址　宁夏银川市北京东路139号出版大厦　(750001)
网　　址　http://www.yrpubm.com
网上书店　http://www.hh-book.com
电子信箱　yangguang@yrpubm.com
邮购电话　0951-5014244
经　　销　全国新华书店
印刷装订　宁夏银报印务有限公司
印刷委托书号　(宁)0017805

开　　本　787mm×1092mm　1/16
印　　张　37.75
字　　数　700千字
版　　次　2015年9月第1版
印　　次　2015年9月第1次印刷
书　　号　ISBN 978-7-5525-2103-0/F•40

定　　价　248.00元

与大学同学第一次去颐和园游玩，大门口留影，后排左一汪一鸣。1957年秋。

上大学前夕全家福。后排中汪一鸣，右汪一飞，左汪一鹏。1957年9月1日，朱家角镇。

江苏人民出版社下属江苏教育社同仁为汪一鸣离职去北京大学求学开欢送会，后排左七总编管惟吾先生，左十二副总编潘敬所先生（解放前的老北大毕业生），前排左七汪一鸣。1957年9月14日，南京。

毕业照，前排右五校党委书记、校长陆平，右六校教务长、地质地理系原主任侯仁之院士，右四副系主任王乃梁教授，后排右十一汪一鸣。1962年10月，北大燕园三院。

结婚照。1968年4月14日，朱家角。

和李承爱结婚时与父母合影。1968年4月，朱家角。

结婚后和岳母、大姐一家合影。前左一李承爱，前左三大姐李承禧，前左四梅静雯，后右一梅人朗。1968年4月，上海。

兄弟俩同校同系学习，左一鹏弟（构造地质专业，进校时全校最年轻的大学生）。1961年2月，冰封的未名湖、博雅塔。

父母亲来北京一鹏弟家暂住，兄弟俩陪伴父母同游颐和园。1971年，国庆节。

宁夏南部山区国土规划评审会期间，中国科学院吴传钧院士（左三）等专家与作者家人合影于宁夏宾馆。右二汪一鸣，左二李承爱，左三下汪海川。1986年6月1日。

1974年地理研究所部分同事下放河南确山的中国科学院五七干校劳动一年。同一劳动班战士合影于宿舍前，前排左二汪一鸣。1974年10月。

中国古都学会杭州会议期间，与中国古都学会会长、陕西师范大学副校长、著名历史地理学家史念海教授（中）合影。左一许成，时任宁夏文物考古研究所所长。1986年12月1日，绍兴兰亭。

新疆阿勒泰地区国土规划评审会期间，漫游人间仙境喀纳斯湖。右李岳坤（宁夏计委国土处副处长）。1987年7月31日。

北京大学90周年校庆，地理系经济地理专业部分老师与57级部分同学合影。前排右三仇为之教授，右二地理系主任胡兆量教授，右四徐兆奎教授，中排右一经济地理教研室主任、我的毕业论文指导老师杨吾扬教授，后排右二教研室前主任魏心镇教授，中排左一汪一鸣。1988年5月4日。

会场设于北京大学的国际地理联合会亚太区域地理大会。右一汪一鸣。1990年8月19日。

参加中国科学技术协会第四次全国代表大会。1991年5月21日，北京人民大会堂。

考察美国洛杉矶北郊的大扁杏种植园。左三为美国华裔地理学家、加州大学北岭分校王益寿教授。1992年4月9日。

▲ 深圳科技工业园总公司大楼前，与中国科学院地理研究所老同事、科技工业园副总工程师陈汉欣合影。1992年4月16日。

▲ 昆明–瑞丽之旅，与老同学新疆师范大学教授钱云在中缅边境缅甸一侧南坎合影。1993年6月1日。

◀ 和区域科学创始人、美国宾夕法尼亚大学区域科学系主任、国际区域科学协会主席艾萨德（W・Isard）教授会面、请教。1993年10月，北京。

◀ 参加国家计委《我国地区经济协调发展研究》课题组在贵州省贫困地区调研。前排右二为课题组长、国家计委国土开发与地区经济研究所徐国弟研究员。1994年5月12日，贵阳市马林乡牛皮箐村。

Ⅰ 在比利时列日大学地理系合作研究，校门口留影。右为老同学、老同事、地理研究所研究员文云朝。1995年4月。

Ⅱ 访问德国国土规划科学院及汉诺威区国土规划协会。在科学院大楼前，1995年5月4日。

Ⅲ 访问巴黎师范大学，与地理研究所老同事、法国阿图瓦大学、奥尔良大学教授蔡宗夏在塞纳河桥上。1995年6月1日。

Ⅳ 全国经济地理研究会上海会议期间，与研究会理事长胡兆量先生（前排左二）及同学合影。1996年11月6日。

Ⅴ 亲历奔流冲突、白浪沸腾、声震数里、水雾冲天的金沙江虎跳峡。1997年2月17日。

Ⅰ 北京大学百年校庆，经济地理专业57级大多数同学回校欢聚。1998年5月3日。

Ⅱ 探望病中恩师仇为之教授。1998年5月5日，北大中关园寓所。

Ⅲ 在第二届中亚持续发展国际研讨会主席台上（右二）。1998年9月12日，乌鲁木齐。

Ⅳ 重访李承爱工作过的新疆生产建设兵团农一师十六团（上游一场）团部。1998年9月20日。

Ⅰ 吐鲁番坎儿井探秘。1998年9月25日。

Ⅱ 参加中国地理学会世界地理学术会议（长春）期间，乘汽艇浏览吉林市松花湖景色。1999年8月6日。

Ⅲ 奇丽的长江小三峡风光。2000年7月11日。

Ⅳ 与姨妈同游扬州瘦西湖。2000年7月15日。

Ⅴ 与李承爱重温童年母校旧梦，左汪海川。2000年7月18日。

退休前与宁夏发展计划委员会国土地区处、国土整治办公室部分同仁合影留念。2000年秋。

万里长城入海处山海关老龙头。2002年10月上旬。

与好友沈光荣、刘小可三家聚餐共迎2003年春节。2003年2月2日。

中山大学副教授王爱民（李吉均院士和我合作指导的兰州大学博士研究生）陪同去珠海市御温泉度假村泡温泉。2003年10月29日。

拜访香港中文大学亚太研究所所长、亚洲地理联合会主席杨汝万教授，左吴永辉博士。2003年11月5日，香港中文大学办公楼前。

吴永辉陪同去香港，在离岛南丫岛观海岛落日、品美味海鲜。2003年11月3日。

参加山西省长治市旅游规划太行山大峡谷景区考察，顺访平顺县西沟村，巧遇在地里劳动的全国劳模申纪兰。2004年10月25日。

故乡泖河边的泖塔，曾为古代民船夜航的灯塔。泖岛现为太阳岛国际休闲度假旅游区，岛上有国际标准化的高尔夫球场。2005年4月29日。

魂牵江南春色，三兄弟难得聚首故乡。2005年5月1日。

欣赏绍兴市府山下老城景观。2005年5月13日。

Ⅰ 宁夏大学举办汪一鸣70华诞暨学术思想座谈会，前排右五自治区政协副主席、宁夏大学党委书记、校长陈育宁教授，前排左三宁夏发展改革委员会副主任、中国人民大学教授、博导马忠玉。2005年11月16日。

Ⅱ 海南岛三亚市天涯海角尽头。2006年12月9日。

Ⅲ 地理研究所老同事、海南省环境厅副厅长杨冠雄导游，体验海口火山国家地质公园独特的火山地貌。2006年12月11日。

Ⅳ 沟通长江流域湘江与珠江流域漓江的灵渠巡礼。2006年12月17日。

Ⅴ 云腾雾罩的张家界天子山。2007年11月13日。

湘西凤凰城附近的南方长城。2007年11月15日。

全国著名区域规划专家、地理研究所资深研究员胡序威先生（前排左二）80华诞，后排右一中国地理学会理事长、地理研究所所长陆大道院士，前排左一汪一鸣。2008年4月1日，北京。

汪一飞70寿辰聚会。前排左一一鹏弟，左二一飞弟，左三陈凤华，左四汪一鸣。2008年5月20日，洛阳。

富春江畔郁达夫故居前，与宁夏农林科学院情报研究所老同事、中国林业科学院亚热带林业研究所研究员秦国峰夫妇合影。2008年10月20日。

千岛湖中真趣园。2008年10月21日。

千里游子故乡情。朱家角镇市河上的明代古桥泰安桥。2008年10月26日。

宁夏大学人文地理专业2008届硕士研究生毕业留念。中排右三资源环境学院院长米文宝教授，中排左一西部生态环境研究中心主任宋乃平教授。2008年5月23日。

Ⅰ 台湾东海岸著名的清水断崖景观，东濒浩瀚无垠的太平洋。2008年6月12日。

Ⅱ 两年后重游杭州西溪国家湿地公园。2010年5月2日。

Ⅲ 石嘴山市活断层一期探测与断层活动性鉴定项目验收会。前排右五邓起东院士，左一汪一鹏，左二汪一鸣。2011年8月20日，银川。

Ⅳ 宁东能源化工基地第二届专家咨询委员会第一次会议，前排右十自治区政府王正伟主席，右七王浩院士，右二汪一鸣。2011年10月20日，宁夏沙湖。

Ⅰ 兰州大学杨永春教授、博导（李吉均院士和作者合作指导的硕士研究生，左一）陪同考察甘南桑科草原。2012年8月10日。

Ⅱ 重温少年故事，与初中同学、原航空工业部风雷机械制造厂总工程师朱上池参加母校朱家角中学70周年校庆。2012年10月20日。

Ⅲ 瞻仰青浦区练塘镇陈云故居。2012年11月2日。

Ⅳ 宁夏气象防灾减灾重点实验室第四届学术委员会会议，前排右六丑纪范院士，右七李泽椿院士，左三汪一鸣。2012年11月29日。

宁夏内陆开放型经济试验区专家咨询委员会成立大会，自治区主席刘慧为汪一鸣颁发委员聘书。2013年4月21日。

游历欧洲十国，荷兰海牙留影。2014年4月29日。

全家福。2013年2月13日，银川。

自 序

编辑、出版这本文集，主要是为了将个人工作、研究心得与读者有个交流，特别为地理专业工作者、地理爱好者提供参考或启示，也想对自己曲折一生做个回顾，向师友亲朋、向国家、社会有个交代。

本书主要特点是着眼人类活动与地理环境的和谐、互动关系，以经济、社会与资源、环境协调发展为全书主线，以宁夏地理为主要研究对象。正文 75 篇，选文原则有四：一是反映我工作、研究中有一定交流价值的成果，侧重学术性，兼顾普及性。1984 年我到地方政府机构工作后，是一生作品丰产期，除主持科研项目写了一些论文，很多文章是跟着工作需要走，包括会议发言、问题建议等，往往是领导发话后的“急就章”，成果小而杂，有实践价值、少理论建树，有宁夏意义、少全国视野，但那也是我凝神思考、厚积薄发之产物。其中有些文章对某些理论问题或全局性问题进行探讨而提出新论点、新途径，或者通过对规划实践中某些问题的实证研究而提出对策建议，就宁夏、西北来说，可说具有开拓性、创新性，为地理学者进一步研究相关问题构筑了一些铺路石。少数文章（如“模拟区域城乡间、城镇间人口迁移的空间动力学模型”）则瞄准国际学科前沿，属全国首创。二是时代性，多选近期作品。书中 1991~1999 年发表的 10 篇，2000~2009 年 48 篇，2010~2014 年 15 篇。1966 年 1 篇，是在中国科学院地理研究所跟随吴传钧院士进行华北工业布局研究时写的论文。1973 年 1 篇，是“文化大革命”期间承担美国核电站布局研究课题时作为副产品写的科普短文。它们作为我在地理研究所工作期间的代表作，有一定纪念意义。由多数文章创作时间可见，我的科研活动与国家实施西部大开发战略紧密相关。2000 年底从宁夏发展计划委员会国土整治办公室退休，2001 年初应聘宁夏大学担任研究生导师，之后仍活跃在宁夏回族自治区各类重要规划、重大项目论证的前沿，所以近几年作品仍然不少，应了世人那句话：生命不息，奋斗不止。三是凡已出版文集（1994 年版《不发达地区国土开发整治研究》，2008 年版《宁夏人地关系演化研究》）收录过的，本书概不重复；有保密要求、外文论文、篇幅过长者不收。四是不少文章是合作产物。其中有的是师长引路（如前述“空间动力学模型”一文），有的是课题组集体（如“宁夏扬黄灌区当前主要问题和实现可持续发展的建议”），有的是同道协作（如“兰州—西宁—银川城市带与西部开发”），有的是和研究生一起搞科研（如“宁夏土地资源现状评价和永续利用对策”），它们在一定程度上反映了我科研工作的合作意识、团队精神。

回顾我的曲折人生，困厄坎坷与天赐幸运交织相伴。日寇下乡扫荡、坐船逃难于茫茫水乡、躲藏于宅后竹林的凄惶童年，初中毕业前后父亲失业、母亲卧病、全家贫病交迫、急求工作出路的困境少年，使我从小就孕育了一股追求国强民富的意识，切望通过奋斗改变境遇。所幸小学遇到了两位可以说是生活道路上的“贵人”：一位亭亭玉立、美丽温婉的女老师余菊缘，从初小二年级（语文）直教到六年级（音乐），她以一片爱心呵护、鼓励，使我这样一个家境窘迫、身材瘦小、怯于交流、不善言谈的矮穷丑小子渐变为自信满满、快乐学习的优秀生，养成了大量阅读课外书的习惯；一位激情奔放的青年地理老师陈久一，他常领同学们远足、郊游于山丘、江湖、乡野之间，教唱“松花江上”、“保卫黄河”等抗战歌曲，借给我许多地理读物，使我从此亲近自然、喜爱地理，开始孕育长大当旅行家、地理学家的梦想。解放后知道，余老师、陈老师原来都是做秘密工作的中共地下党员。

初中毕业家庭经济濒临绝境的关键时刻，是初中校长金尚华先生向政府力荐，让我去当新组建的人民法庭书记员，走上参加革命、与共和国共成长的道路，小小年纪开始挑起支撑全家生活的重担。此后又做过农村社会教育工作队队员、小学教员、出版社助理编辑等工作。为追求童年梦想，1957 年以同等学力考取北京大学地质地理系，踏上了学习地理科学之路。

上大学是我迟疑很久的艰难抉择。经历国破、家贫、病痛等多重苦难的父母，多么希望我能在家乡谋一生计，与他们朝夕相伴一辈子。但我却离他们渐行渐远，先是离家乡去县城、省城，现在又要走北京。原本靠我工资为生的两老生活怎么安排？一些好友站出来说要帮我，我曾任职过一个多月的青浦城厢二中心小学（现青浦实验小学）副校长吴道明说：你放心上大学，我每月从工资中挤出 15 元支持你父母生活，权当助学贷款。吴道明的侠肝义胆没齿难忘啊，母亲的坚强也让我最后下定决心。但我还是要说，上大学使我终生负疚于双亲：1957 年离家时母亲在家门口目送我的泪眼婆娑，大学十个寒暑假为勤工俭学、挣钱养家只一个暑假回家看望父母，毕业工作后也很少回家照顾病痛折磨的年迈双亲，母亲病逝时我正下放五七干校劳动没能赶回去看一眼最后的母亲。作为人子我欠父母太多了，不能报双亲恩情于万一，这是彻骨的痛、永远的遗憾。

可能是我深藏于心的“学术报国”抱负与某些政治运动节奏不太合拍的原因吧，一段时间我命运多舛。江苏人民出版社反右斗争初期，我以参加运动不积极问题（揭批“右派分子”大字报上纲上线不够狠吧），在团组织内部接受“帮助”。北京大学一、二年级时，又在反右倾机会主义、“拔白旗”运动中以“白专典型”挨批。我与同学们一起开会不落人后，怎么会成为“白专典型”？至今都弄不明白。地理研究所时，科研导师吴传钧院士（我被研究所指定为吴先生助手）亲自做我入党介绍人，研究室党支部大会通过入党申请后，所党委以有人反映我在北大挨批事不予审批。文革初期有人在所党委抄出一份拟送国外进修人员名单中有我，又有了“修正主义苗子”新称号……我一生最大的幸运是北大 5 年、地理所 13 年，得到大师级名师和诸多全国顶尖地理学家的关爱、培育：北大的侯仁之院士、仇为之教授，以及年轻的胡兆量、杨吾扬等先生，地理所的吴传钧院士、胡序威等先生，他们都是中国地理学界有关领域的领军人物，他们的高尚品格、高深学养、高远见识之言传身教，使我受到了科研基本功的真正洗礼，影响了我整整一生。

侯仁之先生、吴传钧先生竭力倡导的古今地理学家“行万里路，读万卷书”的优良传统——强调地理学研究必须脚踏实地，野外考察与文献研究结合，解决好人类活动与地理环境和谐共处、协调发展问题；为人、治学重在“经世致用”、“学业并重”则指出科学研究的根本目的在于为国家经济、文化建设服务。他们的教导和身体力行让我明白：治学重在求真务实的科学精神，立身处世重在服务人民的行为准则。1984 年以后，作为身在政府机构从事公务而坚持工作与治学相结合的地理学者，时刻不忘恩师的谆谆嘱咐，牢牢把握“为民谋福、为官解忧（为地方政府出谋划策）”的大方向，运用从师长那儿学来的人地和谐、文理交融（社会科学、自然科学、工程技术相融）、时空结合（关注研究对象空间关系和变化过程的结合）的地理科学思维来思考问题、谋求对策达到一定高度，得到很多领导同志和同事们的认可、肯定。

这里我还要提一下对我影响极大的仇为之先生，北大地质地理系经济地理教研室主任，教研室的当家人、顶梁柱，也是大家特别敬重的老教授。他在地理学界名声并不显赫，这主要与他行事风格有关。在我印象中，仇先生学问深、讲课好，但非常低调。“中国经济地理”是一门重要而又难讲的课，当时分省经济地理课都是特邀全国著名的各方名家讲授，但比较下来，仇先生是讲得最好的：他善于从某省区经济地理特征、问题、发展方向的定性与定量分析结合上，阐发某些理论、方法的具体应用，做到事实与规律的融汇贯通，一堂课下来的笔记，就是一篇有理有据的绝佳论文。他淡泊名利，自己默默承担那些吃力不讨好的协调、管理、服务工作，而让旗下诸年轻精英勇挑重担、多出成果、出国交流，为他们成名成家创造各种方便条件，从而形成北大经济地理教学、研究团队群星灿烂的局面。仇先生对我辈学子亲人般的关怀照顾也让我永志不忘。在工作、生活中，我总是想着以仇先生为榜样，做人，与人为善、谦谨宽容；干事，先公后私、先人后己。记得我调来宁夏后，有关方面曾纷纷邀我领衔一些学术工程，如《中华人民共和国地名词典·宁夏卷》主编，全国丛书之一的《宁夏地理》《宁夏经济地理》主编，《宁夏通志》中《宁夏地理环境志》主编，主持编制《宁夏城镇体系规划》等等，虽然这些工作我有兴趣也有能力，因为不属我本职工作，时间安排矛盾太大，都婉辞了。我主持的一些重大科研项目原拟出版成果专著的，因忙于公务，也大多忍痛放弃了。终此一生，没有创作有份量的学术专著，却写下了不计其数无名的政府文件、内部资料、领导讲话，做了很多平凡的实际工作，所谓"失之东隅，收之桑榆"，想到我师仇先生的行事风格，我也差可自慰了。

回首往事，在与命运的抗争中，得失并存，有遗憾也有安慰。前 40 年，有新中国成立前国破家困的苦难，有解放后政治运动不断的困惑，虽有幸在名师门下读书、科研，但终究时光流转、成果无多。后 40 年，虽从"国家队"降为"地方队"，把追求地理学家的梦想搁置一边，但在国家大环境不断改善的形势下，有幸能为宁夏建设事业尽心竭力，贡献出了自己的才智和辛劳，可谓"塞翁失马，安知非福"。在历史长河中，80 年犹如夜空中天际流星一闪而逝，对于我个人却是波澜壮阔、阅尽人间无数风景。一些学界同人，对我做学问比较欣赏。兰州大学李吉均院士看重我在人文地理、国土规划领域的造诣，特邀我合作培养博士、硕士研究生。兰大、西北师大等校一些老师夸我为"西北王"、"规划王"；宁夏发展改革委员会经济研究中心主任樊建民在其专著《规划与谋划》后记中称我为"宁夏学界泰斗"……我明白，这些过誉之词都是师友们对我的尊重、厚爱和善意鼓励。我也确有一些可以夸耀于人之处：转战政法、教育、出版、科研、经济各战线，干一行钻一行的多元经历，从农民扫盲、初小一、二年级到中学、大学、硕士、博士研究生的育人生涯，身为政府公务员而兼顾地理学术研究的执着坚守，走遍宁夏大地所有城镇和重要集镇的潜心调研，其中甘苦自品味，得失存心中。要说遗憾，一上负父母，未能尽孝于双亲；二愧对儿孙，在培养小辈上没有尽到责任；三夙志未酬，有负师长厚望。引以为慰的，则是把自己这颗小水滴融入了壮丽的人民事业之汪洋大海。值此耄耋之年，庶几可轻鸣一声：我尽力了，不虚此生！

趁此机会，我要向从小学、初中到大学、地理研究所的诸位敬爱师长致以最诚挚的感谢，感谢你们的爱心眷顾和引导提携；向一切关心我、帮助过我的学界同志、亲朋故旧表示衷心谢意；向我妻李承爱的无私付出和全家亲人的关爱，一飞、一鹏弟的理解、支持，表达深深的感恩之情；更遥祝父母在天之灵安息！

特别感谢宁夏大学优秀学术著作出版基金、宁夏西北方略决策咨询公司、银川远谋咨询策划公司资助出版经费，宁夏大学资源环境学院院长米文宝教授、西北退化生态系统恢复与重建教育部重点实验室副主任宋乃平教授的全方位支持帮助，感谢阳光出版社王燕编审、景岚副编审的精心编辑、审读。书中不当、错误之处，诚望读者批评、指正。

汪一鸣

写于 2015 年 2 月，乙未羊年春节

目　录

第一篇

第二篇

第三篇

第四篇

附录

第一篇

黄河文明史上的千年梦想
——母亲河的昨天、今天和明天

“黄河,你是中华民族的摇篮,五千年的古国文化在你这儿发源,多少英雄的故事在你的身边扮演。”(《黄河颂》)黄河,中国的母亲河、生命河、财富河,黄河文明是中华文明的代表。

一、古代黄河文明的回顾

(一)世界四大古文明发祥地之一

黄河形成百余万年以来,创造了全球大河流域多项冠军:含沙量最高之河,下游河道变迁摆幅最大之河,负载文明最久远之河,等等。从数万年前旧石器时代开始,便有华夏先民生息于此。距今五、六千年前,灌溉农业、青铜冶炼、城堡建筑、甲骨文字等相继出现。古老的东亚黄河文明,与几乎同时代的北非尼罗河文明、西亚两河流域文明、南亚印度河文明一起,创造了诸多世界奇迹,成为世界四大古文明发祥地。华夏先民创造的黄河文明,由于其强大的包容性和融合力,以及天地人和、保护生态的思想,是全球唯一没有中断、一直延续至今的文明,在世界文明史上占据着特别重要的地位。

(二)全球顶尖的黄河文明盛世

黄河的泥沙淤积创造出 31 万平方公里的华北大平原,黄河以其宝贵水源和肥沃土壤养育了亿万中华儿女。秦、汉、唐、宋时代,以黄河流域为核心形成的大中华帝国,在经济、政治、文化各方面都达到当时世界的顶尖水平。中国八大古都,有五个(郑州、安阳、西安、洛阳、开封)位于黄河流域,它们都是当时全球规模最大、最发达繁华、文化科技水平

宁夏黄河论坛(2012 年 5 月 13 日)讲演稿,发表于《宁夏工作研究》2012(6):40~43

最高的都市。“秦”“汉”“唐”文化影响遍及全球。中华文明五千年历史，就是以黄河文明为核心的历史，而在秦、汉、唐、宋盛世，实际上也是世界文明的中心。它不知给我们留下了多少难以计数的文化遗产，水洞沟遗址、贺兰山岩画和阴山岩画、万里长城、南北大运河、宁夏平原古渠、秦始皇兵马俑、龙门石窟、嵩山少林寺、西夏王陵……哪一项不是世人引以为豪的珍贵文化遗产。

(三)曾经的“中国的忧患”

水少沙多是黄河的最大特征，也由此造成善淤、善决、善徙，给沿黄人民带来了深重灾难。据专家研究，距今6000～3000年前，原生态下的黄河年均径流量约900亿立方米，较当代580亿立方米多55%，而年均输沙量约9.75亿吨，较当代16亿吨少6亿多吨。这种水少沙多的变化与气候变化以及人类不合理活动特别是对黄土高原植被的破坏、滥垦过牧等影响有关。于是越到近代，黄河洪泛的发生频率、强度越大。据统计，2000多年中，黄河下游决口泛滥1500多次，重要改道26次，其中1049~1194年149年间，河溢34次，河决53次，大水65次；1855~1933年78年间，河溢17次，河决168次，大水73次。历史时期黄河大改道即达8次，最北改到河北、天津一线，最南到江苏夺淮河借长江入海。历朝皇帝对治黄都大伤脑筋，因此有人说，古代黄河又是“中国的忧患”。另一方面，黄河流域人多水少，旱灾频繁，仅1766～1944年中即达1070次。其中1877～1879年鲁、豫、晋等省三年连旱，饿死1300多万人。旧中国的黄河流域也是个灾难之乡。

二、黄河文明的新繁荣

新中国的成立，开启了新的黄河文明盛世。通过几千年来特别是新中国时期的探索、实践，终于摸索建立了一整套综合治理开发黄河的工程体系，黄河流域经济、文化走上快速、协调、可持续发展道路。

(一)大流域规划指导下的黄河除害兴利

1955年7月30日，全国人大一届二次会议通过了《关于根治黄河水害和开发黄河水利的综合规划的决议》，这是中国历史上第一部全面系统的大流域规划，从此人民治黄事业进入全面治理、综合开发的新阶段，逐步形成了“上拦下排、两岸分滞、综合利用”的工程体系。目前，已建成龙羊峡、刘家峡、万家寨、三门峡、小浪底等一大批防洪、灌溉、发电、供水等综合水利枢纽，在黄土高原开展群众性的小流域综合治理水土保持工程，建设了引黄济津、引黄济青、胶东地区调水、宁夏红寺堡扬黄灌溉等引水调水工程，引黄灌溉面积达7000万亩，初步建成黄河上游水电西电东送基地，保证了黄河流域数百个大中城市、工业基地的供水需求。近几年来，从“维持黄河健康生命”的新视角，逐步实施增水(节水)、减沙、调控水沙、恢复河流生态环境等综合措施，采用数字黄河、模型黄河等先进技术手段,确保科学治黄。可以说,我们已经初步扭转黄河防洪危局,实现60多年安澜无恙,创造了世界大河治理开发史上的奇迹。

(二)星光灿烂城市群

新中国成立以来,特别是改革开放以来,黄河流域城乡大地发生巨变:水利、电力、交通、通讯等基础设施建设突飞猛进,资源优势向经济优势加速转化——特色优势产业大发展,城乡统筹发展、区域关系趋向协调——教育、医疗、自来水等基本公共服务设施向农村普及,通过建立自然保护区、建设防护林带、防污减排等多种途径,使生态环境恶化开始逆转,公共文化服务体系、文化旅游产业大发展,黄土大地焕发一片生机。目前,黄河流域正进入加速城镇化进程的新时期,一系列城市群纷纷崛起:以西安为中心的关中—天水城市群,以郑州为中心的中原城市群,以太原为中心的晋中城市群,以银川为中心的宁夏沿黄城市群,以及呼包鄂榆城市群,兰州—西宁城市群等。它们作为国家的重点开发功能区,犹如夜空星光灿烂,竞放光芒。它们以适宜创业、适宜人居的优越环境,不断增强的产业、人口集聚能力,积极承接沿海发达省市和发达国家的产业转移,吸纳大量农村人口和创业人才,成为区域大规模、高强度工业化、城镇化的龙头和载体,也成为黄河文明新繁荣的主要标志。

(三)黄河金岸新天府

如果说黄河是条黄金的河流,那么黄河宁夏段397公里无疑是含金量最高的“黄河金岸”。2008年2月评选“全国十大新天府”,宁夏平原作为黄河哺育的塞上江南,以资源富足、水旱从人、生态良好、居民幸福,成为黄河流域唯一入选的新天府。近年来,正在建设中的宁夏平原黄河两岸现代化、高标准堤防和滨河大道工程,堤、路、林、景结合,把防洪保障线、抢险交通线、经济命脉线、生态廊道线、旅游观光线、黄河文化线融为一体,充分展示着沿黄城市群的绿洲生态、湿地水韵、多彩建筑、回乡风情、黄河文明,对于维护黄河健康生命、促进经济社会可持续发展意义重大。宁夏沿黄经济区正在实施城市群的一体化发展,即区域市场一体化、产业发展一体化、基础设施一体化、生态环保一体化、社会服务一体化,重点推进银川市区与贺兰县城、永宁县城、吴忠市区、宁东能源化工基地的同城化发展。宁夏沿黄经济区正从发挥“ 中国穆斯林省”回族文化优势入手,以建立中阿经贸论坛永久会址、举办中国(宁夏)—阿拉伯国家博览会为契机,建设宁夏内陆开放型经济试验区,推动形成中阿国际经贸合作、文化交流平台,中国面向阿拉伯国家、穆斯林世界扩大开放的前沿阵地,成为新时期东亚黄河文明与西亚、北非、南亚古文明重续交流、中华文明与伊斯兰文明等多元文化交流融合、重构陆上空中丝绸之路的重要门户。

三、21世纪黄河文明展望

(一)维持黄河健康生命是黄河文明新跨越的基石

封建时代的黄河文明发展，由于历史阶段和科技水平的局限，黄河本身处在灾难不断的困境之中，沿黄人民备尝千难万苦，是一种有缺陷的文明发展。当今黄河虽已初步摆脱危局，但仍面临缺水、洪涝、污染等严峻挑战。千百年来，人们梦想着：圣人出，黄河清。这种梦想，从现代科学理念看，那就是从根本上修复和维护好黄河健康生命，建设一条满足供水、水沙平衡、水质优良、灾害可控的黄河，做到堤防不决口、河道不断流、污染不超标、河床不抬高，才能彻底变害为利，实现黄河文明发展新跨越。

(二)两大工程修复黄河健康生命

要实现维持黄河健康生命的目标，黄河治理应通过九条途径，即：①减少入黄泥沙的措施建设；②流域及相关地区水资源利用的有效管理；③外流域调水增加黄河水资源流量；④黄河水沙调控体系建设；⑤制定黄河下游河道科学合理的治理方略；⑥塑造使下游河道主槽不萎缩的水量及其径流过程；⑦采取满足水质功能要求的水环境保护措施；⑧治理河口以尽量减少其对下游河道的反馈影响；⑨满足黄河三角洲生态系统良性循环要求的径流过程塑造。为此，除了大力建设节水、防污社会等系列环节外，还要修复黄河健康生命，在21世纪前期建设以下两大工程实为最紧要的关键措施：

一是尽快确定黄河黑山峡开发方案，建设大柳树高坝枢纽。在整个黄河水沙调控体系中，龙羊峡、小浪底等枢纽建成后，大柳树梯级的缺失是整个水沙调控体系的最薄弱环节，严重影响宁蒙河段的水沙调控以至整个中下游河道水沙调控，对维护黄河健康生命形成严重制约。从保障黄河河道泄洪输沙能力、有效减缓宁蒙河段淤积和两岸土壤盐渍化问题，以及通过适时控制下泄流量，使该河段防凌保证率接近100%，防洪标准由20年一遇提高为百年一遇，基本消除凌灾、洪泛危害，大柳树枢纽都具有不可替代的作用。建设大柳树枢纽实为完善黄河水沙调控体系的当务之急。大柳树工程建设还将为其受益的宁、蒙、陕、甘等省区带来一系列重大效益：通过对其上游各水库下泄水量的反调节，有效调控上游梯级发电用水与宁蒙河段工农业用水矛盾，有可能实现上游各梯级按最优发电方式运行，可增加上游保证出力188万千瓦，年增发电量39亿度；调控宁夏灌区与内蒙古河套灌区的灌溉用水矛盾；调控河套灌区灌溉用水与国家能源“金三角”(宁东、鄂尔多斯、榆林、庆阳等能源化工基地)用水、宁夏沿黄城市群和呼包鄂榆城市群用水不平衡的矛盾；有条件以自流或低扬程引水方式给原宁、蒙、陕、甘扬黄灌区供水，使处于老少边穷地区的130万亩扬水灌区变为自流灌区，270万亩扬水灌区降低扬程100~300米，近200万农民年少支出水费3亿多元，并且延伸扩大人畜饮水安全工程服务范围；有可能实现向甘肃民勤灌区低扬程供水，有效保护民勤绿洲不被沙漠吞没；通过择优、适度、适时开发某些条件良好的宜耕土地资源，“建设小绿洲，保护大生态”，将部分农牧民迁至绿洲，促使大面积退化草地得到修复保护。总之，大柳树工程无论从维持黄河健康生命的层面，还是从保障宁、蒙、陕、甘广阔区域粮食安全、能源安全、生态安全、改善民生的视角，都具有建设的必要性、紧迫性。建议国家将大柳树水利枢纽作为西部大开发重点项目予以特别关注，从国家层面协调解决库区淹没损失赔偿等问题，合理界定相关省区的利益诉求，理顺有关各方关系，使这项黄河干流上关键性、控制性梯级工程早日立项建设。

二是适时上马南水北调西线工程。四大古文明发祥地，除印度河流域外，都处于干旱半干旱地区，产水模数较小，而相对于差异巨大的流域人口，黄河流域年人均水资源仅322立方米，不足其他三流域的1/2～1/9，极有必要从外流域调水增加黄河水资源量。由长江上游引调适当水量直接进入黄河上游河道，结合完善水库调控体系，将对恢复、维持黄河宁蒙河道、小北干流和下游河道主河槽的行洪能力(而这是南水北调东中线调水所不可能发挥的效应)，提高水资源利用率和河道生态系统良性循环能力，起到无可比拟的巨大作用。

(三)实现人水和谐、使黄河文明更放异彩。

中国自南北朝以来特别是北宋以后，经济文化重心即由黄河流域向南方转移。改革开放以来，沿海的长三角、珠三角和环渤海地区迅速崛起，成为中国三大经济文化中心，黄河流域相对落后了。但是，黄河流域巨量的人口、土地，雄厚的农业基础和资源，深厚的文明底蕴，蕴藏着巨大的发展潜力。在科学发展观指引下，这种潜力正不断释放出无与伦比的能量，深化改革、扩大开放使黄河文明获得新的勃勃生机。随着黄河健康生命的修复更新，我们将会实现黄河文明史上的千年梦想，登上人水和谐、人地和谐、社会和谐的新境界。我们坚信，21世纪黄河文明大放异彩之时，即是中华民族伟大复兴梦圆之日。

黄河沙坡头枢纽工程的流域管理研究

我国目前实施的西部大开发战略,最紧迫的任务之一,是改善西部地区脆弱的生态环境,从节流、开源两方面解决生态建设、经济社会发展对水资源的需求。黄河沙坡头水利枢纽工程就是在此背景下,从2000年底开始建设的。

沙坡头枢纽工程位于宁夏回族自治区西部,黄河上游黑山峡与青铜峡之间。枢纽坝址在中卫市沙坡头区下河沿村与沙坡头村之间,东距中卫市沙坡头区市区20 km,北距银川市区200 km。其上游12.1 km处为规划拟建的大柳树水利枢纽坝址,下游122 km处为已建成的青铜峡水利枢纽坝址。枢纽工程建成后,将抬高河床水位10 m,形成长12 km、库容26×10^6 m^3的水库,使卫宁灌区由无坝引水改为有坝引水,水电站装机容量12×10^4 kW,预计2004年建成。

笔者作为亚洲开发银行聘请的咨询专家组成员,于2001年2~6月参与了此项目贷款的可行性评估。本文是评估报告流域管理部分的摘要。

1. 根据流域规划管理的国家政策对项目进行总体评价

关于流域规划管理的国家政策,主要体现在《中华人民共和国水法》(以下简称《水法》)、《水土保持法》、《防洪法》、《水污染防治法》,以及《环境保护法》、《森林法》、《草原法》等有关国家法律、法规中。《水法》规定:“开发利用水资源和防治水害,应当按流域或者区域进行统一规划”;“建设水力发电站,应当保护生态环境,兼顾防洪、供水、灌溉、航运、竹木流放和渔业等方面的需要”。[1]

从流域规划管理角度对沙坡头项目进行综合评价,可概括为如下几点。

亚洲开发银行宁夏沙坡头水资源开发项目技术咨询报告部分中间成果,发表于《宁夏大学学报(自然科学版)》2001,22(4):433~436

(1)该项目是黄河干流水利水能资源综合开发规划的梯级之一,可提高卫宁灌区现有 $7\times10^4\ hm^2$ 农田的灌溉保证率;结合实施的灌区节水改造工程,可减少原黄河引水量33%,促进节水高效农业发展,并为开发周边新灌区和扩大生态用水提供有利条件。

(2)该项目地处土地沙漠化严重地区,项目建成后有利于加强库区和灌区内部、周边的防护林体系建设以及沙坡头自然保护区建设,促进沙漠化土地的加速治理,为灌区人工绿洲建立重要的生态屏障。

(3)水电站为当地社会经济发展提供清洁、廉价的能源,可替代相应的火电装机,减少煤炭消耗和燃煤电厂 SO_2、NO_2、CO_2、粉煤灰等对环境的污染。

(4)该项目将对丰富当地旅游景观,发展水库渔业,改善库区小气候等产生有利影响。

(5)该项目也将带来一些负面影响,主要是:水库淹没区包括耕地、果园、林木数十公顷,农村人口百余人,以及住房、基础设施等,需补偿损失,安置移民;沙坡头旅游区的人文景观——美利渠首导水长堤(潜坝,即古代流传下来的"激河"工程)将被淹没消失;枢纽工程、渠道等施工将会破坏部分地表植被,导致局部风蚀和水土流失。

总起来看,本项目符合国家的水资源开发和生态环境保护方针。对于若干负面效应,必须认真对待,在流域规划管理上采取有效措施,尽可能减轻或妥善解决。

2. 青铜峡水利枢纽工程的经验教训

1958 年开工,1967 年建成的青铜峡水利枢纽工程,与沙坡头水利枢纽工程非常相似:①都位于黄河干流宁夏平原段,两者紧相毗邻,自然条件和经济社会状况近似;②主要功能都是提高灌溉保证率,兼有发电等综合效益;③均为河道型水库、径流电站,闸坝式混凝土低坝,水库库容小,基本无调蓄能力;④淹没损失小,移民少。因此,总结青铜峡枢纽工程建设、运行的经验,对于沙坡头枢纽工程具有重要借鉴价值。

(1)青铜峡水利枢纽工程的建成,为扩大灌溉面积提供了良好的条件,灌区由原 $13\times10^4\ hm^2$ 发展到 $26\times10^4\ hm^2$,提高了粮食单位面积产量和农民收入,成为中国西部的商品粮和副食品基地,即西北最富裕的绿洲之一。但一度灌溉面积增长过快,有些地段灌排不配套;在地势较高处开发新灌区,甚至扩种水稻,导致毗邻地势较低的农田地下水位上升,受到浸害;沿用传统的大水漫灌方式,水量浪费较大,使银北灌区土壤盐渍化范围扩大,程度加重。70 年代以后加强了综合治理,问题才得到缓解,但目前仍面临着建设节水改造工程的重大课题。[2]

(2)青铜峡水利枢纽工程的建成,提供了较充分的生态用水,促进了灌区内部和边缘地带防护林体系的大发展,使灌区内部小气候得以改善(风速减小,土壤水分蒸发减少,相对湿度增加),灌区边缘一些沙化土地变为林场、果园,沙尘暴、干热风、霜冻等灾害减轻，有利于农业稳产高产。但在林网建设中忽视了树种的多样性和造林的混交模式，对林木检疫和防治病虫害抓得不力，导致80年代末、90年代初以杨树为主的农田防护林网受到病虫害的毁灭性破坏，7000多万株虫害木被砍伐烧毁，人工林减少2 000 hm^2，疏林地减少7200 hm^2，木材蓄积量减少106×10^4 m^3，损失惨重。

(3)青铜峡水利枢纽工程的廉价水电，吸引了一些载能工业在项目区建设，包括冶金、化工、建材、造纸等，如青铜峡铝厂已发展成为我国规模较大、效益较好的铝厂之一。项目区的农业和能源开发，促进了该地区的工业化、城镇化，带动了当地经济社会的繁荣。但由于对环境保护重视不够，管理不严，工厂、城镇的"三废"未经处理就排出，使库区及黄河的水质受到污染，悬浮物、化学耗氧量、酚等项目监测值超标，对鱼类生存繁殖造成严重危害，使黄河鱼类产量大幅度下降，其中北方铜鱼(鸽子鱼)已临灭绝边缘。青铜峡市等地的大气、土壤污染也很严重。

(4)青铜峡水库的建成，使宁夏出现了一处新的旅游景观，库区滩洲上天然林一度达1500 hm^2，引来天鹅、大雁等鸟类70多种，被称为"西北鸟岛"。浅滩水面因流速减弱，泥沙含量降低等因素，有利于浮游生物、挺水植物和鱼类等繁衍生息。但由于缺乏严格管理，一些人上岛滥伐林木，滥肆放牧，乱垦农田，对鱼虾、鸟类酷渔滥猎，致使刚形成不久的水库生态系统受到严重破坏，"鸟岛"已名存实亡[3]。

青铜峡项目区的经验教训十分深刻，生态环境破坏了再恢复重建，要付出沉重的代价和经历很长的时间。沙坡头项目区也将面临类似的问题，必须未雨绸缪，在科学预测的基础上做好全面规划，采取切实有效的措施强化流域管理。

3. 沙坡头项目区流域管理的主要问题

3.1 土地沙漠化

项目区位处腾格里沙漠东南边缘，气候干燥，风大沙多，自然植被稀少，属于对风蚀和沙漠化极其敏感的生态脆弱地带。坝址两岸台地上堆积有高达数米至数十米的沙丘或浮沙地，有的渠道穿越风沙地段，部分灌区紧邻沙化土地，拟开发的碱碱湖新灌区本身为流动沙丘地区。据调查测算，黄河沿岸沙坡头段两岸进沙段长度达19 km，年进河沙量为11×10^5 t [4]。枢纽工程施工时破坏地表自然植被面积预计745 hm^2，造成水土流失面积256 hm^2，流失泥沙约106×10^4 t。水库蓄水后，在库水浸泡和风浪作用下，岸上风沙层部分可能塌入库中，增加水库淤积量。

3.2 沙坡头自然保护区的保护

沙坡头坝址、部分库区、新开发灌区正处沙坡头国家级自然保护区内。该保护区的保护对象是沙漠生态系统和包兰铁路两侧人工固沙工程，为闻名中外的治沙典型和沙漠科研基地，也是独具魅力的西北旅游胜地，必须防止人类一切不合理活动的干扰破坏。近年来，由于管理不严，一些湿地、草原被开发经营农林业、养殖业，过度抽用地下水，导致湖沼萎缩和富营养化，湿地植被减少 165.7 hm^2，中国林蛙、达里湖高原鳅等已近绝迹；防风固沙林面积减少，林木衰败，有的地段乔木林因病虫害严重，面临被毁灭的威胁；过度放牧使沙生植被群落盖度下降近 10%。沙坡头枢纽工程施工产生的三废污染和噪声等可能危害保护区的生物及其环境；水库蓄水后将淹没保护区部分地段，抬高地下水位又会影响旅游区某些设施和 200 多年树龄的古枣树的生存；对库区移民的能源供应问题若不妥善解决，可能会局部破坏保护区的林草植被。

3.3 水环境和土壤的污染

库区上游以及当地的工业废水、生活污水大多未经处理排入黄河，目前已造成轻度至中度污染，并使中卫城郊土壤中汞、铅、镉、氟等元素超标；农田不合理施用化肥、农药也会污染水体、土壤；施工场地的废水废渣如处置不当，将造成新的污染；水库建成前如不彻底清除库区淹没线以下的所有林木、作物、房屋等，可能因有机物分解而造成水库污染。

3.4 灌区土壤盐渍化

与青铜峡灌区相比，卫宁灌区具有土埌质地适中，土地坡降较大，地下水径流较为通畅等有利因素。但由于近年在高地开发新灌区，又不注意推广节水灌溉，渠道和田间渗漏严重，使毗邻地势较低的农田地下水位上升，发生土壤次生盐渍化。目前，卫宁灌区有重盐渍化耕地 7 000 hm^2 左右，轻盐渍化耕地 3 400 hm^2，占耕地面积的 17%左右。

3.5 水库下泄水沙对河岸冲淤的影响

黄河干流卫宁平原段的河岸，与银川平原下游段相比，相对比较稳定。项目完成后，水库在平时和汛期下泄径流的含沙量变化较大，可能使河床和河岸的冲淤状况发生新的变化，需采取相应对策。

4. 沙坡头项目区流域管理目标和对策

4.1 主要目标和指导思想

根据项目区的生态环境特点和经济、社会、环境等现状，汲取毗邻的青铜峡水利枢纽工程的经验教训。

4.1.1 主要目标

(1)阻挡腾格里沙漠南移，治理灌区边缘的沙漠化土地，建立良好的绿洲生态屏障。

(2)沙坡头自然保护区和沙坡头旅游区是本项目主要的敏感环保目标，必须切实保护。

(3)黄河水质关系到下游的农田灌溉和工业、城乡生活用水质量，要严格保护库区水源。

(4)实施节水灌溉,较大幅度地压缩引黄水量,从根本上控制与减轻灌区土壤盐渍化。

(5)通过完成上述目标,使项目区内农田灌溉、湿地、荒漠草原、沙漠等各类生态系统实现良性循环,水、土、生物资源可持续利用,经济与人口、资源、环境协调发展[5]。

4.1.2 指导思想

(1)流域管理要把保护和合理开发利用水、土、生物资源,保护和治理生态环境放在首位,突出生态效益,做到生态、经济、社会效益的有机结合。

(2)以合理利用水资源,提高水的利用率、产出率为中心,在工农业发展、林草建设、治沙固沙等各个方面,都要节约用水,以较少耗水量换取较大的综合效益。

(3)坚持保护优先、预防为主、防治结合的生态建设方针,充分发挥生态系统的自我修复能力,加强自然植被的保护、恢复和重建。在此前提下因地制宜地建设人工林草,稳定耕地比重,提高投入产出效益[6]。

4.2 主要对策措施

4.2.1 优化土地利用结构　尊重自然规律,强调宜林则林,宜草则草,宜荒则荒,切实保护草原、湿地、沙漠等自然生态系统,对于改草原、湿地、沙漠为果园、林地、人工草场的建设项目要严格论证、审慎决策,避免造成对生态环境的建设性破坏。从严控制新灌区的开发规模,部分不适合作为农田的耕地要退耕还林还草还湖。通过治理沙漠化、盐渍化土地,恢复重建草原、灌木林等原生态,因地制宜地适度扩大园地(果园、桑园、药材园等)、林地、人工草场比重,逐步减少沙漠化土地、盐碱地的数量,适度发展生态旅游业。新开发灌区要林草先行,在建设防护林带网的前提下开辟耕地,保证有高于老灌区比重的园地、林地和人工草地面积,为发展畜牧业、林果业、速生纸浆林、中药材加工业等创造条件。

4.2.2 建立完善节水农业体系　改造渠系,实施干、支、斗渠高标准衬砌工程,完善斗、农、毛渠灌溉水量的测试手段。在条件合适的某些地段推行低压管道输水。划小田块,平整田面,实行小畦省水灌溉。严禁高地种稻、养鱼,全面推广水稻控水节灌技术,大幅度降低稻田用水定额。在地下水位较高、土壤盐渍化地段,适度打井抽用地下水,井灌与渠灌结合,少用黄河水;在井灌地段试验推广滴灌、喷灌等节灌技术。在提高节水意识的基础上,强化灌溉管理,实行科学的水价政策,超过用水定额的实行累进水价机制。

4.2.3 保护自然植被,扩大人工林草种植面积　在库区和灌区边缘地带有大片固定、半固定沙地和荒漠草原,应作为重点预防保护区实行围栏保护,严格封育。可根据不同情况采取人工补播或飞机补播灌草种子,或以草定牧,轮封轮牧,严禁超载过牧、乱开垦、乱樵采、乱采砂石等活动,促使自然植被恢复、更新。对于有流动沙丘的沙漠化土地,应设置三道防线的防风固沙带:麦草方格沙障工程和灌草固沙带;灌乔混交阻沙带;乔灌混交防风林带。在主要风口，营造片林、宽林带或带距小的连续林带。在灌区内部，以渠沟、道路两侧的农田防护林网为主体，结合绿色通道工程、居民点绿地和四旁林、一定地段的果园及片林，形成带、片、网结合的防护林体系。注意造林时尽可能不破坏原有自然植被。

4.2.4 加强沙坡头自然保护区建设　在沙漠边缘地带加强围栏封沙育草和退耕还草建设，如葡萄墩塘地区，针对植被盖度、产草量下降，应加速推进围栏补播、退耕还草计划。重视保护沙漠南缘的湿地生态系统，包括荒草湖、马场湖、高墩湖、小湖、龙宫湖等湖泊沼泽。应在科学规划的基础上，停止若干地段的地下水开采，某些农田、园地应退耕还草还湖，以恢复原有湿地自然景观及其生态功能。为保护水库北岸沙坡头旅游区的旅游设施和珍贵古树，除建设混凝土防浪墙外，还要开挖适当数量、深度的机井，以井灌井排方式降低地下水位，避免不耐水渍的古树衰败死亡。

4.2.5 抓紧林木病虫鼠害防治　①育林技术措施。加大臭椿、刺槐、白蜡等抗虫树种比例，引进我国林学家新培育的转基因抗虫杨树品种，实施多树种混交的抗虫林分结构，在伐除的虫害树的伐根上嫁接毛白杨等抗性免疫树种，以及截杆更新等；②生物防治。推广我区最新研究成果，人工繁殖释放天牛的天敌昆虫花绒穴甲，提高生物抑制天牛的能力，保护鼠、虫的天敌鸟类、蛇等；③加强化学防治及人工物理防治，严格木材检疫等措施。

4.2.6 做好淹没区移民安置工作　移民安置区地处碱碱湖流动沙丘地区，应以发展“多采光、少用水、新技术、高效益”的沙产业为主，建设节水高效灌区，发展名优果品、温棚蔬菜、中药材种植和以人工饲草饲料基地为基础的舍饲畜牧业。重视解决移民的能源供应，初期可适当补助供应煤炭，严禁采伐保护区林草。严格执行计划生育政策，控制人口过快增长，创造良好的人居环境。移民安置计划与土地利用规划、居民点建设规划要相互衔接。

4.2.7 从严保护库区及其下游的水环境　禁止在库区及其下游新建污染型企业，禁止任何单位向库滨、河滨地段倾倒废渣、垃圾。现有的污染型企业要限期治理。对沙坡头旅游区产生的废水和其他废弃物实施严格管理。库区沿岸要根据不同情况，采取适宜的工程措施和补播灌木以稳定岸坡。水库出现滩洲时，要严格封育，促进鱼类、鸟类繁殖生息，不允许在水库、滩洲从事开垦、放牧、滥采、渔猎等活动。

4.2.8 减少工程施工对生态环境的破坏　最大限度地避免或减少工程施工对自然保护区的破坏。施工场地在保护区内的，必须严格限定空间范围和时间界限，并提出保护和恢复原貌的方案。合理安排施工程序及工艺流程，弃渣场、取土场、砂石料场都要回填、整平、覆土，种草造林。

4.2.9 重视下游河道整治　加强对河岸冲淤变化的监测和研究试验，修改河道整治和护岸工程的规划设计。通过建设必要的工程措施和护岸林工程，稳定河槽、河岸，保障沿岸农田、渠道、道路等设施的安全。

4.2.10 健全管理机构和监测体系　沙坡头水利枢纽工程公司要设置和健全环境整治管理的部门，并与政府环保、水保、林业、国土资源等部门协调配合，设置若干环境监测点，对施工场地的废渣、废水，污染大气的物质和噪声，黄河干流和水库水质，坝址、移民安置区饮用水质和卫生防疫，土地沙漠化，林地及其小气候、生态变化，围栏封沙育草生态变化，湿地及生物多样性变化，旅游区地下水和林木生长状况，灌区土壤水盐动态，河岸冲淤变化等进行定位、定期监测，并争取利用三S技术(遥感、全球定位系统、地理信息系统)进行面上监测，建立综合性、动态的水土资源和生态环境监测、预警、管理信息系统，为项目区的规划、管理提供及时、高效的信息服务和辅助决策依据。

参考文献

[1]刘江.全国生态环境建设规划[M].北京：中华工商联合出版社，1999：771~772.

[2]汪一鸣.不发达地区国土开发整治研究[M].银川：宁夏人民出版社，1994：291~292，346~348.

[3]汪一鸣.宁夏生态环境评价与科技发展战略[M].银川：宁夏人民出版社，1990：201~202.

[4]中国科学院黄土高原综合考察队.黄土高原地区北部风沙区土地沙漠化综合治理[M].北京：科学出版社，1991：161~168.

[5]国家环保总局自然生态保护司.非污染生态影响评价技术导则[M].北京：中国环境科学出版社，1999：90~103.

[6]汪一鸣.宁夏生态环境状况与治理措施[A].奚国金，张家桢.西部生态[C].北京：中共中央党校出版社，2001：81~82.

黄河大柳树枢纽供水区生态绿洲建设研究

当前实施的西部大开发战略，最紧迫的任务之一是减轻和控制土地沙化、水土流失等生态问题，改善西部脆弱的生态环境，并从节流、开源两方面解决生态建设、经济社会发展对水资源的需求问题。黄河黑山峡河段的开发将对此做出应有的贡献。本文就此提出一个黄河大柳树枢纽供水区生态绿洲建设方案，以供有关方面决策参考。

1. 黄河黑山峡河段的开发对宁、蒙、陕、甘干旱风沙区生态治理的重大意义

大柳树枢纽供水区，亦即宁、蒙、陕、甘长城沿线干旱风沙区，是 2001 年国家环保总局和中国科学院联合科学考察确定的我国四大沙尘暴源区之一。其范围包括鄂尔多斯高原、阿拉善高原及其毗邻地区，行政区划包括宁夏回族自治区，内蒙古鄂尔多斯市、阿拉善盟、呼和浩特市、包头市、乌海市、巴盟的沿黄灌区，陕西榆林市，甘肃白银市和民勤县等，面积 60.1×10^4 km^2，2000 年底人口 1 787 万人。

该区在自然环境上属于我国北方对气候变化特别敏感的生态脆弱带，在农业生产方式上属于农区向牧区过渡的半农半牧地带，更是干旱、大风、水土流失、土地沙化、沙尘暴频发的多灾地带。长期以来，本区大部分地方随着人口增长，在无灌溉条件下大量开垦土地，草场超载过牧和无节制的樵采，生态环境逐步恶化。目前，全区草原退化率 80% 以上，土地荒漠化率 70%以上，年输入黄河泥沙量近 5×10^8 t，主要生态指标均处于全国最差之列[1]。该区生态恶化的局面，严重制约着自身的经济社会发展，而且对东中部地区特别是黄河下游和首都圈的生态和环境质量构成严重威胁。例如，2000 年鄂尔多斯地区发生 18 次沙尘暴，其中直接危及京津地区的就有 12 次。1993 年 5 月 5 日宁夏发生的一次

中国生态经济学会学术研讨会(2002 年 8 月兰州)论文，发表于《宁夏大学学报(自然科学版)》2003,24(2):101~105

特大沙尘暴，伤亡18人，有2万多头牲畜死亡或失踪，8万多株树木和1 300多根电线杆被刮倒，经济损失2.7亿元。区域内许多地方河流断流，湖泊干涸，植被退缩。阿拉善盟原有1.13×10^6 hm^2天然梭梭林，现仅存20×10^4 hm^2。甘肃省民勤县进入县境的地表径流量已由20世纪50年代的5.47×10^8 m^3锐减为90年代的1.77×10^8 m^3，河岸林和草地植被成片死亡[2]。改善该区的生态环境，既是西部大开发的迫切需要，也是具有全国意义的重大生态建设工程。

目前，宁、蒙、陕、甘四省区正在积极探索如何加快长城沿线干旱风沙区的生态治理步伐。在小区域内，防治土地沙化已有许多行之有效的技术及成功经验。但在大范围区域内，目前单纯依靠政府补助粮钱的退耕还林还草，受到国家财力制约，以及干旱条件下造林种草成活率偏低和农民长远生计的困扰。总结历史经验，本区生态环境的治理要坚持建设和保护并举、保护优先的原则，充分利用生态系统的自我修复能力。同时，为解决人畜超载这一加剧沙化的重要因素，要把面上的治理与有重点地开发一定面积的新绿洲结合起来。一方面这些绿洲本身就是有效抑制沙化的生态屏障，另一方面又可作为沙化地区农牧民的生态移民基地，使非绿洲区那部分超载人口逐步退出来，减轻过多人口对生态脆弱带的压力，为大范围沙化土地实施旱耕地退耕还草还林，不同退化程度草场分别实施禁牧、休牧、轮封轮牧等生态保护治理措施创造条件。但这需要解决发展生态绿洲的水源问题。

规划中的黄河黑山峡河段的开发和西线南水北调工程，为解决该区绿洲建设的水源问题提供了契机。位于甘肃、宁夏交界处的黄河黑山峡出口处的大柳树水利枢纽，是黄河干流上规划建设的三大控制性骨干梯级中唯一的待建工程。它控制上游流域面积25.2×10^4 km^2，占流域总面积的33.6%，多年平均径流量336×10^8 m^3，占黄河总径流量的58%，枢纽总库容110×10^8 m^3，具有库容大、可自流引水的突出优点。引水高程1 330~1 350 m，高出黄河水面100 m左右，可向蒙、陕、宁、甘几个方向自流或低扬程引水，控制灌溉面积20×10^4 km^2，其范围正好与黄河全流域最干旱缺水的宁、蒙、陕、甘干旱风沙区基本一致。因此，黑山峡河段的开发除了其他许多重大效益外，将对解决宁、蒙、陕、甘干旱风沙区的生态综合治理问题做出重大贡献。[3]

2. 大柳树枢纽供水区生态绿洲建设的初步设想

2.1 大柳树灌区生态绿洲建设的功能定位

大柳树灌区的开发建设将是融发展大农业、扶贫开发、生态建设三位一体的大型综合性工程，兼具生态效益、经济效益和社会效益。

2.1.1 大柳树灌区新绿洲建设(灌溉面积4.00×10^5~6.66×10^5 hm^2)，与宁夏平原老

灌区(30×10^4 hm²)、内蒙古河套灌区(66.6×10^4 hm²)连结在一起，将构成我国最大的连片人工绿洲和西北重要的大农业生产基地，形成长城沿线脆弱带上重要的生态屏障，对保障我国的生态安全和食物安全具有重大的战略意义。

2.1.2 生态绿洲建设可为当地贫困人口脱贫致富和周边贫困地区（宁夏南部山区、陕北黄土高原等）易地移民脱贫致富创造良好机遇。解决全国最大贫困片上百万人口的贫困问题，是具有全国意义和长远战略意义的大型扶贫开发工程。

2.1.3 灌区生态绿洲作为周边辐射地区的生态移民基地，将大幅度减轻非绿洲区沙化地区、水土流失地区的人口压力，为顺利实施面上的退耕还草还林工程、天然草场和天然林区的保护封育工程以及防沙治沙、水土保持工程创造有利条件，从而有效改善当地的生态环境，因此，它也是具有全国意义的大型生态建设工程。

2.2 生态绿洲的性质和结构

新建的生态绿洲是可持续发展的绿洲生态经济系统，即以节水型林草生态体系为屏障，以节水高效型绿色大农业为基础，以草产业—舍饲牧业—畜产品加工业为主体，以现代化节水型城镇为核心的新型绿洲。它强调四个转变，即由过去单纯追求经济效益转为生态效益优先并与提高经济效益、社会效益紧密结合，由过去以粮为主转为以种草养畜为主，由过去大耗水高成本的资源浪费型转为依靠科技进步、节水高效的资源节约型，由过去破坏周边生态环境转为绿洲生态建设与非绿洲生态保护治理紧密结合。

绿洲灌溉土地的利用结构大致为种植业用地 30%、林业用地（以渠、路、农田、人工草场和绿洲边缘的防护林带网为主，适当配置蚕桑、速生纸浆林、枣、杏等经果林）30%、牧业用地（以优质适生苜蓿为主的人工草场）40%，可根据不同地区因地制宜确定具体结构。种植业采用饲经粮菜四元结构，积极发展以太阳能温室为主的设施农业，强调“多采光，少用水，无污染，新技术，高效益”，在适度满足饲料和农民口粮的前提下，重点发展蔬菜、瓜果、花卉、菌菇、药材及其加工、营销的特色产业系列。

生态绿洲最终要形成有效的生态屏障和吸纳非绿洲区超载人口的生态移民基地，以及以舍饲畜牧业为龙头的绿色农林牧产品及其加工运销业的产业系列。

2.3 分期建设规模

充分考虑生态建设需要和供水量的可能性，本着容易开发、人口集中、土地平整连片、旱改水优先、尽可能自流引水灌溉的原则，设想以黄河大柳树水库建成投入使用为近期，以西线南水北调一期工程建成为中期，以西线南水北调二期工程建成为远期的分期建设规模。分期建设的规模如表 1 所示。

表 1 大柳树供水区绿洲灌溉面积分期建设规模 10^4 hm²

	近期			中期			远期		
	自流	扬水	小计	自流	扬水	小计	自流	扬水	小计
宁夏	12.0		12.0	6.0	2.1	8.1		6.7	6.7
内蒙古	2.0	1.4	3.4		3.3	3.3	2.7	6.7	9.4
陕西		3.3	3.3		3.3	3.3		6.6	6.6
甘肃		3.3	3.3		3.3	3.3		4.0	4.0
合计	14.0	8.0	22.0	6.0	12.0	18.0	2.7	24.0	26.7

注:在近期宁夏灌区 12×10^4 hm² 中,已建和正建灌区 6.5×10^4 hm²,实际新增灌区仅 5.5×10^4 hm²。

2.4 需水量计算

2.4.1 用地结构　大柳树工程供水区全部新建生态绿洲农林牧用地结构大致为 30:30:40,但要根据不同地区的自然条件、沙化程度等实际情况,因地制宜地确定合理结构。以宁夏灌区为例,河东灌区的固海同、扁担沟、五里坡等地,生态比较稳定,历来以农为主,种植业用地占 40%,林业用地占 25%,牧业人工草场占 35%;红寺堡片需要重视恢复林草植被,重点发展舍饲牧业,规划种植业用地 25% ,林地 30%,人工草场 45%;灵武东部台地是沙化重点治理区,规划种植业用地 10%,林地 40%,人工草场 50%;河西灌区中,贺兰山东麓洪积平原土层薄、土质沙,以防护林、经果林和牧业为主,规划种植业用地 20% ,林地 35%,人工草场 45%。据此计算,宁夏灌区近中期用地结构如表 2 所示。

表 2 大柳树宁夏灌区灌溉用地结构

	近中期合计灌溉面积(10^4 hm²)	农林牧用地比例(%)	种植业(10^4 hm²)	牧业(10^4 hm²)	林业				
					防护林		经果林		合计(10^4 hm²)
					用地比例(%)	用地面积(10^4 hm²)	用地比例(%)	用地面积(10^4 hm²)	
河东灌区	14	31.3:28.9:39.8	4.38	5.57	90.0	3.64	10.0	0.4	4.04
河西灌区	6	23.8:32.4:43.8	1.43	2.63	87.0	1.69	13.0	0.26	1.95
合　计	20	29.1:29.9:41.0	5.18	8.02	89.0	5.33	11.0	0.66	5.99

2.4.2 灌溉制度　大柳树供水区处于干旱缺水地区,以生态林草为主,灌溉设计保证率定为 50%,灌溉水利用系数近期采用 0.60,远期 0.65。作物田间需水量确定采用 Penman 公式计算。灌区仍采用现行的灌溉、配水制度。主要作物生育期的灌溉定额根据设计典型年的作物需水量,按土壤计划湿润层深度内农田水量平衡分析确定(表 3)。

表 3　大柳树供水区生态绿洲作物林草灌溉定额　m^3/m^2

	宁夏	内蒙古	陕西	甘肃
春小麦	0.47	0.52	0.40	0.52
玉米	0.41	0.48	0.38	0.48
牧草	0.35	0.36	0.21	0.36
林木	0.32	0.21	0.12	0.21
灌区综合	0.35	0.35	0.35	0.34

2.4.3 灌区需水量经初步预测，灌区的用水量如表 4 所示。

表 4　大柳树供水区的用水量　10^8m^3

		近期	近中期合计
宁夏灌区	生态和农业用水	6.95	11.42
	城镇生活和农村人畜用水	0.40	0.6
	工业用水	0.92	3.41
	小计	8.27	15.43
内蒙古灌区		2.18	4.11
陕西灌区		1.65	3.30
甘肃灌区		2.37	4.74
总用水量		14.47	27.58

注：蒙、陕、甘灌区未计城镇和工业用水。

2.4.4 水资源供需平衡　宁夏灌区近期水资源平衡以国家分配给宁夏 40×10^8 m^3 黄河水为控制指标。考虑到灌区工农业节水措施的普及与提高和全区水资源的优化配置与合理利用，大柳树灌区近期可利用水资源为 6.5×10^8 m^3，其中黄河水资源 6.1×10^8 m^3，当地贺兰山东麓倾斜平原地下水资源 0.4×10^8 m^3 。近期的总需水量为 8.27×10^8 m^3 ，扣除现已开发的扬水灌区 6.54×10^4 hm^2，实际用水约 4.13×10^8 m^3 ，由于工业耗水按需水量的 2% 考虑，因此，实际灌区新增需水量 3.24×10^8 m^3，尚余水 3.26×10^8 m^3。

甘肃、陕西、内蒙古灌区近期用水可在其分配的黄河用水额度内和老灌区节水来解决。

中期大柳树供水区生态绿洲建设需新增用水 13.11×10^8 m^3，可在西线南水北调一期工程增供水量 40×10^8 m^3 中解决。远期需新增用水 24×10^8 m^3，可在西线南水北调二期工程总计增供水量 $170 \times 10^8 m^3$ 中解决。

3. 生态绿洲建设与面上治理相结合

3.1 旱耕地退耕还草还林工程的规划设想

大柳树供水区绝大部分地区的年降水量小于 400 mm，无灌溉的旱耕地中很大部分不适于继续耕种,应有步骤地实施退耕还草还林,退耕地以种草种灌木为主。部分旱耕地则逐步改造为灌溉耕地。其规划设想如表5所示。

表5　大柳树供水区退耕还草还林和近期旱改水规划

	总人口（万人）	农业人口（万人）	现有灌溉耕地（10^4 hm^2）	现有旱耕地（10^4 hm^2）	规划退耕面积（10^4 hm^2）	规划近期旱改水面积（10^4 hm^2）
宁夏	554.3	395.1	37.8	89.1	26.7	2.7
内蒙古	704.1	319.4	118.2	91.5	26.7	1.7
陕西	326.0	218.0	9.5	50.2	16.7	1.7
甘肃	202.4	141.7	31.5	21.6	6.4	0.6
合计	1786.8	1137.2	197.0	252.4	76.5	6.7

3.2 严重退化沙化草场封育工程的规划设想

全区现有退化草场 2.1×10^7 hm^2,占天然草场面积的82%;其中严重退化草场 3.9×10^6 hm^2,急需退牧封禁,使其在较长一段时间内休养生息,逐步恢复重建良性化的草原生态系统。通过近期绿洲建设，可新增高产优质的人工草场 6.0×10^4 hm^2，增加载畜能力138万只羊单位,使草场休牧 2.3×10^6 hm^2 得到实施(表6)。

3.3 生态移民的规划设想

退耕地区除了旱改水和新开发灌区就地解决部分超载人口外，估测尚有约36万农民需实施生态移民,即由原旱耕地迁移至新建绿洲易地安置;封育天然草场后,估测约有16.5万农牧民需由原地搬迁至新建生态绿洲从事舍饲牧业,合计生态移民52.5万人。在建设以城镇为核心、发展节水高效农业和现代化二、三产业的新型绿洲条件下,是完全有可能容纳这些生态移民的。

表6　大柳树供水区新增人工草场和天然草场休牧封育规划

	灌溉面积（10^4 hm^2）	新增人工草场（10^4 hm^2）	生产优质牧草（10^4 t）	新增载畜能力（羊）（万只）	天然草场休牧（10^4hm^2）
宁夏	5.5	2.1	64	48	42.7
内蒙古	3.4	1.3	40	30	146.7
陕西	3.3	1.3	40	30	18.6
甘肃	3.3	1.3	40	30	26.6
合计	15.5	6.0	184	138	234.6

注:宁夏灌溉面积 12×10^4 hm^2,扣掉已建和正建扬水灌区 6.5×10^4 hm^2,以 5.5×10^4 hm^2 计算。

4. 生态绿洲建设的综合效益分析

4.1 减轻和控制土地沙化、水土流失，有效改善生态环境

通过 $40 \times 10^4 \sim 66.7 \times 10^4$ hm² 灌区建设，可建成至少 8000 ~ 13300 km² 的现代化新型生态绿洲。预计灌溉林地将增加 $12 \times 10^4 \sim 20 \times 10^4$ hm²，绿洲周边的非灌溉林地(以灌木林为主) 将新增 $66.7 \times 10^4 \sim 133.4 \times 10^4$ hm²。通过绿洲及其周边地区植被覆盖率的提高，土壤理化性状的改善，土壤水分、盐分的调控，内部小气候和周边生态环境的改善，提高相对湿度，降低无效蒸发，减少大风和沙尘暴，以绿洲化进程抑制绿洲相邻地区的荒漠化。不仅为绿洲本身实现生态系统的良性循环，更重要的是为广大非绿洲区解决人畜超载问题，顺利实施 76.5×10^4 hm² 旱耕地退耕还草还林和封育 234.6×10^4 hm² 退化沙化草场两大工程创造了前提条件，从而有助于从根本上减轻非绿洲区的风蚀和水蚀问题，使大范围的土地沙化和水土流失逐步得到控制。如果本区入黄泥沙量由目前近 5×10^8 t 降至 $1 \times 10^8 \sim 2 \times 10^8$ t，则仅每年黄河下游的治黄费用即可节约上百亿元。

4.2 为消除氟中毒病、彻底解决人畜饮水问题提供有利条件

大柳树供水区是回族、蒙古等少数民族聚居区和革命老区，这里地表水、地下水资源奇缺，水质很差，多属高矿化水、高氟水，人畜饮水困难。目前尚有几十万人饮用水含氟量超过国家标准。20 世纪 90 年代初对宁夏 8 县 270 个村抽样化验，5 522 个水源中有 2 975 个超过氟含量 1 mg / L 的标准，超标率达 53.9%，30 万人中有 14.1 万人患氟斑牙病，2 372 人患氟骨症，分别占总人数的 47% 和 0.79%。陕西定边和靖边县 80% 水样超标，定边县氟斑牙病患者达 9 万多人，氟骨病患者达 2 万多人。内蒙古阿左旗氟中毒病现象也很严重。生态绿洲的建设，将为改水防病、彻底消除氟中毒病和解决人畜饮水问题提供良好机遇，也为发展绿洲城镇、解决工业和城镇生活用水提供了重要保证。

4.3 发展节水高效农业和现代化二、三产业，脱贫致富奔小康

本区目前二、三产业比重低，经济不发达，农业人口占 64%，相当部分的种植业、养畜业还没有摆脱靠天吃饭、靠天养畜的局面，生态恶化对农林牧生产的制约显著，如陕西横山县 2 000 年农民人均收入 921 元，属全国最低之列。通过建设生态绿洲，发展节水高效的现代化舍饲牧业、瓜菜、花卉、林果、药材、蚕桑等，发展乳制品、肉制品、羊绒加工、果品加工、药材加工、丝绸等现代化绿色农产品加工业和生态旅游等服务业，将彻底改变广大农牧区贫穷落后面貌，走上小康富裕之路。据初步计算，宁夏灌区近中期实际开发 13.5×10^4 hm²，正常水平年后，每年可新增粮食 1.5×10^8 kg，油料 1.504×10^7 kg，瓜菜 9.720×10^7 kg，果品 1×10^8 kg，鲜草 17.3×10^8 kg，可养羊 130 万只，年增农业净效益 5.4 亿元。

4.4 扬水灌区改为自流灌区，可大幅度降低年运行费用

大柳树工程建成后，因提高了引水口水位，现已建成的宁夏、内蒙古扬水灌区 8.2×10^4 hm²，可减少装机容量 2.2×10^5 kW，按贫困县排灌电价 0.17 元／(kW·h)计算，每年可节省 12 852 万元。若按农业生产电价 0.31 元／(kW·h)计算，则每年可节省电费 23 436 万元。这既可大幅度降低水费，减轻农民负担，又可节约地方政府的财政补贴，为水利产业的正常营运创造条件。[5]

4.5 调整优化人口的地区布局和城乡结构，促进人口、资源、环境与经济社会协调发展

通过生态绿洲建设，促使非绿洲区人畜超载地区的人口、牲畜向绿洲转移，减轻非绿洲区过多人口对土地和环境的压力。通过改善城镇绿洲的生态环境和投资环境，扩大对外开放，发展现代化的二、三产业，可以吸引更多的农村人口向城镇集聚。经过一二十年努力，城镇化率大幅度提高，城镇绿洲平均人口密度达到 5 000 人／km² 左右，成片农业绿洲平均人口密度在 150 人／km² 上下，非绿洲区平均人口密度降到 5 人／km² 以下，非绿洲区人口也主要依托零散分布的小型天然绿洲居住，主要从事生态保护治理和牧业。这将从根本上协调人口、资源、环境与经济社会发展的关系，实现水土资源永续利用，生态环境持续改善，经济社会可持续发展[6]。

参考文献

[1] 中科院黄土高原综考队.黄土高原地区北部风沙区土地沙漠化综合治理[M].北京：科学出版社，1991：3~21.

[2] 陈仲全.甘肃绿洲[M].北京：中国林业出版社，1995：33~60.

[3] 张钧超.黄河大柳树水利工程论证工作四十年[M].北京：中国科学技术出版社，1997：31~40，179~209.

[4] 汪一鸣.黄河大柳树工程与西北生态环境建设[A].中国科协.中国西部生态重建与经济协调发展学术研讨会论文集[C].成都：四川科学技术出版社，1999：53~56.

[5] 汪一鸣.不发达地区国土开发整治研究[M].银川：宁夏人民出版社，1994：122~147.

[6] 汪一鸣.蒙陕宁甘长城沿线干旱风沙区土地沙漠化防治对策[J].水土保持研究，2002，9(3)：1~4.

水源条件在工业布局中的作用

从工业布局角度研究、评价水源条件，前人还很少作过系统工作。1963、1964两年中，我们配合工业布局研究任务，在20个城市作了工业用水专题调查，对水源条件与工业布局关系进行了初步分析。

一

水资源同其他自然资源相比，具有以下几个基本特征：

(一)用途广泛多样。这是由水本身的物理化学性质所决定的。水是许多无机物和有机体中不可缺少的要素；水是自然界中最好的溶剂、分散剂和湿润剂，被广泛用来参与各种生产过程，冲洗各种物料；水又是很好的载热质，用以冷却或加热其他物质；水的三态变化和流动性、水的压力、浮力也在经济生活中得到广泛应用。水的这些性质决定了它在农业、工业、交通运输业和日常生活方面，有着多种多样的用途。现代工业生产过程几乎都离不了水。按工业用水的性质、作用不同，可分为原料用水(如饮料、罐头、制冰、化学试剂、电解用水及制取重水、重氢等)，锅炉用水（产生热水、蒸汽、热能)，冷却用水(冷却原料、半成品、成品、设备、工具、废料等)，工艺用 水(用作溶剂、分散剂、湿润剂和各种反应介质，参加制糖、造纸、印染、化工等工艺过程)，冲洗用水(洗涤原料、半成品、成品，冲洗设备、场地以及稀释污水等)，空调用水(调节车间空气的温湿度)，水力用水(利用水的压力进行加工、采煤、排灰和输送原料、产品、废料)，等等。水还用于工矿企业的工人生活、消防和杂项使用几方面。有无水源，是一地发展工业的必要条件之一。

(二)大量存在、取用方便、代价低廉。水是地球表面数量最大的资源之一，估计共有12.73亿立方公里，其中淡水4 100万立方公里，单算河川径流量即达36 560立方公

发表于《中国地理学会一九六五年经济地理学术讨论会文集》，科学出版社，1966:26~38

里，平均每人可有 11 000 吨 / 年。我国估计河川径流量为 2 663 立方公里，平均每人 4 000 吨 / 年。与其他资源比，数量巨大。而且水源的开发利用，比起矿产、森林等资源来，消耗劳动最少，最为方便经济。取水成本（包括海水、河水、地下水）一般在 0.009 ~ 0.5 元 / 吨间，与工业其他原材料相比，如煤为 11~ 24 元 / 吨，石灰石为 7 ~ 12 元 / 吨，是最便宜的。水的量大价廉，正是工业可能大量用水的经济基础。大多数工业行业，用水量大大超过其他物料用量，甚至达几百倍，而水费在产品生产成本中所占比重不大，一般在 1 %~ 3%。因此，一般都尽可能用水来代替其他原材料，而以其他物质代替水则常是不经济的。另一方面，因水费便宜，如仅从经济指标看问题，就往往会低估水源条件在工业生产和工业布局中的作用。

（三）分布普遍而不平衡。地表几乎到处有水，这是各地工业能够普遍用水的地理基础。水源分布除有其普遍性外，又有其不平衡性：气候湿润地区一般是丰水区，干燥地区则是贫水区；湿润的山区、喀斯特地区，往往因水源开发利用不便，也成为缺水区，而干旱区内也有水源丰富的地段（以冰川融水和地下水为来源）；在丰水区内，大河、湖泊沿岸，用水条件很好，一些远离河湖的地点也可能用水不便。在实际工作中，正是这种不平衡性在工业生产和布局中起着很大作用。例如，一个年产 150 万吨钢的钢铁联合企业，日用水达 100 万吨，相当于 1 000 万人口的城市生活用水量，在水源不足的地方，就很难建厂。水 源量小，或水质不好，可使工厂给排水工程投资占总投资的比重显著增大。年产 16 万吨 塔式硫酸车间如因当地水源不足而采用循环给水方式时，总投资约增加 10%。各地水源条件的差异如何具体影响工业布局，就是我们所要注意研究的问题。

（四）自然流动，不宜远距运输。水是流体，不论地表水或地下水，都从水位高处不停地往低处流动，因此在开发利用水源时，除了要处理好上下游之间关系，以保持水源的正常补给外，还要充分利用自流引水，节省费用。在地形条件适合、可以通过渠道或管道自流引水时，输水费用较小。但渠道要占用土地，一次投资也较大，远距输水时，水量损耗和水质污染厉害。采用管道则投资很高。而从水的分布特征看，在一定地区范围内找得合适水源的可能性很大。因此，应尽可能使工业企业就近水源，而避免远距输水。在不可能自流引水时，输水需耗费大量投资和电力，大大提高水费。据华东某市拟建化工厂设计资料，该厂日取水 36 万吨，其紧靠江边的厂址方案比之离江岸 1.5 公里外的方案，仅供水工 程投资即可节约 130 万元，每年用电可节约 192 万度。如相应估计到排水管道基建费用，则紧靠水源的经济效果就更明显了。火电厂选择厂址，要求既紧靠水源，又紧靠运输燃料的铁路干线。但两者有矛盾时，一般情况下因输水投资和费用大于铁路专用线造价和运输成本，而更多地首先考虑接近水源。水不适宜远距运输的特点，增大了水源条件在工业布局中的重要意义。在实际工作中，要确定某个地点输水多远为合理，必须通过具体的技术经济论证才能解决。

二

从工业用水角度评价水源条件，可从水量、水质和开发利用条件三方面分析。

评定水源条件最重要的指标是数量多少。首先要计算地表径流量与地下水储量的总和，并根据当时当地的具体条件，求出实际可以开发利用的水资源数量。在此基础上摸清各个地点的水源数量。对比水源数量与工农业生产发展对水量的要求，就能得出本地水量供求平衡的全貌。根据工业用水特点，首先，工业集中在一个"点"上，要求在不大范围内具有大型水源，如大河大湖和富水地层、大型泉水出露所在，以供集中取水。在各类水源中，地下水呈面状分布，某一点可取水量一般不及地表水源量大，因此，用水量大的工业企业和城市，常以河湖水或海水为主要水源。其次，与农业用水的季节性不同，工业生产要求稳定连续供水，而河流水量在多年间、季节间都有很大变化，若以河流多年平均流量为水源数量依据，到枯水季时，必然不能满足生产要求。因此，在无人工调节的情况下应以保证率95%以上的枯水流量为依据。地下水则水量稳定，只要补给充分、储量很大，即可成为优良水源。再次，某些工业企业对安全供水要求很高，如供水突然停止，不仅造成停产损失，还可能引起设备和人身安全事故，因此最好有两个以上水源，这样，地下水、地表水都丰富，具有几个水源地的地点对发展工业是最有利的。工业用水的另一特点是非消耗性，一般废水约占用水量的90%，经适当处理可再度利用。因此在一条河流上下游各工业点上，如能密切配合、多次用水，则沿河总的工业取水量可超过河流流量好几倍而并不发生问题，在进行水源量与工业需水量之间的平衡时应该估计到这种可能性。

水质好坏对工业的基建投资、产品成本、产品质量以致设备寿命等都有影响。不同用水对水质要求大不相同。如火电厂、钢铁厂冷却用水量最大，要求水温低、硬度和浑浊度小，一般天然水不经处理或稍加处理即可满足；锅炉用水在硬度、碱度、浑浊度、含氧量、耗氧量、硅酸盐含量等方面的要求比冷却用水严格得多，必须处理后才能使用；感光胶片、化学纤维、高级纸等工艺用水对铁锰含量、硬度要求特严；食品工业原料用水则至少须符合饮用水水质标准；…大致说，多数工业用水水质要求高于农业灌溉用水而低于生活饮用水。我们认为工业用水水质的主要指标是矿化度、硬度、浑浊度(或悬浮物含量〕、温度、pH值、耗氧量、铁锰含量等(以占工业用水量比例最大的冷却、冲洗用水的水质要求作为工业用水水质标准，有人曾提出如下指标：浑浊度 $<10°$，总硬度 $<5°$，总铁量 <1 毫克/升，蒸发残渣 <300 毫克/升，pH值6.5 ~ 7.5，水温 $<20℃$。我们认为这个标准是偏高的)。水质符合工业用水要求，可以节省水处理的设备投资和经常费用。就各类水源

表 1　若干工业门类与水源关系的分析指标

工业种类	用水性质	单位产品用水量(吨/吨)		大中型企业用水量等级	水质要求等级	供水安全要求等级	废水污染性等级	用水量与原燃料用量之比(吨/吨)	用水量与用电量之比(吨/千度)	用水量与职工数之比(吨/人/日)	水费占产品成本的比重(%)	水费与电费之比	给排水工程投资占总投资的比重(%)
		国内资料	国外资料										
火电	冷却、水力、锅炉	直流 140 ~ 470 循环 7.6 ~ 33.0 吨/千度	160~800 1.7~17.0 吨/千度	1~8	1~3	1	4	20~300		20~1070	0.56~10.8		2.9~8.2
洗煤	工艺、冲洗、水力	0.3~4.0	0. 5~0.8	6~8	4	3	3	0.3~7.2	500~660	24~40			
石油加工	冷却、锅炉、工艺、冲洗	1.6~93.0	1~120	1~7	2~3	1	1	30			0.23~0.8	0.2~0.8	10~25
钢铁	冷却、锅炉、工艺、冲洗	42~386	4.8~765	1~6	3	1	2	5~63	163~500	2.1~64	0.7~1.4		0.7~6.9
机械	冷却、锅炉、冲洗、工艺	1.5~107	10~185	5~11	1~3	4	3	1~60	9~300	0.3~8			
硫酸	锅炉、冷却、工艺、冲洗	30~200	2.7~70	4~8	2~3	2	1	37~170	333~1700	3.2~46	1.3~2.0	0.2~ 0.8	2
制碱	冷却、锅炉、原料、工艺	10~300	50~434	3~8	2	2	1	3~108	70~3180	5~263	0.01~2.60	0.01~0.8	
氮肥	冷却、工艺、锅炉	35~1000	50~1200	2~6	2	1	2	33~320	50~340	10~81	2.3~3.0	0.05~0.1	4.2~4.8
塑料	冷却、工艺、锅炉、冲洗	14~4230	50~90	4~9	1~3	2	1	11~850	54~2220	4~61	0.1~8.5	0.2 ~1.8	
合成纤维	冷却、工艺、锅炉、冲洗、空调	36~7500	375~4000	3~8	1~2	2	2	12~677	25~8000	5~30			
制药	冷却、工艺、原料、锅炉、冲洗、空调	140~40000		4~7	1~3	2	3	71~133	1000	9	1.2~ 5		
感光胶片	工艺、冷却、冲洗、空调、锅炉				1~3	2	3				3.3	1	1.8~3.4
水泥	冷却、工艺	0.7~7.0	2.5~4.2	5~9	3	3	4	0.4~3.3	4~123	1~6			
玻璃	冷却、冲洗、锅炉、工艺	12~320	0.45~68	7~9	2~3	3	4		3760	1~12	0.5		
木材	冷却、冲洗、工艺、水力	0.1 ~ 61.0	< 1	8~11	3~4	4	4		106~480	0.1~0.5			
造纸	工艺、水力、锅炉、冲洗、冷却	1000~1760	11~1500	2~6	1~2	2	2	51~207	200~820	6~61	1.3~3.1	0.4	1.9~12.2
棉纺织	空调、锅炉、工艺、冷却	7~44/ 千米布	28~50/千米布	5~11	3	4	4	7~260	3~90	0.1~2.2	0.33	0.06	1.5~7.3
印染	工艺、空调、冲洗、锅炉、冷却	15~75/ 千米	19~50 / 千米	5~7	2	3	1	328~733	230~673	2.5~16	0.53		2.57

续表

工业种类	用水性质	单位产品用水量(吨/吨)		大中型企业用水量等级	水质要求等级	供水安全要求等级	废水污染性等级	用水量与原燃料用量之比(吨/吨)	用水量与用电量之比(吨/千度)	用水量与职工数之比(吨/人/日)	水费占产品成本的比重(%)	水费与电费之比	给排水工程投资占总投资的比重(%)
		国内资料	国外资料										
皮革	工艺、冲洗、冷却、锅炉	100~200	30~180		2~3	3	1		250~433	0.6~3			
制糖	冲洗、冷却、锅炉、工艺、水力	18~121	4~100	5~7	2	3	3	2.5~15.0	34~5000	2~50			
肉类加工	冲洗、工艺、冷却、锅炉	6~59	0.2~35	7	2~3	3	1	50	590~2000	4.1		1–3.3	7.2
乳制品	冷却、锅炉、工艺、冲洗	35~239	9~200		1~2	4	3	18~72	628~2000	3~24		0.6~1.1	5.8~11.6
罐头	冲洗、工艺、原料、锅炉、冷却	9~64	0.4~70.0	8~11	2	4	3	2~28	125~4000	0.5~12		0.1	0.8~14.5
酒及饮料	原料、冷却、锅炉、工艺、冲洗	2.6~120.0	3.5~80.0	10	1~2	4	3	32~170	220~900	0.6~2.2	1.5		

表 1 说明：

(1)单位产品用水量：同一产品变化幅度很大。原因：①工厂的规模和生产过程完整程度不同；②工厂采用的工艺流程和设备、技术不同；③供水系统的形式、重复用水的程度不同；④原料和产品的品种、规格、质量不同；⑤不同的用水条件，包括水源的丰富程度、水温、水费等；⑥不同的自然条件，如气温、湿度、风速等；⑦不同的协作条件，如附近有无供热电站等；⑧经营管理与节水措施不同；⑨统计口径不一。其他指标也有类似情况。

(2)大中型企业用水量等级共分四等 11 级。Ⅰ.特大用水企业：①企业日用水量≥50 万吨；②≥20 万吨。Ⅱ.大量用水企业：③≥10 万吨；④≥5 万吨；⑤≥2 万吨；Ⅲ.中等用水企业：⑥≥1 万吨；⑦≥5000 吨；⑧≥2000 吨；Ⅳ小量用水企业：⑨≥1000 吨；⑩≥500 吨；⑪<500 吨。“大中型企业”的标准系参照“国务院关于编制和审批基本建设设计任务书的规定(草案)”(1962.5)之附件“大中型项目和重大项目的划分标准”而定。

(3)水质要求等级，分为四级：①对水质有特殊要求；②对水质有严格要求；③对水质有一定要求；④对水质要求不严格。由于一类工业行业有几种主要用水，因此级别可以是重叠的。

(4)供水安全要求等级：①级用户：短时间停水或供水不足，即会造成生产事故或设备损坏，要保证生产安全，必须有可靠的持续供水；②级用户：短时间停水或供水不足会造成停工损失；③级用户：全面停水会引起生产上较大损失，生产停顿，但短时间停水影响不大；④级用户：全面停水只影响生产的部分环节，一部分生产仍可进行。

(5)废水污染性等级：①级：废水中含有大量有害物质，可严重污染水源；②级：有害废水性质恶劣而数量较小或性质不太恶劣而量大，对水源有较大污染；③级：有少量有害废水，对水源有轻度污染；④级：废水基本无害，对水源基本无污染。

(6)本表中“主要水质要求”“水费与原燃料运费之比”两指标数据略。

(7)资料来源：我国若干工厂调查资料，各工业设计单位和市政工程设计单位提供资料，以及中、苏、美、英、日等国书刊资料一百余种。由于资料不够全面，出处不一，本表所列数据仅供参考。

而论，一般地下水比较清洁，浑浊度、耗氧量、温度低，几乎不含细菌，适于饮用、冷却、空调等用。河水中矿物质较少，硬度低，用于印染、造纸等生产和锅炉用水比较合适。海水由于盐类含量大，腐蚀性强，除作为某些工业冷却水源外，很少应用。就地区而论，一般在补给条件良好的丰水区水质较好，反之则坏；如我国东南沿海区河水总硬度小于 3° ，而西北干旱区大多在 20° 以上。

水源利用价值大小还决定于开发利用条件。地下水的埋藏深度、岩层性质对凿井工程影响很大。地表水水文特征（如水位变幅、封冻时间）和地貌条件（如河床和海岸的变化、沿岸的地形复杂程度）也与取水、引水、蓄水工程量大小直接相关。如华北一些山区，就水量、水质说比平原地区有利，但因地表径流坡降陡，季节变化大，难以利用，地下水也开采不易，除了山间盆地和河谷的个别富水地点外，要找到经济合适的大型工业水源比较困难。

量大、质优、取用方便的水源，表现在经济效果上，是供水投资低，水费便宜。总的说，地下水、陆地地表水各有优缺点。其中地下水分布广，便于就近供水，节省管道；供水工程投资少、建设快；水质较好，处理较简单；不易受污染，不易被破坏；因而符合经济、适用、安全、卫生的原则，数量较多的中小企业优先利用地下水源是合理的。地表水源也有它勘测工作量小、水量大而集中、硬度较低等突出优点，因而在工业用水量中占着较大比例。在实际工作中，一地发展工业选择什么水源，应该根据当地水源条件与工业门类的具体特点，经过比较确定。

在这里，必须注意用发展的观点，看到一地水源条件是在变化的。地下水由于勘探程度不同而储量有变化；由于建设水库、调节流量提高了河流的可用水量；由于建设引水工程使缺水变丰水；由于技术进步，使深层地下水利用范围扩大；海水、盐湖水的淡化技术进一步改善后也将使工业水源的分布发生重大变化。

三

水源条件是影响工业布局的重要因素之一。但在不同的情况下，水源条件在工业布局中的作用是不同的，下面我们从四个方面进行分析。

（一）水源条件在不同工业部门布局中的作用

各种工业对水源的要求各不相同，我们可以通过一组指标体系，来分析不同门类工业与水源的关系（见表 1），其中最重要的是水量指标（单位产品用水量，大中型企业用水量等级），水质指标（主要水质要求，水质要求等级）。两者中又以水量指标为主，因为水源对工业布局的影响，首先是数量够不够用的问题。但某些用水量不太大而要求水质特严的工业行业，跟优质水源有着极其密切的关系，因此也不能把水质指标降低为辅助性指标。为了较全面地反映各种工业对水量的要求，我们使用了两个水量指标，既考虑到绝对关系（单位产品用水量），又考虑到某些工业行业生产规模大，实际用水量大，因而还使用了“大中型企业用水量等级”这个重要指标。同时还采用一些辅助指标作补充分析之用，包括供水安全要求等级（用以分析水在生产过程中的作用大小，特别是停水对生产的影响 程度），废水污染性等级（排出废水对周围水源的污染程度），用水量与原燃料用量之比，用水量与用电量之比，用水量与职工数之比（以上三个指标用以对水源因素与工业布局其他因素——原燃料运输、电力、劳动力等进行对比分析），以及水费指标（水费占产品成本的比重，水费与原燃的运费之比，水费与电费之比），给排水投资指标(给排水工程投资占基建总投资的比重)。这些辅助指标也有助于说明不同工业行业与水源关系的密切程度，但基本上都由水量指标、水质指标所派生，是进一步说明工业对水量和水质的要求。 以表 1 内容为根据，逐项进行排队比较，并结合大量实际调查资料作综合分析，各种工业行业与水源的关系可归纳为如表 2 的分级。

表 2　　不同工业行业布局对水源的要求

级　别	要　求	工　业　行　业
Ⅰ	紧靠大型水源	电力、钢铁、有机合成化学、原子能、石油加工、氮肥、基本化学、海盐
Ⅱ	接近丰富或优质的水源	造纸、人造纤维、感光胶片、制糖、印染、有色冶金、制 药
Ⅲ	接近有保证的水源	木材化学、纺织、酒和其他饮料、乳制品、罐头、水产加工 *、肉类加工、选矿、洗煤、重型机械
Ⅳ	有一定水源	皮革、橡胶、其他机械、玻璃、水泥、陶瓷、卷烟、毛皮、制砖、木材、采掘、针织
Ⅴ	与水源无重大关系	日用品轻工业、文教艺术用品、仪器、缝纫、制鞋、印刷

* 按“工业用水”来看，水产加工工业应列于Ⅲ级，但从其原料来源、便于运输角度看，应靠近水运航道而列入Ⅰ级。其他一些工业如造纸、木材、制糖、建筑材料等也有类似问题。另一些工业，如水电站、船舶修造等必须紧靠水体，其主要原因不属“工业用水”范畴，故未列入。

水源条件的影响，对上列不同级的工业显然不同。V 级工业生产用水极少或不用，而以职工生活用水及杂项耗水为主。大中城市中这类工业一般使用自来水，无自来水设施的城镇，则与居民生活用水一并解决。可见水源条件如何，对这类工业的布局来说不必单独考虑。

IV 级工业需要一定水源，其中有的对水质还有较高要求，其大中型规模企业，多数属 于“小量用水企业”和“中等用水企业”。一般它们的布局与水源矛盾不大，因多数地方都有中小型水源，可以满足需要。选择厂址时无疑也要考虑水源条件的好坏，但作为次要的因素，对布局不产生重大影响。

对于 III 级工业，水源开始成为一个重要条件。它们的大中型企业一部分是“中等用水企业”或“大量用水企业”,一部分与 IV 级工业类似,但对水质要求比 IV 级为高。其中位于大中城市的 III 级工业企业,多数利用自来水。否则便须自建水源工程,与水源条件的关系就比较密切。

II 级工业对水量或水质要求更高,因此大多建立自备水厂,以便大量供应廉价或优质的水。在选择具体厂址时,水源能否满足要求常常成为一个需要着重考虑的因素。

I 级工业除了与 II 级工业具有类似之点外,还因为它们的用水量特别巨大,要求紧靠大型水源。而寻找一个合适的大型水源并不容易,很多情况下水源条件成为确定布点的最重要因素之一。另一方面,I 级工业都是十分重要的工业部门,它们的建设,必然会带动、影响其他一系列工业企业的发展。这样,一地水源条件对工业布局的影响,常常通过这些工业进而影响其它工业。例如,现代工业都离不开电力,而电厂又离不开水源;一地水源缺乏,便不仅直接限制 I、II 级工业以至 III 级工业的发展,而且还因为当地不能建立大电厂,限制许多耗电工业的发展。如华北需建区域性电站,在某地上马后发现水源不足,不得不压缩规模,影响其他工业的发展,便是一个生动例证。同时,I 级工业的建设,往往会形成一个工业区或工业点,这对一地水源的开发利用有举足轻重的作用。考虑其布局时,就必须对水源条件给以更大的重视。

从经济效果来说,越是用水量大、水质要求高的企业,越要求有便宜的供水,水源条件好坏的关系也就越大。而用水量小、产品价值高的企业,水费占成本的比重极小,即使水费较高,影响也不明显,因而在水源选择上限制较小。

由上分析,可见水源条件对某些行业基本没有影响或很少影响(如 IV、V 级用水工业),对另一些行业则有重大影响(如 I、II 级用水工业,III 级用水工业则可算作过渡类型),各地区要顺利发展工业,就必须考虑到这种不同工业对水源要求的不同特点。例如华北地区的大中型钢铁厂、火电厂、制碱厂、氮肥厂、化学纤维厂,绝大多数分布于几个水源条件较好的城市。而华北某市集中了感光胶片、人造纤维、高级纸等工业,其中有些厂曾在全国广泛选厂,结果选定于此,便是与当地水质优良有关。相反,在水源不太丰富的华北另外两个城市,其工业部门构成中主要是需水不多的机械工业以及日用轻工业、食品工业等。从远景发展看,根据这两市的其他条件和水源不多的特点,继续以机械工业为中心进行建设,仍然是合理的。

(二)水源条件在不同地区工业布局中的作用

水源条件不同的地区,水源因素在工业布局中的重要性是不同的。丰水地区,一个工厂配置在什么地点,很少受水源的限制。因为区内各处用水都较方便,其他一些条件的考虑便成为决定工业布局的重要因素。而缺水地区,则水源成为工业发 展的突出问题。

水源严重不足的地区,一个大型水源对工业的“牵引力”愈大。如我国西北干旱地区,在16个水土资源平衡区内,近期有8个区缺水,远景农田用水供需平衡则有11个区缺水,加上大型工业水源分布不普遍,在此建设工业,显然要着重考虑水源因素,往往那一地点有优越的水源条件,就优先考虑配置工业的可能性。通常供水问题不大的煤矿(属IV级工业)到了极其缺水的西北干旱区,水源条件好坏也就成了煤矿布局——煤田开发程序与发展规模的重要因素。例如青海有两个煤矿,一矿无论在储量、开发条件、接近消费地等方面都较有利,但需用汽车拉水,因而仅能维持很小开采规模;另一矿水源有一定保证,规模较大。煤矿尚如此,要在缺水区建设I、II级用水企业,受水源影响就更加突出了。

在水资源并不贫乏、但开发利用条件较差的地区,水源对工业布局的影响也很大。很多位于山地的矿区要选择选矿厂、冶炼厂厂址,水源是极其重要的因素。有些本来应在矿区建厂的,常因水源条件不利而只好建于远离矿山的地点,增加了运量。矿口电厂的规模也受水源条件的重大影响,东北某煤矿区火电厂即因水源不足,不得不限制出力约10万千瓦。

还要看到,水源条件与工业布局其他条件之间的结合情况,在各地区是不同的。这一地水源条件虽差,但其他工业建设条件也差,水源不成为发展工业的主要矛盾;那一地水源条件差而其他条件好,这时能否摆工业、摆什么、摆多少、如何摆法,都要考虑到水源所提供的可能,水源条件就上升成为决定该地某些工业布局因素之一。如山西煤炭丰富,要在全省各地建火电厂,燃料不成问题,而大型水源开发条件较差。这样,山西省火电厂的厂址选择和企业规模,就在很大程度上受水源分布状况的制约。山西某市,目前已开发的水源即不能满足工业和城市居民生活需要,进一步可利用的水源潜力也不大。但附近藏有丰富的燃料、原料资源,为适应各方面需要,这些矿产的采掘工业还需有一定发展,全市用水量必然有所增加。在这种情况下,新建用水量大的企业固然没有条件,即使现有的电厂从需要看应予扩建,但限于水源也需慎重考虑。无疑该市发展 规模受到水源条件很大限制。山西另一城市则是水源不清而影响工业发展速度的生动例子。该市具备发展工业的很多有利条件,但由于水源的勘探和建设没有跑在工业建设前面,一些新工厂在此选定厂址并进行设计,终因水源未获解决而不得不下马或迁建它处,另外两个工厂也因水源问题而停建两年。

除了水源条件的差异外,各地区不同的经济特点和生产发展方向,对水源提出不同的要求。有的地区尽管水资源比较丰富,但国民经济对水的需要量也大,如四川盆地不少地方,当地水源不能充分满足灌溉的需要,这时水源条件当然对工业发展有着重大影响,某工业区正当氮肥厂着手施工时,即因发现该地水源困难,不得不迁建他处,拖延了建设进度。有的地区，尽管目前水源有余，但从远景发展趋势看，农业灌溉和工业发展的需水总量超过本地可能开发的水源潜力，因而必须充分估计到水源条件对工业发展规模的影响。华北某市化工区 1959 年以来由于工厂规模迅速扩大，工业与农业灌溉之间出现严重争水矛盾，就是一个例子。

极端缺水区和水源不足地区存在着供需矛盾、工农业争水矛盾，而工业发达的丰水地区则可能出现水源污染问题。丰水区集中很多工业后，工业废水的排出常会影响水源水质，这时虽然水量不成问题，却存在着水质不能符合生产要求的矛盾。水源严重污染时，甚至根本不能使用而丧失其作为水源的作用。可见，在丰水地区的工业布局中，如何确定合理的发展规模，妥善安排各企业的相对位置，完善废水处理设施，避免水源受到污染，是一个重要问题。那种认为在丰水地区建设工业无需考虑水源因素的想法，无疑是有害的。

综上所述，由于水源分布的不平衡，生产布局的不平衡，以及工业布局各因素相互结合的差异，在各个不同地区，水源条件对工业布局可能发生的影响是大不相同的，应该具体地进行分析。一般工农业需大力发展而水源贫乏的地区，水源条件在工业布局各因素中所占的地位便越是重要，其对布局的影响便越是明显而且深远。

（三）水源条件在不同规模的工业企业、工业点布局中的作用

很明显，企业规模小，用水量少，其布局与水源条件关系不大。近代工业生产的发展趋势是，除了大量存在中小企业外，还出现了规模很大的企业，单独一座工厂的用水要求很高。如火电厂由几百、几千千瓦发展到目前一般达几十万千瓦。表 3 以火电厂为例说明了工厂规模与用水量的关系。目前世界上正在建造的最大发电机组容量达 100 万千瓦，如采用直流供水系统，用水量在三、四百万吨 / 日上下。这样巨大的用水规模，相应要求有巨大的水源来保证生产的顺利进行，即必须靠近最小流量达四五十立方米每秒的大河或蓄水量很大的湖泊，或利用海水，而无法以地下水为主要水源。

在各类工业中，冶金、电力、石油、化工等企业规模往往较大，水源对它们的布局影响特别显著。我国广大内地在建设这类大型企业时，应以充分利用大河、大湖与水库等大型水源为主。

实际上，工业企业并不是孤立分布的，它们以企业群的形式组成不同规模的工业

表 3　不同规模火电厂的用水量(直流式)

汽轮发电机组容量（万瓦）	0.15	0.3	0.6	1.2	2.5	5.0	10.0
用水量（万吨 / 日）	1.3~2.0	1.9~2.9	3.4~4.8	5.6~9.2	11.5~14.8	22.8~31.2	45.6~62.4

点、工业区、工业城市、工业基地。因此与其说是某个生产组织——企业与水源之间的矛盾,不如说是生产地域组织——工业点、工业基地与水源之间的矛盾。随着资源综合利用和工业之间协作的发展,生产的地域组织、工业的地区集中程度也在变化,有关企业的联合配置和综合性工业基地有加强发展的趋势。而在一定的地区范围内,工业集中程度愈大,便对水源的水量、水质和给排水工程的协作配合提出更高要求,使水源与工业布局之间矛盾愈多,水源对工业布局的影响也就格外突出。从表 4 可以看出城市集中工业愈多、用水规模便愈大的一般趋势。在水源贫乏地很难想像可以建设起工业城市。即使在丰水地区,一些集中很多工业的大中城市,也往往存在用水紧张的情况。水源条件好的城市里,如果工业过分集中在某些地段,也会引起市内局部地区供不应求的局面,如华北某市东郊工业区,新中国建立以来不断在此新建、扩建工厂,集中了很多大量用水企业,用水量超过附近地下水的可采水量,造成地下水位普遍下降,夏季工业用水量增大时,便难以满足需要。另一方面,工业集中的大中城市,由于废水量特大,水源污染问题也特别严重。因此在具体工作中,对大型工业基地的水源条件,必须给予更多的重视。

表 4　　我国若干城市的工业和用水规模

城市代号	I	II	III	IV	V	VI	VII	VIII
工业产值(亿元)	1.3	2.9	2.1	6.2	7.7	9.1	42.9	42.0
工业职工(万人)	4.9	7.0	2.8	11.0	7.5		64.1	43.6
城市用水量(万吨 / 日)	2.2	5.1	11.2	20.9	25	32.4	200.2	323.3
其中工业用水量(万吨 / 日)	1.5	3.9	9.1	18.0	17.8	23.7	184.1	282.7

由上面分析的工业企业、工业点规模与水源条件之间的关系,可以认为,一地水源的贫富和分布特点,是促使工业集中或分散布局的一个重要因素。从较大的地区范围来看,如果水源的分布比较平衡,特别是大型水源普遍缺乏而中小型水源分布较广,那么就在客观上促使工业分散布局。相反,某些城市具有量丰质优的大型水源,如果其他条件也比较有利的话,就会无形中促进工业企业的集中。但随着这些企业不断扩大再生产,和带动一系列新企业发展的结果,工业区规模日趋庞大,一旦工业、居民用水的需要超过水源能力,水源便又成为限制工业过度集中的强有力因素。例如华东某市,虽然水源丰富,由于工业过于集中,大量废水对水源的污染相当严重;另一方面,为满足工业大量低温冷却水需要,过度开采地下水,导致地面沉降,引起工业生产、城市建设中许多问题。在这种情况下,我们通过采取有力措施,尽量减轻废水对水源的污染程度,并大力压缩深井水用量;更重要的是严格控制工业的新建扩建,把一部分企业迁往内地。我国其他地区的大中城市,对 I、

II 级用水企业的建设也采取了严格控制或适当控制的措施，以防止出现类似矛盾。

我国工业发展大中小相结合的方针，为工业均衡合理布局指出了一条正确途径。中小企业用水量少，对其他建设条件要求也不高，容易获得合适厂址。既建设一定数量的大型企业，又发展大量的中小企业，可以充分利用各地大大小小的水源，使工业布局和水源分布相适应，做到因地制宜地适当分散、合理集中。

（四）水源条件在地区范围大小不同的工业布局中的作用

在工业布局实际工作中，按考虑的地区范围大小不同，可分为两类工业布局任务，一是工业的战略布局，大范围的地区综合布局，着重研究一个较大地区工业发展的主要方向、发展规模、部门构成、工业基地分布等(一般简称“大布局”)；一是在一定地区范围内，具体研究工业布点、企业厂址选择、城市内工业区选择以及小地区工业布局有关问题(一般简称“小布局”)。很明显，在研究大布局时，也要考虑到水源这一因素，特别是在水源条件较差的地区和 I、II 级用水工业有发展前途的地区。但在较大的地区范围内，一般总可以找到若干水源供发展工业之用。决定大布局的通常是国民经济的需要，地区的经济特点、工农业基础和矿产资源等因素。因此考虑大布局时，不需要用很多力量来研究工业布局与水源条件的关系。

水源条件对工业的小布局，却有重大的影响。在一个地区内，确定了工业发展的主要方向和基本内容之后，重要的问题便是：这些工业企业落实到哪些点上，每个点的工业布局如何安排。这时每一地点的水源情况如何，水源条件与其他条件的结合情况如何，是必须着重考虑的。在其他条件类似而水源条件相差很大或其他条件适合而水源不足的情况下，它的影响就特别突出，不仅影响厂址、工业点的选择，而且成为工业基地的地点选择的重要因素。在一个城市范围内如何合理布置工业区，受水源条件的制约最为明显。如上海市十个用水量最大的工业企业都紧靠黄浦江，中华人民共和国成立后新辟的大工业区也主要在黄浦江沿岸。在淡水不足的旅大市，七个大量用水企业（以海水为大部或部分水源）则都沿港湾岸线排列。这种沿江、沿海的布局，不仅取水方便，排水和水运也方便。华北某市主要 依靠地下水，全市最大的企业，特别是电力、化工、钢铁、造纸等 I、II 级用水工业基本上都集中于北郊、西南郊两大水源地附近，形成全市两个最大的工业区。有的城市由于各种因素的 限制，工业区不能紧靠水源，如包头钢铁基地。但在选择厂址过程中，也反复进行了方案比较，尽可能在其他条件有利的情况下，不使离水源过远，结果采用了第三方案，自黄河取水铺设 10 余公里管道，较之第一方案（输水管道长 30 余公里）、第二方案（管道长 20 余公里）节约了给水投资和经营费用。

在工业小布局中，水源条件的影响还突出表现在沿河布局的工业如何处理好上下游关系上。工业应摆在城市上游抑下游，需要根据工业的门类及其给水要求、排水性质和数量，河流流量大小与水质状况，工业区与城市水源、居住区的距离，以及水运是否方便、厂址工程地质是否良好等各种因素综合考虑，因地制宜地具体比较抉择。一般说，在给排水特点上相近似的工业企业，布局上可互相靠近，建设程序上可同时考虑，以便共建统一的给排水系统，合理利用水源；凡是由水质要求等级较高而废水污染性等级较低的企业所组成的工业区，可尽先安排于城市上游；排放有害废水量大的工业区则通常设置在河流下游，以利于水源保护和流域管理。在同一工业区内的企业，当然也要按对水源关系的密切程度，分别安排，如将用水量大、供水安全要求等级高的企业厂址，尽可能使其最靠近水源。

工业的大布局和小布局绝不是截然分开，而是紧密联系、相互影响的，实际工作中也大多是结合进行的。水源对小布局的影响，在一定条件下有时能扩大到对大布局的影响。以华北某地区为例，该区为适应国民经济发展需要，急需发展电力工业。由负荷中心和燃料基地来看，在某市建区域性大电站是最理想的，但该市水源不足，不适建厂，而该地区其他许多地点也缺乏合适的厂址。因此 1957 年以来，七年间年年选厂，选厂人员曾在该地区 2 万平方公里范围内广泛查勘，并对 14 个厂址方案进行比较，由于水源未及时解决，影响厂址落实和建设准备工作，影响到地区电力工业布局乃至整个地区工业的发展。

综上所述，可见地区范围愈小，水源在工业布局中的作用愈大，有些情况下甚至对小布局有决定性的影响。在大布局已经决定的前提下，我们承认水源因素在一定的条件下可能对小布局起决定性作用，这是符合唯物辩证法的。

* * *

水源条件对工业布局的影响，主要表现在如下四个方面：(1)地区工业发展的规模、速度和建设顺序；(2)地区内工业集中与分散的程度；(3)工业企业、工业点、工业基地的分布；(4)城市的工业部门构成和工业区布置。此外，水源条件对地区内工业企业的原料路线、工艺流程、设备型式、产品品种的选择安排也有可能发生重大的影响。

水源条件对工业布局有如此重要的影响，那么缺水地区(或缺水城市)是否就不可能发展工业呢？事实并非如此。缺水地区如需发展工业，可以通过采取下列种种措施，来克服水源不足的困难。

(1)加强水源勘探：在许多所谓“缺水地区”，实际并不一定真正缺水，而是水源勘探工作做得不够，深层地下水未被发现。我国不少“缺水地区”不断发现大型水源的事实就是很好的明证。

(2)建设水利工程：有些缺水地区，还有一定数量的地表径流与地下径流，可加以截留利用,如建设水库、地下水库、潜流井等。有些缺水区靠近丰水区,在国家需要又技术可能、经济合理的前提下,可考虑建设引水工程。

(3)厉行节约用水:在生产上建立严格的用水管理制度,对水资源进行重复利用(如循环用水、连续用水、废水回收),以低质水(如海水、内陆咸水)代替高质水,调整工艺流程、改进生产技术以减少用水(如钢铁厂、发电厂以"气冷"代替水冷,电厂以燃气轮机代替蒸汽轮机,采用冷冻技术节省低温冷却水),工业废水经处理供农业灌溉,等等。采取节水措施,有时可使企业节约用水量90%以上,从而使有限的水资源能得到充分合理的利用,为该地区国民经济的发展提供广阔空间。

(4)工业合理布局:除必须在缺水区建设的大量用水企业外,一般应尽可能发展那些用水不多的工业门类,并使用水多的和用水少的企业在布局上协调配合。例如有的缺水城市主要发展IV级用水工业,必要时配置一个规模合适的电厂,电厂排出废水经处理可供邻近各企业和农田灌溉连续使用,以最经济地利用水源。缺少大型水源的地区,可以建设中小型企业为主,适当分散,以便充分利用小型水源。

四

根据我们的初步体会,在工业布局工作中要恰当估计水源条件的作用,处理好水源条件与工业布局的关系,应该注意以下几点。

(一)从实际情况出发,紧抓主要矛盾。一般说,在各类地区间,要把注意的重点放在缺水地区和丰水区中水源开发利用困难地区,特别是其中最需要发展工业而水源不足的地区;对于开辟新工业点,首先要研究规模较大的工业基地;对于工业部门,首先要考虑I、II级用水工业的水源问题,特别是其中的大中型企业。对于不同地区,要抓住具体特点,因地制宜地不同对待,如丰水区为大量配置I、II级用水工业提供了广阔可能,但须注意避免水源污染;水源不足地区要特别注意合理安排工业部门构成,在其他条件允许的情况下,多发展IV、V级用水工业部门,少建用水量大的工业;而严重缺水地区则应通过多种途径,改善水源条件,节约工业用水量,为工业的普遍发展与合理布局创造条件。

(二)深入分析水源供求关系,合理分配各部门用水。一方面要调查搜集大量的地表、地下水源的观测、勘探资料,摸清水源条件。工业用水要求往往只限于一个点、一个城市范围以内,但一个点的水源与周围地区水源是紧密相连的,一个点的工业发展同周围地区农业也是密切相关的,因而有必要首先研究较大范围地区水源条件的数量、质量特征,时间、空间上的变化特点,开发利用条件,以及对生产的适合程度与保证程度,进行水资源的类型区划,并作出经济评价,指出哪些地区利于发展I、II、III级用水工业,哪些地区有一定限制。然后才有可能对地区内各城市、工业点的水源条件进行更深入具体的分析评价工作。另一方面，又要弄清地区经济特征，工业和其他部门用水现状，在此基础上掌握本地区发展工业以及发展农业、运输业对水源的要求，估算近远期各部门需水量，对水源条件及其开发利用进行综合评价、综合平衡、综合规划，为总体布局提供依据。在处理各部门用水矛盾时，从用水的重要性和迫切性来说，首先要保证生活用水，其次是农业、工业用水。而水源的利用顺序，一般农业灌溉消耗性大，工业和生活用水排出的废污水经处理大多可再次利用，因而最好先用于城市生活和工业，而后利用其经处理的废污水于农业灌溉。石家庄是处理较好的一个例子：它的西郊接近山区，地下水埋藏较深，不便开采，农业用水主要依靠地表水，借地面天然坡降进行自流灌溉，灌溉余水可渗入地下，补给处其下游的城区地下水源，供城市生活和工业用，而其东郊农田进一步发展灌溉，则利用从上游引来的经处理城市废污水。这样，地下水、地表水、农业余水和城市废污水各尽其用，而市内各地段之间、工农业之间，用水都有了充分保证。

（三）联系其他工业布局条件，进行综合论证。各个地点的水源条件有很大差别，一个企业配置于不同地点，会有不同的经济效果。但是影响厂址选择的因素很多，在考虑水源条件与工业布局的相互影响时，除了着重研究工业用水问题外，必须联系到排水问题，还要联系水作为动能来源、作为运输手段、作为厂址工程地质基础（水文地质）和灾害性因素（洪水、内涝、海潮）等方面对工业布局的影响。如造纸厂布局，若单从用水观点看，选择地下或地表水源差别不大，但结合造纸厂大量废水出路问题、大量原料和产品运输问题，则靠近通航的大河、湖泊具有明显优越性。厂址的确定，还要结合地理位置、用地、用电、运输等其他建设条件，就该厂的基建投资、建设速度、建成后的产品生产成本和销售成本等进行多方案比较。

（四）工业点建设要尽可能使水源的开发利用得到最大的经济效果。工业水源的选择、工业如何合理利用水源的技术经济论证作得好，对节约基建投资影响极大。特别是作为影响小布局的一个基本因素，在新辟工业点、工业区时尤其值得注意。例如几年来不少工业企业在中小城市进行建设时，投资较大，致使不少工业部门宁愿在大城市建设而不愿配置工业于中小城市。而中小城市工业建设投资较大的重要原因之一是需要单独新辟水源，企业的给排水投资负担过大。要解决这个问题，除了使工业点（或工业区）尽可能接近较好水源外，还要根据条件，发展公用供水系统，甚至建立专供工业生产用水的统一系统（可以较经济地满足各企业对水量和水质的基本要求），共同建设给排水工程和废水处理厂，亦即要求工业建设按工业点（或工业区）进行详细规划，并使企业与给排水设施同时成组配套地建设施工，使水源开发的投资省，效果好。

银川市水资源可持续利用问题

国家实施西部大开发战略以来，包括宁夏回族自治区在内的西北地区，有限水资源能否支持经济社会可持续发展，已成为一个关键问题，引起多方关注。有关研究取得重大进展，最重要的如“九五”国家重点科技攻关项目《西北地区水资源合理开发利用与生态环境保护研究》的系列成果[1]，中国工程院重大咨询项目《西北地区水资源配置生态环境建设和可持续发展战略研究》系列成果[2][3]，宁夏当地的若干研究成果[4][5][6]。但是，作为宁夏回族自治区首府、宁蒙陕甘毗邻区域中心城市的银川市，在对其水资源评价上却存在较大分歧，其水资源可持续利用问题也缺乏系统的分析研究。本文旨在以该市水资源及其利用现状的客观评价为基础，以水资源可持续利用支撑经济社会可持续发展和生态环境不断改善为目标，提出水资源可持续利用的战略重点和具体建议，为建设大银川提供有关的科学依据。

1. 水资源评价

银川市西依贺兰山，东濒黄河，市域核心部分位于银川平原绿洲的中南部，东部则属灵盐台地的荒漠草原。其水资源由三部分组成：当地地表水资源，由降水转化而来，多年平均可用量约 0.147×10^8 m^3；黄河，流经宁夏 397 km，多年平均入境径流量 302.1×10^8 m^3，近 6 年平均入境径流量 224.1×10^8 m^3，国家分配的平水年宁夏可耗用黄河水量为 40×10^8 m^3，近些年实际引水量 80×10^8 m^3 上下，实际耗水量 35.2×10^8 m^3 左右，黄河流经银川市 80 多 km，平水年引水用于农业灌溉 30×10^8 m^3 左右，耗水量约 13.2×10^8 m^3；地下水，银川平原是西北地下水资源最丰富的地区之一，资源量达 30×10^4 $m^3/a\cdot km^2$，其

世界银行第四期技术合作项目《银川市现代化区域中心城市发展战略研究》(TCPIV-YC-2003-01)部分中间成果，发表于《宁夏大学学报(自然科学版)》2004,25(4):379~383

补给来源为：渠系和田间灌溉渗漏占94.1%，降水入渗占4.5%，贺兰山山前侧向补给占1.4%，市域可开采资源量5.93×10^8 m³/a（另一测算数据为8.85×10^8 m³/a[6]）。

1.1 银川市是宁夏水资源相对富裕的城市

由表1可见，银川市在宁夏各市中水资源相对丰富，无论是可用水量的绝对量，还是每Km²可用水量，或人均丰度，均居首位。

表1　　宁夏各市可用水量比较（2002）

	面积（km²）	人　口（10^4人）	当地地表水（10^8 m³/a）	黄河实际供水（10^8m³/a）	地下水（10^8m³/a）	可用水量合计（10^8m³/a）	单位面积可用水量（10^4 m³/a·km²）	人均可用水量（m³/人）
合　计	51800	571.54	5.31	74.52	16.93	96.76	18.68	1693
银川市	7356	132.06	0.15	29.42	5.93	35.50	48.26	2688
石嘴山市	4121	69.04	0.35	13.78	1.84	15.97	38.75	2313
吴忠市	15687	114.09	0.11	16.95	4.18	21.24	13.54	1862
中卫市	13342	104.55	0.48	13.87	3.18	17.53	13.14	1677
固原市	11294	151.80	4.22	0.50	1.80	6.52	5.77	430

注：当地地表水可利用量和地下水可开采量据《宁夏回族自治区水资源开发利用现状》（宁夏水文水资源勘测局，1999），黄河实际供水量据参考文献[4]，均按最新行政区划调整。

1.2 银川市现状并不缺水

在黄河平水年，渠道引水可以满足银川市农业灌溉需求，目前灌溉水利用率很低，尚有很大节水潜力。银川市城市生活用水和工业用水主要利用地下水，由表2可见，深层地下水可采储量 > 供水能力 > 实际供水量，现有水源地有一定富裕度。

表2　　银川市城市地下水利用现状（2002）

	承压水探明可采储量（10^4 m³/d）	供水能力（10^4 m³/d）			水井数			供水量（10^4 m³/a）		
		合计	自来水	企业自备	合计	自来水	企业自备	合计	自来水	企业自备
总　计	60.5		26.0		770	192	578	13517	6747	6770
市　区	52.0	43.97	20.0	23.97	560	155	405	9686	5105	4581
永宁县	2.5	2.40	1.5	0.90	47	9	38	996	365	631
贺兰县	3.0	3.60	2.5	1.10	72	13	59	1275	547	728
灵武市	3.0		2.0		91	15	76	1560	730	830

资料来源：《宁夏城市建设统计年报（2002）》[7]和银川市水务局数据。

1.3 银川市也是西北的相对富水城市

从银川市与西北各大城市比较来看，西安、乌鲁木齐原本都是地表水、地下水比较丰富的城市，但由于人口激增，当地水资源已经不能满足经济社会发展需求，成为供需矛盾十分尖锐的缺水城市，只好投入大量资金建设调水工程；兰州、包头等市原本地下水资源有限，在城市发展过程中只能求助于由黄河引水，加大了供水成本。据研究，西陇海兰新经济带32个大中小城市的发展都在很大程度上受到水资源短缺的严重约束。[9]而银川市则是西北干旱区中不可多得的相对富水城市，其农业用水主要靠黄河，城市用水主要靠地下水，水资源的富裕程度、取给便利程度都较优越。这对于吸引区外投资，扩大人流、物流、资金流的集聚十分有利。

1.4 银川市未来将面临严峻的供水形势

另一方面，我们又要看到，银川平原绿洲为腾格里、乌兰布和、毛乌素等沙漠包围，处于相当严酷、脆弱的生态大环境背景条件下，水资源的稀缺性、不可替代性也非常突出。其一，从全国32个省市区比较来看，宁夏水资源总量(包括黄河干流分配可耗用量)占第31位，产水模数占第28位，水资源丰度(人均量)占第26位，为全国水资源最贫乏的省区之一。其二，近年来，黄河来水量锐减，宁夏引黄灌区引水量由1995年的 $82.73 \times 10^8\ m^3/a$，降至2002年 $74.52 \times 10^8\ m^3/a$，再猛降至2003年 $52.65 \times 10^8\ m^3/a$，不但直接减少农业灌溉水量，而且影响到对平原地下水的补给量。据预测，黄河上游来水偏枯的状况有可能长期存在。其三，随着工业化、城市化发展，经济规模和人口规模急剧扩大，工业用水、城市生活用水量将迅速上升，据测算，到2010年前后，银川市现有探明深层地下水资源可能无法满足用水需求，未来的大银川将面临水资源供需矛盾的严峻形势。由此，我们必须以科学发展观为指导，统筹人与自然和谐发展，以水资源可持续利用来支撑经济社会可持续发展和生态环境不断改善。

2. 水资源可持续利用的战略选择

从银川市自然、经济、社会特点和水资源供需现状出发，我们认为，要实施节水优先、治污为本、多渠道开源的水资源可持续利用战略，以提高水资源利用效率为核心，把节水防污放在突出位置。

2.1 调整用水的行业结构，优化水资源配置

由表3可见，银川市现状用水特点是：①农业用水占大头，达总用水量的93.3%。工业用水比重仅2.9%，较全国平均值低17个百分点。它反映了两大问题，一是工业化、城市化水平低，二是灌溉用水利用效率低。按银川市现有灌溉农地(包括园地、苗圃、人工草地)146 153 hm^2 计算，每 hm^2 毛用水达20 006 m^3，每公斤粮食约用水3.66 m^3，即耗水1.5m^3，高于西北干旱区其他灌区的用水或耗水水平。②农业、生态用水以利用地表水(黄河引水)为主，工业和城乡生活用水以利用地下水为主。由于黄河水中泥沙含有一定有机

表 3　　银川市用水结构现状(2002)　　单位:$10^8\ m^3$

	总量	农业		工业		城镇生活		农村人畜		生态	
		数量	%	数量	%	数量	%	数量	%	数量	%
用水量	31.330	29.240	93.3	0.923	2.9	0.594	2.0	0.129	0.4	0.450	1.4
其中地表水	29.420	28.976								0.450	
地下水	1.910	0.264		0.923		0.594		0.129			
耗水量	12.750	11.990	94.0	0.283	2.2	0.122	1.0	0.129	1.0	0.224	1.8
其中地表水	12.058	11.832								0.224	
地下水	0.692	0.158		0.283		0.122		0.129			

注:据《宁夏黄灌区水资源合理配置与节水体系建设的研究》[4]。

质和养分,用黄河水灌溉可改良土壤,其田间入渗量又可补给地下水,维持地下水位的适度动态平衡,可见农业、生态用水利用黄河水是合理的。地下水水质较好,不易污染,达到饮用水标准的水处理成本较低,主要用于城乡生活用水也是合理的。

随着银川市工业的更大发展,以及黄河供水日趋紧张的形势,调整优化用水的行业结构是必然趋势。一是优先保证城乡生活用水和生态用水(包括人工林草补灌、湿地补水以及盐碱地改造用水等);二是随着某些大耗水企业发展(如火电、煤化工、天然气化工),要通过压缩农业用水,将节约下来的黄河可用水量的一部分调整为工业用水,如位处灵武市的宁东能源化工基地建设,由于当地地下水量少质差,必须以黄河水作为主要水源。

在这里,我们要确立一个产品耗水量(水的投入)与产品效益(产出)的比较概念,即水的产出率及相应的“虚拟水”概念[9]。一般地说,工业产品的水产出率大于农产品。如生产吨粮耗水 1 500 m^3,输出万吨粮相当于调出水资源 1 500 × $10^4\ m^3$,这对处于西北干旱区的银川市不是一个小数字。而生产 1 000 千瓦时电耗水 3 m^3,输出与万吨粮价值相当的电能 0.7 × 10^8 千瓦时,仅相当于调出水资源 21 × $10^4\ m^3$,即粮、电的水产出率之比为 1:71。由此,从水资源的合理利用来看,发电比产粮合算,西电东送比西粮东运合理。从虚拟水的视角,宁夏北部灌区的粮食输往缺水的宁南山区,等于是向那里调去水资源,但往东部或南方丰水地区调粮则不合理。由此可见,要在保证国家生态安全、粮食安全与稳步提高农民收入的前提下,从水的产出率来考虑调整用水结构,提高二、三产业比重,包括农业内部提高节水高效作物(如温室花卉)的比重,工业内部提高节水高新技术产业的比重,是银川市提高水资源利用水平的重要方向。同时,作为未来水资源供需矛盾紧张地区,要尽多地输出低耗水商品,输入高耗水商品,通过这种虚拟水贸易,等于调入一部分水资源,借以弥补本地区水资源不足问题。

2.2 以农业灌溉节水为重点，全面建设节水社会

水资源是干旱区最宝贵、最稀缺的自然资源，是长远发展的重要制约因素，因此要从全局的高度来认识节水的重大意义和战略价值。目前银川市人均用水量 2 372m^3，为全国平均值 5.5 倍；亩均用水量 1 334 m^3，为全国平均值的 2.8 倍；万元 GDP 用水量 2 338 m^3，为全国平均值的 3.8 倍(表 4)。而其中，农业用水比重特大、灌溉水利用率太低是导致上述用水效率指标过低的主要因素，农业灌溉最具节水潜力，这就决定了必须以此为节水重点。

表 4　　银川市现状用水效率指标比较

	人均用水量（m^3）	人均耗水量（m^3）	亩农田实灌定额（m^3）	万元 GDP 用水量（m^3）	单方水 GDP 产出（元 /m^3）
全国	430	236	479	610	16.4
西北	949	595	671	1736	5.8
宁夏	1606	710	1213	3690	2.7
银川市	2372	965	1334	2338	4.3

注：银川市为 2002 年数，据文献[4]，其余为 2000 年数，据文献[2]。

农业节水的主要途径是：①调整种植结构。适当减少水稻面积、小麦套种玉米面积，适当扩大草田轮作和节水高效作物面积等。②建设灌区节水改造工程。包括渠系改造和渠道衬砌，提高渠系灌溉水有效利用系数。③渠灌与井灌结合。在地下水位过高地段和潜水量丰地段适度打井，实行渠灌与井灌统一调度。④推广节水高产技术。包括水稻控灌技术、旱种技术，小麦生育后期控灌高产技术，引进抗旱作物品种，小畦灌、沟灌、管道灌、膜上灌技术，精准平田技术，地面覆盖(地膜、秸秆、化学制剂)增温保墒技术，以及现代化微灌、喷灌技术等。据试验，水稻控灌比深水淹灌每 hm^2 减少毛用水量 6 000m^3 左右。⑤大力发展日光温室。即多采光、少用水、无污染、高效益的阳光农业工程。⑥改进管理体制。建立现代化节水管理制度，完善水费政策。改进灌溉计量，实行按方收费。通过以上途径，逐步把农业用水量由现状 29×10^8 m^3 减少到中期 (2020 年)24×10^8 m^3 左右，耗水量由 12×10^8 m^3 减少到 10×10^8 m^3 左右。节约下来的水量可以转让水权的方式用于宁东能源化工基地用水及生态用水。

其他领域同样要厉行节水。目前银川市万元工业产值用水量为 66.6 m^3，而国际先进定额仅为 10 m^3，可见工业节水潜力很大。由表 5 可见，近几年银川市区虽然用水人口、供水能力有较大增长，工业产值由 1999 年 65.7×10^8 元增加至 2002 年 93.5×10^8 元，增长 42.3%，但供水总量却减少 18.4%，其中生产用量(包括工业、建筑业和交通运输业)减少 12.5%，公

共服务用水也有较大幅度下降，这主要是因为工业企业节水技术、节水管理程度有所提高，大用水户采用分户磁卡计量用水量以及推行阶梯水价，促进了用水户节约用水。

表 5　　1999-2002 年银川市区供水变化

年份	供水能力（$10^4m^3/d$）	供水管道长度（km）	供水总量（$10^4m^3/a$）	共中生产用量（$10^4m^3/a$）	其中家庭用量（$10^4m^3/a$）	用水人口（10^4人）
1999	35.00	549	11867	4420	2090	52.05
2002	43.97	586	9686	3866	2299	67.73

注：数据来自宁夏建设厅城建处。

工业和城市节水措施主要是：①优化工业结构，限制高耗水项目，淘汰高耗水工艺和高耗水设备，采用先进节水工艺和设备。例如以燃气蒸汽联合循环发电机组替代传统蒸汽发电机组，以气冷替代水冷，可大幅度节约冷却水，还可提高燃煤效率，减少环境污染，利于调峰调频，是银川市建设大型火电机组的重要方向。②通过开发节水技术、循环用水技术和废水资源化技术，提高工业用水重复利用率和污水回用率，建立中水供水系统，用于景观、绿化、清洁、施工和冷却用水。③关闭企业自备水源，强化用水定额管理。④全面推广便器、洗衣机、淋浴器等节水器具。⑤实行奖罚分明的水价政策。[10]

生态用水也要重视节约利用。要十分重视保护银川市域内的湿地生态系统，建设好湿地系统与绿地系统有机结合的塞上湖城。要尊重生态规律，讲求保护、利用、开发“度”的把握，统筹规划，科学论证，正确处理水资源保证程度与湿地规模的关系，保持水源补给与适度地下水位的动态平衡。新开人工湖之类项目必须慎之又慎，严格控制。人工林草也不是越多越好，而是要根据改善绿洲生态环境的全局需要和条件可能，规划适度的规模和比例。城市绿地应以节水、抗旱、抗逆性强的乡土树种、草种为主，控制耗水量过多的草坪建设。

2.3 严格依法管理，切实保护好水环境

处于干旱环境下的银川市，水资源特别宝贵，水环境特别脆弱，如果一旦遭受破坏、污染，有可能陷入无可挽回的困境。针对水资源、水环境保护的主要问题，当前首先要解决以下几个问题。

2.3.1 走新型工业化道路，坚决防治水污染

我国东部不少地方，水污染使原先丰水之地变成无水可用，群众总结的痛苦代价为：“房是新的，钱是多的，水是脏的，命是短的。”银川市不少地方已有污染苗头，黄河和地下水都有不同程度污染，有的沟湖已严重污染，近几年污染范围和程度呈不断扩大、加重趋势，应引起有关方面高度重视。对已受污染的水环境，必须坚决及时治理，以免将来付出

更大代价。对新建项目,必须按产业集群、循环经济的原则搞好工业园区的生态设计,杜绝污染项目进入,确保投资环境、人居环境不断改善。[2]

2.3.2 严格水资源勘探、规划、开发、保护的统一管理

水资源主管部门要对全市的地表水、深层地下水、潜水资源的勘探、开发、保护进行统筹规划、严格管理。首先加速探明市区及其相邻地区深层水水源地,正确划定水源保护地范围,妥善处理城市用地功能分区、工业园区布局与水源保护地的关系,严禁其他用地侵占、影响水源地,严禁在水源地违章开发建设。目前有的开发区已占用或将占用部分水源地(如银川市高新技术产业开发区二区占用部分南郊水源地),有可能影响水源地未来的开发建设和保护,需从速研究,适当调整。

严禁乱采、混采、重采、超采地下水。有步骤地扩建、新建自来水公司所属水厂,企业饮用水、锅炉用水等高质水统一由自来水公司供应,逐步关闭绝大部分企业的深机井自备水源。过去西夏区老工业区许多企业自建深井,因布置过密,抽水过多,导致严重超采,地下水降落漏斗面积达 453 km^2, 漏斗中心水位埋深由 12.23 m 增加到 32.2 m。20 世纪 90 年代后期部分企业停产及节约用水,漏斗面积趋于稳定,中心水位于 2002 年恢复到 16.45 m。关闭这些深机井的老问题尚未解决,又连续出现新问题:北郊水源地、永宁县第一水源地等处又发生企业自打深井无序开采,导致形成降落漏斗并水质恶化,永宁县自来水公司一批深井被迫关闭;该县第二水源地也已被有关企业自备井包围。类似问题层出不穷,亟待有关部门依法治理,尽快解决。

城市水源地是城市百姓生存和发展的命脉,它具有唯一性和不可替代性,必须通过立法、规划和宣传,树立水源地神圣不可侵犯的公众意识和舆论氛围。

2.3.3 分质供水,节约深层承压水

目前银川市城市生活用水和工业用水,绝大部分为机井开采地表以下 150–260 米的深层水(第一、二承压含水岩组)。深层地下水水质优良,补给不易,是一种非常宝贵的资源。目前我们不管何种用途用水都使用深层水,实在是一种浪费。

鉴于近年银川热电厂用 4 口浅水井年取浅层地下水(潜水)157×10^4 m^3 作为冷却水源的成功经验,以及银川平原潜水十分丰富而水质较差的实际,建议采用分质供水办法,全市饮用水、工业上工艺、锅炉用水统由自来水公司供应由深层地下水处理的自来水,一般企业自备水源现有深机井逐步关闭,允许企业按规划要求自建浅水井,取用潜水作为冷却、冲洗、绿化等水源。在潜水水质较好地段的农村,也可发展一批浅水井用作农业补灌之用。

另一节约深层水途径,是实施污水资源化工程,建立完善中水管网系统,推广中水利

用。即在新建、扩建污水处理厂基础上，形成分区污水处理系统。将经过处理的净化水进行二次处理加工成为中水，可供工业企业冷却、冲洗用水，温室农业灌溉用水，以及绿化、湿地补水。据第一污水处理厂资料，中水二次处理成本 0.55 元 /m^3，低于现城市自来水绿化供水价（0.85 元 /m^3）。

2.4 城市人口与水资源协调发展

决定银川市城市发展规模的因素有：产业经济支撑能力（提供新增就业岗位数量），原有人口规模及其自然增长率，创业投资环境和人居环境的集聚能力（吸引外来人口数量），可提供的城市用地规模，城市基础设施的水资源保证程度等。处于干旱区脆弱生态环境背景下的银川市发展，水资源保证程度具有特别重要的地位和作用。

2002 年，银川市区（即三区）综合用水指标为 443 L/ 人·日。参照《银川市城市总体规划说明书》的综合用水指标，按 2010 年市区综合用水指标为 580 L/ 人·日，市区实有人口（包括外来常住人口）预测达 111 万人，则总用水量达 $64.4\times10^4 m^3/d$，超过了现有深层水探明可采储量（$52\times10^4 m^3/d$）。

据专家预测，通过进一步勘测工作，可在市区及其周边地区再探明 $20\times10^4 m^3/d$ 左右深层地下水，即预计远期可向市区提供约 $72\times10^4 m^3/d$ 深层地下水，按综合用水指标 600 L/ 人·日计，约能支撑 120 万城市人口。

考虑到市区范围内还可能提供 $20\times10^4 m^3/d$ 左右潜水供水能力，以及 $20\times10^4 m^3/d$ 以上中水供水能力，则合计远期市区供水能力可达 $112\times10^4 m^3/d$。以此计算，市区远景人口规模以控制在 190×10^4 人以内为宜，其余城市人口则可以分布在永宁、贺兰、灵武等卫星城，亦即形成一中心、多组团的城市空间结构，人与自然和谐发展的格局。如能更多地扩大中水能力，则可替代一部分深层水开发，从而在真正意义上实现地下水资源的保护性开发。当然，必须重视中水回用量的扩大与中水用户市场的拓展在时间进程和空间布局上的相互协调。

至于有人提出的勘探开发银川平原更深层地下水（地表以下 300~500 m）方案，城市用水引用黄河水方案，远景利用南水北调西线引水等备用方案，我们认为，从区域可持续发展的视角，虽然不无可能性，但有许多问题和难度，应作进一步深入研究，审慎决策。从统筹协调工农业用水、城乡用水、地表水与地下水之间合理用水的关系考虑，初步认为，更深层地下水补给周期长，是极珍贵的难补给水源，应尽量避免开发，而将其作为最后的风险后备水源。由于灵武市等地地下水量少、质差，宁东能源化工基地用水近中期只可能从农业节灌省下的黄河水和远景南水北调西线调水解决。银川市区黄河水宜保留作为农田灌溉和生态用水，以适度补给地下水源，不宜再扩大利用。银川市域内丰富的潜水，在保持适度地下水位前提下，其大部分可作为灌溉和生态用水水源，小部分作为工业冷却水源，有步骤地合理利用。

参考文献

[1]谢新民，等.宁夏水资源优化配置与可持续利用战略研究[M].郑州：黄河水利出版社，2002：4 ~19.

[2]钱正英主编.西北地区水资源配置生态环境建设和可持续发展战略研究·综合卷[M].北京：科学出版社，2004：46 ~51，59 ~75，89 ~107.

[3]周干峙主编.西北地区城镇发展及水务对策研究[M].北京:科学出版社，2004:7 ~15，25 ~30，187 ~196.

[4]宁夏科协等联合调研组.宁夏黄灌区水资源合理配置与节水体系建设的研究[R].2003：9 ~10，29 ~40.

[5]宁夏水文水资源勘测局.宁夏回族自治区地下水资源评价与开发利用[R].2001：40~51，78~83.

[6]张黎，等.宁夏地下水资源[M]，银川：宁夏人民出版社，2003：75 ~86，128 ~140.

[7]宁夏建设厅城建处.宁夏城市建设统计年报(2002)[Z].2003：9 ~12.

[8]方创琳，等.水资源约束下西北干旱区城市扩张特征与变动趋势分析[J].自然资源学报 19(2)，2004：248 ~256.

[9]程国栋.虚拟水——水资源安全战略的新思路[J]，生态经济学报 2003，1(2)：75 ~79.

[10]秦大庸，等.西北干旱区水资源开发利用潜力分析[J].自然资源学报，19(2)，2004：145 ~146.

银川市水资源承载力多目标情景分析

水资源与社会、经济、生态环境构成的水资源社会经济生态系统，是不断发展的、多层次的复杂系统。从系统关系的角度分析，生态环境系统为社会系统提供生存条件，水资源系统支持社会系统生命的生存和发展，经济系统为社会系统提供生存的物质条件，而这些子系统及其相互关系构成了复杂的区域水资源社会经济生态系统。在这个复杂系统中，水资源系统所支持的核心生命系统就是人类[1]。因此，对水资源承载力进行研究，最根本的问题就是要确定水资源对区域人口的承载能力[2][3]。

1. 计算分析流程

采用水资源承载人口数来反映银川市水资源承载能力，能够直观、准确地反映水资源最优配置下区域水资源对各类用水情况的支撑能力，同时便于进行不同时期、不同区域间的承载能力比较分析。参考国内外有关专家学者[4][5][6]对区域水资源承载力的研究思路，建立银川市水资源承载力研究的计算流程(图 1)。

2. 银川市水资源承载力计算

2.1 银川市可供利用水资源量

通过对银川市地表水资源量、地下水资源量及黄河过境水资源量的计算分析，得出银川市可供利用水资源量(表 1)。其中黄河过境水可用水量占大头，供农业、生态用水和位于灵武市境的宁东能源化工基地用水，为银川市第一水源。黄河来水年际变化大，来水保证率 50%(即平水年，大致相当于多年平均来水量）条件下可用水量大于 75%(枯水年)、95%保证率(特枯水年)数量。以黄河水为主转化而来的地下水供市民生活用水和二三产业用水(俗称工业用水)，属于自然水循环转化的第二水源。以工业废水、生活污水处

发表于《宁夏大学学报(自然科学版)》2008,29(3):272~276。合作者:赵亚峰、王永洁

理而来的中水属人为水循环转化的第三水源，目前因第一、第二水源基本够用，以及中水设施、管网不足和中水成本等问题现状用水量很少，为远期重要水源。

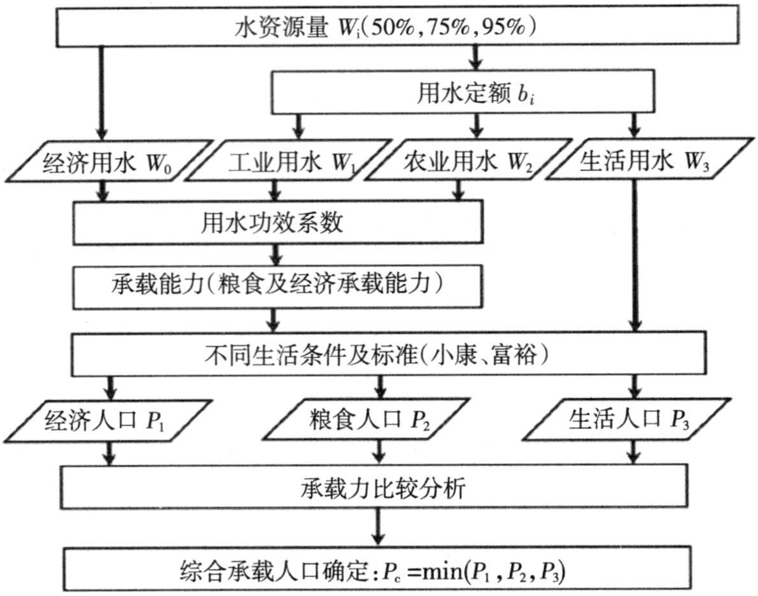

图 1　银川市水资源承载力计算流程

表 1　银川市可供利用水资源量　$10^8\ m^3$

市(县)	50%	75%	95%
银川市	30.97	25.82	19.42
市辖区	7.28	6.06	4.56
永宁	9.29	7.75	5.82
贺兰	8.48	7.07	5.32
灵武	5.92	4.94	3.72

2.2 现状用水功效系数

2005 年，银川市用水总量为 $26.45\times10^8\ m^3$，其中农业用水(包括生态用水)$24.87\times10^8\ m^3$，二、三产业用水 $0.92\times10^8\ m^3$，城镇生活用水 $0.53\times10^8\ m^3$，农村人畜用水 $0.13\times10^8\ m^3$，共引用黄河水 $24.66\times10^8\ m^3$，利用地下水 $1.79\times10^8\ m^3$。银川市农用地有效灌溉面积 $15.60\times10^4\ hm^2$，粮食总产量 83.43×10^4 t，农业用水定额 15 765 m^3/hm^2；地区生产总值 288.5 亿元，其中，工业增加值 104.3 亿元，万元工业增加值用水定额 87.8 m^3/万元；总人口 140.6 万人，其中，非农业人口 86.67 万人，农业人口 53.93 万人。城镇生活人均用水定额 170 L/(人·d)。

2.3 生活水平标准

随着居民生活水平的不断提高，人均农产品需求量及农产品需求结构也在不断变化,需求量呈增长趋势,但其增长速度会逐渐趋缓。2005 年银川市人均 GDP 为 20726 元,依据人口预测和经济社会发展水平进行测算,2010 年和 2020 年人均 GDP 将分别达到 33 000 元和 79 000 元。根据《21 世纪初中国农业发展战略》[7]人均农产品需求量、GDP 水平测算、《室外给水设计规范》(GB 500013–2006)及有关专家、课题组针对宁夏经济生态系统水资源合理配置研究的成果[8],结合地区特点[9][10][11],制定出银川市用水水平的小康标准和富裕标准(表 2),以此对宁夏水资源承载力进行评价。

表 2　　银川市用水水平标准

标准	年份	人均粮食占有量（kg·人$^{-1}$）	城镇生活用水定额［L/(人·d)］	人均 GDP（元·人$^{-1}$）
现状水平	2005	593	170	20 726
小康标准	2010	430	190	25 000
	2020	430	210	60 000
富裕标准	2010	445	220	33 000
	2020	445	230	79 000

2.4 不同保证率条件下的银川市水资源承载力计算

2.4.1 75%保证率条件下的银川市水资源承载力

枯水年银川市可利用水资源量为 25.82×10^8 m^3，其中黄河可利用水量 19.52×10^8 m^3。2010 年和 2020 年农业需水量分别为 19.20×10^8 m^3 和 17.50×10^8 m^3,黄河水量可以满足农业灌溉用水需求,水资源供需处于平衡状态。银川市 2010 年生活需水量和工业需水量分别为 0.974×10^8 m^3 和 2.34×10^8 m^3。2020 年生活需水量和工业需水量分别为 1.530×10^8 m^3 和 4.76×10^8 m^3，水资源量完全可以满足现状及将来经济增长、人民生活水资源需求。

(1)粮食人口。农产品的单位面积产量、灌溉水资源的可利用量以及农用地灌溉面积是决定农产品生产能力的主要因素。农产品单位面积产量与灌溉农业发展水平、地理环境、生产条件、农业科技水平等众多因素有关。通过对宁夏农产品单位面积产量分析,结合未来银川市灌溉农业的发展趋势,预测各水平年粮食单位面积产量(表 3)。

银川市农业用水量占很大比重,农业用水效率较低。随着农业用水效率的提高,农业灌溉面积仍有发展空间。结合银川市土地资源状况,未来银川市粮食作物播种面积有所下降,经济作物比重将逐渐上升,农业种植结构日趋合理(表 4)。

结合银川市主要粮食作物单位面积产量及主要粮食作物播种面积,银川市粮食总产

表 3　　枯水年银川市粮食作物单位产量　　kg/hm^2

年份	水稻	玉米	小麦
2005	8 642	6 888	4 574
2010	9 000	7 350	5 025
2020	9 750	8 250	5 700

表 4　　枯水年银川市主要粮食作物灌溉面积　　$10^4\ hm^2$

年份	水稻	玉米	小麦	合计
2005	3.54	4.65	4.40	12.59
2010	3.00	5.00	4.00	12.00
2020	2.70	5.30	3.33	11.33

量(表 5)预测结果表明,随着种植结构的调整,粮食播种面积逐渐减少,但粮食作物总产量有所增加，而粮食人均占有量逐渐减少,2005~2010 年人均粮食占有量下降的幅度较 2010~2020 年人均粮食占有量下降幅度大(表 6)。

表 5　　枯水年银川市主要粮食作物总产量[12]　　10^4 t

年份	水稻	玉米	小麦	合计
2005	30.6	32.1	20.1	82.8
2010	27.0	36.8	20.1	83.9
2020	26.3	43.7	19.0	89.0

表 6　　枯水年银川市主要粮食人均占有量　　kg

年份	水稻	玉米	小麦	合计
2005	217.6	231.9	143.0	592.5
2010	168.8	230.0	125.6	524.4
2020	131.5	218.5	95.0	445.0

依据既定标准对银川市 2010 年和 2020 年粮食承载力水平进行评价(表 7)。由表 7 得知,2010 年银川承载粮食人口的能力较强，在小康标准和富裕标准下分别达到 195.1 万人和 188.5 万人,分别比预测人口多 35.1 万人和 28.5 万人,人口承载力水平呈富裕状态;2020 年银川市承载粮食人口的能力比 2010 年较弱,分别为 207 万人和 200 万人,能够满足经济社会发展需求,人口承载力水平处于平衡状态。

(2)生活人口。参考 2006 年《银川市节水型社会建设规划》[13],确定银川市 2010 年和 2020 年城镇生活用水量上限分别为 $1.040\times10^8\ m^3$ 和 $1.402\times10^8\ m^3$。按照银川市“十一五”规划，计算得出 2010 年和 2020 年银川市城镇化率分别为 68.75%和 80.0%。

据此，计算得出 2010 年和 2020 年的富裕标准和小康标准银川市水资源所能承载的生活人口数量（表 7），可见承载力均高于预测人口。

(3)经济人口。2005 年银川市地区生产总值为 288.5 亿元，人均生产总值为 20 727 元，其中，第二产业增加值为 130.05 亿元。银川市现状万元 GDP 用水量为 917 m^3，万元工业增加值用水量为 88 m^3，前者高于全国平均水平。

2006 年 3 月 22 日，“世界水日”暨“中国水周”座谈会上提出，“十一五”期间我国万元 GDP 用水量要年均下降 6%以上，工业万元增加值用水量要降低到 115 m^3 以下。因此，结合银川市实际并在未来经济发展水平预测的基础上，确定银川市 2010 年 GDP 用水标准降至为 435 m^3/ 万元，2020 年降为 155 m^3 / 万元，年均下降 12%以上。据此，计算得出银川市水资源所能承载的最大经济人口（表 7）。

(4)枯水年银川市水资源承载力综合分析。依据预定指标对银川市水资源 2010 年和 2020 年承载力水平进行评价（表 7）。由图 2 和图 3 得知，在小康水平下，银川市水资源承载力较强，粮食人口、生活人口和经济人口均能达到承载要求，而且随着水资源利用效率的提高和银川市节水型社会建设的逐步实现，水资源承载力还会逐步上升。2010 年所能承载的粮食人口、生活人口和经济人口分别为 195.1 万人、218.1 万人和 212.6 万人，分别比预测人口多出 35.1 万人、58.1 万人和 52.6 万人；2020 年能承载的粮食人口、生活人口和经济人口分别为 207.0 万人、228.6 万人和 263.0 万人，比当年预测人口多出 7.0 万人、

表 7　　枯水年银川市水资源承载能力　　万人

年份	标准	项目	粮食人口	生活人口	经济人口	综合承载人口
2010	小康标准	预测人口	160.0	160.0	160.0	160.0
		承载人口	195.1	218.1	212.6	195.1
		差值人口	35.1	35.1	52.6	35.1
	富裕标准	预测人口	160.0	160.0	160.0	160.0
		承载人口	188.5	188.4	161.0	161.0
		差值人口	28.5	28.4	1.0	1.0
2020	小康标准	预测人口	200.0	200.0	200.0	200.0
		承载人口	207.0	228.6	263.0	207.0
		差值人口	7.0	28.6	63.0	7.0
	富裕标准	预测人口	200.0	200.0	200.0	200.0
		承载人口	200.0	208.0	200.0	200.0
		差值人口	0	8.0	0	0

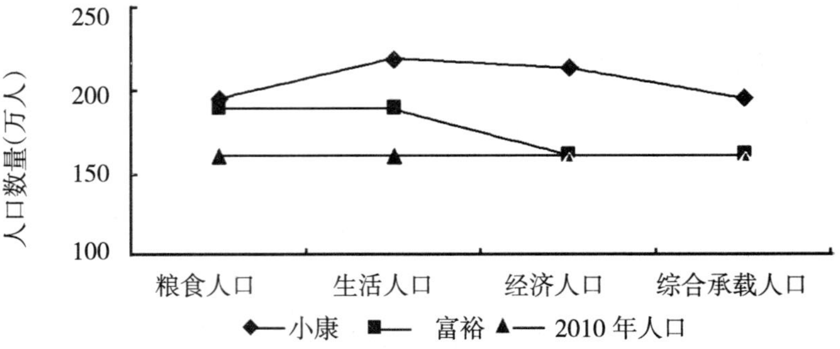

图 2　2010 年银川市水资源承载力水平(75%)

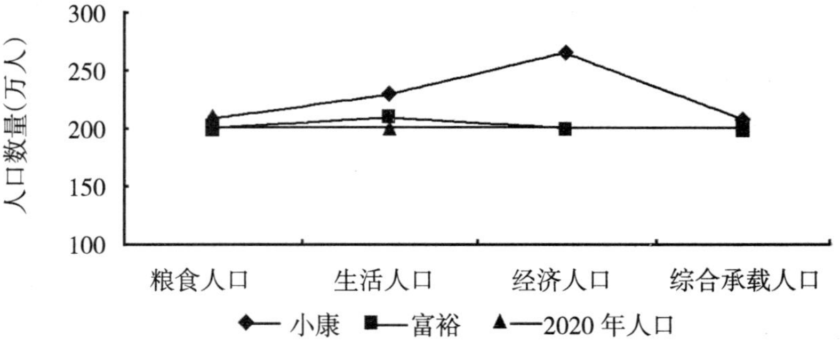

图 3　2020 年银川市水资源承载力水平(75%)

28.6 万人和 63.0 万人。2010 年和 2020 年综合承载力水平选择粮食人口、生活人口和经济人口中的最小值分别为 195.1 万人、207.0 万人和 200.0 万人，主要是为了满足水资源承载力的最低保证。结果显示,小康水平银川市 2010 年和 2020 年水资源综合承载人口数量超过预测人口数量,能够达到承载要求。

在富裕水平下,银川市水资源承载力比小康水平低,但粮食人口、生活人口和经济人口均能达到承载要求，同样会随着水资源利用效率的提高和节水型社会建设的全面实现,承载能力也会有所增强。2010 年所能承载的粮食人口、生活人口和经济人口分别为 188.5 万人、188.4 万人和 161.0 万人,比预测人口分别高出 28.5 万人、28.4 万人和 1.0 万人;2020 年粮食人口、生活人口和经济人口分别为 200 万人、208 万人和 200.0 万人,接近预测水平。富裕水平经济承载人口数量相对较低,其原因是银川市 2010 年和 2020 年万元工业增加值用水量距离先进省市水平还有较大差距,因此,银川市节水仍有潜力.

2.4.2 50%保证率条件下的银川市水资源承载力

鉴于枯水年计算结果,平水年银川市可利用水资源量较之 75%保证率枯水年更为充分,因此,无需计算可知其水资源承载力大于预测人口数,这里略而不论。

2.4.3 95%保证率条件下的银川市水资源承载力

表 8　　特枯水年银川市水资源承载能力　　万人

年份	标准	项目	粮食人口	生活人口	经济人口	综合承载人口
2010	小康标准	预测人口	160.0	160.0	160.0	160.0
		承载人口	177.0	218.1	212.6	177.2
		差值人口	17.2	58.1	52.6	17.2
	富裕标准	预测人口	160.0	160.0	160.0	160.0
		承载人口	171.2	188.4	161.0	161.0
		差值人口	11.2	28.4	1.0	1.0
2020	小康标准	预测人口	200.0	200.0	200.0	200.0
		承载人口	189.8	228.6	263.0	189.0
		差值人口	−10.2	28.6	63.0	−10.2
	富裕标准	预测人口	200.0	200.0	200.0	200.0
		承载人口	183.0	208.0	200.0	183.4
		差值人口	−16.6	8.0	0	−16.6

注:在各种条件下保证生活用水是最基本的用水原则。特枯水年农业用水量减幅巨大,生活用水量变化不大,而维持工业、城市发展用水主要靠多采浅层地下水满足.因此,2010 年和 2020 年的富裕标准和小康标准银川市水资源所能承载的生活人口数量、经济承载人口数量同表 7。

在特枯水年农业用水不能完全依靠黄河来水，而应适度开发利用浅层地下水资源用于农田灌溉,以保障粮食安全。特枯水年银川市粮食作物单位产量出现减产现象,灌溉面积也会下降,粮食作物主要以抗旱性较强的玉米为主。结合特枯水年银川市灌溉情况,综合考虑节水灌溉技术、抗旱作物品种的使用等,计算得出银川市特枯水年粮食承载人口、生活承载人口和经济承载人口(表 8)。

由表 8、图 4 和图 5 得知,2010 年银川市水资源承载力略高于预测人口水平,处于富裕状态,2020 年承载能力不足。在特枯水年小康水平下,2010 年银川市水资源承载力处于富裕状态,粮食人口、生活人口和经济人口均能达到承载要求,所能承载的粮食人口、生活人口和经济人口分别为 177.2 万人、218.1 万人和 212.6 万人，分别比预测人口多出 17.2 万人、58.1 万人和 52.6 万人。2020 年能承载的生活人口、经济人口分别为 228.6 万人和 263.0 万人,比当年预测人口多出 28.6 万人和 63.0 万人,承载水平富裕,而粮食人口承载力不足,超载 10.2 万人。结果显示,小康水平下银川市 2010 年承载力较强,2020 年承载力不足。

在特枯水年富裕水平下,银川市水资源承载能力相对较弱。2010 年粮食人口、生活人口和经济人口均能达到承载要求。2020 年粮食人口低于预测水平,承载力不足。因此,

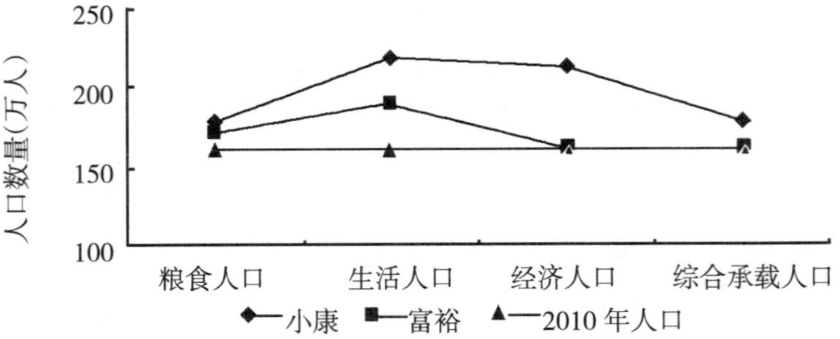

图 4　2010 年银川市水资源承载力水平(95%)

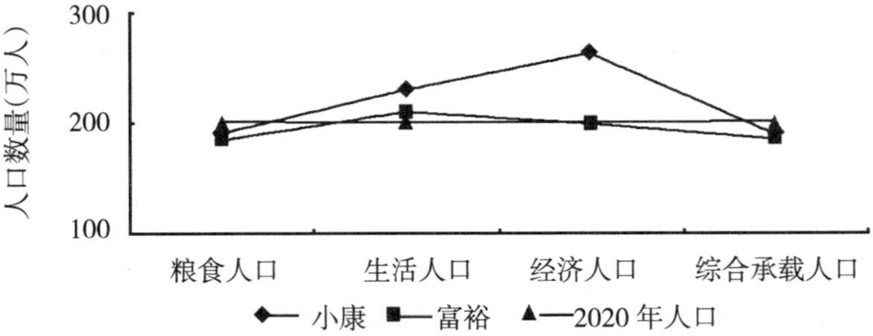

图 5　2010 年银川市水资源承载力水平(95%)

在提高工业节水力度的同时,应提高农业用水效率,加大农业科技投入,大面积普及种植抗旱、节水型农作物,以提高水资源承载能力。

3. 水资源承载力综合评价

不同保证率下银川市水资源承载力综合分析。由表 9、图 6 和图 7 得知,银川市水资源承载力整体情况 2010 年好于 2020 年,小康水平好于富裕水平。图中变化最为明显的拐点主要是经济承载人口，其原因主要是银川市万元工业增加值用水量下降幅度较大，工业用水量得到保障。因此,银川市水资源经济承载能力相对强于粮食人口和生活人口。但在特枯水年,银川市水资源承载力明显不足,表明供水安全出现较大问题,必须引起有关部门的高度重视。

由此,银川市必须通过节水、高效用水、循环用水等途径,进一步提高水资源承载能力,特别是要着力提高农业用水效率,增强银川市水资源安全保障措施。

4. 结论

综上所述,今后银川市仅靠黄河供水(第一水源)、地下水合理利用(第二水源)还不足以切实保障银川市供水安全,尤其是枯水年和特枯水年,黄河水和地下水因变化幅度较大,很可能与理论计算值有一定出入,实际可利用水资源量可能会出现承载人口低于预测人口的现象,发生水资源供给不安全状况。因此,在高效利用第一水源和第二水源的同

表 9　非循环经济条件下银川市水资源承载能力　万人

年份	标准	项目	平水年(50%)	枯水年(75%)	特枯水年(95%)
2010	小康标准	预测人口	160.0	160.0	160.0
		承载人口	210.0	195.1	212.6
		差值人口	50.0	35.1	52.6
	富裕标准	预测人口	160.0	160.0	160.0
		承载人口	188.4	161.0	161.0
		差值人口	28.4	1.0	1.0
2020	小康标准	预测人口	200.0	200.0	200.0
		承载人口	228.6	207.0	198.8
		差值人口	28.6	7.0	63.0
	富裕标准	预测人口	200.0	200.0	200.0
		承载人口	208.0	200.0	183.4
		差值人口	8.8	0	–16.6

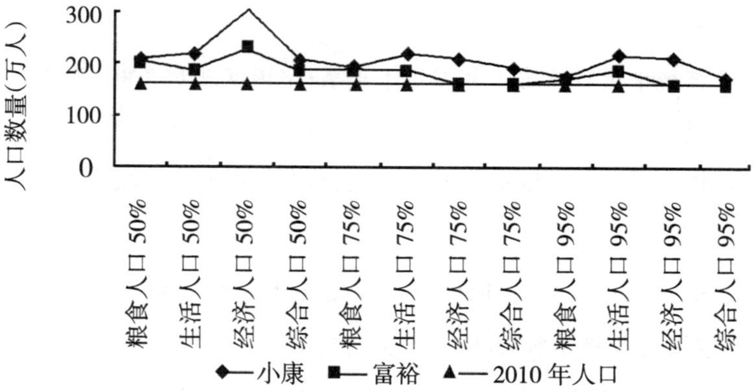

图 6　不同保证率银川市水资源承载力(2010 年)

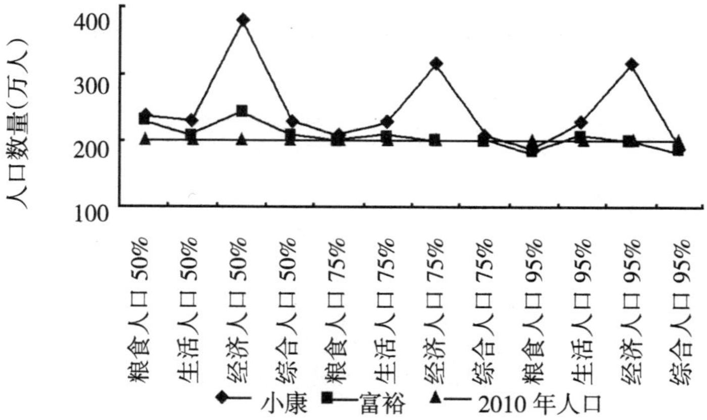

图 7 不同保证率银川市水资源承载力(2020 年)

时，必须开发利用第三水源，即发展水资源循环经济，大幅度提升工业企业循环用水率和城市中水利用率。

参考文献

[1]赵亚峰.水安全研究进展综述[J].生态经济学报，2007，4(4)：290~296.

[2]中国水利水电科学研究院.宁夏水资源承载能力研究[R].2005：9.

[3]汪一鸣.论银川城镇群的形成和发展[J].经济地理，2004，24(1)：57~61.

[4]贾绍凤，张军岩，张士峰.区域水资源压力指数与水资源安全评价指标体系[J].地理科学进展，2002，21(6)：538~545.

[5]杨晓华，杨志峰，郦建强.区域水资源潜力综合评价的遗传投影寻踪法[J].自然科学进展，2003，13(5)：554~557.

[6]封志明，刘登伟.京津冀地区水资源供需平衡及其水资源承载力[J].自然资源学报，2006，21(5)：689~699.

[7]刘江.21世纪初中国农业发展战略[M].北京：中国农业出版社，2000：10~30.

[8]中国水利水电科学研究院.宁夏经济生态系统广义水资源合理配置研究[R].2005：9.

[9]汪一鸣.银川市水资源可持续利用问题探讨[J].宁夏大学学报自然科学版，2004，25(4)：379~383.

[10]赵亚峰，汪一鸣，岳晓燕.土地健康位理论在土地健康评价中的应用——以宁夏为例[J].宁夏大学学报自然科学版，2007，28(3)：271~276.

[11]赵亚峰，王永洁，银川市城市生态承载力分析[J].宁夏工程技术，2005，4(4)：308.

[12]银川市统计局.银川市统计年鉴[M].北京：中国统计出版社，2006.

[13]银川市水务局.银川市节水型社会建设规划(2006~2020)[R].2006.

美国田纳西河流域和南加州的水资源综合开发与区域经济发展

应美国田纳西州立大学商学院邀请，宁夏计委赴美考察团一行 6 人，于 1992 年 3 月 26 日至 4 月 9 日，对美国田纳西河流域和加利福尼亚州南部的水资源综合开发与区域经济发展进行了考察。

一、田纳西河流域、南加州与宁夏的自然、社会经济特征比较分析

（一）概况

1.田纳西河流域位于美国东南部，阿巴拉契亚山脉西侧，地处北纬 34°6′~37°12′，西经 81°17′~88°40′之间。流域面积 10.6 万平方公里，田纳西河流域管理局（TVA）服务地区面积 20 万平方公里。该地区 1990 年人口 740 万人，其中农业人口占 3%（全美国为 2.5%），人口密度 37 人 / 平方公里。行政区划分属田纳西和肯塔基、弗吉尼亚、北卡罗来纳、佐治亚、亚拉巴马、密西西比 7 个州，全部或部分位于流域内的县有 125 个（其中田州 66 个），位于 TVA 地区的县则有 170 个。

2.加利福尼亚州位于美国西海岸，濒临太平洋，地处北纬 32°31′~42°02′，西经 114°04′~124°28′之间，土地面积 41.1 万平方公里，人口约 2600 万，是美国各州中人口最多的州。人口密度 90 人/平方公里。城市人口比重达 91.3%。

3.宁夏位于中国西北内陆地区，地处北纬 35°14′~39°23′，东经 104°17′~107°39′之间，土地面积 5.19 万平方公里，1990 年底总人口 465.7 万，其中回族占总人口的 1/3，人口密度 90 人/平方公里，城镇非农业人口比重为 21.5%。

发表于《计划与经济》1992(3):87～95

(二)比较分析

美国的田纳西河流域、南加州与宁夏黄河流域在自然、经济与社会方面的异同可概括为以下几点。

1.自然条件有同有异

宁夏大部分地区气候干旱，平原灌溉农业占突出地位，依靠黄河引水扬水解决水源，具有一定数量的石油天然气资源等方面与 加州相近。但南加州濒临太平洋的良好区位,终年温暖的地中海型气候比宁夏条件为优。田纳西河流域水利水能资源开发潜力巨大,具有煤水结合的能源优势、水土流失比较严重等方面与宁夏相近,但降水丰富、气温较高,河流开发以防洪、航运、发电为主,与宁夏以灌溉为主有一定差异。

2.目前所处的经济发展阶段与水平不同,但开发前在许多方面是相近的

从现状看,田纳西河流域已从根本上改变了贫困而貌,接近美国平均发展水平。加州已成为美国和世界的先进地区。而宁夏属于不发达地区。从产业结构现状看:田纳西河流域第三产业产值占 60.2%,第二产业占 37. 6%,第一产业仅占 2.2%,而宁夏目前一、二、三产业的产值比重大体为 3:4:3。在农业结构中,田纳西河流域畜牧业占有重要地位,属于生态农业类型。南加州则以水果、蔬菜、花卉、畜产的专业化商品生产为主要特点。宁夏则尚处于粮食种植业占绝对优势的传统农业阶段。但在六十年前,田纳西河流域和南加州属于不发达的落后地区或待开发地区,整个经济以农业为主,工业以采矿业为主,生产粗放,交通不便,人口出生率高,与今天的宁夏在许多方面是相近的。

3.经济发展的政治社会背景不同,但都处于变革的时代

社会制度不同,构成了宁夏与美国田纳西河流域和南加州经济发展宏观社会环境的本质差别。20 世纪 30 年代初,受凯恩斯经济学思潮的影响,出于摆脱周期性经济危机的目的,美国政府积极推行“新政”,加强政府对经济活动的大规模干预,在市场经济基础上，采用计划经济手段。田纳西河流域开发规划就是美国有史以来最大的区域开发规划,并且坚持至今已 60 年,对美国以至世界产生了巨大影响。加州的开发则是当时美国生产力布局与经济开发西移的产物,加州一些关键性的基础设施(如骨干水利工程)都是联邦政府、地方政府协作规划、建设的,并且通过一系列法规鼓励和诱导私人资本的投资方向。今日中国正在改变过去单一计划经济模式为有计划的商品经济模式。尽管中国与美国进行经济改革的目的与出发点不同,经济基础不同,但都不同程度地采用计划与市场相结 合的方法,来适应和促进经济社会向新的高度发展,则有其相似之处。从这一意义上看,田纳西河流域和南加州的开发经验值得我们借鉴。

二、田纳西河流域和南加州开发经验之一:以水资源开发为中心,以电力工业发展为龙头,以交通建设为基础,进行流域的综合开发

(一)田纳西河流域开发

田纳西河过去和黄河一样,是一条有利有害的河流。TVA 成立后,首先下大力气在田纳西河干流上兴建了具有防洪、航运、发电、供水、灌溉、旅游、渔业、环境保护等综合效益的 9 个梯级水利枢纽,支流上共建 52 个水利枢纽,形成一个庞大的水库体系。其有效库容总计达 148 亿立方米,为田纳西河中游年均径流量的 58%,对整个流域以及俄亥俄河、密西西比河下游的洪水控制起到重大作用,累计避免洪灾损失达 30 亿美元以上。干流九大梯级和支流两个梯级使河道实现渠化,开辟了一条全长 1291 公里、水深 3.35 米的航道,并开挖了连接田纳西河——汤姆比格比河全长 377 公里的运河,可直航墨西哥湾,通过密西西比河、俄亥俄河连接 21 个州的水运网,直通北方五大湖和大西洋。一支拖运 20 艘驳船的船队,相当于 400 个火车车皮。方便、廉价的水运,已累计节约运费 30 多亿美元。干支流共建成 43 座水电站,装机容量 520 万千瓦,全流域水能资源利用率达 88.6%。

TVA 根据流域实际,把电力工业作为带动整个区域经济发展的龙头。为满足当地发展原子能工业和其他高耗能工业的负荷增长需求,在开发水电的基础上,又把美国最大的阿巴拉契亚煤田所产原煤尽可能就地转化为电力,充分发挥煤水组合良好的优势,至 70 年代初建成 12 座火电厂,除帕拉达斯火电厂紧靠露天煤矿、水源条件较差、需建冷却塔外,其他 11 个火电厂全部位于水库岸畔或河畔,取用水库深层水直流冷却,提高了火电厂的热效率,也节约了基建投资。为减少环境污染,以后又决定发展核电,目前已有 2 座投产,2 座正建,合计容量 1110.1 万千瓦。火电、核电与水库联合布局,形成水火互济的高容量高质量电力系统,为滨河城镇工业区送电供水,成为本区工业布局的重要特色。

目前,TVA 电力系统总装机容量 2949.7 万千瓦 (其中水电 574.7 万千瓦,煤电 1764.7 万千瓦,核电 359.3 万千瓦,燃气轮机电厂 4 座 251 万千瓦),输电线路 2.6 万公里,电压等级为 500 千伏、230 千伏和 161 千伏,变电所 600 多个,与周围多家私营电力公司订有交换电力、安全合作协议,与 160 家公私配电公司订有售电合同,并向 60 多家大企业直接供电,服务范 围 20 万平方公里。1991 年发电 1204 亿度,其中煤电 68%,水电、核电各 16%,少量燃气发电。TVA 成为美国最大的电力生产者,其电网覆盖面积占美国本土 2.6%,而电力容量占 4.3%。在 TVA 全部固定资产中,电力系统占 95.7%;电力收入是最主要的收入,年达 50 多亿美元,而政府拨款等其他收入仅 1 亿多美元。TVA 把建设稳定可靠、电价低廉、具有竞争力的电力系统作为进一步吸引外来投资、发展流域经济

的主要支柱。1991 年 TVA 的居民电价为 56.03 元 / 千度。而美国东南部各州的电价分别为 61 41 ~ 91.91 元 / 千度,美国主要城市的电价分别为 81. 03 ~ 150. 60 元 / 千度。全美国仅俄勒冈州波特兰市因电网中以大水电为主而电价略低于 TVA(48.30 元 / 千度)。电价低廉显然与水电比重大、火电近煤靠水、电力系统管理有方有关。

田纳西河流域水资源的综合开发,大大改善了当地的投资环境:稳定可靠而廉价的电力和供水,无洪水泛滥的廉价土地,发达而廉价的水运,加上阿巴拉契亚区域开发规划中公路建设规划的实施,使丘陵山区每个居民点通达高速公路的路程不超过半小时,从而吸引了大量私人资本来此办工业和第三产业。例如,1972 ~ 1986 年间,外来工业投资达 238 亿美元,增加就业职位 45 万多个,企业绝大部分沿河港城镇布局,形成沿岸工业走廊。在前三年(1989 ~ 1991)全国经济衰退、电价普遍上涨而 TVA 电价稳定不变的条件下,有关方面发布消息,将有 1000 家企业于田纳西河流域新建或扩建,计划投资 88 亿美元,可新增 6.5 万个职位。

TVA 除重点开发水利水能资源,建立高质高效的投资环境外,还为当地经济的协调发展做了多方面工 作。例如,建立国家肥料发展中心,研究开发新型高效化肥,进行示范推广。拥有 246 项化肥生产专利,转让给 600 家化肥厂生产。它帮助流域地区建立 1.5 万个农业示范站,115 个服务商店(销售化肥、种子和其他农业生产资料),500 多个农产品交易市场,并开展培训农民技术员的活动。农业大发展促进了当地中小型农产品加工企业的大发展。TVA 与各州政府协同实施水土保持规划,推广修造梯田、带状耕作、草田轮作等措施,发起保护土壤运动,建立起 240 个水土保持示范农场。在提高土地生产力的同时,大幅度调整农林牧用地结构,扩大畜牧业和林业生产。它与州政府一起推进造林计划、树种改良计划,免费提供树苗,促进林业服务体系和林产品工业发展,可采木材蓄积量由 3 亿立方米提高到 21.5 亿立方米,森林覆盖率提高到 40%以上。目前林木生长量已超过采伐量 181%。考察中我们看到,所有丘陵山地都覆盖有茂密的森林,所有山坡地都绿草如茵,放牧着牛群,构成一幅幅优美的山水画。

TVA 还参与当地社区发展的各类工作,包括新开发区的建设规划、城镇的重建规划、保护自然资源和环境的规划、发展旅游业的规划,等等。为适应当地未来经济发展对掌握电子计算机和自动化技术等专门人才增长的需求,TVA 正在实施高新技术培训计划。

由于 TVA 卓有成效的努力,田纳西河流域开发被誉为世界上第一个全流域综合开发规划,也是一个最成功的区域开发规划。

(二)南加州开发

南加州开发过程与田纳西河流域有较大差别,但以水资源开发为中心则是类似的。

加利福尼亚州土地资源、水资源都比较丰富，多年平均地表径流量达 655 亿立方米，地下水储量也很大。但分布不匀，北部土地面积不到一半，占有地表径流 84.2%；南部土地、光热资源充足，经济发展潜力很大，用水需求为北部的 3 倍，但只占有地表径流的 15.8%，水资源严重不足。能否克服这一重大制约因素，是南加州工农业发展的首要问题。为此，在合理开发利用当地地表水、地下水资源的同时，从本世纪初起，美国联邦政府、加州政府和地方政府(市县)集中力量，先后兴建了三个调水工程。

1.萨克拉门托河北水南调工程

包括 30 年代联邦垦务局和陆军工程兵团修建的中央谷地工程和 60 年代州政府主持的加州水利工程。将萨克拉门托河及其各支流的水用水库储存起来，经一系列扬水泵站、输水渠道向其南的圣华金流域和南加州其他地区调水。共建 20 余座水利枢纽，不少具有灌溉、发电等综合效益。其中较大的沙斯塔水库库容 55 亿立方米，奥洛维尔水库库容 44 亿立方米。兴建扬水站 17 座，总扬程 1151 米，年耗电 130 亿度；输水渠道全长 1900 多公里，共调水 140 亿立方米，开辟灌区近 100 万公顷，供水地区人口约 1900 万，几乎占全州人口 3/4。输水道沿线建成水电站 13 座，其中抽水蓄能电站 4 座，年发电 116.5 亿度。

2.科罗拉多河东水西调工程

科罗拉多河是美国西南部的大河，多年平均径流量 500 多亿立方米，30 年代建成的胡佛水库库容 367 亿立方米。本工程利用胡佛水电站和帕克水电站的电力，将经过调节的科罗拉多河水，通过科罗拉多输水渠(包括许多隧洞和虹吸管)、全美输水渠、科切拉输水渠、圣迭戈输水渠等，扬水穿过海拔 500 多米的山脉，再自流输送到南加州的科切拉灌区、帝国谷地灌区数十万公顷农田和 120 个城镇，供水地区人口 1000 余万，1941 年建成。年调水 54 亿立方米。

3.欧文斯河北水南调工程：即洛杉矶市输水道

由内华达西拉山脉东坡的欧文斯河流域，扬水穿过山区引来。有两条平行的输水管道，长 544 公里，第一输水道建成于 1913 年，第二输水道建成于 1970 年。年输水量 6 亿立方米，是洛杉矶市居民用水的主要水源。

全加州年用水 500 多亿立方米，其中地表水占 60%，地下水占 40%。地下水取用量占全国地下水开采总量的 1/4 以上。上述三大调水工程调水量共 200 亿立方米，占全州地表水取用量 70% 以上，可见跨流域调水对解决南加州供水的重大意义。

南加州依靠调水工程和当地地下水源的合理开发，为发展高度集约化、商品化的灌溉农业奠定了物质基础。除开源外，南加州十分注意采取各种节约、保护水资源的措施。(1)节水灌溉技术：果园、菜地、人工草地普遍采用滴灌、喷灌系统，大田采用经改良的先进沟灌方法。为减少渗漏,采用激光机械平地,保证 240 亩范围内高差不超过 2.5 厘米,使田间用水效率达 90%。推广计算机数据调整自动化灌溉管理系统,田间计算机终端测定水、热、土、气等数据,经中心处理后提出灌水计划(时间、水量)返回田间终端使用,适时适量灌水,可节约用水量 10% ~ 30%。(2)渠道衬砌。如东水西调工程中科切拉输水渠部分原先未衬砌,损失输水量一半。70 年代用混凝土衬砌,年节水 1.6 亿 立方米。目前渠水平均利用系数在 0.8 以上。(3)联合运用地表地下水。修建地下水库,丰水年地表水回灌地下含水层,旱年加大抽用地下水。南加州地下水库年储水 12 亿 ~ 37 亿立方米,投资仅为地表水库的 35% ~ 40%。正建克恩县地下水库,库容 25 亿 ~ 50 亿立方米。(4)加强用水管理,包括配给水量、累进制水费政策、重复用水政策等。如全州年利用净化污水 2.7 亿立方米;法定居民安装厕所节水装置,每次冲水量由 19 升降为 5.7 升。

由于水源、区位、作物种类、灌溉方法等不同,加州亩水费差别极大,低的仅 1.5 美元,高的达 62 美元。水费较高的是南加州,过去几十年中积累了发展节水高值产业的成功经验。

以单位产值用水量衡量用水经济效益,加州农业可分四种类型。

I 粮食。单位产值用水量为 17.5 立方米 / 美元 (小麦), 小麦产值占全国小麦产值 2,9%,自给为主,出口值占全国出口值的 4.2%,主要分布在水费较低的北加州。

II 经济作物。单值用水 8.9 立方米 / 美元,棉花产值占全国 30%,出口值占全国出口值 43.3%;甜菜产值占全国 29%,豆类占 15.2%,两者主要分布在北加州。

Ⅲ人工草地—牧业。单值用水 6.6 立方米 / 美元,苜蓿产量居各州第六,肉牛产量居第七,自给为主,苜蓿干草出口值占全国出口值 37.7%,肉牛出口值占 3.5%。

IV 果品、蔬菜。单值用水 4 立方米 / 美元,葡萄产值占全国产值 90.5%,柠檬 76%,莴苣 73%,番茄 65%,杏仁、甜瓜、胡萝卜等 30 余种果品、蔬菜产值居全国第一,果品、蔬菜的 83% 就地加工,葡萄、莴苣等多种果品、蔬菜出口值占全国出口值的绝大部分,水果、蔬菜面积占全州耕地 27%,占灌溉耕地(包括人工草场)33% 以上,且集中分布于南加州,是南加州农业的主要专业化部门,号称美国的“水果盘”、“色拉碗”。近年来,比果菜更节水高值的花卉生产比重有迅速扩大趋势。

由上可见,随着用水效益提高,农业生产方向由自给为主过渡到专业化部门。

工业制造业根据单位产值用水量也可分为四种类型:

Ⅰ单位用水低于平均值的行业:飞机、汽车、船舶、宇航等运输设备占全州制造业产值 16.8%,电子、仪表、电器、服装、印刷等行业占 57%,合占 73.8%,是南加州制造业主要专业化部门。

Ⅱ接近平均值的行业:化工、橡胶占 5.1%。

Ⅲ高于平均值的行业：食品占12%，炼油占4.2%，冶金占2.5%，合计18.7%。

Ⅳ远高于平均值的行业：造纸占2.4%。

以上说明，产值高、用水效益高的果品、蔬菜、运输设备、电子、电器等行业，是加州经济的主导专业化部门，构成工农业核心。灌溉用水效益加州比全国高55%，制造业用水效益加州比全国高86%，可见其产业结构是一种节水、高效型结构，与当地资源结构、环境结构相互协调。如果单位产值用水量与全国水平相等，则加州今日的经济规模年需灌溉农业用水997亿立方米，制造业用水78亿立方米(能源工业不计在内)，比目前加州灌溉农业、制造业用水总和净增586亿立方米，接近加州调水量的3倍，即使动用加州全部地表地下水资源和调来科罗拉多河水资源也远远不够用。

如果没有调水工程建设以及节水高效的产业结构，加州成为今日世界最富的农业区、美国最富的“黄金州”是根本无法想像的。而充裕的能源供应、发达的交通设施(运送新鲜果菜的冷藏集装箱卡车通过高速公路直达全国各地超级市场，洛杉矶市的现代化港口年吞吐商品数千万吨，洛杉矶大市区大小29个飞机场把各大农场与世界各地联系在一起)、不断推出的新技术(新品种、新的栽培、储存、加工技术等)则是南加州进行大规模果品、蔬菜商品生产的技术经济保证。

三、田纳西河流域和南加州开发经验之二：统一规划，分期开发，不断改革，长期奋斗

美国到19世纪末，对自然资源的开发都是由私人资本按单目标、单要素进行的，如一方面在田纳西河下游筑堤防洪，另一方面却在河流上游乱伐森林，造成水土流失、洪水泛滥；一些私营公司在田纳西河支流上建坝，只用于发电，却没有考虑防洪、航运、灌溉等等。这既造成资源、环境的浪费和破坏，又浪费了人力、财力和物力。20世纪初，一些具有远见卓识的科学家意识到，对自然资源必须有计划有步骤地综合开发、合理利用，才能最有利于社会经济的发展。1907年，著名林学家吉德福·平乔特指出：“森林与河流、内河航运、水力发电、洪水控制、土壤及其侵蚀、煤石油以及渔业等都有密切的联系……对于这些有联系的资源的利用应该进行统一开发”。同年，水文地质学家麦克杰也向总统提出了类似的看法，促使美国政府于1908年成立了国家资源保护委员会，委员会主任由平乔特担任，并展开了对田纳西河等流域的全面调查研究，提出了开发全流域的规划方案。1930年经国会和联邦政府批准，明确方案中的所有工程，无论政府、有关部门、私人公司都可参与建设，但必须按批准的规划进行。

30年代初，由于全国性的经济大萧条，作为贫困落后地区的田纳西河流域情况更加悲惨，居民生活在贫困和绝望之中。1933年初参议员诺烈斯等七次提议成立一个地区性的联邦机构，以实施田纳西河流域综合开发规划，解决该地区存在的问题。1933年3月罗斯福就任总统后，即向国会提出咨文："我建议国会立法成立田纳西河流域管理局——一个既拥有政府权力而又具有私人企业灵活性和积极性的公司。TVA 应当负有广泛的规划责任，以合理地利用、保护和开发田纳西河流域的自然资源，提高流域居民的社会经济福利。"

TVA50 多年来的活动，证明了市场经济条件下计划手段的必要性和有效性。

一个落后地区的开发需要经历一个相当长的发展过程，因此，综合开发规划的分期实施是顺理成章的。田纳西河流域的开发治理大体上可分为四个阶段。

第一阶段（1933～1950 年）：主要从事水利水电建设，即水利化年代。首先开工建设具有最大防洪效益的诺烈斯水利枢纽以及一系列支流水库，同时在干流上修建改善航运的低水头水利枢纽，基本控制洪灾危害，改善航运，开发水电，初步推进农业和农产品加工业的发展。其主要经验有：①优先安排工期短、收效快的工程，采取同型大坝"成对"设计施工，加快了建设速度，如道格拉斯枢纽仅用了 13 个月即建成。②兴建水利枢纽和城镇布局、移民安置同步规划、配套建设。建筑工人的工棚设计为永久性住宅，同时匹配相应的基础设施、服务网络、旅游景点和修理加工企业，工程完工后随即出现新兴小城镇。

第二阶段（1950～1960 年）：进一步完善水利水电建设，转入大规模火电建设，即电气化年代，促进原子能、化工、电解铝等高耗能工业和机械、橡胶、纺织、食品等工业大发展。化肥大规模推广迅速提高了农业生产力。其主要经验是：①火电建设采用最先进的大容量机组，如帕拉达斯 1 号、2 号机组均为 70 万千瓦，以后 1965 年施工的 3 号机组为 115 万千瓦，1968 年施工的康伯兰电厂 1 号、2 号机组单机容量为 130 万千瓦，都是当时世界上最大的机组型号，效率高、安全性好。②廉价电力通达全区农村，农户户均年用电量由 1950 年 2000 度提高到 1960 年 8800 度，为全国平均水平（3800 度）一倍以上，促进了农村小城镇农林牧产品加工业的发展，大批农民就近转化从事工业、第三产业。

第三阶段（1960～1973 年）：重视生态环境保护和旅游业发展，进入核电站建设阶段。在发生世界性能源危机背景下，本区充足的能源、水源和其他自然资源，以及新建州际公路系统使市场接近中心区位，刺激制造业进一步迅速增长。因火电大发展和工业三废污染大气、水源，环境问题突出，开始大规模地采取除尘、除硫、改建高烟囱、煤矿区种树复垦、控制三废排放、建设污水处理厂等措施，通过了有关保护野生生物的法规，制定了旅游业大发展规划，实施一系列旅游业建设项目。

第四阶段（1973～1991 年）：商业、服务业、旅游业等比重迅速提高，旅游业成为新的主导产业，制造业在波动中缓慢增长。由于美国对世界市场的扩大开放，本区出口产品（如机器）和内销产品（如纺织品、服装、家具）受到国外商品的激烈竞争，70 年代后期和

80 年代初期美元增值，更使制造业处境恶化，1982 年失业率达 12.2%（全国 9.7%）。80 年代中期美元汇率下跌和 1989 年提高利率，使制造业在周期性波动中前进，表明本区经济活动与世界经济联系日益密切。旅游业发展突飞猛进，上千个公园、游览地星罗棋布于山间、水滨，年观光者达 7000 多万人次。

据研究预测，今后流域地区制造业、金融保险业、交通公用事业、旅游和服务业、农业将继续以较高速度发展，净迁入人口增加，而煤炭等采矿业将进一步萎缩。面对尖锐的国内、国际竞争环境，制造业需要在现代化、自动化设备方面加大投资以提高劳动生产率，本区将面临高新技术人才紧缺的重大挑战。

通过考察我们了解，无论是田纳西河流域还是南加州，其经济都在不断改革中前进。所谓改革，首先是经济体制、运行机制的改进和完善。例如 TVA，它既是一个直属联邦政府的有权的独立机构，又是一个管辖众多经济实体的公司，如何充分发挥其管理、协调、服务、经营的功能，以改善流域地区人民的生活质量，一直是历届董事会推进改革的首要课题。本届董事长马文·鲁尼恩上任后，提出了任期内三个改革目标：①1989～1991 三年内电价稳定不变以维持一个更具竞争力的电力系统（此目标已实现）；②通过削减行政管理费用使联邦资助项目更好地为流域地区人民服务；③建设一个更加企业化的机构以使其更高效和提高劳动生产率。目前他们正瞄准某些高效私营企业，把 TVA 进一步推向市场竞争，通过重组机构，减少管理层次，转变官僚作风，把原来 3.4 万雇员减为 2 万人，把 TVA 建设成管理最好的联邦机构。

改革的另一方面是适应不同发展阶段，对地区经济结构适时调整。随着规划的分期实施，紧紧抓住不同阶段的主导产业和重点开发区，把它促上去，带动其他产业和整个区域的协调发展，全面改善技术开发、人才开发、各类管理体系和服务体系，也是不断改革的重要内容。在这方面，南加州近年来为进一步扩大出口导向的果品、蔬菜、花卉等专业化商品生产而采取一系列措施，以及田纳西河流域近年来高速发展旅游业和相应的公用设施、服务事业的措施，都给我们留下了深刻印象。

当然，落后地区和待开发地区的开发由于受地理区位、自然条件、经济社会基础和历史因素等制约，经济起飞是一个时间较长的历史阶段，不可能短期内很快奏效。对于落后地区开发，既要争取眼前、近期的明显效益，更要从切切实实打基础着手，着眼于长远的腾飞。即使地理区位和资源条件得天独厚的加州，开发速度极快，也经历了近一百年时间。条件优于宁夏的田纳西河流域，在国家大力扶持下进行大规模的重点开发建设，从人均收入水平相当于全国平均数的 45%（1933 年）进展到 80%（1991 年），经历了近 60 年时间。预计今后 15 年内，该地区经济发展速度继续超过全国平均速度的情况下，到 2005

年人均收入将相当于全国平均水平的84%，差距进一步缩小。但要彻底消除差距，还需继续长期奋斗。

四、田纳西河流域和南加州开发经验之三：国家对于落后地区和新开发地区在体制、政策、投入等方面适当倾斜，培植其自我发展能力。

落后地区和新开发地区由于“迟发展效应”的影响，与发达地区不是站在同一条起跑线上，因而在发展经济的竞争中往往处于不利地位。如果任其自然发展，很可能出现富者愈富、穷者愈穷的局面。从长远看，这对全国的经济繁荣和社会稳定都是不利的。在这个问题上，有两种截然不同的观点。一种意见认为，在市场经济条件下，由于资本和劳动力可以自由流 动，发达地区发展到一定阶段，必然会向落后地区扩散资金、人才和其他资源，从而自然地使两者差距缩小，达到区域经济一体化。另一种意见则认为，很多落后地区由于一些制约因素的存在，在很长时期内经济难以起飞，与发达地区的差距越来越大，因此外力的帮助是重要的，落后地区发展需要国家干预。田纳西河流域综合开发规划的成功实施，证明国家对某些落后地区的政策倾斜和重点扶持，对于当地和整个国家的发展，都起到了重大的推动作用。

美国国会和联邦政府对于开发田纳西河流域，首先在管理体制上进行了重大的改革创新，即由国会通过TVA法案，确定建立一个法人机构TVA，来统筹开发管理田纳西河流域。TVA被赋予特别的体制和权力，它既具有行政管理性，又具有经济实体性，是一个独立经营、自负盈亏、可进行自我改造、自我发展的经济实体。它既具有研究、规划、设计、施工的能力（包括与有关部门、企业、大学、推广站等合作），又具有经营管理的能力，是一个包括工程建设、电力、航运、旅游、化肥、农业、林业、水土保持和环境保护等各方面的经济综合体。法案授予TVA规划、开发、经营、管理流域内各种资源的广泛权力，使它能够统一协调流域内经济发展与人口、资源、环境之间的关系，各州和有关部门之间的关系。TVA法案还具体规定，TVA有权征购或出售田纳西河干支流沿岸的土地用以建设水利枢纽，有权生产、经营和销售电力，有权研究、示范和推广各种高效肥料，对该局拥有的国家财产有转让权和 租赁权，有权发行债券，有权将各种工程以合同的形式承包给其他机构或私人进行建设等等，也就是我们常说的给予了一整套特殊政策。总之它既拥有作为联邦政府独立机构的广泛权力，又具有私营企业的很大自主权，从而有很高的灵活性和主动性。这就使它在宏观决策上能加强计划性，而在微观活动上又能迅速适应市场的变化。

落后地区开发面临的重大难题是资金来源。因为要改善投资环境，首先要在水、电、路等基础设施方面进行大规模投资，这种投资回收期长，“门槛”投资比发达地区更大。而落后地区由于经济基础薄弱,就地筹措资金难度很大。所以开发初期国家给予必要的外部投入以作为启动基金是十分必要的。TVA 在工程建设初期，资金来源以国家拨款为主,每年仅偿付一定的资金占用费。从 1959 年开始,转而主要依靠自己的售电收入、折旧基金和发放债券来扩大再生产,70 年代 TVA 已具有较强的经济实力，贷款成为资金的重要来源。

50 多年来 TVA 通过各种渠道筹集资金投入建设，积累的固定资产达 280 亿美元,其中国家拨款投资 49.5 亿美元。近年来已交还国库(偿付国家对 TVA 电力系统投资本息)7 亿多美元。据调查测算,田纳西河流域水利枢纽工程每投入 1 美元,可得净效益 31 美元(以工程使用期 50 年计),投入产出效益可观,从全国经济社会总体利益来衡量是非常有利的。

这里必须指出,TVA 所做的,主要是创造了一个比邻近区域更好的投资环境,为发展高耗能、大耗水、大运量企业、旅游业以及其他各类产业提供了良好条件,从而吸引大量资本、人才甚至原材料进入田纳西河流域。TVA 本身的投资主要是诱导性投资,投资主体则是当地和外来的企业。工农商服务业私人投资为 TVA 投资的数十百倍。而这些企业给雇员的工资和创造的利润又是他们投资的数十百倍。从这个角度看,国家重点扶持田纳西河流域这样的不发达地区的开发建设,其综合经济效益和间接经济效益之大是难以计数的。

美国联邦政府通过 TVA 对田纳西河流域进行开发之外,还有其他的扶持方式。田纳西河流域东部是美国最贫困的阿巴拉契亚丘陵山区的一部分。虽然山区拥有丰富的煤炭、森林、水资源和旅游资源,但交通闭塞、灾害频繁(暴雨、水土流失等)、平地狭小、农业和煤炭业萧条等制约因素使 50 年代 1/3 家庭处于贫困线以下,形成所谓“富饶的贫困”。人们逐渐认识到,靠一般方法无法解决该区存在的问题,并且受 TVA 成功的鼓舞,1965 年国会通过了《阿巴拉契亚区域开发法案》,建立阿巴拉契亚区域委员会(ARC),开发地区涉及西弗吉尼亚州全部和田纳西等共 13 个州,397 个县,面积 50.5 万平方公里,人口 2000 多万。ARC 协调联邦、州、地方政府三方以及国有者与私有者之间的开发建设努力,它所主持的阿巴拉契亚区域开发规划,采取了重点开发与综合开发相结合的方法,核心项目是公路交通规划,规划建设 4870 公里公路,公路建设投资占 1965 ~ 1985 年投资总额 52 亿美元的 61.7%。同时它把教育、医疗、住宅和其他福利设施建设提到与公路、工业区和供水系统建设同等重要的地位,并且重视农村小城镇、小企业的发展。在处理空间结构关系上,按照增长极理论,选定 69 个开发区集中使用投资,进行重点开发建设。

ARC 的开发资金 41%来自联邦政府,13%来自各州政府,26%来自当地政府（县市),20%其他来源。ARC20多年来的活动,与TVA一样取得了惊人成就,截止1985年仅公路就修建了4022公里,使原先交通闭塞的状况发生了根本性变化。

至于南加州的开发,在初始阶段,也得到国家大力支援。仍以水资源开发为例,1928年国会授权建设的美国西部第一个水资源多目标综合开发工程——鲍德尔峡谷水利枢纽(即胡佛水库),不但有利于科罗拉多河下游防洪、灌溉,而且可向加州大量供电,同期建设的全美输水渠(东水西调第一期工程),均由联邦政府拨款。除防洪分摊部分由政府负担外,其余(发电、灌溉)按50年还本付息,交还国库。中央谷地工程(萨克拉门托河北水南调第一期工程)最初是20年代由加州政府提出,拟发行1.7亿美元水资源债券筹集资金。但最终加州当局说服了联邦政府由国家直接拨款,内务部垦务局负责建设和管理。

加州水利建设主要的筹资方式是发行债券(或股票)。洛杉矶市为兴建欧文斯河北水南调工程,1905年发行150万美元债券购得欧文斯河流域的水权和土地权，两年后,又发行4300万美元债券兴建输水道。1931年,南加州大都市水区(洛杉矶市和南加州其他城市共同组建的一个水资源机构)发行2.2亿美元债券,用于建设科罗拉多河帕克水利枢纽和科罗拉多输水渠。加州政府主持的加州水利工程(萨克拉门托河北水南调第二期工程)1952～1990年间总建设费达40亿美元，其资金来源主要是：①普通债券占38.9%;②电力收入债券占20.8%;③石油收益建立的加州水利基金占12.5%;④水费收入债券占9.4%。其他还有投资收益、联邦政府拨款(防洪分摊部分)、旅游部门拨款等。今后的扩建、维修投资将主要依靠电力收入债券、水费收入债券集资。整个萨克拉门托河北水南调工程,45%的设施和费用属联邦政府垦务局,55%归州政府。

由上可见,美国把水资源作为一种生产资料,采取股份公司的企业管理办法来进行资源综合开发集资。在工程建设期间,出具债券(或股票),以后农户(农场主)根据投资份额,拥有相应用水比例的权利。城市和工矿企业用水,同样需按用水量多少向公司(水资源管理机构)交费,甚至向农场主买水。这种管理办法有利于筹集资金,保证水利工程的建设、维护,也有利于加强管理和节约用水。

五、对发展宁夏黄河经济的启示和建议

田纳西河流域开发被公认为“二十世纪的世界奇迹”,南加州已成为美国最先进的地区之一。根据我们的考察体会,结合宁夏实际,我们认为,在发展宁夏黄河经济过程中,应当特别重视以下问题。

(一)进一步解放思想,更新观念,加大加快改革开放步伐,转换经济运行机制,实行一系列更加灵活的政策与措施。

TVA的成立,是30年代市场经济条件下实行计划手段的产物,可以说是解放思想、进行社会改革的实验。1988年以来，TVA新任董事长大刀阔斧进行机构改革，目前除电力系统外，逐步将所属其他企业转让给私人经营。可以看出，TVA在不断地进行改革、调整，以适应经济社会发展的需要。在发展宁夏黄河经济过程中，要以深化改革、扩大开放总揽全局，进一步解放思想、更新观念，认真贯彻落实小平同志最近的《讲话》精神，努力探索和建立适合宁夏区情的计划经济与市场调节相结合的经济运行机制。宁夏由于环境闭塞，基础薄弱，"硬"环境的根本改善并非一日之功，因此利用民族区域自治的有利条件，制定一系列更加灵活的政策措施，迅速改善"软"环境，显得尤其迫切。建议：①多途径探索本地资源与外地资源（尤其是资金、技术、人才）的有效结合形式，包括在区内、沿海、沿边、国外创建多种类型的经济实体，引进我区急需技种的国内外专家，开辟新的劳务输出途径等。②对开发新产品、打开新市场、引进资金等实行特殊政策，对有功人员实行重奖，包括利润提成、荣誉奖励等多种形式，范围包括非宁夏人以至外国人。③在普遍加强对外经济技术合作的同时，有选择有重点地与某些国家、地区、单位、企业进一步加强经济技术合作、科技文化交流和贸易往来。自治区领导部门、某些企业、大学、研究机构要在这方面率先迈出大步伐、打开新天地，争取短期内取得突破性进展。

（二）在水、电、路等基础设施建设方面狠下工夫，长期规划，分步实施，重点突破，尽快改善投资环境，为扩大对外开放创造条件。

田纳西河流域和南加州的开发的共同做法是水、电、路等基础设施建设先行，为吸引外来投资创造了良好环境。发展宁夏黄河经济，首先要在基础设施建设上妥善安排、长远规划，根据资金落实情况分步实施。"八五"期间要把交通通信建设放在突出地位。建议：①重大基础设施建设可采用发债券或股票的办法筹集资金，建成后有偿服务，回收资金。②宁夏财力有限，基础设施建设不可能遍地开花，宜取重点突破战略。如目前我区受铁路运输制约极大，建议修建改造一条高等级公路联结沿海，采用大吨位卡车开展直达门对门运输。③建议国家借鉴TVA经验，考虑建立黄河上游电力开发公司，授予统一规划、开发建设、管理经营黄河上游地区电力系统以及黄河开发整治的广泛权力，加速黄河上游水资源和区域经济的综合开发步伐。

（三）以水土资源综合开发、有效利用为中心，发展灌区节水农业和山区生态农业。

南加州紧紧抓住输水、用水、节水三个环节，注重水土资源利用的经济效益，发展节水高效农业的经验，田纳西河流域从示范推广高效化肥入手，实行草田轮作，陡坡地退耕还林还牧，逐步发展丘陵山区生态农业的经验，对于宁夏灌区和山区农业具有重要借鉴价值。建议：①山区重点抓示范推广合理施用化肥和草田轮作的耕作栽培技术，进一步引进、研制、推广高效复合肥料，把它作为迅速提高土地生产率、劳动生产率突破口，在此基础上调整土地利用结构,发展生态农业。②灌区要尽快实施科学合理的累进水费政策,推广系列化的节水灌溉技术,建立现代化的节水管理制度,促进黄河水、地下水的合理利用,以经济杠杆促进高值农业的发展。

(四)以电力建设为龙头,加速建设宁夏沿黄工业走廊。

TVA 最突出的成功经验是以充裕、可靠、廉价的电力,吸引大量外部投资在沿河建设高耗能、大耗水、大运量工业企业,在全国率先实现农村电气化,促进农村小企业、小城镇发展,推动农民向非农产业转移。宁夏同样有条件走以廉价电力吸引外部投资、建设沿黄产业走廊的道路,走加速农村电气化、工业化、城市化的道路。建议:①水利枢纽与火电、港口、车站、工业区、城镇建设统一规划、配套布局,而在各城镇间又应构成合理分工和紧密协作。②黄河产业走廊建设与河道整治工程妥善结合、相互促进。河道整治要促进河滩地合理利用(工业区用地、港口用地、农林牧业用地)、航道建设、旅游网建设和渔业建设,要与保护黄 河水质、控制三废排放以及黄河两岸、支流流域的水土保持工作结合起来。③农电建设与农村小城镇建设、乡镇企业发展紧密结合,把推进农村电气化作为脱贫致富的重要突破口。

(五)逐步调整和建立节水、高效型产业结构,建立健全科学高效的管理制度和社会化、企业化的服务体系。

田纳西河流域与南加州的共同点是,都有一个适合当地实际、具有区域特色的产业结构,以及相应的高效管理体系和服务体系,从而能以优质廉价产品占领世界市场。宁夏同样存在一个灌区如何向节水高值高效产业转化、山区如何向提高牧业和农产品加工业比重、农林牧、农工贸更好结合转化的问题。建议:①长远打算,逐步调整产业结构。既要明确调整方向,创造调整条件,又要循序渐进,避免大起大落。要把以粮食为核心、种植业为主的传统农业结构逐步调整为以高值作物为主、农林牧副渔综合发展的高效农业结构。宁夏灌区(尤其是扬黄灌区)要逐步扩大高值果品基地,以几种优质果品作为拳头产品,依靠科技,建立品种引进选育、栽培、加工技术的科技示范推广体系,发展优质、高产、高值、易贮、易运的品种,探索合适的经营规模和组织模式,培育技术、生产资料供应、加工、营销等社会化、企业化的服务体系,争取占领国内外广阔市场。还要按照宁夏独特的自然条件,选择条件好的农场、县、乡,引进、试种新的水果、蔬菜、花卉品种,从中培育有希望的优势产品。②以银川高新技术产业开发区为基地,将高新技术改造和提高传统产业,不断开发节能、节材、节水的新工艺和各类具有鲜明特色的新产品,逐步形成适应国内外市场、符合宁夏资源优势的现代化、合理化的产业结构和产品结构。

建立、完善宁夏水资源水环境监测信息管理系统的建议

一、必要性和紧迫性

水是最重要的国土资源之一，也是干旱半干旱区生态环境中最重要、最活跃的自然因素。对于我区来说，水资源短缺与利用效率低并存，是制约宁夏发展的最大瓶颈。加强水资源水环境的科学研究，做好保护水环境、利用水资源的科学规划，全面建设节水、高效、防污的节水型社会，是我区贯彻落实科学发展观，实现经济跨越式发展的一项重大任务。而从基础抓起，建立、完善水资源水环境监测信息管理系统，则是一项必不可少的根本性措施。

根据科学治水的要求，我区水资源水环境监测还存在以下主要问题：一是水量监测基础较好，水质监测分散、薄弱；二是地表水监测相对较全面，地下水监测点少、面窄；三是地区分布不平衡，北部宁夏平原引黄自流灌区河、湖、渠、沟、井监测初具网络，而中南部很多空白；四是监测点分散于多个部门，监测数据各自按条条要求，缺乏统一、可比的项目、标准，尚未形成信息交流、资源共享机制。由此，目前我们得到的监测数据往往不够完整、不够系统、不够准确、不够及时。以不牢靠的数据为基础、为依据，去搞研究、订规划、提供领导决策，必然无法满足经济社会发展日益提高的客观需求，还有可能在关键问题上贻误大事。

谋划科学发展要从基础抓起，建设节水型社会必须从建立、完善水资源水环境监测信息管理系统着手。

二、具体建议

建立、完善宁夏水资源水环境监测信息管理系统，是一项复杂的系统工程，必须统筹

发表于宁夏老科学技术工作者协会《老专家建言》2009 年第 2 期(2009 年 4 月 1 日)

规划,精心设计,分工协作,分步实施。

一是摸清家底,科学规划。调查登记自治区现有水资源水环境监测点,每个点的主管部门、监测对象、监测项目、设备、人员、经费等现状和现存主要问题。在此基础上,编制监测点网布局规划,主要是研究确定原有监测点的调整、改造,新增监测点的定位、定性,例如某些原先监测空白但重要的河道、水库、渠沟、湖泊、沼泽、泉、井等,包括城镇水源地水井,大型企业自备井,城镇和大型企业的污水处理厂,煤矿矿井水,地热井、温泉,扬黄灌区地下水位监测井,地质矿产部门勘探井,等等。要合理布局原有监测点和新建监测点,形成引黄灌区、扬黄灌区、中部干旱带、南部山区配套成龙、全面协调的地表水、地下水监测网络。

二是整合资源,统筹建设。充分调动各方积极性,以水务部门为主,联合环境保护(水环境质量监测)、林业(森林自然保护区水源和湿地保护监测)、建设(城镇自来水、污水排放、中水利用)、经委(大企业自备井及污水处理排放、煤矿矿井水等)、国土资源(地质矿产勘探井、监测井,油田注水井等)、旅游(景区水源)、农垦等各系统主管部门,按照各监测点监测对象的实际情况,分等定级,配备不同的设备、人员、经费,确定不同的监测项目序列、时间序列和数据序列要求。要协调各系统所属监测点的监测项目统一标准问题,做到各系统下属监测点之监测数据既能满足各自系统的要求,又能符合统一、可比的共同要求,做到统分结合,为资源整合、信息共享确立科学的监测标准。

三是建立系统,科学管理。各主管部门所属系统的各监测点形成专业系统网络,全部监测点形成自治区水资源水环境监测网络。前者建立信息管理系统分站,如环保厅分站,林业局分站;全自治区则在水利厅建立信息管理系统中心站。要采用先进的监测仪器、传感技术、宽带数字传输技术和地理信息系统(GIS)管理技术等高科技手段,在系统中心站、分站、各监测点之间建立快捷、紧密的信息联系,达到及时交流、信息共享。要加强对政府、规划设计科研单位和社会公众的服务,定期发布信息公报。

四是立项申报,争取经费。完善监测信息管理系统,需要一笔可观的建设经费,包括现有监测点的技术改造,新增监测点的基本建设和设备购置,系统中心站和分站建设,等等。同时也必然会增加人员编制和中心站、分站、监测点运行管理的经常费用。但是,这项基础建设意义非同一般,可说是走向科学治水的长远大计。在自治区财政尚不充裕的情况下,要抓住当前国家扩大内需、加强基础设施投入的难得机遇,向国家争取尽可能大的支持。为此,要尽快组织得力班 子,编制《建立、完善宁夏水资源水环境监测信息管理系统》项目建议书和项目可研报告,将其作为自治区建设节水型社会重大工程的一项基础性建设项目,向国家发改委、水利部、科技部申报立项,争取国家资助大部分建设经费。

变害为宝、充分利用煤矿矿井水的建议

宁东能源化工基地已建或正建煤矿的领导反映：除灵武矿区外，宁东其他各大煤矿水文地质条件复杂，各矿间变化较大。有的矿井往往发生突发性涌水，瞬间涌水量达1000立方米/小时以上，对煤矿安全造成很大威胁。过去认为宁东煤矿区地下水量很小的观点并不完全符合多数矿区的实际，对矿井水害问题必须引起足够重视。

煤矿领导反映的与此相关问题是矿井水的排放和利用问题。例如，羊场湾矿矿井水利用相对较好，矿井水经一定处理后，用作井下工业用水、井口工业广场工业用水和洗煤厂用水，夏秋季还作为绿地、防护林带灌溉用水，建成了大西北知名的花园式煤矿。但每年仍有近一半矿井水(只经过简单处理)外排，对周围环境造成污染。石槽村煤矿除小部分矿井水经处理供本矿利用外，大部外排，形成积水坑，高矿化度水污染环境，导致环保部门干预罚款，并限批有关建设项目。宁东基地管委会虽然编制了矿井水利用规划，但至今未能落实。为此，提出如下建议供自治区政府和有关方面参考。

一、尽快启动宁东能源化工基地规划区的水文地质、环境地质勘查评价工作

宁东基地规划区范围内水文地质、环境地质资料极端缺乏。过去积累的少量资料，均为煤炭、石油系统以本系统供水为目的在20世纪70年代以前进行的局部地区勘查资料，自治区地质矿产局1/20万水文地质区测资料也大多以收集资料为主拼凑而成，无法反映该地区的水文地质、环境地质全貌及其规律，更无法满足当前宁东基地大规模开发建设的需求。

据有关专家研究，宁东基地区域位居鄂尔多斯台地地下水自流盆地的西缘，是自流盆地向西运动补给银川平原的地下水径流排泄区，地质构造复杂多变，不同地段分布有

宁东能源化工基地专家咨询委员会2010年会议资料，2010年9月

岩溶水、白垩纪承压水、第三纪和第四纪孔隙水等多种类型含水层，急需自治区政府有关部门立项，开展系统、深入的宁东基地区域水文地质、环境地质勘查评价工作，查明地下水赋存状况，为防治煤矿矿井突发水害、合理利用矿井水和开发富水地段地下水提供可靠的科学依据。

二、建立完善矿井水监测管理信息系统和处理、利用系统

现有煤矿和拟建煤矿，都要把矿井水监测、利用作为保障安全生产、合理利用水资源、减少和消除环境污染、发展循环经济、建设“两型”社会的大事来抓，切实列为重要议事日程。

首先要建立完善现代化的矿井水监测管理信息系统，设置专门岗位，专人专项管理，落实责任制，掌握水量、水质变化规律，实现各矿井联网，建立安全预警系统和突发事故应急处置方案。

第二要提出企业、矿井的矿井水处理、利用规划，根据矿井水水量、水质情况，用水户要求和距离等，因地制宜建设不同规模、不同水质标准的水处理装置，落实用水目标市场（本矿和邻近用水户），争取将矿井水大部分处理成为工业用水（冲洗用水、洗煤用水、冷却用水等）或林草灌溉用水，根据需求状况小部分也可处理成为生活饮用水。

建议神华宁煤集团先走一步，选定某矿井（例如羊场湾矿）作为试点单位，在调研的基础上，编制和落实矿井水处理、利用规划，落实处理后矿井水的用水户（如以管道输送邻近的电厂、工业园区），争取试点矿井实现矿井水全处理、零排放、全利用。在试点矿井试验成功、取得经验后，再全面推广。

自治区水务主管部门（水利厅）和经济信息委应把宁东矿区的矿井水监测管理系统、处理利用系统管起来，进行监督、检查、指导。

三、政府出台促进矿井水零排放、全处理、全利用的相关鼓励政策

当前，煤矿处理矿井水在技术上没有问题，关键是矿井水处理成本较高，特别是用反渗滤技术处理成为高标准的生活用水，成本远高于鸭子荡水库供水费用，一般用水户宁愿用鸭子荡水库供水而不愿再建管道用矿井处理水。要解决这个经济可行性问题，应在进行调查研究基础上，由政府有关部门出台相关政策，寻求一条合理解决途径。一是政府通过资源税、环境税的适当抽成或适当返还，补贴矿井一部分费用以供水处理补贴或输水管道建设费用补贴，使供应相关用水户的矿井水价格不高于鸭子荡水库同等供水水质的相应价格。二是加大未经处理或处理不达标的矿井水外排排污费的罚款力度，以违规排放矿井水的矿井罚款来适当补助矿井水全处理、零排放、全利用的矿井，体现奖优罚劣，以此鼓励企业走全处理、零排放道路，堵死部分处理、大部分不达标排放的传统做法。

还可鼓励其他创新思路,探索试验有利于矿井水合理利用的优惠政策。

四、适时修编宁东能源化工基地矿井水利用规划

过去曾有预测,宁东基地达到年产煤6000万吨时,可利用矿井水大致在1380万吨左右。在干旱缺水的宁东基地,这是一笔极为宝贵的资源和财富,我们必须给予高度重视,做到变害为宝,充分、合理利用。

建议在基地区域水文地质、环境地质勘查评价工作取得成果的坚实基础之上,结合各矿区矿井水监测管理信息系统的建立完善,试点煤矿矿井水全处理、全利用系统的建立完善,以及政府有关矿井水排放、处理、利用配套政策的出台,进一步修编宁东基地矿井水利用规划,把矿井水零排放、全利用作为建设国家级循环经济试验区的突破口,为“能源金三角”以至全国矿井水的污染控制、充分利用打造样板、作出贡献。

宁夏土地资源现状评价和永续利用对策

建设人与自然和谐社会，首先要做到人地关系（广义为人与地理环境的关系，狭义为人与土地资源的关系）和谐。土地是人类首要的生存条件和立国之本，是最基本的生产要素，社会经济发展的基础。其他各种自然资源也依托、附着于土地之上。随着人口增长和经济社会发展，人类对土地的需求不断增长，而土地总量的有限性和固定性（不可移动性），决定土地供给不可能无限增长，这一方面表明土地的重要性与日俱增，另一方面也要求人们统筹规划、合理配置土地资源，不断提高土地的集约利用程度，以有限的土地资源保障经济社会可持续发展。

1. 对宁夏土地基本区情的新认识

宁夏土地总量虽小，但人均占有量不少。宁夏统计土地面积 66400 km^2，据国土资源厅实测为 51954 km^2，按 2005 年末人口计算，人均土地 13 亩，高于全国平均值（11 亩），在全国各省市区中，仅低于藏、青、新、内蒙古、甘、黑，居第 7 位。人均耕地（2.8 亩）仅次于黑、内蒙古、新，居第 4 位，人均灌溉耕地（1 亩）仅次于新，居第 2 位。所以，有人认为，宁夏土地资源有数量优势，在用地上可以放开手脚，不必斤斤计较。但是，单纯看数量是不全面的，如把量与质结合起来评价，情况就不同了。由于宁夏绝大部分为干旱半干旱气候，水资源不足，影响土壤的发育和肥力，中部干旱风沙区的灰钙土、风沙土，南部黄土丘陵区的黄绵土，北部宁夏平原的盐碱土等贫瘠土壤分布广泛，合占总面积的 78%。中部土地广阔，但与水资源分布严重错位，影响土地资源的有效利用。由此，宁夏农用土地的

宁夏国土资源厅委托课题宁夏土地利用战略研究（宁夏土地利用总体规划修编前期工作研究之一）部分中间成果，发表于《科学技术与新农村建设》，宁夏人民出版社，2007:274~285。合作者：赵亚峰、岳晓燕

生产率总体较低。由于宁夏投资环境较差，工业园区的投资强度（单位面积投资额）和产出率（单位面积 GDP、工业增加值和利税额）也较低下。土地资源的低质性和低效性在很大程度上抵消了宁夏土地资源的数量优势。

1.1 宁夏土地处于亚健康状态

土地健康是指土地被人类利用而其生态系统功能并不受到干扰、破坏，有其一定的自我修复、更新能力，保证土地永续利用目标的实现。土地健康状况受到土地资源本身和自然、社会、经济等多种因素的影响，根据宁夏实际，我们构建了由土地生态因素、土地灾害因素、土地利用因素、土地社会因素四个准则层共 18 个指标构成的宁夏土地健康评价指标体系，并根据土地健康生态位理论所构建的土地健康度指数模型，计算出宁夏各市县区的土地健康度指数。结果表明，宁夏没有最好的"非常健康级"和最差的"恶劣级"，仅少数县区（银川市区、永宁、贺兰）为"健康"级，大部分县市区为"亚健康"级，少数县(海原、西吉等)为"不健康级"，宁夏全区总体为亚健康级，即土地健康状况中下，问题较多，主要反映为两低两重，即农用地投入和产出低下，生态破坏、自然灾害都较严重。

1.2 宁夏中南部各县农地资源劳动力严重超载

我们以经济农用地资源（即农用地扣除只产生生态效益而没有或极少经济产出的那部分农用地，即扣除大部分林地、全面禁牧的天然草地，只包括耕地、园地、林业苗圃地、改良草地、人工草地、养殖水面）为对象，通过构建最小劳均用地面积、规模农业压力指数、农地劳动力承载力等数学模型，计算出 1995 ~ 2004 年宁夏全区农地资源劳动力承载力变化、2004 年宁夏各市县区农地资源劳动力承载力差异等数据。可以看出，宁夏全区农地劳动力承载力指数仅为 76%，还有 24%农业劳动力无法依靠本区的农地资源生存、发展。其中中南部 9 县区合计有农业剩余劳动力 51.2 万人，相当于超载农村人口 138.4 万人。以西吉、泾源县超载最重，农业剩余劳动力占其农业劳动力总数的 70%左右。剩余劳动力数量最大的西吉县达 12.7 万人，海原、同心、原州区也达七八万人。这表明，在当前生产力水平和生活水平的条件下，宁夏的农用土地资源无法养活现有的全部农业人口。

1.3 宁夏土地资源相对承载力偏低

我们以全国平均水平作为对比标准的参照区，根据全国的人均资源拥有量和消费量以及宁夏的资源存量，计算评价宁夏的相对资源承载力，包括相对耕地承载力、相对农用地承载力、相对经济承载力以及相对综合承载力。结果表明，宁夏相对综合承载力指数由 1995 年 74.5%提高到 2004 年 89.59%，在西北各省区中，略高于青、陕、甘，而显著低于新疆（134.7%）、内蒙古（127.09%）。其中中南部 8 县区合计超载人口达 118.8 万人，矛盾最突出的海原县相对综合承载力指数仅为40.3%，超载人口达22余万，人口与资源严重不协调。超载人口量最大的还有同心、西吉、原州区，均在20万人以上。

以上这些理论计算值，在相当程度上说明了宁夏人口与土地资源关系的严峻形势。严格保护、合理开发和高效利用土地资源，实现土地的集约利用和永续利用，是我们面临的重大而紧迫的任务。

2. 当前宁夏土地资源利用保护的主要问题

2.1 土地生产率低下

一是耕地生产力低，2004年粮食单产为224千克/亩，为全国平均值(308千克/亩)的72.7%，如计算复种指数，则仅为66.5%，也就是说宁夏三亩耕地只相当于全国平均水平的二亩耕地。二是农用地整体生产力低，每亩农用地平均农林牧渔业产值仅200元，相当于全国平均值(368元/亩)的54.3%，即宁夏二亩农用地大致仅相当于全国平均水平的一亩农用地。由此，宁夏人均农用地资源高于全国平均水平，而相对农用地承载力指数仅76.6%，为重度超载。三是建设用地的投入产出效益低，例如宁夏20个工业园区，平均投资强度208.5万元/公顷(最低的工业园区仅4万元/公顷)，平均GDP产出88.9万元/公顷(最低的工业园区仅46.7万元/公顷)，虽然比之20世纪90年代有明显提升，但与全国平均水平特别是东部省市仍存在很大差距。

土地生产率低的原因，除了土地本身的自然条件因素以及水土资源在时间、空间上匹配不良外，与宁夏总体经济、文化、科技水平及对外开放程度偏低关系极大，包括土地投入特别是科技投入不足，其中中部干旱风沙区天然草地的投入最少，南部黄土丘陵区耕地的施肥、改良也很不够；土地集约经营水平低，特色优势农业发展不足，农业产业化尚处初级阶段；城镇和工业园区二次产业多属缺乏高新技术和规模效益的高耗能、低产出、高污染的传统原材料产业，高附加值的深加工、精加工产业比重很低，等等。

2.2 人地矛盾日趋突出

随着人口增长，人均土地、人均耕地指标不断下降，其中有四种情况矛盾尤为尖锐:一是北部宁夏平原引黄灌区人口密度较大的农村，如吴忠市利通区市区附近、中卫市市区附近的某些乡村，每平方公里人口密度达千人以上，可与长三角、珠三角人口稠密的农村相比，以农业人口计算的人均耕地不足1亩。

二是南部黄土丘陵区人口密度较大的农村，如泾源县、隆德县某些乡村，农业人口人均耕地不足1.5亩，而这些耕地还是产出水平很低的旱耕地。

三是某些吊庄移民区，移民初期人均有灌溉耕地2亩左右或更多，由于人口增殖较快，有的吊庄人均耕地已降至1.0~1.5亩。我们于1998年调查固海扬黄灌区移民吊庄时，发现同心县丁家塘乡的农业人口人均耕地由90年代初的3.3亩降至1997年不足2亩，城关乡由原5.4亩降至2.4亩，短短数年间人地矛盾扩大的速度惊人。

四是城市郊区城乡交接地带，建设占地与保护基本农田的矛盾越来越严重，城郊建设占地大多占用优质水浇地、菜地、园地，虽然通过新开发灌溉农地达到区域数量上的大致占补平衡，但由于建设占地与新开发地质量相差很大，实际影响仍十分显著。而建设占地带来的一系列具体问题，包括失地农民能否获得足额补偿，失地农民的培训、就业、社会保障、社会救助等问题，都牵涉到和谐社会建设，特别要求审慎处理。据调查，2002～2004年3年中，全自治区涉及被征地农民3.5万户，计11.4万人，其中大部分已转为城镇户，但稳定就业的只占劳动力数的48%；银川市在处理建设占地与失地农民出路的关系上积累了不少成功经验，但也存在失地农民补偿标准不一、安置费偏低，收入下降、生活负担加重，再就业困难，创业缺乏技术指导、信贷扶持等若干具体问题。

2.3 城镇建设用地利用粗放

由于人们存在宁夏地多的观念误区，往往忽视建设用地的集约利用问题。据宁夏建设厅2004年年报，全区城镇建成区人均用地155m^2。这一数据远远超过国家颁布的《城市用地分类与规划建设用地标准》(标准规定，I级用地指标人均60.1～75 m^2，II级75.1～90 m^2，Ⅲ级90.1～105 m^2，IV级105.1～120 m^2)，也超过全国特大、大、中、小城市的实际人均城市用地(分别为74.6、88.0、107.9、142.7 m^2)。跟国外相比，发达国家人均城市用地82.4 m^2，发展中国家83.3 m^2，可见宁夏城镇用地集约利用水平很低。宁夏每增亿元固定资产投资，建设用地增量达170.3 hm^2，每增亿元GDP，建设用地增量142.2 hm^2，也远大于邻近省区。银川市区综合容积率为0.79，比之西安、兰州均差，石嘴山市区、吴忠市区、固原市区、青铜峡市区、灵武市区综合容积率分别为0.56、0.68、0.75、0.52、0.65，中卫市区与银川市区同为0.79，而各县镇和其他建制镇综合容积率一般在0.4以下，土地利用十分粗放。据对银川、石嘴山、青铜峡市和海原县6个不同类型工业企业典型调查，平均建筑系数不到30%，平均容积率0.69，均超过了国家规定的不低于30%、0.8之标准。20个开发区(工业园区)，闲置地颇多，土地利用率仅为66%。

宁夏农村居民点用地，因土地详查时未把应列为农用地的菜地、果园、饲养场、晒谷场等用地划出，导致统计的农村居民点人均用地高达288 m^2(川区超过200 m^2，山区超过300 m^2)，偏离实际情况。据典型调查，山区海原县两个自然村人均326.5 m^2，扣除林、园、场后，实际人均宅基地147.8 m^2。川区中卫市城区两个自然村人均84.4 m^2，实际人均宅基地52.6 m^2；永宁县一自然村实际人均宅基地73.7m^2。即按宅基地计算，均小于国家人均150m^{2}指标。值得注意的是，因村庄规划建设改造工作滞后，以致近两年出现了农村人口较快下降，而农村居民点用地则继续上升的现象。

从城镇用地增长的弹性系数来看，1995 ~ 2004 年间宁夏城镇用地年均增长率 6.3%，同期非农业人口(代表城镇人口)年均增长率 4.7%，城镇用地增长的弹性系数达 1.34，大大超过了公认的 1.12 适度弹性系数指标。这主要与建设用地重外延扩大、轻内涵挖潜，重增量扩展、轻存量优化的观念，以及不按规划办事、宽打窄用、盲目占地、提前圈地、甚至违规占地有关。

2.4 土地退化、污染比较严重

宁夏没有一个市县区土地处于非常健康状态，大部分处于亚健康，一部分不健康或处于亚健康、不健康的边缘。历史上遗留至今的林地缩减、水土流失、草地退化、土地沙化、土壤盐渍化等问题，经过近些年的综合治理和生态建设，已经进入生态恢复的相持阶段或初步改善阶段，但水土流失、土地沙化等生态破坏问题还有相当大部分有待进一步治理，这些问题的彻底解决，尚需长期坚持不懈的奋斗。工矿、道路、水利建设造成局部新的水土流失、土地沙化的现象仍时有发生。由于高地开发新灌区导致相邻低地出现新的土壤次生盐渍化，也不在少数。中南部地区一些农户随意侵占、垦殖草原，有的地方甚至有组织地对草原圈占开垦，造成很多不在册耕地，这类耕地退耕还林还草后往往在多雨年份又悄悄变回耕地，造成新的生态破坏。近些年来，对改土培肥重视不够，施用有机肥不足，而不合理施用化肥、农药较多，加上畜禽养殖场粪便的面源污染扩展，导致不少地区耕地质量下降，土壤污染、水环境污染有加重、蔓延趋势。石嘴山市和灵武市煤矿采空区的土地塌陷问题、煤矸石堆积自燃污染环境问题，目前虽已引起有关方面重视，加大了治理投入力度，但复垦治理任务艰巨，尚需长期努力。

3. 建设人地关系和谐的宁夏土地合理利用新格局

全面贯彻以人为本、全面、协调、可持续的科学发展观，围绕建设全面小康社会、和谐社会的宏伟目标，加强土地宏观调控和用途管制，既保证当前经济社会平稳快速发展的合理土地需求，又保证长远发展的土地供给，实现土地资源永续利用，人地和谐共存，我们认为，必须从以下五个战略重点狠下工夫。

3.1 结构优化

调整优化土地利用结构，是经济社会发展的客观需要，也是土地提高经济产出率和自身价值的必然趋势，而在经济欠发达的宁夏尤为重要。结构优化升级的基本点是：第一，在供给引导和制约需求的前提下，适应工业化、城镇化加速发展进程，以及基础设施进一步改善的需求，正确处理需要与可能、发展与保护、重点与一般的关系，优先保证国家和自治区重点建设项目的用地需求，保证特色优势产业和重大基础设施建设，保证沿黄城市群发展，适度提高建设用地率，包括满足宁东能源化工基地、银川和地方性中心城市、太中银铁路和高速公路、固原市六盘山机场、中卫市沙坡头机场等工矿用地、城镇用地、交通运输用地等合理需求，使国家的西部大开发战略在宁夏得到顺利实施。

第二，适应生态建设需求，积极提高林地率，稳步增加各类林地、园地，相应减少不适耕作的耕地、某些转化为林地的天然草地和某些未利用地，有效保护湿地。

第三，从宁夏具有耕地数量优势的特点出发，今后在稳定一定耕地面积的前提下，着重提高耕地质量及其综合生产能力，即适度开发灌溉耕地以继续提高灌溉耕地率，大力建设旱作基本农田，积极发展阳光温室农业，综合治理某些退化耕地，不适耕作的坡耕地、沙旱地退耕还林还草。通过耕地和其他农用地的结构优化，促进农业的专业化、规模化、区域化生产和特色优势农业快速发展。

第四，适应部分农村人口向城镇或区外转移的趋势，以及建设村容整洁的社会主义新农村要求，搞好村镇建设规划，逐步压缩农村居民点用地。但要注意，在相当一段时期内，要根据不同情况，适当满足部分转移农民城、乡双栖的实际需求。

统筹协调、合理安排各部门、各行业、各地区用地需求，必将大幅度提高土地利用的综合效益。

3.2 农地保护

落实保护耕地基本国策。通过划定基本农田保护区、基本草场保护区、自然保护区等措施，严格保护基本农田、园地、林地、基本草场和重要渔业水面。严格控制非农建设随意占用农用地，建设用地尽可能利用未利用地和严重退化天然草地，尽量少占耕地特别是少占灌溉耕地和优良耕地，坚持落实耕地占补平衡数量与质量并重原则，加大基本农田保护和建设的投入力度。宜耕土地后备资源得到适度开发，贺兰山东麓和宁东基地的红墩子、临河等半荒漠牧草地逐步开发为灌溉耕地、人工草地、林地构成的新绿洲。煤矿采空塌陷区全面实施土地整理复垦工程。

要确保人均一亩基本农田的最低要求，保障农民的土地合法承包经营权和依法流转权益，完善征地制度和合理补偿机制，妥善安置被征地农民，健全土地节约利用和收益分配机制，推进土地资源的市场化配置和土地制度创新，完善耕地保护和土地管理的责任制度，维护好广大农民的根本利益，加强和谐村镇建设。

预计在全部完成退耕还林还草工程之后，全区耕地面积将基本保持稳定，即长期保持 106.7 万 hm^2 左右，同时稳步提高灌溉耕地和旱作基本农田比重，基本农田保护面积维持在 88 万 hm^2，保证耕地总体质量及其生产率节节上升，确保食物安全不出问题。

3.3 集约利用

节约利用土地是土地利用的根本指导方针，要按照以内涵挖潜为主、提高土地集约利用水平的思路，围绕保障科学发展和建立资源节约型社会的目标，分析挖掘各行各业各地区土地集约利用潜力，统筹安排存量和增量用地，城乡各业都要在提高土地利用率和产出率、探索节约集约用地新模式上下工夫，走出一条符合我国国情、宁夏区情的土地利用新路子。

"十一五"期间，建设用地增量较多，但我们一定要千方百计缩短由外延发展为主向内涵挖潜为主、由粗放经营方式向集约经营方式的转变进程，依靠规划、科技、管理、政策、法规等多种措施，提高闲置土地、低效用地的利用效率和产出效率。要管住总量、严控增量、盘活存量，控制农用地转为建设用地的规模，坚决防止盲目扩大城镇用地、工业园区用地规模或超前圈占建设用地。

正确处理改善人居环境与节约用地的关系，建立健全用地定额标准，推行多层标准厂房，控制城市大广场建设，发展节能省地型公共建筑和住宅，人均城镇用地稳定于128m^2水平，较大幅度提高工业园区每公顷投资强度和产出率。在科学规划基础上，开展农村居民点用地整理，调整布局，控制占地，推进废弃地复垦，探索建立城市建设用地增加和农村建设用地减少相挂钩制度。重视提高城郊农用地的综合效益（如景观、旅游和生态效益），提高农用地与建设用地合理布局、镶嵌布局的综合效益。

3.4 生态保育

坚持不懈地综合治理水土流失、草地退化、土地沙化、土壤盐渍化、湿地萎缩等生态破坏问题。从促进生态系统走向良性循环的角度，加强农用地的物质投入和科技投入，重视土地的培肥改良，防治农用地的退化、污染。按照谁开发谁保护、谁受益谁补偿的原则，建立生态补偿长效机制。改善生态系统的结构和功能，使农田、森林、草地、湿地、城市等各类生态系统在地区上有机结合、优势互补，形成城镇与永久耕地、生态功能区相互间隔、高效协调可持续的空间格局，促进土地资源利用与生态环境保护的协调统一，建设资源节约型、环境友好型社会。

3.5 分区管治

根据不同地区资源环境承载能力、现有开发密度和发展潜力，将全自治区国土空间划分为优化开发、重点开发、限制开发和禁止开发四类主体功能区，按照主体功能定位调整完善区域政策和绩效评价，规范空间开发秩序，实行差别化管理，提出分类指导的土地利用调控指标和措施，逐步形成各具特色的空间开发结构。

3.5.1 优化开发地区

包括各地级市、县级市市区、县城等国土开发密度已经较高、资源环境承载能力开始减弱的地区。要在集聚产业的同时吸引较多人口,对一、二、三产业进行深度开发,对土地资源实行高效利用和更严格的建设用地增量控制,改变依靠大量占用土地、大量消耗资源和大量排放污染实现经济较快增长的模式,把提高增长质量和效益放在首位。其中银川市区及其他地级市市区要严格限制低水平的盲目开发和占地大、耗水多、耗能高、污染重的产业布局,保留较多的绿色空间,创造适宜的创业环境和人居环境。重点发展都市农业、有机农业、生态农业、设施农业等现代农业体系。工业项目要向园区集中,实行更加严格的节地、节水、节能、节材、防污标准。

3.5.2 重点开发地区

包括位于灵武市和盐池县西部、同心县韦州等地的宁东能源化工基地,中卫市城区的铁路、公路、民航交通物流枢纽,规划建设的大柳树水利枢纽,以及全区重点开发区、重点工业园区等,资源环境承载能力较强、发展潜力较大,具备在一定程度上集聚产业和人口的地区。通过加大资金、人力、科技投入,充实基础设施,改善生态环境和投资创业环境,促进特色优势产业集群和循环经济发展,壮大经济规模。要适当扩大建设用地供给,满足工矿发展、城镇建设和基础设施的合理用地需求。宁东基地既是资源开发潜力巨大的能源综合开发重点区,又处于毛乌素沙漠化防治区,必须在加强生态修复和环境保护的前提下实施有序开发、科学发展,合理利用半荒漠天然草地作为工业园区集聚产业,依托银川市区、灵武市区等绿洲城市发展服务业和集聚大部分增量人口,并鼓励有稳定就业和住所的外来人口定居落户。

3.5.3 限制开发地区

包括中部干旱风沙区、南部黄土丘陵区的大部分乡村,资源环境承载能力较弱、大规模集聚经济和人口条件不够好,关系到较大区域范围生态安全的退耕还林还草地区、草原“三化”地区、水土流失、土地沙化严重地区。通过对其开发建设活动进行必要的引导、调整,坚持保护优先、适度开发、点状发展,因地制宜地发展与本地资源环境相协调的特色产业。在地区发展目标上突出生态修复和环境保护的指标,在 GDP、财政收入等经济指标发展速度的要求上不能与优化开发、重点开发区相攀比,而应制定合乎本地特点的适度指标。严禁生态用地随意改变用途。通过农村人口城镇化和较大规模劳务输出,促进超载人口自愿有序转移,减轻对资源环境的过大压力,逐步形成协调的人地关系,促进退化生态系统的较快修复和进入良性循环,为保障西北和国家的生态安全发挥应有作用。

3.5.4 禁止开发地区

包括六盘山、贺兰山、罗山、白芨滩、沙坡头、云雾山、震湖、哈巴湖、火石寨、南华山、青铜峡库区、沙湖、震湖等自然保护区，以及风景名胜区、国家森林公园、国家湿地公园、国家地质公园、水源保护地等。要依据法律法规规定和相关规划实行强制性保护，控制人为因素对自然生态的干扰，严禁不符合主体功能定位的开发活动。各类保护区都要实行严格的土地用途管制，不准随意改变用地功能。自然保护区内除从事生态保护建设、生态旅游服务的人口外，逐步引导从事其他经济活动的人口实现有序转移，实施生态移民计划。

宁夏农地资源劳动力承载力时空分析

传统意义的土地资源人口承载力以“土地—粮食—人口”之间的关系为研究对象，主要反映一个区域可能生产多少粮食、养活多少人口。这种研究，在考虑国家或区域粮食安全问题时，具有十分重要的意义[1-3]。然而，在经济全球化不断深入、“三农”问题解决和社会主义新农村建设的形势下，传统农区农业劳动力的就业和剩余劳动力的有序转移已成为中国当前面临的重大社会问题。因此，当前研究土地资源承载力，不仅要解决农民的食物供给问题，更要解决农民的收入问题，即研究土地资源产出率、农业劳动力收入水平与劳动力数量之间的关系，弄清楚一定区域的土地资源能承载多少充分就业的农业劳动力，以便为发展农业的适度规模经营以及农业剩余劳动力的产业转移(由农业向二三产业转移)、城乡转移(由农村向城镇转移)和区际转移(由劳动力超载区向富余区转移)提供科学依据[4][5][6]。

在研究农业土地资源劳动力承载力方面，邵晓梅等提出了农业土地资源劳动力承载力的概念，即“在充分利用土地资源自然生产力来保证单位劳动力一定收入的前提下，单位土地资源产出的各种产品所得收益能承载的最大劳动力数量”，并设计了最小劳均耕地面积、规模种植压力指数、农业土地资源劳动力承载力的模型[7]。本文在借鉴前人成果的基础上，对一些概念、模型进行重新界定和改进，并从时空角度对宁夏农地资源劳动力承载力进行测算评价[8]。

1. 农地资源劳动力承载力测算的理论方法

传统研究在计算土地资源承载力时，均以耕地资源来反映土地资源，这在研究“土

宁夏土地利用总体规划修编前期研究项目《宁夏土地利用战略研究》部分中间成果，发表于《干旱区地理》2006,29(5):754~759。合作者：岳晓燕、白林波、米文宝

地—粮食—人口"关系的情况下是合理的。但如果研究土地经济产出与农业劳动力收入的关系，目前情况下，用耕地资源来代替土地资源就不太准确，因为耕地产出仅是农地资源中农林牧渔业产出的大部分，而不是全部(据统计，宁夏近几年耕地产出占农地产出的60%左右)。据此，本文提出了与农林牧渔业产出大致对应的经济农用地资源(农用地扣除只产生生态效益而没有或极少经济产出的那部分农用地，从宁夏来说，即扣除大部分林地，全面禁牧的天然草地)，它包括耕地、园地、林地中的苗圃地、牧草地中的改良草地、人工草地以及养殖水面，本文将其简称为农地[9][10][11][12]。

1.1 最小劳均农地面积的概念与模型

最小劳均农地面积指的是在一定区域内，单位农林牧渔业的劳动为保障其一定收入标准所需的最小农地面积。其数学模型如下：

$$S_{min}=\frac{B}{V/L} \qquad (1)$$

式中，S_{min} 为最小劳均农地面积(公顷 / 人)，B 为区域平均农业劳动力收入标准(元 / 人)，V/L 反映农地生产力水平，V 为农林牧渔业增加值 (元)，L 为区域经济农用地面积(公顷)。

由上式可知，最小劳均农地面积与区域平均农业劳动力收入标准成正比关系，与农地生产力水平成反比关系。因此，在农业劳动力收入一定的情况下，提高农地的生产力水平就可以减少农民对农地的需求，从而减缓人地矛盾。

由于不同区域的农民收入水平受到社会经济发展水平以及农产品生产成本、税收、市场价格等多种因素的限制，以致在研究中很难确定。所以本研究通过宁夏全区农民的人均收入来确定农业劳动力收入标准，其演算模型如下：

$$B=\frac{B_t}{P_l} \qquad (2)$$

式中，B 为区域平均农业劳动力收入(元 / 人)，B_t 为区域农民人均纯收入(元 / 人)，P_l 为区域农业劳动力占农业人口的百分比(%)。

1.2 规模农业压力指数的概念与模型

规模农业压力指数指的是在同一时间段内，一定区域最小劳均农地面积和实际劳均农地面积之比。其数学模型如下：

$$K=\frac{S_{min}}{L/C_a} \qquad (3)$$

式中，K 为规模农业压力指数，S_{min} 为最小劳均农地面积(公顷 / 人)，L/C_a 反映实际劳均农地面积，L 为区域经济农用地面积(公顷)，C_a 为区域农业劳动力(人)。

规模农业压力指数反映了一定区域为保障农民收入所需的最小劳均农地面积与实际劳均农地面积之间的对比关系，可以衡量一定区域发展规模农业的难易程度以及农业劳动力和农业人口对土地资源生态系统造成的压力状况。由于劳动力数量和农业土地资源生产力、市场因素等导致的区域农林牧渔业增加值的波动，所以最小劳均农地面积与实际劳均农地面积会随时间和空间而发生变化，因此，不同的值反映不同时空条件下农地资源所承受的压力情况：

K>1，农地资源处于正压力状态(承受压力)；K=1，农地资源处于零压力状态(压力平衡)；K<1，农地资源处于负压力状态(无压力)。其中，K 值越大，离实现规模农业越远；K 值越小，越具备发展规模农业的有利条件。

1.3 农地资源劳动力承载力的概念与模型

农地资源劳动力承载力指的是在保护生态环境，充分利用农地资源生产力保证单位劳动力一定收入的前提下，单位农地资源产出的各种产品所得收益能够承载的最大劳动力数量。其数学模型如下：

$$C = \frac{L}{S_{min}} \tag{4}$$

式中，C 为农地资源劳动力承载力(人)，L 为区域经济农用地面积(公顷)，S_{min} 为最小劳均农地面积(公顷 / 人)。

农地资源劳动力承载力可以反映在不破坏农地资源生态环境而又充分利用农地资源生产力的条件下，一定区域能够承载具有一定收入标准的农业劳动力的最大量。

1.4 农地资源劳动力承载力指数的概念与模型

农地资源劳动力承载力指数指的是农地资源劳动力承载量与实际农林牧渔业劳动力之比。其数学模型如下：

$$I = \frac{C}{C_a} \tag{5}$$

式中，I 为农地资源劳动力承载力指数，C 为区域农地资源劳动力承载力(人)，C_a 为实际农林牧渔业劳动力(人)。

农地资源劳动力承载力指数可以反映区域的人地关系协调状况，农地资源劳动力承载力指数越小，区域人地关系就越紧张，需要转移的农业剩余劳动力就越多。根据宁夏实际情况，对农地资源劳动力承载力指数分级，可分为四个类型区:(1)富余区(I≥1.1)；(2)临界区(0.9≤I<1.1)；(3)轻超载区(0.6≤I<0.9)；(4)重超载区(<0.6)。

2. 宁夏农地资源劳动力承载力动态变化分析

2.1 1995~2004 宁夏 10 年间农地资源劳动力承载力变化分析

根据《宁夏统计年鉴 1995~2004》、《宁夏农业统计资料 1998~2000》、《2004 年宁夏回族自治区土地利用变更调查报告》等有关数据，按前述模型计算，得到 1995~2004 年宁夏农地资源劳动力承载力变化，见表 1。

表 1　　1995~2004 年全区农业土地资源劳动力承载力变化

年份	农业人口（人）	农业劳动力 C_a（人）	农民人均纯收入 B_1（元 / 人）	农林牧渔业增加值 V（万元）	经济农用地面积 L（万 hm²）	最小劳均农地面积 S_{min}（hm²/ 人）	实际劳均农地面 L/C_a（hm²/ 人）	规模农业压力指数 K	农地资源劳动力承载力 C（人）	承载力指数 I	农业剩余劳动力（人）
1995	3 744 295	1 483 163	1 037	351 137	1 358 429	1.01	0.92	1.11	1 341 271	0.90	141 892
1996	3 804 257	1 522 990	1 416	432 942	1 368 136	1.21	0.90	1.24	1 224 035	0.80	298 955
1997	3 822 377	1 535 856	1 545	448 172	1 373 387	1.18	0.89	1.32	1 165 556	0.76	370 300
1998	3 843 507	1 456 591	1 756	486 869	1 378 980	1.30	0.94	1.39	1 057 772	0.72	408 353
1999	3 878 930	1 527 878	1 791	480 053	1 381 189	1.31	0.90	1.45	1 055 772	0.69	472 106
2000	3 950 946	1 531310	1 724	459 478	1 390 724	1.35	0.91	1.48	1 032 974	0.67	498 336
2001	3 992 902	1 517 293	1 823	528 355	1 393 513	1.35	0.92	1.47	1 033 245	0.68	484 048
2002	4 027 547	1 505 141	1 917	555 065	1 343 845	1.30	0.89	1.46	1 030 007	0.68	475 134
2003	3 817 164	1 458 228	2 043	555 065	1 266135	1.22	0.87	1.40	1 037 911	0.71	420 317
2004	3 799 685	1 439 822	2 320	672 590	1 221 447	1.11	0.85	1.31	1 098 560	0.76	341 262

由表 1 可知：

(1)10 年来，宁夏的规模农业压力指数均大于 1，表明宁夏农地资源一直处于农业劳动力以及农业人口过大的压力状态之下，在当前生产力水平下发展规模农业是比较困难的。从历年的规模农业压力指数看，1995~2000 年间规模农业压力指数在不断增大，而 2001~2004 年间，随着农地综合生产能力的提高，规模农业压力指数虽稍有下降，但仍在 1.31 之上，表明多年来宁夏的人地矛盾一直处于比较紧张的状态。

(2)从农地资源劳动力承载力指数十年间的变化来看，指数均在 $0.6 \leqslant I \leqslant 0.9$ 之间，表明农业劳动力一直处于轻度超载状态，农业剩余劳动力的数量较大，当前的经济农用地面积难以承载目前的农业劳动力数量，需要对剩余劳动力进行劳务输出。从历年的承载力指数来看，总体呈下降趋势，表明宁夏虽然一直在不断提高农地资源的综合生产能力，但农地产出量的增加率仍赶不上农业人口的增长率。因此，宁夏要实现和谐的人地关系，输出过剩的农业人口，尤其是农业剩余劳动力应是当务之急。

(3)从农业剩余劳动力的绝对量变化来看，1995~2000 年间在逐步增大，2001 年以后虽然农地资源劳动力承载力基本稳定，但随着农业从业人员向二三产业转移步伐加快，农业剩余劳动力呈减少趋势，特别是近年来宁夏在充分利用科学技术发展农业，农地综合生产能力有较大提高的同时，也不断加大劳务输出的力度，以致剩余劳动力的减少幅度较大。

2.2 宁夏农地资源劳动力承载能力空间差异分析

按照上述模型及其统计资料的相关数据，对宁夏回族自治区五个地级市及其所辖市、县、区的农地资源劳动力承载力进行计算，得出结果如表 2 所示。

由表 2 可知：

(1)从规模农业压力指数来看，各市县区存在着巨大差异。北部引黄灌区的银川市和石嘴山市，由于较好的生态环境，农地资源承载力较高，具备发展规模农业的较好条件，且在当前的生产力水平下，农业人口对地理环境不造成压力；而中南部的各市县(利通区、青铜峡市、沙坡头区除外)则由于水资源严重匮乏，生态环境十分脆弱，农地资源生产力条件差，综合生产能力低，农地经济效益差，以致能够承载的农业劳动力和农业人口有限，人地矛盾十分尖锐。

(2)按农地资源劳动力承载力指数分级，运用 GIS 技术，得到空间图示(图 1)。从图可见，北部引黄灌区的各市县基本为富余区，贺兰县、沙坡头区为临界区，盐池县、中宁县为轻超载区，南部黄土丘陵区各市县区基本为重超载区，表明宁夏的农地资源劳动力承载力地域差异十分显著，北部川区承载力富余、南部山区超载的形势非常明显。

(3)从农业剩余劳动力的绝对量来看，吴忠市的盐池县、同心县，中卫市的中宁县、海原县，固原市的各县区是剩余劳动力的集中分布区，应是目前劳务输出的主要县区。从农业剩余劳动力占农业劳动力的比重看，吴忠市的同心县，中卫市的海原县，固原市的各县区剩余劳动力在 52.3% ~ 71.5%之间，而这些地区又是全区生态环境脆弱和恶劣的地区，因此，这些地区除继续加强生态环境保护建设，大力改变农业基本生产条件，提高农地资源生产力水平外，今后还应进一步提高农业劳动力的文化科技素质，把发展劳务输出作为当地经济发展的头等大事。从表 2 可知，9 个超载县区共有农业剩余劳动力 51 万多人，这些剩余劳动力除了向二三产业、向当地城镇集聚外，也可以向富余区，特别是银川等绿洲城市和重点开发区转移，向东部发达省市和新疆、内蒙古等发展潜力较大的资源承载力富余区转移，从打工到创业，从候鸟型到部分定居，最后形成宁夏新的城乡人口分布格局，从而逐步协调人地关系。

表 2　　2004 年宁夏各市县区农地资源劳动力承载力差异

地区	经济农用地面积 L （hm^2）	农业劳动力 C_a (人)	农林牧渔业增加值 V （万元）	最小劳均农地面积 S_{min} （hm^2/ 人）	实际劳均农地面积 L/C_a （hm^2/ 人）	规模农业压力指数 K	农地资源劳动力承载力 C （人）	农地资源劳动力承载指数 I	农业剩余劳动力（人）
银川市	142 626	217 112	174 495	0.50	0.66	0.76	285 811	1.32	–68.699
银川市区	40 805	54 6741	57 213	0.44	0.75	0.58	93 711	1.72	–39 070
永宁县	34 181	60 385	42 710	0.49	0.57	0.86	69 956	1.16	–9 571
贺兰县	39 879	61 273	40 766	0.60	0.65	0.92	66 772	1.09	–5 499
灵武市	27 760	40 813	33 806	0.50	0.68	0.74	55 372	1.36	–14 559
石嘴山市	82 910	100 481	83 134	0.61	0.83	0.74	136 168	1.36	–35 687
石嘴山市区	25 933	2 7921	27 652	0.57	0.93	0.62	45 292	1.62	–17 372
平罗县	56 976	72 561	55 482	0.63	0.79	0.80	90 876	1.25	–18 315
吴忠市	344 469	298 986	168 677	1.25	1.15	1.08	276 281	0.92	22 705
利通区	33 757	55 444	62 066	0.33	0.61	0.55	101 660	1.83	–46 216
青铜峡市	37 719	6 0880	50 553	0.46	0.62	0.74	82 803	1.36	–21 922
盐池县	106 171	47 549	20 568	3.15	2.23	1.41	33 689	0.71	13 860
同心县	166 821	135 113	35 490	2.87	1.23	2.32	58 130	0.43	76 983
中卫市	244 197	316 557	130 217	1.14	0.77	1.48	213 286	0.67	103 271
沙坡头区	42 591	83 391	51 798	0.50	0.51	0.98	84 842	1.02	–1 451
中宁县	44 911	106 112	51 129	0.54	0.42	1.27	83 746	0.79	22 366
海原县	156 696	127 054	27 290	3.51	1.23	2.84	44 699	0.35	82 355
固原市	407 246	506 686	116 067	2.14	0.80	2.67	190 110	0.38	316 576
原州区	128 271	129 617	37 101	2.11	0.99	2.13	60 769	0.47	68 848
西吉县	136 890	177 514	30 934	2.70	0.77	3.50	50 668	0.29	126 846
隆德县	33 714	59 856	13 324	1.54	0.56	2.74	21 824	0.36	38 032
泾源县	19 381	51 164	8 918	1.33	0.38	3.50	14 607	0.29	36 557
彭阳县	88 990	58 535	25 790	2.11	1.01	2.10	42 242	0.48	46 293

3. 结论

农业剩余劳动力的转移，是我国实现农业现代化和农业规模化的先决条件，是增加农民收入的重要途径。本文通过对宁夏 1995 ~ 2004 年十年间以及 2004 年宁夏各市县区农地资源劳动力承载力进行时空比较分析。结果表明：宁夏多年来农地资源劳动力承载力一直处于轻度超载状态，其中北部引黄灌区的农地资源承载力较高，而南部黄土丘陵区各市县区则严重超载，有大量的农业剩余劳动力，南北之间的承载力差异巨大。因此，今后宁夏要建设和谐的人地关系，加速城镇化进程，缩小区域间的差异，必须在保护农地资源生态环境的前提下，不断提高农地资源的综合生产能力以及农地资源的劳动力承载

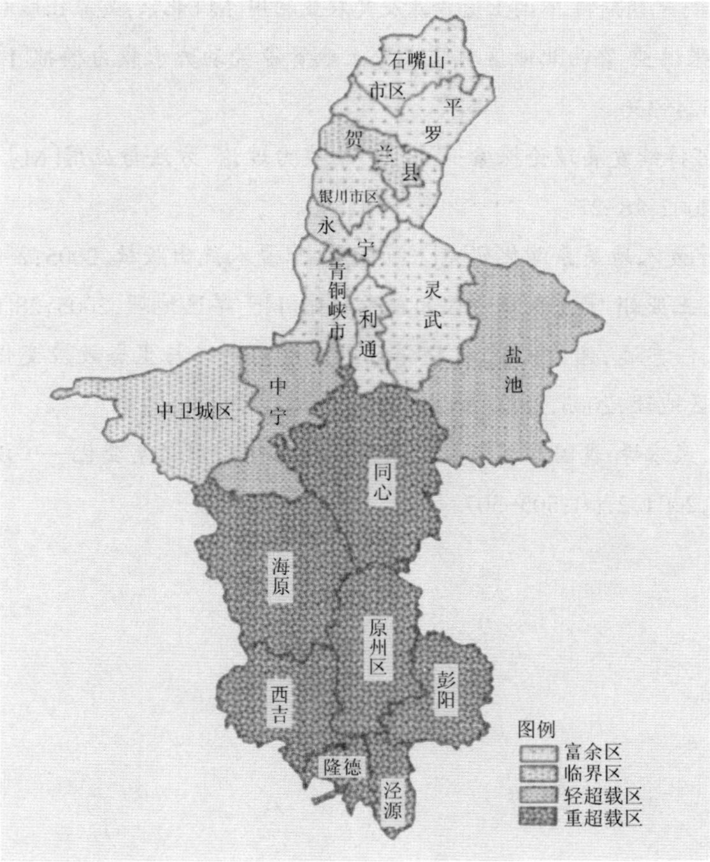

图 1　宁夏农地资源劳动力承载力类型区划

力，积极发展二、三产业，强化对超载区农业剩余劳动力的职业培训，为其产业转移和空间转移创造有利条件。

参考文献

[1]郭秀锐，毛显强.中国土地承载力计算方法研究综述〔J〕.地球科学进展，2000，(6)：705~711.

[2]罗贞礼.土地承载力研究的回顾与展望〔J〕.资源论坛，2005(2)：25~27.

[3]陈百明.中国农业资源综合生产能力与人口承载能力〔M〕.北京：气象出版社，2001：32~49.

[4]谢红霞，任志远，莫宏伟.区域相对承载力时空动态研究——以陕西省为例〔J〕.干旱区资源与环境，2004，18(6)：76~80.

[5]鲁奇，任国柱.农业资源态势分析与优化配置〔M〕.北京:科学出版社，2002：228~234.

[6]唐华俊,伊·范朗斯特.中国土地资源及其农业利用〔M〕.北京:气象出版社,2004:6~14.

[7]邵晓梅,张洪业.鲁西北地区现状农业土地资源劳动力承载力模拟〔J〕.自然资源学报,2004,19(3):324~330.

[8]高吉喜.可持续发展理论探索——生态承载力理论、方法与应用〔M〕.北京:中国环境科学出版社,2002:18~27.

[9]汪一鸣.宁夏人地关系演化研究〔M〕.宁夏:宁夏人民出版社,2005:2~10.

[10]刘小鹏,王亚娟.宁夏人口地理的初步研究〔J〕干旱区地理,2005,28(1):124~129.

[11]莫宏伟,任志远,谢红霞.农牧交错区土地利用动态与生态效应变化——以榆阳区为例〔J〕.干旱区地理,2005,28(3):352~356.

[12]任志远,武永峰.我国北部农牧交错区城郊土地利用时空变化——以包头市为例〔J〕.干旱区地理,2004,27(4):503~507.

宁夏相对资源承载力研究

宁夏耕地占土地面积的21.2%(2004年),主要分布在北部黄河冲积平原的引黄灌溉区和南部的黄土丘陵区,北部引黄灌区集中了宁夏的多数优质耕地,土壤条件好;南部黄土丘陵区则以旱地、坡耕地为主,旱涝保收的水浇地仅占耕地的8.1%。本文从可持续发展的角度,采用相对资源承载力的研究思路和方法,通过对宁夏近十年来资源承载力的演化分析,并与西北其他省区的对比分析,宁夏区内各市县的差异分析,揭示宁夏相对资源承载力水平以及对地区发展的影响,希望能为地区人口、资源、环境、经济的协调发展提供一些新的思路。

1. 研究方法选择

1.1 资源承载力和相对资源承载力的概念

资源承载力是指一个国家或区域资源的数量和质量,在一定生产力水平和消费水平的发展阶段,对该区域人口的生存、发展的支撑能力和合理的人口容量,它是衡量一个国家或区域人地关系(人口、资源、环境与经济发展关系)的重要概念[1][2][3][4]。相对资源承载力则是设定一个比研究区更大的一个或数个参照区作为对比标准,将研究区的资源存量与参照区的资源存量进行对比,计算出研究区的资源相对承载能力。对比这两种研究方法,资源承载力注重绝对数量的计算,是对各地区的实际存量进行计算,由于各地区的资源禀赋以及生产能力的不同,所以当与其他地区进行对比时不具可比性;而相对资源承载力是相对数的计算,以参照区为标准折合成一个相对的数值进行对比,这样使其数值更具可比性和科学性[5~7],能够较为准确合理的反映出地区的承载力状况,本文试用相对资

宁夏土地利用总体规划修编前期研究项目《宁夏土地利用战略》部分中间成果,发表于《干旱区资源与环境》2007,21(3):55~59。合作者:岳晓燕、赵亚峰

源承载力的理论、方法来研究宁夏的人地关系，以探索可持续发展的新问题、新途径。

1.2 研究方法的改进

随着科技进步、全球经济一体化以及地区间贸易往来，一定区域内人们的生活和生产对区域内已有自然资源存量的依赖性在逐渐降低，而对经济资源的依赖性则越来越大。本文将自然资源和经济资源作为人口的主要承载资源[8]，考虑到自然资源中耕地资源是与人类关系最为密切的一种资源，也是大部分农民的主要生产资料，但其在土地资源中占有比重很小，本文又列出了农用地资源进行研究。农用地资源是土地资源的主要部分，且宁夏的农用地面积占总面积的 80.6%。此外，宁夏的建设用地虽仅占土地面积 3.8%，但却是第二、三产业赖以发展的基础，对经济发展起着举足轻重的作用。所以，单纯考虑耕地和农用地资源承载力还是不全面的，而以土地资源(加上其他资源)为基础的全部产出应以地区生产总值(即 GDP)来衡量。由此，在经济资源方面选择能够较好体现经济资源生产状况的国内生产总值(GDP)进行研究。

由于自然条件、技术含量和生产水平的差异，不同区域的耕地以至农用地，其生产力水平差别很大。我们以全国的耕地生产力、农用地生产力为标准，将宁夏的实有土地面积换算为标准面积。

1.2.1 标准化

地区耕地生产力 = 播种面积粮食单产 × 复种指数

耕地标准系数 = 地区耕地生产力 / 全国耕地生产力

地区标准耕地面积 = 耕地标准系数 × 实有耕地面积

地区农用地生产力 = 农林牧渔业总产值 / 农用地面积

农用地标准系数 = 地区农用地生产力 / 全国农用地生产力

地区标准农用地面积 = 农用地标准系数 × 实有农用地面积

1.2.2 相对耕地资源承载力 Crc=Ic × Qc

式中，Crc 为相对耕地资源承载力，Ic 为耕地资源承载指数 (Ic=Qpo/Qco，其中 Qpo 为参照区即全国人口数量，Qco 为参照区即全国耕地面积)，Qc 为研究区即宁夏标准耕地面积。

1.2.3 相对农用地资源承载力 Cra=Ia × Qa

式中，Cra 为相对农用地资源承载力，Ia 为农用地资源承载指数 (Ia=Qpo/Qao，其中 Qpo 为参照区即全国人口数量，Qao 为参照区即全国农用地面积)，Qa 为研究区即宁夏标准农用地面积。

1.2.4 相对经济资源承载力 Cre=Ie × Qe

式中，Cre 为相对经济资源承载力，Ie 为经济资源承载指数(Ie=Qpo/Qeo，其中 Qpo 为参照区即全国人口数量，Qeo 为参照区即全国国内生产总值)，Qe 为研究区即宁夏地区生产总值。

1.2.5 相对综合资源承载力 $Cs=W_1Crc+W_2Cra+W_3Cre$

即相对耕地资源承载力、相对农用地资源承载力、相对经济资源承载力加权计算，得到相对综合资源承载力。结合这三个指标内涵和宁夏实际，以专家估分法将权重确定为 $W_1=W_2=0.25$，$W_3=0.5$。

1.2.6 相对资源承载力的三种状态

超载：相对综合资源承载力指数(相对综合资源承载力 / 人口)<95%。

富余：相对综合资源承载力指数 >105%。

临界(基本平衡)：相对综合资源承载力指数 =95% ~ 105%。

2. 宁夏相对资源承载力的演化分析

2.1 1995 ~ 2004 年宁夏相对资源承载力和全国的比较

根据以上理论方法以及 1995 ~ 2004 年国土资源部《全国土地利用变更调查报告》、国家统计局《中国统计年鉴》、宁夏国土资源厅《2004 年宁夏回族自治区土地利用变更调查报告》、宁夏统计局《宁夏统计年鉴》等资料，以全国为参照区，计算出宁夏近十年的相对资源承载力(表 1、表 2)。

2.1.1 1995 ~ 2004 年，宁夏的资源综合承载力均处于超载状态，反映出宁夏资源利用粗放，经济欠发达。除 2000 年外，综合承载力的超载数量在逐年减少。按照这种发展势头，只要进一步合理开发资源，集约利用土地，加快工业化、城镇化进程，就有可能在未来 10 年左右时间内达到综合承载力与实际人口基本持平。

2.1.2 从各项资源的承载情况来看，农用地承载力和经济承载力超载数量在逐年减少，而耕地资源承载力除 1995 年以外都处于富余状态，其富余数量在逐年增加，表明宁夏耕地资源相对于全国，具有一定优势，特别是 2001 年后实有耕地面积有较多下降，但标准耕地面积却并无明显下降，说明由于我区灌溉耕地面积数量和比重的上升，耕地生产力有提高趋势，且近年来实施的生态退耕对耕地资源承载力总体影响不大。

2.1.3 从各种资源对综合承载力贡献来看，耕地资源 > 农用地资源 > 经济资源，这表明宁夏以耕地资源为基础的种植业发展较好，但整体农业实力弱，大农业发展很不理想，二、三产业则更薄弱。

表 1　　1995～2004 年全国耕地、农用地、经济和人口基本数据及承载指数

年份	人口（万人）	耕地（万 hm^2）	农用地（万 hm^2）	粮食总产（万 t）	农林牧渔业产值(亿元)	GDP（亿元）	I_c（人 /hm^2）	I_a（人 /hm^2）	I_e（人 / 万元）
1995	121121	13100	63374	46661.8	20340.9	58478.1	9.25	1.91	2.07
1996	122389	13090	63374	50453.5	22353.7	67884.6	9.35	1.93	1.8
1997	123626	13004	64380	49417.1	23788.4	74462.6	9.51	1.92	1.66
1998	124761	12973	65385	51229.5	24541.9	78345.2	9.62	1.91	1.59
1999	125786	12921	65385	50838.6	24519.1	82067.5	9.74	1.92	1.53
2000	126743	12824	65359	46217.5	24915.8	89468.1	9.88	1.94	1.42
2001	127627	12761	65332	45263.7	26179.6	97314.8	10	1.95	1.31
2002	128453	12593	65661	45705.8	27390.8	105172.3	10.2	1.96	1.22
2003	129227	12340	65733	43069.5	29691.8	117390.2	10.47	1.97	1.10
2004	129988	12247	65700	46946.9	36239.0	136875.9	10.61	1.98	0.95

表 2　　1995～2004 年宁夏相对于全国的资源承载力

年份	人口（万人）	实有耕地（万 hm^2）	标准耕地（万 hm^2）	实有农用地（万 hm^2）	标准农用地（万 hm^2）	粮食总产（万 t）	农林牧渔业产值（亿元）	GDP（亿元）	相对耕地承载力 Crc（万人）	相对农用地承载力 Cra（万人）	相对经济承载力 Cre（万人）	相对综合承载力 Cs（万人）	综合承载力指数(%)
1995	512.38	126.071	52.57	403.272	176.187	203.253	56.55	169.75	486.06	336.73	351.59	381.49	74.5
1996	521.21	126.880	61.72	403.087	196.101	257.868	69.17	193.62	577.08	378.71	349.08	413.49	79.3
1997	528.94	127.082	61.93	402.908	197.077	256.605	72.82	210.92	588.76	378.44	350.18	416.89	78.8
1998	536.57	127.405	66.99	40.3.002	209.781	294.86	78.74	227.46	644.23	400.28	362.22	442.24	82.4
1999	543.29	127.640	66.52	403.066	207.869	293.281	77.95	241.49	647.60	399.89	370.14	446.94	82.3
2000	554.32	128.806	61.15	403.602	203.953	252.742	77.75	265.57	604.31	395.50	376.21	438.06	79.0
2001	563.22	129.034	68.58	420.338	212.869	274.795	85.30	298.38	685.88	415.84	391.32	471.09	83.6
2002	571.54	123.832	74.296	420.539	221.716	301.914	92.49	329.28	757.51	433.74	402.17	498.90	87.3
2003	580.19	114.517	70.18	420.724	222.559	270.174	100.53	385.34	741.58	437.53	424.19	506.88	87.4
2004	587.71	110.326	73.36	418.677	222.527	290.49	125.50	460.35	778.66	450.16	437.18	525.80	89.5

2.2 2004 年宁夏相对资源承载力和西北各省区的比较

我国西北地区主要包括内蒙古、宁夏、陕西、甘肃、青海、新疆，这些地区由于位于我国的干旱和半干旱地区，其经济发展水平相当落后，再加上这些地区都含有一定比重的农牧交错区域，生态环境也非常脆弱。本文选取 2004 年西北地区各省区相对于全国的承载力进行对比分析(表 3)。

表 3　　2004 年西北各省区相对资源承载力比较

省区	人口（万人）	实有耕地（万 hm^2）	标准耕地（万 hm^2）	实有农用地（万 hm^2）	标准农用地（万 hm^2）	粮食总产（万 t）	农林牧渔业产值（亿元）	GDP（亿元）	相对耕地承载力 Crc（万人）	相对农用地承载力 Cra（万人）	相对经济承载力 Cre（万人）	相对综合承载力 Cs（万人）	综合承载力指数（%）
宁夏	587.71	110.32	73.36	418.68	227.53	29.049	125.50	460.4	778.66	450.16	437.18	525.80	89.5
内蒙古	2384.4	697.66	368.15	9514.9264	1543.38	1505.3	851.3	2712.1	3907.55	3053.57	2575.62	3028.09	127.0
陕西	3705.0	415.41	234.83	1847.6067	1180.60	1040	651.2	2883.5	2492.53	2335.82	2738.40	2576.29	69.5
甘肃	2618.8	466.12	201.34	2540.8889	865.51	805.8	477.4	1558.9	2137.03	1712.41	1480.45	1702.59	65.0
青海	538.6	54.20	29.55	4368.4395	157.00	88.5	86.6	465.7	313.62	310.63	442.26	377.19	70.0
新疆	1963.1	402.55	349.31	6304.5733	1360.99	796.5	750.7	2200.2	3707.64	2692.72	2089.48	2644.83	134.7

由表 3 可知:(1)从综合承载力来看,西北各省区中仅新疆、内蒙古处于富余状态,其他四省区均处于超载状态。按承载力指数高低,依次为新疆(134.7%)、内蒙古(127.0%)、宁夏(89.5%)、青海(70.0%)、陕西(69.5%)、甘肃(65.0%),宁夏居第三位,处于中间层次。(2)新疆、内蒙古的富余是建立在农用地、耕地、经济资源都富余的基础之上的,青海、甘肃、陕西的超载则是建立在三种资源都超载的基础之上的，唯独宁夏的超载是建立在农用地、经济资源超载,而耕地资源富余的基础之上的。(3)在西北各省区中,新疆、内蒙古因土地资源广阔,且灌溉耕地数量大、比重高,农业基础较好,同时二、三产业也有一定发展,因此总体发展水平略高于全国平均值。此外,宁夏与西北其他省区明显不同的是耕地承载力远大于农用地承载力,反映出宁夏农用地结构单一化突出,林牧业发展不足。(4)从综合承载力指数来看,西北各省区中新疆、内蒙古人口容量较大,而陕、甘、青人口严重超载,由此,西北部分地区超载的人口除向当地城镇、东部沿海转移一部分外,也可以向新疆、内蒙古转移一部分。宁夏虽然超载不严重,但也可适当的输出一部分人口。

2.3 2004 年宁夏各市县相对资源承载力比较

宁夏虽然位于我国西北干旱和半干旱地区,但是从整个宁夏回族自治区来看,北部地区的银川市、石嘴山市位于黄河沿岸平原可以利用黄河水引灌,所以其耕地质量优越,生产力比较高,而南部地区则由于不利于引黄灌溉,多数土地以旱地为主,耕地生产力极低。为了对宁夏的资源承载力状况更进一步研究,本文以全国为参照标准,对宁夏各市县区 2004 年的资源承载力进行对比分析(表 4)。

表 4　　2004 年宁夏各市县区相对资源承载力比较

市县区	人口（万人）	实有耕地（hm²）	标准耕地（hm²）	实有农用地（hm²）	标准农用地（hm²）	粮食总产（万 t）	农林牧渔业产值（亿元）	GDP（亿元）	相对耕地承载力 Crc（万人）	相对农用地承载力 Cra（万人）	相对经济承载力 Cre（万人）	相对综合承载力 Cs（万人）	综合承载力指数（%）
银川市	137.79	128151	171963.63	552102	578516.79	802087	31.91	188.96	182.52	114.46	179.45	163.97	119.0
银川市区	75.8219	35237	45117.78	109138	188424.97	177572	10.3932	130.42	47.89	37.28	123.86	83.22	109.76
永宁县	20.4029	31700	49319.85	62874	143300.30	248057	7.9042	19.03	52.35	28.35	18.07	29.21	143.17
贺兰县	17.8356	37116	45626.64	86992	135325.07	224220	7.4643	14.46	48.43	26.77	13.73	25.67	143.91
灵武市	23.732	24098	32192.46	292098	111432.02	152238	6.1464	25.05	34.17	22.05	23.79	25.95	109.34
石嘴山市	72.62	77920	84164.01	233359	267956.07	371461	14.78	89.81	89.33	53.02	85.29	78.23	107.73
石嘴山市区	44.148	23141	20862.98	112024	87872.55	90316	4.8469	67.58	22.14	17.39	64.18	41.97	95.1
平罗县	28.476	54779	63297.32	121334	180029.13	281145	9.9301	22.23	67.18	35.62	21.11	36.26	127.3
吴忠市	123.81	314982	171485.36	1369776	560387.15	692989	30.91	105.54	182.02	110.87	100.23	123.34	99.6
利通区	35.9022	29178	45657.17	84452	195076.73	184538	10.7601	36.96	48.46	38.60	35.10	39.31	109.5
青铜峡市	25.1651	31405	46092.64	148271	158425.85	242314	8.7385	37.52	48.92	31.34	35.63	37.88	150.5
盐池县	16.0936	90062	24251.02	615611	77571.29	73355	4.2787	22.44	25.74	15.35	21.31	20.93	130.0
同心县	46.6496	164336	46634.10	521441	129286.05	192782	7.1312	8.62	49.50	25.58	8.19	22.86	49.0
中卫市	102.21	225767	115382.35	1075251	441275.42	450629	24.34	50.5	122.47	87.31	47.96	76.42	74.8
沙坡头区	34.6606	37400	40091.16	332144	181929.12	137595	10.0349	25.63	42.55	35.99	24.34	31.81	91.8
中宁县	29.3819	39698	47763.94	269915	167954.79	20464	9.2641	17.9	50.70	33.23	17.00	29.48	100.3
海原县	38.1683	148670	28488.04	473192	91462.22	112570	5.0449	6.97	30.24	18.10	6.62	15.39	40.3
固原市	151.28	356436	164916.87	956284	427496.90	587717	23.58	35.85	175.05	84.58	34.05	81.93	54.2
原州区	48.913	124971	53418.68	281997	131521.47	160144	7.2545	16.35	56.70	26.02	15.53	28.44	58.2
西吉县	46.1418	116174	51540.05	275450	109794.91	197106	6.0561	7.51	54.71	21.72	7.13	22.67	49.1
隆德县	18.6107	31116	19367.46	88167	54436.06	75873	3.0026	3.59	20.56	10.77	3.41	9.54	51.2
泾源县	12.307	17318	8814.51	102016	36426.07	39207	2.0092	2.73	9.36	7.21	2.59	5.44	44.2
彭阳县	25.304	66857	32647.54	208674	95365.53	115387	5.2602	5.67	34.65	18.87	5.38	16.07	63.5

2.3.1 在五地级市中，银川市综合资源承载力处于富余状态，石嘴山市略有富余，吴忠市基本平衡，中卫、固原两市严重超载。

2.3.2 在各县市区中，北部引黄灌溉区中各市县区的综合承载力绝大多数富余，仅银川市区、石嘴山市区因土地资源承载力严重超载而使综合承载力处于临界或接近临界状态，表明在城市发展过程中应注意保护耕地及其他农用地资源，大力发展都市型农业。而中南部各市县区则均呈超载状态，尤其是海原、泾源、同心、西吉等县超载特别严重，因此这些地区除了进行生态建设、积极发展特色优势产业、提高经济发展水平之外，还要加大劳务输出力度，促进农村人口有效转移。

3. 从相对资源承载力看宁夏可持续发展

3.1 对宁夏可持续发展的预警作用与资源合理、有效开发的方向性启示

由前述宁夏相对资源承载力的比较分析可知，宁夏的资源承载力总体上处于超载状态，当前的资源利用状况不足以维持现有的人口数量，人口、资源、环境与经济发展不够协调。所以通过对区域相对资源承载力的计算，建立资源可持续利用的预警系统，对于宁夏可持续发展是非常必要的。

宁夏的主要问题在于农业中特色优势农业发展不足，二、三产业发展滞后，因此在合理开发利用资源的同时，应充分挖掘各种资源的潜力，不断提高资源的利用率，并且对资源的产出进行精深加工，提高产品的附加值，逐渐优化人口、资源、环境与经济之间的关系。

3.2 为确定科学的空间功能分区提供重要依据

《中共中央关于制定国民经济和社会发展第十一个五年计划的建议》提出各地区要根据资源环境承载力和发展潜力，按照优化开发、重点开发、限制开发和禁止开发的不同要求，明确不同区域的功能定位，并制定相应的政策和评价指标，逐步形成各市县特色的区域发展格局。区域相对资源承载力的计算分析是空间功能区划的重要手段和依据之一。由宁夏各市县区相对资源承载力的巨大差异可知，北部一些市县区有条件作为优化开发区、重点开发区来进一步集聚产业和人口，而中南部的海原、同心、泾源、西吉、隆德等地则应作为限制开发区，协调生态保护建设与资源适度开发的关系，促进农村人口向当地城镇、北部绿洲和东部发达省市、西部新疆、内蒙古等资源承载力较大的地区有序转移。

参考文献

[1]石玉林.中国土地资源的人口承载能力研究[M].北京：中国人民大学出版社，1991.

[2]邝经邦，等.宁夏南部山区农业问题综合研究[M].银川：宁夏人民出版社，1992：205～235.

[3]陈育宁.绿色之路——宁夏南部山区生态重建研究[M].北京：中国社会科学出版社，2004：42～60.

[4]甘肃省林业调查规划院.宁夏大六盘生态经济圈建设规划研究[R].2005:42～60.

[5]郭秀锐,毛显强.中国土地承载力计算方法研究综述[J],地球科学进展,2000(6):705～711.

[6]罗贞礼.土地承载力研究的回顾与展望[J],资源论坛,2005(2):25～27.

[7]黄宁生,匡耀求.广东相对资源承载力与可持续发展问题[J],经济地理,2000(2):52～56.

[8]谢红霞,任志远,莫宏伟.区域相对资源承载力时空动态研究——以陕西省为例[J],干旱区资源与环境,2004,18(6):76～80.

土地健康位理论在土地健康评价中的应用
——以宁夏为例

20 世纪 30 年代,土地健康评价研究工作就已经开始。1941 年,Aldo Leopold 提出了土地健康 (Land health) 的概念, 并使用 Land sickness 来描述土地生态系统功能的紊乱(Dysfunction)。他认为健康的土地是指被人类占用而没有使其功能受到破坏的状况,把土地有机体健康作为内部的自我更新能力,认为土地有机体健康应当与人们考虑个人有机体的健康一样。Aldo Leopold 预见土地健康将发展成为一门学科,目的是监测其生态学参数,以保证人类在利用土地的时候不会使其丧失功能[1]。在国内,只有少数学者对土地健康研究做了探讨,但还没有达到土地健康评价所要达到的目标。陈美球在 2002 年[2]通过研究认为,土地作为一个有机整体,有一定的自身恢复能力,只要能保证土地维持自身正常的新陈代谢,使土地与人之间、生命与生命之间、生命体与无机环境之间的共生、互生、再生过程得到持续发展,就可保证土地永续利用目标的实现,这种状态就是土地健康。在随后的研究过程中,人们借鉴土地健康的概念,提出生态系统健康概念,并逐渐转向生态系统健康的研究,对土地健康的研究反而较少。半个多世纪以来,有关土地健康的研究工作,并没有取得重大的突破和进展。

1. 土地健康位

随着计算机技术的发展和数学方法在地理学[3]、生态学中的广泛应用,层次分析、模糊评价、聚类分析等诸多方法被大量引入,对土地健康位理论推广、应用具有促进作用。在具体研究中怎样克服人为主观因素的影响(如权重的确定),引入更为科学有效的评价

宁夏土地利用总体规划修编前期研究项目《宁夏土地利用战略研究》部分中间成果,发表于《宁夏大学学报(自然科学版)》2007,28(3):272~276。合作者:赵亚峰、岳晓燕

方法，是本文探讨的重点。

生态位理论作为生态学的核心理论之一，自 Grinnell 在 1917 年提出以来，在实践中不断得到丰富和深化，已广泛应用于人口学、城市学、经济学等诸多学科的研究当中。1958 年，G.E.Hutchinson 对生态位理论从二维变量确定一个面积，引入第 3 个变量时确定一个三维空间体积入手，不断引入第 4，5，6，…个变量，直到把所有相关的生态因子全部包含进来为止，此时就限定了一个 n 维的超体积，至此，Hutchinson 提出了著名的 n 维超体积生态位[4-5]。

模拟这一思路，我们把 n 维超体积空间引入到土地健康评价中，提出土地健康位的概念:如果把影响土地生态系统健康的各个变量(影响因子)表示为 n 个坐标轴，对于每一个坐标轴来说，都存在土地生态系统健康变量的适合度阈值，从而在阈值内的坐标轴范围确定了一个 n 维坐标的超体积 V，该体积内的每一点对应于土地生态系统健康的一个环境状态，则可以把这个超体积 V 称之为区域内的土地健康位。

2. 计算模型

在 n 维超体积空间中存在一点

$$y_f = [x_{1f},\ x_{2f},\ K,\ x_{nf}] \qquad (1)$$

式中，y_f 表示最佳的土地健康位(其中 x_1f，K，x_{nf} 表示各影响因子在 n 维空间中的值)，把 y_f 与表征某一土地健康位 y 之间的贴近程度 F_A 定义为土地健康度指数

$$F_A = \varphi\,[y, y_f]^{[6]} \qquad (2)$$

式中，F_A 表示土地健康度指数，φ 表示与 F_A 相应的贴近程度，y_f 表示最佳的土地健康位，y 表示某一区域或研究对象的土地健康位。

由(2)式得知，应用土地健康度指数 F_A 的大小来衡量评价区域的土地健康状况。F_A 值越大，表示土地健康状况越差；F_A 值越小，表示土地健康状况越好；F_A 值为零，表示土地生态系统非常健康，即达到了最适宜的土地健康位。

对于 F_A 值的确定，可根据 n 维欧式空间中计算两点之间的距离，其公式为：

$$F_A = \sqrt{\sum_{i=1}^{n}(x_{if} - x_i)^2} \qquad (3)$$

式中，$x_1, x_2, \cdots, x_n$ 表示各环境影响因子值。两点之间的距离越近，构成这两点的各影响因子的属性越相似；两点之间的距离越远，表示这两点之间的大小差异越大，构成这两点的各影响因子的属性相差很大；两点之间距离为零，表示两点重合，构成这两点的各环境影响因子的值都相等，其属性完全相同。

3. 实践应用——宁夏土地健康评价

宁夏土地资源较为丰富，人均占有量较多，开发潜力很大。耕地中旱地比重在 60%以上，而旱地中高标准基本农田比例不到 40%。宁夏北部地区水土热组合较佳，有利于农林牧渔业的综合发展，但引黄灌区存在土壤盐渍化问题。宁夏中南部地区水资源不足，天然草场退化严重，水土流失和土地沙化问题突出。

3.1 宁夏土地健康评价指标体系的建立

一些国际组织、国家都相应开展了土地健康评价指标体系的研究，如世界银行、联合国粮农组织、联合国发展署、联合国环境署联合开展的土地质量指标(Land Quality Indicators，LQI)研究项目提出的压力－状态－响应(Pressure-State-Response)评价体系和土地条件变化评价指标体系、M.Vieira 提出的土地条件变化指标体系等[7]。国内比较有代表性的傅伯杰在 1997 年提出的生态、经济、社会评价框架，谢俊奇在 1998 年提出的社会、资源环境、经济框架，王克强在 1998 年提出的农业土地利用系统评价框架等。这些研究成果有很好的借鉴作用，但到目前为止，国内外对土地健康评价指标体系的研究，仍然没有形成一个公认的标准。

综合考虑影响土地健康的土地生态条件、生态灾害因素、土地利用水平、土地社会条件等诸多因素，借鉴国内外有关土地利用评价[8][9][10]、可持续发展等指标体系，并结合宁夏自身地域特点，选取具有代表性的 18 个评价指标作为宁夏土地健康评价的指标体系(表 1)。

3.2 宁夏土地健康度指数的计算

确定土地健康评价标准指标值的方法很多，但在具体确定标准指标值时，还应考虑到标准指标值的时间和空间属性，即不同的指标标准值在不同的时间和空间尺度范围里会有所差异。因此，在不同的时间尺度内，应选取能够代表某一时期特点的标准值；在不同的空间尺度上，所选指标应该反映地域差异性特点，在具体的评价中，选取适合所研究区域地域特点的标准值。本文研究结合宁夏地域特点，综合考虑多种因素，采用以下标准确定宁夏土地健康评价各标准指标值。

3.2.1 理论上的满意值。把气候上用来分界湿润区和干旱区的等降水线 500 mm 作为处于干旱半干旱地区宁夏的降水量标准值；把理论上的满意值 95%作为坡度 <6° 耕地比重指标标准值；把能够较好满足作物生长需求的 1%作为土壤有机质平均含量标准值。完全意义上的水土不流失是不可能的，轻微的水土流失即属于土地健康状况，故把 5%作为水土流失率标准指标值；与水土流失率同理，把 5%作为风蚀沙化率、耕地盐渍化率标准指标值；自然灾害的危害和影响很小的情况下，土地健康状况不受影响，把 1%作

表 1　　　　宁夏土地健康评价指标体系

		宁夏	银川市	银川市区	永宁县	贺兰县	灵武市	石嘴山市	石嘴山市区
土地生态因素	多年平均降水量(mm)	289.00	199.00	198.00	191.00	187.00	201.00	191.00	184.00
	实际供水模数(万 m³/km²)	16.02	46.97	51.28	98.69	84.89	18.69	39.34	20.80
	坡度 <6° 耕地比重(%)	58.70	100.00	100.00	100.00	100.00	100.00	100.00	100.00
	土壤有机质平均含量(%)	0.94	0.75	1.14	0.79	1.14	0.48	0.90	0.87
	林地率(%)	12.08	7.60	8.19	5.29	9.43	7.12	2.73	1.35
	湿地率(%)	3.83	8.45	13.15	13.04	13.19	3.34	9.77	6.27
土地灾害因素	水土流失率(%)	40.20	2.70	7.30	1.70	4.40	0.00	19.00	23.30
	风蚀沙化率(%)	30.70	50.20	15.80	38.60	20.40	83.30	35.10	19.70
	耕地盐渍化率(%)	33.50	36.50	46.10	18.70	41.30	38.50	44.50	42.80
	自然灾害损失率(%)	4.60	2.90	0.10	0.10	4.70	6.70	3.30	3.00
土地利用因素	农业人口人均耕地(亩 / 人)	4.36	3.58	4.31	3.02	4.12	2.96	3.81	3.78
	灌溉耕地率(%)	36.10	99.90	100.00	100.00	99.90	99.90	99.90	99.90
	单位面积粮食产量(kg/ 亩)	224.00	372.00	394.00	381.00	369.00	347.00	361.00	350.00
	单位面积农用地产值(元 / 亩)	200.00	385.00	635.00	825.00	572.00	140.00	422.00	288.00
土地社会因素	人均 GDP(元)	7882.00	13919.00	17583.00	9364.00	8153.00	10651.00	12414.00	15507.00
	农民人均纯收入(元)	2320.00	3388.00	3315.00	3453.00	3371.00	3355.00	3454.00	3509.00
	非农业人口比重(%)	35.00	61.00	83.80	22.80	24.30	48.50	57.80	79.20
	6 岁以上人口平均受教育(a)	7.10	8.40	9.20	7.30	7.20	7.30	8.80	8.50

		平罗县	吴忠市	利通区	青铜峡市	盐池县	同心县	固原市	原州区
土地生态因素	多年平均降水量(mm)	181.00	252.00	191.00	180.00	292.00	278.00	434.00	472.00
	实际供水模数(万 m³/km²)	57.36	11.01	64.42	50.27	0.67	2.44	1.53	2.02
	坡度 <6° 耕地比重(%)	100.00	80.30	99.90	100.00	86.40	71.60	28.10	46.20
	土壤有机质平均含量(%)	0.93	0.70	0.82	0.84	0.53	0.82	1.62	1.67
	林地率(%)	4.07	8.64	2.13	4.96	11.73	7.36	27.44	14.27
	湿地率(%)	13.16	2.87	29.08	5.52	0.26	0.43	1.38	1.37
土地灾害因素	水土流失率(%)	14.08	32.08	0.00	0.00	15.50	67.10	74.30	74.10
	风蚀沙化率(%)	50.20	47.30	49.70	73.60	67.20	17.10	0.00	0.00
	耕地盐渍化率(%)	45.20	17.40	29.70	15.90	6.80	7.10	0.00	0.00
	自然灾害损失率(%)	3.40	2.20	2.10	4.50	1.10	0.10	11.00	8.30
土地利用因素	农业人口人均耕地(亩 / 人)	3.83	5.61	2.24	2.78	11.99	6.75	3.97	4.71
	灌溉耕地率(%)	100.00	27.70	99.60	100.00	10.90	10.30	11.60	16.00
	单位面积粮食产量(kg/ 亩)	371.00	201.00	416.00	361.00	141.00	106.00	135.00	145.00
	单位面积农用地产值(元 / 亩)	546.00	150.00	849.00	393.00	46.00	91.00	164.00	172.00
土地社会因素	人均 GDP(元)	7729.00	8562.00	10361.00	14929.00	14082.00	2675.00	2379.00	3355.00
	农民人均纯收入(元)	3440.00	2699.00	3744.00	3795.00	1763.00	1565.00	1489.00	1529.00
	非农业人口比重(%)	24.60	31.90	45.70	32.70	29.80	21.70	11.00	18.60
	6 岁以上人口平均受教育(a)	7.40	7.00	7.60	7.70	7.10	5.90	5.60	5.80

续表 1

		西吉县	隆德县	泾源县	彭阳县	中卫市	沙坡头区	中宁县	海原县
土地生态因素	多年平均降水量(mm)	424.00	527.00	639.00	453.00	291.00	182.00	214.00	383.00
	实际供水模数(万 m^3/km^2)	1.90	1.67	0.21	0.92	9.27	13.79	16.72	0.90
	坡度 <6° 耕地比重(%)	13.70	19.40	30.00	19.50	54.20	91.20	99.90	40.40
	土壤有机质平均含量(%)	1.47	2.10	3.80	1.32	0.90	0.71	0.66	1.16
	林地率(%)	29.38	34.34	54.10	28.69	8.57	4.37	2.42	15.86
	湿地率(%)	1.90	1.28	0.99	0.98	2.63	2.52	5.28	1.08
土地灾害因素	水土流失率(%)	87.70	62.60	26.30	83.90	47.10	47.00	0.60	77.20
	风蚀沙化率(%)	0.00	0.00	0.00	0.00	25.00	40.50	44.60	0.00
	耕地盐渍化率(%)	0.00	0.00	0.00	0.00	19.80	29.10	19.80	0.00
	自然灾害损失率(%)	17.30	6.60	0.10	13.30	4.70	1.00	2.70	15.70
土地利用因素	农业人口人均耕地(亩 / 人)	4.10	2.79	2.29	4.31	4.42	2.53	3.11	6.31
	灌溉耕地率(%)	10.30	17.50	0.10	5.70	28.10	70.20	62.40	8.30
	单位面积粮食产量(kg/ 亩)	104.00	183.00	173.00	139.00	217.00	348.00	419.00	101.00
	单位面积农用地产值(元 / 亩)	147.00	227.00	131.00	168.00	151.00	201.00	229.00	71.00
土地社会因素	人均 GDP(元)	1635.00	1920.00	2226.00	2263.00	4958.00	7403.00	6103.00	1837.00
	农民人均纯收入(元)	1481.00	1502.00	1306.00	1519.00	2359.00	3178.00	3039.00	1313.00
	非农业人口比重(%)	5.90	10.20	7.70	7.90	25.00	36.00	34.80	7.40
	6 岁以上人口平均受教育(a)	5.10	5.90	4.30	6.00	6.70	7.60	7.30	5.40

注:除平均降水量、土壤有机质平均含量为多年平均值,水土流失率、风蚀沙化率为 2000-2001 年调查数据,6 岁以上人口平均受教育年限为第五次人口普查(2000 年)数据外,其余为 2004 年数据。

为自然灾害损失率指标标准值;耕地的灌溉比重是影响干旱半干旱区土地质量的最主要因素之一,土地基本有灌溉条件质量最好,以 95%作为灌溉率指标标准值。

3.2.2 全国平均水平。当评价对象为落后地区时,由于落后地区在经济、社会、文化各个方面与东部发达地区相比存在明显差距,在未来的一定时间内,达到或超过全国平均水平将是落后地区的奋斗目标,应该把全国平均值作为标准值;当评价对象为发达地区时,应该把全国最高水平作为该地区进行土地健康评价指标标准值确定的依据,达到国内最高水平无疑是发达地区的追求目标。宁夏地处西北,属于欠发达地区,土地健康评价的诸多因子与全国平均水平还有很大差距,因此,把全国 18.21%林地覆盖率、全国平均 4.1%湿地率、全国粮食单产 308 kg/ 亩、全国农用地单位面积产值 368 元 / 亩、全国人均 GDP 10 561 元、全国农民人均纯收入 2 936 元、全国非农人口比重 41.76%、全国 6 岁以上人口平均受教育 7.6 a 作为宁夏土地健康评价标准指标值。

3.2.3 宁夏平均水平。宁夏土地健康评价指标体系中的部分评价指标远高于全国平均水平,如果仍把全国平均值作为这些评价指标的标准值,计算结果的客观性就会受到影响，在这种情况下，以宁夏平均水平作为标准指标值相比更加合理。因此，把宁夏农业人口人均耕地面积4.36亩和宁夏实际供水模数16.02万 m^3/km^2 作为宁夏土地健康评价的标准指标值。

以标准指标值为依据，对指标值进行标准化处理，可以将土地健康度指数公式简化为：

$$F_A = \sqrt{\sum_{i=1}^{n}(D_{if} - D_i)^2} = \sqrt{\sum_{i=1}^{n}(1 - D_i)^2} \tag{4}$$

式中，F_A 表示土地健康度指数；n表示指标数量。F_A 越小，就越接近最佳土地健康状态，为了对土地健康进行等级划分，可以将土地健康适宜度指数 F_A 的等级范围划分为5级(表2)。

表2　宁夏各市县区土地健康度指数计算分级情况

土地健康等级 F_A 取值区间	非常健康 $0-\frac{\sqrt{n}}{5}$	健康 $\frac{\sqrt{n}}{5}-\frac{2\sqrt{n}}{5}$	亚健康 $\frac{2\sqrt{n}}{5}-\frac{3\sqrt{n}}{5}$	不健康 $\frac{3\sqrt{n}}{5}-\frac{4\sqrt{n}}{5}$	恶劣 $\frac{4\sqrt{n}}{5}-\sqrt{n}$
宁夏			2.014		
银川市		1.668			
银川市区		1.425			
永宁县		1.578			
贺兰县		1.679			
灵武市			1.971		
石嘴山市			1.919		
石嘴山市区			1.933		
平罗县			1.994		
吴忠市			2.055		
利通区			1.983		
青铜峡市			1.757		
盐池县			2.410		
同心县			2.542		
固原市			2.515		
原州区			2.341		
西吉县				2.647	
隆德县			2.472		
泾源县			2.508		
彭阳县				2.623	
中卫市			2.236		
沙坡头区			2.012		
中宁县			1.868		
海原县				2.697	

3.3 结果分析与评价

由表 2 得知，宁夏土地健康度指数平均值为 2.014，除西吉县、彭阳县、海原县外，宁夏土地健康状况总体水平处于健康、亚健康状态。

由宁夏各市县（区）土地健康度分布(图 1)得知，在 5 个地级市中，银川市土地健康状况明显优于宁夏平均水平；石嘴山市略好于宁夏平均水平；吴忠市基本与宁夏平均水平持平；中卫市、固原市均低于宁夏平均水平；固原市在几个地级市中处于最差的水平。

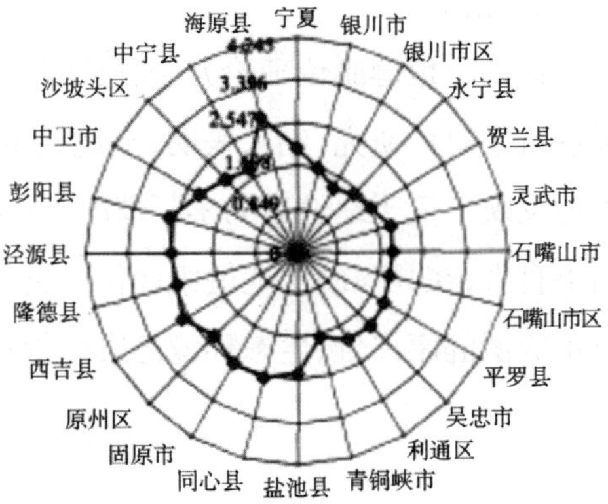

图 1 宁夏各市县区土地建康度分布

宁夏各市(区)县中，健康度指数小于宁夏平均值的有银川市区、永宁县、贺兰县、灵武市、石嘴山市区、平罗县、利通区、青铜峡市、中宁县等，其土地健康状况优于宁夏平均水平，其中土地健康水平最好的是银川市区、永宁县、贺兰县，明显处于健康状态，而青铜峡市健康度指数非常接近健康与亚健康的分界值。这些县市实际供水模数、坡度 <6° 耕地比重、水土流失率、自然灾害损失率、粮食单产、单位面积农用地产值、人均 GDP、农民人均纯收入、非农人口比重、6 岁以上人口平均受教育年限等优势十分明显，尽管土地沙化率、耕地盐渍化率问题较南部黄土丘陵区突出，多年平均降水量较全国平均水平有一定差距，但便利的黄河灌溉以及其他良好的生态环境因素、较高的土地利用水平和相对发达的社会经济因素在很大程度上弥补了这些不足。

健康度指数大于宁夏平均水平的有盐池县、同心县、固原市原州区、西吉县、隆德县、泾源县、彭阳县、海原县等，其中，海原县、西吉县、彭阳县明显处于不健康状态，同心县土地健康度指数接近亚健康与不健康临界值，这几个县土地健康状况相对最差，土壤有机质含量、林地率较高，降水量较宁夏北部地区略高但仍低于干旱区与湿润区的分界值，同时，影响干旱区土地健康主要因素之一的耕地灌溉率却远远低于北部平原灌区水平，自然灾害频繁，耕地粮食单产、单位面积农用地产值十分低下，以及落后的社会经济因素(人均 GDP、农民人均纯收入、6 岁以上人口平均受教育年限低，农业人口比重大)和低水平的土地利用方式(人均耕地多而投入产出水平、集约化程度低)等因素综合作用的结果，导致这几个县土地健康状况处于相对最差的水平。其中，彭阳县 2004 年突发性自然灾害多、损失大，自然灾害损失率达 13.3%，是造成土地健康度较差的原因之一。灵武市、石嘴山市区、平罗县、吴忠市利通区、沙坡头区土地健康状况基本与宁夏平均水平持平，健康度指数值在 1.9 ~ 2.1 范围内变动，其中，沙坡头区健康度指数为 2.012，十分接近宁夏平均值 2.014。

4. 结语

运用土地健康位理论方法、层次分析法和因子分析法等 3 种方法对宁夏土地健康状况进行了对比研究。结果表明，土地健康位理论适宜于宁夏土地健康评价，其结果能够客观地反映宁夏土地健康的实际情况。土地健康位方法理论基础清晰，计算方法简单，评价结果直观，在具体的土地健康评价中更容易推广应用。经过适当处理，该方法还可以运用于水资源健康评价、生态环境健康评价等方面。

参考文献

[1]肖风劲，欧阳华.生态系统健康及其评价指标和方法[J].自然资源学报，2002，17(2)：203~209.

[2]陈美球，吴次芳.土地健康研究进展[J].江西农业大学学报，2002，24(3)：324~329.

[3]徐建华.现代地理学中的数学方法[M].北京：高等教育出版社，2002：24~32.

[4]黄英姿.生态位理论研究中的数学方法[J].应用生态学报，1994，5(3)：331~337.

[5]戈峰.现代生态学[M].北京：科学出版社，2002：134.

[6]欧阳志云，王如松，符贵南.生态位适宜模型及其在土地利用适宜性评价中的应用[J].生态学报，1996，16(2)：113~120.

[7]冷疏影，李秀彬.土地质量指标体系国际研究的新进展[J].地理学报，1999，54(2)：177~185.

[8]傅伯杰，陈利顶，马诚.土地可持续利用评价的指标体系与方法[J].自然资源学报，1997，12(2)：112~118.

[9]蔡为民，唐华俊，陈佑启，等.土地利用系统健康评价的框架与指标选择[J].中国人口资源与环境，2004，14(1)：31~35.

[10]陈美球，黄靓，蔡海生，等.鄱阳湖区土地健康评价[J].自然资源学报，2004，19(2)：170~175.

宁夏扬黄灌溉对土壤环境的影响

宁夏扬黄灌溉是国家为改变宁夏中南部山区的贫困面貌而进行的一项扶贫工程，它以协调人地关系、水土关系为出发点，即通过建设扬黄灌溉工程使黄河水资源与后备耕地资源结合，通过移民改变低收入人口与具有开发潜力的国土资源空间分布错位的现实，从而使人口稀少、退化严重的中部荒漠草原因人口、水分的输入而变成充满希望的绿洲，使人口超载、水土流失严重的南部黄土丘陵区因迁出人口而减轻人口对土地的压力、进而减少土壤侵蚀。该工程自1978年启动以来，已经建成了包括固海、南山台子、盐环定等扬黄灌区，共5万多公顷的灌溉面积。但在干旱地区建设绿洲是一个生态系统变化很大的再造工程，在这一工程的建设过程中，涉及自然、生态、经济、社会等一系列需要研究的问题，其中生态环境发生了什么变化一直是人们所关注的，也是一个关系灌区农业是否可持续发展的问题，而土壤环境是生态环境的重要组成部分，研究清楚扬黄灌溉对土壤环境的影响，有助于认识扬黄灌溉对整个生态环境的影响。本文拟结合在固海扬黄灌区的同心灌区进行的典型调查和取样分析，讨论扬黄灌溉对土壤环境的影响，希望能对固海扩灌及红寺堡两个扬黄新灌区的建设提供一些有益的参考。

1. 典型样区的环境背景及取样方法

同心灌区位于固海扬黄灌区中部、清水河冲积平原，属典型大陆性气候，少雨多风，日照充足，蒸发强烈，冬寒长，夏热短，并有干旱、冰雹、霜冻及沙暴等。海拔1440m左右，呈南向北逐渐倾斜，土壤主要是灰钙土和新积土，其中灰钙土又以底盐灰钙土占的面积

国家自然科学基金项目(49671027)，发表于《地理科学进展》2000，19(3):279~284。合作者：虞江萍、文云朝、宋乃平。调查取样得到了宁夏同心县土肥站曹安同志的大力帮助，谨致谢意

最大。其自然植被环境属荒漠草原景观，地下水埋深 18 m 左右，土壤田间持水量为 22%。年平均降水量 277 mm，蒸发量 2 325 mm，是降水量的 8. 4 倍，相对湿度 52%，年平均大风日数 24 天，最多 53 天，年平均沙暴 22 天，最多 45 天，年平均风速 3. 1 m /s，最大风速 15. 5 m /s，年平均日照 3 036 小时，无霜期 140 ~ 170 天。主要农作物是小麦、玉米、胡麻、黄豆等。为了解扬黄灌溉后灌区土壤与非灌区土壤之间的差异以及灌溉土壤中灌溉前后之间的差异，我们选择同心县丁塘乡河草沟村及附近的底盐灰钙土区域进行挖剖面观察和取样分析，每种类型挖二三个剖面，每个剖面所代表地块的 0 ~ 20 cm 和 20 ~ 40 cm 土层进行多点混合采样。该区域内农业经济主要由灌溉农业生态经济系统、旱作农业生态经济系统、草场生态经济系统组成，相应的土地类型分别为灌溉地、旱作地和荒地(或叫荒草地)。我们将通过对土壤盐分、土壤机械组成、土壤养分、土壤微量元素含量等的分析，从三者土壤的横向对比和灌溉地土壤本身的纵向对比来讨论土壤环境的变化。

2. 结果分析与讨论

2.1 土壤盐分的动态变化

由于扬黄灌区多处于地势较高的川地，土壤盐渍化危害一般不明显，但一部分地下水位较高、质地较黏的土壤及土层中下部有盐渍层的土壤还是存在潜在盐害威胁[1, 2]。对于土层下部有一盐结晶层的底盐灰钙土，扬黄灌溉能否消除盐害威胁，下面拟从两方面来分析。

2.11 表层土壤盐分组成的变化

表 1 为灌溉地和旱作地表层土壤(0 ~ 20 cm)水溶性盐各离子的平均含量及各离子占盐分总量的百分比。从表中可以看出，表层土壤盐分总含量旱作地为 0. 194mg /kg，按宁夏土壤盐渍土等级划分[3]属Ⅱ级，即轻盐渍土；灌溉地属 0 级，即非盐渍土；灌溉地土壤盐分总量较旱作地下降了 59. 8%，可以认为扬黄灌溉明显降低了表层土壤的盐分含量。从盐分的离子组成看，旱作地土壤以硫酸盐为主，这与宁夏盐渍土盐分组成是以硫酸盐稍多的混合盐类型[3]相符合；灌溉地土壤盐分则以重碳酸盐为主，这可能与灌溉水水质有关，黄河泉眼山断面的水质含盐状况表明其八大离子总量约为 430 mg /L，离子组成中阴离子以 HCO_3^- 为主，阳离子以 Ca^{2+} 为主，这也说明了灌溉地土壤盐分离子组成中 HCO_3^- 和 Ca^{2+} 所占比例较旱作地增大的原因。不过，土壤盐分组成的变化是非常复杂的，离子组成的变化也可能与土壤全盐量的变化密切相关[3]。总的看来，扬黄灌溉明显减少了土层上部的盐分含量，改善了作物的生长环境。

表 1　　表层土壤中 8 大离子含量及占总量的百分比(%)

类型	盐分	CO_3^{2-}	HCO_3^-	Cl^-	SO_4^{2-}	Ca^{2+}	Mg^{2+}	K^++Na^+	总量
灌溉地	含量	0	0.034	0.004	0.018	0.011	0.004	0.006	0.078
	占总量		43.59	5.13	23.26	14.10	5.13	7.69	
旱作地	含量	0	0.032	0.002	0.081	0.019	0.050	0.010	0.194
	占总量		16.49	1.03	41.75	9.79	25.77	5.15	

2.1.2 土壤剖面的盐分变化

表 2 是良繁场附近的两块地在 1984 年和 1999 年两次剖面取样的盐分数据,其中 1 号地 1980 年开始灌溉,2 号地 1985 年开始灌溉。由表中可以看出,经过十五年的灌溉,土层上部 0～50 cm 的盐分均有明显减少,盐分累积主要在 50～90 cm 之间,即土层上下部分的盐分均有在此区域汇集的趋势。从理论上分析,以每次每亩灌水 100 方,假定田间持水量为 22%,土壤容重为 1. 30 g / m^3,灌水开始时土壤含水量为 8%,可以推得重力水下降深度约为 80 cm,与一般土壤的毛细管作用深度 1. 5～2 m[4]还有距离。这说明,尽管扬黄灌溉带来的大量水对土壤盐分有淋洗作用,可以减少土层上部的盐分含量,但由于蒸发强烈、土壤毛细管作用较强,现有的灌溉水量并不足以将盐分冲洗走,即不能将盐分冲洗至土壤毛细管的作用深度以下,将来一旦停止灌水,土壤盐渍化危害仍有可能。

表 2　　良繁场附近两块地剖面的盐分含量

良繁场 1 号地				良繁场 2 号地			
1984		1999		1984		1999	
层次(cm)	盐分(%)	层次(cm)	盐分(%)	层次(cm)	盐分(%)	层次(cm)	盐分(%)
0～20	0.042	0～20	0.076	0～18	0.634	0～20	0.089
20～35	0.838	20～47	0.276	18～47	0.368	20～49	0.215
35～65	0.620	47～60	1.093	47～87	0.215	49～84	0.738
65～100	0.334	60～100	0.556	87～130	0.688	84～130	0.550

2.2 土壤质地组成的变化

由于干旱、多风,灌区所在区域的一个主要生态问题是土壤沙化[5]。土壤沙化主要是土壤质地变沙,机械组成中细沙颗粒增多,并严重影响作物耕种,自然界中沙化主要是风蚀和风积交错形成的,耕地中由于人为因素的影响,加速或减缓了土壤的沙化过程。扬黄灌区的特点是黄河水的大量引入,土地利用由原来的荒草地或旱作地转变为水浇地,由表 3 可以看出灌溉地的土壤质地组成状况与荒地和旱作地相比,明显得到了改善。灌溉地土壤上下层的砂粒明显少于荒地和旱作地的土壤，而黏粒含量则大于旱作地和荒地的含量，这可能与3个因素有关，一是灌溉地土壤由于水分含量增加，土壤的黏结性也增加，从而不利于风蚀作用，即减少了黏粒损失；二是灌溉后，土壤中的生物产量和有机肥的施入增加，土壤的熟化过程加快，从而增加了土壤中的黏粒；三是与灌溉水中的泥沙含量及组成有关。表4是固海扬黄主干渠泉眼山处的水中泥沙取样的分析结果，可以看出灌溉水中的泥沙粒径均小于0.05 mm，而且其中的41%为黏粒，泥沙的总含量为0.21%。由于粒径大的粉沙易沉积于渠道中，随灌溉水进入土壤的主要是黏粒，因而有利于提高土壤中的黏粒含量，进而改善土壤质地组成。另外，从土壤上下层的比较看，灌溉地土壤存在黏粒淋溶现象，即下层土壤质地偏黏，这将有利于土壤保水保肥。从土壤沙化程度的划分指标来看[6]，旱作地和荒地的土壤表层大于0.05 mm的砂粒含量均超过了25%，已属于中度沙化；灌溉地表层土壤大于0.05 mm的砂粒尽管已接近25%，但由于土壤含水量较高，表层被吹蚀的较少，基本无明显沙化或者接近轻度沙化。可见，扬黄灌溉在一定程度上抑制了灌区的沙化现象。

表3　土壤上层(0～20 cm)及下层(20～40 cm)的细砂粒及黏粒含量

土层	灌溉地		旱作地		荒地	
	>0.05mm	<0.001mm	>0.05mm	<0.001mm	>0.05mm	<0.001mm
0～20cm	24.3	21.1	31.4	18.4	30.5	21.0
20～40cm	19.0	16.7	29.1	20.0	30.3	20.8

表4　固海扬黄干渠水中泥沙粒径组成

粒级(mm)	<0.05	<0.04	<0.032	<0.025	<0.02	<0.01	<0.005	<0.001	泥沙含量
含量(%)	100	85.7	75.4	69.7	66.8	57.1	50.3	41.7	2.1 g/L

2.3 土壤养分的变化

土壤养分是土壤肥力的重要组成部分，也是决定作物生长好坏的一个关键因素。灌区土壤从1984年普查情况看，属于缺肥地区，有机质含量偏低，缺氮、少磷、富钾。扬黄灌溉后，极大地改善了灌区土壤的水分条件，提高了土壤的生物产出量，灌区小麦产量从灌溉前的每亩26 kg提高到现在的每亩350 kg，作物产量的大幅度提高必将大量消耗土壤养分，扬黄灌溉是否能保持持续的高产稳产，土壤肥力的保持与提高是一个重要方面。表5是3种土地类型的土壤耕层养分含量，数据表明灌溉地与旱作地和荒地比较，有机质、全氮、全磷的含量均有不同程度的提高；灌溉地土壤本身1999年与1984年的采样分析结果相比,也有提高,其中以有机质和全磷的含量提高得较多。同心县土肥站 1996 年和 1984 年两次对灌区金鸡沟村的土壤养分测定(表 6)也表明经过十几年的灌溉,土壤养分基本保持了原有水平并略有提高。与宁夏其他扬黄灌区相比[7],同心灌区土壤养分提高的幅度是较低的,这可能与同心灌区土壤灌溉前养分含量较高有关。可见扬黄灌溉后,由于耕种施肥和含有大量泥沙的黄河水引入,土壤肥力得到了较大的提高。

表 5　土壤耕层养分含量

土地类型	取样时间	有机质(%)	全氮(%)	全磷(%)	全钾(%)
灌溉地	1984	0.52	0.037	0.054	1.70
	1999	0.74	0.039	0.074	1.87
旱　地	1999	0.66	0.034	0.067	1.86
荒　地	1999	0.48	0.029	0.059	1.70

表 6　同心县金鸡沟村两次普查的土壤耕层养分平均含量

取样时间	有机质(%)	全氮(%)	水解氮(mg/kg)	全磷(%)	速效磷(mg/kg)	全钾(%)
1984 年	0.76	0.051	32.2	0.052	10.6	1.55
1996 年	0.78	0.056	21.5	0.058	11.6	1.58

2.4 土壤微量元素含量的变化

土壤微量元素含量主要决定于土壤母质, 有效态的微量元素则与土壤条件有关,灌溉和耕种施肥都有可能影响土壤微量元素的含量。本文主要关注与土壤环境质量有关的几种微量元素,特别是氟元素,因当地属地方性氟中毒高发区。表 7 是研究区域中 3 种土地类型中土壤 0 ~ 20 cm 和 20 ~ 40 cm 土层的几种微量元素含量, 其中土壤氟的含量基本处于全国的平均水平[8],但灌溉地与旱作地、荒地相比存在明显的淋溶作用,即土壤下层的氟高于上层,由于氟中毒主要与饮用水中的高氟有关,当地地下水氟的含量在 2. 0 mg /L 左右,超过了国家饮用水水质标准[9]的一倍。因灰钙土的氟淋溶率是较高的[10],土壤中氟的淋溶有可能增加地下水的氟含量,当地农民的主要饮用水——窖水(灌溉水或雨水储存在地窖里的水)的测定结果也表明,其氟的含量为 1. 15 mg /L,也远高于灌溉水的 0. 44 mg /L。从表 7 还可以看出,土壤中铜、铬、锌、铅、镉及镍含量均符合国家土壤环境质量的二级(农用地)标准[11],属于土壤环境质量较好的农业用地,但灌溉地中铜、铬、锌、镍等的土壤上下层含量均有高于旱作地及荒地的趋势, 镉的表层土壤含量也较非灌溉地高,这说明灌溉地的土壤环境质量还是有一定程度的下降,但这种情况是否与灌溉水的水质有关还有待进一步研究。

表 7　3 种土地类型的土壤上下层微量元素含量　(mg/kg)

土地类型	土层深度	F	Cu	Cr	Zn	Pb	Cd	Ni
灌溉地	0 ~ 20 cm	207.4	30.21	81.95	73.7	13.26	0.207	38.22
	20 ~ 40 cm	390.6	41.87	86.73	68.57	12.06	0.182	39.47
旱　地	0 ~ 20 cm	344.3	23.42	71.87	60.71	6.57	0.156	31.42
	20 ~ 40 cm	378.8	24.67	78.40	60.21	11.39	0.197	33.64
荒　地	0 ~ 20 cm	352.1	23.17	69.07	60.92	14.54	0.177	31.23
	20 ~ 40 cm	372.9	24.23	74.04	65.78	12.16	0.223	31.27

3. 小结

通过上面分析,扬黄灌溉对土壤环境的影响主要有以下几个方面。

3.1 底盐灰钙土剖面及表层土壤的盐分分析结果

扬黄灌溉能明显降低土层上部的盐分含量，但盐分有在 50 ~ 90 cm 处聚集的趋势，即扬黄灌溉水量还不足以将盐分淋洗至土壤的毛细管作用深度以下,将来一旦停止灌水或灌水减少,仍有出现土壤盐渍化的可能。

3.2 土壤质地的组成

灌溉地土壤 0 ~ 20 cm 及 20 ~ 40 cm 土层中大于 0. 05mm 的砂粒含量均有所减少，而小于 0. 001mm 的黏粒相对有所增加,即扬黄灌溉使土壤沙化得到了抑制。

3.3 土壤微量元素和土壤养分的含量变化

灌溉地的土壤养分基本保持了灌溉前的水平并略有提高,其中有机质和全磷的含量提高较多;灌溉地土壤微量元素中铜、铬、锌、镍及镉含量的增加,将部分造成土壤环境质量的下降;土壤中氟的较强淋溶将不利于当地地方病氟中毒状况的改善。

参考文献

[1]马玉兰,等.浅析宁夏红寺堡灌区土壤盐化问题[J].干旱区研究，1999,16(1):63 ~ 66.

[2]梁昭元.宁夏固海扬水灌区地下水动态分析[J].宁夏水利，1996(1):39 ~ 40.

[3]宁夏农业勘查设计院.宁夏土壤[M].宁夏人民出版社，1990:402 ~ 408.

[4]林培编著.现代土壤调查技术[M].北京:科学出版社，1988:366 ~ 367.

[5]《宁夏 2000 年科技发展战略》生态环境专题组.宁夏生态环境评价与科技发展战略[M].宁夏人民出版社，1990:177 ~ 179.

[6]熊毅，李庆逵主编.中国土壤[M].北京:科学出版社，1990:708.

[7]孙世文,等主编.宁夏实施可持续发展战略研究[M].银川:宁夏人民出版社，1998:294.

[8]李日邦,等.我国不同地理条件下耕作土中的氟及其与地方性氟中毒的关系[J].地理研究，1985,4(1):30～41.

[9]中华人民共和国生活饮用水水质标准[S]. GB 5749—85.

[10]李日邦,等.土壤中氟的淋溶研究[J].地理学报，1992,47(4):376～381.

[11]中华人民共和国土壤环境质量标准[S]. GB 15618—1995.

人口再布局对土地可持续利用的影响

——以宁夏荒漠化地区为例

位于中国西北、黄河上游的宁夏回族自治区，是中国典型的荒漠化地区之一，土地退化面积达 377 万公顷，占全区总面积 72.8%，全区可分为以下三个地理单元。

北部宁夏平原引黄灌区。年降水不足 200 毫米，流经此地的黄河年径流量 302 亿立方米，通过建立灌溉系统，形成西北著名的人工绿洲，重要的粮食商品基地，宁夏的农业精华地区，1995 年人口密度每平方公里 204 人。

中部干旱风沙区。降水 200～300 毫米，风大沙多，土地资源丰富而水资源贫乏，牲畜超载、滥垦、乱樵采导致荒漠草原退化严重，土地沙化面积近 126 万公顷，其中流动沙丘、半固定沙丘面积 44 万公顷，地广人稀，人口密度 25 人 / 平方公里。

南部黄土丘陵区。降水 300～500 毫米，水土流失、干旱、暴雨、冰雹等灾害严重，水蚀面积 184 万公顷，其中侵蚀模数大于 5000 吨 / 年·平方公里的严重水蚀区 84 万公顷，人口增长过快，人口密度达 108 人 / 平方公里，土地超载，人口、资源、环境之间形成恶性循环，农业生产低而不稳，农民生活贫困、文化落后，是全国出名的贫困地区。[1]

在中央政府的支持下，自治区政府制定、实施了一个开发新灌区和移民工程相结合的反贫困规划。1983～1995 年期间，已将 15 万余人口从人口超载的南部丘陵区迁移到中北部新开发灌区，取得区域开发和人口再布局的重大成就，促进了中部、南部土地的可持续利用。

国家自然科学基金项目(49671027)；第二届中亚持续发展国际研讨会(1998 年 9 月)论文，本文英文本发表于《Chinese Jouranal of Arid Land Research》1999,12(2):175~182

1. 过程和方法

第一步，先由国家投资，在中部建设扬黄灌溉骨干工程，包括扬水泵站、灌溉渠道等。相应建设新开发区的基础设施，如道路、供电、供水，通信等工程。

第二步，组织移民到新开发区（即吊庄）建设新居，平田整地，种树、种庄稼，由地方政府给移民资助部分生产建设费用或由银行给予小额优惠贷款，解决好建房、用水、粮食、燃料等生活问题，并按居民点规划负责建设学校、医院等公用设施。

主要政策：①移民对象以贫困农民为主，坚持自愿搬迁原则。②新开土地按人口分配，长期承包使用，子女可以继承。③五年内免征税，补助部分电费、水费。④原籍承包地和宅基地保留两年，待定居后由迁出地重新合理调整分配。[2]

已建和正建的扬黄新灌区见表 1 所示。

表 1　宁夏中部的扬黄新灌区

灌区	建设 年份	净扬程(m)	设计流量 (m^2/s)	灌溉面积(万 hm^2)	
				设计	已灌
南山台子	1976 ~ 1978	136.7	6.65	1.00	0.88
固 海	1975 ~ 1986	342.7	28.5	4.18	3.80
盐环定	1983 ~	371.0	11.0	2.10	0.40
红寺堡	1997 ~	264.8	25.0	5.00	
固海扩灌	1997 ~	430.5	12.7	3.66	
其 他*	1976 ~ 1995	7.4~96.4	36.66	3.33	1.86

* 其他包括吴忠市扁担沟，灵武市狼皮子梁、五里坡，青铜峡市玉泉营、甘城子，永宁县芦草洼、黄羊滩，贺兰县南梁台子等。

2. 效益

新灌区移民开发区的建设过程，就是将原来的草地生态经济系统或旱作农业生态经济系统，通过输入人力、水资源和调整产业结构，使其逐步转变为绿洲生态经济系统的过程。系统结构变化及负熵流的源源输入，导致土地承载力大幅度提高，农民迅速脱贫，生态环境明显改善。本文以固海灌区为例作一分析。

表 2　固海灌区不同系统土地生产力(1989)

草地系统 (kg/hm^2)	旱作农业系统 (kg/hm^2)	绿洲系统 (kg/hm^2)	生产力 比 值	产品单价 (元 /kg)	绿洲系统 增值(元 /hm^2)
饲草 3000		苜蓿 22500	1:7.5	0.12	2340
	小麦 450 麦秸 300	小麦 4530 麦秸 2850	1:10	0.90 0.08	3876
		水果 6000 瓜菜 30000	1:8 1:40	1.20 0.30	6881 8571

注：据张钧超[3]整理。

2.1 经济效益

由表 2 可见，固海灌区绿洲系统 1989 年每公顷生物产出为原草地系统或旱作农业系统的 7.5 ~ 40.0 倍，增值达 2340 ~ 8571 元，扣除平均每公顷新增生产费用(水费、化肥等)366 元，增加值仍在 1974 元以上。1996 年固海灌区粮食(主要是小麦、玉米)总产 16.2 万吨，为工程建设前的 22.8 倍，每公顷产粮 5194 千克，比表 2 所列更高。采用动态法计算经济效益，经济计算期 40 年，则效益费用比为 1.56，净收益 3.45 亿元，投资回收期从竣工的 1986 年计算为 4.16 年，经济效益显著。[4]按初步解决温饱人均 300 千克粮食加 200 元纯收入的生活标准计算，原草地系统或旱作农业系统的土地资源承载力大致每公顷养活 1 ~ 2 人，而新灌区开发后的绿洲系统，每公顷灌溉土地可承载 7 ~ 15 人。

2.2 社会效益

固海灌区农民人均纯收入由 1980 年前的 30.5 元提高到 1995 年的 1689 元，为宁夏平均水平的 162.9%，为贫困山区 8 县平均水平的 281.7%。从南部丘陵区搬迁到灌区的 8 万贫困人口，基本实现了“一年建家园，三年得温饱，五年开始走上致富路”的目标。生活水平提高促进了民族团结和社会安定，促进了智力开发和观念转变。而迁出区人口减少，人均资源增加，也有利于加速脱贫步伐。[5]

2.3 生态效益

新灌区移民开发区的建设，本身就是对荒漠化土地的治理改造。通过人力、水分的大量输入，使昔日的退化草原、沙地和低产旱耕地变成充满生机的人工绿洲。

2.3.1 土壤肥力提高。开发前土壤为淡灰钙土和风沙土，其有机质和养分含量很低，见表 3。通过几年的耕作、施肥，引用含有泥沙的黄河水灌溉，使土壤理化性质变好，养分增加。淡灰钙土有机质一般增加到 0.6% 以上，最高 1.121%，全氮 0.0361 ~ 0.0696%，速氮 22.8 ~ 49.1mg/kg，速磷 10.35 ~ 19.76mg/kg；风沙土有机质一般增加到 0.3% 以上，最高 0.702%，全氮 0.0270% ~ 0.0525%，速氮 15.78 ~ 28.06mg/kg，速磷 6.744 ~ 14.110mg/kg(表 4)。[7]

2.3.2 植被覆盖度提高。开发前，灰钙土植被类型为荒漠草原，主要由丛生小禾草和小半灌木共建种组成，淡灰钙土上荒漠特征更为明显，强旱生、超旱生小灌木、小半灌木

表 3　开发前土壤有机质、养分含量

土壤类型	有机质(%)	全氮(%)	速氮(mg/kg)	速磷(mg/kg)
淡灰钙土	0.15 ~ 0.69	0.012 ~ 0.047	6.0 ~ 31.9	0.8 ~ 8.7
风沙土	0.10 ~ 0.38	0.012 ~ 0.020	6.0 ~ 23.0	0.8 ~ 4.7

注：据王吉智等[6]。

表 4　　新灌区土壤耕作层有机质、养分含量

灌区	采样地点	开发时间(年)	种植作物	有机质(%)	全氮(%)	速氮(mg/kg)	速磷(mg/kg)
同心河西镇	建新村	10	糜子	1.121	0.0696	49.10	16.46
	塘坊村	10	玉米	0.818	0.0490	40.33	19.76
	杨家塘村	7	(旱地改)	0.630	0.0348	22.80	19.13
	杨河套子村	3	糜子	0.541	0.0334	14.03	10.51
	河西林场	2	胡麻	0.481	0.0241	17.54	5.33
中宁大战场	西沙窝村	9	小麦、大豆	0.558	0.0321	22.80	18.19
	五窑村	7	小麦、大豆	0.492	0.0348	15.78	9.57
	大战场村	9	小麦、大豆	0.630	0.0369	12.27	9.74
	唐圈村	5	小麦、大豆	0.481	0.0291	14.03	12.07
	马连梁村	5	小麦、大豆	0.326	0.0192	19.29	7.06
灵武狼皮子梁	团结村	6	小麦、大豆	0.702	0.0362	17.54	13.01
	盐东村	6	小麦、大豆	0.608	0.0320	25.25	9.41
	利民村	4	玉米	0.470	0.0312	12.27	21.68
	利民村	1	大豆、葱	0.221	0.0121	7.01	5.65
	利民村	1	新开地	0.210	0.0135	6.03	7.43

注:据陈功[7]。

成分增加,主要为猫头刺、老瓜头、骆驼蒿、隐子草等,覆盖度仅10%～20%。风沙土、半固定沙丘有唐古特白刺、中间锦鸡儿、油蒿等,覆盖度仅5%～20%,浮沙地有油蒿、甘草、苦豆子、老瓜头、沙柳、中亚白草等。开发后,为各种作物、蔬菜、果树、防护林、人工草场等栽培植被取代,覆盖度50%～90%,生物量大大提高。[8]固海灌区防护林体系初步形成,已有果园2700多公顷,用材林4000万株。

2.3.3 小气候改善。植被增加减弱了风沙灾害,生态系统转向良性循环。据测,同心河西镇农田林网内年平均气温增加0.6℃,年最低平均气温增加0.4℃,年平均地面温度增加0.3 ℃,年平均风速减弱0.6 m/s,年 蒸发量减少239.81毫米。

2.3.4 地下水淡化。新开发区一般土层较厚,地下水埋藏较深(一般在20米以下),多数土壤含盐量不大,加上黄河水质较好,如灌溉合理,一般不易发生土壤盐渍化。据固海灌区地下水动态观测,灌区中50%地下水位有所上升,其中上升2米以上者占灌区30%,其他变化不大。目前个别地区发生土壤次生盐渍化,[9]大部分灌区土壤盐分减轻、地下水淡化。

2.3.5 迁出区生态变化。从水蚀严重、人口超载的黄土丘陵区迁移一部分贫困人口到新区,缓解了迁出区人口过多对土地、环境的压力,如同心县喊叫水乡高岭村向新灌区搬

迁200多人，当地退耕种草300公顷，植树40万株，大幅度减少了土壤侵蚀量。

总之，无论是移民开发区还是移民迁出区，经过十多年的开发建设，都开始走出了土地退化的阴影，迈出了土地可持续利用的第一步，取得了显著的经济、社会、生态效益，得到世界银行等国际组织和国内外专家的高度评价。

3. 经验

实践证明，宁夏人口再布局对促进土地可持续利用具有重大作用，其主要经验可概括为以下四点。

3.1 以协调人地关系为根本出发点

通过人口迁移，把居民点再配置与新灌区开发结合起来，使南部黄土丘陵区的超载贫困人口与中部待开发土地合理结合，土地开发与人口 迁移同步进行，促使迁出区与迁入区都开始实现人口与资源、环境的协 调发展。

3.2 以建设扬黄灌溉工程解决水土不平衡问题

干旱半干旱区农业建设的首要问题是水利。宁夏中部干旱风沙区地 表水、地下水奇缺，干旱缺水是制约农业发展和土地退化的主要因素。就近引扬黄河水、开发新灌区，是当地发展经济、改善环境的最好途径，也是人口再布局的前提条件。

3.3 以完善的系列化政策做保证

通过当地政府实施一系列配套政策，提供必要的资金支持，调动贫困农民迁移和开发新区的积极性，妥善解决人口再布局过程中出现的生产、生活问题。

3.4 依靠科学技术和教育培训

南部黄土丘陵区的贫困农民文化素质较差，又不懂灌溉农业技术，必须通过每个环节的教育培训和技术服务体系，使农民学会科学地利用土地，例如建设农田防护林、培肥地力、节水灌溉等。

4. 问题和展望

宁夏扬黄新灌区要实现可持续发展，今后必须重视解决好以下几个重大问题：[10]

4.1 可持续农业及其产业化

要从资源浪费型转变为节约型，以推广节水灌溉技术和管理制度为中心，提高每立方米水的利用率和产出率，第一步目标从目前每2.2立方米水产1千克粮提高到每立方米水产1千克粮，同时推广节地、节能、节粮的生产方式。要由单一种粮型向多种经营型、由粗放型向高产优质高效型发展，逐步形成产加销一条龙、贸工农一体化、农科教结合的社会化大生产格局。

4.2 生态保护和污染防治

新灌区开发必须按规划建设有效的防护林体系，乔灌草结合，防护林网与经济林结合，实行农作物和牧草轮作。农田要增施有机肥料，合理灌溉，预防土壤次生盐渍化，要妥善解决居民的能源供应问题。注意控制新灌区鼠害。合理规划工业小区，控制建设污染型企业，迁出区林木禁止破坏性砍伐，允许成片转让和合理采伐。

4.3 人口控制与社区建设

迁入区和迁出区都要严格控制人口过快增长，建设生活质量较高、环境良好的农村新社区。

参考文献

[1]汪一鸣，等.宁夏生态环境评价与科技发展战略.银川：宁夏人民出版社，1990：5～16.

[2]Wang Yiming et al."DiaoZhuang"——A Model of New Devolping Area in Ningxia of China.Chinese Journal of Arid Land Research，6(3)，New York，1993：199～203.

[3]张钧超.河套灌区改造扩建与农业综合开发.北京：中国科学技术出版社，1995：137~144.

[4]赵东辉.高扬程提水灌区经济分析及走向市场再认识，宁夏水利 1996 年第 1 期.

[5]汪一鸣.不发达地区国土开发整治研究，宁夏人民出版社，1994，245~254.

[6]王吉智，等.宁夏土壤.银川：宁夏人民出版社：103、235.

[7]陈功.宁夏扬黄新灌区生态环境变化及效益评估.宁夏农林科技，1994，(3)：9~13.

[8]陈功.宁夏扶贫扬黄灌区生态环境效益评估及今后可持续发展意见，宁夏实施可持续发展战略研究.银川：宁夏人民出版社，1998：293~306.

[9]冯锐，等.宁夏盐池扬黄灌区土壤次生盐渍化发生现状及分布规律研究.宁夏农林科技，1998(3)：9~12.

[10]汪一鸣.宁夏扬黄新灌区开发建设与可持续发展.宁夏大学学报(自然科学版)，1998，19(2)：167～171.

土地规划与农村整治

——比利时瓦隆区国土整治经验借鉴

比利时是一个联邦性质的君主立宪国家。国土规划与整治工作按三个大区各自的系统进行。瓦隆区是比利时面积最大(16 844 km^2)、经济相对最落后的一个区。但它的国土规划和农村整治开展得最早,实施范围大,实践经验多,其突出特点是通过土地规划,把国土规划与农村整治实践有机结合起来。因此,研究和借鉴它的国土整治做法和经验,对我国更具有实际价值和现实意义,尤其对宁夏这样的内陆省(区)。

1. 农村整治的任务与实践

在瓦隆区,农村整治的重要性和紧迫性,是在现代化建设中逐渐被人们所认识的。1978 年政府颁布《农村振兴指南》证实了这一点。从 60 年代开始,在振兴城市经济的背后,农村问题便随之日渐突出。首先是城市化和工业化进程导致农村土地被大量占用,而现代基础设施,特别是高速公路的迅速发展,更大大加快了这一过程。第二,城市生活的现代化和私人汽车的增多,使农村成了市民休闲、度假的主要去处。迅速发展的农村旅游业,给农村带来了生机和活力,但同时滥占土地和破坏环境也更加严重。第三,城市市民"回归"农村的潮流使农村人口和乡间别墅迅速增加,农村用地和村庄形态随之发生明显变化。这种情况以大都市区附近农村最为典型[1]。布鲁塞尔附近布拉邦省的农村乡镇,1981～1991 年人口从 29 万增加到 32 万,出现一批"乡村城市"式的新村;村民非农人口化,农地"宅基地"化,村落形态散居别墅化。所有这些就使得农村土地的滥用和浪费愈演

国家自然科学基金项目(49671027,49411130746),发表于《地理研究》1998,17(2):201～207。合作者:文云朝

愈烈，农业土地丧失的速度加快，农村空间结构受到严重破坏。1950～1980 年的 30 年间，瓦隆区的农地减少 16 万多 hm^2，比 1895～1950 年的 55 年多减少了一半[2]，与前半个世纪相比，土地丧失的速度加快了近 3 倍。到 90 年代初，布拉邦省的有些农村市镇真正的农户只有几户、十几户，农业用地只占土地总面积的百分之几到百分之十几；而建设用地则占百分之十几到二十几。此外，农村在经历了人口外流的高峰以及由此造成的社会经济萧条之后，急需探索产业调整、空间调整和综合发展的道路，这又从振兴农村的角度提出了农村整治的客观需要。这样就自然迫使人们把农村整治问题，把加强农村土地管理问题，提到国土整治的重要日程上。

1.1 农业土地并块

瓦隆区的农业土地并块始于 20 世纪 50 年代。1956 年 6 月 25 日颁布的农业土地并块法，第一次以法律形式把它确定为农村整治工程，而且在瓦隆区大规模推行。到 1983 年初已完成土地并块工程 92 项，面积 9 万 hm^2。

法定的土地并块作为农村整治的一种有效工具，它的概念、内容和作用是不断发展的。最初它是一种单纯的地块交换和重组工程，或出于基础设施建设的需要，或出于农业经营上农场兼并和土地调整的需要。后来土地并块的目的逐步扩大到农村的现代化建设，农村新产业的发展及用地安排。最后扩大到环境整治、生态保护和农村景观、景点的保护。这样，土地并块的概念、内容和作用，就大大超出了农业问题的范畴，而扩大到农村的全面整治与发展。这种认识的进步及新思路的形成，与吸收德、法、荷等邻国的经验有密切关系。土地并块方案的制订是一项涉及范围不大(1 000 hm^2 左右)，而工作十分具体、细致的系统工程。它需要考虑自然条件、自然资源、土地利用与农业经营现状、农村社会经济发展、生态环境以及农村景观、景点的保护等多种因素。在综合分析和土地评估定级的基础上，提出土地并块的初步方案，绘制成 1∶5 000 的土地并块图，然后向有关业主公开征求意见。通常情况下征求意见阶段往往比编制方案的时间还长，需要对土地评估和并块方案进行反复磋商、调整才能最后确定。最后方案报瓦隆区内阁批准后具有法律效力。整个工程由瓦隆区土地局具体负责执行和组织实施。

1.2 农村振兴

农村振兴工程是 20 世纪 70 年代后期农村整治的一种新发展，也是瓦隆区的一种独创。一，它的主人是乡镇当局；二，从计划编制到实施都由公众参与；三，其目标为农村的综合发展，而且与后来提出的可持续发展相衔接。所以当地人们把地区规划看作“被动的和法规性的”国土整治手段，而把农村振兴当做“主动的和实实在在的”农村整治手段。正如 1978 年瓦隆区内阁颁布实施的《农村振兴指南》指出:“农村综合发展”是针对农村贫困化和环境恶化唯一可以采取的有效药方。农村振兴应当是“一项融合到整治与发展指导纲要中的，把有积极性的民众、地方乡镇当局、政府部门和有关部长先生纳入其规划与实施过程的综合发展工程”。

瓦隆区的实践表明，农村振兴工程涉及的内容和项目非常广泛，首要任务是村庄建设，其目标是提高农村生活质量，缩小城乡差别，使农村享有城市标准的市政设施。因此在农村振兴纲要中，突出了村庄街道和农村道路网的建设，公用设施和市政设施建设，如学校、文化活动场所、给排水设施、邮电通讯设施和垃圾管理等等。经济综合发展作为农村振兴的基本任务，其目标是给农村注入新的活力，扩大农村就业机会。在工业方面特别重视资源开发型工业，贸工农一体化的农场加工业，以及能提供更多就业岗位的传统手工业。有的地方，如巴斯托涅，甚至建立了手工业和中小企业开发区。在第三产业方面，有各种档次商业，包括交通要道上的现代商城，小城镇的商业街，中心村的各种商店；有银行、邮电所；有各种服务业；有多种形式的农村旅游业等等。

瓦隆区已在50多个农村市镇完成或正在进行农村振兴工程，而且取得显著成效，扩大了就业，扭转了农村人口外流趋势，农村面貌焕然一新。如阿泰尔乡增加了几十个就业岗位，人口四年内从2500人增加到3000人[4]。瓦隆区的基本经验，一是坚持先试点、示范，总结经验，分期分批推广；二是集中使用农村振兴基金和贷款，在认真调查研究的基础上，制订农村振兴优先项目计划；三是把农村振兴工程与大区及乡镇的年度发展计划结合起来。由地方当局申报的农村振兴规划方案，经瓦隆区农村振兴委员会审议通过，以国王令的形式予以公布，即变成一种按年度计划实施的农村振兴合同[4]。所有这些保证了农村振兴工程在农村整治中发挥的作用。

2. 土地规划在国土整治工作中的重要性

瓦隆区的国土规划分为大区、地区、乡镇、特殊整治规划四级。后三个层次的国土规划都具体落实到土地规划上。因此在瓦隆区的国土规划体系中，土地规划作为其有机组成部分，对农村整治具有十分重要的作用。

2.1 土地规划是基层区域国土规划的法定内容

大区以下的各级国土规划都以土地规划为基本内容。1972年12月28日国王令正式确定了土地利用分区规范[3]。在最基层的特殊整治规划中，土地规划内容详细到街道的走向、建筑物的布局和高度、绿地的布局等等。规划图的比例尺为1∶1 000至1∶2 500之间，相当于城市规划中的小区规划。地区规划实质上是按23个地区进行的、覆盖整个瓦隆区的土地利用规划。因为地区规划的根本任务和基本内容都体现在土地利用分区上，以土地利用分区确定全区未来最佳的土地利用方案，以此实现谨慎、严格的土地管理，明确农业和林业用地是其他产业、住宅等不能随意占用的空间。土地利用分区中包括了农村保护区(农业区、林业区、绿地区、有景观价值和科学价值的自然保护区、国家公园、有文化或美学价值的地区、分水岭地区等)，农村建设用地和非农产业区(居住区、聚落扩展区、工业区、手工业区、采矿区与勘探区、商业服务区、公用设施用地、休闲区等)，大型基础设施用地(各种交通干线、供电线路和管道用地，机场、车站、港口用地等)。这样，地区规划就成了一种规划期限为 20 年、准确、细致的用地规划。

2.2 土地规划是具有法律效力的国土空间管理工具

实现有效的土地管理是国土规划的重要目标，也是完成国土整治的关键。比利时通过加强法制建设，使国土规划、土地规划成为土地管理的有效工具。目前它的国土整治工作已形成三种法律体系。一是从总体到部门的法律体系。总体的有《国土整治与城市规划组织法》，下面有各部门的一系列法规或条例，如农业土地并块法与补充条例，农村旅游业中关于各类留宿设施(宿营地、周末旅游蓬车场、度假村)的法令、法规，农村纪念性建筑与景点保护法，自然保护法，森林保护区管理条例等等。二是按行政层次加以具体化的法律体系。如大区有《瓦隆区国土整治规划法》，乡镇有《农村发展与整治法》；同时作为具体法规，大区和地区有《城市规划通用法规》、《房地产通用法规》，乡镇一级有《乡镇城市规划法规》等等。三是贯穿国土工作全过程的法律体系。以 90 年代乡镇国土工作的三项立法最为为典型，包括《瓦隆区农村发展法》、《瓦隆区农村发展法实施条例》、《瓦隆区农村振兴工程实施条例》。

正因为地区规划和它所包含的土地规划在国土工作中的重要性，所以备受政府当局重视，将国土工作重点和全部力量主要放在地区规划上，用了 15 年左右时间，完成了瓦隆区全部 23 个地区规划[3]。这样也就完成了全瓦隆区的土地规划和 1：2 500 的土地规划图编制。

3. 对照与思考

比利时瓦隆区的国土整治工作始于战后 50 年代的经济恢复时期，最初从农村整治入手，以“土地并块”先行。1962 年《国土整治与城市规划组织法》颁布后，全区国土规划工作以地区规划为重点全面展开，系统完成。而农村整治在系统的国土规划和“农村振兴”工程中进一步得到发展。相比之下，我国的国土整治工作起步晚，各层次的国土规划发展不平衡，农村整治薄弱，基层区域国土规划进展缓慢，与农村发展和整治的客观要求不相适应；国土规划与土地规划脱节，使国土工作在我国社会经济中的实际作用大大受到限制；有关国土工作的法制建设滞后，以致我国的各级国土规划都只是一种指导性文件，对国土整治、社会经济缺乏法律效力和调控能力。根据瓦隆区的做法和经验，仅就我国国土整治工作的以下几个问题提出几点意见：

3.1 关于国土整治工作的重点

各国的国土工作依其国情不同，发展阶段不同，重点也有所不同。以法国和比利时为例，法国从城市整治入手，以“平衡大城市”整治为重点。80年代以后，考虑到农村发展对未来法国的重要性，国土工作重点也正在向农村转移[5]。而比利时始终以农村整治为重点，从土地并块发展到概念和思路更为宽广的农村振兴。在国土规划上，从基层区域规划做起，重点放在以土地规划为基本内容的地区规划，1980年后转向大区一级规划，目前又开始向乡镇规划转移。这类变化和转移，都与其国情和国土整治工作相联系。现今我国的国土工作重点，应当考虑转向农村整治和县级国土规划。

第一，我国的国土规划是按自上而下的层次进行的，已完成全国的国土规划纲要，省级国土规划也基本完成。但省以下的各级国土规划，各省做法不一，参差不齐，有的注重地(市)一级，有的注重县(市)一级；而且在规划的内容、方法和程序上要求不一，即使基层区域规划都侧重宏观决策方面的内容，而缺乏土地规划的内容。因此基层区域规划和土地规划成为我国国土工作的薄弱环节。加强薄弱环节是当前国土工作发展的需要。

第二，瓦隆区的经验表明，国土规划的层次不宜过多，层次过多不利于国土工作的开展和管理，所以它并未按行政区划设置省一级国土规划(相当我国的地区)；同时基层区域规划也不是齐头并进，而是先选择地区规划(相当我国的县)重点突破。我国省以下的国土规划包括省、地(市)、县(市)、乡(镇)四级，层次显然偏多。加上我国幅员广大，人力和财力都有限，不可能全面铺开，应将县级国土规划作为重点。而且当前县级国土规划和土地管理的需要最为迫切，也比较容易做到国土规划与土地规划的结合与协调。

第三，80年代以来，我国经济在持续、快速发展的同时，也给国土整治带来一系列新问题和矛盾，诸如大而全、小而全、重复建设、重复引进、开发区热、商住城热等等，导致资源浪费、土地滥占、环境恶化等问题愈演愈烈。这些矛盾严格说都集中在农村地区。1979～1995年全国耕地减少450多万 hm^2，平均每年以0.3%的速度递减；广东省递减速度更高，达11%[6][7]，宁夏也超过0.5%，远超出比利时瓦隆区的水平。目前正在实施的国民经济的两个根本性转变，可能使大量矛盾由城市向农村转移，土地与环境问题在县一级将变得更为尖锐。因此，加强土地管理县一级是重点。

3.2 土地管理与农村整治

我国由计划经济体制向市场经济体制转变的过程中，经济手段在政府宏观调控中的作用越来越重要，然而土地规划、管理作为一种空间调控手段却尚未受到应有的重视。土地和环境的矛盾日益尖锐，其根源除体制外，还有土地规划、管理上的问题。在国家经济调控由行业管理变为行业与地区双重管理的运行机制下，由于缺乏土地规划、管理的有效手段，地方用地失控现象非常严重。统计表明，90年代以来，我国被占用的耕地中，乡村集体占地从1990年的22.7%，上升到1995年的37.2%[6]。试想如果有具备法律权威的土地规划，并以此作为审批土地的依据；如果农村建设，特别是小城镇和乡镇企业的发展，都有严格的土地管理法规加以控制和监督，那么地方利益和长官意志驱动下的重复建设、滥占耕地、破坏环境等现象，就不会那样轻易发生。因此，权威性的、有效的土地规划、管理，既是经济调控，也是农村整治的重要手段。

瓦隆区的做法和经验表明，有效的土地管理需要有几个基本条件。

第一，要有一个规定未来土地利用方向的长期规划。瓦隆区的这类规划期限为20年；规划的核心是根据社会经济发展需要和土地利用现状，制定最佳的土地利用方案，进行土地利用分区，划分基本保护区和发展预留区。联系我国实际，有步骤地编制全国以县为单位的土地利用规划，作为我国国土规划的有机组成部分，是国土工作的当务之急。

第二，土地管理与农村整治相结合。经济、人口、资源、环境的协调发展是农村问题的核心，也是地方政府和民众的利益所在。只有把土地管理与以此为目标的农村整治工程结合起来，才能调动地方和民众的积极性，使土地管理建立在民众自觉参与和民主监督的基础上。瓦隆区以“土地并块”和“农村振兴”为代表的农村整治工程，在推动农村发展和环境整治上能取得明显成效，都与这两者的结合有关，与这类整治工程规划、实施的民众参与程度有关。我国在全国范围也开展了一大批农村整治工程，如扶贫开发工程、小康村工程、开发性移民工程、星火计划等等。但从宁夏的情况看，在这类项目中，我们的目标和实际成效往往仅限于经济发展，而对土地管理和环境整治则有所忽视，缺乏将农村综合发展的目标、内容与空间组织、管理融为一体的工作规范。因此，总结试点经验，研究制订这类农村整治工程的技术规范，是当前国土研究的重要课题。

第三，要有健全的法制。国土整治的实践表明，健全的法制是加强国土工作和强化土地管理至关重要的因素。而健全法制的基本要求就是保证依法规划、依法实施和依法管理、监督。瓦隆区无论地区规划即以土地规划为核心的国土规划，还是其他农村整治规划，都有法可依，如国土整治综合性法规、农村发展法、通用城市规划法规、乡镇城市规划法规和其它专业法规，而且在规划报告中必须指出规划编制的法律依据。针对我国国土工作法制建设滞后的情况，当务之急应抓紧国土整治综合性法规和农村整治法的立法，确立国土规划的法律地位。瓦隆区的做法是各类国土规划一经既定程序审批、以法令形式颁布，则必须依法执行。而且为强化规划、管理机构的监管、监督职能，还成立了“农村开发局”，取代前土地局的职能。在乡镇农村发展规划的技术规范中还规定：凡违背地区规划土地利用方案，在农业区、林业区兴建的违章建筑，在乡镇规划图中一律要以红色标出。上述作法颇有值得借鉴之处。

3.3 土地规划与国土规划的关系

国土规划是国家和地区高层次综合性的规划，是国民经济和社会发展计划体系的重要组成部分[9]。在计划经济向市场经济的转型期，强化国家宏观调控和实现地方经济社会与人口、资源、环境协调发展的同时，更在空间组织与管理上赋予其特殊职能。这也就决定了它与土地管理、土地规划的密切关系和更好结合。

关于国土规划与土地规划的结合，瓦隆区分别建立了三种结合方式：(1)在地区规划中，土地利用规划是核心，实行国土规划与土地规划的结合。在内容上，土地规划的土地利用分区原则、框架和土地分区的具体划分，都建立在地区规划调查研究成果的基础上；同时地区规划的基本内容也完全落实在土地规划上。在形式上，地区规划图就是土地规划图，土地利用分区的体系、内容、图例、色谱以及工作底图和成图比例尺，都执行全国统一的技术规范。(2)在乡镇规划中，以实施土地规划和"土地并块"的方式实现两者的结合。(3)在特殊整治规划中，以小区规划方式实现两者的结合。

对比之下，我国的县(市)、乡(镇)两级国土规划中，土地规划内容一般都不深不细，因而影响了规划的空间组织与管理。这是我国基层区域国土规划对社会经济发展调控能力薄弱、国土管理乏力的症结所在。因此在我国县、乡两级规划中，实现国土规划与土地规划的结合很有必要。根据我国的国土工作基础，实现这种结合也是完全可能的。首先，两者在国土调查和资料工作上具有一致性，实际上可以共享同一套自然与人文的基本资料，包括地图资料；第二，两者对规划人员专业构成的要求近似，因此国土规划与土地规划专业队伍相结合，可以胜任这样的规划任务；第三，在县一级国土规划中，按全国统一的技术规范实现与土地规划的一体化，完成全国基层区域土地规划，在人力、财力和时间上都更为节约、高效，符合多快好省原则，也便于管理。综上所述，从强化国土规划和国土管理的需要出发，把国土工作的重点及时转移到农村整治和县级国土规划上，加强国土规划的空间组织功能，实现国土规划与土地规划、土地管理的结合，对于新形势下国土工作实现新的突破具有十分重要的意义。

参考文献

[1]Thēo BRULARD. Les villages du Brabant Wallon ConfrontēsāL′ Extension de la Pēriphère Bruxelloise. Recherches de ographie Humaine. Numēro hors serie du Bulletin de

la Sociēre Gēographique de Liēge, 1996:13～18.

[2] Jean-Claude BONNEEFONT. L 'Amēnagement du Territoire en Wallonie. Revue Gēographicque de L 'Est, 1989 (2):117～128.

[3]Charles CHRISTIANS. Lē gislation el Rēalisation de l'Amēnagement rural en Belgique. Revue de la Sociētēd 'Etude etd'Expasion, 1981:395～406.

[4]文云朝.比利时农村整治的经验.地理译报, 1992 (2):57～62.

[5]Didier PARIS. Amēnagement Rural et Developpement local en France: L 'Emergence de la Notion de Pays, Recherches de Geographie Humaine. Numēro hors serie du Bulletin de la Sociēlē Gēographique de Liēge, 1996:199～205.

[6]国家统计局.中国统计年鉴 1996.北京:中国统计出版社, 1996.

[7]广东省统计局.广东省统计年鉴 1996.北京:中国统计出版社, 1996.

[8]宁夏回族自治区统计局.宁夏回族自治区统计年鉴 1997.北京:中国统计出版社, 1997.

[9]陈宣庆.新形势下国土规划工作的几点认识和建议.国土与区域经济,1996(3):10~12.

银川市能源发展战略研究

一、银川市能源发展的条件和现状评价

(一)煤炭

宁夏是全国富煤省区之一,探明保有储量308亿吨,居全国第6位,煤藏密度(每平方公里保有储量)和煤藏丰度(人均保有储量)均居第三位。银川市代管的灵武市,煤炭探明保有储量209.45亿吨,占宁夏总储量的67.9%。煤炭品种为不粘结煤,具有低灰、低硫、低磷和发热量较高的特点,被用户称为"环保煤",是优质动力煤,也是气化和生产活性炭的理想原料。灵武煤矿区又具有主要煤层厚,埋藏较浅,地质构造与水文地质条件简单,开发条件好,适宜机械化开采。矿区处于荒漠草原地带,不占农田。矿区有国道主干线GZ35高速公路和大(坝)古(窑子)地方铁路通过,规划中的太原—中卫(银川)铁路也于矿区附近通过,交通便利。矿区离银川市区不足一小时汽车路程。

灵武煤矿区现有灵新、瓷窑堡、石沟驿、羊场湾一号、鸳鸯湖小矿等矿井,生产量约500万吨,占2002年全区原煤产量1818万吨的27.5%。

规划"十五"开始,建设宁东能源化工基地,于2010年前后形成年产5000万吨原煤大型矿区,480万千瓦电厂,年产500万吨油品和化学品的煤炭间接液化厂等生产能力。届时银川将成为全国能源条件最优越的大城市之一。

(二)电力

宁夏煤、水(能)、油、气齐全,具有发展电力工业难得的组合资源优势。2002年,全区共有发电装机容量269.39万千瓦,其中水电30.47万千瓦,企业自备电厂12.72万千瓦,

世界银行第四期技术合作项目《银川市现代化区域中心城市发展战略研究》(TCPIV-YC-2003-01)部分中间成果,2004年2月

发电量171亿千瓦时,人均发电量居全国第三位。已建成330kV变电所两座,变电总容量900MVA,220kV变电所16座,变电总容量3540MVA;现有330kV线路5条,总长596公里;220kV线路32条,总长1307.7公里。

银川市现有燃煤热电厂一座,发电装机容量2.4万千瓦,供热能力158兆瓦,占总供热能力27.1%,供热面积150万m^2,占全市总供热面积11%。正在扩建热电厂二期工程,并规划建设以天然气为燃料的燃气热电厂。

银川市供电局现有220kV变电所4座,110kV变电所13座,正建6座(2003年年底可投产)。2002年三区两县售电量(不包括灵武市)28.1亿千瓦时,占全区售电量的18.8%,最大负荷50.93万千瓦。售电量中,工业占72.5%,居民生活占11.7%。通过1998年以来三次城乡电网改造,现已基本满足城乡用电需求。银川是全国大城市中电力供应最好的城市之一。

为适应银川市和整个宁夏经济社会加速发展的需求,逐步建成我国西电东送北通道的电源群,规划从"十五"开始,用20年左右时间,建成我国西北重要的沿黄电源基地,发电装机容量达2000万千瓦上下。预计2004年石嘴山二电厂4×33万千瓦和沙坡头水电站12.4万千瓦投产,2005年中宁电厂2×30万千瓦建成发电,2010年前建成马莲台电厂240万千瓦,灵武电厂一期120万千瓦,大坝电厂三期240万千瓦,水洞沟电厂120万千瓦,银川第二热电厂12万千瓦等,其中灵武、马莲台、水洞沟电厂均位于银川市域灵武市境内。届时银川市将会有更充裕的电力供应,并向山东电网送电。

(三)石油天然气

宁夏目前探明的石油、天然气储量很小,不足以保证银川市和全区发展需求。但作为陕甘宁油气田组成部分的灵盐台地,油、气特别是煤层气、页岩气的勘探前景看好。银川市所在的银川断陷盆地,也有形成、集聚石油、天然气的良好地质构造。

位于宁夏境内的长庆油田第三采油厂(厂部在盐池县,生活基地在银川),2001年原油产量166.8万吨(其中多数油井在陕西榆林市境)。原油由输油管输送至包兰铁路石空站,再分别运至银川和兰州。2002年原油加工量75.8万吨,加工厂大元炼化公司位于银川市西夏区,生产汽油29万吨,柴油32.9万吨。大元石油加工能力为225万吨,目前油源严重不足。

位于陕西靖边和内蒙古鄂尔多斯市的天然气田是我国最大的整装气田,探明储量达1万亿m^3。银川与气田距离近,修建输气管道的地形地貌和工程地质条件好,目前已建成靖边—银川输气管道,管径426毫米,全长近300公里,年输气能力6亿m^3,2001年供气总量4.6亿m^3。现正规划修建第二条靖边—银川输气管道。西气东输工程穿越宁夏中卫,有条件修建中卫——银川输气支线。可见银川市本身虽无天然气资源，但由于就近输入方便，价格较低，发展天然气化工和民用天然气工程的条件十分优越。

（四）其他能源

银川市年太阳总辐射达6021.1MJ/m²，年日照时数达2976.6小时，日照百分率67%，是全国太阳能最丰富的地区之一，有条件大量发展日光温室、太阳能热水器以至太阳能电站。

银川市西部贺兰山口是西北地区的风能资源富集区，年平均有效风能密度大于60瓦/平方米，有效风速年累计时数大于5000小时，是实行风能发电的优良场址。目前贺兰山风力发电厂一期工程已经起步。

以银川市区为中心的银川市地热田，已探明是一大型地热水矿床，地热水温度55~68摄氏度，可开采资源量达1.796亿立方米，地热水含有锶、溴、碘等微量元素，属高热、中性医疗矿泉，对人体具有医疗保健功能，作为一种洁净能源，对于发展休闲、疗养旅游和改善、美化城市环境具有重要作用。

总起来看，银川市及其周边地区丰富、优质的能源，对于支撑城市产业发展和优化投资环境，将发挥长远性的有利影响，是银川市做大做强做美的重要物质基础。银川市能源资源优势之突出，在全国各大城市中是罕有的。

二、银川市能源发展战略要点

（一）战略目标

抓住西部大开发的战略机遇，充分发挥本市能源资源的潜在优势，以建设宁东能源化工基地为重点，加快煤炭、电力、天然气化工、煤化工等产业发展，2010年前达到煤产量5000万吨左右，发电装机容量500万千瓦左右，天然气化工产品（尿素、甲醇等）300万吨左右，煤化工产品（汽油，二甲醚等）300万吨左右，2020年前达到煤产量1亿吨左右，发电装机容量1400万千瓦左右，进一步发展煤化工、天然气化工等产业，把银川市建成西电东送工程北通道的重要电源点，西北重要的煤化工和天然气化工基地。同时积极开发太阳能、风能、地热等洁净能源，保证银川市作为区域中心城市的可持续发展。

（二）战略指导思想

能源产业发展以电力为中心，以煤炭为基础，积极利用石油、天然气，因地制宜开发风能、太阳能、地热能等洁净能源。

坚持开发与节约并重方针，依靠科技进步，重视能源的合理利用与节约，大力发展洁净煤技术，有效提高能源生产、加工、输送、消费等环节的综合效率，减少环境污染。

以市场需求和运输条件为依据，稳步扩大灵武煤矿区建设规模，提高装备水平、职工素质和劳动生产率，改善安全条件。适应开发部署，提高煤田勘探精度。

在靠煤近水、场地开阔、环境容量大的灵武市境内建设超临界参数、大容量、高自动化火电机组以及燃气—蒸汽联合循环发电机组，发展大型坑口电站，避免电源点过多、分散，大幅度降低煤耗和自用电率，提高劳动生产率，达到国内领先水平。

改善城市民用能源结构，加强城市低压电网建设，扩大天然气供应网络，改进民用煤利用技术，发展热电联产，为城市居民提供清洁、方便、利用效率高的优质能源。

（三）战略重点和措施

1.针对当前宁夏电力不足和东部电力需求旺盛的市场现状，加速以灵武市为重点的电源、电网建设步伐。

规划2010年前建成马莲台电厂240万千瓦，灵武电厂一期（120万千瓦），水洞沟电厂120万千瓦，贺兰山风力发电厂（10万千瓦），银川市区天然气热电厂；2020年前建成灵武电厂二期、水洞沟电厂二期、枣泉电厂等工程。进一步加强220KW主网建设及与西北主网的联络，推进周边联网工程，建成灵武至山东的660KV直流输电线路以及750KV线路和变电站，实现西电东送。完善市区、县市供、配电网建设和改造，完善以调度自动化、继电保护技术和专用通信技术为主要内容的电网二次系统建设，提高电网现代化水平，保障各级电网的供电可靠性。

2.适应电力、煤化工发展和周边省区市场用煤需求，加快灵武煤矿区新井建设步伐。

“十五”期间重点建设羊场湾煤矿（500万吨/年），及灵新、瓷窑堡、石沟驿等矿的改扩建工程，“十一五”期间建设枣泉矿（800万吨/年）、梅花井矿（1200万吨/年）、清水营矿（1000万吨/年）、石槽村矿（800万吨/年）等，把灵武市建成宁夏最重要的动力煤、化工用煤供应基地，煤炭基建、生产、安全技术达到国内领先水平。

3.加强洁净煤技术的开发、应用、推广。

包括煤炭洗选和型煤加工新工艺，脱硫先进技术，沸腾燃烧（循环流化床燃烧）、增压流化床循环、水煤浆等煤炭燃烧新技术，提高燃煤效率，减少污染。

4.以宁夏煤业集团为依托，发展煤炭—电力、煤炭—电力—化工、煤炭—电力—化工—建材等联合经营，发展煤炭气化、间接液化、煤基烯烃和基于煤气的燃气—蒸汽联合循环发电等技术，以及煤质活性炭、煤基新材料等其他煤炭深加工技术，多层次、全方位、高效率地综合利用煤炭资源。

5.积极开发太阳能、风能和地热能资源。大力推广菜、菇、花、药、果立体种植和畜、禽、鱼养殖的日光温室、地热水利用，推广太阳能热水器、风能发电等成熟技术，创造条件建设太阳能电站，积极开发地热水资源用于疗养旅游业等领域。

6.完善城市民用能源供应网络。改造、扩建、完善供电、集中供热、天然气管道等网络,加速城市及其郊区农村的家庭电气化、燃气化步伐,实现工业企业、供热锅炉由以烧煤为主向天然气为主转换,城市居民燃料由液化石油气向天然气的转换,民用供热由小锅炉分散供热向热电厂和区域性大型供热锅炉集中供热转换,城市公交车辆由燃油为主向燃气为主转换,逐步扩大城市无燃煤区。在郊区、县市农村天然气尚未普及之处,推广液化气、蜂窝煤等型煤制品和各种高效、多用途、少污染的新型民用节能炉具。

7.加速工业节能技术改造。各行各业都要引进、推广各种行之有效的节能技术,不断发展新的节能降耗技术,积极回收利用工业余能、余热等二次能源,逐步以节能、先进、高效设备代替落后、低效设备,严格限制和逐步淘汰那些浪费能源的生产方式和五小工业。

8.加强能源开发利用的环境保护管理。新建、扩建能源企业和高耗能企业要合理布局、避免对周围环境的不利影响,严格执行环境影响评价制度、“三同时”制度、排污许可证制度和排污收费制度,严格三废污染的治理控制和废水、废气、废料的回收利用,推广锅炉燃烧脱硫技术和除尘技术,保证企业二氧化硫排放、废水排放等指标符合环保要求。

9.继续加强能源资源勘探工作。一是尽快完成鸳鸯湖煤矿区以及其他待开发煤矿区精查勘探,以保证煤炭工业后续发展。二是进一步加强灵盐台地的煤层气、页岩气、天然气和石油勘探,继续开展银川盆地的油气勘探。三是继续银川盆地地热资源的勘探评价,为地热开发提供详细依据。

10.深化能源企业体制改革。完善现代企业制度和法人治理结构,正确处理企业集团与其下属企业之间的关系,形成参与市场竞争的高效运行机制,提高企业的经营管理水平。电力、供热等企业要稳步推进“厂网分开,竞价上网”。出台优惠政策,鼓励外商和国内民间资本参与能源项目建设。

西北在保障国家能源安全中的地位和作用

1. 我国面临能源安全问题

我国现代化面临的能源问题十分严峻,表现在:(1)人均能耗水平低。目前,人均用电量仅相当于世界平均水平一半。预测到2050年,我国人均能源也只能达到经济合作与发展组织(OECD)国家目前平均值的1/3。(2)人均资源不足。人均煤炭探明储量为世界平均值的1/2,人均石油可采储量不足世界平均值1/10。(3)农村商品能源短缺,农村居民大部分仍靠生物质能。(4)以煤为主的能源结构面临严重挑战。目前煤占一次能源消费量仍近60%,对环境、运输造成极大压力。(5)石油短缺日趋突出。预测年进口量很快将突破亿吨大关,石油安全形势严峻。[1]

2. 西北油气资源相对丰富

西北能源丰富而消费量小,在全国能源供需平衡中占有极为重要的地位。我国石油、天然气资源量很大部分集中在西北,包括塔里木、柴达木、准噶尔、吐鲁番—哈密盆地及陕甘宁盆地,其中塔里木盆地石油资源量占全国1/7,天然气资源量占全国1/4以上,陕甘宁盆地天然气资源量占1/10,而且资源探明率低,勘探、开发潜力巨大。已建成的陕北—北京输气管道工程,即将开工的塔里木—陕甘宁—上海的“西气东输”工程,突出表明了西北在未来保障国家油气安全中的重要作用。

3. 西北是进口油气的相对安全通道

要确保石油和天然气的供应,必须在节约、增产、替代、进口方面采取有效措施,并建立战略石油储备。要在对新疆等地石油实行保护性开发的同时,对原油、成品油、天然气进口采取特殊政策(例如实行零关税政策等),进一步提高油气进口率。[2]目前我国进口油

发表于《宁夏工程技术》2002,1(3):205~207

气主要通过海运由中东地区等一些国家运入，一旦国际形势发生变化，便有可能影响稳定供应。中亚和中东地区是世界石油天然气资源最富集的地区，仅中亚五国的石油、天然气剩余探明储量即分别相当于我国的97%和395%。在建立战略合作伙伴关系的基础上，与俄罗斯、哈萨克斯坦、土库曼斯坦、乌兹别克斯坦以及伊朗等国长期合作，共同勘探、开发其油气资源，通过新亚欧大陆桥和新建油气管道构成油气大陆桥，经由新疆、甘肃、宁夏、陕西等地向东部沿海地区输送，将是我国21世纪保障油气安全的重要途径，比起海运油气也是安全性更好的大通道。这也是我国21世纪利用国内外两种资源、两大市场的重要内容之一，对于推进西部大开发、发展我国与中亚、中东国家的贸易和经济合作将起到十分深远的促进作用。[3]

4. 能源结构调整与“西电东送”工程

从20世纪后半叶的全球能源态势来看，油气生产、消费比重急剧提高，成为最重要的一次能源行业，而煤炭比重则急剧下降，这是与煤炭燃烧的热效率低，利用、加工不如油气便利，以及三废污染严重有关。20世纪50—60年代德国鲁尔工业区由以就地开发煤炭、煤化工为主的能源重工业结构迅速转变为以进口石油天然气及其化工为主的结构，最清楚地反映了世界能源发展的潮流。我国由于能源资源的特点以及长期搞计划经济体制，能源结构调整滞后。近些年来，随着改革深化、与全球经济一体化接轨以及环保形势的发展，在能源与化工领域的市场竞争中，煤炭处于极其不利的地位，石油特别是天然气的生产、消费比重上升是必然趋势，预计天然气用量将由目前的2%提高到2015年的15%。但另一方面，我国石油、天然气储量供给与长远需求毕竟差距太大，从国家能源安全考虑，煤炭仍将占据重要地位。预计再过三、四十年，当油气供需矛盾日趋尖锐时，煤炭的综合利用更不容忽视。

西北煤炭储量巨大，水能资源可装机容量也达4000多万千瓦，建设大型坑口火电厂和水电站条件优越。西北应在积极开发利用石油、天然气的同时，有重点地开发低灰、低硫、优质的神府东胜、榆神、灵武、华亭等煤矿区，实行煤炭开发以就地转化为主、以发电、化工利用为主的方针，大力发展洁净煤技术和电力工业，加速开发黄河上游水能资源，抓紧在靠煤近水、环境容量大的适当地段兴建高参数、大容量、低污染火电机组，把丰富、洁净、廉价的电能源源输往环渤海经济圈等地，尽快形成国家“西电东送”工程的北通道。[4]

要重视研究利用天然气资源或煤炭气化建设燃气—蒸汽联合循环发电机组，特别是通过开发大型高效煤气化炉、高温煤气净化技术，以净化煤气驱动燃气轮机发电，其高温余气烧锅炉供汽轮机发电，其优点是：一可提高煤炭利用效率和减少污染，二可大幅度减少电厂用水量，三可满足大规模电网系统调峰需要。也可争取采用“三联供”方案，部分煤气发电，部分煤气生产甲醇及其下游产品，部分煤气供民用，构建煤—电—化联合企业。

总之，把西北建成“西电东送”的战略基地，对于优化全国资源配置，有效提高能源生产、加工、输送、消费等环节的综合效率，减少环境污染，促进生产力合理布局和可持续发展，加强东西部之间的优势互补、互利合作，将具有重大的战略意义。

5. 西北煤化工的研究开发与产业化

西北煤炭资源的开发利用，除了改善煤炭生产的品种结构、技术结构和组织规模机构，加快发展煤炭洗选、型煤加工、水煤浆制备、循环硫化床锅炉燃烧技术、气化、液化等各类洁净煤技术外，要特别重视现代煤化工的研究开发和产业化。

从目前来看，煤化工在经济效益上尚不能与石油化工、天然气化工相竞争。利用各大油气田和“西气东输”工程的有利条件，发展天然气化工和天然气民用工程是西北近期的重要发展战略。但是从国家能源安全和可持续发展的观点来看，我们还应抓紧现代煤化工的研究开发，积极建设若干实验示范工程，逐步实现产业化。

近年来，宁夏回族自治区根据当地的煤质特点和储量、分布状况，将灵武煤田不粘结煤制合成气及其后续产品开发，作为宁夏煤化工产业的主体。已初步确定，“十五”期间，将积极吸收外商投资和先进技术，建设煤制甲醇、二甲醚等合成燃料项目。据研究实验，用甲醇和二甲醚按比例配制的醇醚燃料，其燃烧效率和热效率高于液化气，是安全方便、价格适中的民用燃料，也是汽车优质代用燃料和工业窑炉燃料。甲醇作为汽油发动机、柴油发动机常规燃料的代用品，将来其意义越来越大，而甲醇、乙醇、汽油等多种燃料混合使用的方案有着更大的市场。

从未来十年我国汽车大发展对燃料的巨大需求来看，一般认为，解决能源与环境问题的汽车技术有三类：替代燃料车（如甲醇、乙醇、压缩天然气、液化石油气等），电池电动车，氢燃料电池车。其中后者高效、无噪音、零污染，最有可能领导汽车工业革命的新潮流，成为新世纪氢能源经济的标志。在氢燃料电池条件成熟之前，以车载甲醇重整为燃料电池提供动力氢源，将是很好的汽车替代能源过渡方案，这使甲醇更具吸引力。可见煤基甲醇工业具有广阔前景。[5]

以甲醇为中间产品，可以研制开发一系列下游产品，如聚甲醛、甲基叔丁基醚（MTBE）、三聚氰胺树脂、碳酸二甲酯、甲醇蛋白等。天然气和煤气均可制甲醇，技术路线和产品结构基本相同，所以把煤化工研究开发与当前大力发展天然气化工有机结合起来，将是宁夏、陕西等地化工发展的重要方向和有效途径。[6]

煤层气也是重要的洁净能源。我国埋深小于2000米的煤层气总资源量与常规天然气总资源量（50万亿立方米）相近。[7]加强煤层气的勘探、开发，进一步探索神府、灵武等煤田地下气化的新途径，对于西北远景煤炭工业和煤化工的大发展，将有十分重大的意义。

6. 新建太原—中卫铁路，开辟东向运煤大通道

由于我国的用煤大户、出口方向都在东部、南部沿海，西北煤炭市场受到区位较偏、运距过远和外运不畅的严重制约。“八五”、“九五”期间，国家建成了侯马至石臼港的煤炭基地运煤南通道，即侯月线、新菏线、衮石线，即将建成神木经朔县至黄骅港的运煤北通道。通过有关方面的再三呼吁，目前国家铁道部已将建设华北至西北的铁路通道提上议事日程，经有关设计院勘察论证，提出了天津港—保定—太原—古窑子—中卫、天津港—神木—榆林—古窑子—中卫等四条路线走向方案。这条铁路将不仅使我国环渤海经济圈与大西北之间增加了一条直达铁路通道，形成与新亚欧大陆桥主通道兰新—陇海线相平行的大陆桥北通道，而且也将成为煤炭基地通向东部沿海的又一条运煤大通道。这对于进一步开发宁东、陕北丰富的煤炭资源，促进西北煤炭和载能产品等大宗商品扩大东部市场和国外市场，将具有深远意义。建议有关方面抓紧工作，争取国家尽快立项，尽早开工建设。[8]

7. 西北新能源开发

西北地域辽阔，山地高原风能资源特别丰富。在全国可开发风能资源 2.53 亿千瓦中，内蒙古、新疆、甘肃都是 1000 万千瓦以上的风能资源大省。[9]西北广大的盆地、沙漠太阳辐射强烈，光能资源得天独厚。另外还有分布广泛的地热资源。大力发展风能电站，加速太阳能热水器、日光温室、太阳能发电等开发，有步骤地扩大地热能利用，加快新清洁能源开发与发展草产业、沙产业、农产品加工业相结合，与建设节能环保的城乡新社区相结合，与改善生态环境、保障生态安全相结合，是西北实施可持续发展战略的重要内容，有着非常广阔的前景。

参考文献

[1] 中国能源战略研究课题组.中国能源战略研究(2000—2050 年)总报告.北京：中国电力出版社，1996.

[2] 胡鞍钢.21 世纪前 5 年我国可持续发展战略的取向. 中国人口·资源与环境，2001，11(1).

[3] 董锁成.中国西部大开发战略研究.西安：陕西人民出版社，1999.

[4] 国家计委规划司.“十五”期间我国能源交通发展思路与生产力布局研究，载《“十

五"规划战略研究》(下).北京:中国人口出版社,2000.

[5] 汪一鸣.宁夏煤炭资源开发利用的若干设想.宁夏科技,2001(6):13~14.

[6] 汪一鸣.宁夏在西部大开发中的战略地位.// 载张万寿主编.宁夏新世纪.银川:宁夏人民出版社,2000:124~133.

[7] 朱岳年,等.我国可持续能源工业发展思考.中国人口·资源与环境,1999,9(1).

[8] 汪一鸣.兴建太中铁路,促进西北大开放大发展.载21世纪中国西部交通发展战略学术研讨会论文集.成都:四川科技出版社,2000:481~484.

[9] 王淑娟.我国可持续能源系统发展的途径探讨.中国人口·资源与环境,1999,9(1).

中国能源安全的多元化战略

1. 世界能源安全面临诸多风险

当今世界，和平、发展是人心所向、大势所趋。但霸权主义、新殖民主义、恐怖主义、宗教极端主义等势力，以及其他不确定因素，导致社会动荡、国家分裂、地区冲突、局部战争不断，近些年美国、欧洲的债务危机更加剧了世界的不太平。而能源供应安全已成为世界地缘政治斗争的焦点。目前中东、俄罗斯及中亚地区在全球石油、天然气供应中的地位日益重要，世界油气供应集中度越来越高，包括中国在内的亚太地区油气供需矛盾最为突出，能源安全主要是油气供应安全问题更加凸现，国际能源安全的合作与竞争将长期存在。2010 年以来中东变局的大国博弈，势必对世界能源供应格局有所影响。有人认为，不排除 21 世纪上半叶爆发新一轮世界石油危机的可能性。[1][2]不管怎样，未来世界能源安全面临诸多风险，则是可以肯定的。

过去 10 年中，中国石油、天然气消费急剧增长，进口量已占消费量一多半，并且开始超过美国、日本的油气进口量，成为全球最大的油气进口国。未来相当一段时期，中国油气对外依存度继续上升，将大大增加我国能源安全保障的难度。中国能源安全的实质就是油气在时间、数量、价格、品质等方面的稳定供应问题。未来各国围绕资源争夺、市场控制、运输安全的竞争更加剧烈，将对中国能源安全构成极大影响，对中国近 14 亿人口的经济发展、人民生计、社会稳定、国防安全具有生死攸关的利益关系。

面对未来世界能源安全包括中国能源安全可能出现的各种风险，我们如何应对？我认为，加强国际能源安全合作，采取维护能源安全的多元化战略，包括国内能源生产、消

斯德哥尔摩国际和平研究所、上海国际问题研究院合办《保护海外能源利益，中国和欧洲的经验》国际研讨会（2013 年 9 月）论文，发表于《宁夏工程技术》2014，13(3)：262~265

费的油气替代战略，进口油气的多源地多通道战略，应是一种科学、现实的选择。

2. 国内：油气替代战略

2.1 中国能源生产、消费结构预测

表 1　　中国能源生产、消费结构现状（2010 年）

	能源总量（万吨标准煤）	煤炭	石油	天然气	水电核电风电等
		(%)			
生产	296916	76.6	9.8	4.2	9.4
消费	324939	68.0	19.0	4.4	8.0

注：据《中国统计年鉴(2011)》。

由表 1 可知，中国能源结构现状以煤为主，石油天然气次之，水电核电占比小，风电、光伏发电等新能源占比微不足道。影响能源结构变化的主要因素是：节能减排(包括减少三废污染排放和碳排放)要求大幅度压减煤炭消费，加大水电、核电、风电、太阳能发电等非化石能源比重；汽车和生活用气普及使油气消费在相当时期内继续较快增长；国内油气勘探、生产增长赶不上油气消费增长，使油气进口在相当时期内继续较快增长；水电潜力有限，近中期有一定增长；核电保持稳定增长；风电、太阳能发电等新能源近期因成本制约有一定增长，中远期可望突破性增长。

综合有关方面研究测算，中国能源需求预测见表 2。其中煤炭消费缓慢增长，而占比迅速下降。近期仍以煤、油、气等化石能源为大头，远期比重较快下降，而非化石能源电力则逐步占据主导地位。[3][4]

表 2　　中国能源需求预测

	能源总量（亿吨标准煤）	煤（亿吨）	油（亿吨）	气（亿立方米）	水电（万千瓦）	核电（万千瓦）	风电（万千瓦）	太阳能发电（万千瓦）
2005(实际)	22.5	21.7	3.3	479	11739	1900	260	8
2020	43.2	34.3	6.2	3000	26000	7000	9000	9000
2030	52.3	37.9	7.4	3900	32000	16000	16000	24000

2.2 油气替代战略的基本构想

油气替代战略的核心和目标是在满足国计民生和国防需求的前提下，通过多种渠道最大限度地挖掘国内油气生产潜力，发展各种替代油气的新能源，抑制油气消费量过快增长，从而控制油气进口量（近期抑制油气进口过快增长，远期稳定以至缩减油气进口量），从源头上减少可能发生的风险。

（1）节能优先。在生产、消费各个领域全面节能，是保障我国能源安全，建设资源节约型、环境友好型社会，走向生态文明新时代的重要前提和根本要求。

（2）加大国内石油、天然气勘探开发力度。特别是把重点转向中国西部和海洋。包括解决某些难开发利用油田的开发技术，例如中石油公司长庆油田近期解决了超低渗区域致密性油气藏规模有效开发的世界级难题，2013 年生产油气当量将突破 5000 万吨。[5]

（3）发展可燃冰、页岩气等非常规天然气的勘探开发利用。中国与美国、俄罗斯、阿根廷、墨西哥等国均为页岩气储量大国。目前美国正大力开发页岩气技术，如得到全面开发可实现油气自给，从而对世界能源贸易格局产生重大影响。近期我国四川、山东等地都在加紧布局页岩气开发。中国南海、东海有丰富的油气和可燃冰（天然气水合物）资源，中国坚定维护国家海洋权益，同时主张通过双边磋商解决有关岛屿、领海争端。

（4）针对我国煤多油少的实际，实施煤基石油替代品技术开发。包括煤制天然气、煤制油、煤制烯烃等工程。位于宁夏银川市的宁东能源化工基地，现已建成全球第一套煤基烯烃 MTP 大型装置（原煤 – 合成气 – 甲醇 – 丙烯 – 聚丙烯年产能 50 万吨）项目，规划扩大规模至 200 万吨，则年耗煤 1000 万吨，可替代油基烯烃路线原料石油近 400 万吨。宁东基地正建年产能 200 万吨 × 2 的 CTL 项目——国内最大的煤制油项目，也是国际标杆项目，采用中国科学院煤化工研究所研发的第五代 CTL 技术（煤炭间接液化技术），年耗原煤 2000 万吨，转化油品、液化气当量 400 万吨，总投资 550 亿元。这些煤基石油替代品示范工程，虽然也存在经济效益不确定性（取决于煤炭、石油比价）、三废污染和二氧化碳排放等问题，但作为我国回避国际能源安全风险的战略技术储备进行开发，具有长远的战略意义。[6]宁东基地正在开发建设的大型煤基合成气 – 电、热 – 化工品 – 建材多联产技术项目(包含燃气蒸汽联合循环发电技术)，将有可能一揽子解决废水、废气、废料的处理、回收利用，把常规污染降到最小以至近零排放，真正建成循环经济产业集群，同时也有可能实现二氧化碳的集中回收处理，达到温室气体大幅度减排目标，使煤基石油替代品工程的经济效益、环境效益极大提升。

（5）在保护生态环境、保障安全的前提下，稳步发展水电、核电。

（6）大力提升可再生能源开发利用水平，加速风电、光伏发电、大中型沼气工程建设。2013 年 7 月，中国政府网发布《国务院关于促进光伏产业健康发展的若干意见》，指出光伏产业健康发展对调整能源结构，推进能源生产、消费革命，促进生态文明建设具有重要意义，规划 2013~2015 年年均新增光伏发电装置容量 1000 万千瓦左右，2015 年总装机容量达 3500 万千瓦以上。城乡建设推广太阳能光热一体化建筑、光电一体化建筑（分布式太阳能光伏发电系统），推广地源热泵、新能源汽车等清洁能源。火车、汽车大幅度压减以柴油、汽油为动力的内燃机车，逐步实现交通工具电动化。

3. 油气进口：加强国际合作，实施多源地多通道战略

该战略用一句大白话说就是鸡蛋不能放在一个篮子里，为分散风险，必须扩大进口油气的供应国，相应地扩大油气运输的多条通道，保证进口油气的稳定、安全供给。

3.1 加强中阿合作，稳定中东油源

中东（西亚、北非）是油气储量、产量的集中区，也是当今世界最大的油气出口地，中国最重要的油气进口源，目前我国进口油气有近一半来自中东，其中以沙特阿拉伯、伊朗、阿曼、伊拉克、科威特、阿联酋等海湾国家尤为重要。今后相当时期内，中东仍然是中国油气进口的主要供应源。[7]

从 2010 年开始，连续三年在宁夏银川市举办的中国－阿拉伯国家经贸论坛，对加强在新形势下中国与阿拉伯国家文化交流、经贸合作起到了重要作用。宁夏作为中国唯一的省级回族自治区，人称“中国的穆斯林省”，与阿拉伯国家及穆斯林世界在文化传统、宗教信仰、生活习俗等方面有诸多共同相通的天然联系，所谓“天下穆斯林是一家”，构成了面向 17 亿人口的穆斯林国家、地区扩大开放的突出人文优势。2012 年 9 月《国务院关于宁夏内陆开放型经济试验区规划的批复》，更宣告了宁夏作为国家向西开放战略高地的重大历史使命。[8]2013 年 9 月在银川举办的第一届中国－阿拉伯国家博览会，将由中国与当年主宾国科威特共同主持，举办中阿能源合作论坛、商贸合作论坛、金融合作论坛以及投资洽谈会等系列化活动，以及银川综合保税区在 9 月正式封关运行，将进一步促进中国与中东能源合作的巩固提高，亦即交更多好朋友，做更多大生意，预计中国与海湾国家在油气贸易、油气勘探生产上的互利合作将进一步加强，在核电、风电、光伏发电等新能源合作上也将跨出新的步伐。[9]同时以能源合作为先导，推动中阿之间全面的文化交流、经贸合作以至政治、社会、生态文明建设的全方位合作。

3.2 将油气进口源扩大到亚非拉各油气生产国

近年来，中国与上海合作组织成员国——俄罗斯、哈萨克斯坦、乌兹别克斯坦、土库曼斯坦等油气生产大国加大了油气贸易合作，已成为中国重要的油气供应源。其他如东南亚的印尼、马来西亚、文莱，非洲的苏丹、利比亚、阿尔及利亚、尼日利亚、安哥拉，拉丁美洲的委内瑞拉等。中国一些企业实施“走出去”战略，在美国、加拿大、沙特阿拉伯、伊拉克、伊朗、苏丹等国投资油气田、油气管道等项目，逐步提高海外权益石油产量在油气进口总量中的比重，争取达到 1/3 以上。

3.3 开发多条油气进口通道

过去主要从海湾国家进口，即由波斯湾港口通过霍尔木兹海峡、阿拉伯海，绕经印度洋、马六甲海峡进入中国南海，航程远，经过国家多，近年受恐怖主义、海盗劫掠影响，需派舰艇编队在关键海域护航。今后如一旦有事，霍尔木兹海峡、马六甲海峡等战略要地面临诸多安全隐患。因此，改变纯粹海上油运航线为陆上通道或海陆联运通道，变少数几条通道为更多通道十分迫切。

由俄罗斯东西伯利亚地区通向中国东北的油气管道（年输油能力达 3000 万吨以上，年输气能力 380 亿立方米），有的已建成，有的正加紧建设。中哈（哈萨克斯坦）油管工程年输油能力 2000 万吨，中亚天然气管道工程（土库曼斯坦、乌兹别克斯坦、哈萨克斯坦至中国新疆）年输气量 800 亿立方米，A、B、C 线已建成，D 线正建。中国与伊朗已签订共同开发伊朗亚达瓦兰等油田、合作建设上下游设施和相关油气贸易协议，计划建设起自伊朗里海沿岸，经由土库曼斯坦、乌兹别克斯坦、哈萨克斯坦等国至中国的油气管道。[10]

中国将加快“新丝绸之路－新世纪能源通道”建设，通过改造完善新亚欧大陆桥重载铁路设施，从铁路运输一部分原油、液化气，确保加强中国西部与中亚、西亚、北非能源等大宗商品畅通无阻的经贸联系。中国与缅甸合作建设其西南海岸实兑港、皎漂港东北向通往中国云南省的油气管道工程，年输油 1000 万～2000 万吨，输气 120 亿立方米，一期已完工。还拟与巴基斯坦合作建设其西南海岸瓜德尔港及该港东北向通往中国的油气管道运输走廊，实现油气海陆联运。规划远期与泰国合作，将其南部的克拉地峡开挖为克拉运河，连通印度洋安达曼海与太平洋泰国湾，可较大幅度缩短由波斯湾至中国南海的油气海运航程，绕开海运特别繁忙的马六甲海峡，增加航运安全性。

以上海上、陆上、海陆联运油气通道的建设、运行，都必须以有关国家团结合作为基础，达到互利共赢的目标。中国真诚希望与欧亚非国家进一步加强合作，在维护国际能源合作方面推出互利共赢新举措，共同为世界和平发展作出新贡献。

3.4 加紧进口油气的战略储备基地建设

中国已在东部沿海适当地点建成若干原油、天然气储备库，下一步将重点在中国西部建设几个地下油气战略储备基地。据悉，我国最大的天然气储备库已于近期在新疆建成投产。同时还要立足国内的勘探、生产，规划建设若干油气田资源储备基地。

3.5 筹组银川能源交易所

在宁夏内陆开放型经济试验区的中心城市银川建设“立足宁夏、辐射西北、面向全国、走向世界”，以能源为主的国际大宗商品交易所，致力于打造第一步为中国西部地区能源（包括新能源）等商品的交易中心、定价中心、信息中心、结算中心、物流管理中心和金融服务中心，第二步再推向世界。宁夏能源交易所应交易与贸易并重，现货市场与期货市场结合，打造综合服务的大宗商品电子平台，最终为稳定国际油气价格、保证国际市场平衡、回避市场性风险、维护世界能源安全提供服务。[11]

4. 结语

人类在进化，世界在进步，和平发展、合作共赢的世界潮流浩浩荡荡、不可阻挡，顺之者昌、逆之者亡。我们坚信，维护国际能源安全的道路是曲折的，前途是光明的。中国人真诚希望与包括欧洲国家在内的世界各国交好朋友、做大生意，加深合作，共同应对在能源安全领域的各种挑战，共建人类的美好家园。而永久会址设于银川的中阿博览会，也必将在推动中阿能源合作以至中国与穆斯林世界全面合作中起到关键性的作用。

参考文献

[1]刘东.后“阿拉伯之春”时代的中阿石油合作[A].// 王正伟主编.中国 – 阿拉伯国家经贸论坛理论研讨会论文集 2012 第三辑[C].银川：宁夏人民出版社 2012：144～153.

[2]马平.中东能源对我国和平崛起的作用和影响[A].// 王正伟主编.中国 – 阿拉伯国家经贸论坛理论研讨会论文集 2012 第三辑[C].银川：宁夏人民出版社 2012：154～162.

[3]中国能源战略研究课题组.中国能源战略研究（2000～2050）[M].北京：中国电力出版社，1997：492～734.

[4]汪一鸣.建设蒙陕宁特大型能源化工基地研究[A].// 刘璞，周特先主编.黄河河套生态经济区建设研究[C].银川：宁夏人民出版社.2008：32～76.

[5]国信在线（北京）经济文化发展中心.能源产业发展报告[J].2013，25：15.

[6]胡静林，等.替代能源战略路线图[J].中国投资，2007（2）：10~31.

[7] 张华.宁夏与中东[J].学者，2010（4）：13～17.

[8]国务院关于宁夏内陆开放型经济试验区规划的批复（国函[2012]130 号）[J].研究参考，2013（2）：1～20.

[9]李荣.阿拉伯新能源产业发展前景与中阿合作[A].// 王正伟主编.中国 – 阿拉伯国家经贸论坛理论研讨会论文集 2012 第三辑[C].银川：宁夏人民出版社 2012：163～171.

[10]冀开运.中国、美国与波斯湾各国互动关系透视[A].// 王正伟主编.中国 – 阿拉伯国家经贸论坛理论研讨会论文集 2012 第三辑[C].银川：宁夏人民出版社 2012：90～102.

[11]胡俞越.确定适合宁夏区情的交易所规划目标[J].研究参考，2013（1）：7～9.

世界核电站的地理分布

一、核电初露头角

核电站(原子能电站),电力工业中的新事物,近二十年来发展很快。到1971年底,世界各国(不包括我国,下同)已建成80座民用核电站(112座反应堆),电力装机容量达2812万千瓦,比十年前的1961年差不多增长17倍。目前正在建设和计划建设的更多,计163座(308座反应堆),容量为23632万千瓦。预计下一个十年,将增长10倍上下。

地球上各种能源的地位正在发生重大变化。19世纪80年代,煤代替木材成为主要燃料。20世纪60年代,石油压倒了煤;同时核电力异军突起,崭露头角,目前虽然在世界总的能源消费量中所占比重极小,但前程远大(图1)。1971年,核电容量占电力工业总容量的2.5%。有人估算,大概再过三四十年,核电站规模就有可能超过烧煤或烧石油的火电站的趋势。

二、困境中的出路

其实,核电站的迅速发展是和资本主义世界的"能源危机"相联系着的。

随着世界各国经济发展和消费水平提高,电力需要量越来越大。目前,全世界电力工业

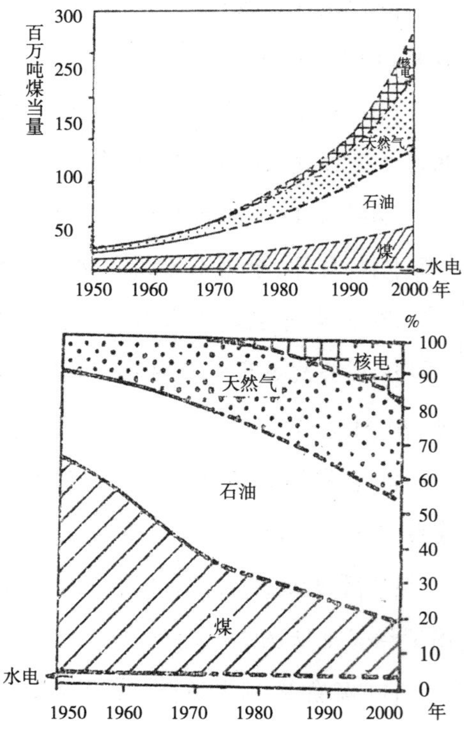

图1 世界能源消耗量的变化

发表于《地理知识》1973(6):17~20

平均每年增长8%,即不到十年就翻一番,现有和新建火电站、水电站跟不上需要。尤其是一些发达的资本主义国家,有的本身燃料动力资源储藏量有限(如日本、英国);有的虽然储量很大,但因对动力资源一贯滥用浪费,近年来燃料生产也供不应求(如美国);它们都不得不从中东等地区的发展中国家输入大量石油。一些资本主义大国在石油供应不那么可靠的情况下,日子越来越不好过,出现严重的能源危机,只好另找出路,企图以发展核电力来缓和这个矛盾。

另一方面,近年来核电的大规模发展,也与美国、苏联两个超级大国争霸、扩军密切相关。到20世纪60年代中期,美国已在大体上完成了军用核燃料的战略贮备。在这样的条件下,又迫于世界人民要求把原子能用于和平的舆论压力,不得不投入一部分力量于核电站建设,并对外供应核燃料。它们一方面通过国家提供财政和技术支持,扶植与刺激核电站的发展;在这一幌子掩护下,扩大核燃料生产,进一步加强核武器工业基础,并继续垄断国际核燃料供应。

三、优点很多的新能源

核电力发展较快,也由于它本身具有一系列优点。

核电这种新能源,资源比较丰富。表1所列出的铀矿储量仅是目前开发利用条件下经济价值较大的一部分。一座100万千瓦的燃煤电站运行一年,需消耗250万吨煤炭,即每天需有上百个火车车皮参加运输。同样规模的核电站,如以天然铀为燃料,需用量不到200吨。以矿石品位0.25%计算,一年只需开采几万吨铀矿石就够用了。如果采用更先进的核电站类型(大型快中子增殖反应堆),由于在运行过程中能增殖更多新的核燃料,使天然铀得到充分利用(目前核电站大多采用轻水反应堆,只能利用天然铀中仅占0.7%的可裂变的铀235,而增殖堆能将绝大部分铀238转化为可裂变的钚239,而为核电站所利用),可减少到一吨多铀就够一年使用。可见,发展核电站可以节省大量宝贵的煤炭、石油、天然气资源,并且减少了开采、运输这些燃料资源的劳动。

不像水电站必须建于具有水力资源的地点那样受地理条件的严格限制,也不像火电

表1　　世界可消耗能源储量比较

项目	储量	相当热能量	%
煤和褐煤	76000亿吨	56000万亿千瓦小时	59.0
石油	2800亿吨	3350万亿千瓦小时	3.5
天然气	283万亿立方米	2940万亿千瓦小时	3.1
铀(U_3O_8)*	170万吨	33000万亿千瓦小时	34.4

* U_3O_8成本低于22美元/千克者。

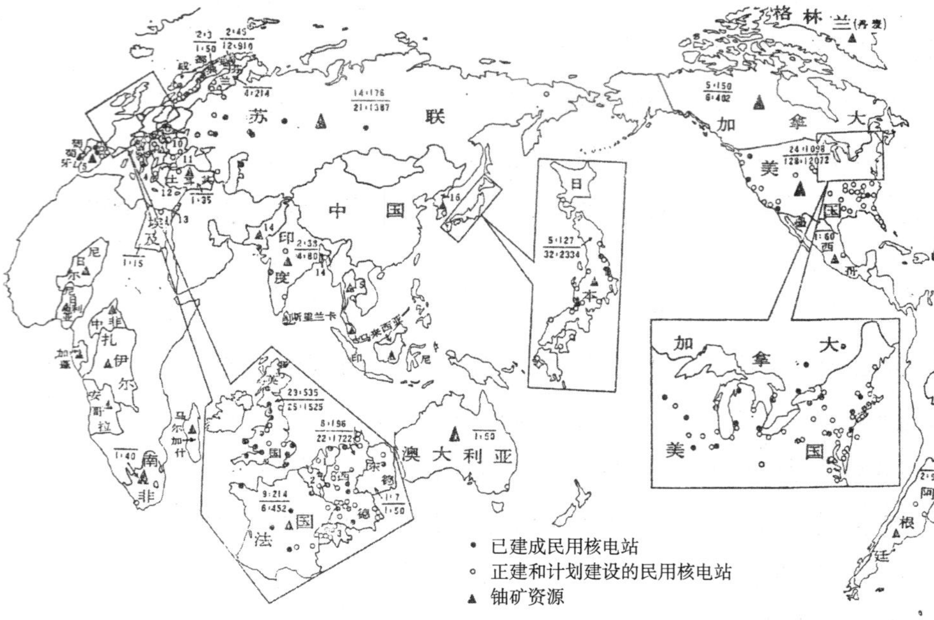

图 2 世界核电站分布

站以尽量靠近燃料地为重要条件，核电站可建于消费电力的负荷中心附近，从而减少输电损失和输电费用。

与火电站排出大量二氧化硫等有害气体及烟尘不同，核电站没有燃烧产物污染大气；放射性物质的排出受严格控制，一般具有严密防护设施的核电站，实际上不比同等规模火电站的放射物排出量大（煤炭等也都包含少量放射性物质，在燃烧时释放进入大气）。不少国家出于防止环境进一步恶化的考虑，而把发展重点转向核电站。

核电站的建设费虽然高于火电站，但相等热能当量的核燃料比最廉价的火电站燃料——煤炭还便宜。据称，目前英国、联邦德国一些大中型核电站的发电成本已略低于火电站水平。从长远看，其发电成本与火电站相比较有进一步降低的可能。

电力反应堆还可供综合利用。有的国家已建成能同时发电、淡化海水、并向附近居民点供热的多目的核电站。据估计，核电站所提供的蒸汽和热能，成本比普通燃料生产的要便宜得多。

四、分布非常集中

浏览一下世界核电站分布图（图 2），最明显的特点是核电站集中于少数几个地区。一是北美洲中部的美国和加拿大工业地带，约占全世界已建、正建核电站容量的一半。一在欧洲工业地带，主要是英、法、联邦德国、苏联、瑞典、瑞士、西班牙等，约占全世界的 1/3。亚洲东部的日本工业地带也占全世界的 1/10。它们一般都是人口比较稠密、经济发展水平较高、具有强大输电网和化石燃料相对缺乏的地区。处于亚非拉的第三世界广大地区,目前多数仍为空白。

工业发达国家比之发展中国家具有更多核电站,这首先反映了世界上两类国家在经济上的不平衡与对立。第三世界的国家长期来受帝国主义的压迫和剥削,经济和技术落后。今天一些资本主义国家发达的工业正是建立在对亚非拉地区富饶资源的疯狂掠夺基础上的。许多 发展中国家尽管具有丰富的核燃料资源,但目前或是没有充分开发,或是为帝国主义所控制、掠夺。例如尼日尔、中非、加蓬等国开采的铀矿石几乎全被运走,本身却至今尚无发展核电力的计划。但是,很多发展中国家随着政治、经济的完全独立和工农业发展的需要,将逐步建设起一批核电站。特别是有些国家的滨海干旱地带,为了扩大灌溉农业,更迫切要求建设大中型核电站,以适应发展海水淡化和化肥生产的需要。墨西哥、巴基斯坦等国家,已经开始考虑这样的计划。

五、发展较快的国家:几种类型

英国是较早注意发展核电力的国家。1956~1968 年间,核电站容量一直占世界第一。它在二次大战后,就迅速建立起原子能工业,主要为发展核武器服务。同时,由于国内燃料动力供应在 50 年代中期就已出现严重危机,水力资源亦基本开发完毕,促使政府投入大量资金发展核电站。1971 年底,英国核电力容量占电力总容量的 7.5%,全年发电量比重更达 9%,是目前全世界核电比重最高的国家。

西欧不少国家燃料动力供应状况与英国类似,联邦德国、法国、西班牙等国核电力都占一定比重,并且正在加快核电力发展步伐。日本国内能源比英国更为贫乏,60 年代中除开发一部分水电外,主要依靠中东石油作为电站燃料,核电发展慢了一步。为了使燃料动力来源多样化,以及尽量减少大气污染,近年来已经提出建设核电站的庞大计划。

美国虽然最早拥有核技术,但因统治集团热衷于核军备竞赛,民用核电站的建设得不到政府重视。例如,1960 年用于军事的反应堆热功率达 1300 万千瓦,民用核电站则寥若晨星,三座反应堆的电力容量一共只有几十万千瓦。到 1963 年时,核燃料的 90%仍用于军事。另一方面,美国燃料资源比英国丰富得多。例如 50 代时,英国石油依靠进口,美国则自给有余,煤炭价格也比英国便宜好几倍。在唯利是图的垄断资本控制下的公用电力公司,宁愿建设容易赚钱的火电站,而不愿冒发展核电力的风险。直到 60 年代中期以后,由于核燃料已有足够供应,大中型核电站的发电成本已经接近火电站水平,特别是出现了石油、天然气严重不足的问题,核电力才得到较快发展。但是核电站的建设和运行还遇到一些问题,有待解决。

瑞典是另一种类型。它的主要特点是,经济发展水平较高;水力资源丰富,水电占

80%;铀藏也多,核能主要用于民用发电;同时它地处北欧,取暖用热需要量大。由此,瑞典电网系统中需要比目前更大比例的热电站承担基础负荷, 以使水电和热电相互配合、能得到最充分合理的利用,并满足供热需要。近年来,瑞典在增建火电、水电的同时,以更大的努力发展核电站,以代替火电站和供热锅炉,减轻大气污染。单是斯德哥尔摩地区,就计划建设6座核电站,向城市输电供热。类似的国家还有加拿大、瑞士等。

六、靠水布局

如对核电站分布图稍加研究,就可看出核电站地理分布的另一特点:靠水布局。

英国、日本是岛国,它们已建、正建的核电站,除了英国有两座分别位于水库和河边外,全都在海岸、河口附近。美国的核电站大部分布在沿海和五大湖的沿岸,在内地的也绝大多数紧靠河流、水库。其他国家的情况都差不多。一般说,那些地带正是工业发达、人口稠密的所在,核电站建在那里,正是为了靠近消费电力的负荷中心。另一方面,核电站本身的基建和运行,也离不开有利的水源条件。

我们知道,许多工业生产都要大量用水,电站是各种工业中最大的用水户。一座100万千瓦的火电站, 如采用低费用、高效率的贯流冷却系统,每天要用300万吨左右的冷却水。核电站由于排出废热多,冷却水用量比火电站还大。如果水量不足,便只能采用闭循环冷却系统,要建造巨大的冷却塔或冷却池,大大增加基建投资。

另外,大中型核电站的反应堆主要部件——钢制的压力容器,高可达20余米,重可达800吨以上。这样笨重的大家伙,无法通过铁路把它从制造厂运至建设工地,而通过水路用驳船运输则经济、方便。在特殊的公路条件下(如有承受重负荷的路基、桥梁)也可能用专门设计的拖车来运输,但费用比水运要大得多。因此,大中型核电站一般都建于可以通航的沿海、沿湖和沿河地带。

当然,随着核电站技术的发展 (如采用高温气冷反应堆、燃气轮机组)、水源的日趋紧张,今后核电站布局与水源的关系可能会起一定变化。

七、厂址和环境污染问题

由于以煤炭、石油为主要燃料的火电站的大气污染问题越来越严重,人们期望用一种“干净的能源” 来代替它。核电站就正好应运而生。据调查,具有严密防护设施的核电站,在正常运行过程中放出的微量放射性物质,一般远低于容许标准; 核电站周围每个居民在一年中所接受的放射性污染仅为一次爱克斯光透视辐射量的千分之一。

但是,因为核电站在技术上还不够完善,为了避免因意外事故而发生放射性污染,在厂址选择上要有一些特别的考虑。例如,核电站应避免建于人口稠密的居民点中心。有关国家规定,站址周围须有一公里左右的隔离地带,附近应为人口稀少地区,至大居民点要有一定距离，等等。这样，万一反应堆发生事故、漏出大量放射性物质时，可能因穿过一定距离的大气层而扩散、稀释以及部分衰变而减少危害。又如，厂址气象条件必须有利于放射性物质的消散，适宜建于气流通畅的海岸、河岸或河道转折处的河中小岛上。相反，常年风速微弱、存在持久逆温层、窝风的小谷地等都是不利的。为了避免自然灾害破坏反应堆而引起放射性污染，厂址应尽可能建于地壳稳定及飓风、洪水、大潮、巨浪不易到达的地方。

关于核电站的放射性污染问题，目前国外尚有很多争论。有的甚至认为在城市里也可建设核电站。但是，随着核电力更广泛、大量的发展，放射性物质在环境中长期积累，是否会发生有害生态的危险后果？问题是存在的。核电也并不“干净”。美国、日本好多地方居民，便是出于这种担心而反对在本地建设核电站。

除此之外，还有所谓“热污染”问题，亦即在那些工业高度集中地带，由于电站和一些工厂排出大量热水，使水源温度过高，影响其他用水户对冷却水的要求，也影响到水生生物的生长、繁殖。在美、英、日、联邦德国等工业发达的资本主义国家，很多地区因严重水荒与环境污染，而无法选定厂址，只好推迟核电力发展计划。有些核电站甚至因厂址问题而停止建设。选址如何既能适应经济发展对动能的需要，又尽可能减少对环境的影响，已成为这些国家的重大课题。

近来，美国宣布在新泽西州海岸外数公里处的大西洋上建设第一座海上核电站，日本、挪威等国也正计划建设海上、海底和地下核电站，企图作为解决核电站厂址问题的一种尝试。尽管如此，美国和其他一些国家，在核电站的建设、核燃料的供应上，都存在着不少问题、层层阻碍，它们的核电力发展计划处于颠簸动荡之中。

宁夏建设资源节约型社会的几点思考

1. 从宁夏实际出发，突出抓好节水、节能

全面贯彻落实科学发展观，包括落实“五个统筹”、“六个必须”。《中共中央关于制定国民经济和社会发展第十一个五年规划的建议》明确指出，“必须加快转变经济增长方式。我国土地、淡水、能源、矿产资源和环境状况对经济发展已构成严重制约。要把节约资源作为基本国策，发展循环经济，保护生态环境，加快建设资源节约型、环境友好型社会，促进经济发展与人口、资源、环境相协调。推进国民经济和社会信息化，切实走新型工业化道路，坚持节约发展、清洁发展、安全发展，实现可持续发展。”这也是宁夏今后相当长一个时期的战略任务。

从地理学的角度来看，宁夏是一个很奇妙、很有特色的地方：一方面，宁夏以煤炭为代表的能源资源非常丰富，按单位面积的煤藏密度计算，仅次于山西、陕西，居全国第三位，按人均煤藏丰度计算，仅次于内蒙古、山西，也居全国第三位；但另一方面，当地水资源却十分贫乏，是全国水资源最贫乏的省区之一，因而主要依赖于国家分配的每年 40 亿立方米的黄河可耗用水量，水资源不足成了宁夏经济社会发展的瓶颈。一方面，通过 2000 余年来劳动人民引黄河水灌溉，在三大沙漠包围的荒漠草原中创造出一个富饶美丽的“塞上江南”，全国少有的人工绿洲生态系统；另一方面，中部干旱风沙区和南部黄土丘陵区却因人地关系失调，土地沙化、水土流失严重，环境恶化，成为全国出名的生态脆弱、贫困落后地区。

根据宁夏这一地理特点，宁夏要做到科学发展、更好更快发展，必须在克服劣势、发

宁夏科协资深专家论坛(2005 年 12 月 7 日)发言稿，发表于《科学的眼睛看发展》，宁夏人民出版社，2006:228~235

扬优势上下工夫。克服劣势，就是要特别重视节约利用水资源、高效利用水资源，使每一滴水都能发挥它应有的作用，还要在中南部的生态环境保护上下大工夫。发扬优势，就是要以宁夏平原绿洲为依托，合理开发、高效利用能源资源，坚持开发节约并重、节约优先，形成低投入、低消耗、低排放和高效率的集约型增长方式。宁夏建设资源节约型社会，当然要大力推进节能节水节地节材的全面节约，但从宁夏实际出发，尤其要突出节水、节能这两个最关键的问题。

2. 宁夏面临水资源供求矛盾的严峻形势

中国是全球各国中水资源较少的国家，人均占有水资源 1856 立方米，仅相当于世界平均值的 1/5。而按照当地所产水资源计算，宁夏人均水资源量仅 167.7 立方米，相当于全国人均值的 1/11，仅略多于天津（139.7 立方米）、北京（143 立方米）、上海（143.4 立方米）三个直辖市，是全国水资源最贫乏的省区。即使加上国家分配给宁夏的黄河可耗用水量一并计算（即总耗用量 41.5 亿立方米），宁夏人均可耗水量为 706 立方米，也低于联合国确定的缺水警戒线指标（1000 立方米）。水资源不足成了宁夏经济社会可持续发展的瓶颈。

但另一方面，宁夏目前实际用水量（或称供水量）却很大。据 2005 年中国统计年鉴，2004 年宁夏人均用水量高达 1259.3 立方米，居全国第 2 位（仅次于新疆人均用水量 2532.1 立方米，但其人均水资源量高达 4357.6 立方米），为全国平均水平（426.8 立方米）的 2.9 倍，为全国最低的山西省（167.6 立方米）的 7.5 倍。宁夏每立方米用水量的 GDP 产出 6.2 元，而全国为 24.6 元，宁夏用水效益仅相当于全国的 1/4。宁夏水资源严重不足，但却是全国水资源用量大、效益差的突出典型。

宁夏 2004 年供水总量中，农业用水占到 92.79%，而其他各项用水比重很低。我们要加速工业化、城镇化进程，二三产业用水、城镇居民生活用水必将随之增长。例如，仅宁东能源化工基地采煤、发电、煤化工耗水，预测 2010 年达 1.83 亿立方米，2020 年达 3.69 亿立方米，2040 年达 6.45 亿立方米。我们要改善宁夏的生态环境，也必须耗用一部分生态用水，但国家分配的黄河可耗用水量在相当时期内不可能增长。这就构成了水资源供需的尖锐矛盾。我们只有依靠节约用水来解决这个矛盾，节水的深远意义和战略价值，怎么强调都不为过。由此可见，自治区党委、政府提出《宁夏节水型社会建设规划》，并请求中央列为全国省级节水型社会建设试点，是一项非常有远见的科学决策。

3. 节水重点在农业特别是引黄灌区的农业

宁夏为什么用水量大、用水效益差？我们可以从以下几方面略作分析。

一是产业结构性缺陷。在宁夏用水行业结构中，农业灌溉用水占了绝大部分，生产用水的二三产业用水仅占总用水量4.39%，而全国生产用水比重达22.2%，发达国家则更高(如20世纪80年代工业用水资料，日本占33%，美国占49%，德国占79%)。一般地说，工业用水效益远高于农业用水效益，例如电力与粮食的水产出率之比为71:1。而宁夏农业用水比重过高，反映了工业化、城镇化水平低下。我们搞节水，首先要在用水大头农业节水上狠下工夫，把农业灌溉节约下来的水量以水权转换方式转换为二三产业用水和城镇生活用水，当前首先要保证宁东能源化工基地的用水需求。应该说，提高工业、城镇用水在用水结构中的比重，是符合社会发展规律的必然趋势。

在农业内部，也应通过调整优化农林牧渔结构和种植业内部结构，扩大节水高效产品的比重，来提高用水效率。

二是各类水资源统筹互补使用不够。宁夏水资源有黄河引水(扬水)、当地地表水资源、地下水、天上水(降水)等类型，南部山区有一定数量当地地表水资源，但往往以径流流出区外或以暴雨径流白白流失，集雨径流利用也刚进入初级阶段。宁夏平原北部地下水位较高，渠水与井水不能统一调度联合运用，潜水尚未充分合理开发，相反引发土壤盐渍化。至于污水回用更缺乏系统的规划设计和有计划有步骤的实践。

三是渠系工程改造、节水技术、节水管理制度的应用推广尚不能适应形势发展的要求。目前，宁夏实际供水量的95%分布于宁夏平原引黄灌区的各市县区，因此农业节水是重点，而引黄灌区农业节水是重点中的重点。这应是毫无疑义的。当然，突出重点，并不是说其他各业、各地可以不重视节水，建设节水型社会是全社会的事，建设高效节水防污的现代农业体系也是全宁夏的事。各地各部门都应为建设宁夏节水型社会贡献自己一份力量。

建设节水农业、节水型社会，要靠政策、靠管理，靠资金投入、项目带动，但归根结底要依靠现代化的科技投入。农业节水是一项艰巨的系统工程，我们要把先进技术的引进、消化、吸收，把科学技术的集成创新和自主创新结合起来，贯穿于节水农业建设的始终，争取用较少的投入、较短的时间获得较大的产出、较满意的效果。我们的目的，不仅要求节水，而且要高效、防污，要增加经济效益，改善生态环境，实现可持续发展。例如农业节水措施中，有一项是压缩高耗水作物，特别是水稻的种植面积。我认为，从宁夏水资源供需矛盾极其严峻的形势着眼，适当压缩水稻面积应当是一个必要、可行的措施。但究竟压缩多大比例，哪些地区、哪些地貌部位应该改稻为旱，哪些地区、哪些地貌部位应该保留一定比例水稻，怎样建立一种新的稻旱轮作方式，应通过试验研究边实践边总结，逐步明确。水稻田本身是一种人工湿地，它与宁夏平原的天然湿地(河、湖、渠、沟)一起构成一个完整的湿地生态系统，这个系统与宁夏平原的地表水、地下水转化、平衡紧密相关，这个系统也是宁夏平原绿洲生态系统不可分割的重要组成部分，对于保障整个绿洲生态系统的稳定与动态生态平衡有着重要的意义。我们不能因为压缩水稻面积过多或推行哪一项措施不当，而影响甚至破坏了地表水、地下水之间的合理补给关系，以致不利于绿洲生态的良性循环和稳定发展。所以，压缩水稻这项节水措施应与绿洲生态的科学研究紧密配合，在实施步骤上做到稳扎稳打，加强科学性，避免盲目性，在实施过程中加强对宁夏平原绿洲水资源、水环境及有关生态要素的监测、调研，逐步弄清客观规律，以正确指导实践。

4. 在抓农业节水的同时，也要狠抓工业节水

当前农业节水是大头，但从长远看，工业节水也非常重要，因为今后工业发展的速度和规模将远远超过农业，而发达国家的经验证明，工业节水潜力非常大。如美国，在用水结构中，工业用水比重占一半，由于高新技术产业发展和循环用水率、重复用水率、废水回用率不断提高，近些年来工业用水量反而呈减少趋势。

表 1　　1999 和 2004 年银川市区用水情况

年份	供水能力（万吨 / 日）	供水管道长度（公里）	供水总量（万吨）	GDP（亿元）	生产用水量（万吨）	工业增加值（亿元）	家庭用水量（万吨）	用水人口（万人）
1999	35.00	549	11867	85.59	4420	19.47	2090	52.05
2004	44.48	732	10129	130.42	4091	42.81	2357	68.00

注：数据来自宁夏建设厅城建处。

银川市近几年的情况，也反映了工业节水的巨大潜力。由表 1 可知，1999~2004 年，随银川市用水人口增加（年均增长率 5.5%），家庭用水量随之上升（年均增长率 2.4%）。但是由于工业节水措施的推广，虽然工业增加值迅速增长，五年累计增长率达 120%，而生产用水量（以工业用水为主，也包含第三产业部分用水）却下降了 7.4%。由于工业用水量和公共服务等其他用水量减少，供水总量也有所下降，使 2004 年每方水的 GDP 产出效率提高较多。

从《宁东能源化工基地规划说明书》（北京华宇工程有限公司，2003 年）得知，该规划计算预测的基地一期（2010 年）耗水量为每年 1. 83 亿立方米，其中电厂 1.08 亿，二期（2020 年）为 3.69 亿立方米，其中电 厂 2.52 亿，远景（2040 年)为 6.45 亿立方米，其中电厂 4.56 亿（装机容量达到 2280 万千瓦）。这一预测是以当前大坝电厂实际耗水水平（每千千瓦时耗水 3 立方米）为依据计算的。据我 1963~1964 年进行水资源与工业布局关系调查研究时所得数据(“水源条件在工业布局中的作用”,载《中国地理学会一九六五年经济地理学术讨论会文集》,科学出版社,1966),当时国外大电厂最先进的耗水定额为每千千瓦时 1.7 立方米,亦即相当于大坝电厂耗水定额的 57%。如果在宁东基地开发建设过程中,重视采用先进的超临界参数、大容量发电机组(单机 90 万千瓦以上),建设一定比重的燃气蒸汽联合循环发电机组,降低冷却水补充量,那么宁东基地电厂远景耗水量将有可能由 4.56 亿立方米降低到 2. 6 亿立方米, 即节水近 2 亿立方米,这是一笔极为可观的数字。如果大型电厂全部采用空冷(气冷)代替水冷,则将可节减更多的冷却用水。

与此类似,煤化工等耗水量同样可以通过采取最先进的节水技术减下来。工业节水与农业节水不同的是,工业节水不会对生态系统产生任何负面影响,节水愈多,排出废水愈少,如能实现零排放,那将对保护环境不受污染具有重大意义。

生活用水、生态用水也应讲求节约,这里就不赘了。

5. 把节能降耗与转变经济增长方式紧密结合起来

我国单位产值能耗约为美国的 2 倍多,日本的 5 倍多。钢铁、有色、电力、化工等 8 个高耗能行业,单位产品能耗比世界先进水平平均高 40%以上,单位建筑面积采暖能耗是相近气候条件发达国家的 2~3 倍。宁夏 2003 年单位产值能耗是全国平均值的 2.8 倍,属全国能耗最高的省区之一。宁夏为什么能耗这么高? 主要原因是产业结构、产品结构低级、落后,高耗能行业比重大,高新技术产业比重太小,技术含量低的初级产品、原材料产品多,精深加工的高附加值产品少,粗放的经济增长方式导致“大量投入、大量排放、大量废弃”,既浪费能源资源,又污染破坏了环境。单位产值能耗高,亦即能源利用效率低,往往是经济欠发达地区的通病。

有的同志提出,宁夏是否应减少高耗能行业,最终退出高耗能行业领域。高耗能行业减少了、没有了,能耗自然降下来了,环境污染也自然会大大缓解了。我认为,这种想法短期内很难变成现实。宁夏具有能源优势, 要把这种优势转化成经济优势,必然要发展电力、冶金、化工、建材等相对高载能的行业、高载能的产品,这是任何人也挡不住的。但是,高耗能行业占有过大比重,确是经济、科技落后的反映。如何最大限度地提高高新技术产业比重,尽可能降低资源性高耗能产业比重,是产业结构优化升级的重要任务,也是节约能源的重要途径。我们要千方百计向这个方向努力,把这一较长时期转变的历史过程尽可能缩短。

在这方面,我们要做的事很多:一要下决心延长产业链,变出卖高耗能的原材料产品为出售高技术含量的下游高端产品,例如原镁、镁合金是高耗能产品,目前绝大部分以原料出口,我们要努力发展镁合金的下游产品,包括坯材、各种型材、压铸件;PVC 是高耗能产品，我们要努力发展各种改性塑料、特种塑料，通过深加工，生产出多种塑料制品；煤基活性炭也是高耗能产品，现有产品多为品种少、档次低的低品质产品，缺乏高科技含量、高附加值、高档次的特种专用产品，而后者的价格往往为前者的十几倍、几十倍，我们应努力开发高品质活性炭。

二要提高行业和产品的准入门槛，坚决淘汰那些依靠掠夺资源、牺牲环境、压低人力成本来争生存、争利润的小煤窑、小炼焦、小电厂、小电石、小铁合金、小活性炭、小碳素、小化工、小水泥等高耗能企业，消除自相残杀式的无序竞争。鼓励有发展前景的高耗能企业加紧进行节能、降耗、防污的技术改造。

三是新建企业不论规模大小，必须是科技型企业，即技术起点要高，资源利用效率要高，严格控制区外的耗能高、污染重的企业向我区转移。

四是加速发展循环经济，优先推广高耗能企业实现“减量化、再利用、再循环”的生产模式。宁夏西部聚氯乙烯公司、金昱元化工集团公司都是典型的高耗能企业，它们目前已初步做到或正在做到以电石泥废渣经压缩过滤后回收碱性废水用于电石水解和脱除热电厂二氧化硫烟气，电石泥废渣经煅烧分解成水泥熟料，并与热电厂排出的粉煤灰、炉渣等配制水泥，利用电石炉排放的一氧化碳回收生产草酸、甲酸等产品，实现余热回收利用、废水循环利用、废渣再生利用，从而提高能源原材料利用效率，减少三废排放，最终有希望将原先的高耗能、重污染企业改造为相对节能、节材、节水的清洁生产企业。

一句话，只要在转变经济增长方式上下工夫，在发展循环经济上下工夫，我们就能在节能、节水，以至建设整个资源节约型社会上迈出大的步伐，宁夏就完全有可能实现经济社会全面、协调、可持续发展。

第二篇

当前宁夏生态建设的主要任务和建设途径

1. 宁夏生态建设的地理环境

一个区域的生态保护、恢复、建设，与其区域的地理环境特征紧密相关。认识宁夏生态建设的形势、任务、途径，其前提是对其地理背景的深入把握。由此，首先要明确以下几点。

1.1 宁夏地处我国东部季风区与西北干旱区的过渡地带，亦即半干旱区与干旱区的过渡地带

大致以年降水量300毫米等值线(即干草原与荒漠草原分界线)为界，宁夏北部属干旱区，南部属半干旱区，仅南端六盘山地属半湿润区。历史时期，也是我国著名的长城沿线农牧交错带。这一带是地球上对气候变化特别敏感的生态脆弱带，历史上每次重大的气候波动，都会引发干旱、大风、沙尘暴、暴雨、霜冻等极端气候事件(气象灾害)频发，导致干草原与荒漠草原的界限北进或南移，加上人类不合理活动(草原滥垦、过牧、森林乱伐等)引发草地退化、土地沙化、水土流失等生态破坏问题。[1]

1.2 水资源短缺与利用效率低并存，是制约宁夏发展的最大瓶颈，也是生态脆弱性的基础因素

宁夏是全国水资源最贫乏的省区，年降水深(292毫米)、年径流深(18.7毫米)、年地表径流量(9.71亿立方米)、产水模数(1.87万立方米/年·平方公里)等指标均居全国末位。即使加上国家分配给宁夏的年40亿立方米黄河可耗用过境水量，年人均可利用水量仍不足700立方米，远低于全国平均水平，也低于同处西北干旱区的新、青、甘、内蒙古等省区，低于国际通用的人均用水低限值(1000立方米)和我国人均用水低限值(892立方

发表于《宁夏工程技术》2013,12(1):68~72

米)。而降水、水资源季节分配、地区分布不均以及年际变率大,更加剧了水源供需矛盾与旱灾频繁发生,也是宁夏环境容量低、生态平衡脆弱性(不稳定性)、生态系统低产性的根本性因素。

黄河来水是宁夏生存、发展的主要水源，但近些年来黄河来水量呈递减趋势,如1952～2002年平均年入境径流量(下河沿站实测)305亿立方米,而1991～2002年平均年入境径流量为236.9亿立方米。预测未来黄河来水变化可能仍会延续这种趋势,未来水资源供需矛盾将面临严峻挑战。[2]

1.3 区内地域差异显著,生态类型、农业地域类型复杂多样

宁夏面积不大,却存在草原、森林、湿地、旱作农田、灌溉农田、城市等多种生态系统。全区三大农业地理单元(北部平原引黄灌区、中部干旱风沙带、南部黄土丘陵区)纵跨全国农业区划十个农业区中的三个(西北绿洲农业区、长城沿线农牧交错区、黄土高原旱作农业区)。北部灌区拥有引用黄河水灌溉的独特优势，是西北干旱区中水土光热条件优越、农业高产稳产的人工绿洲,但水资源利用效率不高。中部干旱带土地广阔而水源极缺,发展受限。南部人口超载,垦殖过度,农林牧结构失调,生态破坏与农民贫困互为因果。中南部成为全国出名的贫困区和生态恶化区。[3]

2. 当前宁夏生态建设主要任务和挑战

2.1 宁夏生态建设成效

实施西部大开发战略以来,宁夏生态建设成效显著:先后建立了贺兰山等7个国家级自然保护区,6个自治区级自然保护区,典型的森林、草原、荒漠、湿地等自然生态系统得到严格保护,保护区面积54.7万公顷,占全区土地面积的10.5%;森林覆盖率由1950年1.4%,提高到1985年4.2%、2000年7.79%、2005年9.84%、2010年11.4%;累计治理水土流失面积1.95万平方公里,148万公顷天然草场实施围栏管护，全部天然草地禁牧封育，人工种草43.3万公顷；沙化土地面积由1970年132.66万公顷，减少为1990年126.9万公顷、1995年125.68万公顷、1999年120.8万公顷、2004年118.3万公顷；全区湿地保护面积达27.2万公顷，引黄灌区盐渍化耕地比重由1985年40.4%降低到2005年33.5%,地下水位平均埋深由1985年1.84米降至2.36米。一句话,生态恶化开始逆转,生态文明建设迈出坚实步伐。[4]

2.2 新形势下宁夏三大任务与挑战

按照国发[2008]29号文件《国务院关于进一步促进宁夏经济社会发展的若干意见》精神,笔者认为,宁夏当前面临三大任务:一是加快经济社会发展,从根本上解决兴区富民问题;二是巩固、加强民族团结,建设和谐社会;三是建设全国防沙治沙综合示范区,构

筑国家西部重要生态屏障。要完成这些任务，我们面临一系列严峻挑战。从宁夏内部层面看，一是脱贫致富与改善生态相结合的挑战，主要是中南部地区人口超过资源、环境承载能力、生态赤字较大与加快扶贫开发的突出矛盾；二是资源开发与生态保护相结合的挑战，特别是宁东能源化工基地大规模开发建设与建设资源节约型、环境友好型社会的突出矛盾。从全球层面看，全球气候变化带来的黄河来水量减少、自然灾害特别是干旱、暴雨、冻害等突发气候事件频发的挑战，对处于气候变化最敏感的生态脆弱带之宁夏影响尤其巨大。

2.3 实现生态建设理念的三个转变

要深入落实科学发展观，宁夏生态建设应实现以下三方面从观念到行动的重大转变：

一是由大规模造林种草向更加重视有效保护、自然修复，实行生态保护、修复、建设三结合转变。生态建设要尊重自然规律、生态规律，贯彻“预防为主、保护优先”的方针，强调首先保护好现有自然植被，保护好生态存量和增量，杜绝一切不利于生态保护的“建设性破坏”，把保护贯穿于开发、治理、建设的全过程，高度重视林草防火、防控病虫鼠害、防控生物疾病等环节，落实好管护责任制。充分利用自然修复力量，大力实行封山育林、封沙育草等费少、效宏措施，尽可能用较小投入争取最大效益，避免那种不顾条件、不计代价、不珍惜人力物力追求过高指标、虚假政绩的盲目性。笔者十年前曾著文讨论如何处理好生态建设中的八种关系，现在看可能仍有一定现实意义。[5]

二是由生态建设与经济建设脱节向经济建设、生态建设相互融合，产业发展生态化、生态建设产业化相结合转变。强调发展绿色经济、生态经济、循环经济，发展生态农业、生态工业、生态服务业、生态文化，建设生态工业园、生态城市、生态农村、生态社区，地方政府绩效考核强调经济、社会、生态效益兼顾。处理好生态建设中政府行为、市场行为与公众行为的关系，引导、激励企业、农民进入生态建设主战场，提倡各类主体（企业、农村能人、科技人员）承包荒山荒地、荒沙荒滩的保护、治理、开发，发展经济林、林下产业、草畜产业、沙产业，通过落实土地经营权、林权、草地承包权等责权利结合和以奖代补等措施，把生态建设与扶贫开发、优化产业结构、推进农业产业化、改善民生结合起来。

三是由所有地区一律首先追求经济增长目标向因地制宜、分类指导、科学确定不同地区的主体功能转变。目前，全国主体功能区规划和宁夏主体功能区规划已经出台，规划根据不同区域的资源环境承载能力、现有开发强度和发展潜力，统筹谋划人口分布、经济布局、国土利用和城镇化格局，确定不同区域的主体功能，科学划定不同区域的生态空间、农业空间和建设空间，以正确处理发展与人口、资源、环境的关系。宁夏已划定的限制开发区（重点生态功能区）、禁止开发区的主体功能是生态保护、修复和建设，要从多项政策、绩效评价特别是建立生态补偿长效机制上保障其主体功能的实现，特别强调加大人口转移和财政转移支付力度。而重点开发区、限制开发区（农产品主产区）也明确了开发与生态保护建设的相互关系，为构建高效、协调、可持续的国土空间开发格局奠定了重要的科学基础，应加强宣传、努力贯彻，以动员群众共建我们美好家园。[6]

3. 宁夏建设国家西部生态屏障的重点和途径

建设国家西部重要的生态屏障，以保障宁夏本身以及国家东中部的生态安全，宁夏应重点发挥一环带、三区块的作用。

3.1 一环带：由各自然保护区联结而成的宁夏自然保护环带

包括宁夏西部由北向南的贺兰山国家级自然保护区（山地森林灌丛草地生态系统）、沙坡头国家级自然保护区（荒漠生态系统）、南华山自然保护区（山地草地、灌丛、森林生态系统）、西吉火石寨自然保护区（丹霞地貌景观和山地森林灌丛草地生态系统）、党家岔（震湖）自然保护区（湿地生态系统）、六盘山国家级自然保护区（山地森林灌丛草地生态系统）六个保护区，宁夏东部自南而北的云雾山国家级自然保护区（草原生态系统）、罗山国家级自然保护区（山地森林灌丛草地生态系统）、哈巴湖国家级自然保护区（荒漠草原湿地生态系统）、白芨滩国家级自然保护区（荒漠草原自然生态系统）四个自然保护区，以及宁夏平原内部的沙湖自然保护区（湿地生态系统）、青铜峡水库库区自然保护区（湿地生态系统）。这一环带断续相连，它们组合起来，基本上把整个宁夏团团围护，起到涵养水源、防治山洪、保持水土、阻隔风沙、调节气候、维护生物多样性、丰富自然人文景观等重大作用，构成宁夏生态屏障的基本骨架。不断加强自然保护区建设，加大科技投入，提高综合保护水平，对于强化其本身及周边地区的生态安全保障能力，具有不可估量的意义。

3.2 三区块之一：宁夏平原人工绿洲

黄河流经宁夏北部，在其沿岸冲积成一片沃野千里的宁夏平原。在自然绿洲的基础上，经过两千多年各族人民的辛勤开发，开辟出稳定、繁荣的人工绿洲，与四周沙漠交相辉映，堪称人间奇迹。在西北干旱地区，这片绿洲生态系统是维护大范围生态安全的重要据点，其兴衰直接影响到人类适宜生存空间的稳定存在和健康发展。

为了充分发挥宁夏平原绿洲生态系统的作用，我们必须加速步伐，把它建成我国西北干旱区节水、防污、高效的生态绿洲，即以节水型林草生态体系为屏障，以节水高效特色优势农牧业—加工业—运销业为基础，工业化、城镇化健康发展、以现代化节水型城镇为核心的新型绿洲。实现四个转变，一是由单纯追求经济效益转为生态效益优先，并与提高经济效益、社会效益相结合；二是由农业以粮为主转为农林牧结构、功能优化；三是由大耗水、高成本的粗放型转为依靠科技、节水节地的资源节约型（现代化设施种植、养殖等);四是由破坏周边生态环境转为绿洲建设与周边荒漠、荒漠草原保护、治理相结合。

为此,绿洲建设重点应为:①建设节水社会,合理调控地下水位与保护湿地、防治土壤盐渍化。②建设引领西北干旱区的现代农业示范区(都市农业、观光休闲农业、高附加值农业)和高度工业化、城镇化的沿黄经济区,真正成为黄河金岸、西北明珠。③建设吸纳中南部地区超载农村人口的生态移民基地。[7]

3.3 三区块之二:全国防沙治沙综合示范区

宁夏主体功能区规划已经明确,宁夏中部干旱带各县区划定为限制开发区之重点生态功能区。过去几十年中,宁夏科技人员和群众在实践中创造了一系列防沙治沙成果,取得了全国各省区中沙化土地面积率先减少的辉煌业绩。

国务院明确要求,将宁夏建设成全国防沙治沙综合示范区,构筑西部重要的生态安全保障。要重点突破,全面推进,加强对盐池、灵武、同心、沙坡头四个县级综合示范区和白芨滩、哈巴湖、中卫林场等综合治理林场的建设。要遵循科学规律,依法治沙,坚持生物措施、工程措施结合,防沙、治沙、用沙结合,全面落实《宁夏防沙治沙条例》和防沙治沙规划。在总结现有成果基础上,引进国内外先进技术和配套措施,引进消化、集成创新和再创新结合,进一步创新、推广现代化防沙、治沙技术和发展各类沙产业。与联合国环境规划署合作,办好中国防沙治沙大学,为推进全球防沙治沙科技合作、为相关国家培训专业人才作贡献。

3.4 三区块之三:大六盘生态经济圈

南部黄土丘陵区,主要是固原市各县区,除原州区一部分外,都划定为禁止开发区和限制开发区之重点生态功能区,亦即以六盘山自然保护区为核心、包含南华山、云雾山、火石寨等自然保护区在内的大六盘生态经济圈,也是国家确定的重点扶贫地区——六盘山地集中连片特殊困难地区。该地区是历史时期人口超载、生态破坏的重灾区,目前生态恶化趋势虽已初步抑制,但贫困与生态问题交织,改善该地区的基本生存条件任重道远,是极为紧迫的民生工程和生态建设工程,也是建设西部生态安全屏障的重要区块。

本区块的重点任务是,以小流域为单元开展山水田林草路村综合治理,加快实施泾河、葫芦河、清水河流域水土流失综合防治工程,巩固退耕还林成果,落实退耕还林后续配套政策,逐步建立完善森林、草地、矿产资源开发、水环境保护的生态补偿机制,建设好黄土高原生态农业示范区,发展适应于本地区主体功能的特色产业,把自然保护区和其他山大沟深、不适人居的农村人口有计划、有步骤地迁移到沿黄经济区。

4. 宁东能源化工基地的生态建设问题

建设中的宁东能源化工基地,位于宁夏东部,规划区面积 3 484 平方公里,涉及灵武、盐池、同心、红寺堡等市县区。其功能定位是:全国重要的大型煤炭基地,“西电东送”火电基地,煤化工产业基地,国家级循环经济示范区,保障国家能源安全战略资源接续区,宁东—鄂尔多斯—榆林能源“金三角”的重要增长极,促进宁夏跨越式发展和建设全面小康社会的战略支撑区。

宁东基地既要为保障国家能源安全作贡献,也要为保障生态安全出力。由于基地所在地区大部是退化严重的荒漠草原和沙化土地,水资源紧缺,生态脆弱,资源开发面临煤矿采空区地面塌陷、地下水位下降、植被退化、三废污染等突出问题,如何处理好开发建设与生态建设的关系,谋求生态与经济社会协调发展,是有关基地开发成败的根本性问题。

通过近些年的开发建设,目前宁东基地生态状况如何?根据宁夏水利厅水土保持局与宁夏遥感勘测研究院的合作监测研究,结果显示为总体向好:自然植被有一定恢复,土壤侵蚀有所减轻,但煤矸石、粉煤灰等固体废弃物污染比较严重。向好因素可归结为:①鸭子荡水库建设为基地供水提供了水源。企业进入基地,工业用水经过处理后部分作为生态用水,为林草建设解决了灌溉水源。②煤矿建设生产过程中,将矿井水处理后部分作为矿井工业广场和周围防护林带的灌溉水源。以上两者都为发展绿色企业、增加植被作出贡献。③近几年基地所在地区通过退耕还林还草,旱作农田大部分退耕为林草地。④近几年实行封山禁牧,退化草地有一定恢复。⑤基地建设带动了建筑业、建材业和运输、餐饮等服务业大发展,当地很大一部分青壮年农民向二三产业和城镇转移,大大缓解农村人口对环境的压力。⑥近几年盐池等地年降水量较常年偏多或较适时(如5、6月份草类萌发期有一定量降水),也有利于植被恢复和林草建设。

宁东基地生态建设还存在一些实际问题,需要我们重视解决:①必须坚持保护优先、自然封育为主的方针。一切开发建设,要尽量避免或减少对地表土壤的扰动、对自然植被的破坏。林草建设强调适地适树,针对当地年降水仅300毫米左右的实际,大范围应以保护原生自然植被(草类或灌木)为主,一般情况下不提倡耗用大量人力物力(如在山头上建设昂贵的滴灌或喷灌设施)人工营造大面积乔木林。②人工造林种草一般以点、线建设为主,如城镇、村庄、工业园区、水库周围、河沟沿岸等。公路沿线的护路林可区别不同道路等级,选择不同的绿化模式,一般以栽植适应于当地气候、土壤的乡土草类、灌木为主,而乔木护路林因需灌溉应严格限制于少数高等级公路或有特殊意义的道路。③工业废水、生活废水作为生态用水(绿化灌溉用水),必须经处理达到灌溉用水合格标准,防止未经处理达标的矿井水、废水直接灌溉林草或直排湖泊、蓄水池而污染环境。④人工湖(水库、蓄水池等)建设应通过科学论证、综合平衡,统一规划、合理布局,防止各自为政、自行其是。⑤在发展循环经济上下工夫，加强对煤矿塌陷区的监测、治理，加大矿井水、工业废水、固体废弃物的有效处置和综合利用力度。[8]

5. 应对气候变化、增加碳汇

应对全球气候变化，一方面要减少温室气体排放，积极发展非化石能源，另一方面要努力增加生态系统的固碳能力，即增加森林、草地、农田生态系统碳汇。

5.1 气候变化和人类活动导致宁夏植被碳储量变化

据吴海斌等研究，人类历史时期内由于气候变化和人类活动，导致植被碳储量发生巨大变化，其数据如表 1。

表 1　　宁夏植被碳储量变化　　单位：万吨

自然原生态			现状			
森林	草原	小计	森林	草原	农田	小计
6255	2754	9009	667	927	1014	2608

由表 1 可见，数千年来，宁夏植被碳汇减少 6401 万吨，现状碳汇仅为原生态的 29%。在现状气候条件下，植被碳储量究竟可恢复量达到多少？吴海斌等认为可恢复 40%，笔者以较保守的观点，假设到 2040 年可恢复减少量的 30%计算，则可能恢复量为 6401 万吨 × 30%=1920 万吨，则 2040 年植被碳汇可达：2608 万吨 +1920 万吨 =4528 万吨，即为现状碳汇的 173%。[9]

5.2 宁夏增加植被碳汇目标

由上预测，笔者认为，应从森林、草地、农田三个方面同步增加植被碳汇。相应地，宁夏森林面积（即有林地 + 灌木林地 + 疏林地 + 园地）由现状 1000 万亩（占总土地面积的 12.8%）增加至 2020 年 1500 万亩（占总面积的 19.2%）上下，再增加至 2040 年 2000 万亩（占总面积的 25.6%）上下。同时大力提高草原植被覆盖度，提高农田碳汇。

5.3 新增森林碳汇基地布局

森林碳汇量决定于树种、林相、单位面积林木生长量、林木蓄积量等因素，一般而言，乔木 > 灌木，常绿树 > 落叶树，常绿阔叶林 > 针叶林。从增加碳汇角度，宁夏今后新增森林碳汇基地主要应布局在两大区块：大六盘生态经济圈和宁夏平原绿洲。前者是宁夏年降水量较多之处，属宁夏南端半湿润气候，多处于 450 ~ 680 毫米降水等值线之间，为无灌溉乔木林生长带，具有封山育林和营造人工林的较好立地条件，是宁夏投入产出效益最好的碳汇增加区。后者有引用黄河水灌溉乔木林的有利条件，也是宁夏地下水丰富、湿地比重大、城镇密度大的地区和现代农业示范区，加大农田防护林、湿地保护林、城乡绿化造林和生态经济林建设力度既有迫切需求，又有人财物力保障。

6. 保障措施

6.1 创新机制

建立自治区级生态补偿机制和生态屏障建设基金，明确生态补偿的主体和对象，按禁止开发区（自然保护区、湿地公园等）、限制开发区（重点生态功能区、农产品主产区）等不同类型、级别和生态产品的规模、效益确定不同的补偿标准，形成有利于保护森林、草原、湿地、水源、生物多样和基本农田的激励机制，研究开征适用于各类主体功能区的环境税，作为生态屏障建设基金的重要来源。积极推行绿色保险（生态保险）、绿色信贷等新的环保调控手段。对禁止开发区、限制开发区之重点生态功能区，实行新的绩效评价、考核制度，主要考核生态资源环境原真性、完整性的保护情况，保护目标实现程度、保护对象完好程度，大气、水体和土壤质量，水土流失和沙漠化治理率，森林覆盖率、林木蓄积量，草原植被覆盖度、草畜平衡状况，生物多样性等指标，建立相应的奖惩办法。改革完善自然保护区体制，明确承担行政管理单位和执法任务，加强能力建设（包括监测科研、宣传培训、管理体系、执法能力等）和试验示范功能，并相应改善人员待遇。

6.2 加大投入

通过向国家有关部门申报生态保护、治理建设项目争取资金，利用自治区生态屏障建设基金拨款、国家和自治区财政转移支付资金以及其他多种筹资渠道，增加自然保护区（以及湿地公园等）、林场等资金投入、人才投入、科技投入，完善保护区的基础设施和其他必要设施，包括满足保护区人员工作、生活需求的基本公共服务设施建设。大幅度提高林草、湿地、生物多样性的生态保护投入、自然封育投入水平，使保护经费与林草建设经费配套、协调发展。生态屏障建设资金年均增长率应高于 GDP 年均增长率。

6.3 科学规划

生态建设必须尊重科学、依靠科技。生态屏障建设，以及其他各项生态保护、建设项目，都要以自然规律、经济规律为依据，做好科学论证、科学规划、项目设计，避免瞎指挥、走弯路，尽可能做到不浪费一分钱，以较小投入争取最大效益。

参考文献

[1] 汪一鸣.宁夏人地关系演化研究[M].银川：宁夏人民出版社，2008：63~65.

[2] 王金祥，姚中民主编.西部大开发重大问题与重点项目研究·宁夏卷[M].北京：中国计划出版社，2006：49~55.

[3] 汪一鸣,等.宁夏生态环境评价与科技发展战略[M].银川:宁夏人民出版社,1990:5~16.

[4] 汪一鸣.西部大开发宁夏发展评价报告[A].宁夏经济蓝皮书:2010 年宁夏经济形势分析与预测[C].银川:宁夏人民出版社,2010:47~57.

[5] 汪一鸣.生态环境建设的辩证法[J].宁夏科技,2002(3):17~18.

[6] 宁夏主体功能区规划编制工作领导小组办公室.宁夏回族自治区主体功能区规划[R].2011:10~29,47~58,66~76.

[7] 汪一鸣.黄河大柳树枢纽供水区生态绿洲建设研究[J].宁夏大学学报(自然科学版),2003,24(2):101~105.

[8] 汪一鸣,等.宁东能源化工基地的环境保护与生态建设[J].宁夏工程技术,2008,7(2):190~193.

[9] 吴海斌,郭正堂.人类活动导致中国西北植被碳储量变化的研究[A].西北地区自然环境演变及其发展趋势[C].北京:科学出版社,2004:281~286.

宁夏生态环境建设战略规划纲要

一、指导思想

高举邓小平理论伟大旗帜,把生态环境建设作为实施西部大开发战略的根本任务和切入点,认真贯彻落实中央“退耕还林(草)、封山绿化、以粮代赈、个体承包”的方针,从区情出发,遵循自然规律和经济规律,围绕我区生态环境的突出问题,以科技为先导,以治理水土流失、土地沙化为重点,以宁南山区退耕还林还草为突破口,着重抓好小流域综合治理,因地制宜,防治并举,提高干部、群众的生态环境意识,增加生态环境建设投入,全面改善城乡环境质量,生态建设与调整结构、扶贫开发、发展生态农业紧密结合,逐步实现生态效益、社会效益、经济效益的统一,促进全区经济社会可持续发展。

为此,必须遵循以下原则:

第一,坚持全面规划、突出重点、分步实施、先易后难、试点先行、稳步推进、因地制宜、分类指导、实事求是、注重实效、不搞一刀切,不急功近利,既要有长期奋斗的科学安排,又要有分阶段的明确目标,层层建立各级政府目标责任制。

第二,坚持生态环境建设与资源合理开发、农民脱贫致富、区域经济发展相结合,在确保生态目标实现的前提下,切实解决好退耕农户的吃饭、烧柴、增收等实际问题。

第三,坚持生态环境法律、法规保障体系建设,加大法制宣传教育力度,做到家喻户晓,真正使生态环境保护、治理有法可依,执法必严,违法必究。

第四,坚持政策引导,依靠广大群众,广泛动员全社会的力量共同参与,建立多元化的投入机制,多渠道筹集生态建设资金,决不搞强迫命令、摊派收费。

本文是宁夏生态环境状况与治理措施一文的第五部分,发表于《西部生态》,中共中央党校出版社,2001:81~89

第五,坚持依靠科技进步加快生态环境建设进程,广泛吸收、利用区外、国外的先进技术,按照试验、示范、推广的程序,保证各个环节科技服务、科技培训到位,不断提高生态环境建设的科技含量。

第六,坚持项目建设管理制度,科学规划,精心设计,认真施工,严格质量管理,使每项生态环境建设工程长期发挥应有的效益。

二、奋斗目标

(一)总体战略目标

动员和组织全区各族人民,用50年左右的时间,保护和建设好贺兰山、六盘山、罗山等天然林区,加快以防护林为主的人工林建设,使全区森林覆盖率接近全国平均水平;南部不适于耕种的坡耕地和中部不适于耕种的风沙旱耕地全部退耕还林还草,其他坡耕地建成高标准水平梯田,同时加快以小流域为单元的综合治理,使全区水土流失得到基本治理;天然草地实行封育、轮牧,严禁乱垦、过牧、滥樵采,加大改良草地和人工草地建设力度,使草场植被得到有效恢复,土地沙化得到基本治理;整修改造灌区水利工程,节水灌溉技术普遍推广,水资源利用效率显著提高,改良盐渍化土壤;加强自然保护区建设,保护生物多样性。建立比较完善的生态环境监测网络,大部分地区农业生产条件和生态环境明显改善,群众生活质量较大幅度提高,为经济社会可持续发展再造一个山川秀美的新宁夏。

(二)近期目标

从现在起到2010年,坚决控制人为因素对生态环境的破坏,水土流失、土地沙化的治理初见成效。主要指标:治理水蚀面积9000平方公里,累计治理度达到61.6%,治理土地沙化面积6500平方公里,累计治理度达到61.9%。封山育林33万公顷,新增森林面积40万公顷,森林覆盖率达到15%。新增人工草地7万公顷,改良草地40万公顷,退耕还林还草33万公顷,新增水平梯田10万公顷。建设各类自然保护区,其总面积占全区国土面积12.3%。

从现在起到2005年,是实现近期目标的关键时期,必须起好步、开好局。要采取切实措施,以退耕还林还草为中心,发展生态农业、节水农业,建设一批水土保持、生态农业、节水农业示范工程,调整土地利用结构和农村经济结构,鼓励农民向二、三产业转移、向城镇集聚,逐步减轻对生态环境的压力,坚决禁止毁林、开荒、过牧、滥采樵等不合理活动。到2005年主要指标:退耕还林还草16万公顷,新增水平梯田5万公顷,新增森林面积20万公顷,封山育林17万公顷,新增人工草地4万公顷,改良草地20万公顷,新增治理水蚀面积6000平方公里,累计治理度达到48.5%,新增治理土地沙化面积2500平方公里，累计治理度达到36.9%。

（三）中期目标

2011~2030年，全区生态环境明显改善，农业综合生产能力显著提高，农村经济结构逐步趋于合理，生态环境治理和法规建设基本适应社会主义市场经济发展的要求。主要指标：治理水蚀面积6000平方公里，累计治理度达到80%以上，治理土地沙化面积4000平方公里，累计治理度达到80%以上，新增森林面积30万公顷，森林覆盖率达到20%，新增人工草地、改良草地60万公顷，坡耕地除退耕部分外基本实现梯田化，灌区绝大部分农田实行节水灌溉，重点治理区的生态环境开始步入良性循环。

（四）远期目标

2031~2050年，建立起基本适应经济社会可持续发展的良性生态系统，全区适宜治理的水土流失、土地沙化地区基本得到有效治理，宜林地全部绿化，林种、树种结构合理，新增森林面积30万公顷，森林覆盖率达到25%，“三化”草地得到全面恢复，灌区农田实现高标准节水灌溉和农田林网化，全区生态环境得到根本改善。

三、生态环境建设重点工程项目

（一）南部黄土丘陵和土石山区水土流失的综合治理

1.坡耕地退耕还林还草

在深入调查研究的基础上，制定科学规划，将不适合种植的坡耕地退耕还林还草，相应确定适宜树种、草种，实行乔、灌、草结合。在实施步骤上，坚持试点示范、稳步推进，十年完成。

2.小流域综合治理

在正治理的200多片小流域基础上，进一步向广度深度发展，从每个小流域不同的自然、经济、社会条件出发，制定规划，因地制宜发展多种承包方式，进行山、水、田、林、草、路、村的综合治理，沟坡兼治，适宜耕种的坡地全部梯田化，扩大沟坝地等坝系农业。

3.打井打窖和节水微灌工程

按照各地不同的降水、地形、地下水储存条件，科学安排水窖、浅井、深井的建设布局，并与基本农田建设、节水技术推广、作物高产栽培措施紧密结合，提高水浇地比重，做到窖水蓄得上、农田浇得上、作物省水高产，井点布局、井水利用与地下水补给相匹配，实现水土资源的可持续利用。

4.水库整治、扩建和引水工程

对现有中小型水库进行除险加固，扩建新建一批水库，新建固原东山坡引水工程和彭阳县长城塬引水工程，扩大地表水利用，解决好农业用水、城镇用水和生态用水的统筹规划、管理。

5.建设宁南山区黄土丘陵生态农业示范区

因地制宜推广固原上黄基点、西吉县黄家二岔基点、彭阳水土保持建设示范县等治理水土流失、发展生态农业的典型经验,由点到面,逐步扩大生态农业的示范和推广应用。

(二)中北部干旱风沙区草地退化,土地沙化整治

1.灵盐陶台地土地沙化整治

在盐池县北部6乡镇土地沙化整治项目基础上,扩大范围,向台地主要沙漠化地区推进,因地制宜推广沙边子、高沙窝等沙漠化整治模式,点线面结合(城乡居民点、灌区、工矿区等点,铁路公路沿线地带等线,大片天然草地、沙地等面),在条件适合地区推广人工绿洲连片化发展。

2."三化"草地治理

要以严格封育为主要措施,在严禁不合理人为活动的基础上推进退化、沙化、碱化草地的自然恢复,逐步加强围栏、补播、治虫、灭鼠等措施,有计划地建设人工草地。

3.风沙旱耕地退耕还林还草

中北部不适合耕种的风沙旱耕地,要在调整规划的基础上逐步退耕,改为人工草地和灌木林地。

4.沙产业开发

针对贺兰山东麓和靠近城镇的沙化地区生态特点,制定沙产业发展规划,合理安排葡萄、枸杞、甘草、麻黄、沙棘、红花、啤酒花等种植园和阳光温室产业的布局,结合300万亩围栏中药材基地(甘草、苦豆子等)和100万亩中药材栽培基地建设,实现沙产业发展与防沙治沙的相互促进。

(三)引黄灌区的改造和深层次开发

1.引黄灌区节水改造工程

通过整修水利设施、渠道衬砌、推行渠井结合灌溉、推广小畦灌溉和水稻节水控灌,逐步发展管灌、喷灌、滴灌等高效节水技术,实行灌溉技术、灌溉制度、灌溉管理的系统改造改革,大幅度降低灌区用水量,从根本上防治土壤次生盐渍化,建成节水高效的新型人工绿洲。

2.继续建设扶贫扬黄灌溉工程和盐环定扬黄工程

加快建设步伐,重视节水林草、节水作物、节水技术、节水制度的大范围应用,把红寺堡灌区、固海扩灌区、盐环定工程的盐池灌区和同心韦州灌区建成节水高效的扬黄灌区示范区。

3.灌区基本农田保护区耕地的改良保护

大力推进农牧结合、推广秸秆过腹还田措施，发展绿肥，提高使用有机肥的比重，合理使用化肥，防治化肥、农药、农膜和工业废弃物对土壤的污染，严格控制占用基本农田保护区的耕地。

(四)林业和自然保护区建设

1.城乡造林绿化园林化工程

实行严格的封山育林，大力营造水土保持林、防风固沙林、农田防护林、护岸林，以及以葡萄、枸杞、蚕桑、沙棘、枣、杏等为主的经济林，建设林纸一体化的速生造纸原料林，沿铁路、公路、渠道、排水沟的绿色通道工程，以及城乡居民点的绿化、园林化工程，充分调动社会各界造林积极性，加紧建设各具特色的生态经济林体系。

2.自然保护区建设

新建林业部门主管的南华山等11个自然保护区，环保部门主管的银川湖泊湿地等5个保护区，农牧部门主管的黄旗口等8个保护区，国土资源部门主管的水洞沟旧石器时代文化遗址等4个保护区，水利部门主管的白马黄河湿地等3个保护区，连同现有的8个，共计39个，其中国家级保护区6个，包括沙湖省级保护区升级为国家级，以及新建的青铜峡库区、盐池滩羊两个自然保护区。对现有和规划建设的保护区，增加资金投入和科技投入，加强森林、草原、荒漠、湿地等不同类型生态系统的生物多样性保护和地质古生物遗迹保护，重视自然保护和旅游开发的有机结合。

(五)防治环境污染

1.污水处理工程

包括中卫市美丽纸业集团、西吉香吉马铃薯淀粉集团等大污染企业的工业废水处理和废料回收利用工程，银川、石嘴山等城市污水处理工程等。

2.清洁能源工程

包括银川、吴忠、石嘴山等城市民用天然气供气工程，银川、中卫、石嘴山等热电厂工程，大武口、平罗等煤矸石电厂工程，以及太阳能、地热、风能、沼气等新能源工程。

3.废物资源化工程

包括火电厂粉煤灰综合利用，冶金、建材等企业粉尘回收综合利用，锅炉煤渣综合利用，煤矸石综合利用，城市垃圾、粪便无害化处理和回收利用等。

4.工业节能技术改造工程

把引进、推广各种节能降耗技术纳入行业和企业的技术改造规划，逐步淘汰小矿热炉、落后窑炉等高能耗设备,积极开展二次能源的再回收,综合利用工业余能、余热和可燃放散气体,包括焦炉气、煤矿瓦斯等。

(六)黄河开发整治

1.大柳树水利枢纽工程

大柳树水利枢纽工程与龙羊峡、小浪底并列为黄河干流三大控制性主干枢纽工程,其总库容 110 亿立方米,电站装机容量 200 万千瓦,控制灌溉面积 66 万公顷,技术经济指标十分优越,是黄河上游最重要的反调节大水库。水库近期在满足河口镇以上地区工农业和城乡生活用水 127 亿立方米,下泄流量不小于 250 立方米 / 秒的基础上,每年 5~7 月灌溉季节可为下游增加供水 32 亿立方米,非汛期(11 月至次年 4 月)增放流量 200 立方米 / 秒。因此该工程不仅对综合开发黄河水利水能资源具有承上启下的重大作用,对于免除和减轻宁蒙河段的洪灾、凌汛威胁,改变陕甘宁蒙等省区干旱带的经济面貌和生态环境具有极大的战略意义,而且还是缓解黄河下游缺水、断流的重要工程,也是一项遏制荒漠化、促进绿洲化的生态工程。

2.黄河宁夏段河道整治工程

加快工程进度,重视河道整治与航道开发、护岸林建设、水污染治理、旅游景观开发相结合。重点河段(如银川东郊与灵武市相接的金水旅游区河段)要提高护岸标准,既防冲防淤,又美化环境。

(七)资源环境动态监测管理信息系统工程

以三 S 技术(遥感技术、全球定位系统和地理信息系统)为手段,建立全区资源环境动态监测管理信息系统,并逐步与国家系统、兄弟省市区系统联网,以发挥其监测、预警、辅助决策、跟踪反馈和动态管理等多种功能,为资源环境的调查研究、规划管理和项目建设提供有效服务。

以生态文明理念规划建设美丽银川

1. 银川市发展面临的新机遇

银川市为宁夏回族自治区首府，宁蒙陕甘毗邻区域约10多万km^2、1000多万人口的区域中心城市。市域面积7475km^2，2011年末人口202.6万，下辖三区(兴庆、金凤、西夏)、二县(永宁、贺兰)、一市(灵武)。其中市区面积1800km^2，城市建成区140km^2，人口131.3万。

改革开放以来，特别是实施西部大开发战略以来，宁夏及其首府银川市在经济社会发展、生态环境建设等方面，都取得了举世瞩目的成就[1]。银川市区由1999年60万人口即刚跨过大城市门槛，十来年人口翻了一番，进入特大城市行列。当前，银川市发展又面临三大新机遇：一是国家实施主体功能区战略和新型城镇化战略的机遇。《全国主体功能区规划》明确规定宁夏沿黄经济区为国家西部重点开发区、全国主要城市化地区之一，要求扩大煤炭等资源开发、先进制造业、服务业和城市居住等建设空间，保护和扩大绿色生态空间，加强银川核心区建设，提升城镇化质量，推进农业转移人口转为城镇居民。[2]银川将作为引领中国西部内陆新型城镇化的增长极取得更大发展。二是国家实施全方位开放战略、进一步扩大向西开放、批准建立宁夏内陆开放型经济试验区的机遇。2012年9月，国务院同意在宁夏建立全国第一个全省域的内陆开放型经济试验区，重点推进与阿拉伯国家及世界穆斯林地区的交流合作。[3]银川作为试验区的核心、龙头，将以建设中国内陆向西开放的新门户，我国内陆城市国际化、形成国际穆斯林商贸金融之都、文化交流之都、旅游休闲度假之都的新品牌这一目标努力奋斗，银川将由开放落后区转向国家向西开放桥头堡的新时期。三是国家大力推进生态文明建设的机遇。党的十八大报告明确提

第八届宁夏资深专家论坛(2013年11月)讲稿，发表于《中国人口·资源与环境》2013,23(专刊)：25~28。合作者：赵亚峰

出，“把生态文明建设放在突出地位，融入经济建设、政治建设、文化建设、社会建设各方面和全过程，努力建设美丽中国，实现中华民族永续发展。”[4]这对于生态立市的银川，无疑具有特别重大的意义：既是良好机遇，又是巨大挑战。

2. 银川市生态文明建设的基本构想

银川市作为宁夏平原灌区人工绿洲生态系统的核心地区，其生态环境质量在西北干旱区中处于前列，在2008年评选全国十大新天府中，以水旱从人、物产富足、安居乐业、少灾多福的风水宝地入选，成为当今黄河流域唯一新天府。还先后荣获国家节水型城市、国家园林城市、全国文明城市、国家环保模范城市、中国最佳生态旅游城市、中国十佳和谐可持续发展城市、中国十大最具幸福感城市、中国人居环境奖等称号。但它又处于腾格里沙漠、乌兰布和沙漠、毛乌素沙地以及水土流失严重的黄土高原包围之中，其大环境十分严酷。要把银川市建设成为中国西北一流、永续发展的生态城，成为中国西部生态安全屏障的重要一环，任务艰巨，任重道远。现将我们对银川市生态文明建设的基本构想简述如下，以供讨论和有关方面参考。

2.1 生态产业建设体系

十八大报告提出，建设中国特色社会主义，总布局是五位一体，即建设社会主义市场经济、社会主义民主政治、社会主义先进文化、社会主义和谐社会、社会主义生态文明，把生态文明建设融入经济、政治、文化、社会建设各方面和全过程。而生态文明建设与经济建设的主要融合点即是生态产业建设体系，重点建设生态农业、生态工业、生态服务业。

银川市农用地是全宁夏土地生产力最高的地区，有条件建设引领西北干旱区的现代生态农业示范区，主要是都市农业、观光休闲农业、高附加值的特色优势农业以及设施农业（包括以日光温室为主的设施蔬菜、花卉、果树、养殖业），贺兰山东麓葡萄栽培和葡萄酒庄文化长廊，灵武市沿山地带的长红枣产业和滩羊养殖业，银川市辖区的枸杞、奶牛养殖、有机水稻等，突出抓好节水灌溉、配方施肥、有机种植以及种植业与养殖业之间的有机结合、循环经济，抓好大中型养殖场与沼气工程的配套发展，控制化肥、农药、鱼池投饵等面源污染。[5]目前，银川市的枸杞、葡萄、长红枣等产业，奶牛、滩羊、水产养殖，贺兰县的园艺博览会，都已成为西北驰名品牌。

建设中的宁东能源化工基地，其主体位处灵武市。作为全国重要的大型煤炭基地，“西电东送”火电基地，现代石油替代品生产的煤化工基地，国家级循环经济示范区，正成为保障国家能源安全的战略资源接续区，促进宁夏跨越式发展和建设全面小康社会的战略支撑区。按规划，宁东基地将建成中国西北重要的生态工业园区，重点发展煤炭气化燃气蒸汽联合循环发电技术、煤基合成气多联产技术等循环经济产业链。[6]下一步将优先发展煤化工下游产业，适度发展与煤化工优势互补的石油天然气化工，形成节能、高效、防污的现代化先进产业链条和产业集群。同时配套发展先进装备制造、生物技术、信息网络技术、新材料、新能源等产业，加大银川国家级经济技术开发区、国家级银川高新技术产业园、现代生态纺织产业示范园、银川科技园、银川综合保税区（临港出口加工区和物流园）等开发建设力度，优化、提升产业结构，转变经济发展方式。

生态服务业的重点是在保护自然文化遗产基础上大力发展生态文化旅游。目前宁夏政府正委托中国旅游规划研究院编制宁夏建设国际旅目的地总体规划。银川市作为宁夏和大西北重要的旅游门户城市和国际穆斯林旅游集散服务中心，中国自驾车旅游基地，重点打造贺兰山东麓山地生态、西夏文化、葡萄酒文化旅游带，黄河生态湿地、回族文化、黄河文化旅游带两条旅游长廊，以及建设中的华夏河图苑中华文明、伊斯兰文明文化艺术交流中心，中华回乡文化园，世界穆斯林文化城，西北最大的主题游乐园——一千零一夜梦幻阿拉伯游乐园，融高端医疗、康体保健、温泉养生为一体的中阿合建希诺国际健康城，等等，构成银川生态文化旅游休闲度假区的缤纷世界。还要联结区内沙坡头、沙湖、六盘山等景区，内蒙古大漠、草原景区，陕西西安古城、延安红色景区，甘肃河西走廊、敦煌景区，青海塔尔寺、青海湖等，构成大西北自驾车之旅。

生态产业建设是生产方式的一场革命，标志着工业文明时代向生态文明时代的嬗变起步。

2.2 生态环境保护建设体系

坚持保护优先、自然恢复为主的方针，有效保护贺兰山森林生态系统、白芨滩荒漠草原生态系统两个国家级自然保护区，西夏王陵国家级风景名胜区，灵武国家地质公园，阅海、鸣翠湖、黄沙古渡国家湿地公园，宝湖国家城市湿地公园，银川东部黄河湿地、银川西部湖泊湿地、贺兰三丁湖、于祥湖湿地、永宁鹤泉湖湿地、灵武漫水塘湖、梧桐湖湿地等湿地保护区，保护区范围内禁止一切工业化、城镇化开发建设，迁出除生态文化保护和生态文化旅游服务以外的居民。加大灵武市中东部草原退化、土地沙化的综合治理，建设防沙治沙用沙的综合示范区。加大贺兰山山洪、泥石流防治和砂石矿山环境整治。加强国土整治，合理调控平原绿洲灌区地下水位，防治土壤盐渍化，建设高标准基本农田，划定基本草地、基本林地（林场）不准侵占，建设一定规模的碳汇林，给子孙后代留下足够的农用地和生态空间。重视黄河河道整治和护岸林建设，市区河岸重点地段进行高标准堤岸砌护。[7]

宁东能源化工基地地处生态脆弱的毛乌素沙地边缘，必须特别重视处理好基地建设与环境保护、生态建设的关系，强调对煤矿采空区的监测治理，严格工业企业的环保准入门槛，严控高耗能、大耗水、污染型企业进入，加大矿井水、工业废水、废气、固体废弃物的有效处置和综合利用，在中国西部内陆率先建设工业废弃物零排放新区，建设天蓝、地绿、水净的美好家园。针对该区水资源严重匮乏，坚持面上大面积治理以自然封育为主，人工造林种草以点、线建设为主，开展城镇、村庄、工业园区、水库周围、河沟沿岸、重要道路沿线等重点区的高标准绿化建设。

2.3 资源保护、节约利用体系

十八大报告指出，“节约资源是保护生态环境的根本之策”。水资源短缺与利用效率低并存，是制约银川市发展的重要瓶颈。银川市能源丰富，但以煤炭为主，能源利用效率较低，污染和碳排放严重；土地资源相对丰富，但农业生产力低的退化草地、沙地、盐碱地占有很大比重。如何在保护水、土、能源资源的前提下，讲求节水、节地、节能，实现国土资源的可持续利用，是银川市生态文明建设的重大课题。

一是从严控工业废水污染和农业面源污染入手，保护好黄河、地下水环境。建设节水社会，全面节约农业灌溉用水、工业用水、城市生活用水，通过较大规模节减灌溉用水，以水权交易方式转让给急剧增长的工业用水、城市用水需求，并保证必需的生态用水（绿化用水和湿地补水）。通过适度开发利用浅层地下水和黄河水，关闭企业深层承压水自备井，保护优质承压水水源地。大幅度利用中水于工业冷却水、生态用水、农业灌溉用水等领域。[9][10]

二是强力推行节能减排。通过产业结构优化、升级，淘汰落后产能，压减煤炭等化石能源消费比重，从源头上控制能源污染。利用当地丰富的风能、光能资源和大面积退化草地、未利用地，开发风电、光伏发电和生物质能等可再生能源。全面推进绿色建筑、交通节能。[11]

三是提高土地集约利用水平。目前银川市建设用地利用比较粗放，如市区综合容积率为 0.79，不仅远低于东部大中城市，也低于周边西安、兰州等城市。要严控城乡建设用地的无序增长，协调各类土地用途空间管制分区，落实建设用地挖潜和土地开发、整治、保护工程，实施城乡建设用地增减挂钩以及低丘、缓坡、荒滩等未利用地开发利用工程。[12]

2.4 生态人居建设体系

建设生态城市、生态乡镇、生态村庄、生态社区。城区周边和各组团间广建生态防护林带和片状森林，城区和各组团内部均衡布局公园绿地，人均公共绿地达到 40 平方米左右国际标准，并留足后备生态用地空间，建设森林城、花园城。推行天然气、太阳能、风能、地源热泵、新能源汽车等清洁能源，生活燃气普及率达到 100%。大力推广绿色、节能、节材、太阳能光热一体化建筑、光电一体化建筑（分布式太阳能光伏发电系统）等公共建筑、民用住宅，精心建设几座引领世界潮流的节能、新能源地标式建筑。借鉴阿联酋阿布扎比启动“源泉计划”兴建全球第一个零排放无碳城市马斯达尔、山东德州“中国太阳城”等建设理念，建设国际水准的低碳公用设施。开展城区三旧（旧街区、旧厂区、旧村庄）改造，优化商住社区、道路、绿地等公用设施布局，设计以慢行道（自行车、步行）为主的绿色出行系统，建设中国一流的低碳城。针对“银川地震活动断裂带”、“黄河—灵武地震活动断裂带”南北向穿越市区，高度重视建筑抗震问题，一切永久性建筑、构筑物必须避开断裂带，断裂带避让区建设生态绿地；各类建筑尽可能采用抗震安全性高的新材料、新技术（如宁夏远大可建科技公司生产的高科技低碳建材——节能、可循环利用的预制钢结构、石棉建材，可实现9度抗震，且比常规建材降低造价），建设防灾安全城。

2.5 生态文化建设体系

以生态文明理念融入银川城市文化，挖掘、弘扬文化的生态内涵，例如古老黄河文明蕴含的天地人和、保护生态思想，回族穆斯林饮食文化、服饰文化、人居文化、生活习俗文化、宗教文化中的“清真”意蕴，移民文化、多元文化的包容、开放、和谐意识，“贺兰岿然，长河不息”银川精神与银川生态保护标志贺兰圣山、母亲河黄河的内在联系，等等。实现自然遗产、人文遗产（包括不同层级文物保护单位）保护的有机结合，生态环境保护建设与当代文化建设的有机结合，培育生态、文化、旅游相融合的休闲度假新型产业，把生态文明融入文化、科技、卫生、体育、文艺等各个领域和各类文化事业、产业，建设绿色学校、绿色“大学城”“科技城”“网络城”“文艺城”，从根本上提高市民的生态文明素质，为步入社会主义生态文明新时代打好基础。培育独具特色的银川生态文化，开展国际文化交流。办好中国防沙治沙大学，为推进全球防沙治沙科技合作、人才培训作贡献。

2.6 生态文明制度建设体系

制度建设是完成上述五项建设的基本保证。要把资源节约、污染控制、生态效益纳入经济社会发展评价体系和干部政绩考核、奖惩机制。按照国家和自治区主体功能区规划，确立、完善主体功能区开发、保护的国土空间格局，执行最严格的耕地保护、水资源管理、环境保护制度。深化资源性产品价格和税费改革、环境税费改革，建立完善国家、自治区、银川市生态补偿机制和相应的财政转移支付制度。实施有关资源节约、生态环境保护建设、推进绿色发展、循环发展、低碳发展的系列化激励政策。加强生态系统、环境污染、资源保护、自然灾害防治的监测、预报、预警、人才投入等能力建设支撑体系。

以上六大体系体现了银川市生态文明建设的六个主要方面，在规划建设实践中它们并不是各自孤立，而是相辅相成、紧密联系在一起的一个整体，必须发挥政府主导、企业主体、全民参与的合力，分工协作，齐抓共管，层层推进，长期奋斗。

3. 结论：团结奋斗，实现“美丽银川”梦

银川生态文明建设已有一定基础，又面临新的发展机遇，正所谓条件具备，又来东风。根据“国务院关于宁夏内陆开放型经济试验区规划的批复”，国家发改委和各有关部委，纷纷出台了支持宁夏开放试验区建设的各项特殊政策措施，并通过部际与宁夏回族自治区政府联席会议制度协调解决试验、建设的重大问题。随着2013年9月在银川成功举办第一届中国—阿拉伯国家博览会（2010～2012年前三届称中阿经贸论坛）和银川综合保税区正式封关运行，依靠全市人民的奋力拼搏、团结奋斗，以及国家的大力支持，建设以现代国际化商贸金融、旅游休闲服务业为特色的产城一体化的生态城、文化城、旅游城，经济繁荣、社会和谐、资源节约、环境友好的美丽银川之梦，一定会在不远的将来圆满实现。

参考文献

[1]汪一鸣，米文宝.迈向可持续发展的宁夏回族自治区[J].经济地理，2008，28(6)：909～912.

[2]宁夏发改委.宁夏回族自治区国民经济和社会发展第十二个五年规划纲要汇编[M]. 银川：宁夏人民出版社，2012：25～29，105～108，156～157，178，193～206，219～220，237～239.

[3]国务院关于宁夏内陆开放型经济试验区规划的批复（国函〔2012〕130号）[J].研究参考，2013.(2)：1～20.

[4]中国共产党第十八次全国代表大会文件汇编[M].北京：人民出版社，2012：11～12，36～38.

[5]宁夏发改委.宁夏回族自治区国民经济和社会发展第十二个五年规划纲要汇编[M].银川：宁夏人民出版社，2012：133～134.

[6]汪一鸣.建设蒙陕宁特大型能源化工基地研究[AJ// 刘璞，周特先.黄河河套生态经济区建设研究[C].银川：宁夏人民出版社，2008：32～76.

[7] 汪一鸣.宁夏目前生态建设的主要任务和建设途径[J].宁夏工程技术，2013，12(1)：68～72.

[8]汪一鸣，赵亚峰.宁东能源化工基地的环境保护与生态建设[J].宁夏工程技术，2008，7(2)：190～193.

[9] 汪一鸣. 银川市水资源可持续利用问题探讨 [J]，宁夏大学学报（自然科学版），

2004,25(4):379～383.

[10]赵亚峰,汪一鸣,王永洁.银川市水资源承载力多目标情景分析[J].宁夏大学学报(自然科学版),2008:272～276.

[11]马忠玉.宁夏应对全球气候变化战略研究[M].银川:阳光出版社,2012:29～30,437～441,464～472.

[12]汪一鸣,赵亚峰,岳晓燕.合理利用土地资源,促进人与自然和谐共处[A]//吴海鹰.宁夏蓝皮书2006–2007年:宁夏经济社会形势分析与预测[C].银川:宁夏人民出版社,2007:400～412.

生态环境建设的辩证法

生态环境恶化，林草植被减少，是我国西部地区的突出问题。目前西部水土流失面积占全国的80%以上，沙质荒漠化面积占全国的90%以上。25度以上陡坡耕地面积占全国的70%以上，森林覆盖率平均只有7%左右，每年输入长江、黄河的泥沙2/3以上来自西部地区的坡耕地。能否在21世纪初使西部生态环境得到明显改善，是关系到西部本身和全国可持续发展的大事。生态环境建设是实施西部大开发的根本和切入点。

本文结合宁夏实际，就以下几个方面的问题，对如何尊重客观规律，讲求科学精神，搞好生态环境建设提出一些看法和建议。

1. 积极进取与长期奋斗的关系

宁夏生态环境十分脆弱，退化严重，已越来越成为经济社会可持续发展的制约因素，也是影响对外开放和东西合作的重要因素之一。因此，尽快改善生态环境是宁夏经济加速发展、对外开放取得更大突破的基本前提和迫切需求。我们必须以只争朝夕的紧迫感，积极行动起来，抢抓机遇，奋勇争先。同时我们要看到生态环境建设的艰巨性、复杂性，充分认识到，从根本上改善生态环境绝不是几年十几年就可办到的，要靠几代人坚持不懈的努力，要有长期奋斗的足够思想准备。特别是县、乡、村基层领导班子，必须牢固树立打持久战的战略思想，在确定科学规划的基础上，一张蓝图干到底，一任接着一任干。切忌任务观点、时冷时热、急功近利，杜绝争虚假政绩、做表面文章等弊端。

2. 造林与种草的关系

宁夏生态脆弱的突出表现是自然植被稀少，森林覆盖率现仅6.4%，草地97%退化。要改善生态环境，首先要以退耕还林还草和天然林保护工程、绿化荒山荒地工程为突破

宁夏生态建设理论座谈会(2000年10月11日)发言稿，发表于《宁夏科技》2002(3):17~18

口,恢复和增加林草植被。一般地说,森林生态系统具有涵养水源、保持水土的功能,生态稳定性好,环境效益巨大等特点,在条件适宜地方尽量多种些树是大好事。但宁夏大部分属于干旱、半干旱气候地区,在此特定的气候水文条件控制下,草原生态系统是主要的自然生态类型。除450毫米等雨线以南的南部森林草原地带、山地的一定高度、河湖沿岸和地下水丰富地段、有灌溉条件之处以外,不适宜大规模种植乔木林,哪些地方种乔木,哪些地方种灌木、种草,具体种什么树种、草种,一定要因地制宜。彭阳能种的树,到西吉就不一定能种,因为它们为六盘山阻隔,彭阳年均降水500毫米,西吉只有428毫米.旱年仅262毫米,两者立地条件大不相同。即使同一座山头,由于不同地貌部位,不同土壤类型,不同坡度坡向,立地条件也有很大差异。

从森林破坏后的自然恢复演替过程看,一般为草原或草甸→灌丛草原或灌丛草甸→疏林草原或疏林草甸→阔叶林或针阔混交林→针叶林。所以即使在某些理论上可以种乔木的地段,采取一步到位造林的做法,也可能成活率、保存率很低。如果先种草种灌木,形成局部水分条件较好的小气候,再种乔木就可大大提高成活率、保存率。前一种做法往往欲速则不达,后一种做法看似慢,实质快。

其实,种草种灌木容易活,长得快,生态效益相当显著。如与发展牧业结合得好,经济收益也快。草灌乔合理结合,可收以短养长之效。

1982年,联合国粮食计划署官员布里奇斯在2605项目考察报告中说:“可以明显地感觉到,种草不如造林那样受欢迎。这一点很难解释清楚。事实上,种草要比造林快。”又说:“造林树种只局限于杨树和柳树。就树病而言,这样做下去,危险极大。”可惜,当时中外专家的意见没有得到重视。目前退耕还林还草或荒山荒地绿化试点的主要倾向还是种乔木过多,种保持水土作用差的经济林木过多,而对草灌重视不够,在草灌乔的镶嵌结构、合理布局上研究不够。

3. 林草建设与综合治理的关系

造林种草是改善宁夏生态环境的关键措施,退耕还林还草是生态建设的重点和突破口,但决不能单打一、孤立地搞。生态建设是一项牵涉自然、经济、社会方方面面的系统工程,不单纯是种树、种草,也不是林业、农牧一两个部门的事,而要统筹规划,综合治理。宁夏一些小流域水土保持工作搞得好的,从当地的自然、经济和社会条件出发,进行山、水、田、林、草、路、村的综合治理、集中治理、连续治理,把种草种树等生物措施,建设梯田、沟坝地、小型水库、淤地坝、沟头防护、谷坊、塘坝、涝池、水窖等工程措施,推行水土保持耕作法、地膜覆盖、使用保水保土化学剂等农艺措施,以及优化农村能源结构措施、农村居民点综合治理措施等有机结合起来,相关资金捆绑在一起,统筹安排,综合使用,从而达到林草比重稳步提高,生态环境不断改善,其经验值得推广。而1982年至1985年世界粮食计划署援助2605项目“宁夏西吉县通过种树种草防止侵蚀和促进发展”工程,由于简单化为单纯的防护林工程,只强调造林种草的面积而忽视了保持水土、促进发展的综合指标考核,结果虽然超额完成了林草数量任务,却昙花一现,以失败告终,教训非常深刻。

生态环境综合治理必须要有组织保证,这就要求各级党政主要领导亲自抓,计委、财政、林业、农业、水利、粮食等部门各负其责,协调配合,多种力量拧成一股绳,形成合力。

4. 建设与保护的关系

改善生态环境,既要加强治理、建设,更要重视保护。要大力贯彻“预防为主,保护优先”的方针。因为,第一,生态破坏了、环境污染了,再治理要花费巨大的人力物力,所以重在预防、保护。第二,治理成果只有严加管护,才能巩固下来,否则仍会毁于一旦。要将保护贯穿于开发、治理的全过程,保护中开发、治理,开发、治理中保护。第三,对于大范围的荒漠、草地、森林、湖沼,在财力有限的情况下,首先要强调保护,亦即实行严格的封山、封沙等封禁措施,建立林地、草地等管护责任制.使其避免新的破坏和污染,这是费少效宏的办法。实践证明,在封禁的条件下,依靠自然恢复演替,不用几年,荒山会逐渐披绿.沙化土地会长草固定,原来的生态恶化趋势会逆转而向稳定甚至良性化方向发展。所以保护也是生产力。所谓“治管并重”、“建管并重”,其中管理的首要内容就是搞好治理成果的保护,提高全民的生态环境意识首先要加强保护资源、保护环境的意识。

5. 治山、治沙与治穷致富的关系

即环境与发展的关系,生态效益与经济效益、社会效益的关系。退耕还林还草等生态工程,当然首先要强调生态效益,再造秀美山川就是最大的效益。从宏观上说,宁夏环境恶化地区正是比较贫困的地区,改善环境也就是改善农业生产条件和投资环境,为加速经济发展创造基本前提,所以两者在根本利益上是一致的。但在具体工作中,又必须处理好一些可能出现的问题,例如根据当地实际和农民意愿,保留和建设好适当比例的基本农田,妥善解决退耕后农民的生活出路和增加收入问题,做到生态建设与调整土地利用结构、农村产业结构优化升级相结合,与扶贫开发、发展农业产业化相结合,特别要注意林草建设与发展舍饲畜牧业、蚕桑业、中药材种植基地、中药材围栏补播基地、生态旅游业相互促进,达到既要绿起来、又要富起来的双重目标,生态建设见效之时.也是当地农民致富之日。

6. 生态建设与科技发展的关系

生态建设能否成功,关键是能否按自然规律、经济规律办事,亦即是否真正依靠科技,尊重专家意见,尊重群众经验。把开发先进实用技术、提供有力的技术保障、推广典型经验、建设示范工程贯穿于生态建设全过程，做到科学规划方案到位，优良种苗到位，技术服务到位，农民科技培训到位，充分发挥科技专家在规划论证、实施监督、效果评估等环节的指导作用。

7. 政府行为与公众参与的关系

政府在完善政策法规、加强宣传教育、搞好组织协调、加大资金投入、强化调控监管等方面起主导作用，使广大农民认识到生态建设的重大战略意义，真正把它作为自己切身利益的大事要事来干，把“要我干”变成“我要干”，充分调动群众的能动性和创新精神。一定要做到产权明晰，即把退耕还林还草、荒山荒地绿化、封山育林、封沙育草使用权、承包权落实到户，责权利结合.允许依法继承、转让，才能实现真正意义上的保护到位。还要鼓励企业、农村能人、科技人员承包荒山荒地的治理、保护和开发，发挥市场机制对资源优化配置的基础性作用，实现政府行为、市场行为和社会行为的有机结合。

8. 人口与资源、环境的关系

生态环境的治理，从高层次上看，必须协调人口与资源、环境的关系，经济发展与人口、资源、环境的关系，实施可持续发展战略。讲生态环境建设，既要抓林草建设、水土保持、防沙治沙等工程，还要抓水资源的开源节流和合理利用，抓人口数量控制、人口素质提高，抓农村工业化和城镇化。针对宁夏（主要是南部山区）人口对水资源和环境的过大压力，必须继续抓紧计划生育，重奖少生优生家庭，严格控制人口过快增长。要从加快发展基础教育、职业教育，重视育龄妇女文化科技培训，完善农村卫生保健服务，建立健全农村社会保障制度等着手，改变群众生育观念。还要通过建立健全市场经济机制，大力发展劳务输出，有步骤地向灌区移民，向非农产业和城镇转移，调整人口布局，从根本上改变某些生态恶化片带的人口超载局面。

黄河大柳树工程与西北生态环境建设

1998年夏秋长江和松花江流域的特大洪灾以及黄河干流的连年断流，为我们再一次敲响了警钟:防灾减灾和生态环境建设已经到了非抓不可的时候了！党的十五届三中全会决定强调指出:“洪涝灾害历来是中华民族的心腹大患，水资源短缺越来越成为我国农业和经济社会发展的制约因素，必须引起全党高度重视。要增强全民族的水患意识,动员全社会力量把兴修水利这件安民兴邦的大事抓紧抓好……改善生态环境是关系中华民族生存和发展的长远大计,也是防御旱涝等自然灾害的根本措施……中央和地方都要大幅度增加投入,开展大规模的水利工程、生态工程”。按照中央决定精神,适时提出加快黄河大柳树工程的立项和建设问题,以供国务院和有关部门决策参考,当是十分必要的。本文仅就大柳树工程在改善西北生态环境、根治黄河水患方面的重大作用作一简要论述。

1. 大柳树工程是黄河干流的关键性水利工程

规划兴建的大柳树水利枢纽工程,位于黄河黑山峡出口处的宁夏中卫市境,是黄河上游可建高坝大库的最下一个优良坝址,它可与已建龙羊峡、在建小浪底水利枢纽,构成黄河干流的三个主干梯级工程。大柳树水利枢纽规划库容110亿m^3，装机容量200万kW,年平均发电量78亿kW·h,技术经济指标优越,具有较大的盈利能力和贷款偿还能力。其重大作用表现在:

——由于其适中的地理位置和巨大的反调节库容(峡谷库容占一半以上,可长期保留50亿m^3的反调节库容和充分的调沙库容),可以充分发挥其特有的反调节作用,每年

发表于《中国西部生态重建与经济协调发展学术研讨会论文集》,四川科技出版社,1999:53~56

5～7月灌溉季节向内蒙古河口镇以上河段增补水量32亿m^3以上，从而保证灌溉发电两不误，上游下游双受益，为缓解黄河干流上中下游各方用水日趋尖锐的供求矛盾做出一定贡献；

——可使上游各梯级电站按发电最优运行，增加保证出力188万kW，增加年发电量39亿kW·h，同时可完善西北电网的水火电互补优势，提高电网的调峰调频能力和电能质量，为全网安全、经济运行提供重要保证，为未来与华北电网联网创造有利条件；

——在节水灌溉的条件下，陕、甘、宁、蒙地区可进一步发展灌溉耕地，还可使先期开发的数百万亩扬黄灌区中的大部分改变为自流灌溉或低扬程灌溉，从而带来巨大的经济效益、社会效益；

——提高宁蒙河段的防洪标准，并基本解除该河段的凌汛威胁；

——从未来建设南水北调西线工程着眼，以大柳树水库的调节库容为主，刘家峡水库配合，可以满足反调节要求，充分发挥调水效益。

总之，大柳树工程的开发建设，对于充分利用黄河水利水能资源和干流治理起着承上启下的重要作用，为整个黄河流域特别是上中游干旱半干旱地区发展农林牧业，建设能源化工基地，满足城镇工业、生活用水，提高供水保证率，展示了良好前景，对推进西北少数民族地区的综合开发，促进当地人民脱贫致富，以及增强民族团结，将具有重大的战略意义。[1]

2. 大柳树工程又是遏制荒漠化、促进绿洲化的重大生态工程

大柳树工程具有巨大的生态效益，它既有遏制荒漠化、促进绿洲化的直接生态效应，还有防治水土流失、减少入黄泥沙的间接生态效应，以及多方面的防灾减灾效应。

西北大部分属干旱半干旱地区，水资源不足是导致生态稳定度小、环境容量低下、抗御自然灾害和人为破坏能力薄弱的主导因素。干旱半干旱区主要的地理过程荒漠化和绿洲化，前者是在气候干化或人类不合理利用影响下土地退化、植被覆盖率逐渐降低的过程，包括水土流失、沙漠化、盐渍化等；后者正好相反，即水分输入、植被覆盖度提高、单位面积生物产量增加的过程；两者均主要受制于水资源因素。在干旱半干旱地区中，绿洲面积所占比重很小，但绿洲的人口承载力和环境容量大于荒漠数百倍、上千倍，干旱区人口绝大部分生活于绿洲。加强水利和绿洲建设，防治荒漠化，对于改善西北生态环境具有特殊的意义！[2]

黄河黑山峡以下至河口镇段的流域面积14万多km^2，是黄河流域最干旱缺水的地带，大部分地区荒漠化十分严重，号称我国北方最著名的生态脆弱带。在这个地区，没有水，就没有稳定的农业，要大规模造林种草也非常困难。生态破坏与经济社会发展形成恶性循环,是这一地区贫穷落后、经济难以起飞的重要因素,也是区外、国外企业家裹足不前、影响对外开放的一大因素。而该地区的少数绿洲(如宁夏引黄灌区)却生机勃勃,被誉为“塞上明珠”。大柳树工程作为国家重大的水资源工程列入《90 年代中国农业发展纲要》,它的一个重大作用,就在于通过强化黄河干流调蓄能力,每年可以新增数十亿 m^3 可用水量。这些水量除保证沿河上下工农业和城市用水、支撑原有绿洲之外,还有可能通过对现有灌区的节水技术改造、扩大利用地下水资源以及加强节水管理的条件下,进一步开发数百万亩甚至上千万亩新灌区,把原先风沙强烈、尘暴频繁的荒漠草原和沙化土地变成田园锦绣、草高羊肥、绿荫遍地的新农村和新的城市工矿区,推进人工绿洲的规模化、连片化发展,使原有的荒漠化过程逆转为绿洲化过程,并直接导致入黄泥沙量的逐步减少。[3]

另一方面,这些绿洲构成的生态屏障又可遏制流域内另一些地区的荒漠化,甚至可能惠及流域之外毗邻地区,例如甘肃石羊河流域民勤盆地。该盆地近年来因上游来水剧减,地下水超采严重,上百万亩天然林、人工林衰败死亡,沙漠每年以 10m 速度推进,数十万亩耕地废弃,发展下去,不用多少年将成为新的罗布泊。而如将大柳树水库的黄河水引至该地,则可较快地使荒漠化过程逆转为绿洲化,为可持续发展创造良好条件[4]。毫无疑问,大柳树工程对于陕甘宁蒙有关地区改善生态环境,是一个巨大的直接效应。

3. 大柳树工程具有防治黄土高原水土流失的间接生态效应

大柳树水库拥有巨大的死库容,它与小浪底水库类似,对于减少水库下游河道泥沙量具有重要作用,为争取时间开展黄土高原水土保持提供了良好机遇。

根据近些年甘肃、宁夏“三西”建设经验,在黄河上游沿岸开发新的绿洲,包括已建成甘肃景泰、靖远等扬黄灌区,宁夏固海、南山台子等扬黄灌区,将处于水蚀严重、人口超载的定西、西海固等黄土丘陵区部分贫困人口迁移至新灌区,建设水土平衡、人地协调的农村新社区(当地人俗称“吊庄”),既是促进迁出区与迁入区人民同步脱贫致富的有效途径,也是减轻黄土高原人口压力、为陡坡地退耕还林还草创造条件、从而大大加快黄土高原水土流失治理进度的关键举措。这个经验对于未来的大柳树灌区是完全适用的。因此,建设大柳树工程,还有一个有助于根治黄土高原水土流失的重大间接效应。改变历史遗留下来的黄土高原恶劣生态环境,使土不下山、清水长流,逐步恢复古代“山林川谷美,天材之利多”的自然风貌,让昔日荒凉的千沟万壑变成富饶繁荣的农林牧发达之区,并且大幅度减少入黄泥沙,为根治黄河创造有利条件,这种间接效应是一种影响深远、作用全局的宏观效益。可以说,它将为实现中央领导“再造一个山川秀美的西北地区”的批示发挥其独特的作用。

4. 大柳树工程是惠及西北和黄河全流域的防灾减灾工程

大柳树工程不仅在兴利上有巨大效益,而且有多方面的防灾减灾作用。

一是通过水库拦蓄上游来沙,以及直接减少土地沙漠化地区入黄泥沙,间接减少黄土高原水土流失区入黄泥沙,为黄河下游防洪减淤创造有利条件。

二是对缓解下游供水紧张和断流现象具有重要作用:①大柳树水库初期蓄水主要安排在汛后的非灌溉期,在蓄水的同时,仍可满足宁蒙河段用水要求,并保证向河口镇以下补水 250 m^3/s 流量,大大高于现状的枯水期流量(据统计,1988 ~ 1996 年河口镇每年平均有 48 天流量小于 200 m^3/s,有 17 天小于 100 m^3/s,其中 1988 年河口镇最小日平均流量仅 49.5 m^3/s)。②黄河下游断流最严重的时段是 5 月至 7 月灌溉季节,通过大柳树水库的调节作用,可在下游灌溉高峰期加大放水,缓解下游供水紧张状况。③大柳树水库具有较大的调节库容,在水量调节与发电调节的关系上以水量调节为主,在向黄河下游调水时,与上游其他水库相比,具有调水量多、调节流量大、调度灵活、调水距离短和电能损失小等优点,其向下游调水的作用是上游其他任何水库所无法替代的。④通过积极推行节水灌溉和统一管理,使上游工农业用水严格控制在近期分配给各省区可用水量的限度以内,大柳树工程不会对黄河断流产生负面影响。[5] (参考李小燕《大柳树水利枢纽与黄河下游断流关系分析》一文,见《黄河大柳树水利枢纽工程专家研讨会论文集》18 ~ 30 页,中国科协,1999)大柳树水库增放的下泄流量,也将构成枯水年、枯水季重要的冲沙水量,为减少下游河道淤积做出一定贡献。

三是避免和减轻洪灾。洪峰流量达 5940 m^3/s 时,可调洪削减 940 m^3/s 流量,使黄河宁蒙段防洪标准由 5 ~ 10 年一遇提高为 50 年一遇,并基本上解除冰凌威胁。

四是因造床流量减少,黄河宁夏段河床将由冲淤变幅大、主流摆动剧烈转为水流“归槽”,即减少河道两岸冲刷、淤积所造成的危害,为控制河势、固定河槽、渠化治理创造有利条件;通过河道整治,还可新增河滩耕地数十万亩。

五是可大大缓解沿岸地区最严重的自然灾害——旱灾。作为黄河上游最大的灌溉、供水工程,为沿岸及各灌区提供较充足的工农业用水、城市生活用水和农村人畜用水,为抗御特大旱灾提供基本的水源保证。

1998 年 7 月,中国科学院组织两院院士、专家对黄河断流问题作了实地考察和研讨咨询,提出了几条对策措施,其中之一是建设包括大柳树水利枢纽在内的调蓄工程,加大水资源的调节能力,弥补下游用水高峰期的水量不足。目前,黄河干流上的小浪底水利枢纽工程、万家寨引黄入晋工程的投资高峰期即将过去,从黄河流域开发治理规划的全局考虑,从我国西北地区可持续发展的高度考虑,我们建议,国家有关部门尽早审批规划、确定大柳树枢纽开发方案，进一步深入开展前期工作，争取早日立项、开工，使其成为继三峡、小浪底、引黄入晋工程之后我国又一个跨世纪特大水利和生态建设工程，以早日发挥其在开发黄河水利、根治黄河水患、再造西北秀美山川方面的巨大作用。

参考文献

[1] 汪一鸣. 不发达地区国土开发整治研究. 银川：宁夏人民出版社，1994：117~147，237~241.

[2]孙成权，等.中国西北地区资源与生态环境问题研究.北京：科学出版社，1996：31~56，139 ~ 158.

[3]张钧超，等.黄河大柳树水利工程论证工作四十年.北京：中国科学技术出版社，1997:31 ~ 40，179 ~ 209.

[4]曾红强.别让民勤成为新的罗布泊.中国地质矿产报，1998–11–17.

[5]管志光，等.断流——黄河面临的新问题.中国减灾报，1998–11–17.

蒙陕宁甘长城沿线干旱风沙区土地沙漠化防治对策

1. 问题的提出

蒙陕宁甘长城沿线干旱风沙区是我国北方四大沙尘暴源区之一。本区域在自然环境上属于我国北方对气候变化特别敏感的生态脆弱带，在农业生产方式上属于农区向牧区过渡的半农半牧地带，更是干旱、大风、土地沙漠化、沙尘暴频发的多灾地带。该区生态恶化的局面，不但制约着自身的经济社会发展，而且还对东部发达省市的环境状况构成严重威胁。对本区的土地沙漠化进行综合治理，既是西部大开发的迫切需要，也是具有全国意义的重大生态建设工程。

目前，蒙陕宁甘四省区正在积极探索如何加快长城沿线干旱风沙区的生态治理步伐。在小区域内，防治土地沙漠化已有许多行之有效的技术和成功实践[1][2]。但在大范围区域里，目前单纯靠政府补助粮食的退耕还林还草，受到国家财力制约，以及干旱条件下造林种草成活率低和农民长远生计问题的困扰。如何解决土地沙漠化地区人口超载问题，为本区广大农牧民寻求新的生存和发展途径，是改善当地生态环境必须同步解决的一个重大经济社会问题和科学技术问题。本文就此提出一个标本兼顾的综合治理方案，以供讨论。

2. 本区土地沙漠化的地理基础和历史背景

本区包括鄂尔多斯高原及其边缘地区，阿拉善高原边缘地区，行政区划涉及内蒙古

海峡两岸水土保持、生态保育研讨会(2002 年 7 月)讲稿，发表于《水土保持研究》2002,9(3):1~4。合作者：赵小勇

的鄂尔多斯市、阿拉善左旗，陕西省榆林市北部，宁夏中北部一些市县，甘肃省民勤县。面积约 24.5 万 km^2，2000 年底人口 572 万(附表、附图)。

附表　蒙陕宁甘干旱风沙区基本情况（2000 年）

地区	面积(km^2)	人口(万)	人口密度(人/km^2)	农业人口比重(%)	农业人口人均旱耕地(亩)	农业人口人均灌溉耕地(亩)	农业人口人均草地(亩)	农业人口人均大家畜(头)	农业人口人均猪羊(只)
全区合计	245042	571.94	23	76.0	3.3	1.6	45.8	0.2	2 .9
鄂尔多斯市	86752	139.54	16	67.0	4.7	2.7	83.0	0.3	6.3
阿左旗	80412	14.26	2	25.0	–	8.0	2588.6	1.3	25.7
榆林市北部	33992	187.47	55	83.3	3.6	0.5	2.0	0.2	1.5
吴忠市	27068	197.35	73	77.1	2.9	1.5	17.0	0.2	1.9
陶乐县	909	3.05	34	80.0	–	4.4	26.4	0.1	3.7
民勤县	15909	30.27	19	89.1	–	3.6		0.3	1.5

本区绝大部分属于干旱气候，年降水量由东南部的 450 mm 向西部递减至 100 mm，降水年变率 26%以上，月变率 73%以上。风大且频繁，≥5 m/s 的起沙风年出现次数为 85～371 次，阿左旗年均 8 级大风日数达 52 天，扬沙日达 250 天以上。地表水、地下水资源极其短缺。植被以稀疏低矮、沙生植物为特点，大部为荒漠草原，西部为旱生小灌木、半灌木荒漠。土壤类型以风沙土、灰钙土、棕钙土、栗钙土为主，风沙土约占一半，间有盐碱土、草甸土分布。土地沙漠化十分严重，沙漠化面积约 12 万多 km^2，约占土地面积一半。区内有库布齐沙漠(13825 km^2)、毛乌素沙地(30547 km^2)、宁夏河东沙地(2987 km^2)，周边有乌兰布和沙漠(1.4 万 km^2)、腾格里沙漠(4.27 万 km^2)[3]。

历史时期内，本区是汉族(农耕为主)与少数民族(游牧为主)频繁进退的地区，从战国开始，秦、汉、隋、明各代在此修筑长城，长城曾为农区与牧区的重要分界线。民族进退，人口增长，生产方式变革，水利建设，技术进步，军事活动，都成为本区经济兴衰、环境变迁的重要因素。总体上说，本区不同地段在历史时期内形成了两种完全不同的生态演变方向，即小部分地区成为灌区，逐步绿洲化，大部分地区则生态恶化，逐步荒漠化。

从 2000 年前的汉代起，在黄河沿岸平原和某些地下水丰富地段，劳动人民通过引水灌溉、植树造林，将原来的荒漠草原生态系统转换为绿洲生态系统，改善了内部结构，生产力水平大幅度提高；同时随着人工水文网络、人工植被增加，相应改善了小气候，成为抑制大范围土地沙漠化和沙尘暴的重要生态屏障。特别是当代绿洲城市二三产业的发

附图

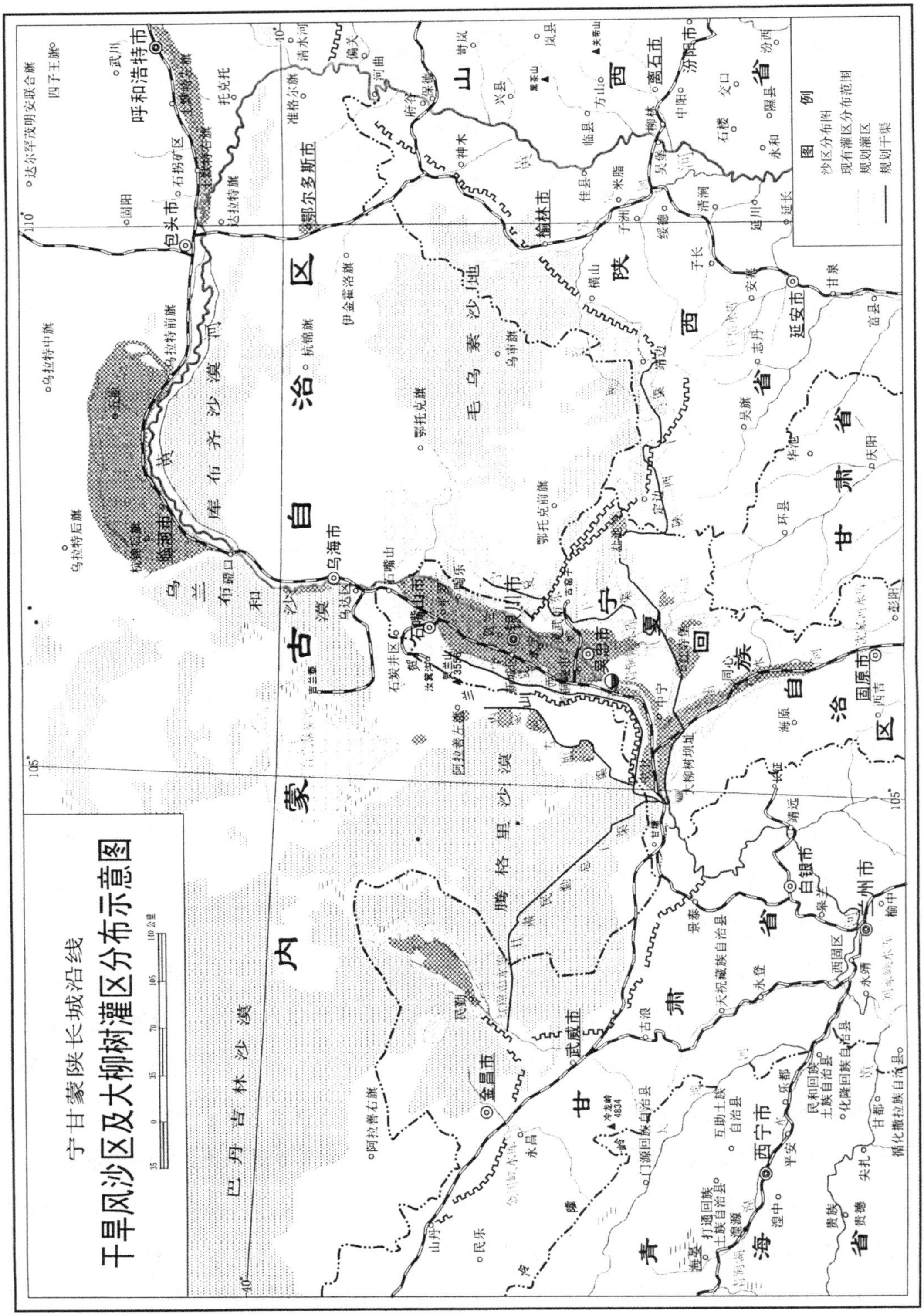
宁甘蒙陕长城沿线
干旱风沙区及大柳树灌区分布示意图
图例
沙区分布范围
现有灌区分布范围
规划灌区
规划干渠
内蒙古自治区
宁夏回族自治区
陕西省
山西省
甘肃省
青海省
呼和浩特市
包头市
鄂尔多斯市
乌海市
银川市
吴忠市
固原市
榆林市
延安市
兰州市
白银市
武威市
金昌市
西宁市
巴丹吉林沙漠
腾格里沙漠
库布齐沙漠
毛乌素沙地
大柳树坝址

展，绿洲区的人口承载力相当于非绿洲区的数百倍、上千倍[4]。

非绿洲区情况则完全不同。如鄂尔多斯高原，虽在地质历史时期(距今 1.8 万 ~ 2.2 万年的第四纪晚更新世)曾出现强烈的风沙活动，以后在中全新世湿润期(距今 3200 ~ 4500 年)流动沙丘普遍固定，成为我国北方丰美草原、著名牧地。但历史上汉、唐、明清的三次大开垦，使原本的固定沙丘重新活化。宁夏盐池县长城以南地区，自 16 世纪中叶开始，“荒地尽耕，孳牧遍野”，原先“绿杨著水草如烟”之处就地起沙[5]。清康熙年间准许汉人越过长城开垦，榆林市北部与鄂尔多斯草滩地区滥垦有增无已，广种薄收、倒山种地形成习俗。草地变农田后因干旱、土壤养分急剧下降等原因而不断撂荒，失去自然植被保护的土地风蚀加剧，流动沙丘扩展。仅 18 世纪初至 20 世纪中期的 250 年中，沙漠化范围即向南扩展 60 多公里[6]。

可见，土地沙漠化的自然基础是当地降水稀少和变化大、大风、地表松散物质、植被稀疏等自然因素，而人为因素则加速了沙漠化过程，包括人口剧增对脆弱生态系统的压力，多雨年扩大旱耕地、少雨年撂荒沙化，超载过牧、不合理放牧引起草场退化、沙化，滥挖甘草、乱樵灌木、草根破坏自然植被，工矿交通建设破坏地表植被等因素。历史事实表明，本区非绿洲区人口严重超载是土地沙漠化的根本性原因之一。目前本区土地荒漠化率、草原退化率、森林覆盖率等生态指标均处于全国最差之列，一半以上土地不适于人类生存发展，形成生态恶化与经济社会发展滞后的恶性循环。

3. 土地沙漠化综合防治对策

根据本区区情特点和历史经验，我们提出下述由五个要点构成的土地沙漠化综合防治方案，其中心思想是通过建设一定面积的新绿洲，一方面作为抑制土地沙漠化的生态屏障，另一方面通过吸纳沙区的大部分人口进入绿洲，为大范围沙漠化土地实施退耕还草还林和退化草场围栏封育创造前提条件；通过建设黄河大柳树水利枢纽工程，解决建设新绿洲的水源问题。

3.1 建设可持续发展的绿洲生态经济系统

在干旱的大西北，绿洲是人类生存、发展的最佳载体。蒙陕宁甘干旱风沙区土地广阔、生态脆弱，开发治理必须走面上(非绿洲区)保护、重点(绿洲区)开发的路子，即劳动力、土地、水资源、资金同步集约型开发，用几十年时间，完善和建设更大面积的节水高效绿洲，将现有的以农村小农生产、粗放灌溉为主体的绿洲模式，改造提高为以节水高效农业为基础，以现代化二三产业为主体，以节水型城镇为核心，以节水型林草生态系统为屏障的新型绿洲。

本区土地资源极其丰富，具有连片、广阔、平坦的土地，现有旱耕地约 96 万公顷，草地1300多万公顷，但水资源紧缺，是建设绿洲的主要限制因素。因此，如何提高水资源的利用率、产出率，是绿洲建设能否成功的关键问题。新型绿洲的主要目标如下：

3.1.1 在年降水100～400毫米条件下，根据目前的技术条件，依靠制度创新和管理创新，设想将目前人工绿洲每 km^2 约引进35万～50万 m^3 客水资源，降低至20万 m^3 左右，使原来的荒漠或荒漠草原植被逐步改造为以人工植被（农田、人工林草）为主体，并与周围自然植被协调发展的生态系统。

3.1.2 绿洲的农业结构要改变目前以粮为主的现状，发展林草牧（防护林、人工草场和舍饲牧业）、林菜花卉、林果、林药、林桑蚕及其加工业产业化系列，农田、林草的综合灌溉定额由目前6000立方米/公顷降至3000立方米/公顷左右。

3.1.3 通过绿洲及其周边地区植被覆盖率的提高，土壤理化性状的改善，土壤水分、盐分的调控，内部小气候和周边生态环境的改善，提高相对湿度，降低无效蒸发，减少大风和沙尘暴，以绿洲化进程抑制整个地区的荒漠化进程。

3.1.4 通过建立绿洲发展的知识密集体系、资源产业化高效益开发体系以及环境可持续稳定保障体系，使本区绿洲的水资源利用率、产出率（包括万元GDP用水量等）、居民物质生活条件和环境质量居国内平均水平以上[7]。

3.2 实施退耕还草还林、休牧还草工程

抓住国家在西部水土流失区、土地沙漠化区实施退耕还草还林工程的机遇，充分用足国家在一定期限内对退耕户补助粮食、补助生活费的特殊政策，有计划有步骤地实施退耕还草还林。要根据本区目前旱耕地、沙化耕地的实际情况，制定科学规划，争取在10年左右时间里，把大部分旱耕地（包括全部沙化耕地）退下来。退耕地由农牧民包干栽种适合当地干旱条件下生长的牧草和灌木。要固定使用权、承包权到户。

参照退耕还草还林政策，逐步实施休牧还草给予补助的政策。凡是沙漠化严重的草场，逐步实行封禁休牧，并采取围栏封育、补播改良等措施，加快退化草场的生态恢复过程。

3.3 在非绿洲区实施天然林草保护工程

全面贯彻“保护优先、预防为主、防治结合”的生态建设方针，在非绿洲区实施封沙育草，封山育林。要认识到，保护也是生产力，而且是投入少、效益大的科学方法。凡是土地沙漠化地区，逐步实行封禁，严禁开垦、过牧、樵采以及不合理开发建设等人为活动，以充分发挥生态系统的自我修复能力。凡是退化草场，要通过科学、动态地测算其载畜能力，实行轮封轮牧、限量放牧、限时放牧。现有的天然次生林、人工林、湖泊湿地，要分别不同情况，按轻重缓急，逐步实施严格的自然保护措施。本区周边的山地、沙漠，应建立无常住

人口的自然保护区，彻底消除人类不合理活动的干扰。区内任何开发建设项目，必须进行环境影响评价和编制水土保持方案，如对生态环境有长期不利影响或重大不利影响的项目，应禁止建设或暂停建设[8]。

保护与治理相结合，在保护的基础上，可根据具体情况，确定适当的地段和时段以飞机播种草种、树种来促进林草加速恢复。

3.4 抓紧建设水源工程

正在规划中的黄河黑山峡河段开发和西线南水北调工程，将是解决新绿洲水源的重大水利工程。

位于甘肃、宁夏交界处的黄河黑山峡河段，是黄河干流上规划建设的三大控制性骨干梯级（龙羊峡、黑山峡、小浪底）中唯一的待建工程。它控制上游流域面积 25.2 万平方公里，占流域总面积的 33.6%，多年平均径流量 336 亿立方米，占黄河总径流量 58%；规划枢纽总库容 70 ~ 110 亿立方米。作为开发方案之一的大柳树高坝方案，因其位于峡谷出口处，具有库容大、可自流引水的突出优点，其引水高程为 1350 米，高出黄河水面 100 米，可向蒙、陕、宁、甘几个方向自流引水，引水控制灌溉面积 20 余万平方公里，其范围正好与黄河全流域最干旱缺水的蒙陕宁甘长城沿线干旱风沙区基本一致。预期大柳树工程建成后，可在不突破国家对黄河水量分配方案的基础上，在甘肃省民勤县，宁夏的同心、盐池、海原等县，内蒙古的阿左旗东部、鄂托克旗、鄂托克前旗，陕西省定边县、靖边县，开发约 30 万公顷的新型绿洲。同时将原来的 10 万公顷扬黄灌区改造成为节水高效的自流灌区或低扬程灌区，从而大大节省这些灌区的电费和其他运行费用，提高人工绿洲的综合效益[9]。

南水北调西线工程实施后，通过大柳树水利枢纽的调节，预计第一期工程调水 40 亿立方米的情况下，大致可为本区新增约 20 亿立方米水源，其中生态用水 7 亿，工业用水 8 亿，生活用水 5 亿；远景第二期工程调水总量 170 亿立方米的情况下，大致可为本区增供水量总计 35 亿立方米，其中生态用水 13 亿，农业用水 2 亿，工业用水 11 亿，生活用水 9 亿。这就有可能在相当程度上改变本区水源严重不足的局面，为本区扩大建设新型绿洲的用水需求提供较充分的保障，从而极大地促进本区经济社会可持续发展。

3.5 沙漠化综合防治与调整产业结构、城乡结构、人口布局紧密结合

生态治理工程不能孤立地进行，必须与农牧民脱贫致富的工作结合起来，做到既取得最大限度的生态效益，又取得经济效益和社会效益，以充分发挥公众参与的积极性，使政府行为与企业行为、农牧民行为协调一致。

3.5.1 调整产业结构

在退耕还草还林、休牧还草的过程中，要通过多种措施引导农牧民开展多种经营，增加收入。例如：充分利用本区光能资源丰富的特点，在条件合适、有一定水源的地段，通过建设设施农业——太阳能温室，发展菜、菇、花、果（如草莓）、药等种植业，猪、羊、鸡、兔等养殖业，以及其他各种沙产业[10]；充分利用本区能源、矿产资源丰富的特点，发展无污染的清洁燃料、化工等工业；充分利用本区的牲畜资源和沙生植物资源（如沙柳），发展肉类加工、奶制品、羊绒加工、毛皮加工、手工编织等产业；充分利用本区具有独特魅力的大漠风光、草原景观、民族风情等旅游资源，开发黄河漂流、沙漠探险、长城访古等生态旅游业；大力发展劳务输出，鼓励农牧民去城市、东部发达地区从事二三产业。

3.5.2 调整城乡结构

本区目前农村人口约占 70%，较多的农村人口以及相应的放牧牲口、旱耕地造成对土地、环境的极大压力，是导致土地沙漠化不断发展的根本性原因。为此，要大力推进城镇化进程，一方面促进城镇经济和社会加快发展，促进工业化和服务业现代化，加快城镇基础设施和公用服务设施建设，为农村人口向城镇集聚创造物质基础；另一方面要消除阻碍城镇化的体制和政策障碍，为农村劳动力向城镇转移营造体制环境。争取经过一二十年努力，使城镇人口达到 70%左右。

3.5.3 调整人口布局

要保证“保护优先”方针的成功贯彻，关键在于土地沙漠化地区人口布局的妥善调整，也就是这些地区大部分人口要逐步退出来，“釜底抽薪”，以减轻过多人口对脆弱生态系统的压力。其主要出路在于一方面提高现有绿洲的人口吸纳能力，包括上面所说的农村人口向绿洲城镇的转移；另一方面与水源工程建设同步，在条件有利之处因地制宜地配套建设节水高效的人工绿洲，作为生态移民基地。初步设想，在今后 20 年中，建成约 1000 平方公里的城镇工矿区绿洲，平均人口密度达 5000 人 / 平方公里，可容纳约 500 万人。建成连片绿洲农业区约 10000 平方公里，平均人口密度约 150 人 / 平方公里，可容纳约 150 万人。其余约 23.4 万平方公里的非绿洲区，容纳人口约 50 万人，平均每平方公里 2 人，这些人口也主要依托零散分布的小型天然绿洲居住，主要从事生态保护治理和牧业，其中一部分为国家组建的生态建设、自然保护的专业队伍。全区平均人口密度由目前 23 人 / 平方公里提高到 29 人，同时实现人口布局与水土资源、生态环境、经济社会发展相协调。

参考文献

[1] 甘肃省民勤治沙综合试验站.甘肃沙漠与治理[M].兰州:甘肃人民出版社,1974.

[2] 沙坡头沙漠科学研究站.腾格里沙漠沙坡头地区流沙治理研究[M].银川:宁夏人民出版社,1980.

[3] 中科院黄土高原综考队.黄土高原地区北部风沙区土地沙漠化综合治理[M].北京:科学出版社,1991:3~21.

[4] 汪一鸣.宁夏平原自然生态系统的改造[J].中国农史,1983,(4):10~22.

[5] 汪一鸣.宁夏历史时期沙漠变迁[A].// 陈育宁主编.宁夏百科全书[C].银川:宁夏人民出版社,1998:78~79.

[6] 朱士光.黄土高原地区环境变迁及其治理[M].郑州:黄河水利出版社,1999:10~29.

[7] 申元村,等.中国绿洲[M].开封:河南大学出版社,2001:427~440.

[8] 汪一鸣,等.宁夏生态环境评价与科技发展战略[M].银川:宁夏人民出版社,1990,32~34.

[9] 汪一鸣.不发达地区国土开发整治研究[M].银川:宁夏人民出版社,1994:122~147.

[10]樊胜岳,等.张掖地区沙产业发展对策与关键技术[M].北京:中国环境科学出版社,1998.

宁东能源化工基地的环境保护与生态建设

宁东能源化工基地，是指依托宁东煤田建立的能源、化工及相关产业集群. 预期通过 15 a 或更长一段时间的开发建设，建成全国一流的国家级能源和煤基石油替代品基地，西部重要的现代化新型工业化基地，为保障国家能源安全、推进西部大开发、促进宁夏建设和谐社会作出重要贡献[1]。宁东基地已被国家《西部大开发"十一五"规划》和国家《能源发展"十一五"规划》明确列为全国重要的煤炭生产、煤电一体化和煤化工基地，是西部大开发资源集约开发的重点区域[2][3]。但如何按照建设资源节约型、环境友好型社会要求，做到有序开发、安全开发、高效开发，保证全面、协调、可持续发展，是目前面临的重大课题 。

1. 宁东基地建设必须处理好资源开发与生态环境脆弱的矛盾

建设宁东基地，具备很多有利条件，但也存在若干制约因素，其中最大问题是环境保护和生态修复问题。基地所在区域生态环境有以下特点。

1.1 自然环境

属于我国北方对气候变化特别敏感的生态脆弱带。区内降水稀少，多年平均降水量 200 ~ 250 mm，降水年际变化大，蒸发强烈，风大频繁，水源短缺，植被以荒漠草原为主，生态系统抗干扰能力、自我修复能力极差。

1.2 农业生产方式

属于农区向牧区过渡的半农半牧地带。由于人口急剧增长，不适于耕垦的荒漠草原被垦殖为旱耕地，草原过度放牧、滥樵、滥挖，加上气候干旱化影响，土地退化、植被退化

宁东能源化工基地(灵武市)土地利用总体规划部分中间成果，发表于《宁夏工程技术》2008，11(2):190～193。合作者:赵亚峰

严重。

1.3 土地沙漠化

该地区是我国土地沙化最严重的地区之一，也是干旱、大风、沙尘暴频发的多灾地带。区内土壤风蚀和沙化以中强度为主，所占面积达50%以上(表1)，年沙尘暴4 ~ 10 d，年扬沙30 ~ 55 d。该地区生态恶化的局面，不仅严重制约自身的经济社会发展，而且对中东部地区特别是黄河下游和首都圈的生态安全构成严重威胁。

除了环境本底差的问题，大规模资源开发正在或即将带来一系列次生环境问题。

(1)采煤区地表塌陷，导致地表形态变形，地面水系和地下水环境变化，植被退化，地面建筑物和其他设施的破坏，土地沙化和水土流失。例如，灵武矿区已出现采煤沉陷区1071 hm^2，造成原瓷窑堡镇区设施遭受严重破坏，受灾居民4 631户15 645人正逐步搬迁，还使1300多hm^2林草地受到严重影响。国家级文物保护单位西夏瓷窑、古煤矿井、明代瓷窑堡城址等也出现不均衡沉陷。

(2)“三废”排放对环境的影响。预测2010年后，仅煤矸石产量423×10^4 t／a，粉煤灰275×10^4 t／a，脱硫石膏70×10^4 t／a，合计固体废物768×10^4 t／a，按固废综合利用率70%计，届时仍有年固废230×10^4 t／a堆放，对环境造成很大压力。

表1　　基地区土壤风蚀状况

级别	地貌	植被覆盖度（%）	风蚀厚度（mm/a）	侵蚀模数（$t/km^2 \cdot a$）	面积比重（%）
微度	固定沙丘、沙地、滩地	> 70	< 2	< 200	14.31
轻度	固定沙丘、半固定沙丘、沙地	70 ~ 50	2 ~ 10	200 ~ 2500	34.31
中度	半固定沙丘、沙地	50 ~ 30	10 ~ 25	2500 ~ 5000	27.35
强度	半固定沙丘、流动沙丘、沙地	30 ~ 10	25 ~ 50	5000 ~ 8000	18.11
极强度	流动沙丘、沙地	< 10	50 ~ 100	8000 ~ 15000	5.92
剧烈	大片流动沙丘	< 10	> 100	> 15000	

据中国环境科学院研究院等：宁东能源化工基地规划纲要环境影响评价总报告，宁夏人民出版社，2007年9月，193页。

(3)基地开发建设带来道路、管线设施穿越白芨滩自然保护区，也可能影响生物多样性和景观完整性，等等。

总之，如何处理好开发建设与生态修复、环境保护的相互关系，强调在改善环境、节约资源的前提下谋求生态与经济的协调发展，是基地开发成败的关键问题。

2. 以主体功能区理念指导基地生态经济协调发展

据国家“十一五”规划纲要关于推进形成主体功能区的要求，根据基地所在区域资源环境承载能力、现有开发密度和发展潜力，要统筹考虑未来宁夏地区人口分布、经济布局、国土利用和城镇化格局。[5]在自治区层面上，将基地区域确定为重点开发类型的主体功能区。为了促进基地区生态环境保护和经济社会协调发展，在基地区内部及其毗邻地区可以进一步划分为重点建设、限制建设和禁止建设3类次级主体功能区，按照其各自的主体功能定位，调整完善区域政策和绩效评价，规范空间开发秩序，兼顾工业、城镇建设与环境保护，处理好在保护中开发、以开发促保护的依存关系，形成合理的空间开发结构。

2.1 重点建设区

包括宁东煤化工、临河综合工业、灵州综合工业、太阳山能源新材料等工业园区，大中型矿区、电厂等独立工矿用地，以及宁东镇区、太阳山镇区等。

该区属宁东基地的资源富集区、重点建设用地区。要充实基础设施，改善投资创业环境，促进产业集群发展，壮大经济规模，加快工业化步伐。所有大中型工业项目，均向工业园区集中。强调园区布局以循环经济理念为指导，实行减量化、再利用、再循环的原则，企业内部、企业之间、工业园区总体搞好生态设计，各链条、各环节都要综合利用能源、原料和废料，废气、废水、废渣要经过处理加以循环利用。煤矿井口工业广场、电厂厂址、工业园区绝大部分利用沙地等未利用地和严重退化草地，避开煤矿井田压煤区，保证不占农田和不影响可持续利用。在宁东镇区、太阳山镇区建设生活服务基地，发展第三产业和公用服务设施，通过道路、供电、供水、供气、供热、电信等网络将各矿区、电厂、工业园区、镇区紧密联系在一起，同时建立起本区与银川市区、灵武市区、河东机场之间的快速联系通道。[6]

分区管治的政策和规则：①适当扩大建设用地供给，优先保证国家和自治区重点建设项目的合理用地需求，促进工业化、城镇化加速发展；②鼓励支持区域基础设施和城镇公共服务设施建设；③土地利用尽可能做到建设用地不占耕地，优先利用闲置地、废弃地，优先开发未利用地和退化天然草地；④提高企业进入工业园区的准入门槛，鼓励节水、节地、节能、无污染企业进入，鼓励技术先进的循环经济型企业成组配套布局，提高工业园区和独立工矿用地的土地投入强度和产出效益；⑤因开发建设挖损、压占、塌陷的土地应及时整理、复垦、绿化；⑥城镇市区、工业园区和独立工矿用地都要适度提高建设用地内部绿地率，并加强其周边的林地建设，为改善大环境作贡献；⑦在绩效评价和政绩考核上，要综合评价经济增长、质量效益、工业化和城镇化水平、资源节约、环境保护等指标。

2.2 禁止建设区

包括基地周边的自然保护区(如白芨滩、哈巴湖、罗山等自然保护区)、基地内部的自然文化遗产保护区(如长城、水洞沟遗址、西夏瓷窑遗址、灵武恐龙遗址等)、湿地保护区等。

禁止建设区是指不能实行工业化、城镇化开发的区域,主要是对依法设立的各种自然遗产、文化遗产保护区,依据法律法规规定和相关规划实行保护措施,控制人为因素对自然生态和文化遗产的干扰,严禁不符合主体功能定位的开发活动。在有效保护的基础上,实行适度利用、合理利用,利用方向以开展生态旅游、文化旅游为主。该区中的鸭子荡水库,作为基地的主要水源地,也列为保护对象,在水库周围一定范围内禁止开发建设。

管治政策和规则:①依据法律法规和相关规划实行强制性保护,控制人为因素对自然生态、原始风貌的干扰;②实行最严格的土地用途管制,严禁生态用地和自然文化遗产保护地改变用途,严禁一切不符合主体功能定位的人类活动进入保护区;③保护区实行分层次保护,其核心区实行全封闭管理,保证重点物种、重点文物的安全维护;缓冲区可进行必要的监测、考察、科研等活动;实验区可适度开展旅游、多种经营和必要的基础设施建设等活动;④保护区内影响自然生态、文化遗产的现状土地用途,应按规划逐步调整为合适的土地利用类型;除保护建设、旅游服务人员外,其他农业人口、非农业人口都应有步骤地引导自愿平稳有序转移,或实施生态移民计划;⑤要从财政政策、投资政策上支持保护区的生态保护、文物保护事业以及相关基础设施的投入;⑥对于毗邻的工矿企业“三废”排放等产生不利影响的生产建设活动,应通过多方案比较,提出最佳方案,达到无害化或把危害控制到最低程度;⑦在绩效评价和政绩考核上,主要评价生态环境保护和自然文化遗产保护的成效。

2.3 限制建设区

除上述重点建设区、禁止建设区范围以外的全部地域,包括基地区农村的耕地、园地、林地、草地,一般村镇、小矿区等。

限制建设区所占面积比例最大,其性质介于重点建设区与禁止建设区之间,其特点是资源环境承载能力较弱,大规模集聚经济和人口条件不够好并关系到周边区域生态安全的地区。要坚持保护优先、适度开发、点状发展,因地制宜发展资源环境可承载的特色产业,加强生态修复和环境保护,引导超载人口逐步有序转移,逐步成为基地的重要生态功能区。

管治政策和规则:①实行严格的土地用途管制,严禁农用地特别是耕地、林地随意改变用途,不准在无规划的情况下在压煤区地表建设永久性建筑物和人工设施,实行和完善草地分户承包经营管理机制,促使草场的责、权、利明确,管、建、用统一;②引导发展适合当地资源环境承载能力的特色产业,通过土地整理、改造,提高农用地综合生产能力,以及农产品的加工、运销能力,限制不符合主体功能定位的产业盲目扩张;③整合资源,改造提高有条件的小矿,撤并、关闭不符合条件的小矿;取缔违法违规进行采矿、取土、挖沙石等活动;禁止破坏、污染土地或导致土地荒废的人为活动;严禁在无灌溉的条件下开垦草地为农田;④村镇居民点建设必须在规划指导下有序实施;⑤增加用于生态环境补偿和公共服务设施建设的财政转移支付,逐步使当地居民享有均等化的基本公共服务;⑥在绩效评价和政绩考核上,要突出水土资源可持续利用、生态环境保护、特色优势产业发展等评价,弱化经济增长、工业化、城镇化等指标的评价。

3. 构建环境友好型基地的5种建设模式

围绕建立环境友好型社会的目标,宁东基地要坚持在生态恢复、环境保护的基础上搞资源开发,在开发建设的全过程中推进环境保护与生态建设,逐步形成环境友好型基地开发建设模式。

3.1 发展循环经济的工业、城镇建设模式

(1)工业向园区集中(矿井、坑口电厂和少数综合利用建筑材料企业除外),人口向城镇集聚(包括向紧邻基地的灵武市区、银川市区等城镇集聚),农业向灌区集中,农用地向规模经营大户集中,提高土地的集约利用水平。

(2)大力建设生态工业、生态农业、生态旅游、生态城镇、生态乡村,按照产业发展生态化、生态建设产业化的思路规划设计生态工业园区、设施农业园区,按照构建人与自然和谐的宜居环境理念规划设计人性化生态社区。

(3)按照产业集群上中下游企业、产品、原料、废弃物上下配套、前后衔接、共生利用的互补关系,构建企业内部、企业之间,园区内部、园区之间的循环经济产业链,矿井水、工业废水经处理再回用(用于工业低质用水或绿化),城镇生活污水经处理再回用(用于生活低质用水、设施农业灌溉或绿化),固体废弃物用于发电、建筑材料、回填煤矿采空区等,不断提高资源综合利用率和废物资源化率。

(4)从产业政策、技术政策、财税政策、土地政策等各个方面,制订促进循环经济发展的优惠措施,把宁东基地建设成为国家级循环经济试验示范区。

3.2 点线面结合的林地拓展模式

林地和湿地对于改善区域生态环境作用最为显著。由于气候、水文条件限制,基地区湿地不可能有较多增加,大面积天然草地由于水源不足也很难大规模造林。今后应挖掘一切潜力，在供水条件较好的建设用地内部和周边提高绿化率，重视点线面结合，增加实际林地面积。

(1)点。指煤矿区矿井井口工业广场、电厂厂址及其灰场、农村居民点(村庄)的林地。根据不同的供水条件(如矿井水处理回用、电厂用水处理回用)，分别按绿地率近期达到10%左右、远期20%左右规划。

(2)线。指道路沿线、输水管线沿线、河沟两岸，道路两侧各种30 m宽防护林带。

(3)面。指镇区、工业园区、水库周围的内外林地，绿地率按不同情况分别按近期10%～20%、远期21%～30%规划。

据测算，宁东基地仅灵武市地域，预计2010年建设用地内部林地可新增2 890 hm^2，2020年达到6395 hm^2，从而大大抵消了该地区建设用地比例增加（面积净增1.4万余hm^2，建设用地率由2.6%升为9.0%），而草地净减3800多hm^2对生态的负面影响，计算各地各类生态服务价值将由2005年的1420.6万元上升到2020年1461.3万元。

3.3 以生态恢复、提高质量为主的草地封育改造模式

基地区草地比例最大，对于区域生态环境具有重大作用。为了增强草地生态服务功能和经济功能，实行草地封育、改造：① 对退化、沙化的天然草地、压煤区天然草地进行围栏封育(灵武市范围内约6.7×10^4 hm^2)，禁止放牧、开垦、樵采等活动，控制永久性人工构筑物建设；②在条件适宜地区将天然草地和部分未利用地改造为改良草地，即通过飞播造林种草、补播改良建设基本草场，提高草地生产力，并通过落实承包责任制，逐步实行分区轮封轮牧、季节性放牧；③在条件有利地区加强水利建设，建设人工草地，促进草产业向集约化、高效化方向发展。

3.4 以提高集约水平为重点的耕地改良模式

基地区的耕地、园地、林地是农业精华地区，但目前田、渠、沟、林、村、路配套水平不高，小片草地、荒地、闲置地较多，生态效益、经济效益较差。规划以兴建灌区节水改造工程为重点，以大力发展阳光温室、温棚等设施农业为中心，改善灌排条件，建设节水农业、生态农业，提高蔬菜、园艺、草田轮作比例，提高农田防护林、城乡园林绿化的质量和水平，建成农业发达、城乡繁荣、生态良好、环境优美的现代化新型绿洲。

3.5 严加保护、禁止开发的保护区模式

包括白芨滩等自然保护区、鸭子荡水库等湿地保护区，以及重要的自然文化遗产保护区。实行严格保护、适度利用的方针，在规划指导下治沙造林，在保护基础上合理发展旅游业。

参考文献

[1] 汪一鸣.西北在保障国家能源安全中的地位作用及相关问题[J].宁夏工程技术，2002,1(3):205～207.

[2]国家发展和改革委员会,国务院西部开发办.西部大开发"十一五"规划[EB/OL].http://newx.sina.com.cn/webcast/home/214/2007/0301desc.htm1.2007.

[3] 国家发展和改革委员会.能源发展"十一五"规划[EB/OL].[2007—04-20].http://www.gxcic.net/gxqgb/shownews.aspnewsid=65.2007.

[4]汪一鸣.建设宁东能源化工基地的战略思考[J].宁夏工程技术,2006,5(1):91～93.

[5] 中华人民共和国国民经济和社会发展第十一个五年规划纲要 [N].人民日报，2006-03、17(001).

[6] 陈育宁主编.西部大开发新的战略选择:发展特色优势产业[M].银川:宁夏人民出版社,2007:201～204.

鄂尔多斯盆地能源基地建设的资源节约、环境保护问题

1. 鄂尔多斯盆地能源基地概况

地质上的鄂尔多斯盆地(或鄂尔多斯块体,地理上称鄂尔多斯台地或高原),东起吕梁山脉,西抵贺兰山地,南起渭北山地,北达黄河之滨,行政区划涉及内蒙古西部、陕西北部、宁夏东部、山西西部、甘肃东部。该区是我国乃至全球极为罕见的能源资源富集区,煤炭、天然气探明储量约占全国 1/3,石油、砂岩型铀矿、太阳能、风能资源也十分丰富,还具有承东启西重要区位、连片荒地的优越用地、迅速改善的交通可达性等有利建设条件。国家已明确从“十一五”时期起,作为西部大开发资源集约开发的重点区域,将建成我国最大、世界一流的国家级、现代化能源基地和煤基石油替代品生产基地,打造当代中国的“能源航母”,为保障国家能源安全、带动地方经济、为民生造福作出重要贡献。

2. 能源基地建设的环境背景

鄂尔多斯盆地能源基地开发建设的最大瓶颈是资源开发与生态环境脆弱的矛盾。

本区有三个显著特点:一是在自然环境上属于我国北方对气候变化特别敏感的生态脆弱带。区内绝大部分属干旱半干旱气候,年降水量由东南部的460毫米向西部减至100多毫米,降水年变率26%以上,月变率73%以上,而年蒸发量达2000毫米以上。风大且频繁,≥5米/秒的起沙风年出现次数为85~200次,水资源短缺,植被以旱生、超旱生植物的干草原、荒漠草原、草原化荒漠为主,土壤类型中风沙土约占半数,生态系统抗干扰能力、自我修复能力极差。

中国可持续发展论坛(2008年10月)讲稿,发表于《中国人口·资源与环境》2008,18(106专刊):68~71

二是在农业生产方式上属于农区向牧区过渡的半农半牧地带。历史时期内，本区是农耕为主的汉族与游牧为主的少数民族频繁进退的地区，历代长城曾为农区与牧区的重要分界线。以后由于人口增长，不适于耕垦的荒漠草原被垦殖为旱耕地，不适于放牧的草原化荒漠也大量放牧牲口，加上气候变化的影响，土地退化、植被退化愈演愈烈。

三是我国土地沙化和水土流失最严重的地区之一，也是干旱、大风、沙尘暴频发的多灾地带。本区内部和周边分别有库布齐沙漠、毛乌素沙地、宁夏河东沙地、乌兰布和沙漠、腾格里沙漠，沙漠和土地沙化面积大。榆林市水土流失面积1.7万平方公里，年输入黄河泥沙2.9亿吨。鄂尔多斯市强度水土流失面积2万平方公里，年输入黄河泥沙1.6亿吨。加上黄河宁蒙段风沙入河量，总计年输入黄河泥沙约5亿吨，占黄河总输沙量1/3。全区土地荒漠化率70%，草原退化率80%以上，主要生态指标均处全国最差之列。

本区生态恶化的局面，不仅严重制约自身的经济社会发展，而且对东中部地区特别是黄河下游和首都圈的生态环境构成严重威胁，例如2000年鄂尔多斯市发生18次沙尘暴，其中直接危及京津地区的就有12次。近些年因能源开发导致采空区地面塌陷、地下水位下降、植被退化等生态破坏以及三废污染问题突出，资源浪费、破坏也很严重。而能源基地的开发建设，对当地生态环境必然构成重大挑战。

如何处理好开发建设与生态恢复、环境保护的相互关系，强调在改善环境、节约资源的前提下谋求生态与经济的协调发展，是有关基地开发成败的根本性问题。

3. 能源基地建设现状的资源、环境问题

3.1 无序开发，浪费、破坏资源

一是边勘探、边开发，甚至先开发后勘探，单类资源勘探、开发而不顾其他资源的综合勘探、开发（如一些地区油气资源开发制约了煤炭、岩盐等资源的开发），只有单类资源的开发规划而缺乏区域资源综合开发规划，缺乏能源化工基地资源开发、经济布局、环境整治的总体规划，导致各类严重后果。二是各类投资主体抢资源、争地盘，破坏资源。榆林市1997年底中小煤矿854个，多数是年产3~6万吨小矿，2005年压缩为404个，其中大型矿仅4个，中型矿（45万吨以上）仅9个，其余都是小矿，包括3万吨以下139个。很多煤矿违反国家要求，越层越界偷采，采厚弃薄、采易弃难、吃肥丢瘦，小矿回采率仅45%左右，机械化大矿也仅50%，与国家要求煤炭矿井回采率不应低于75%差距甚大。为了争夺勘探、开采权，甚至发生冲突、械斗，2006年3月18日，长庆油田公司与延长石油集团为争夺开采区块发生数百人的大规模械斗，造成恶劣影响。陕北青阳岔一个山头有10多家投资者27台钻机打油井，有的县钻采公司、采油个体户资源回收率极低，造成严重的资源浪费。三是由于无偿或变相无偿配置资源，掠夺式开采现象严重，不但民营小矿

超设计能力开采，大集团大矿也受利益驱动，超规模生产。榆林市2005年煤矿设计能力6210万吨/年，但超设计生产4400.74万吨，超产70.9%，榆家梁矿设计500万吨/年，2005年产煤1500万吨，原设计服务年限34年，现缩短为11年。神府矿区原规划可采200年，照现在情况，可能只有100年、50年，这就把子孙后代的资源也提前吃了。还有一些个体户甚至无证开采、滥采抢挖，地方政府以很大精力打“护矿保卫战”。由此，安全隐患不断增多。四是资源利用率低。煤矿矿井水、煤层气随意排放，伴生矿物无法利用。炼焦企业煤粉几乎全部丢弃，焦炉气排空，焦油回收率仅70%~80%，仅榆林市炼焦行业年直接损失即达6亿多元。个体小炼油、“脱水厂”造成的石油资源损失也很惊人。

3.2 三废污染，环境问题严重

一是采煤沉陷区不断扩展。榆林市采空区面积已达320平方公里，神木县218个煤矿形成187平方公里采空区。采煤沉陷区导致地表形态变形、地面水系和地下水环境变化，植被退化，以至引发地面建筑物和其他设施的破坏，是采煤引发生态破坏的最大环境问题。神华集团神东公司因采煤沉陷损毁水浇地200多公顷，旱地1000多公顷，林草地3000多公顷，使村民生产生活面临严重威胁。宁东基地现有沉陷区面积1071公顷，已损坏住宅36.3万平方米，公用建筑10.7万平方米，受灾居民15645人正在实施搬迁。神木县因采空区影响，数十条河流断流，著名的黄河支流窟野河也变成季节河，许多灌溉地弃耕，树木枯死。村民每户年收入减少万余元。二是三废污染造成大气、水环境等各类指标严重超标，2004年神木县城因水源污染造成10多万人断水10多天。靖边县由于油气开发破坏植被4000多公顷，破坏耕地1000多公顷，河流受含油废水污染，大理河油类超标1004倍，小河乡6000多村民到外村买水。榆林市煤矸石利用率不到20%，粉煤灰利用率仅48%，固体废物堆放成为环境恶化大问题。多数企业环境治理经费不到位，赔偿协议无法落实。

3.3 资源外运，就地转化率低

本区虽然早就提出了“三个转化”的战略（即煤向电转化、煤电向载能工业品转化、煤气油盐向化工产品转化），但转化起步艰难、进展不快，如榆林市“十五”期间规划开工建设煤炭转化项目25个，实际仅建成14个，共可转化原煤1330万吨，占2005年产量的12.5%，绝大部分原煤通过铁路、公路（2200万吨）外运，这种主要出卖资源产品的现状如得不到较快改变，就很难谈得上优化结构、转变经济发展方式，当地经济社会也难能得到全面、健康发展。

3.4 分配不顺，利益矛盾突出

本区资源开发牵涉到中央企业、地方企业和个体经营的关系，中央和各级地方政府的利益分配关系，企业和当地群众的利益关系等一系列经济利益矛盾。无论煤炭采掘，还是油气开采，往往中央企业、地方企业、个体户共同开采一个井田，有的一个井田内甚至有几十家“四证齐全”的小矿同时争相开采，矛盾迭起。有的大企业圈地占有一种资源，其他资源就无法开采，如中央企业登记了油气探矿权，红柳林煤矿井田 26 亿吨储量中被压占 17 亿吨只能弃而不采。除资源占有矛盾外，税费政策上各级政府的分成比例不合理，地方利益流失巨大，特别是资源开发带来的环境补偿、土地补偿、利益分配、劳动力安置等引发大量纠纷，仅神东公司矿区近年群众上访即达 100 多批、4000 多人次。榆林市和吴忠市等地既是 GDP、地方财政收入增长较快的地区，却又是农民收入较低的地区，2005 年农民年均纯收入均低于全国平均水平，榆林市仅相当于全国平均水平的 55.4%。少数煤矿、油井老板暴富和多数农民贫困构成社会不稳定的重要因素。

4. 能源基地开发战略选择

基于本区脆弱、退化的生态环境现状，资源开发、基地建设必须特别重视处理好与生态恢复、环境保护的相互依存关系，在追求资源节约、环境友好的前提下谋求生态、经济的协调发展。

4.1 安全开发战略

摒弃传统重增长轻安全、重开发轻保护、先污染后治理的老路，落实以人为本理念，把保障当地和国家生态安全、能源安全、食物安全、建设平安基地作为开发的出发点和落脚点。针对传统的能源化工产业高耗能重污染问题，必须按照建设资源节约型、环境友好型社会要求，规划设计人性化、生态化工业园区，实行安全生产、清洁生产，重视煤矿瓦斯、矿井水、煤炭伴生矿物、煤矸石等综合开发利用，实现能源和原料减量化、废料资源化、三废低排放零排放。针对当地生态脆弱、土地沙化的突出问题，实行保护优先、综合治理，严格封沙育草，严禁一切滥垦、过牧、滥樵采等活动，采取沙化防治、水土保持、煤矿采空区复垦等有效措施，改善生态环境，保证可持续发展。

4.2 高效开发战略

摒弃常规的追求数量扩张、大量出卖资源、出卖初级产品的技术经济路线，走机制创新、科技创新之路，把引进国内外最先进技术、装备和顶尖人才、提高自主创新能力放在优先位置，以现代化大型煤炭气化、液化工程为中心，谋求煤炭间接液化制油、直接液化制油、一步法合成二甲醚、煤基甲醇大规模制取烯烃技术的突破性发展，争取相关的煤炭采选技术、整体煤气化燃气—蒸汽联合循环发电技术、煤电化建和石油天然气化工循环经济技术走在世界前列，大幅度提高能源开发的综合效益和核心竞争力。

4.3 有序开发战略

摒弃片面追求发展速度、掠夺式开发、无序竞争的开发方式，重视协调开发规模、建设布局、发展时序与资源、环境的关系，做到合理开发、适度开发，煤电化建系列产业相互衔接、配套布局，产业开发与地质矿产勘探、基础设施、公用设施建设协同发展，技术进步效益、规模经济效益、产业集聚效益与环境优化效益统筹兼顾，企业主体运作、政府行为和社会力量紧密结合，处理好中央、省区政府、市县政府、企业与人民群众的利益分配关系，做到有利全局、造福一方、致富居民、惠及子孙后代。

5. 资源节约、环境保护目标

基地建设要把资源节约、环境保护目标作为约束性指标，优先保证这些指标的实现。

5.1 资源节约目标

煤矿回采率2010年达到70%以上，2020年达到75%以上。“十一五”期间能源煤化工企业单位工业增加值能源消耗降低20%，单位工业增加值用水降低20%。坑口电厂发电机组全部采用大型空冷机组。煤化工企业全部采用先进节水装置。企业循环用水率2010年达90%以上，2020年达95%以上。

5.2 环境保护目标

煤矸石和工业固废综合利用率2010年达70%以上，2020年达80%以上；矿井水利用率、工业废水利用率2010年达90%以上，2020年达95%以上；采煤沉陷区整理复垦面积2010年达30%以上，2020年达50%以上。电力机组全部安装高效脱硫装置。企业三废全部达标排放。大气质量指数符合二类、三类区标准。

5.3 生态建设目标

城镇、工业园区、独立工矿用地内部绿地和周边防护林带面积占建设用地面积比重，2010年达20%，2020年达30%以上。周边草地全部封育，水土流失、土地沙化得到有效治理。

6. 资源节约、环境保护的保障措施

6.1 设计和建设产业集群、循环经济型工业园区的运行机制

通过编制基地主要工业园区（开发区）的总体规划，设计建设先进产业集群、循环经济产业、产品链条的生态工业园区的各种不同类型发展模式。通过典型试验，大胆创新工业园区的体制、机制改革，实行大型企业集团或骨干龙头企业主导型，由一家大企业全面承担园区综合开发和管理经营，实施“以商招商”；或者试行由企业集团与政府合作建设、经营、管理的新体制、新机制，做到充分发挥企业的人才、技术、经营管理和资金实力的优势，有效促进相关企业进入园区，加强入园企业的相互联系和分工协作，迅速形成具有当

地特色的产业集群。政府则重点发挥规划、服务、监管和提供公共产品、投入引导资金等作用,政府与企业各展所长,紧密协作,把工业园区办成功能明晰、设施配套、服务到位、环境良好的创业乐园。鉴于煤、电、化、建一体化,油气化工一体化,煤气化多联产技术的发展,建议积极创造条件,组建一体化项目的大型企业集团,形成投资、研发、生产、营销的一体化新型机制。

6.2 完善生态环境保护、采煤沉陷区整理复垦、环保产业等系列化规划

鉴于本基地开发建设成败的一个关键因素是生态环境保护,必须给以高度重视,制订相应的系列化配套规划,包括草原保护、土地沙化和水土流失综合治理、煤矸石利用、固体废弃物处理和利用、矿井水利用、绿地建设等各类专项规划,促进基地区生态与经济的协调发展。

6.3 出台资源税费分成、生态补偿等系列化的资源、环境政策

要处理好中央与地方、政府与企业、企业与职工、企业与农民的利益分配关系,在土地资源、矿产资源、水资源等使用权转让,资源费税征收和分成,生态补偿和环境保护长效机制建设等方面公平照顾各方利益,迅速推进财税体制改革尤其是资源性产品和要素市场化改革,完善煤、油、气、土地、水资源的价格形成机制,充分反映其资源稀缺程度和环境成本,适当提高资源税费,还原所得税为地方税种,提高资源产区收益和公共服务水平,促进可持续发展专项基金和能源产业投资基金的建立发展,做到有利全局,企业增收,政府得益,造福一方,致富居民,惠及子孙。对于具有较大投资风险的煤基石油替代品企业,要出台风险共担、成本分摊的财政支持政策,政府在研发投入上给予积极支持和资金补助。

参考文献

[1]郭献文,等.新兴战略能源基地在西部崛起——陕甘宁内蒙古能源开发调查[J].中国经贸导刊,2002(10).

[2]钱正英主编.西北地区水资源配置生态环境建设和可持续发展战略研究·综合卷[M].北京:科学出版社,2004.

[3]李新玉,等.鄂尔多斯盆地能源的综合开发利用[J].中国国土资源经济,2005(2).

[4]谢克昌.煤化工发展与规划[M].北京:化学工业出版社,2005.

[5]榆林市政协人资环委.榆林市煤炭资源开发情况的调研报告[J].榆林政协,2006(2).

[6]榆林市政协人资环委.榆林市石油、天然气资源开发情况调研报告[J].榆林政协2006(2).

[7]中国科学院能源战略研究组.中国能源可持续发展战略专题研究[M].北京:科学出版社,2006.

[8]石油和化学工业规划院,等.宁东能源化工基地控制区总体规划[R],2006.

[9]严陆光,陈俊武主编.中国能源可持续发展若干重大问题研究[M].北京:科学出版社,2007.

[10]王金祥,姚中民主编.西部大开发重大问题与重点项目研究·综合卷[M].北京:中国计划出版社,2007.

[11]中国环境科学研究院,等.宁东能源化工基地规划纲要环境影响报告书[R],2007.

[12]灵武市国土资源局,等.宁东能源化工基地(灵武市)土地利用总体规划[R],2007.

历史时期宁夏人口迁移的地理基础

宁夏是个移民省区。历史时期，众多民族、各处人口迁来，生息、融合在这块大地上，建成富有特色的共同家园。时至今日，不少人进来，很多人迁出，区内的吊庄移民、生态移民也闻名遐迩。本文试图从人口迁移与地理环境相互关系的视角，来探讨历史时期宁夏地区的人口迁移问题，特别是以地理环境条件总体较差的宁夏中部罗山两侧红寺堡平原、韦州平原(以下简称红韦平原)为重点，考察其古往今来人口迁移的地理基础以及人口迁移与环境变化的关系。

一、历史时期气候变化与人口迁移

(一)商周时期游牧民族第一次大迁移

距今7000~3500年前，称为全新世气候适宜期，宁夏和我国大部分地区一样，气候较今温暖湿润，森林、草地等自然植被较今丰美。其时，宁夏北部地区广泛分布细石器文化，人们以狩猎、采集、畜牧为生。南部黄土丘陵地区，则在山前台地、河流阶地，广布以彩陶为主要特点的马家窑文化、齐家文化遗址，出土有用于耕作、松土、收获和砍伐树木的石器，代表以农耕为主、狩猎畜牧为辅的生产方式。有的地方遗址密集，几乎和现在的村落类似，人们过着较稳定的农耕定居生活。遗址中除生产工具和陶器外，还有房址、陶窑、储藏谷物的窖穴和公共墓地。[1]

但这样一种北牧南农的生产分布格局，后来却发生了巨大变化。先是鬼戎部落进入南部乌水(今清水河)流域，西周时称严允(薰育、荤粥)，其支系义渠、乌氏、朐衍诸戎，分别在六盘山东麓和灵盐台地一带活动。西周初的昆戎(犬戎、昆夷)，则由泾河上游向祖厉河、乌水流域移动。他们总称“西戎”，“所居无常，依随水草，地少五谷，以产牧为业。”[2]

发表于《红寺堡历史文化研究文集》，宁夏人民出版社，2009:363~379

而这时当地已不见有农耕民族活动的记载或遗址，可见宁南黄土丘陵区已从农区转变为牧区。

处于干旱与半干旱气候过渡地带的宁夏南部地区，游牧民族和农耕民族的进退，无疑是导致历史时期内农牧区分布变化的主因。然则又是什么因素使游牧民族移入宁南？这其中可能有许多复杂的社会、政治、军事等内因，但决不能忽略气候变化的重大影响。据张丕远等研究，西周初期，所有喜暖动物在黄河流域考古发掘的层位中绝迹，推断该时有一次由暖湿气候向干凉气候的大变化，它始于殷商，终于西周，距今 3000 ~ 3400 年，即国际上所谓“新冰期”前期。[3]由于气温剧降，北方草原环境恶化，严重威胁原在那里放牧的西戎部族的生产生活，迫使他们向南迁移到宁夏中南部等广阔地域，寻求新的较好牧场。这可以说是历史上第一次北方游牧民族大规模迁入宁夏地区的活动，而气候变化则是其最重要的外因。冷干气候同时导致黄土丘陵区齐家文化衰退解体，农耕界线南移。

(二)秦汉时期农耕民族第一次大迁移

秦始皇统一六国后，发兵北击匈奴，取河南地(今内蒙古、宁夏河套和陕北地区)，沿河设置郡县，“发谪徙边”，三十六年(公元前 211 年)“迁北河榆中三万家”。[4]亦即把罪人和内地人民(农耕民族)迁来，变牧地为耕地。但宁夏北部地区一共只昫衍、富平两县和神泉障、浑怀障两亭障，推测第一批移民人数不多。汉高祖元年(公元前 206 年)，为巩固关中，遣诸将略定北地郡等，缮治河上塞。文帝时开始募民徙边屯戍，景帝时在灵州县境建河奇苑、号非苑等国家军马场。推测当时移民数量也不大。直到武帝时，组建强大骑兵将匈奴逐出河套地区，元朔二年(公元前 127 年)“募民徙朔方十万口”，元狩四年(公元前 119 年)“关东贫民徙陇西、北地、西河、上郡、会稽凡七十二万五千口”，元狩五年“徙天下奸猾吏民于边”，元鼎六年(公元前 111 年)“上郡、朔方、西河、河西开田官，斥塞卒，六十万人戍田之”。[5]这空前规模的移民，使宁夏地区在武帝时期一下子增加数以十万计的移民。据专家估算，元始二年(公元 2 年)宁夏全境人口(不计军卒、少数民族的在籍人口)达 14 万余。加上军卒(推算仅灵州县两牧师苑牧卒即约 1 万人)、少数民族人口，估测至少 20 万人以上。[6]

秦汉时期农耕民族向宁夏地区的第一次大迁移，其主因是与匈奴军事斗争的需要，巩固关中、开拓边疆屯垦基地的需要，军事、政治因素是第一位的。而黄河纵贯的宁夏平原水土光热等条件的良好组合，为汉代大规模开发引黄自流灌区、发展灌溉农业提供了极好的地理基础。但是人们往往忽略了气候变化的影响。人所共知，从战国到秦汉时期，是中国历史上著名的温暖湿润期，当时初春的物候比清代初叶早三个星期，即生长季比现在长得多。从秦始皇到汉景帝 80 年中，中原向河套地区的移民，在没有大规模开发引黄灌区的条件下能够立足,主要依赖于暖湿气候条件下旱地农业的存在。事实上,由《水经注》(引《竹书纪年》、《虞氏记》)可知,早在战国时期,赵国即曾在内蒙古前套和鄂尔多斯高原东部移民开发、经营田畜(旱地农业和畜牧业),秦汉云中、五原、定襄、西河等郡就是在赵国开拓的基础上发展起来的。[7]而武帝时期大规模引黄灌区的开发,无疑也得益于当时有利的气候环境。由此可见,秦汉时期中原农耕民族向宁夏平原等处大规模移民开发得以成功,与气候由冷干向暖湿的变化所提供的有利环境条件,是有重要关系的。以后盛唐时代向宁夏平原第二次大规模移民、军屯和扩建引黄灌区,同样是在暖湿气候环境(人称小温暖期)下进行的,这当然不是偶然的巧合。

(三)魏晋南北朝时期游牧民族第二次大迁移

由公元初至6世纪中期,宁夏和整个西北都处于温暖期向寒冷期的重大转折,自然灾害频发。公元155年之后,年平均气温大致低于当今1℃,直到公元589年为止,是为新冰期后期。

与温暖期农耕民族(汉族)北进相反,寒冷期游牧民族(少数民族)则大举南下。魏晋时期,匈奴、鲜卑、羌、氐等部族纷纷迁入宁夏地区,其中匈奴贺赖种、匈奴与鲜卑融合而成的鲜卑贺兰部、鲜卑乞伏部等在北部放牧,留下了贺兰山(汉代称卑移山)、乞伏山(贺兰山北段)、契吴山(今鄂尔多斯市境)、屈吴山(宁夏、甘肃接壤地带)等地名。宁夏南部先后属前赵(匈奴族建)、后赵(羯族建)、前秦(氐族建)、后秦(羌族建),后全境属夏(匈奴族建),最终为北魏(鲜卑族建)统一。鲜卑族万余口陆续南移进入清水河流域,驻屯于祖厉河流域的乞伏祐邻与居于清水河流域的鲜卑鹿结相互攻击,最后尽并其众,于甘肃临夏地区建国西秦。建国南凉的鲜卑族秃发部也在甘、宁毗邻地区活动。[8]

这一时期游牧民族的大迁入,除气候冷凉化导致的环境胁迫影响外,可能与农耕地区经济社会文化发展对游牧民族的吸引力进一步加强有更大的关系。当时一部分游牧部落从单纯游牧逐渐演变为田牧兼营,如前秦时活动在河套一带的匈奴铁弗部首领刘卫辰,曾向前秦帝"求田内地,春来秋去"。卫辰之子赫连勃勃建大夏国,薄骨律城(汉灵州城)被称为"赫连果城",北魏时"桑果余林,仍列洲上"。但游牧民族向此地的大迁移,无疑使原本以农为主地区变成以牧为主的半农半牧区。北魏太武帝平定赫连夏时,俘马30余万匹,后又增殖至200余万匹,其中相当部分当在宁夏地区,可见牧业之盛。而北魏薄骨律镇将刁雍重视水利、重修汉代高渠,对恢复灌区农业起到重大作用。北魏原州刺史"每亲巡垄亩,劝民耕桑"。还徙关东汉人来此屯田,俗称弘静镇(汉代上河城)为汉城,破夏国收胡户徙南典农城,号胡城(胡地城),徙历下之民居浑怀障称历城。北周又先后迁二万余户于怀远郡,迁大批长江下游居民至灵州,以致有"塞北江南"之誉。[9]这一时期的宁夏地区,生产上农牧结合为显著特征,社会上有动乱有和平,文化上相互吸收交融形成趋势,生态环境上水土流失有所减轻,宁夏成为民族融合的重要基地。

二、历史时期宁夏中部人口迁移与环境演变

宁夏中部干旱带是我国北方长城沿线干旱与半干旱气候过渡带、农牧交错带的一部分,是对全球气候变化反应最为敏感的生态脆弱带之一。该带大致包括海原、中卫市沙坡头区、同心、红寺堡、灵武、盐池等县市区的全部或一部。本文以地理环境总体较差的罗山山地两侧的红寺堡平原(属红寺堡区)、韦州平原(大部属同心县,北部一小片属红寺堡区)为代表,来分析其人口迁移的地理条件及人口迁移与环境演变的相互关系。

(一)罗山、红寺堡平原、韦州平原的地理环境特点[10]

1. 罗山山地

罗山在同心县东北部,同心县与红寺堡区交界处。面积 137 平方公里。宁夏中部最高山,近南北向延伸 40 余公里,宽 2 ~ 5 公里,山体海拔多在 1800 ~ 2000 米间。分南北二段,北段称大罗山,长 22 公里,宽 5 公里,主峰海拔 2624 米。南段称小罗山,北北西走向,长 23 公里,宽 2 公里,主峰海拔 2201 米。罗山东临韦州平原,西临红寺堡平原。又是西侧红柳沟与东侧[南]甜水河(又名韦州河,苦水河支流)的分水岭。由奥陶系砂岩、页岩、灰岩、板岩等组成复式背斜,东西麓均为断裂控制,洪积扇发育。山地岩层裂隙发育,年均降水 400 毫米,比两侧平原多 100 余毫米。降水直接补给基岩裂隙水,沿沟谷、山麓呈泉水出露。大罗山有泉 28 处,流量一般 10 立方米 / 日左右,大者达 120 立方米 / 日,小者不足 1 立方米 / 日,总流量 930 立方米 / 日。从泉水分布看,大罗山多于小罗山,西侧多于东侧。水质良好,矿化度 0.26 ~ 0.56 克 / 升。

罗山为自治区天然林区之一,林地面积 5580 公顷,其中有林地(乔木林)1210 公顷,灌木林地 810 公顷,宜林地 3100 公顷,林区森林覆盖率 28.1%,活立木蓄积量 20.31 万立方米。有林地主要分布在 2200 米以上的阴坡,有云杉林、云杉油松混交林、云杉山杨混交林、油松林、油松山杨混交林、山杨林等。植被垂直分带明显:海拔 1900 ~ 2100 米阴坡和 1900 ~ 2400 米阳坡为干草原带,2100 ~ 2200 米阴坡为中生灌丛带,2200 米以上阴坡为针叶林带,其中 2200 ~ 2400 米为油松林亚带,2400 ~ 2500 米为油松、云杉混交林亚带,2500 米以上为云杉林亚带,2400 米以上阳坡为杂类草草甸带。有植物 274 种,野生动物 65 种。现为国家级自然保护区。

罗山森林有涵养水源、保持水土之功能。以前罗山有“一年七十二场巡山雨”之说,说明高处气候湿润。罗山山地对维护两侧平原的生态平衡具有无可替代的重要作用。

2. 红寺堡平原

东、西北、西南分别有罗山、牛首山、烟筒山，亦称红寺堡盆地。面积 768 平方公里。中温带干旱气候，荒漠草原和沙生植被为主。东部为罗山西麓洪积平原，海拔 1400 ~ 1900 米，地面由砂砾石组成，坡度 2° ~ 7°。西部为红柳沟冲积平原，海拔 1300 ~ 1400 米，地面组成物质主要为黄土状粘砂土。西北分布大片沙地。

罗山西麓有两条断层，构成西麓断陷带，即南北向和北东向的山前储水构造带，仅大罗山麓即有 22 个泉水。西麓南北向泉群，由南部小罗山西麓泉群汇成徐冰水河，实为红柳沟上源；中部大罗山西麓有新庄集泉群，补给红柳沟和红寺堡镇一带，红寺堡、海子塘一带地下水位埋深大于 10 米；北麓有北东向的柳泉、西泉、水套泉群，向北汇入利通区边界处的[北]甜水河（苦水河另一支流），年径流量达 190.7 万立方米。旧城、柳泉、西泉一带地下水位埋深小于 10 米。柳泉的两眼部队机井，过去年开采量为 21.6 万立方米。在 561.5 平方公里补给区中，地下水天然补给量包括山地裂隙水、降水等，合计达 1599.4 万立方米。即每平方公里年平均补给量为 28484 立方米。

红柳沟发源于小罗山西南黑山墩（同心县田老庄乡北部），流经红寺堡平原，至中宁县鸣沙镇入黄河。长 107 公里，宽 50 米左右，流域面积 1064 平方公里。最大洪峰流量 326 立方米 / 秒（1953 年），常流水占 19%，年径流量 620 万立方米，其中地下径流量补给年约 226 万立方米，如红寺堡镇东南有 4 股泉水汇入红柳沟，其西北有 5 股泉水汇入红柳沟。平均含沙量 385 公斤 / 立方米，平均矿化度 4 克 / 升，最大矿化度 23 克 / 升，水质咸苦。红柳沟切割深度上游 50 ~ 100 米，中下游 5 ~ 10 米，呈箱形沟谷。

3. 韦州平原

东、西分别为青龙山、罗山，亦称韦州盆地。面积 1103 平方公里。年均降水量 253 毫米，植被为荒漠草原。西部为罗山东麓洪积平原，海拔 1500 ~ 1900 米，第四系厚 200 米，以砂砾石为主。东部为韦州河冲积平原，海拔 1325 ~ 1600 米，第四系厚 75 米，以黄土状粘砂土为主。平原南高北低，地势波状起伏。

大罗山山边断裂与东麓洪积扇中部近南北向断裂之间，形成一个断陷带，构成较厚的砂砾层富水带。洪积扇缘东侧有第三系泥岩构成地下堤坝，挡住了地下水潜流去路，从而形成扇缘洼地红城水泉群。100 米内由第四系砂砾层出露十余个泉眼，涌水量在 3420.7 立方米 / 日（9 月丰水期）至 2541 立方米 / 日（6 月枯水期）间，矿化度 0.69 克 / 升，水温 11℃。补给来源为罗山基岩裂隙水和洪积扇第四系潜水，计算补给量为 889.7 万立方米 / 年。还有韦州—西魏庄子水源，处于苦水河古河道，第四系地下水较丰富，水位浅，水质较好，可作为小型水源地。

青龙山由蓟县系、寒武系、奥陶系灰岩、白云岩、页岩等构成，南北延伸近40公里，宽约4公里，面积105.8平方公里，最高峰海拔1705米。植被以冷蒿、短花针茅、长芒草草原为主。北端太阳山麓出露太阳山泉群（位于红寺堡区太阳山镇），20米内有4个泉眼，为强富水性的岩溶裂隙含水岩组，总涌水量6000立方米/日；水温18～21℃，宁夏北中部著名温泉；矿化度4～5克/升，宁夏涌水量最大的苦水泉。

韦州河发源于下马关镇黑山墩，于韦州镇红沟窑入苦水河。长65.4公里，宽40米左右，流域面积1193平方公里，间歇性河流。年径流量597万立方米，最大洪峰流量624立方米/秒（1968年8月25日），平均矿化度4.2克/升。两岸有多处泉水补给河水。

综上所述，可知红韦平原的地理环境特点可概括为：有山地有平原，有林有草，虽处宁夏中部干旱带、生态脆弱的荒漠草原，降水少、变率大、灾害多，但由于有山地涵养水源，有基岩裂隙水和山麓洪积扇地下水源补给，形成局部天然小绿洲，为人类生存发展提供了广阔的活动天地。

（二）汉代安定属国

汉武帝时，开始在边郡安置匈奴降民，为属国（有人认为秦末已有属国之设）。在宁夏地区，最著者为治安定郡三水县之属国，其长官称属国都尉，其待遇比郡太守，称安定属国都尉。按《辞源》1984年版对“三水”县的注解：“因县界内有罗山谷三泉并流，故名”。三水县城，即今同心县韦州平原的红城水古城。三水县域，推测包括今同心、盐池一部、红寺堡等广阔地区。《汉书·地理志》称：“三水，属国都尉治，有盐官。”即指管理今盐池县惠安堡等地盐池，有产盐之利。《水经注·卷二》、《后汉书·卢芳传》、《后汉书·张奂传》等均有关于三水县故城、安定属国都尉之叙述，表明当地安置有匈奴、西羌降民。作为三水县左谷人（疑左谷即罗山东侧韦州河谷地）的卢芳，其军政活动与西羌、匈奴有千丝万缕的密切关系。

《后汉书·郡国志》“北地郡”条下“参䜌故属安定”，其注云：“有青山。谢沈书：‘属国降羌胡数千人，居山田畜’。”据考证，参䜌县在今同心县南境，即与三水县相邻接，则“属国降羌胡”即指治三水县的安定属国所管辖。这里明说安置在属国的西羌、匈奴等族居民“居山田畜”，实即利用山泉水灌溉形成的小绿洲从事农业，利用山地和草原从事放牧业，田牧兼营。从设立三水县两千年来，红城水一带一直存在小面积的泉水灌溉农业，历久不衰。应该说，红韦平原从先秦时代居住于此的戎狄从事畜牧开始，到汉代安定属国（以三水县城为中心，广及安定郡广阔地域）的田牧兼营，当时暖湿气候的有利天时也提供了较好环境，安定属国比之匈奴、西羌等族原先北方、西方的生产生活环境显然是略胜一筹。

(三)唐代安乐州

盛唐时代,国力强盛,加之气候温暖,宁夏北部大兴屯田,内地军卒、移民进入宁夏。另一方面,少数民族纷纷内附,如突厥、铁勒、党项、昭武九姓(粟特人)、吐蕃等内附部族,居于宁夏地区甚多。其中徙置于红韦平原一带的吐谷浑部,也为促进民族融合、开发当地经济作出重要贡献。

由《旧唐书·吐谷浑传》、《元和郡县图志·卷四》、《旧唐书·西戎传》、《新唐书·地理志》、《太平寰宇记·卷三十六》等典籍可知,原居于今青海、甘肃等地的吐谷浑,以畜牧为主,也从事种植、狩猎、手工业。为避吐蕃侵略,咸亨三年(公元 672 年),唐朝将吐谷浑部迁至灵州鸣沙县境,专设安乐州,州治韦州平原红城水城,其地称安乐川。后一度为吐蕃占领,后改称威州。安乐州又称长乐州,平原称长乐川,其西为长乐山,又名达乐山、铎洛山,山麓泉称铎洛泉,即今罗山。1974 年于同心县下马关镇发掘的慕容威墓,即吐谷浑部首领、长乐州游弈副使死于乾元元年(公元 758 年)的墓葬。

安乐州中心在韦州平原,其州域当包括红寺堡平原等广阔地区。唐代前期,原州为全国养马业中心,都监牧使由原州刺史兼任。下设 65 监(一监为一军马场),其中原州境内有 34 监,而安乐州在设州后不久的开元二十二年(公元 734 年)即属原州管辖。安乐州东之盐州设有 8 监。牧监范围"东西约六百里,南北约四百里","其间善水草腴田皆隶之。"天宝年间,原州养官马即达 32 余万匹,民间养马更多。鉴于安乐州有罗山、青龙山、烟筒山等诸多山地草甸草原和水草丰美的山麓洪积扇、甜水河冲积平原等草场,而吐谷浑人原是青海草原上最善于养育良驹名马的民族,他们曾培育出"龙利"、"青海骢"等著名宝马,由此推测安乐州当为原州养马业核心地区之一。吐谷浑部居民在此安居乐业,并与当地人民友好相处的事实,表明唐代该地环境适于田牧,且一度成为吐蕃争夺之区(吐蕃也几度争夺灵州灌区和南部原州等富庶之地)。

(四)西夏韦州

公元 11 世纪初至 13 世纪初,党项族在今宁、甘、陕、内蒙古等地建立大夏(大白上国)王朝,与宋、辽(金)鼎足而立,史称西夏。宁夏地区北中部作为西夏的核心地区,得到进一步开发。以韦州城为中心的红韦平原是西夏的军镇要地。

据鲁人勇关于西夏交通史考证,北宋初期所控制的灵州西域道,在环州(今甘肃环县)至灵州之间,居住着大量党项部落。《宋史·宋琪传》说:"灵武路自通远军(今环县)入青冈峡(今宁、甘界南)五百里,皆蕃部熟户,向来使人、商旅经由。"红韦平原一带,就是党项等民族的重要集聚区。鉴于红韦平原是灵州道(灵州至长安的环庆路)上水草丰腴之处,西夏朝廷特在汉唐三水古城(此时仅存遗址)之东北侧,选定军事地理形势险要之交通要冲及水源丰富之处(东傍甜水河即韦州河,并有众多泉眼出露)新建威州城(后改韦州),设静塞监军司,以重兵控扼中兴府—灵州—环庆—关中要道(调兵、运粮)和中兴府—韦州—原州要道。如果说中兴府是西夏全国交通枢纽,则韦州城称得上是地区级交通中心。宋军曾几度发兵由环庆路进攻西夏灵州等地。所以宋代诗人张舜民有"青冈峡里韦州路,十去从军九不回"的著名诗句。

值得注意的是,西夏时期该地区已有生态环境恶化的记述。郑文宝在"城古威州议"(载《乾隆宁夏府志·卷八》)中盛赞威州(即韦州)、乐山(即罗山)一带:"水甘土沃,有良木薪秸之利。"但《宋史·郑文宝传》记载,"清远(今甘、宁交界之甜水堡一带)据积石岭,在旱海中,去灵、环皆三四百里,素无水泉,文宝发民负水数百里外,留屯数千人。又募民以榆槐杂树及猫、狗、鸦、鸟至者,厚给其直。地舄卤,树皆立枯。"表明无水处大量迁入人口和造林均告失败,最后连所建清远军城也被山洪冲坏。《宋史·宋琪传》则说:"自威州抵灵州,有旱海七百里","盐、夏、清远军并系沙碛,俗谓之旱海。"呈一片荒漠化景象,所谓"千里不毛,但以贩青白盐为命尔"。这些虽主要指红韦平原周边地区,但显示由于此时期气候趋于凉干,旱灾频仍,使水环境逐步恶化,泉水、湖泊萎缩,淡水湖盐化,荒漠化面积扩大,加上迁入人口增加和连续不断的军事活动对生态环境的破坏,自然、人为因素叠加的负面效应逐步显现。

(五)明代群牧千户所和长城

明初特别是15世纪初转向显著的凉干气候,开始了现代小冰期,旱灾频繁而重,环境趋向严酷。红韦平原继续作为重要的养马、畜牧之区。据《明史》、《宣德宁夏志》、《嘉靖宁夏新志》等史料可知,洪武年间封庆王于宁夏,于韦州置宁夏群牧千户所(又称韦州群牧千户所),专为庆王府司牧养羊、马之业,管理各地牧场(西至香山地区),原有官军1120人,后实有409人,另有农牧户280户,457人。额定赋役为每岁采湖滩秋青草5万束,以供冬季饲用。该群牧千户所实为庆王府私产。

明代边患严重,尤重马政。朝廷设有陕西苑马寺,下隶长乐、灵武二监,长乐监统开城、安定二苑,灵武监统清平(在三山儿东)、万安(在大盐池南)二苑,每苑养马4000匹至1万匹不等,每夫牧马10匹。推测红韦平原当与安定苑、万安苑两处国家军马场有关。

明朝为了巩固固原镇边防,还在花马池一线边墙(今灵武、盐池明长城)以南的下马房关(今下马关)—徐斌水(今徐冰水)—红古城堡(今海原县高崖乡境内)—干盐池一线筑内墙,即所谓固原旧边。以后,嘉靖十六年(公元1537年)制臣刘天和提出:西路自徐斌水至黄河岸六百余里,地势辽远,终难保障。今红寺堡东南起徐斌水至鸣沙州黄河岸可一百二十五里,总兵任杰议于此地修筑新边一道,即徐斌水新边。但当时朝廷未准所奏。而据万历四十四年刘敏宽纂修的《固原州志》记载，刘天和在嘉靖十六年于旧边干沟干涧挑筑壕堤60里之后，“复自徐斌水迄鸣沙州黄河岸，修一百二十五里，增葺女墙始险峻”。而这次修筑，是利用“易据之险”，又“占水泉数十处，断胡马飲马之区，而召军佃种，可省馈饷。”[11]

在修筑固原内墙和徐斌水新边的同时，建设屯兵400余人的红寺堡城。旧城建于正德二年（公元1507年）。嘉靖四十年（1561年7月25日）中宁7.2级地震，包括红寺堡在内的震中烈度达Ⅸ度—Ⅹ度，红寺堡城倒毁。韦州山崩、水涌、泉出，坏城廓，屋舍倒，压死人，康济寺塔倾颓。重建之红寺堡新城大致居徐斌水新边之中心位置，是控扼整个徐斌水新边的驻军大本营。笔者认为，此新边实际是全程利用红柳沟作为“易据之险”的典型范例。红柳沟在红寺堡城东南方的上中游段，分别称为徐冰水河——洪沟——大河子水，都是有多处泉眼补给的间歇性河流，河床甚宽，岸崖陡立，河床底部至岸崖高差数十米至百米，山洪暴发时成为汹涌大河，平时则仅涓滴清流甚至断流。利用它既可作为阻挡骑兵的天然防御屏障，又可断绝来敌对水源的需求。由此，今日很难见到人为建筑的边墙遗迹，也就容易理解了。

（六）人口迁移与环境演变的关系

由上可知，历史时期气候变化，显然对红韦平原的人口迁移产生了重要影响。汉、唐温暖期，红韦平原可以安置较多的内附少数民族。西夏和明代，人口继续增长，特别是迁入军人较多。但在不利的气候条件下，干旱化的自然影响，人口压力、滥垦过牧、战争破坏等人为活动影响，两者的叠加效应使环境逐步向恶化的方向演变。[12]

1. 水资源减少

罗山两侧泉眼减少，出水量下降。20世纪60年代调查，大罗山尚有30多个泉眼，80年代减少到28个。《宣德宁夏志》云：“东湖，在韦城东一里余；鸳鸯湖，居东湖之北三里。二湖皆予作者。”《读史方舆纪要·卷六十二》记载：“东湖，所（指韦州千户所）东三十里（与《宣德宁夏志》不符，当有误）。湖北三里，又有鸳鸯湖，互相萦注。所境田畴，多藉以灌溉。”据明人穰穆、颜先福、张彝咏韦州八景的“东湖春涨”诗有句“百顷湖开”、“钓艇”、“急雨鸣芦”、“颠风欹柳起群凫”、“垂杨藏白鹭”、“翠荇跃金鳞”、“雨涨荷花”、“画艇”等描述，可知该泉水汇成的水库湿地湖面广阔，湖畔杨柳，湖中有芦苇、荷花、荇菜、萍藻、水鸟、游鱼、垂钓游船，既是灌溉水源，又为一大景观。据何彤慧《毛乌素沙地历史时期环境变化研究》（兰州大学环境学院博士论文），因气候干化和人类活动影响，至清末民国初，两湖已趋于消亡，但尚有很好的芨芨草地。前些年因地下水位下降，芨芨草地也严重退化，并出现沙化景观。罗山山麓洪积扇地下水位下降也引发草地退化，植被退化进一步加剧地下水位下降，形成恶性循环。

2. 自然植被退化

红韦平原上的草地原本禾本科、豆科牧草较多，适于马等大家畜养殖。但由于超载过牧、超强度利用，原有植被被破坏后，次生形成以油蒿、蒙古冰草、白草、苦豆子等为主的沙生植被，草地结构变坏，生产力不断下降。天顺五年(公元 1461 年)巡抚宁夏右副都御史陈翼说："宁夏花马池、兴武二营地方止生蒿草，递年采积，不堪养马。"红韦平原与盐池草原情况类似，目前不但很难放养大家畜，连牧羊都不堪承受了。罗山林区清末尚有较多桦树，现已成稀有树种。新中国成立后，在一段时间内仍不能遏制历史时期森林退化的惯性趋势，乔木有林地由解放初期 2467 公顷减少到 1985 年 1227 公顷，灌木林由 1667 公顷减少到 813 公顷，整个罗山林区森林覆盖率由 57.2%下降到 28.2%。

3. 土地沙漠化扩展

气候干旱化和人为干扰加强，使历史时期土地沙漠化发生发展。红寺堡平原原本水草丰美的柳泉、西泉一线以南，旧城以西、红寺堡城以南一大片好牧场，历史时期变成为固定、半固定沙丘或平铺沙地，平原西北部更出现两大片浮沙地。红韦平原和灵武、盐池毗邻地带原有一大片甘草草原，20 世纪 50 年代至 80 年代初，仅因挖药材、铲草皮、挖草根(作燃料)等人类不合理活动，引起的沙漠化土地即达数万公顷之多。据专家研究，在自然因素不变的情况下，人为干扰强度对植被演替和沙化程度具有显著的影响(附表)。

附表　　不同干扰强度、沙化程度与草原植被演变

干扰强度	植被类型	沙化程度	演替形态
轻度放牧	长芒草 + 大针茅 – 牛枝子	表土完整	长芒草 – 牛枝子 – 短花针茅
中度放牧	大针茅 + 长芒草 – 星毛委陵菜	片状浮沙地	短花针茅 – 蒙古冰草 – 杂类草
重度放牧	星毛委陵菜 + 百里香 + 杂类草	浮沙地	苦豆子 – 杂类草
极度放牧	百里香 + 杂类草	浮沙地	老瓜头

注：据高正中等，《宁夏植被》，宁夏人民出版社，1988:26。

参考文献

[1]钟侃.宁夏文物述略[M].银川：宁夏人民出版社，1980:8～21；许成，宁夏考古史地研究论集，宁夏人民出版社，1989:286～318.

[2]后汉书·西羌列传；王国维，观堂集林·十三·鬼方昆夷严允考.

[3]张丕远等，历史时期气候变化研究，地理学研究进展，科学出版社，1990；邢嘉明

等,京津唐地区自然环境演变及区域开发过程,地理集刊第18号,科学出版社,1987,2～3;刘东生主编,西北地区自然环境演变及其发展趋势,科学出版社,2004,119～120.

[4]史记·秦始皇本纪.

[5]史记·高祖本纪;史记·孝文本纪;史记·景帝纪;汉书·武帝纪.

[6]杨新才,等.宁夏历代农业统计叙录.北京:中国统计出版社,2002:4～8.

[7] 竺可桢. 中国近五千年来气候变迁的初步研究, 竺可桢文集, 科学出版社,1979,478～481;水经注·卷三.

[8]王北辰.固原地区历史地理述要,宁夏史志研究1986年第2期;晋书·载纪·第二十五、第二十六.

[9]魏书·铁弗刘虎传;水经注·卷三;魏书·世祖纪;魏书·食货志;魏书·刁雍传;周书·窦炽传;太平寰宇记·卷三十六.

[10]宁夏地质局水文地质工程地质队,宁夏同心罗山地区供水水文地质勘察报告(1:5万),1973.4;宁夏地质局,区域水文地质普查报告中卫幅,1981;宁夏地质工程勘察院,红寺堡移民灌区人畜饮水供水勘察与环境地质综合评价报告,1997.5;陈育宁主编,宁夏百科全书,宁夏人民出版社,1998,28、32、39、47、71;张黎等,宁夏地下水资源,宁夏人民出版社,2003,26～29.

[11]明实录·明世宗肃皇帝实录·卷二〇三;万历固原州志·边隘;读史方舆纪要·卷五十八;许成,宁夏考古史地研究论集,宁夏人民出版社,1989:29～37.

[12]汪一鸣,宁夏人地关系演化研究,宁夏人民出版社,2008:17～29,51～65,130～157,495～500.

人地和谐：宁夏移民文化的重要特征
——以红寺堡区为例

从历史时期到当代，宁夏都是一个移民省区。历史上，北方许多游牧民族迁入，中原和长江中下游的汉族人民也几度大规模移民来此定居，最终形成以回、汉人民为主的聚居区。新中国的成立，特别是1958年宁夏回族自治区成立以来，又得到全国各省市区人民的支援。改革开放和西部大开发战略的实施，更有多少外地人来此创业、定居！在漫长的发展过程中，逐渐形成了多元、多彩而又独具特色的移民文化，诸如民族团结和睦共处的传统，开放包容友爱互助的品格，淳朴浑厚诚信待人的情性，不怕牺牲勇于担当的精神，以及体现于生产生活、社会活动各个方面的深厚文化底蕴。这里我要说的，是宁夏移民文化的重要特征之一：追求人地和谐。所谓人地和谐，就是人与土地的和谐，人与水土资源的和谐，人与地理环境的和谐，也就是人与自然的和谐，它在移民的“天·地·人系统”中处于基础地位。本文以宁夏中部干旱带典型地区吴忠市红寺堡区为例，由小见大，鉴古知今，可以从中汲取建设人地和谐社会的若干有益启示。

一、红寺堡区的地理环境特点和移民活动概述

（一）地理环境特点

红寺堡区位处宁夏中部干旱带，其主要特点是属中温带干旱气候，光热资源比较丰富，但降水稀少，年平均降水227毫米，多集中于7、8、9三月，且年际极不平衡，最多年可达400多毫米，最少年仅100毫米左右。东有罗山，西北牛首山，西南烟筒山，中为红寺堡平原，包括东部罗山西麓洪积平原，西部红柳沟冲积平原。土壤以有机质、养分含量低的

为红寺堡区历史文化研究讨论会所写的发言稿(2009年10月)

灰钙土、风沙土、新积土为主。依靠罗山山地基岩裂隙水和山麓洪积扇地下水源，形成众多泉群和小型天然绿洲，平原上发育了以荒漠草原为主的植被群落。由于它处于我国长城沿线干旱区与半干旱区过渡地带，是对气候变化和人类活动反应敏感的生态脆弱带，气温、降水变率大，干旱、大风、沙尘暴、暴雨等突发性气象灾害既多且重。

(二)汉代移民

历史上，这里在汉、唐、西夏、明各代曾有几次移民高潮。汉代以前，为戎族居地，他们“所居无常，依随水草，地少五谷，以产牧为业”[1]。汉代中期，为安置匈奴、西羌降民，在今宁夏中南部地区置安定属国，治三水县(今同心县韦州镇红城水古城址)，估计移民加原住民在万人上下，“居山田畜”[2]。

(三)唐代移民

唐高宗时，将青海高原上的吐谷浑部迁此，设安乐州(州治今红城水城址)。所部有数千帐，估计加上原住民当达万余人。其时原州设牧马监34监，安乐州属原州管辖，当是原州养马业核心地区之一。公元8世纪中期为吐蕃所占，直至9世纪中吐蕃军退出，其间90年可能为吐谷浑、吐蕃和原住民杂居之处。

(四)西夏移民

西夏时期，这里成为中兴府—环庆—关中通道和中兴府—韦州—原州通道上的重要地区，多“藩部熟户”(即当地党项部落居民)。西夏王朝以威州(韦州)城为中心设立静塞监军司，是西夏全国十二监军司之一，估计当地驻有不少党项军人。

(五)明代移民

明代初叶，于韦州置宁夏群牧千户所，红寺堡区是其重要牧场，还可能是陕西苑马寺下属安定苑等国家军马场的一部分。而横贯红寺堡地区的徐斌水(今徐冰水)新边，即徐斌水至鸣沙州(今中宁县鸣沙镇)黄河岸120里边墙及驻军中心红寺堡，则是防卫河套蒙古骑兵入侵、巩固固原镇边防的重要屏障，这里又一次成为军事重地。明代和西夏时移民均以军士为主，加上原住民估计不足万人。[3]

(六)当代移民

新中国成立后，这里主要属同心县新庄集乡，直到20世纪末，人口不足2万人。1997年开工兴建的宁夏(红寺堡)扶贫扬黄灌溉工程，把珍贵的黄河水提升输送到万古荒原，形成红寺堡区扬黄灌区绿洲，宁南山区和中部干旱带贫困农民和生态移民有序进入，宁夏移民开发揭开了新的一页。目前已集聚以回族为主的近20万人口，正在这里创造着日新月异的人间奇迹。

二、追求人地和谐的几点启示

（一）启示之一：依水而居

任何地方的城镇、农村，都要接近水源。作为干旱区的红寺堡区，水源的重要性更是不言而喻。这里降水稀少，决定了地表水源缺乏，主要河流红柳沟平时为涓涓细流，水质咸苦，不堪饮用和灌溉。幸赖多处泉眼出露，水质良好。地下水位埋深较浅的洪积扇缘和洪积冲积平原，尚可打井取水。古代居民以游牧民族为主，依随水草，居无定所。以后又围绕水源建立定居点，在附近放牧。我们用地质学"将今论古"的方法，去考察原新庄集乡各居民点，可知其布局与泉眼出露处、便于打井处分布完全一致，庄点人畜多少与水源量大小也大致相合。如红寺堡城附近有9股泉眼，足供古代屯兵400余人和马匹饮用，小罗山西麓施家塘村附近有8股泉、1口井。有的村则建有贮水池以导积泉水和积蓄雨水，如徐冰水村有3泉、4贮水池。大罗山北麓的旧城、柳泉、西泉一带地下水位埋深小于10米，柳泉2眼部队机井年取水量曾达21.6万立方米。由此推测，居民点分布依随水源的规律古今大体相同，这是劳动人民千百年实践的宝贵经验，今后城镇、村庄布局仍应重视与水源地的协调。

（二）启示之二：以牧为主

干旱气候、草原植被的区情特点，决定了历史上畜牧业为居民主要生计，而少量的灌溉农业（位于泉水出露较丰处）和旱作农业（雨养农业）则为辅助产业。从汉代到明代，都是产牧为主、田牧兼营，而且其产业规模主要受制于降水多少和地下水利用程度。这是人类活动适应环境的选择，但历史时期当地的牧业尤其是种植业却很不稳定。在生产力水平大致相似的条件下，汉唐盛世的气候暖湿期，为牧业、种植业发展提供了较有利的天时地利，可能容纳较多的人口、牲畜，猜想汉代的羌胡、盛唐的吐谷浑在此当有一段快乐时光；而西夏、明代的气候冷凉期，则所能养活的人畜就比较有限。明代红寺堡地区居民以军人为主，红柳沟沿岸的"水泉数十处"皆由军士控制，一方面可"断胡马饮牧"以为防守手段，另一方面又让军士经营小型泉水灌溉农业，"可省馈饷"。[4]推测西夏时情况与此类似。即使同一时期的不同年代，由于年际间降水变化，多雨年可能生产生活宽裕，而旱年则可能发生灾荒。直到扬黄灌区开发之前，新庄集乡情况也并没有根本性改变。扬黄灌区开发，为多种产业发展提供了新的可能，但从发扬优良历史传统和发展节水产业角度，新时期草畜产业的推陈出新仍大有可为。

（三）启示之三：无灌不田

红寺堡区作为干旱半荒漠地区，发展旱作农业条件很差。古代人们为了生存，不得不把部分草地垦殖为旱耕地。但是人们逐步从实践中认识到，这些旱耕地在生产出少量粮食的同时，却可能带来巨大的生态灾难——土地沙漠化。这个过程西夏时期已有显露，明代更为加剧[5]。有水灌溉的耕地，从汉代一直维护到当代。但多雨年滥垦、干旱年撂荒的旱耕地，经风吹蚀即就地起沙。人们总结说："毁草开荒，农牧两伤，开一亩沙化三亩，头年开荒当年有利，第二年有害无利，第三年变成流沙地"，即所谓"农田吃草原，风沙吃农田"现象。再往上溯源，盛唐暖湿期开荒，在瘠薄的灰钙土上盛行一家种谷数十百亩、不用粪力、不事耕锄、"倒山种地"的"游农"习俗，如果说在雨量较多的暖湿期尚可勉强维持，则一旦转入冷干期，撂荒地随即迅速发生土地沙漠化现象。有人认为气候向冷干变化是导致沙漠化的主因，殊不知人们在暖湿期的毁草开荒已经埋下了祸根，所以土地沙漠化过程实为自然因素、人为因素（包括滥垦、过牧、乱采滥挖、战争破坏等）叠加的产物。

由此我们得知，在红寺堡这样年均降水不足 300 毫米的干旱地区，没有灌溉条件，就不应把草地垦为农田，否则必然会招致大自然的无情报复。

（四）启示之四：人水和谐

红寺堡区人民深知水之可贵，所以从古至今，都在开源节流上下功夫，如合理开发利用泉水、井水，拦蓄地表水、天上水（打水窖夏贮雨水、冬贮层冰），以少量水源发展补灌农业，生活用水和生产用水重复利用等。而过度开采地下水等不合理活动则导致草地退化、沙化等恶果。

扬黄灌区的开发，大大增加了当地可用水量，也从整体上改善了地表水、地下水的循环，改变了水环境，为红寺堡区大发展开辟了无限光明的前景。今后红寺堡区科学发展的一个大问题，便是汲取本区历史上正反两方面的经验教训，以及引进国内外先进的节水技术和经验，如何科学合理地用好黄河水、地下水的问题。我们要通过建设节水高效防污的草畜产业、林果产业、设施农业、补灌农业以及工业、服务业，建设节水高效防污的绿洲城镇、农村、社区，把节水型社会建设做到极致，并且重视人口规模、建设布局与水资源承载力的匹配协调，真正做到人水和谐。

（五）启示之五：保护自然

历史时期内，本区内出现过不少生态问题，例如滥伐乱采罗山林草植被，过度利用草场（超载过牧、乱挖甘草、樵采草根等），过度开采地下水源等，导致山地涵养水源功能衰退，草地退化、沙化，地下水位下降甚至水源枯竭，湖泊湿地萎缩甚至消失，地下水位下降与林草退化形成恶性循环，等等。人口压力过大引发生态破坏问题，而生态破坏又降低了资源、环境对人口的承载力。

当今，我们应以历史经验教训为镜，认真处理好新时期经济发展与人口、资源、环境的关系，树立尊重自然规律、保护优先的理念，切实保护好扬黄灌区绿洲生态系统，保护好罗山自然保护区，保护好天然和人工的林地、草地，因地制宜地开展防沙治沙和小流域水土流失综合治理工程，把保护自然、防灾减灾与建设西部生态屏障、建设资源节约型、环境友好型社会紧密结合起来，为把红寺堡区建设成为民族团结和谐、人与自然和谐的社会而不懈奋斗。

参考文献

[1]后汉书·西羌列传[M].

[2]后汉书·郡国志[M].

[3]汪一鸣，历史时期宁夏人口迁移的地理基础[A]，红寺堡历史文化研究文集[C]，银川：宁夏人民出版社，2009：363～379.

[4]杨新才，等.明实录宁夏资料辑录[M].银川：宁夏人民出版社，1988：下册 569；嘉靖、万历固原州志[M]，银川：宁夏人民出版社，1985：144.

[5]汪一鸣.宁夏人地关系演化研究[M].银川：宁夏人民出版社，2008：22～25，51～62，201～208；同[3].

中国地理百年大发现推荐意见
（宁夏篇）

1. 中国土地沙漠化的自然、人文因素探索

我国西北、华北、东北的干旱、半干旱地区，历史时期以至当代，土地沙漠化是一种重要的地理过程——土地和生态环境的退化。土地沙漠化的动力机制探索成为中国地理学家重要的研究对象。1954年华东师大地理系教授严钦尚指出，毛乌素沙地于人类历史时期形成，陕北榆林、定边间流动沙丘为最近二、三百年间产生（见《科学通报》1954年11期“陕北榆林定边间流动沙丘及其改造”）。1960年以后，我国著名历史地理学家侯仁之院士通过对宁夏、陕北、内蒙古西部、甘肃等沙漠化地区考察，认为滥垦、过牧、过度樵采等不合理活动是导致历史时期土地沙漠化的主要因素。以后，以中国科学院沙漠研究所研究员吴正、董光荣等为代表，认为土地沙漠化主要是受气候变化等自然因素影响的产物。当今很多专家则认为沙漠化是自然因素叠加人为因素的结果，在不同时期、不同地段其主导因素有所不同。半个多世纪来，中国土地沙漠化的成因正在中国地理学家们的不断探索下越来越清楚了，这对于中国的防沙治沙事业将产生深远的影响。

2. 宁夏沙坡头、白芨滩的沙漠化治理成功模式

宁夏回族自治区北部宁夏平原绿洲，正处乌兰布和、腾格里、毛乌素、库布齐四大沙漠包围之中，又处于长城沿线干旱区、半干旱区之间对气候变化反应最敏感的生态脆弱带上，与土地沙漠化斗争，是宁夏人民改善生存环境的大事。20世纪50年代建设包兰铁

为中国地理学会－中国国家地理杂志联合推出中国地理百年大发现专辑(2009年第10期)，代表宁夏大学资源环境学院所提7条与宁夏有关的推荐意见，其中1.4.6三项与全国评选结果30项中的2.9.24.相符合

路时,为保障铁路穿越腾格里沙漠的沙坡头路段安全通车,建立了中国科学院沙坡头治沙试验站,与铁路防沙林场紧密合作,在著名地理学家、中国科学院原副院长竺可桢院士支持、指导下,杰出植物学家、地理学家李鸣冈等专家进行固沙试验,发现了麦草方格沙障能有效控制流沙移动,同时实行机械固沙与植物固沙结合,种植旱生沙生植物与扬黄灌溉防护林带结合,创造了世界治沙史上的成功范例,获国家科技进步特等奖和联合国环境规划署全球环境保护 500 佳称号。如今位处沙坡头国家级自然保护区的中国科学院寒区旱区环境及工程研究所沙坡头沙漠研究站,以及毛乌素沙地边缘的白芨滩国家级自然保护区(早先为中国科学院治沙队灵武治沙研究站)已成为科学治理沙漠化的旗帜,白芨滩保护区管理局长王有德被评选为全国治沙英雄。沙坡头景区则成为国家 5A 级旅游景区,"中国最好玩的沙漠"。宁夏土地沙漠化面积由 1995 年125.68 万公顷减少到 2004 年 118.3 万公顷,在全国率先成为土地沙漠化逆转省区。现正在为把宁夏建设成为全国防沙治沙综合示范区而继续努力。

3. 宁夏冬小麦种植界线北移的科学发现

历史上,宁夏大部分属春小麦分布区,冬小麦主要分布于南部的彭阳、泾源、隆德等县,固原市原州区、西吉县以及同心、盐池两县南部也有少量种植。这是因为,冬小麦种植区要求最冷月平均气温大于 –8℃,否则不能顺利越冬。

新中国成立初期,青铜峡市以北直至银川、石嘴山一带,已有冬小麦零星种植,即冬小麦种植界线比原先向北推移了 100 多公里。1952、1953 年吴传钧先生进行包兰铁路选线经济调查时,敏锐地发现了这个冬小麦种植界线北移的地理现象,曾在《黄河中游西部地区经济地理》(科学出版社 1956 年出版)一书中,对冬小麦的生长日期作了分区比较,对正规二季区(甘肃平凉、静宁)、一二季过渡区(固原、同心)、冬小麦新推广区(银川、惠农)冬小麦面积、单产作了深入分析,认为虽然当时宁夏平原引黄灌区冬小麦面积不及春小麦的 1%,但冬麦北移不仅可由一年一季或一季半改为一年二季,有利于调节劳力、抵抗病害,也有可能提高产量,因此冬小麦北移至宁夏平原很有前景。

20 世纪 70 年代后期,有人也提出在宁夏平原灌区推广冬麦种植的建议,但几次都被宁夏多数小麦专家否定,他们认为冬麦北移风险大,能否顺利越冬、获得收成没有保证。当时我对吴先生与当地专家相对立的观点一直疑惑不解。

近几年,通过查阅气候资料和有关气候变化文献,终于弄清楚:宁夏北部 1938～1954 年间是气候暖湿期,50 年代中期到 60 年代末期为典型冷湿期,70 年代至 80 年代中期为冷干期,1986 年以后气温明显上升为暖干期。新中国成立初期正是暖湿期,此时冬小麦北移是人类活动适应气候变化的结果,吴传钧先生的发现具有重大意义。而 70 年代至80年代初则处于冷干期，当时多数小麦专家反对北移也是有道理的。我于2008年9月24日宁夏大学资源环境学院教授学术论坛所作"气候变化影响自然、人文环境之谜——以宁夏为例"报告中，对宁夏冬小麦种植界线北移之谜作了讲演，并且指出，从2001年以后各年看，宁夏全区各地最冷月平均气温均大于-8℃，适于冬小麦种植。从气候变暖趋势来作冬小麦种植区划，今后宁夏平原引黄灌区可逐步压缩春小麦面积而扩大冬麦种植，这对于扩大国家级优质小麦商品生产基地规模，对于宁夏平原引黄灌区调剂春灌用水高峰、避开春小麦灌浆期干热风危害、大幅度提高灌区复种指数、进一步发展特色优势农业，都具有深远的战略意义。近年来，宁夏已将扩种冬麦列为促进农业增效、农民增收的重大工程项目积极有序实施，冬麦面积稳步增长。可见，吴传钧先生的发现和论证具有重大的科学价值和实践价值。

4. 气候变化影响历史时期生产方式突变的科学发现

竺可桢关于历史时期气候变化的研究（以发表于《考古学报》1972年第1期的"中国近五千年来气候变迁的初步研究"为代表），揭开了中国古代气候变化规律研究的新篇章。以后，中国科学院地理研究所龚高法等（"历史时期我国气候带的变迁及生物分布界限的推移"，《历史地理》第5辑，1988）、张丕远等（"历史时期气候变化研究"，《地理学研究进展》，科学出版社，1990）进一步深入揭示了殷商至西周（距今3000～3400年）、东汉末至隋初（公元155～589年）由温暖期转为寒冷期两次大降温事件。笔者由此提出，宁夏南部黄土丘陵区新石器时代原先以农为主、以狩猎畜牧为辅的定居农耕生产生活方式，于商周之际却变成为西戎等游牧部族聚居地，以及魏晋南北朝时期宁夏南北各农区变成为鲜卑、匈奴、羌、氐等游牧部族活动地区，均与该时期气温剧降、北方草原环境恶化，迫使北方少数民族内迁寻求较好牧场有关，而汉代、唐代宁夏平原引黄灌区的大规模开发以及与此相伴的中原、长江中下游农耕民族大批移民进入宁夏则与当时暖湿气候条件下所提供的有利地理环境相关（见汪一鸣著《宁夏人地关系演化研究》，宁夏人民出版社，2008，其中"历史时期宁夏地区农林牧分布及其变迁"发表于《中国历史地理论丛》1988年第1辑，"宁南黄土丘陵区农林牧分布的历史变迁"发表于《宁夏史志研究》1991年第6期）。还有一些专家对我国人口迁移、农牧区变迁与气候变化的关系也作出了类似的论证。把气候波动看作为历史时期人口迁移、生产方式突变、农牧区分布演化的重要因素，既是历史地理研究的一个重要发现，也是20世纪80年代我国学术界破除迷信、解放思想的重要成果。

5. 天下黄河第一漂——黄河黑山峡皮筏漂流

据专家研究，东汉时在黄河青海贵德段已有制作皮筏渡河的记载。明清以来，黄河上游以牛皮筏、羊皮筏载货、运客史不绝书。而使黄河皮筏漂流名扬天下者当推当代中国名记者范长江1936年所作的实访报道。

甘肃、宁夏交界处的黑山峡,全长70余公里。宽仅数十米的窄谷急流涌进,犹如万马奔腾。峡中"老两口"、"三兄弟"、"七姊妹"、"拦门虎"、"洋人招手"等礁石俱惊险万状,只有轻便的皮筏,可以在急流飞泻、浅滩礁石密布的峡谷中顺利漂流。

中国工农红军长征北上后,年轻的范长江作为《大公报》特约通讯员,以惊人的勇气和顽强的毅力,踏上了西南、西北之旅。1936年4月,他由兰州搭牛皮筏赴宁夏。他在"过大峡"、"红山峡和黑山峡"等通讯报道中,对皮筏通过急流险峡、回民"峡把式"、峡谷奇特景观等有淋漓尽致的生动描述,人们阅后无不留下难忘的印象(见范长江著《中国的西北角》,新华出版社,1980年)。自此以后,黄河黑山峡的皮筏漂流遂为世人所熟知。

改革开放以来,黄河黑山峡的羊皮筏漂流已成为国家5A级景区沙坡头景区的拳头旅游产品,由于其悠久历史和鲜明的地方特色,以及新奇刺激、有惊无险的体验,号称"天下黄河第一漂",深受国内外游客特别是青年探险游客的喜爱。

6. 1920年海原大地震考察

海原地震发生于1920年12月16日,震中位于宁夏海原县西华山北麓,震级8.5级,震中烈度Ⅻ度,震源深度18公里。影响面积300多万平方公里,许多城镇毁灭,死亡23万余人,被称为"环球大震",是中国和世界著名大震之一。当地人称:"地动了,山搬了,房倒了,人亡了。"1921年3月中旬,国际饥饿救济协会J.W.霍尔、U.克劳斯等到震区调查,于1922年美国地理杂志发表调查报告《在山走动的地方》。1921年4月15日,当时的内务部等派翁文灏、谢家荣、王烈等地质地理学家,到震区开展4个月的调查考察,这是我国地震研究史上第一次对大地震作出全面详细的科学考察。海原地震考察标志着地震学作为一门科学在我国的正式诞生。新中国成立后,国家先后派出几批高水平的科学考察队,写出了《海原地震带》等专著。海原地震留下了众多遗迹:干盐池城垣、西安州古城垣、海城镇万人坟、菜园地震断裂带、西吉黄土滑坡群、地震堰塞湖群、海原哨马营错裂明代古柳(因地震错裂而使柳树干被劈为两半,但古柳至今存活)、唐家坡田埂错动等。目前已建立国家级西吉党家岔震湖遗址保护区、海原地震遗址保护公园。

7. 水洞沟文化遗址的发现

水洞沟遗址为黄河流域旧石器时代晚期遗址,全国重点文物保护单位。位于银川市东南30公里,属灵武市临河镇。遗址濒临黄河支流水洞沟。遗址堆积物沉积在第三纪末期剥蚀丘陵的湖积洼地之中。1920年比利时神父P.绍特在水洞沟北岸断崖中发现一具披毛犀头骨和一件典型的石英岩石器。1923年法国古生物学家德日进、桑志华在此进行第一次发掘,获得近300公斤石制品和少量动物化石,并与法国学者步日耶作了进一步研究。1960年中苏古生物考察队再次发掘,获得各类石制品2000多件。1963年我国考古学家裴文中等进行第三次发掘,发现上层还有新石器时代的遗物。以后又多次开展更大规模的发掘研究。水洞沟文化具体年代为距今4万年~1.5万年间。

水洞沟遗址的发掘,揭示了数万年前该地区的气候、水文、植被、动物和人类活动状况。水洞沟遗址的发现,纠正了"中国没有旧石器时代文化"的论断。作为我国最早发现的旧石器时代遗址之一,也是我国黄河上游正式发掘的唯一旧石器时代遗址,又是中外考古合作的重要见证。特别是水洞沟遗址与众不同的文化特征——这里出土的石器,与国内其他旧石器文化遗址有所不同,而与西亚、北非以及欧洲莫斯特文化和奥瑞纳文化有某些相似之处,从而引起了各方专家的强烈兴趣:水洞沟文化是否为东西方古老文化碰撞交流的产物?有待进一步深入研究。

岩画与环境变迁研究
——评《贺兰山岩画研究》对环境考古的贡献

贺吉德著《贺兰山岩画研究》(以下简称《研究》)最近出版了,[1]这是宁夏社会科学界的一件大事,也是贺吉德先生精深学识的集中体现之一。《研究》全面、系统地总结了贺兰山岩画的最新调研成果,探讨了岩画的分布规律、断代难题、文化内涵,把中国岩画研究推向一个新的阶段。《研究》也论述到自然科学范畴的岩画环境变迁领域,本文仅就《研究》中环境考古的有关内容作一简要评述。

一、中国环境考古学的兴起

以田野考古与环境变迁研究相结合为特征的环境考古学,是一门自然科学、社会科学交叉性学科。20世纪前期在北京房山周口店和河南安阳殷墟开展的大规模考古发掘,都依据出土的动植物遗存进行过古环境复原,可说是中国环境考古学的萌芽阶段。中国现代地理学奠基人竺可桢院士曾指出:“应用科学方法进行考古发掘,并根据发掘材料对古代历史、地理、气象等进行研究”是中国近代科学进步之表征。[2]考古学家苏秉琦先生则说:“考古学应有能力来回答重建人类与自然的协调关系”问题。[3]历史地理学家侯仁之院士于20世纪60年代初开展西北沙漠化地区考察时,特邀北京大学考古专业青年教师俞伟超作为研究组成员,通过对乌兰布和沙漠、毛乌素沙地许多古墓葬、古城堡遗址的调研,复原古代地理环境及人地关系演化,对中国环境考古学的形成发挥了开创性作用。在地质学家刘东生院士等支持和第四纪环境地质专家周昆叔研究员等努力下,中国第四纪科学委员会成立了环境考古专业委员会。1987年又成立以侯仁之为主任、周昆叔为副主

发表于《西夏研究》2012(4):116~122

任的北京市古迹保护委员会环境考古分委员会。当今,环境考古学已成为研究古代地理环境以及人与自然关系演变的重要现代科学学科之一。[4]

二、把环境考古学引入岩画研究的新探索

《研究》独辟蹊径,开辟了岩画研究与环境变迁研究相结合的道路。贺吉德七年岩画实地调查及其后的苦心钻研,深化了对贺兰山古代地理环境的认识。

《研究》一书对岩画环境有许多精辟见解,例如书中指出:"通过环境考古学,对贺兰山产生岩画的生态环境和物质条件进行考察分析,从而推知人类对岩画环境选择的规律和古人活动对环境的要求。"通过研究分析概括得出以下重要论断:"岩画是在特定的自然环境和人文环境中的产物。产生岩画的地方,往往是古代游牧民族相对驻牧生息的地方。岩画的产生地,必须具备三个环境条件:一是水草丰美,适宜于人类狩猎放牧;二是有易于制作岩画的山体或连片的岩石;三是有地势较为开阔、适宜人居的空间,便于在岩画相对密集的地方从事祭祀或巫术活动。"

《研究》进一步指出:"在人迹罕至的荒漠草原上所发现的岩画石,往往呈现出大分散、小集中的分布特点,在分布形态上又体现为呈带状分布、片状分布或线状分布的特点。更重要的是,在每一处岩画相对集中的地方,每块岩画石上所表现出来的内容、风格或岩刻方法,总是和这片区域中分布着的其他岩画石上表现的内容、风格、岩刻方法有可参照的地方,呈现出小区域的一致性。"(见《研究》64 页)

由此,《研究》提出了一个非常重要的观点:"岩画的记录不仅包括岩画的图像本身,还应包括岩画所处的地理环境、相对位置。"即研究岩画必须同时研究它所在的大环境(宏观环境)、小环境(微观环境),包括自然地理环境、人文地理环境。因此,贺吉德领导下的贺兰山岩画管理处团队"在我国首次运用 GPS(卫星定位仪)记录贺兰口洪积扇岩画的经纬度和标高,从而取得了每块可移动岩画石所处位置的翔实数据,为今后的岩画研究和保护提供了条件。"这就是用现代地理学和环境考古学方法来"对岩画进行完整、准确的科学记录,是保护岩画和对岩画进行研究的基础性工作。"

有人提出,将分布于洪积扇荒漠草原上的可移动漂砾石的岩画石运走集中入库管理,《研究》认为"这种做法不足取。因为岩画一旦离开了它产生的地点,就会失去一定的研究价值",就不"能够全面地了解其群落分布特点和整体文化内涵","正确的方法是加强管护,严格禁止游客、尤其是拉运石头的车辆进入岩画分布区域"。这种远见卓识正来自于当代环境考古学的科学理念。

基于岩画与其环境不可分割的认识,《研究》强调保护贺兰山岩画,还必须同时"保护贺兰口古人类文化遗址,保护古村落、自然生态资源和山地植被景观,在沟口内外大力开

展植树种草保水活动，恢复贺兰口在历史上长期有游牧民族放牧居留、繁衍生息、产生大面积岩画群落的生态环境”（见《研究》66页）。贺吉德是这么说的，也是这么做的，近些年来，不但贺兰口岩画的原真性得到切实保护，而且其周围的生态环境、古人文环境的原生态也得到严格保护，从而为申报世界文化遗产打下了坚实基础。

《研究》总结出岩画研究“认真不失真，客观不主观”的十字箴言，这就是贺吉德研究岩画科学态度的自我写照，也是研究一切科学、文化必须遵循的至理名言。

三、岩画与气候变化

岩画断代是贺兰山岩画研究的一大难题。有人认为，少量岩画远自2万年前的旧石器时代。《研究》认为，岩画制作要与人类活动遗址联系起来考察，要考虑人与自然的关系，即当时气候条件和自然环境对人类活动的适宜性。

贺兰山地区最早的文化遗址是旧石器时代晚期（或称中石器时代）的青铜峡市鸽子山遗址，主要文化层年代距今11620±70～10060±60年，亦即1.2万年前贺兰山没有发现人类活动踪迹。联系到气候变化，距今2.3万～1.2万年前的晚更新世末期，贺兰山处于第四纪末次冰期，是地质历史上距今最近的气候最干冷、严酷的时期，山地环境恶劣不适人类生存。《研究》记述，2003年9月，贺吉德陪同周昆叔考察贺兰山，确认贺兰口沟和苏峪口沟、拜寺口沟等一样，分布有冰斗、冰碛物等冰川活动遗迹，造就了贺兰口沟口内外奇特的冰蚀景观：沟口两侧山体巨大的磨光面和冰川擦痕。周昆叔指出，经过冰川磨蚀的岩壁受外力低温、高压作用而使岩面致密度下降、硬度变低，这为先民制作岩画提供了条件较好的平整岩面，“岩画就磨刻在冰川作用面上。”对于冰川擦痕与岩画刻痕孰先孰后的叠压关系则“不可分辨”。周昆叔只是非常谨慎地说：“如果能判定冰川擦痕‘打破’了岩画刻痕的话，这对我们解决岩画断代是有意义的。”由此《研究》指出，“有人借周昆叔教授在贺兰口发现冰川擦痕，在没有用仪器测定出冰川擦痕与岩画刻痕先后关系的情况下，贸然断定是冰川擦痕‘打破’了岩画擦痕，并且以此为据，得出贺兰山岩画产生于冰川擦痕形成前的2万～3万年。那只是一种非常轻率的说法，不足为凭。”（《研究》130页）

在反复研读《研究》有关岩画与气候变化的观点基础上，我又适当延伸展开，通过已知的气候变化事实，推断贺兰山岩画盛期大致可划分为以下四个发展阶段：大致第四纪晚更新世末（旧石器时代晚期）、全新世初，贺兰山地区气温上升，冰川消退，特别在距今8500年前后，植被茂盛，有较多人类活动，这可能是贺兰山岩画初盛期。距今6000年以后，贺兰山地降水增加，直至距今4200年间，为相对温暖湿润的气候最适期，而平原地区干旱程度加剧，植被退化、流沙扩展，人们多向林草繁茂的山地转移，其时贺兰山东麓有多处新石器文化遗址，贺兰口沟口外发现的石器、陶器碎片据鉴定距今5500～6000年，这一时期可能为岩画大盛期。综合相关资料，我们可以复原勾勒出五、六千年前贺兰口的环境图画：当时贺兰山湿润度近似于今日六盘山，峰顶白雪皑皑，山间泉水淙淙，山上不同高度遍生喜冷凉的冷杉、铁杉、云杉、松和喜暖的栎、桦、榛、杨之属，疏林、灌丛一直延伸到沟口，山麓水草丰美，九兽（豹、虎、鹿、獐、盘羊、岩羊、黄羊、野猪、豺狼等）出没其间，百鸟鸣唱于林中水畔，水泊、沼泽边徜徉着天鹅、鹈鹕、鹤、鹭、鹳等水禽，龟、蛇游弋于水草之间。猎人忙着猎取鸟兽，牧人赶着大批畜群（羊、牛、马、驼等），部族艺术家（祭师、巫师及其助手）在岩壁上创制岩画。每当朔望之日，朝晖之晨或圆月之夜，人们聚会于山壁岩画之前，举行祭祀仪式或巫术大会，歌唱舞蹈，祈求上天赐福：子孙繁衍，畜兽旺盛……。距今3400～3000年间（殷商至西周初），我国北方出现由暖湿气候向凉干气候的大变化，即国际上所谓“新冰期”前期。由于气温剧降，漠北草原环境恶化，严重威胁那里游牧民族的生产生活，迫使他们向南迁移到阴山以南包括贺兰山等广阔地域，寻求较好的狩猎地和牧场。这是历史上北方的猃狁、羌戎、匈奴等民族第一次大规模南迁进入宁夏地区的活动，也使贺兰山人类活动和岩画创作进入鼎盛期。这一鼎盛期断续相传，一直延续至秦汉时的暖湿期（即所谓小温暖期）、魏晋南北朝时的寒冷期（即“新冰期”后期），其时匈奴、鲜卑、羌、氐等部落又纷纷进入贺兰山等地区。[5]之后，才演变为西夏、元代的岩画衰退期。以上初步推测，不知远在天上的贺兄以为然否？

由上所述，可知确实存在着气候变化——环境变迁——人类活动——岩画发展之间的紧密联系，《研究》在这方面作出的贡献值得予以充分评价。

四、动物岩画与环境变迁

贺兰山岩画的内容和题材丰富多彩，其中数量最多的当数各种各样的森林动物和草原动物岩画。《研究》通过某些动物岩画来论证第四纪晚更新世末期（旧石器时代晚期）至全新世时期（新石器时代、青铜、铁器时代以至近代）环境变迁。

《研究》“虎岩画”一节指出：贺兰山虎岩画，与我国其他岩画区虎岩画相比，数量最多，其中贺兰山东侧24幅，卫宁北山8幅，还有内蒙古自治区境内贺兰山西侧若干幅。这表明古代贺兰山多虎，有适于虎生息繁衍的环境。据地方志书记载，至迟明、清时期，贺兰山虎尚未绝迹。“这不仅为研究贺兰山地区在远古时代至晚近的生态环境提供了珍贵的第一手资料，而且也为原始先民在贺兰山创作大量以虎为题材的岩画找到了动物考古学上的依据”（《研究》195页）。

书中对雪豹岩画也作了较多考证，指出贺兰山海拔3000米以上雪线附近适宜雪豹栖息生活。由宁夏地方志记载可见，至迟到清末民国初，文献记载贺兰山还有雪豹。

而今虎、雪豹早已在宁夏绝灭。

由《研究》第四章可见，贺兰山动物岩画中现已灭绝的动物，除虎、豹之外，还有野马、野驴、野骆驼、野牛、野牦牛、野猪、鸵鸟、白鹤、龟、蛇等。它们分别消失于历史时期不同阶段，由文献记述可知，多数在明末清初或清末民国初灭绝。其他一些物种，如盘羊、黄羊、马麝（獐）等，也已成濒危动物。它们灭绝或濒临灭绝的主要原因是栖息环境的改变或破坏，我将其归结为以下六个因素：①气候持续干化：历史时期主要是“小冰期”（1550～1900年）期间，冷暖、干湿变化剧烈，特别是19世纪以来，气温升高，气候逐步干旱化，导致喜冷湿的森林范围缩小，耐旱的草地、灌丛扩大，雪豹、牦牛等喜凉动物最适生存环境不复存在。②森林火灾频发：气候干化使森林在旱季、旱年易发火灾，加上人们在林区活动引发山火，甚至战争纵火，森林、灌丛及动物受损极大。③乱采滥伐：西夏以来特别是明、清期间伐木更甚，用作木材、烧炭，导致原始森林消失，现仅存天然次生林。④无限制进山放牧：近代以至现代，由于山麓荒漠草原退化严重，驱畜进山放牧时间延长、空间扩展，其中阔叶林、疏林灌丛受破坏最甚。⑤对动物滥施捕猎：许多野生动物被捕猎供进贡、买卖、出口。⑥适宜生境缩小：林线由海拔1700米上升至2000米处，雪线上升使山地永久积雪消失，山中众多泉水、湿地减少甚至不复存在，林栖动物、湿地动物的适宜生境缩小或破坏，导致种群数量下降，或迁移他处，或趋灭绝。[6]

由此可见，贺兰山动物岩画成为研究古代生物多样性及其生态环境变迁的珍贵自然信息。

五、若干岩画环境问题之谜

任何科学研究，通过揭示某些自然或人文现象的变化规律，既为人类知识宝藏添砖加瓦，也为开拓新的研究打下坚实基础。我想，《研究》的出版，不是有关研究的终结，而是创造更高深学问的开始。《研究》中提出了许多岩画环境的“为什么”，其中有的问题在书中已直接或间接作出回答，有的则有待后人继续探索。本文仅举数例如下。

问题之一：为什么贺兰山植物岩画远少于动物岩画？为什么从全国范围看，贺兰山植物岩画又最多？

目前已调查记录的贺兰山岩画总数达19752幅，其中动物岩画最多，而植物岩画仅51幅，相比之下少之又少。但与我国其他岩画区相比（如内蒙古阴山植物岩画4幅，甘肃4幅，新疆3幅，青海2幅，全国合计不到百幅），又是植物岩画最多之处。《研究》认为，“这是值得认真研究的两个问题，需要专题讨论，这里恕不作深入探讨。”似乎未作正面回答。但就全书内容来看，已经从侧面作了间接回答。《研究》通过岩画的“族属问题”和“作者”的分析论证，明确指出贺兰山地区是新石器时代古人类以及商周以来诸多北方游牧民族的狩猎、放牧、生息繁衍之地，他们对那些作为狩猎或放牧对象之动物最熟悉、最关心，一些动物（如羊、牛、马）既是他们的生产资料、生活资料，有些（如羊、鹿、牛、虎）还是体现部族图腾崇拜、生殖崇拜、自然崇拜、神灵崇拜的对象。而植物可能与农耕民族关系更为直接、紧密，但农耕民族一般不会去创作岩画。这就不难理解贺兰山、全国以及全球植物岩画稀少的原因。

从全国范围看，全新世气候最适期的贺兰山是周围荒漠、半荒漠中难得的绿岛，其巨大山体和2000多米的相对高差，造就了荒漠草原、疏林灌丛草原、针阔混交林、针叶纯林、高山灌丛草甸等不同生态系统组成的山地自然景观垂直分布，与毗邻游牧地区相比，其水源、林草格外丰美。即使处于气候适宜期之后的西夏时期，相关文献也表明，贺兰山“有种种林丛、树果、芜荑及药草……兰山中泽：野兽皆集，放牧牲畜，黑山郁郁万种树……溪多泉流不竭也……神山云凝不散，则处处降雨也……野山郁郁溪谷长，生诸种树……扩林植山，诸鸟夜宿，诸兽昼隐，夏日荫凉，冬时庇暖”，即降水多、水源丰、植被茂、畜兽繁，生态环境总体上比近代为优。这也许是贺兰山植物岩画远比其他岩画分布区多的原因之一吧。[7]

问题之二：为什么贺兰山岩画题材以羊岩画为最多？

其实，这与全球动物岩画以羊岩画居多完全一致。贺兰山羊岩画包括盘羊、羚羊、岩羊、青羊、黄羊、山羊、北山羊等，它们数量多、不伤人、易捕杀、易驯养繁殖、用途广，与贺兰山生态环境有着最大的适应性，是古人类狩猎最重要的目标和放牧畜群的主体。相传贺兰山是历代游牧民族在旱年、旱季的“救命牧场”，每当草原久旱少绿，即纷纷驱羊进山。自古以来，羌戎、匈奴、鲜卑、吐蕃、回纥、党项等少数民族大多以羊为部落图腾，羊是这些民族物质生活、精神生活的基础，是人们最可依托的朋友和吉祥物。把羊只形象刻画在石壁上，表达了古人借助动物的超自然力、追求美好生活的愿望。直到近代，贺兰山贺兰口农牧民仍保留着以羊祭祀山神的古老习俗。

问题之三：贺兰山东西侧不同的岩画特色表明了什么样的环境差异？

《研究》充分揭示了贺兰山东侧（包括东山坡和东麓洪积扇）的岩画现象，而属于内蒙古自治区的贺兰山西侧岩画，仅在“附录”中有简要介绍。从贺兰山地区岩画研究的完整性着眼，似有必要对西侧岩画作进一步考察研究。但仅从现有材料可知，东侧有不少水禽岩画而西侧缺如，西侧有不少草原鹰岩画而东侧极少。我认为，这或许反映了东侧湿地较多，而西侧在更加干旱的荒漠环境下荒漠——兔、鼠——鹰等食物链特征。

问题之四：为什么贺兰口岩画数量最多、密度最大，远多于贺兰山其他沟口？

贺兰山东侧已调查记录的19752幅岩画中，分布于贺兰口沟口内外即有5681幅，占30多沟口总数的28.8%，岩画分布密度达每平方公里513幅。其中贺兰口沟口内0.79平方公里崖壁上有 2101 幅。对此,《研究》作了很好的分析:“有岩画分布的山口,山高谷深,沟口豁大,地势开阔。一般都有山泉涌出,形成溪流,故水草丰茂,谷内有森林分布。”亦即岩画数量多少与古代游牧区人类宜居环境优劣呈正相关。我把贺兰口岩画特多的原因归纳为如下 6 点:①区位适中,处于贺兰山中段核心部位,至其他山口距离适当,便于人、畜集散活动。沟口向西有小路可直通山后阿拉善高原。②沟谷较长,达 18 公里,在贺兰山中段各沟中仅次于插旗口沟(21 公里)、苏峪口沟(19 公里)。沟口内外有较大地域空间,便于在较广阔的山崖岩面上刻制岩画,在开阔地面上进行狩猎、放牧、祭祀、巫术、娱乐等各种活动。③泉水丰富,水质良好,常流水四季不断,水源可承载较多人畜在此生息。以 1980 年 8 月山洪流量计,贺兰口达 83.3 立方米 / 秒,在贺兰山中段各沟中仅次于甘沟(117 立方米 / 秒);以 1925 年山洪流量排序,贺兰口大于 100 立方米 / 秒,次于苏峪口、榆树沟、黄旗口、甘沟、拜寺口。④植被较好,沟谷上游森林密布,沟口内外有广阔的灌丛、草原,为畜兽提供充分的食料和活动场所。⑤岩画集聚类似于经济学上的非均衡发展规律(循环累积因果效应、增长极效应),即增长首先出现于某个具有特定优势的地点,逐步形成增长极并集聚发展。同样,岩画也可能首先出现于某个有利地点,然后集聚发展,贺兰口就是贺兰山东麓岩画集聚发展地区,形成巨大的岩画群落,同时也是古人类祭祀中心和古村落所在,包括山洞、石垒民居遗址、祭坛、圈石墓、反映生殖崇拜的石砌构筑物、大小羊圈,以及距今 5500 ~ 6000 年的石器、陶片,从而成为代表中国北方地区“一种传统人类居住区的杰出例证。”⑥进一步追问:为什么偏偏集中在贺兰口而不是苏峪口、拜寺口或插旗口等条件相似的别的沟口?这里我想起诺贝尔奖获得者、美国著名经济学家兼地理学家克鲁格曼在论证工业布局原理时所说的,某个工业企业落地某处,往往引发自某个偶然性因素,当然这种偶然性存在于若干必然性因素之中。[8]可以想象,当先民在贺兰口刻制出第一幅岩画时,可能在人群中引发轰动效应、连锁效应,而逐渐出现岩画群的集聚效应。

问题之五:为什么人面像岩画集中于贺兰口内山壁?为什么贺兰口沟口内北山壁岩画多于南山壁?

记录在册的贺兰山人面像岩画共 881 幅,是中国和全世界人面像岩画最多的,而贺兰口沟口内外有人面像岩画 715 幅,占到贺兰山总数的 81.2%,其中有 8 处集中分布 584 幅,《研究》称之为“圣像壁”。《研究》把人面像岩画分为自然崇拜类、生殖崇拜类、图腾崇拜类、神灵崇拜类、首领崇拜类、面具类等六大类。其中沟口北山壁上有一幅宽 54 厘米、长 50 厘米的大型人面像,他环眼圆睁、光芒四射,高居于离谷底 20 米的石壁上,即驰名中外的“太阳神”岩画,是人面像岩画的杰出代表。《研究》指出:“人面像岩画,包括贺兰口人面像岩画在内，大都发现在附近有泉水涌出的山体石壁上……有‘圣像壁’的地方，其实就是古人类举行祭祀仪式的场所。”贺兰口人面像岩画密集，正是其作为贺兰山地区古人祭祀、巫术活动中心（以及与此相关的聚会、舞蹈等集体活动中心）的反映。

至于北山壁岩画（1339 幅）远多于南山壁（762 幅），显然，北山壁坐北朝南（实质是西北向东南），每当日出朝阳光芒四射之际，是举行宗教仪式的首选之地，北山壁岩画集中度高于南山壁是可以理解的。

问题之六：贺兰口沟口外洪积扇上漂砾石岩画为什么呈现出西密东疏、大分散小集中等分布特点？

贺兰口沟口外洪积扇荒漠草原上，共分布有 1594 块刻有岩画的石头，单体图像 2538 幅，其中大多为动物岩画（1155 幅）。这些可移动的大小独石岩画为什么呈西密东疏，线状、带状、片状分布，并有大分散小集中特点？这牵涉到贺兰山冰期冰缘地貌发育、全新世洪积扇环境演变、冲沟发育、漂砾石分布和植被分布等一系列微地貌、小环境问题，需要进一步深化研究、寻求正确答案。

总之，《贺兰山岩画研究》一书多角度、全方位地论述了贺兰山岩画的最新科研成果，反映了作者贺吉德先生渊博的学识、深刻的思想、独到的见解、求是的精神。作为贺吉德的挚友，我是抱着学习的态度，仅从该书对贺兰山环境考古研究贡献的视角，不揣浅陋，写下点滴读后体会，聊以慰贺兄英灵于万一。

参考文献

[1] 贺吉德.贺兰山岩画研究[M].银川：宁夏人民出版社，2012.

[2] 竺可桢.中国近五千年来气候变化的初步研究[J].考古学报，1972（1）.

[3] 苏秉琦.中国文明起源新探[M].香港：商务印书馆，1997.

[4] 宋豫秦.侯仁之——中国环境考古学的先导[A]// 走近侯仁之[C].北京：学苑出版社，2011：366~372.

[5] 汪一鸣.历史时期宁夏人口迁移的地理基础[A]// 红寺堡历史文化研究文集[C].银川：宁夏人民出版社，2009：363~379.

[6]汪一鸣.一千年来贺兰山地区生物多样性及其环境的变化[A]// 宁夏人地关系演化研究[C].银川：宁夏人民出版社，2008：41~50.

[7] 克恰诺夫，等.圣立义海研究[M].银川：宁夏人民出版社，1995.

[8] Krugman P.地理学与经济理论[M].北京：北京大学出版社，2005.

明代韦州、罗山的地理景观
——评《大明庆靖王朱㮵》对韦州历史地理研究的贡献

白述礼教授专著《大明庆靖王朱㮵》一书，全面、系统地评述了明代才子王爷朱㮵在宁夏的一生经历及相关问题，是明代宁夏地方史研究的一部力作。其中关于韦州平原和罗山地理环境的分析描述，为我们提供了珍贵的宁夏自然史和历史地理信息。[1]

一、明代韦州城与庆阳城、宁夏城的地理区位和环境比较

据白述礼教授研究，明太祖洪武二十四年（1391 年）封朱㮵为庆王，于封地庆阳府建庆王府，是年朱㮵14 岁。洪武二十六年一月庆王“受命西来”居庆阳。以后庆王到韦州游猎，“见罗山秀丽，遂宫室”。[2]于洪武二十六年五月移居韦州城，“居之九年”，又于建文三年（1401 年）由韦州移居宁夏城（今银川市兴庆区老城），直至正统三年（1438 年）逝世，居留 36 年，合计在宁夏生活 45 个春秋。

白教授指出，庆王先去庆阳，次到韦州，再居宁夏城，主要是朝廷的旨意，但也有庆王自己的喜好和主观能动性因素。庆王到庆阳城不久，即接到藩国宁夏的旨意，即应徙居宁夏城，为什么竟先移居韦州城九年？白教授在书中作了很好的分析，我将其归纳为三个因素。

一是区位适中。本来，庆王应“就藩宁夏”，但当时宁夏“以饷未敷，令驻庆阳北古韦州城，就延、绥、宁租赋”。[3]据《大明令典·卷三十八》载，“庆王岁支禄米一万石”。驻韦州城的地理区位正处延安、绥德、宁夏三府之中枢位置，便于就近获得三地租赋供给。另外，韦州“地宜畜牧”，从今宁夏中部的灵盐台地、韦州平原、红寺堡平原向西到香山低山丘陵一

发表于《红寺堡历史文化研究文集》，宁夏人民出版社，2009：340～346

带，有地域辽阔的宜牧草原。明代初叶，于韦州置宁夏群牧千户所（又称韦州群牧千户所）。该所实为庆王府私产，专为庆王府司牧养羊、马、牛、驼之业，管理各地牧场，原有官军 1120 人，后实有 409 人，另有农牧户 280 户、457 人。额定赋役为每岁采湖滩秋青草 5 万束，以供冬季饲用。韦州城是群牧千户所的大本营，自然比在宁夏城管理群牧方便。

二是风景秀丽。庆阳府本是山清水秀之地，《庆阳县志》说，“庆城依山为势，据层峦峻岭之上，群峰共揖，襟带两河，天堑之雄也。”庆王在徙居韦州之前，先来韦州游猎考察一番，对韦州平原特别是罗山秀色可说是一见钟情，虽不能说韦州城比之庆阳城一定强多少，至少可以说韦州城的地理景观自有其优越之处。关于罗山秀色，将在第二部分详述，此处不赘。

三是适宜人居。庆王自己对韦州城的评价是：“韦州城……土坚好，城垣尚完如新……地土高凉，人少病疾”。[4]

白述礼教授在对比韦州城与宁夏城二者的人居环境时，也作出了实事求是的分析评价。白教授指出，庆王于正式移居宁夏城的前三年，即洪武三十一年冬由韦州去宁夏城视察，对于他第一次见到的宁夏城山川形胜非常欣赏，“历观经涉之所，因山川之胜概，思所以赋之诗而未得暇。及后欲经营新宅，遂登高眺远，披阅地图，若黄河之襟带东南，贺兰之蹲峙西北，天开地设，雄镇藩畿，亦可谓殊方之胜地矣……以见风景之佳，形胜之势，观游之美，无异于中土也”。[5]客观地说，宁夏城环境风貌在许多方面比之韦州城确实又胜一筹。但是，韦州城也有其独特优势，可概括为以下两点：

地土高凉。韦州城海拔近 1400 米，高出宁夏城（海拔 1110 米）200 多米。韦州平原地下水位较深，地表径流、地下径流通畅，比之银川平原地下水位较浅、土壤盐渍化、沼泽化发育的所谓“卑湿”环境，韦州城具有地势高爽、夏季凉快、病虫害少等宜于人居的环境特点，在当时生产力水平较低的条件下，更利于人们的健康。

泉水甘洌。韦州平原水源，主要来自于罗山山地基岩裂隙水、罗山东麓洪积扇第四系潜水和沟谷地表径流，最终汇入韦州城东侧的甜水河（韦州河）。韦州城正处罗山东麓洪积平原和甜水河冲积平原的交汇地带，泉眼出露多、水量大、水质好，例如著名的红城水泉群，100 米范围内由第四系砂砾层出露 10 余个泉眼，日涌水量在 2541 立方米（6 月枯水期）至 3421 立方米（9 月丰水期）之间，矿化度 0.69 克 / 升，水温 11℃，是非常好的甜水，可直接作为人畜饮用水源，汉代以来又是灌溉农田形成韦州平原小绿洲的水源。而宁夏城的第四系潜水（浅层地下水）矿化度一般在 1 ~ 3 克 / 升之间，水质咸苦。在当时没有取用深层承压水的机井条件下（当代饮用的机井深层承压水是矿化度小于 1 克 / 升的甜水），宁夏城的饮用水源水质大大不如韦州城的甘泉。而水质好坏对人体健康是有重大影响的。

由此，永乐年间，庆王以“宁夏低卑潮湿，水土不适”为由，再三向皇帝请求返居韦州，但成祖从军事地理形势和祖宗旧规考虑，没有批准庆王请求，只准许朱㮵每年到韦州避暑一次。宣宗即位时，庆王再次上书要求把庆王府迁回韦州：“洪熙元年(1425年)十月甲午，庆王㮵奏：‘……宁夏卑湿，土碱水咸，请仍居韦州。’”[6]《明史·朱㮵传》也有类似记载：“宣德初，(庆王)言宁夏卑湿，水泉恶，乞仍居韦(州)。(宣宗)不许，令岁一往来，如成祖时”。可见庆王对地土高凉、泉水甘洌的韦州是如何的一往情深！于是，庆王学做候鸟，每年春夏间居韦州，秋冬返居宁夏城，韦州王府成了庆王的避暑行宫。

二、明代罗山的景观生态

在白述礼教授看来，庆王由庆阳徙居韦州，罗山是极大的吸引力，这是很有见地的观点。

罗山地盘不大，北段大罗山，南段小罗山，一共仅137平方公里，却是当代宁夏三大天然林区之一。由于地处中部干旱风沙带，为生态脆弱的荒漠草原和干草原包围，山地对于维护周围地区的生态平衡具有特别重要的作用。古代罗山的林草植被比之今日为优。汉代已成为安定属国之名山，《后汉书·郡国志》有安定“属国降羌胡数千人，居山田畜”的记述。《水经注·卷二》则明确指出罗山“东有三水县故城(今红城水古城)”，而《辞源》对三水县的解释为“因县界内有罗山谷三泉并流，故名”，表明汉代安定属国都尉治所之三水县与罗山的密切关系。宋代人郑文宝、宋琪等对灵州、韦州、盐州间广阔地区“七百里旱海”的严酷环境有生动描述，但却盛赞威州(即韦州)、乐山(即罗山)一带“水甘土沃，有良木薪秸之利”。[7]

朱㮵《宁夏志》说：“蠡山(即罗山)，在韦城西二十余里，层峦叠嶂，苍翠如染……木多松、桧、桦、榆、白杨；草则黄精、秦艽、大戟、知母草、血竭、黄芩、防风、远志、黄耆、柴胡、升麻，皆药之良者。山北有显圣祠，雨旸祷之辄应。”表明明代初叶罗山林木茂密，长有云杉(古代通称松)、桧柏、白桦等要求冷湿条件的树种，以秦艽为代表的喜冷湿的中生性药草也占有较大比重。

罗山高处气候湿润，年均降水400毫米，比平地多出100余毫米，当地人向有“一年七十二场巡山雨”的传说，由此不难理解山腰建有祈雨的显圣祠的缘故。据白教授考证，整个大罗山东麓，远眺恰似一尊巨大的坐佛，而该祠正好建于巨佛的中心点，可谓独具匠心、匠具佛心。巨佛“两腿”间，至今流淌着一股清泉。由祠中石碑可知，该祠始建于宋代，原名三圣殿，庆王游罗山时改名为云青寺。

罗山林草自来有涵养水源、保持水土的功能，因此山地、山麓多泉水出露。红城水等地自古即为灌溉农业小绿洲，而韦州平原大多水草丰美，向为田牧之区，实皆罗山水源之赐。罗山本身也成为历代游牧民族在旱年、旱季的“救命牧场”。文献记载“寇入尝驻牧于此”，[8]是为明证。

庆王居韦州时提出“韦州八景”，但文献记载有据可查的仅有六景：蠡山叠翠，西岭秋容，东湖春涨，白塔晨烟，芦沟夜月，石关积雪。其中至少前二景直接与罗山相关，芦沟则应为由罗山流出的溪流，位于韦城西侧，长芦苇(见《宁夏志》载颜先福“芦沟夜月”诗)。庆王为朝夕欣赏罗山秀色，特在王府城楼上建拥翠亭，并留下了“登韦州城北拥翠亭”、“晚登韦州楼”、“朝中措·忆韦州拥翠亭”、“临江仙·避暑韦州”等诗词，后两首词中有“记得当年雨霁，常时坐对西山”，“韦城风景自堪怜，螺峰初雪霁，月榭淡笼烟”等句，表达了庆王离开韦州定居宁夏城后对韦州、罗山的深情眷恋。庆王府属下官员也有很多吟咏罗山的诗篇，如刘昉在“西岭秋容”诗中把罗山赞为“仙佛境”。白教授在书中用整整一章的篇幅，把韦州罗山的秀美风光，用抒情的文学笔触描绘得淋漓尽致，又把罗山的地形气候、树木花草、野生动物，甘泉、庙宇等作了科学的评价，使人读来如临实地、心向往之。由此，也使我们不难理解，为什么庆王特别看中罗山的好风水，把他及其子孙家族100余人的王陵均安置于大罗山东麓的道理了。庆王陵墓群占地30多平方公里，加上文武官员陪葬墓，可能有数百人之多。可惜的是，明清以来王陵被破坏殆尽，现仅庆庄王陵墓地宫硕果仅存。

三、东湖、鸳鸯湖的兴废

韦州平原有着干旱气候的严酷大环境，但依赖于罗山山地及其东麓洪积扇的众多泉水，汇成韦州城东侧的甜水河。庆王自幼生长于“杏花春雨江南”的南京城，对水自然有一种与生俱来的依恋之情，水质偏苦、名不副实的甜水河(其常流水矿化度一般大于4克/升)必然不能满足他的要求，于是他在居留韦州期间，亲自构思设计，建设了两处人工湿地——水库型湖泊，即著名的韦州东湖和鸳鸯湖，事载朱栴所撰《宁夏志》：“东湖，在韦城东一里余；鸳鸯湖，居东湖之北二三里。二湖皆予作者。”

二湖是怎么形成的？据我们调查，罗山两侧许多村庄有天然泉水，并引泉水为贮水池，泉水不够用再打井。如小罗山西麓徐冰水村有泉3眼，贮水池2处，泉水又汇成徐冰水河(又名阴子河，为红柳沟上源)；小罗山东麓上马泉村有泉眼2、井一口、贮水池一处，而个别村庄所建贮水池竟多达14处(如小罗山西麓樊家山村)。想来庆王学习了当地人建池经验，在韦州城与甜水河之间的合适地貌部位，截引泉水或溪沟水，建成了东湖、鸳鸯湖。该二湖的独特之处，一是湖面较大，二是设施多，有多种休闲游乐设施(垂钓、游艇、断桥、居舍等)，三是逐步培育形成了由湖水、湿地植被群落(芦苇、荷花、荇、萍、藻等)、水生或涉水动物(鱼类、凫、白鹭等)、岸畔植被(杨、柳等)构成的湿地生态系统。这由朱栴

“东湖春涨”诗中“鱼冲急雨牵浮藻，莺逐颠风过断桥”，“夜宿鸳鸯湖闻雁声作”诗的“夜宿”(说明湖畔有住宿设施)，穰穆诗中“百顷湖开”、“钓艇”、“急雨鸣芦来乘雁，颠风欹柳起群凫”，颜先福诗中“拂水垂杨藏白鹭，牵风翠荇跃金鳞”，张彝诗中“雨涨荷花”、“锦鳞漫戏逐萍转，画艇轻摇……”等可知端倪。《读史方舆纪要·卷六十二》又载：“东湖……鸳鸯湖，互相萦注。所境田畴，多藉以灌溉”，则又使我们知道，二湖相互沟通，不仅是韦州一大生态景观，并且是一大片农田的灌溉水源。这也表明，二湖必有稳定的泉水或溪流补给。

至此，白述礼教授对韦州山水有一段总结性描述，“韦州，天高云淡，蓝蓝的天空，高高的大山，葱绿的树木，甘甜的泉水，幽静的寺庙，广阔的草原，凉爽的气候，古老的城堡，宏伟的王府，华丽的宫殿，清澈的湖水，恰似江南风景，真是一个山清水秀、人间仙境的好地方。”诚哉斯言！

白教授还对二湖遗迹进行调查。据韦州镇政府李全同志告知，韦州当地传说，有鸳鸯湖，但似乎没有东湖。这说明东湖地势稍高、萎缩在前，该湖早已在多数居民记忆中消失。要问该二湖究于何时废弃不存？宁夏大学何彤慧教授实地调查后认为，清末民国初东湖、鸳鸯湖已基本消亡，湖畔农田抛荒，但因地下水位较浅，尚存很好的芨芨草地。直到近二、三十年才出现土地沙化景观。[9]

是什么原因使湖泊消亡？我认为，一是明清以来气候干旱化的影响，降水减少导致泉水、溪谷水对湖泊的补给量减少，地下水位下降，以致湖泊萎缩。二是人类不合理活动的影响。如罗山林草植被因滥伐、过牧而导致退化、缩减。明清期间是罗山森林大收缩时期，清末以后继续退化，罗山林区清末尚有较多桦树，现已成稀有种，新中国成立初期到1985年间，罗山林区森林覆盖率由57.2%下降到28.2%，其中乔木有林地由2467公顷减少到1227公顷，而这必然降低水源涵养功能，使暴雨径流大量流失，常流水(泉水、地下径流和地表径流)大幅度减少。又如人们盲目扩大泉水利用，过度开采地下水，使地下水位急剧下降，从而减少对湖泊的水源补给，湖泊失去水量平衡，终致湿地的萎缩、消亡。前些年我们到红城水古城考察，也发现因人畜用水、灌溉用水大幅度增长，泉水利用超过补给量，很多泉眼消失，只好打机井来扩大地下水利用，而这又促使地下水位进一步下降，引发地表植被普遍退化。而植被退化又进一步恶化水资源的自然循环，形成植被退化与地下水位下降的恶性循环。这种情况亟须汲取教训，积极采取有效应对措施。

总之，白述礼著《大明庆靖王朱栴》一书多角度、全方位地论述了明代宁夏藩王的神奇历史。白教授是我的校友、学长。我这篇短文仅从该书对韦州地区历史地理研究的贡献这一视角，写出自己的点滴读后体会，实在是挂一漏万、贻笑大方。不当之处，诚望白教授及读者指正。

参考文献

[1]白述礼,大明庆靖王朱栴[M],银川:宁夏人民出版社,2008:16～26.

[2]万历朔方新志·卷一.

[3]明史·朱栴传.

[4]朱栴著,吴忠礼笺证,宁夏志笺证[M],银川:宁夏人民出版社,1996:83.

[5]朱栴著,吴忠礼笺证,宁夏志笺证[M],银川:宁夏人民出版社,1996:378～379.

[6]明实录.

[7]乾隆宁夏府志·卷十八,郑文宝:城古威州议.

[8]读史方舆纪要·卷六十二.

[9]何彤慧,毛乌素沙地历史时期环境变化研究[R],兰州大学博士论文,2008-11.

第三篇

区域发展水平的综合测度评价

在编制宁夏回族自治区国土规划过程中，深感对区情、区力进行综合评价是关键性问题。正确测度区域的经济发展水平和发展潜力，是评价该区域自然资源开发条件的重要方面，也是制定区域开发政策的重要依据。现将工作实践中以及方法论获得的某些新认识总结如下。

1. 理论基础

区域经济系统是一个复杂系统，具有层次从属结构，即从属于更高层次的巨系统（更大范围的区域或国家），本身又可分为若干较低层次的子系统（小区域），具有一定的结构特征。系统的产出功能主要决定于结构和投入。系统是开放的，有物质、能量、信息的输入与输出。系统状态有其相对稳定性，又有动态变化。区域经济系统与自然系统、社会系统相互结合，构成区域生态经济系统（或人地系统、人类生态系统）。国家和区域的开发政策对系统的结构和投入都会产生重大作用。[1]

区域发展水平是评价区域经济系统现状的基本指标，是把空间与过程结合起来的综合概念。其测度应体现以下三个基本要求：客观性——反映地域经济分异的本质特征，动态性——能表现区域经济发展的过程和趋向，可行性——有可以统计、处理的数据，指标和计算方法比较简便。过去一般以人均国内生产总值、人均粮食占有量、人均纯收入、文盲率等作为衡量区域发展水平的指标，虽较简明，但客观性、动态性较差。

根据系统论的观点，区域发展水平作为一定时间断面上系统特征的综合描述，可以

国家自然科学基金项目（48960003），国际地理联合会亚太区域地理大会（1990 年 8 月）发言稿，发表于《经济地理》1991，11（1）：31~35。本文英文本发表于《The Journal of Chinese Geography》1991，2(3)：36~47。合作者：陈建宁

从四方面测度评价:(1)系统内部结构,包括以下具体指标:产业结构、经济空间结构、综合反映产业结构和经济空间结构的城镇化水平。(2)系统产出功能,包括产出规模、投入产出效能、集中反映产出功能社会效益的居民生活水准。(3)系统投入水平,包括反映智能投入的文化教育水平、资金投入、能源投入。(4)区际交换,以输出率作为主要指标。

不同区域经济系统的结构和产出功能,最能反映地域经济分异的特征[2]。把投入水平也作为系统特征的重要内容进行测度,可在一定程度上反映系统的发展潜力和变化趋势,是使区域发展水平评价加强动态性和客观性的重要手段。根据 D.C.North 的理论,某个区域的经济或人口增长,决定于区域的输出规模。显然,测度输出率,对于评价区域经济现状特征及其发展状况,也很有意义。就四个方面的指标比较而言,系统产出功能的有关指标是表征区域发展水平的主要指标,结构、投入、区际交换的有关指标都对产出功能发生作用,它们是相对次要的指标。

由于经济空间结构、城镇化水平(城镇人口占区域总人口的比重)和产品劳务输出率(产品和劳务输出的净产值占区域国内生产总值的比重)目前国内没有现成的统计数据,这三个指标暂不考虑。

2. 测度模式

区域发展水平(RDL)要测度系统结构、产出功能、投入水平,亦即使 RDL 测度模式成为随时间变化的一组指标的函数:

$$RDL_{(t)} = f(\sum_{i=1}^{n} X_i)_{(t)} \qquad (1)$$

这里,RDL 指标体系包括 7 个指标,具体意义和计算方法简述如下:

2.1 产业结构水平(S)

体现社会经济结构形态和所处生产力发展阶段,并在一定程度上对应着社会智能水平[4]。以 x_1、x_2、x_3 分别表征第一、二、三产业的就业人数构成份额,则

$$\sum_{i=1}^{3} X_i = 1 \qquad i = 1, 2, 3$$

若以 ρ_1 、、ρ_2、ρ_3 分别表示第一、二、三产业对应的社会劳动者宏观智能水平,则结构水平 s 可表述为:

$$S=\rho_1 x_1 + \rho_2 x_2 + \rho_3 x_3$$

根据定性排序与定量转换公式:

$$\rho_i = \frac{\ln(m-i)}{\ln(m-1)} \qquad m = i_{max}+2$$

则 $\rho_1=0.5$，$\rho_2=0.79$，$\rho_3=1$

故 $S=0.5x_1+0.79x_2+x_3$ ……（2）

2.2 文化教育水平（C）

在职劳动力和后备劳动力的智能水平是反映系统投入水平的基本因素。以 x_1、x_2、x_3、x_4 分别表征文盲半文盲、小学初中、高中、大学以上文化程度人数构成份额。同前理，文化水平

$$C=0.43x_1+0.68x_2+0.86x_3+x_4 \qquad (3)$$

2.3 产出规模水平（O）

按总人口平均的产出规模，可表示为

$$O=\frac{GDP}{P}\text{（人民币千元）} \qquad (4)$$

其中 GDP 为国内生产总值，P 为人口数。

2.4 能源投入水平（EN）

人均能源消耗规模是测度投入水平的重要指标，可表示为

$$EN=\frac{ECA}{P}\text{（标准煤 t）} \qquad (5)$$

2.5 资金投入水平（F）

资金是各种资源(劳动力、生产工具、生产资料)和基础设施等总体投入水平的反映。以人均国民收入潜在积累率(国民收入生产额减消费额与生产额之比)表示可用资金水平。

即 $$F=\frac{NIP-NIC}{NIP} \qquad (6)$$

2.6 居民生活水平（L）

以居民消费水平和农民人均纯收入按优化期望对等权重简括归并而得，即

$$L=\left(\frac{C}{P}\right)^{0.5}\left(\frac{N}{AP}\right)^{0.5}\text{（千元）} \qquad (7)$$

2.7 经济效能水平（EF）

前述产出规模水平（O）只能在一定程度上反映经济效能。这里以劳动生产率（LP，国内生产总值 / 劳动者数）、能耗有效度（V，国内生产总值 / 能耗规模）、企业资金利税率(R)各乘以一定权值（λi）作综合反映，即

$$EF=\sum_{i=1}^{n}\lambda_i X_i \qquad (8)$$

$$其中 \sum_{i=1}^{3} \lambda_i = 1 \qquad i = 1, 2, 3$$

RDL 综合测度:为消除上述 7 个指标在量纲、量级上的差异,需对原始数据作必要的数据变换或标准化处理,然后分别给以相应权值(λi)以得出综合评价指数:

$$RDL_{(t)} = \sum_{i=1}^{n} \lambda_i X_i'_{(t)} \qquad (9)$$

其中 X_i' 为 O、EF、L、S、C、F、EN 各指标经标准化处理后的数值,

$$\sum_{i=1}^{7} \lambda_i = 1 \qquad i = 1, 2, 3, 4, 5, 6, 7$$

RDL 测度模式可用于评价各类等级、尺度的区域,大至国家,小至县级地域。亦可用于一个区域的纵向比较分析。

3. 实例分析

根据《中国统计年鉴》和《中国各省、自治区、直辖市历史统计资料汇编(1949～1998)》数据,对 1987 年度中国 28 个省市自治区(海南省包括于广东省内,西藏、台湾资料暂缺)的 RDL 进行测度。原始数据采用极差标准化处理方法,再经加权计算,得出 RDL 系数。7 个指标和 RDL 系数的各省市区数值及其排序见表 1、表 2。现对表中数据作初步分析、说明:

3.1 RDL 系数比人均国内生产总值或其他单项指标能更确切地反映不同区域的实际经济发展水平。由表 3 可知,RDL 与 O 的各省市区先后排序大多数是不同的。例如,山西省是个大量提供能源、原材料产品的区域,由于能源、原材料价格偏低,其人均国内生产总值排序偏后,居第 16 位。但 RDL 因综合考虑了其较高的产业结构水平、文化教育水平和资金投入水平,排序提前到第 10 位。而青海、宁夏因得到国家的大力支援,人均国内生产总值并不太低,但 RDL 综合考虑了它们的经济效能差、资金积累能力小、智力资源不足等指标,其综合系数是较低的,在各省市区中居于第 26 和第 24 位。这些是符合客观实际的。可见,本文提出的 RDL 综合测度模式是科学的、可行的。

3.2 我国总的区域发展水平尚处于经济发展的中初级阶段。以无量纲的产业结构水平(S)进行对比,中国 1987 年仅为 0.653(1985 年为 0.641),各省市区中位居第一的北京市为 0.830, 而 1985 年度世界各主要国家则分别为: 美国 0.926, 加拿大 0.923, 英国 0.918,澳大利亚 0.913,法国 0.891,联邦德国 0.884,日本 0.882,意大利 0.876,苏联 0.825,埃及 0.751,中国仅略高于印度的 0.626。

表 1 各省市区 RDL 系数及其排序(1987)

省市区	O	EF	L	S	C	F	EN	RDL	排 序
全国	1.053	0.157	0.484	0.653	0.637	0.314	0.802	0.287	13~14
北京	3.338	0.280	0.912	0.830	0.709	0.428	2.321	0.824	2
天津	2.692	0.256	0.782	0.794	0.089	0.501	2.294	0.733	3
河北	0.921	0.149	0.420	0.655	0.641	0.337	0.966	0.292	13
山西	0.913	0.114	0.376	0.505	0.653	0.336	1.617	0.319	10
内蒙古	0.857	0.119	0.416	0.672	0.653	0.147	0.952	0.236	17
辽宁	1.768	0.194	0.629	0.742	0.675	0.430	1.891	0.541	4
吉林	1.072	0.156	0.546	0.706	0.672	0.229	1.131	0.380	9
黑龙江	1.291	0.177	0.517	0.725	0.665	0.358	1.409	0.423	6
上海	4.396	0.356	0.620	0.814	0.701	0.610	2.337	0.981	1
江苏	1.415	0.216	0.406	0.695	0.672	0.485	0.775	0.420	7
浙江	1.400	0.299	0.470	0.684	0.665	0.442	0.528	0.424	5
安徽	0.790	0.184	0.409	0.621	0.701	0.312	0.458	0.194	19
福建	0.933	0.223	0.461	0.628	0.638	0.280	0.433	0.269	14
江西	0.741	0.161	0.349	0.644	0.638	0.234	0.454	0.184	20
山东	1.050	0.189	0.474	0.622	0.605	0.435	0.748	0.308	12
河南	0.771	0.151	0.413	0.657	0.624	0.385	0.628	0.215	18
湖北	1.031	0.183	0.597	0.590	0.626	0.365	0.701	0.309	11
湖南	0.818	0.172	0.346	0.607	0.628	0.301	0.615	0.244	16
广东	1.347	0.265	0.339	0.588	0.625	0.377	0.470	0.410	8
广西	0.613	0.211	0.346	0.590	0.643	0.202	0.282	0.174	22
四川	0.709	0.142	0.359	0.607	0.630	0.238	0.556	0.161	23
贵州	0.546	0.134	0.329	0.588	0.600	0.152	0.581	0.071	28
云南	0.605	0.186	0.343	0.590	0.592	0.253	0.434	0.124	27
陕西	0.756	0.132	0.351	0.647	0.637	0.189	0.644	0.175	21
甘肃	0.764	0.126	0.321	0.649	0.594	0.200	0.916	0.137	25
青海	1.018	0.116	0.443	0.664	0.577	0.112	0.953	0.128	26
宁夏	0.834	0.111	0.401	0.648	0.620	0.102	1.170	0.158	24
新疆	1.041	0.134	0.493	0.654	0.656	0.208	1.096	0.269	15

表 2　各项指标的前五名和末五名

排　序	O	EF	L	S	C	F	EN	RDL
1	上海	上海	上海	北京	北京	上海	上海	上海
2	北京	北京	北京	上海	上海	天津	北京	北京
3	天津	广东	天津	天津	天津	江苏	天津	天津
4	辽宁	浙江	辽宁	辽宁	辽宁	浙江	辽宁	辽宁
5	江苏	天津	浙江	黑龙江	吉林	山东	山西	浙江
24	江西	甘肃	河南	湖南	安徽	陕西	安徽	宁夏
25	四川	内蒙古	广西	四川	贵州	贵州	江西	甘肃
26	广西	青海	云南	云南	甘肃	内蒙古	云南	青海
27	云南	山西	贵州	广西	云南	青海	福建	云南
28	贵州	宁夏	甘肃	贵州	青海	宁夏	广西	贵州

表 3　RDL 系数与人均国内生产总值的比较

省、市、区	RDL 系数		人均国内生产总值		不一致
	数　值	排　序	数　值	排　序	
上海	0.981	1	4.396	1	
北京	0.824	2	3.338	2	
天津	0.733	3	2.682	3	
辽宁	0.541	4	1.768	4	
浙江	0.424	5	1.400	6	√
黑龙江	0.423	6	1.291	8	√
江苏	0.420	7	1.415	5	√
广东	0.410	8	1.347	7	√
吉林	0.380	9	1.172	9	
山西	0.319	10	0.913	16	√
湖北	0.309	11	1.031	12	√
山东	0.308	12	1.050	10	√
河北	0.292	13	0.921	15	√
福建	0.269	14	0.933	14	
新疆	0.269	15	1.041	11	√
湖南	0.244	16	0.818	19	√
内蒙古	0.236	17	0.857	18	√
河南	0.215	18	0.771	21	√
安徽	0.194	19	0.790	20	√
江西	0.175	20	0.741	24	√
陕西	0.174	21	0.756	23	√
广西	0.161	22	0.613	26	√
四川	0.161	23	0.709	25	√
宁夏	0.158	24	0.884	17	√
甘肃	0.137	25	0.764	22	√
青海	0.128	26	1.018	13	√
云南	0.124	27	0.605	27	
贵州	0.071	28	0.546	28	

表 4　　不同数据处理方法的 RDL 系数比较

地区	极差标准化处理		极大值标准化处理		不一致
	系　数	排　序	系　数	排　序	
上海	0.981	1	0.992	1	
北京	0.824	2	0.921	2	
天津	0.733	3	0.880	3	
辽宁	0.541	4	0.789	4	
浙江	0.424	5	0.728	7	√
黑龙江	0.423	6	0.735	5	√
江苏	0.420	7	0.729	6	√
广东	0.410	8	0.722	8	
吉林	0.380	9	0.716	9	
山西	0.319	10	0.690	10	
湖北	0.309	11	0.678	12	√
山东	0.3085	12	0.6782	11	√
河北	0.292	13	0.665	13	
福建	0.269	14	0.659	15	√
新疆	0.2689	15	0.663	14	√
湖南	0.244	16	0.648	16	
内蒙古	0.236	17	0.640	17	
河南	0.215	18	0.635	18	
安徽	0.194	19	0.625	19	
江西	0.184	20	0.620	20	
陕西	0.175	21	0.618	21	
广西	0.174	22	0.615	22	
四川	0.161	23	0.611	24	√
宁夏	0.158	24	0.6146	23	√
甘肃	0.137	25	0.604	25	
青海	0.128	26	0.600	26	
云南	0.124	27	0.594	27	
贵州	0.071	28	0.574	28	

3.3 按照 RDL 系数的排序，中国各省市区可分为三种类型。

3.3.1 较发达省市沪、京、津、辽、浙、黑、苏、粤、吉 9 省市，即长江三角洲、珠江三角洲和环渤海、东北地区。它们显著超前于其他各省区，大致已进入区域经济发展的稳定增长阶段或开始进入成熟发展阶段前期。

3.3.2 欠发达省区晋、鄂、鲁、冀、闽、新 6 省区，大致开始步入区域经济发展的稳定增长阶段初期。

3.3.3 其余为不发达省区，其中最落后的为西南（黔、滇、川加上西藏）和西北（青、甘、宁），尚处于区域经济发展的初级阶段，某些省区的部分地区尚停留在经济发展的原始阶段（以自给性农业为主的自然经济）。

3.4 由表中数据可以发现很多有意义的现象，例如宁、青、甘、晋、内蒙等省区，具有很大的能源优势，但系统的经济效能水平却处于最末几位，因此，它们面临的突出问题是加速推进技术进步和生产集约化步伐。浙、闽、粤、桂等沿海省则效能较高，而能源投入水平很低，今后如能较好地解决能源不足问题，将会促进经济进一步健康发展。在五个省级少数民族自治区中，新疆区域发展水平显著高于其他自治区，除了其具有突出的资源优势和国家给予大力扶持外，其近些年来的开发经验值得深入研究。如能进一步计算各年的 RDL 系数，进行动态分析，当能发现更多有趣的问题。

3.5 为比较数据处理方法对计算结果的影响，我们另以极大值标准化方法处理原始数据，再加权计算，得出另一套 RDL 系数。由表 4 可见，两套数据大同小异，总体上是基本一致的。例如浙、黑、苏三省数据十分接近，它们实际上处于同一档次的发展水平上，其排序先后意义不大。鄂鲁之间、闽新皖之间、川宁之间情况类似。

3.6 本实例主要目的是比较分析国内各省市区的区域发展水平，为方便起见，在计算 O、EF、L、F 等指标时均以人民币为单位。如需与其他国家进行比较分析，则可统一以美元为单位计算。

参考文献

[1]陆大道.区位论及区域研究方法.北京，科学技术出版社，1988.

[2]Hoover，E，M. An Introduction to Regional Economics.New York :Alfred A. Knopf. Inc.1975.

[3]North，D.C.Location Theory and Regional Economics.Journal of Political Economy，1955，63:243.

[4]于宏义，等.综合国力测度评价.科学学与科学技术管理，1989，10(10).

从宁夏看地区经济协调发展问题

受地区经济发展不平衡规律的作用，我国地区间的经济差异十分显著。当这种差异扩大到某种程度时，便可能影响国家宏观效益和发展后劲，并且导致区域之间矛盾加剧，从而引发一系列社会稳定、民族团结等问题。因此，在谋求全国经济持续、快速发展的同时，必须重视地区间的协调发展问题，这是国民经济健康发展的应有之义。

从全国范围看，地区经济协调发展是指各地区优势得到较充分发挥，形成合理的地区分工，经济差距不太悬殊，达到普遍发展、共同繁荣，主要包含:东、中、西三大经济地带的协调，发达省市与不发达省区的协调，富裕地区与贫困地区的协调，高速增长地区与萧条停滞的老工业基地的协调，城市与农村的协调发展等。而这也必然涉及到全国和地区产业结构合理化，经济、社会、科技协调发展，经济与人口、资源、环境协调发展等问题。

术文试以不发达省区的一种类型宁夏回族自治区为例，联系全国区际经济增长差异走势，来剖析地区经济协调发展的某些问题，并提出改进设想。

一、改革开放以来我国区际经济增长差异的基本评价

改革开放促进了我国经济社会的迅速发展，并且在一定程度上打破了原有的生产力分布格局。这里，采用若干统计分析指标来揭示区域经济增长差异的特点和趋势。

(一)人均国内生产总值(GDP)的区域位次排序

以人均 GDP 作为反映区域经济发展水平的指标，虽不够确切但计算简便。表 1 反映了改革开放初期(1980 年)和近年(1992 年)各省市区人均 GDP 的变化情况。考虑到京、津、沪三市地域较小，作为区域进行比较时，笔者把北京、天津、河北合为一个地域统计单

国家计委《我国地区经济协调发展研究》课题部分成果，发表于《我国地区经济协调发展研究》，改革出版社，1996:168～185

元(京津冀),把上海、江苏合为一个单元(沪苏),似乎更为合理。主要变化是:

1. 东南沿海发展快,北方发展慢,如粤、浙、闽、琼、鲁、苏、桂等沿海省区地位迅速上升,辽、黑、吉等重工业基地省地位下降,沪、京、津三市虽仍名列最高位次,但相对比重降低,其中上海下降幅度最大,人均GDP与全国平均水平之比由1980年601.1%下降为1992年384.1%。最发达区从原来的沪苏、辽宁、黑龙江、京津冀变成目前的沪苏、广东、辽宁、浙江、京津冀。

2. 中西部各省区虽均有发展,但相对于沿海的快速增长,多数省区(中西部18个省区中占14个)地位普遍下降,其中尤以黑、甘,青、晋、宁等省区下降幅度最大。而新疆、内蒙古、云南、西藏等沿边省区则发展较快,超过了全国平均增长速度,证明不发达的少数民族地区在一定条件下可以加速发展,逐步缩小与发达地区的相对差距。

3.1980年人均GDP最高与最低省市之比为1∶0.08(上海与贵州),12年间贵州发展虽继续落后于全国平均增长速度,但因上海相对地位下降较大,差距有所缩小,1992年为1∶0.125。

(二)三大地带和各省区人均GDP的不平衡系数变化

以人均GDP的加权变差系数CVw即不平衡系数作为反映区际经济增长差异的指标,不平衡系数CVw值越大,区际经济差异越大。其计算公式如下:

$$CV_w=\frac{\sqrt{\sum[(y_i-\bar{y})^2\rho_i/p]}}{\bar{y}}$$

式中Y_i表示某区域单元人均GDP,$\bar{y}$表示全国人均GDP,P_i表示某区域单元人口数,P表示全国人口数。

区域单元划分是否合理对于CVw的计算结果关系极大。以东、中、西三大经济地带的人均GDP计算CVw,结果为1980年0.233,1992年0.31,即区际差异有所扩大。计算三大经济地带GDP占全国比重的变化,1980年东部占52.3%,中部31.3%,西部16.4%,而1992年则分别为56.6%、27.9%和15.5%,表明差异扩大的主要原因是中西部增长落后于东部沿海,特别是与中部增长严重滞后有关。

再以省区作为区域单元,计算人均GDP的CVw(三直辖市分别计入所在省而以京津冀、沪苏作为区域单元),则1980年为0.401,1992年为0.397,即综合差距基本维持在原有水平上。这主要是一部分原发达省区(如京津冀、辽黑吉)增长较慢,而处于原中间或落后状态的大部分沿海沿边省区增长较快,抵消了中西部许多省区的相对落后的复杂作用造成。

表 1　　各省区人均 GDP 排序

地区	1980 年			1992 年		
	人均值	与全国之比	排序	人均值	与全国之比	排序
上海	2738	601.1	1	7925	384.1	1
北京	1582	347.3	2	6434	311.9	2
天津	1392	305.6	3	4470	216.7	3
（沪苏）	898	197.1		3687	178.7	
广东	473	103.8	8	3515	170.4	4
辽宁	768	168.6	4	3231	156.6	5
浙江	468	102.7	9	2882	139.7	6
江苏	544	119.4	6	2862	138.7	7
（京津冀）	683	149.9		2744	133.0	
新疆	405	88.9	16	2318	117.2	8
黑龙江	685	150.4	5	2372	115.0	9
山东	405	88.9	15	2300	111.5	10
福建	343	75.3	20	2263	109.7	11
海南	337	74.0	22	2066	100.1	12
（全国）	455.5	100		2063	100.0	
吉林	465	102.1	10	2033	98.5	13
河北	427	93.7	13	1842	89.3	14
青海	475	104.3	7	1829	88.7	15
湖北	428	94.0	12	1799	87.2	16
山西	437	95.9	11	1740	84.3	17
内蒙古	345	75.5	19	1715	83.1	18
宁夏	409	89.8	14	1624	78.1	19
湖南	365	80.1	18	1468	71.2	20
西藏	314	68.9	26	1461	70.8	21
陕西	335	73.5	23	1452	70.4	22
江西	342	75.1	21	1426	69.1	23
河南	317	69.6	24	1369	66.4	24
四川	315	69.2	25	1357	65.8	25
云南	267	58.6	29	1331	64.5	26
广西	281	61.7	28	1307	63.4	27
甘肃	388	85.2	17	1305	63.3	28
安徽	285	62.6	27	1243	60.3	29
贵州	219	48.1	30	987	47.8	30

（三）省区内部差异的人均 GDP 排序和不平衡系数变化

这里以宁夏回族自治区为例，计算区内各市县人均 GDP 的位次排序，结果是北部川区(引黄灌区)12 个市县除石嘴山市、中宁县外地位都有上升,而山区 8 县除盐池县外地位均在下降,即川区与山区差距拉大。再计算自治区内 4 个地区(银川、石嘴山、银南、固原) 人均 GDP 的 CVw,1980 年为 0.483,1992 年为 0.651; 计算自治区内 20 个市县人均 GDP 的 CVw,1980 年为 0.696,1992 年为 0.809。显然,这两类区域单元的经济差距均显著扩大。以人均 GDP 最高的区域单元与最低的相比较,1980 年石嘴山地区与固原地区之比为 1:0.218,石嘴山市与彭阳县之比为 1:0.104,而 1992 年银川地区与固原地区之比扩大为 1:0.117,银川市与西吉县之比扩大为 1:0.061。以最穷县与全区平均水平相比较,1980 年彭阳县为全区平均值的 25.2%,而 1992 年西吉县为 15.8%。可见,相对于全国范围内的区际差异变化,省区内部差异的扩大更为突出。

总起来看,改革开放以来,我国区际经济增长差异的变化较大,它们主要是经济快速发展中出现的不平衡,总趋势是正常的,问题是第二位的。需要引起我们高度注意的,是中西部部分省区长期相对滞后,特别是不发达省区中存在相当数量的贫困片区,它们与全国平均水平的经济差距正在迅速拉大。如果继续任其自然发展,势必将使区际矛盾加剧,并且阻碍全国国民经济和社会进步的持续、快速、健康发展。

二、宁夏与全国经济差距拉大的原因分析

宁夏是改革开放以来少数几个与全国平均水平差距迅速拉大的省区之一,也是五个省级少数民族自治区中唯一低于全国平均增长速度的自治区。1980 年宁夏 GDP 占全国比重 0.346%, 人均 GDP 为全国平均值的 89.8%, 居第 14 位;1992 年 GDP 比重降为 0.328%,人均 GDP 为全国平均值 78.7%,降低 11 个百分点,位次降为第 19 位。宁夏与全国差距拉大的原因很多。

(一)不利的地理区位

宁夏不沿海、不沿边,远离我国主要经济中心和发达地带,远离交通干线,交通通达性差,长期形成闭塞的环境、闭塞的社会和闭塞的观念,至今仍是我国开放度最小的省区之一, 如 1992 年外贸进出口总额 69 886 万元, 占全区国内生产总值的 8.9%(全国为 38.0%), 仅占全国进出口总额的 0.077%; 实际利用外资额 1 012 万美元, 仅占全国 0.053%;海外旅游者人数 3 593 人,仅占全国 0.009%,居各省区倒数第一。特别是南部黄土丘陵地区(西海固地区),基本上还处于封闭半封闭的自然经济状态。封闭必然导致落后。

(二)改革步子不够大,市场经济发育迟缓

宁夏长期来受高度集中的僵化的计划经济体制统治,至今其影响仍未消除,表现在国有企业比重过大(产值比重达 78.5%,而全国为 48.1%,浙江为 25.9%),乡镇企业、个体私营企业、三资企业比重很小,市场体系很不完善,政府机构庞大且职能转变滞后,“左”

表 2　　宁夏各市县人均 GDP 排序

市县	1980 年			1992 年		
	人均值	与全区之比	排序	人均值	与全区之比	排序
银川市	882	215.6	2	4242	261.2	1
石嘴山市	971	242.3	1	3658	225.2	2
（银川地区）	592	144.7		3292	202.7	
青铜峡市	712	174.1	3	2949	181.6	3
（石嘴山地区）	615	150.4		2527	155.6	
陶乐县	327	80.8	6	2297	141.4	4
吴忠市	388	94.9	4	2217	136.5	5
贺兰县	301	73.6	10	1982	122.0	6
永宁县	229	56.0	12	1786	110.0	7
惠农县	298	72.9	11	1656	102.0	8
（全区）	419	100		1624	100	
（银南地区）	344	84.1		1557	95.9	
中卫县	315	77.0	8	1502	92.5	9
灵武县	308	75.3	9	1494	92.0	10
平罗县	328	80.2	5	1473	90.9	11
中宁县	321	78.5	7	1213	74.7	12
盐池县	178	43.5	13	862	53.1	13
同心县	148	36.2	15	552	34.0	14
固原县	156	38.1	14	470	28.9	15
隆德县	109	26.7	19	431	26.5	16
泾源县	136	33.3	17	403	24.8	17
海原县	126	30.8	18	387	23.8	18
彭阳县	103	25.2	20	387	23.8	19
（固原地区）	134	32.8		385	23.7	
西吉县	147	35.9	16	257	15.8	20

的观念根深蒂固，改革步伐不仅大大落后于沿海，也落后于中西部许多省区。

（三）迟发展效应的影响

宁夏经济落后，与发达地区不是站在同一起跑线上，因而在竞争中处于不利地位。国家政策“一刀切”，往往是宁夏等不发达省区吃大亏。根据全国劳动地域分工的要求，宁夏应建成为西北重要的能源、原材料工业基地和商品粮供应基地，经过 40 年开发建设，在原煤、电力、化肥、铝、铁合金、粮、糖、纸及纸板等生产上已具一定实力，但因农产品与工业品、初级产品与加工产品之间价格上的剪刀差，导致宁夏经济利益的双向流失，国民收入潜在积累率降低，自我积累、自我发展能力差，而效益差距又导致资金、人才源源外流。

（四）人口膨胀和素质低下

经济贫困和社会落后是一对双生子，形成贫穷—愚昧—高人口自然增长率—贫穷的恶性循环。宁夏人口自然增长率长期居全国之首，人口增长过快不仅抵消了很大一部分经济增长成果，而且加剧了人口、资源、环境的矛盾，有些贫困区的人口容量已超过了水土资源承载能力。人才不足、人口素质较差、落后保守的思想观念更是经济难以起飞的深层次因素。

（五）交通运输不畅的制约

宁夏产业结构具有初级化、重型化的特征，经济发展对铁路运输依赖很大。但经过宁夏的铁路干线仅包兰铁路和干武铁路一小段。包兰线运力早已饱和，10 多年来，宁夏 GDP 翻了一番多，而铁路货运量几乎没有增长，每年都有大量产品积压待运。如果交通得到改善，许多企业的产量和效益可成倍增长。民航设施在全国各省市区居倒数第一，是唯一没有大型机场的省区，严重影响对外开放。

三、宁夏经济协调发展的设想

（一）基本目标

宁夏经济要达到与全国经济协调发展，同时又要力争做到区内各市县的大体协调发展，其基本目标如下。

本区的优势逐步得到充分发挥，产业结构逐步优化，既能与其他地区构成优势互补、合理分工的关系，又能不断提高本区经济的综合效益。

在经济效益持续提高的基础上逐步加速经济发展，本世纪内与全国的经济差距控制在现有范围之内，争取下世纪初逐步超过全国平均增长速度，2020 年前后超过某些发达省市增长速度，逐步缩小与全国及发达省市的相对差距。

近期在区内实行重点开发与协调发展相结合的区域综合开发战略，一方面，以重点开发某些据点带动全区有序发展，另一方面大力抓好贫困县乡的扶贫开发。近期把经济差距控制在一定限度以内，为远期逐步缩小差距打下稳固基础。

（二）战略重点

宁夏作为一个省级自治区，其经济如何与全国协调发展，首先要从全国的劳动地域合理分工着眼，考虑其在全国生产力战略布局中的地位作用，同时又要着眼于地区经济系统功能持续提高的要求，变现有的垂直分工为平面分工。从长远看，宁夏应发展成为我国西部重要的能源高载能原材料工业基地，以及相关加工工业基地，大西北重要的农林牧商品生产基地和相应的加工工业基地，以及面向伊斯兰世界开放的重要窗口。目前，宁夏是一个比较典型的资源开发主导类型省区，但农业、能源、原材料等基础产业尚很薄弱，重加工业（重工业中的制造业）发展滞后，轻工业特别是以非农产品为原料的轻工业非常落后，农轻重之间相互脱节，缺乏密切联系和互促效应。

宁夏作为一个农业省区，轻工业落后构成发展经济中的突出矛盾。1992年轻工业比重是25%，仅略高于山西省。人均轻工业产值463元，仅相当于全国平均水平的31%。以非农产品为原料的轻工业产值仅占19.4%（见表3），大致处于全国50~60年代水平；即使以农产品为原料的轻工业也很薄弱，农业原料利用率很低，以农产品为原料的轻工业产值（独立核算企业）仅相当于农业产值的52.3%，而全国平均水平为91.1%，发达国家则可达2~3倍。轻工业和重加工业落后引起一系列负面效应：严重影响地方财政收入增长，削弱对商品性农业和能源高载能工业的后向推动作用，农村剩余劳动力转化受阻，最终导致与全国大多数省市区的差距迅速拉大。

表3　　宁夏与全国重、轻工业内部结构比较　　(%)

行业		宁夏			全国	
		1978年	1992年	1992年区位商	1978年	1992年
重工业	采掘工业	28.4	15.5	1.99	12	10.5
	原材料工业	25.2	42.4	1.39	35.5	41
	制造工业	46.4	42.1	1.17	52.5	48.5
轻工业	以农产品为原料	74.8	80.6	0.67	68.4	67.8
	非农产品为原料	25.2	19.4	0.34	31.6	32.2

由上分析可见，宁夏除了狠抓深化改革、扩大开放以外，还要在调整优化产业结构、加速农业和能源原材料工业的后续产业——若干优势加工业发展方面下大力气，以反过来促进农业、能源原材料工业的更大发展。

基于以上分析，今后若干年内要通过抓好以下几个重点，来促进自治区与全国以及区内各地间的经济协调发展。

1.深化改革，大力发展以乡镇企业为主体的非国有中小型企业

西部不发达省区与东部的差距，主要在于乡镇企业比重过低，以致广大农民收入增长缓慢，整个经济也缺乏活力。近年来虽有很大进展，但横向比较仍是薄弱环节。全国农村非农产业产值占全国比重，东部占68.3%，中部占20.6%，而西部仅占11.1%（表4）。乡镇企业发展水平低，技术素质差，产品档次低，竞争能力弱，是包括宁夏在内的西部地带

差距拉大的重要因素。由此,必须解放思想,突破计划经济体制的框框和传统的思维定式,把大力发展中小型的股份制、股份合作制、个体、私营和三资企业作为深化改革、优化结构、加速发展的战略突破口,把加速农村工业化、城镇化进程作为建立现代市场经济体制的重要环节。为此,要强调以下四个结合。

表 4　　三大地带 1992 年农村非农产业比重　　(%)

地区	农村劳动力占全国比重	农村非农产业劳动力占全国比重	农村非农产业劳动力占当地农村劳动力比重	农村非农产业产值占全国比重	农村非农产业产值占当地农村社会总产值比重
东部	41.0	56.0	30.5	68.3	70.0
江苏	6.4	11.4	39.6	17.4	80.8
中部	33.4	27.7	18.5	20.6	53.1
西部	25.6	16.3	14.2	11.1	57.2
宁夏	0.34	0.18	11.9	0.1	37.3

(1)乡镇企业发展与开发高产优质高效农业、新建设项目和大中型企业技术改造相结合

乡镇企业要在为农业生产服务、为农民生活服务中走出新路子,与农业的产前、产中、产后服务体系建设结合,发展一系列农产品加工、运输、营销等企业,特别是围绕粮油、果品、蔬菜、畜产和其他农副产品开展深加工、精加工和综合利用,乡镇企业与两高一优农业相互依托、相互促进,发展一系列具有地方特色和民族特色的清真食品、绿色食品和名优新特产品,发展多样化的农业生产资料和日用消费品系列。

围绕宝中铁路、灵武煤矿区、大柳树水利工程、银川河东机场等新建设项目和原有大中型企业的技术改造,发展一系列提供服务的乡镇企业,包括建筑业、建材工业、交通运输业、机械修配等生产性服务业,城镇建设公用设施的配套服务业,农副产品、食品加工、服装缝纫、商业饮食等生活服务业。通过与大中型企业挂钩、协作,在为其生产、生活服务、扩散某些产品上走出乡镇企业发展的新路子。

(2)乡镇企业发展与科技开发、人才开发紧密结合

鼓励有作为的科技人员、国家干部和农村能人向乡镇企业流动,鼓励科研单位、大专院校、科技人员以技术入股参与兴办企业,继续推广星火计划、燎原计划、高新技术开发计划,在企业发展过程中狠抓管理人员和工人的培训,在提高管理者、劳动者素质基础上提高企业的竞争力,提倡建设技术高起点的企业。

(3)乡镇企业发展与城镇建设相结合

要以一系列优惠政策吸引有资金、有文化的农民进城兴办企业,给予迁户口、建房等

各种优惠待遇。城镇要为乡镇企业发展制定建设工业小区的总体规划，实行统一规划、统一征地、统一建设基础设施，为农民进城办企业、建住房提供良好服务，促进企业集中、紧凑、配套布局，争取较好的区位效益、集聚效益和环境效益。大力吸引农民进城兴办第三产业。在新灌区实施吊庄移民开发时，同样要把居民点建设与乡镇企业发展结合起来，搞好统一规划、合理布局。

(4)乡镇企业发展与大力建设流通网络相结合

农民进入流通领域往往是发展乡镇企业的先导。从引导农民办流通、参与市场竞争入手，逐步发展到办第三产业、第二产业，可较快地推动资本原始积累。抓住本地拳头产品，兴办农贸市场、批发市场，从发展流通网络入手，发展某些优势行业的企业集团，推动乡镇企业向大型化、集团化、外向型的农工贸联合公司发展。

通过乡镇、私营、外资企业的大发展，达到充分发挥本区资源优势，优化地区产业结构，延长能源高载能工业和农业轻工业两大系列的产业链条，发展高附加值下游产品的要求。

为促进乡镇企业突破性发展，国家和自治区要千方百计创造宽松环境，实施一系列特殊政策，帮助解决资金、人才不足的难题。

在大力发展乡、私、外资企业的同时，狠抓国有企业的深化改革，尽快建立现代企业制度，充分发挥其在宁夏经济发展中的骨干作用。

2.着力抓好基础设施建设，改善投资环境

地区经济协调发展必须建立在坚实的基础之上，这个基础就是具有适应经济发展要求的必需的软硬基础设施。不发达省区与发达省区的重要差距就在于基础设施薄弱，投资环境不良，缺乏对外来资金、人才的吸引力。就宁夏内部来说，国家于50年代建设了包兰铁路、青铜峡水利枢纽、石嘴山煤矿区和火电厂等交通、水利、能源设施，促进了宁夏北部川区60、70年代经济的持续发展。而宁夏南部山区基础设施建设长期滞后，至今仍是封闭、落后的贫困地区。基础设施建设是影响地区经济协调发展的长远性因素。

包括宁夏在内的西北有三个突出的制约因素：(1)深处内陆运距长，内外交通不便。表5表明西部交通设施远不能满足经济起飞的要求。(2)气候干旱，水资源缺乏。(3)经济

表5　　三大经济地带交通设施密度比较(1992年)　　km /km²

	铁路	公路	内河航道
东部	17.03	266.98	50.33
中部	11.62	130.04	11.15
西部	2.51	63.45	2.31

文化落后，人口素质差，人才不足。因此加强交通、水利和智力开发是改善本区投资环境的突出任务。只有把这些基础结构搞上去，才能为本区优势产品开发提供先行条件，为下世纪初实现经济起飞打下坚实基础。除即将完工的宝中铁路外，要加速包兰铁路的电气化改造和复线建设，及早兴建银川（或中卫）—太原铁路等新干线，加快银川河东机场建设进度。《九十年代中国农业发展纲要》已经提出，要“开工建设黄河大柳树工程。”该水利枢纽不仅可为国家能源化工基地提供较充足的工业和城镇水源，而且将有可能在宁、蒙、陕、甘地区新开发600万亩灌溉地，年发电78亿千瓦小时，具有防洪、防凌、航运等综合效益，对于大西北的国土开发整治具有重大战略意义，是黄河上中游地区脱贫致富的关键性工程。国家应将这些振兴西部的重大基础设施建设早日列入计划，优先安排开工。省区以下各级政府，也要集中相当数量资金，重点用于地方性基础设施建设。

至于智力开发，更非一朝一夕之功，是需要长期紧抓不放的“软基础设施”建设。近年来由于与沿海地区经济差距拉大，“孔雀东南飞”有增无减，科技人才引不来、留不住，如何稳定当地人才、引进外地人才、培养自己人才、发挥现有人才作用，成为影响西部发展的一个极其尖锐的问题，迫切需要国家研究制定一套不发达地区人才开发的特殊政策。

3.集中主要力量，抓两头、带中间，两头就是综合开发据点和贫困县乡

鉴于不发达地区人力、财力、物力有限，在地区布局上应避免分散使用力量。一方面重点抓好对推动区域经济发展具有战略意义的优势产业和综合开发据点，诱导各类投资主体进行跨“门槛”的密集投资，重点突破，整体跟进，围绕中心城市及其多层次的增长极（各级中心城镇）开发系统，逐步形成产业经济网络和空间联系网络，充分发挥增长极的集聚效应和扩散效应。另一方面要狠抓贫困片区的扶贫开发，因地制宜选准开发建设的突破口，使贫困县乡各自走出一条较快脱贫致富的路子。

就宁夏来说，自治区一级应以银川和中卫为全区经济增长极。20世纪90年代中，以此为全区加速改革、扩大开放和重点开发的突破口，通过完善城市基础设施，在经济实力、竞争能力、市场建设、集聚人才、融通资金等方面率先发展。并积极创造条件，适当时候在银川建立穆斯林经济特区，争取发展成为我国面向伊斯兰世界开放的重要窗口。适当时候在中卫建立东联西进、双向开放的内陆“自由港”，争取逐步发展成为新亚欧大陆桥的运输中枢和重要商贸中心。

宁夏贫困面大，要点面兼顾，重点抓好一县四区的扶贫开发建设，即全区上下齐动员，重点扶持西吉县，同时通过固原扶贫经济发展试验区、隆湖扶贫经济开发区、同心流通试验区、吴忠民族经济发展试验区等开发式扶贫和开放式扶贫试点，点上突破，面上推广，尽快实现稳定解决贫困片区群众温饱问题，本世纪末基本消除绝对贫困现象。

四、建议国家采取的战略措施

要实现地区经济协调发展,既需要不发达地区的人民和政府遵循市场经济的客观规律,发扬自力更生、艰苦奋斗精神,长期努力,又需要国家实行有效的宏观调控,需要富裕地区的人民和政府的帮助和支援。这种调控和支援,不仅对于不发达地区的发展是必不可少的,而且从全局从长远来看,对于发达地区的更大发展和全国经济的持续、快速、健康发展也是必不可少的。

不发达地区经济起飞的最大障碍是封闭(开放度太低)、资金缺乏(自我积累、自我发展能力过弱)、人才不足。国家和发达地区的调控、支援应着力围绕克服这三大难关采取各项有效的战略措施,其中最重要的是以下五条:

(一)大力促进东西联合、贫富联合和城乡联合

邓小平同志说过,"发展到一定的时候,又要求沿海拿出更多力量来帮助内地发展,这也是个大局。"沿海帮助内地的一个重要内容,就是要考虑如何通过抓东西联合、城乡联合加速两种方向的产业转移:地区产业转移——国家能源开发重点西移导致的东部沿海地区高载能工业向中西部地区的转移,城乡产业转移——农村非农产业发展导致的城市劳动密集型产业向农村小城镇的转移。

目前,东部发达省市的经济发展已有较强基础。按照全国产业结构现代化、合理化的要求,"九五"期间已经到了东部沿海地区产业结构较大规模升级换代的适宜时机,即以重点发展技术密集型产业(特别是高新技术产业)为主要方向,而将部分资源密集型产业和一般性的劳动力密集型产业向中西部逐步转移;另一方面,又要在建立全国统一劳动力市场的过程中,更好地组织中西部农村剩余劳动力向发达地区的劳务输出。通过这种双向转移,把东部的资金、技术、管理、人才优势与中西部地区的资源优势(能源、原材料、土地、劳动力资源等)以各种具体方式有效结合起来,进行联合开发。在联合中要始终坚持"优势互补、互惠互利"的原则。大范围、多形式地开展东西联合、贫富联合,既是克服中西部发展三大难关的有效措施,也是反过来支持东部登上更高一级台阶、提高整个国民经济宏观效益、长远效益的深远谋略。

为此,国家要研究制定并逐步出台系列化的区域产业政策和生产力布局政策,包括诸如东部企业将资金、设备、人才向西部转移的优惠政策,东部缺能地区对高载能产品生产的限制性政策,等等。除了农业部正主持实施"乡镇企业东西合作示范工程"外,建议中央其他部门也考虑抓紧进行本领域的东西合作联合开发的示范区、示范企业的试验、推广。

城市和农村的联合开发也是地区经济协调发展的重要环节。"九五"期间应抓紧城市部分产业(主要是劳动力密集型产业和以农产品为原料的加工工业)向农村小城镇的扩散和转

移,即城乡合作发展乡镇企业。要依托城市的大中型企业、科研院所、大专院校的技术优势,向乡镇企业扩散产品、人才、设备,以多种方式联合开发产品、拓展市场、建设原料基地、培训人才。另一方面,又要鼓励农民进城办二三产业,促进农村向城市的劳务输出和人口转移。

(二)逐步把跨省区的重大基础设施建设重点转向中西部地区

重大基础设施项目一般投资大、工期长,短期内经济效益不显著,不发达省区一般无力进行建设。在国家财力不断增强的基础上,应加大加速对中西部地区的重大基础设施的建设投入。首先大力进行交通建设,吸取孙中山《建国方略》中的实业计划思想,加速兴建连结东部大中港口与中西部经济中心、工矿区的铁路干线和公路国道,进一步建设纵横贯通我国中西部路网及其与中亚、南亚、东南亚的陆上通道和内河航道,开辟更多的空中航线,为21世纪国家建设重点逐步向西推进创造先行条件。水利、能源、科技开发和智力开发等基础结构工程也要有步骤地向中西部地区倾斜。

(三)制定、完善加速不发达地区发展的政策体系,为中西部创造宽松的投资环境

在市场经济条件下,对幼小产业进行适当保护和帮助培植其竞争能力,国家制定有利于不发达地区经济启动和加速发展的特殊政策、优惠措施,是世界各国的普遍做法。国家要逐步制定和完善地区开发政策、地区产业政策、生产力布局政策、资源政策和环境政策等等,对不发达地区给予投资和政策双倾斜,在财政、信贷、税收、价格、投资等方面进一步实行更灵活更宽松的优惠政策。例如,制定地区差别价格、差别利率、差别税率等政策,以诱导资源优化配置、地域合理分工和生产力合理布局,对不发达地区中符合条件的开发区、贫困片、优势行业、优势产品和创汇产品,实行扩大信贷规模、降低贷款利率、减免某些税收、降低地价、电价、运价、水价等政策,以使其较快地实现资本原始积累。

国家要通过修订《民族区域自治法》,分别给予少数民族自治区、自治州以更大的自治权,允许其实施不同于一般区域的特殊政策,例如自治区可享有固定资产投资规模的决策权、建设项目审批权,向国内外发行一定数额股票、债券的审批权等,特别是有权实行吸引、培养、使用人才的特殊政策和优惠待遇。

(四)随着发达地区和国家财力的逐步增强,要完善和实施制度化的地区财政补偿政策

实行市场经济以后,资金一般向效率高、利润大的地区转移,不发达地区将长期"供血"不足。所以除了给政策以外,直接的资金补助也必不可少。邓小平同志指出,"解决的办法之一,就是先富起来的地区多交点利税,支持贫困地区的发展。当然,太早这样办也不行……什么时候突出地提出和解决这个问题,在什么基础上提出和解决这个问题,要研究"。现在已经到了该研究这个问题的时候了。

通过吸取国际经验和对我国国情、区域差异的系统研究,在现有财政补助政策和支援不发达地区发展资金、扶贫贴息贷款等各项扶持措施的基础上，国家要研究制订并逐步完善动态化的地区财政补偿政策。通过区域发展水平指标体系的定期考核，划分不同类型不同等级的富省（富县）和穷省（穷县），财力超过一定等级的富省（富县）要从财政收入中拿出一定比例上交，通过国家财政补助某些穷省（穷县）；国家财政（和省级财政）则应划出一部分地区补助基金给予不同等级的穷省（穷县）以不同比例的专项补助（严格规定使用范围）和非专项补助。这种制度化、规范化的以富补贫政策可在条件成熟时试行，试行效果良好时再将其法律化，最终形成“不发达地区援助法”。

（五）加强组织协调地区经济、援助不发达地区的机构，强化其职能

强化现有的国务院扶贫开发工作领导小组、国家计委国土规划和地区经济司等地区发展协调机构的职能，尽早设立专司中西部贫困地区经济开发的金融机构——区域开发银行。在条件成熟时于国务院设立区域开发部，专门负责研究、规划不发达地区包括贫困农村区、停滞的老工业区和生态破坏区的开发整治工作，出台具体政策和草拟有关法规，统一管理全国不发达地区开发和区域经济、人口、资源、环境协调发展问题。

参考文献

[1]孙中山选集.北京：人民出版社，1981：212~236.

[2]胡兆量，等.关于我国经济的地区差异问题.地理科学 1982，2(1)：17~22.

[3]全国各省、自治区、直辖市历史统计资料汇编(1949—1989).北京：中国统计出版社，1990.

[4]蒋清海.区域倾斜发展政策评析.国土开发与整治 1992，2(1).

[5]胡兆量.改革开放与地域经济结构变化.云南地理环境研究 1992，4(2)：9~15.

[6]陈雯，等.中国经济地区差异的特点及其演化趋势.经济地理 1993，13(1)：16.

[7]欧阳南江.改革开放以来广东省区域差异的发展变化.地理学报 1993，48(3)：204~217.

[8]李友，等.必须做好地区经济协调发展这篇大文章.国土开发与整治 1993，3(3)：1~4.

[9]邓小平文选，第 3 卷，北京：人民出版社，1993：278，374.

[10]中国统计年鉴·1993.北京：中国统计出版社，1993.

[11]宁夏统计年鉴·1993.北京：中国统计出版社，1993.

[12]曾菊新，等.中国区域经济增长的比较研究.经济地理，1994，14(1)：16~20.

[13]汪一鸣.不发达地区国土开发整治研究.银川：宁夏人民出版社，1994：1~7，61~88，95~110.

论宁夏在西部大开发中的战略地位

最近党中央关于实施西部大开发的指示,为加快西部地区开发展示了良好前景。自古以来,西北在全国占有十分重要的地位,可以说,没有西北的繁荣就没有强盛的中国。进入21世纪,我国将有一个重新开发西北的光辉未来。作为西北一部分的宁夏,虽然地小人少,现在还比较偏僻、落后,但由于其独特的地理区位和资源优势,在西部大开发中将占有重要的战略地位,发挥不可替代的作用。

一、历史的启示

宁夏在历史发展的长河中曾几度辉煌。汉代大规模移民和引黄灌区建设,形成了"沃野千里、谷稼殷积……水草丰美,土宜产牧,牛马衔尾,群羊塞道。北阻山河,乘厄据险。因渠以溉,水舂河漕,用工省少,而军粮饶足"的盛况,人称"新秦中",表明其发展水平可与当时全国最富庶的关中媲美。唐代,北部灌区进一步开发,史称灵州兵食完富,士马强盛,甲于諸镇,灵州为西北军政、交通中心之一,唐王朝中兴基地,有"塞北江南"之誉;南部据丝绸之路东段北道要冲,全国养马业中心,众多少数民族与汉族友好聚居之处。西夏,于此建立以党项族为主体、多民族聚居的封建王朝,与宋、辽鼎足而立近200年,创造了灿烂的西夏文化,兴庆府成为西部最大城市之一。

历史上宁夏几度兴盛的主要原因,大致可以概括为:①军事上的重要地位。②因地制宜,开发灌溉农业和牧业,成为粮食、军马、牛羊及加工产品等战略物资和商品的生产供应基地。③包括汉族和少数民族的大量移民和睦相处,参与开发建设。④丝绸之路东段北道等外向交通干线的开拓。⑤中心城市的率先发展。

二、美国西部开发的启示

美国经济发展是从东北部的新英格兰一带起家,然后从北向南、从东到西发展。19

发表于《宁夏经济与社会发展研究文集》,甘肃文化出版社,2000:7~15

世纪中叶南北战争为大开发扫清了道路。20世纪初叶特别是二次大战前后西部的大发展,则奠定了美国作为全球超级大国的地位。美国西部迅速发展的主要原因是:①交通先行:19世纪末开始的铁路、公路等东西干线的建设,大大促进了西部开发进程。近些年的信息高速公路、互联网的建设,使西部更上一层楼。②人口流动:美国东部和世界各地移民大举进入西部,从旧金山"淘金"到"硅谷"人才荟萃。③兴建大规模的水利设施,如加州北水南调、东水西调工程,科罗拉多河、哥伦比亚河的梯级开发等,为发展灌溉农业、电力工业打下基础。④因地制宜发挥地区优势,如南加州等地利用充足的日照、热量发展蔬菜、水果、棉花、花卉业,亚利桑那州、犹他州等地利用丰富的有色稀有金属发展矿业及其加工业,以及内华达州特色旅游业大发展等。⑤国家利用其内陆安全区位和广阔发展空间,建设国防工业、军火库等战略后备基地和联邦政府的重要机构,如丹佛市的制币、金融、宇航工业、核武器厂、军火库、空军基地,新墨西哥州的核武器研究、生产基地等。⑥高科技产业和知识经济的崛起。如洛杉矶、西雅图的航空航天工业、原子能工业和电子工业,旧金山附近圣何塞闻名全球的硅谷,西雅图的软件产业等。原先落后的犹他州通过发展知识经济发生巨变,近些年经济增长速度与人均收入已居全国前列,被称为"犹他州奇迹"。其中犹他州首府盐湖城建立起以软件信息产业为龙头的高科技产业经济,形成与硅谷齐名的世界"软件工业谷"。⑦率先发展中心城市及其郊区小城镇。1940年(当时美国人均GDP与中国2000年相当),全美国25个发展最快的大都市区中有19个在西部,1940~1990年间,西部大都市区由32个增加到101个。

三、改革开放以来的经验教训

20多年来,在宁夏发展过程中经验教训很多,主要有:①必须以市场为导向,不断调整、优化产业结构。宁夏具有能源优势,但在全球、全国能源消费结构急剧变化的情况下,应如何转变思路、调整能源的生产结构和消费结构?是否可以借鉴德国鲁尔地区由煤炭—化工为主向油气—化工为主转换的经验?宁夏具有灌溉农业优势,但在即将加入世界贸易组织的形势下,又该如何调整种植业结构?是否可以借鉴美国南加州由粮食为主向菜果经济为主转换的经验?②必须以解放思想、更新观念为先导,加大体制改革、机制创新的力度,包括国有企业的改革改组,为非公有制经济提供更有利的发展环境等。③要扩大对外开放、东西合作,必须从加强基础设施建设、改善投资环境做起,特别是在改善硬环境的同时,下大力气抓好软环境建设。④在控制人口增长、提高人口素质的基础上,依靠加强人才开发、科技开发,把过去出卖资源和初级产品的战略转变为以先进技术改造传统产业、发展高新技术产业和知识经济的战略,来提高经济增长的质量,保证经济社会健康发展。⑤推动农业产业化、农村城镇化进程,促使农村剩余劳动力向城镇转移,是提高农民收入、改变城乡面貌的重要途径。要特别重视发挥银川等中心城市的作用，使其成为加快发展的支撑点、增长极、突破口。⑥针对人口增长过快、水资源不足、生态脆弱的突出问题，重点抓好水利建设和生态建设，抓好水资源节流、开源和保护，抓好重点城市、重点地区的环境建设，协调经济发展与人口、资源、环境的关系。

四、西部大开发进程中宁夏的战略地位

鉴古知今，鉴洋为中，特别是总结我们自己的经验，就可进一步思考：迎接西部大开发，宁夏的地位、作用应如何定位？“塞上江南”如何再创辉煌？现从以下四方面提出一些初步设想，供讨论参考。

（一）中国西部的绿色食品、生物药品生产基地

宁夏有西部最大的连片绿洲之一宁夏引黄灌区，有适于特色农产品生长发育的最佳生态条件（如酿酒葡萄），有病虫害很少、无污染或少污染的农业生态环境，有丰富的生物药材资源，这些都是其他地区少有或没有的特殊地区优势。今后在建设节水农业的前提下，还有可能开拓更大规模的灌区。

国家“七五”计划曾明确规定，宁夏商品粮基地是西部地带中重点发展的农业区之一。1986 年我们提出，为调整农村产业结构，发展农副产品的多层次深度加工和综合利用，把商品粮基地提高一步，发展成为农林牧副渔综合发展、乡镇企业日趋繁荣、农村经济全面起飞的商品生产基地，由此，我区“八五”“九五”计划和 2010 年远景规划目标纲要提出：把宁夏“建成西北地区重要的农业基地”。目前许多条件没有变，如丰饶的土地资源和黄河水利资源的组合优势，有利于作物、瓜果、蔬菜等生长发育的光热资源，病虫害相对较少和少污染的自然环境，枸杞、甘草、麻黄、苦豆子、葫芦巴、沙棘等生物药材资源等。但市场形势变化很大，如深加工、精加工的生物药品、保健品需求急剧增长，对优质、多样化绿色食品提出更多更高的要求，日光温室生产的菜、果、食用菌、畜产、水产比重上升，而未来国外低价粮食的输入，以及水资源供给的日趋紧张，将导致耗水多、比较效益低的粮食生产受到冲击。因此，应以绿色食品、药品生产加工为中心，包括葡萄酒、啤酒、优质大米、绿色乳制品、多品种淀粉、清真牛羊肉、名优水产、反季节蔬菜、高效生物药、保健品等等，种养加结合，产供销结合，实行产业化经营，在 21 世纪初叶形成宁夏的特色产业，上档次、上水平、上规模、上效益。围绕绿色食品、绿色药品的扩大生产，调整土地利用结构和农林牧结构，提高林草比重、发展生态农业，按市场变化适当控制粮食种植面积，扩大畜牧业（及其肉、奶、绒、皮加工）、日光温室、药材、桑蚕等规模，逐步建成中国西部“药谷”，使绿色食品业、生物制药业与生环境建设紧密结合，相互促进。

(二)大西北的能源、高载能工业和高新技术产业基地

宁夏“七五”至“九五”计划和2010年远景目标均提出,把宁夏“建成我国西北地区重要的能源基地、高耗能原材料基地”。宁夏具有煤炭储量大、质量好和发展电力工业条件优越的特点,地处以山西为中心的国家能源基地与黄河上游水电有色金属开发区的结合部,能源优势明显。但是世界能源利用的潮流和环境保护的要求,使煤炭消费比重急剧下降,近年来我国也有类似趋势。加之宁夏远离能源的主要市场,煤炭除就地转化为电力和化工产品外,大量外运受到交通制约。面对市场,我们是否可以借鉴德国鲁尔地区二次大战后工业结构迅速转换的经验,利用大元、宁化等已有基础和紧靠长庆油气田的有利条件,重点发展石油天然气工业和油气化工系列。近期可以陕甘宁油气田、新疆油气田为原料基地,远期则可以从中亚、俄罗斯等地通过油气管道大量输入,逐步建成西北的大型油气化工基地,生产高效氮肥、复合肥及国内外急需的清洁能源二甲醚、专用牌号全密度聚乙烯、高质量专用牌号聚丙烯及相关下游产品。同时利用充裕电力和油气化工、煤化工中间产品,引进和开发高新技术,结合发展现代煤化工,这样,今后的能源基地,其内含将由煤炭、电力为主,逐步转化为以油气、电力为主,并以高新技术改造能源、高载能工业,发展高技术含量的下游产业,形成以新型特种材料为主的高新技术产业基地。

(三)中国西部独具特色的旅游区

宁夏旅游资源具有多样性、独特性和某些资源的垄断性、珍稀性,在采取一系列强有力的开发建设、营销策略之后,可以设计黄河漂流游、沙漠探险游、西夏秘境游、长城访古游、丝路寻踪游、回族风情游、沙湖生态游等系列化的特色旅游精品,他们具有神奇、粗犷、刺激、浪漫等独特魅力,而这在过去是许多人没有认识到的。当今世界旅游中心正处于向亚太地区逐步转移的进程中,而中国东部景点很多超负荷运行,要求不断向神秘、新奇、辽阔的西部扩散,以满足游客求新、求异的需求。21世纪初叶,随着国内旅游市场的兴起,宁夏进出通道的改善,正是宁夏把大力发展旅游业纳入西部大开发的最佳机遇。近几年宁夏旅游业以两位数高速发展的现实正显示了其处于突破前夕的苗头。据1999年6月评审通过的《宁夏回族自治区旅游业发展与布局总体规划》预测,国内游客将由1997年的157万人次,增加到2005年502万人次,国内旅游收入由2.6亿元增加到20.8亿元,海外游客由4 200人次增加到3.82万人次,创汇由133万美元增加到1 537万美元;2020年国内游客将达到1 316万人次,国内旅游收入达到108亿元,海外游客达到22.5万人次,创汇2亿美元。旅游业总收入占GDP的比重将由1997年的1.3%,1998年的2.1%,上升到2005年的5.4%,2020年的9.3%。如果我们在产品设计、市场推广、树立旅游地形象等关键环节上下真功夫,加强西北联网和整体促销,旅游业完全有可能成为宁夏具有活力的强力经济增长点，成为第三产业的龙头产业，和国民经济的一个新兴支柱产业。

（四）新亚欧大陆桥经济走廊带上的重点开放开发城市

国家“九五”计划和2010年远景规划目标纲要提出，西部地区要“以欧亚大陆桥为纽带，加快水利、交通建设和资源开发”。中央领导号召：“建设大通道，联合走西口。”新亚欧大陆桥把东部沿海地区与大西北连接起来，为西部地区的东进西出、双向开放提供了便捷通道。“八五”期间通车的宝中铁路缩短了兰新—陇海线的运距，也使宁夏置身于国际大通道的交汇点上，改善了原本偏僻的交通区位。规划中的太中铁路建成通车后，将构成新亚欧大陆桥的北通道，与其他线路相比，将分别缩短100~500多公里，成为连接东部沿海港口与大西北之间最便捷的东西大通道，对于改善西部地区特别是宁夏的投资环境，促进东西合作和双向开放，加速沿线地区资源综合开发，促进流通产业、旅游业和城镇体系发展，形成沿桥开放开发经济带等方面起到重大作用。而沿桥的银川、中卫等城市则有可能成为大西北的重点开放城市。

在西北地区各城市中，银川市具有非凡的发展潜力：①独特的区位。从地缘政治学角度看，处于全国陆地腹心部位和新亚欧大陆桥中段，东中部和西部地区的结合部，正当蒙古、回、藏、维吾尔等少数民族聚居区战略要冲，有条件成为国家战略重点西移的桥头堡，有可能布局中央政府拟分散设置的某些重要机构、设施和安全性较高的战略后备基地。②广阔的腹地。直接吸引范围除宁夏全区外，还远及内蒙古西部、陕北、甘肃部分县等毗邻地区。辐射面积数十万平方公里，人口千余万，是该区域商贸服务、文化教育、科技卫生等方面的中心城市。③巨大的发展空间。城市发展的用地、用水综合条件在西部城市中数一数二。④突出的灌溉农业和能源优势。位处富庶的银川平原绿洲中央，农业基础设施配套，作物高产、旱涝无虞，市域人均粮、菜、瓜、果、乳、鱼占有量全国名列前茅。靠近陕甘宁油气田和宁东大煤田，具有发展多种绿色食品、生物制药、油气化工和某些高新技术产业的优越条件。⑤较好的投资环境。交通通信日趋便利，市政公用设施和服务网络已有一定基础，人才资源相对密集，现状投资环境居宁夏第一。⑥多彩的旅游资源。气候宜人，空气清新，蓝天、白云、绿荫的少污染环境，黄河、沟渠、湖沼、水田形成西北少有的水乡风光，贺兰山作为生态屏障阻挡了来自西北的风沙、寒流，半小时交通半径内可见高山、大漠、草原等多种自然景观和长城、王陵、古塔、岩画等多种历史古迹，以西夏古都、回族新府、塞上江南风貌为特色构成的国家历史文化名城，有条件建设成为中国西部的会议中心、水上活动和体育运动基地、避暑疗养胜地、旅游名城。⑦现状规模小而发展潜力大的特殊优势。据1994年末资料，在全国622个城市中，按市区非农业人口排序居第94位（1997

年末668个城市中仍位居94位），按市区GDP居第324位，按实际利用外资额居第120位。发展条件好而规模尚小，相对那些特大城市来说，银川有巨大的增长潜力和广阔的发展空间。

当然，银川市也有不少弱点和问题。如果我们在进一步改善银川的生态环境、投资环境上下大工夫，不断提高企业效益、城建水平、生活质量和文明程度，使其逐步成为大西北最具魅力的城市之一，那么未来二三十年内，有可能成为集聚大量海外、东部和国家投资的西北地区经济增长极，大陆桥经济走廊上对外开放的重要窗口和重点建设城市，使GDP、利用外资的排序较快升级，相应地带动人口规模逐步升级。到那时，凤凰腾飞，便可成为中国的菲尼克斯（美国西部内陆州亚利桑那州首府凤凰城，美国西部新兴的旅游、高新技术产业中心，1940～1990年间在全美国大都市区的排序由第91位跃升至第20名，是美国西部发展最快的中心城市之一），从而在带动宁夏全区开放开发以至带动大西北开放上发挥更大的辐射、扩散效应。

中卫是另一个具有很大发展潜力的投资据点，虽然现仅为6万人口的小县城，但却是不容忽视、大有希望的潜在增长极。它正处新亚欧大陆桥国内段的中枢位置（东去天津港、青岛港1 498、1 783公里，西去乌鲁木齐1 846公里）。太中铁路建成后，有可能发展成为大西北重要的铁路交通枢纽，宁夏和西北重要的对外开放商埠。如果黄河大柳树水利枢纽能早日兴建，更将为其工农各业全面发展开拓良好前景。预计2010年前后，它将以宁夏新的经济 增长极地位发挥其重要作用。

五、西部大开发进程中宁夏的战略取向

要充分发挥宁夏在西部大开发中的应有作用，根据宁夏的区情和外部环境，必须重点实施以下五方面战略和相应政策。

（一）深化体制改革、加快制度创新的市场化战略

根据十五大和十五届四中全会精神，实行国有资产重组有进有退的政策，推进国有企业现代企业制度政策，放宽非公有制经济行业准入政策，扩大资本市场直接融资政策，促进经济结构调整的产业政策、税收政策、信贷政策，政企分开、转变政府职能、建立社会保障制度的有关政策等。

（二）大力推进东西合作、双向开放的全方位开放战略

继续改善投资环境，完善引进人才、资金、技术、信息的法规和优惠政策，有步骤地实施金融保险、商业外贸、法律咨询、旅游代理等方面的开放政策，全面推进科技、文化、教育、卫生对外合作交流的政策等。

（三）以增加农民收入、改变农村面貌为重点的富民为本战略

以提高农民收入作为农村工作的中心任务，从政策上保证农业产业化、农村城镇化的结合发展，促进农村剩余劳动力向非农产业转移、向城镇聚集，继续实行南部山区扶贫开发的系列化优惠政策，扩大城镇就业。

（四）以开发人力资源、推进技术创新为重点的科教兴宁战略

实施教育、科技优先发展的系列政策，高新技术产业化、企业技术创新、人才开发、智力引进等特殊政策。

（五）以人口控制、节水灌溉、生态建设为重点的可持续发展战略

完善控制人口增长和提高人口素质、自然资源的可持续利用、节水管理、生态环境保护建设等政策。

迈向可持续发展的宁夏回族自治区

宁夏回族自治区成立于1958年10月25日。50年来,尤其是改革开放以来,社会主义现代化建设取得了巨大成就,总体上实现了从贫困到小康的历史性跨越,西北明珠更加璀璨夺目,成为中国西部省区和民族区域自治的一个光辉典型。本文简要阐述自治区50年来的伟大成就和巨变,指出宁夏已经迈向可持续发展的道路。

1. 基础设施建设突飞猛进

改革开放以来,特别是西部大开发战略实施以来,在国家大力支持下,水、电、路、通信等基础设施实现了跨越式发展,为宁夏经济腾飞奠定了坚实基础。

1.1 水利设施

水资源短缺与利用效率低下并存,是制约宁夏发展的最大瓶颈。宁夏的发展史也是持续加强水利建设进程的历史。30年来,中央和地方政府在水利工程建设方面投资上百亿元,建设了沙坡头水利枢纽、扶贫扬黄灌溉、长城塬引水等大型农业水利工程,宁东、太阳山、西夏渠等大型工业、城市供水工程,集防洪、排水、保护湿地、生态景观等功能为一体的河西总排水干沟(艾伊河)工程,以及解决中部干旱带、南部山区110万人的农村饮用水工程等等,已建成万亩以上灌区24处,中小型水库223座,灌溉耕地由13.3万 hm^2 增加到40万 hm^2。

宁夏在全国率先启动节水型社会建设,银川市、青铜峡市等创造国家节水城市、全国节水教育基地,全区用水效率逐步提高,近五年累计减少黄河用水39亿立方米,万元GDP用水量由2000年1288立方米降到现在851立方米。农业用水向工业用水的水权转换开创了跨行业优化配置水资源的先例,预期2010年水权转换目标实现时产业经济

发表于《经济地理》2008,28(6):909~912。合作者:米文宝

效益可达180亿元。宁夏正在实现由农业水利向综合水利、民生水利，由工程水利向资源水利、环境水利的历史性转变。

1.2 电力设施

2007年底宁夏发电装机容量815.7万kW(其中水电42.8万kW，风电29.8万kW)，发电量451.2亿kW·h，是1978年的27.3倍，2000年的3.3倍，人均电量7 434 kW·h，为全国平均值的299%，居全国各省市区第二位(2008年年底装机将突破1 000万kW，人均装机和人均电量跃居全国首位)。通过实施城乡电网建设改造工程，在西部率先达到户户通电。正在建设全国电压等级最高的西电东输电网。

1.3 交通设施

宁夏是地处腹地、交通不便、信息闭塞的内陆省区，而现今已形成公路、铁路、民航、管道等运输方式齐备、四通八达的综合运输网，交通可达性显著改善。以公路为例，2007年公路里程达20 562 km，为2000年的202%。每万人公路里程高于全国平均值。尤其是高速公路，现状超过1 000 km，每万人高速公路里程2006年1.17 km，远高于全国平均(0.34 km)和沿海省区(如浙江省为0.46 km)，实现了所有市县一小时内上高速，所有乡镇通油路，所有行政村通公路，行政村通班车率达91.7%。建设中的太原—中卫(银川)铁路、盐池—中宁—营盘水高速公路完工后，宁夏中卫市将成为新亚欧大陆桥铁路、高速公路北通道和油气管道的枢纽。

1.4 通讯设施

宁夏2007年电话普及率为每百人67.9部，其中固定电话每百人23.2部，为1978年的206倍，移动电话每百人44.7部，为1993年的1 908倍。互联网用户普及率每百户18户，为1997年的2 550倍。

2. 资源优势向经济优势转化

宁夏具有灌溉农业、能源、旅游资源和回族穆斯林文化等突出的自然资源、人文资源优势。近些年来，这些资源优势正呈现向经济优势加速转化的态势，这是西部大开发的突出成果。

2.1 灌溉农业优势

黄河纵贯北部宁夏平原，光热水土的良好组合和劳动人民的辛勤经营，两千多年来形成富饶的人工绿洲，号称“天下黄河富宁夏”，但中部干旱带、南部黄土丘陵山区十年九旱，农业极不稳定，全区粮食长期不能自给。新中国成立后，依靠政策、科技和生产条件改善，宁夏粮食单产大幅提高，由1957年亩产55 kg，人均319 kg，到1995年开始自给，1998年有余粮输出。2007年粮食稳定在亩产252 kg、人均533 kg的水平，人均粮食居全国第5位，其中宁夏平原灌区（称为川区）以占全区三分之一的耕地生产了宁夏全区近80%的粮食，成为国家优质商品粮基地。

近几年在稳定粮食生产的前提下，特色优势农业蓬勃发展。清真牛羊肉销往国内外，2007年比1978年牛肉增长227倍，羊肉增长23.8倍，人均牛奶产量130.3 kg，居全国前列。同期水产品增长284倍，成为西北重要的渔业基地。水果产量增长60.2倍。贺兰山东麓正在成为全国优质酿酒葡萄产业带，已建设基地1.3万余 hm^2，张裕、西夏王等著名葡萄酒企业15家。作为药、食（保健食品）双用的宁夏特产枸杞，产量、品质和深加工产品独步全球。羊绒产业、马铃薯种植加工均在全国占有重要地位。节水、高效、无污染的设施农业迅猛崛起，现状4.8万 hm^2，"十一五"将达到9.3万 hm^2。所有这些，为农业增产、农民增收开辟了新的广阔路子。宁夏平原不愧为塞上江南、中国新天府。

2.2 能源优势

宁夏煤炭资源量2 027亿吨，其中探明保有储量303亿吨，居全国第六。贺兰山"太西煤"为全国最佳无烟煤。宁夏还有丰富的煤层气、石油、天然气、太阳能、风能、水能、地热能等资源。但长期以来，因远离东部市场，宁夏一直是个产能小省，与丰富的资源极不相称。

近年来，宁夏被列为国家能源重点开发区，国家级大型煤炭基地、煤化工基地、"西电东送"火电基地，按照安全、高效、有序开发要求，建设宁东能源化工循环经济示范区。原煤产量由2000年的1581万吨增加到2007年的3 906万吨，目前在建生产能力2 898万吨。预计2010年产煤7 000万吨，2020年达1.55亿吨，成为近期全国生产能力增长最快的产煤省区。特别是宁夏具有煤田地质条件好、小煤矿极少、现代化大型矿井（500～1200万吨/年）比重高的优势，煤矿回采率、安全生产率在全国领先。

能源优势转化为经济优势的另一特点是煤炭就地转化率高。相对于晋、陕、蒙等原煤输出大省，宁夏原煤却大部就地消化。一是发电，现状年耗煤2 000多万吨，预测2020年火电装机2 600万KW，年耗煤约7 000万吨。二是煤化工，预测2020年通过原煤气化生产甲醇、二甲醚、烯烃、液化制油等煤基石油替代品2 000万吨，年耗煤5 000多万吨。加上其他行业用煤，原煤就地转化率达80%以上，从而变出卖资源为精深加工高附加值产品。实行科学布局，发展产业集群，工业向园区集中，人口向沿黄城市带集聚，规划工业废气全部达标排放，工业废水、固废综合利用率达90%以上。宁东基地带动新增就业岗位75万人，新增GDP 1000亿元。随着应对气候变化、节能减排的严峻形势，以及可再生能源研发的突破，宁夏煤层气、太阳能、风能、地热能等资源的大规模利用，也展示着广阔前景。

2.3 旅游资源优势

宁夏地方虽小，但旅游资源独具特色：自然景观绚丽多彩，高山、长河、大漠、草原、黄土高原、绿洲水乡,呈现出多姿多彩、对比强烈的神奇魅力;人文积淀厚重非凡,石器遗址,先民岩画,丝路古道,历代长城,千年古渠,历史名城,交织成黄河文明、西夏文化、回族风情的灿烂画卷。长期以来,由于区位交通等多种因素,宁夏旅游一直位居全国末位。

西部大开发以来,随着城镇化发展,人民生活水平提高,景区开发,交通可达性等变化,旅游业发展迅速。2003年以后,年接待游客以年均百万人速度增长,2007年达731.3万人次,旅游收入31.6亿元,占第三产业增加值比重由1995年1.8%上升为2007年10%。沙坡头景区以神奇大漠、黄河漂流等独特魅力被评为中国最美沙漠,中国十大最好玩的景点之一,号称“宁夏归来不看沙”,而与“九寨归来不看水”并列西部奇景。以水沙相依、苇丛观鸟著名的沙湖景区,以“东方金字塔”名闻遐迩的西夏王陵风景名胜区,以太阳神人面像为特色入选联合国非正式世界文化遗产名录的贺兰山岩画,丝路上的石门关遗址须弥山石窟,历代帝王避暑胜地六盘山,纳家户回族风情村特色民俗风情等等国家级珍稀旅游景观组合,通过加强西北联网,整体促销,正在形成“塞上江南,神奇宁夏”品牌的中国西部重要的旅游目的地。

2.4 回族穆斯林人文资源优势

回族是一个善于经商、比较开放的民族。我国所有大中小城市几乎都有回族活跃的身影,而宁夏则为我国最大的回族聚居区,人称“中国的穆斯林省”。回族在传统文化、生活习俗,宗教信仰等方面与国内外穆斯林有诸多相通之处,构成了面向有10多亿人口的伊斯兰国家、地区开放、发展经贸合作和文化交流的有利条件。近些年来,宁夏的穆斯林日用品、清真食品业发展起步,与国内外穆斯林的交流合作不断扩大深化。但这还仅仅是开始,预计今后这种优势的充分发挥,对促进宁夏经济社会跨越式发展将产生不可估量的作用。

3. 民族团结,城乡关系、区域关系趋向协调

自治区成立50年来,全面落实党的民族政策,完善民族区域自治制度,回汉各族人民共同团结奋斗,共同繁荣发展,平等、团结、互助、和谐的社会主义民族关系坚如磐石,堪称民族团结的典范。

过去回族妇女文盲率高、出生率高,使宁夏人口自然增长率相当长时期内高居全国各省市首位。全区回族人口占总人口比重由1958年32.5%上升到2007年35.8%。随着经济发展、社会进步,尤其是实施和推广了在全国首创的“少生快富”工程,使人口自然增长率由过去的3.87%降至2007年的0.98%,降幅之大在全国领先。原先回族多聚居于生态脆弱、经济贫困的山区农村。目前,人口情况已经发生重大变化:一是人口由农村向城镇集聚;二是由南部山区向北部川区转移。如1957年固原市回族人口占全区回族人口的

37.8%,2007年已降至29.1%。这主要是实施了城镇化战略,在招生、招干、招工等方面对回族及其他少数民族倾斜,许多回族青年走出大山,到北部城市上学、打工,也与实施扶贫开发移民、生态移民战略以及回族生育水平下降有关。目前,干部队伍、在读学生中回族比例已与回族人口比重大体相当,一批优秀的回族干部、知识分子迅速成长,成为各条战线的骨干力量。

西部大开发加速城镇化步伐,城镇化率由2000年的33%上升为2007年的44%。在统筹城乡发展,以工促农、以城带乡,以川济山、山川互济等方针指引下,新农村建设、山区扶贫开发持续加强,福建等省市和中央有关部门、大型企业的对口帮扶成效显著,农村水利、农村道路、基础教育和职业教育、医疗卫生、农村危房改造建设、市场服务体系、科技文化服务体系等全面加大投入,使农村、山区的基本公共服务水平较快提高,缩小了区内城乡间、山川间的实际差距。例如,2007年全区农村劳动力平均受教育年限为6.7年,比2000年提高0.8年,其中文盲半文盲人数占20.2%,比1990年下降17.3个百分点,初中及以上文化程度占49.1%,比1990年上升16.6个百分点;农村人均住房面积由1982年的11.8平方米增加到2007年的23平方米,砖木砖混结构住房比重由1985年0.3%上升到2007年58.1%。南部山区近年年输出劳务72万余人,人均收入4715元,初步形成"政府引导、市场化运作、规范化输出、一条龙服务"的劳务产业格局。绝对贫困人口由2000年52.7万降到2007年的5万人,低收入人口由128.6万减少到24.8万人。

与东部省市及海外的合作关系更趋密切,宁夏已与121个国家、地区建立经贸关系。近些年来,仅浙江人来宁办企业就有几千家9万人。全国众多大型企业集团纷纷落户宁夏,神华、华能、国电、华电、中石油、中石化、中国华源、中国阳光等加盟宁东能源化工基地开发,中色、中冶、中盐、中粮等集团兼并宁夏企业。海外企业纷至沓来,构建了加宁铝业(加)、埃肯活性炭(挪威)、西北轴承(德)、共享铸造(奥地利)、小巨人机床(日)、恩德风电(德)、佳通轮胎(新加坡)、嘉士伯啤酒(丹麦)、康地饲料(美)等合资、外资企业。2007年底外商企业744家。招商引资由量变到质变,近五年出现爆发性增长,到位资金年均增长40%,宁夏扩大开放方兴未艾。

4. 生态恶化开始逆转,节能减排初见成效

宁夏地处干旱、半干旱过渡地带,是对全球气候变化和人类活动特别敏感的生态脆弱带。南部黄土丘陵区的水土流失,中部干旱带的草原退化、土地沙化,北部灌区的土壤次生盐渍化,都是突出的生态问题。由于偏重型、高耗能的工业结构,单位产值能耗高居全国首位,环境污染在一段时期内相当严重,石嘴山市一度名列全国十大重污染城市之一。

改革开放以来，自治区高度重视生态修复和环境保护，促进了经济与资源、环境的协调发展。生态环境质量指数由2000年的19.96提高到2007年的42.57，改善幅度居全国第二。一是先后建立了六盘山、贺兰山、罗山等森林生态系统自然保护区，沙坡头、白芨滩、哈巴湖等荒漠、荒漠草原和湿地生态系统自然保护区，13个保护区面积54.7万hm^2，约占全区面积10.5%。它们与一批国家森林公园、地质公园、湿地公园、国家级风景名胜区、国家级重点文物保护单位等一起构成禁止开发区域，按有关法律法规实施强制性保护，目前已成为国家或自治区的自然文化遗产，各具特色的生物多样性基因库，维护地区生态平衡的重要节点，生态旅游的知名景区。二是将中部干旱带、南部黄土丘陵区各县划定为限制开发的重点生态功能区，以保护、修复生态为主要功能，大力实施以小流域为单元的水土流失综合治理，天然林保护、防护林建设和退耕还林还草工程，封山禁牧、封沙育草、防沙治沙工程，大力发展草畜、林果等生态农业、生态旅游业，涌现出了彭阳等国家生态建设示范县，隆德等全国梯田建设模范县。全区沙化面积由1995年的125.68万hm^2减少到2004年的118.3万hm^2，在全国率先实现“人逼沙退”。现正为建设全国防沙治沙综合示范区而继续努力。三是通过优化农林牧结构，加强节水管理，保护湿地，进一步完善宁夏平原绿洲生态系统，土壤次生盐渍化减轻，改良盐碱地14.5万hm^2。四是通过对能源、高载能企业上大压小，淘汰关闭工艺落后、能耗高、耗水多、污染重的五小企业，对能耗、三废污染超标企业限期治理，不达标者关闭。城镇已有11座污水处理厂投入运行，污水处理率56%，比2000年提高37.3个百分点。黄河宁夏段水质由2000年的劣五类提高到2007年的三类。2007年城市空气污染指数比2005年下降28%。2007年全区化学需氧量排放量比上年下降2.07%，二氧化硫排放量比上年下降3.44%，首次实现“双下降”。下一步，宁夏将按国家要求，继续加大生态修复、环境保护力度，建成我国西部重要生态屏障，为促进宁夏和西部可持续发展、保障国家生态安全做出应有贡献。

5. 与全国平均水平和东部经济发展差距的变化

表1反映宁夏与全国平均水平、东部省市（以江苏省为代表）主要经济指标发展差距的变化情况。其中1978年为改革开放初期，2000年为西部大开发初期，比较三个标志年数据，可知1978～2007年改革开放30年变化和2000～2007年西部大开发以来的变化。7个指标中，人均GDP、人均地方财政收入代表经济产出水平，人均全社会固定资产投资总额、人均社会消费品零售总额、人均进出口总额三个指标代表拉动经济增长的主要因素，而城镇居民可支配收入、农村居民人均纯收入则代表人民收入水平。

宁夏虽小，却是西部各省区的缩影。由表1可知：①改革开放30年，宁夏经济自身已有较快增长。②30年来，与全国平均水平、东部的江苏相比，7项指标无论绝对差距、相对

表 1　　三个标志年主要经济指标与全国、江苏的比较

年份		1978		2000		2007	
		绝对数	相对数	绝对数	相对数	绝对数	相对数
人均 GDP/ 元	宁夏	370	97.1	5 376	68.4	14649	77.4
	全国	381	100	7 858	100	18934	100
	江苏	430	112.9	11 765	149.7	33928	179.2
人均地方财政收入/ 元	宁夏	90.0	90.0	379.4	74.8	1318.3	73.7
	全国	100	100	507.4	100	1788.1	100
	江苏	105.3	105.3	616.6	121.5	2948.0	164.9
人均固定资产投资总额/ 元	宁夏	121.6	174.0	2 930.4	112.4	10246.1	98.4
	全国	69.9	100	2 607.0	100	10413.3	100
	江苏	37.5	53.6	4 120.2	158.0	16173.2	155.3
人均社会消费品零售总额 /元	宁夏	143.5	88.0	1 832.0	59.2	3844.4	56.8
	全国	163.0	100	3 097.1	100	6769.2	100
	江苏	146.2	89.7	4 000.5	129.2	10331.0	152.6
人均进出口总额 / 元	宁夏	12.7	32.6	80.7	21.5	261.0	15.8
	全国	38.9	100	375.6	100	1649.5	100
	江苏	16.0	41.3	627.7	1 67.1	4607.4	279.3
城镇居民可支配收入 / 元	宁夏	464.2	97.2	4 912.4	78.2	10859.3	78.8
	全国	477.6	100	6 280.0	100	13785.8	100
	江苏	433.1	90.7	6 800.2	108.3	16378.0	118.8
农村居民人均纯收入 /元	宁夏	175.1	91.5	1724.3	76.5	3180.8	76.8
	全国	191.3	100	2 253.4	100	4140.4	100
	江苏	218.1	114.0	3 595.1	159.5	6561.0	158.5

差距都在拉大。③西部大开发以来情况有很大变化,宁夏发展加速从而使人均 GDP 与全国的相对差距明显缩小,收入水平两个指标、人均财政收入、人均消费与全国相对差距也有停止扩大的趋势,但与江苏的相对差距仍在继续拉大。④宁夏与全国、江苏差距最大的指标是进出口额,这也是宁夏赶超先进的薄弱环节。

另一方面,目前宁夏若干社会发展指标与全国平均水平相比并不落后,例如:教育事业,2006 年在西部率先实现基本普及九年义务教育,基本实现扫除青壮年文盲目标;中小学生每百人拥有电脑 5.3 台,位列西部 12 个省区第一,现代化远程教育覆盖率达 100%;卫生事业,新型农村合作社区医疗制度实现全覆盖;人口平均预期寿命 1990 年比全国低 1.7 岁,2000 年为 71.32 岁,仅比全国低 0.08 岁。

在宁夏回族自治区成立50周年之际,《国务院关于进一步促进宁夏经济社会发展的若干意见》公布,为宁夏描绘了一幅科学发展的蓝图。《意见》指出,宁夏"进入了历史上最好的发展时期,但宁夏在发展中还存在一些特殊困难和问题"。"进一步促进宁夏经济和社会又好又快发展,是一项长期而艰巨的任务"。在科学发展观指引下,在国家大力支持下,610万回汉人民团结奋斗,宁夏一定会迎来更加美好的明天,在较短时期内首先实现人均基本公共服务达到全国平均水平的目标。

参考文献

[1]陈育宁主编.西部大开发新的战略选择 发展特色优势产业[M].银川:宁夏人民出版社,2007:23.

[2]王金祥,姚中民主编.西部大开发重大问题和重点项目研究·宁夏卷[M].北京.中国计划出版社 2006:35.

[3]宁夏发改委.宁夏回族自治区国民经济和社会发展第十一个五年规划[M].银川:宁夏人民出版社,2007:1~7.

[4]米文宝主编.宁夏人文地理[M].香港:中国社会科学研究出版社,2006.

[5]宁夏发改委.宁夏主体功能区域划分报告[R].2008:7.

[6]宁夏统计局.辉煌五十年[M].银川:宁夏人民出版社,2008:28.

[7]国发[2008]29.号文·国务院关于进一步促进宁夏经济社会发展的若干意见[N].宁夏日报,2008-9-13.

对当前宁夏经济发展的几点看法

宁夏近几年发展形势很好，总体上呈现经济社会持续、快速发展的态势，机遇和挑战并存，但机遇大于挑战；成绩和困难并存，困难是发展过程中的问题。下面，我从比较宏观的、长远的角度，对下一步宁夏经济发展谈几点看法和建议。

1. 在对外开放上下更大功夫，科学地、扎实地做好招商引资工作

宁夏这几年经济发展、社会进步迈出了很大步伐，但我们要问：宁夏目前处在什么发展阶段？我想，宁夏仍处于生产力还不发达的社会主义初级阶段，而且处于这个阶段的较低层次。我区的经济增长方式是相当粗放的，经济增长质量和效益较低。要从根本上转变经济增长方式，需要我们以科学发展观为指导，作长期艰苦努力。我们要千方百计力争缩短这个转变的过程，同时也要清醒地认识到，在一定时期内，我区的经济增长还得主要靠投资拉动。这个投资，不仅仅是国家的投入，而且要逐步转移到主要靠区内外、国内外的民间投资、社会投资，什么时候这种民间投资、社会投资大大超过了国家和地方政府的投资，我们也就真正实现了宁夏的第一次经济腾飞。

由此，我认为，在经济工作中，要在对外开放上下更大功夫：通过扩大对外开放，推动我区的各项体制、机制改革，促进制度创新；通过扩大开放，引进、吸收更多的人才智力、先进技术、经营管理经验，在此基础上实现科技自主创新；通过扩大开放，引进更多的东部资本、港澳台资本和国外资本；通过扩大开放，发展与东中部、与海外的全面的多层次的经济贸易合作、科技文化交流。

近两年，我区对外开放取得很大进展，在招商引资方面可以说已初步取得突破性发

在宁夏回族自治区政府经济形势会商会上的发言，2005 年 11 月 15 日

展，每天看报看到协议引进资金多少亿，合同引进资金多少亿，非常鼓舞人心。但是，我们还应看到我们的不足之处，我们的实际到位的外商直接投资究竟多少，实际的外商企业利税究竟多少，实际的外商企业出口创汇又究竟有多少？据分析，当前西部省区市中，重庆、成都（四川）、西安（陕西）招商引资情况最好，处在西部的第一层次，内蒙古包头、呼市、云南昆明、广西南宁等其次，处在第二层次，而宁夏等省区则情况较差，处于最低层次。有人私下议论，宁夏的区位、交通等条件与东部省市固然无法相比，即使与重庆、成都、西安等地也没法比，言下之意，宁夏的招商引资工作即使要尽十八般武艺，也没有多大前途。其实这种看法不仅宁夏有，前几年成都、西安等地也有类似看法，认为招商引资再怎么拼搏也拼不过沿海的广东、江苏、山东。但是情况在变化，据国家有关部门专家分析，今年已经出现了新的苗头，东部不少省市今年外商直接投资增长率有不同程度下降，而西部某些省市却出现了增长率超过东部省市的趋势。我的看法，宁夏回族自治区的招商引资工作正处在大突破、大跨越的前夜，正处在量变到质变的量变积累阶段，只要我们再加大力度，坚持不懈地努力再努力，真正科学地、扎实地工作，而且不断总结经验教训，不断改进提高我们的工作水平，相信量变到一定程度就会发生质变，那时就会真正实现招商引资工作的大突破大发展，也就是宁夏经济的大突破大发展。

2. 在发展特色优势产业上下更大功夫，鼓励、扶持大批科技型中小企业成长

国家实施西部大开发战略以来，西部包括宁夏，在基础设施建设、生态环境建设上取得了巨大成绩，但西部与东部发展差距仍在继续扩大，西部的自我发展能力仍然薄弱。针对这个问题，中央领导强调，今后一段时期，要在继续加强基础设施和生态环境建设，加强教育、卫生等社会事业发展的同时，把发展西部地区特色优势产业作为一项重要任务，摆到更加突出的位置。我认为，这是一个非常重要的战略，是我们宁夏落实科学发展观，转变经济增长方式，实现全面、协调、可持续发展的重大战略任务。

目前，我区领导非常重视宁夏特色优势产业的发展，包括宁夏能源化工基地的开发建设，新材料产业带的开发建设，特色农产品加工基地建设，特色生物制药工业基地建设，特色精品旅游线路建设，等等，而且已经编制了有关规划，形势不错。我在这里说两点看法：

一是发展特色优势产业，一定要重视培育企业的核心竞争力、综合竞争力。也就是立足比较优势，力争技术先进，逐步做到有自己的知识产权，有自己的特色品牌，有先进的研发、管理和营销，做到发展特色优势产业与招商引资、引进人才、人力资本开发相结合，与转变经济增长方式、提高增长质量和效益相结合，与办好工业园区、发展产业集群、循环经济相结合，把发展特色优势产业作为我区经济社会发展的突破口来抓。无论是全自治区还是县域经济，这应该是主要抓手。

二是既要重视发挥大企业集团的作用，更要重视发挥科技型中小企业的作用。大集团都是小企业发展起来的，只有大量小企业作为草根产业的大发展，大批科技型小企业如雨后春笋大量涌现时，才有可能实现特色优势产业的繁荣，宁夏才有大的希望。企业规模可以从小猫三只四只起步，但技术起点一定要高，在这方面政府要旗帜鲜明，导向明晰，创造好各种基础条件和环境，鼓励、培育、扶持科技型小企业，坚决支持小而优、小而强、小而特的特色企业，大张旗鼓地宣传这类小企业的成功创业经验。

3. 在发展劳务经济上下更大工夫，逐步实现农村人口的战略转移

宁夏地方虽小，但区内差异显著。以银川为中心的北部平原绿洲，资源比较丰富，生态环境良好，可以进一步优化开发。宁东能源化工基地所在地区，虽然生态脆弱，但能源等资源集中，用地回旋余地大，发展潜力巨大，可以实施重点开发。南部黄土丘陵区、中部干旱风沙区的某些乡村，则由于资源环境承载能力有限，局部地区甚至农村人口超载，人地矛盾尖锐，应实行有限制的开发。从长远来看，要把限制开发区域建成生态良好、环境优美、休闲旅游业发达的地区，而当地的农村人口则要逐步减下来。这就有一个城乡人口分布格局的调整、重组问题。而发展劳务经济，则是实现农村人口战略转移的关键途径。

我们设想，通过劳务经济大发展，从近期看，是实现贫困地区脱贫致富、解决三农问题的重要手段，是提高青年农民文化科技素质、改变生产生活方式的重要办法，是加速农业产业化、农村城镇化的重要步骤，也是在较长时期内实现农村人口战略转移的重要途径。通过发展劳务经济，使限制开发区域的农村人口向当地城镇集聚，向北部绿洲重点开发区转移，向东部发达省市和西部新疆、内蒙古等发展潜力较大地区输出，从打工到创业，从候鸟型到部分定居，最后形成宁夏新的城乡人口分布格局，建设人与自然和谐社会以及人与人之间和谐社会。可见，劳务经济是一种意义十分重大、十分深远的战略产业。

近两年来，我区劳务产业发展快、成绩大，但我们决不能稍有懈怠，要进一步深化对其战略意义的认识，多轨齐下，从发展农村职业教育、职业培训，培育城乡一体化劳务市场，打破城乡二元结构的体制、政策障碍，以及建立农民工社会保障体系等几方面同时入手，把劳务经济进一步组织好、发展好，培育出宁夏的知名劳务品牌，真正把它发展成为南部山区最大的产业，相当一部分农村人口得到实惠最多的产业。

宁夏扬黄灌区当前主要问题和实现可持续发展的建议

宁夏扬黄灌区主要分布于自治区中部，目前灌溉面积已达7万公顷，居住着20多万农村人口和4万城镇人口(不包括石嘴山市所属区县的扬黄灌区，见表1)。它已成为宁夏中部干旱风沙区中生机勃勃的人工绿洲，在宁夏农村经济中占有相当重要的地位。

表1　宁夏中部的扬黄灌区

灌区	建设年份	净扬程(m)	设计流量(m^3/s)	灌溉面积(万 hm^2)	
				设计	已灌
固海(中宁、同心、海原、固原)	1975～1986	342.7	28.5	4.18	3.83
南山台子(中卫)	1976～1978	135.4	6.65	1.00	0.63
盐环定(灵武、盐池、同心)	1988～	371.0	11.0	2.13(宁1.46)	0.59
红寺堡(中宁、同心)	1997～	264.8	25.0	5.00	0.10
固海扩灌(同心、海原、固原)	1997～	430.5	12.7	3.66	
其他	1976～1995	7.4～96.4	36.66	3.33	1.86

1998～1999年间，我们重点调查了固海、南山台子、盐环定三个灌区，看到了扬黄灌区开发建设以来经济社会面貌和生态环境的巨大变化，其中固海灌区尤为突出：粮食单产稳定增长，农民人均纯收入由1980年前的30.5元提高到了1999年的1800元，远高

国家自然科学基金项目(49671027)部分成果，发表于《市场经济研究》2000(3):32~34。合作者：文云朝、宋乃平、尚德福、虞江萍

于周围非灌区的农民收入水平。灌区农民总体摆脱绝对贫困，部分农户已进入小康。人工绿洲的环境质量多数趋于改善提高。

但另一方面，我们也强烈感受到，当前扬黄灌区进一步发展面临着相当严峻的形势，存在着一些亟待解决的问题，亟须引起各级领导和有关业务部门的重视，以便按轻重缓急，有步骤地解决，使扬黄灌区真正走上可持续发展的道路。目前正在开发建设的扶贫扬黄新灌区（红寺堡和固海扩灌新灌区），则应从一开始就注意防患于未然，力求避免类似问题的发生。

1. 扬黄灌区当前存在的主要问题

1.1 农民收入增长缓慢，农村经济结构性矛盾突出

扬黄灌区农民目前大多数仍以种粮为主，经济作物播种面积一般仅占5%~6%，基本保持着粮食单一结构，但因粮食市场总体上供过于求，粮食价格下滑。而扬黄灌区受水费高、土壤肥力低等因素限制，与自流灌区相比农产品成本高，因而高产区仅能勉强维持再生产，中低产区则收益倒挂。同心灌区原来靠出售甜菜、玉米增收，现在玉米价贱，甜菜无人收购，陷入困境。扬黄灌区中最富的同心县河西镇和城关乡，1997年农村社会总产值出现4.0%和4.9%的负增长。农民不了解市场信息，政府缺乏引导，今后该种什么作物，该发展什么产业，大多无所适从。盐池新灌区种植业效益更低，以致部分农民走回头路——水地旱种或靠放牧业为生，影响到吊庄移民搬迁定居进度，拖延了灌区开发进程。在大农业结构中，牧业极其薄弱，以最富裕的三个扬黄灌区乡镇——同心县河西镇、城关乡、丁家塘乡为例，牧业比重分别为6.0%、6.2%和8.1%。在整个农村总产值中，仍以种植业为主体，三乡镇分别为82.6%、69.6%、84.3%，农村工业和第三产业尚处于原始阶段。我们认为，扬黄灌区的农村经济结构调整比之自流灌区、旱作农业区更为紧迫，已经到了非解决不可的时候了。

1.2 农产品科技含量小，农业生产水平低

以粮食单产为例，与自流灌区相比，除固海灌区土壤、生态条件较好，科技示范推广有一定成效，作物产量水平较高外，南山台子、盐环定灌区明显偏低（表2）。这主要受制于土壤肥力低，科技试验推广滞后，农民技术培训和技术服务不到位，以致耕作粗放，科学种田水平低，以及风沙、盐碱危害等因素。至于节水灌溉、经济作物种植、果树栽培、畜禽养殖等方面科技含量更低。一些新灌区只有开发建设经费，却并无科技试验、示范、推广和培训的经费投入，更谈不上产前、产中、产后的社会化服务体系。

1.3 水利设施老化失修，经营亏损严重

在目前扬水灌溉电价特别优惠的条件下，固海扬水工程1998年水费等收入合计1455

表 2 扬黄灌区粮食单产与自流灌区比较(千克/亩)

粮食	固海	南山台子	盐环定	中卫自流灌区
小麦	200 ~ 350	234 ~ 348	102 ~ 300	342 ~ 428
玉米	422 ~ 633	378 ~ 452	160 ~ 354	418 ~ 605

万元,而成本达 4 600 多万元(其中折旧费 1 800 万元),年亏损额达 3 000 万元,加上财政补贴 1 200 万元,经费缺口仍达 1 000 多万元,以致设备折旧费无着落,工程设施的维护、大修、更新、改造无从保证,目前 287 公里渠道已有 40%变形、沉陷,一半左右建筑物老化失修,78%电机达报废年限,设备带病运行。南山台子、盐环定工程因实际灌溉面积占设计面积的比重小、所收水费少,问题更为尖锐。南山台子扬水工程 1998 年水费收入 180 万元,而未计折旧的支出 517 万元,财政补助 260 多万元,如计入设备折旧费进行成本核算,则亏空更大。盐环定扬水工程因宁夏专用工程尚未完工,使耗资巨大的主干工程无用武之地,灌区开发滞缓,效益很差,1999 年水费收入 134 万元,而成本达 1687 万元(包括折旧费 883 万元),财政补贴 554 万元,不计折旧还亏空 100 多万元。由此,一些必须维修改造项目难以实施,如部分机电设备、工程设施的更新改造,渠道泥沙清淤,渠道防渗工程,种草植树扎草障防沙护渠工程等等,这些问题随时都可能酿成严重后果。长此以往,地方财政不堪重负,水利设施正常营运亦将难以为继。

1.4 部分灌区土地沙化、盐碱化发展,生态环境呈恶化趋势

扬黄灌区处于我国三北地区生态脆弱带上,生态环境能否得到持续改善是灌区可持续发展的根本性问题。在灌区生态总体改善的形势下,部分灌区环境恶化趋势必须密切关注。一是土地沙化。各灌区新搬迁户为解决生活燃料,大肆砍伐居民点周围荒漠草原的草灌植被(如沙蒿等),引发土地沙化。盐环定灌区因开垦、过牧以及采矿、筑路、挖渠等破坏地表植被,沙化发展,风沙埋压渠道,干渠有 30%渠段受影响,32 公里淤积严重,年积沙量 36 万立方米,影响输水能力和效率,人工清淤耗费大量人力财力。风沙威胁农作物播种、出苗、生长,减产幅度达 30% ~ 50%。南山台子灌区因设施老化,供水不足,加之供水成本过高,因而原先的灌溉林地很多已停灌而退化为沙荒地。土壤盐渍化是另一大害。因大水漫灌(粮食作物一般亩灌水 520 立方米,少数达 1 000 立方米)和土壤下伏含盐黏土层影响,盐池县 22 片灌区中有 15 片存在盐化威胁,其中 6 片 400 多公顷次生盐碱化逐年加重,因盐化过重而弃耕的达 140 公顷。南山台子灌区渠道砌护比重小、质量差,渠道完好率不足 1/3,渠水和田间灌水大量渗漏,导致位处扬黄灌区下部的自流灌区土壤次生盐渍化发展。此外,虫害(危害林木)、鼠害(破坏庄稼、林草和水利工程设施)猖獗,使自

然生态平衡受到破坏，也是不容忽视的问题。

1.5 人地关系矛盾逐渐加大，农村社区建设落后

扬黄新灌区很多是南部山区移民吊庄，人口属年轻型，有的仍执行较宽松的山区人口政策，计划生育抓得不紧，人口增长过快，对土地、水资源和环境容量的压力加大。如位处固海灌区的同心县丁家塘乡，1996 年人口自然增长率为 1.835%，高出大多数山区迁出乡 3 ~ 4 个千分点；当年出生人口中属于第三胎、第四胎的占 23.1%（河西镇则高达 30.4%），人均耕地由原 3.3 亩降至 1997 年不足 2 亩；城关乡则由原人均 5.4 亩降至 2.4 亩。位处南山台子灌区的中卫县西台乡，1998 年人口自然增长率竟高达 9.33%。有的移民户竟有生 8 个子女的记录。人口增长、耕地扩大以及灌水量超定额导致水资源供需矛盾加剧。如地处固海灌区上游的中卫县大战场乡，夏季作物常因缺水而致一、二水不能及时灌溉，使夏粮减产，甚至因争水而发生民事纠纷。

灌区不少居民点缺乏长远规划，基础设施建设、管理滞后，存在交通、通电、通邮、通话等不稳定、不正常等情况，产前、产中、产后的社会化服务体系大多空白，商业网点、文教卫生等服务设施简陋、不配套，环境脏乱差、群众看病难问题突出，有些条件比迁出区还差。这也是某些移民吊庄返迁率高达 50% 以上的因素之一。

2. 全面改善扬黄灌区的若干建议

扬黄新灌区要实现经济、社会可持续发展，自然资源可持续利用，生态环境持续改善，建议首先解决好以下几个重大问题。

2.1 大力调整优化产业结构，加快农业产业化进程

要着眼农民增收和农村可持续发展，积极而稳妥地调整土地利用结构和农村经济结构。一是由单一种粮型向多种经营型发展。引导农民瞄准市场，逐步缩小粮食作物播种面积比重，在林带保护下发展果园（枣、杏等）、桑园（养蚕）、枸杞园、沙棘园、药材园等；在玉米种植业基础上发展饲料工业和奶牛、肉牛、绒山羊、肉羊养殖业；在乡镇居民点周围发展日光温室种植瓜菜、蘑菇、花卉和养殖畜禽等；规模化发展，区域化布局，逐步建成农林牧菜果药复合农业生态系统，实现物质能量的多层次高效利用。

二是由初级产品型向深加工产品链型发展。引导企业投向特色农产品加工业，公司、基地、农户环环紧扣，中介服务组织充分发挥作用，形成贸工农一体化的社会化生产格局，打出一批名优特新绿色农产品，开拓区外、国外市场，最终形成具有自组织机制、产品不断升级换代的动态产业结构。

三是鼓励农民从事二、三产业，向小城镇集聚，推进农村城镇化进程。城镇要规划好工业小区、商贸小区、居住小区和相关设施，引导建筑业、房地产业发展，完善劳动力、土地等要素市场和生产资料、消费品市场，改革户籍管理制度，为农民进镇提供便利条件和宽松环境。

2.2 提高农民文化素质，加大科技推广力度

扬黄灌区所在县都要大幅度加强农村科技投入。建议灌区每个自然村选拔1～2名具备一定文化科技基础的青年农民，进行重点培训，培养一支科学种田（养畜）的技术推广队伍。利用农闲季节举办农民技术培训班，普遍提高青壮年农民文化科技素质，结合农忙季节田间地头实地指导，较快地提高灌区科学种田水平。县、乡镇要分层次建立农村科技示范推广点，使先进实用技术的推广真正到位。依靠科技，使农林牧业由粗放型向两高一优型发展，培育无污染、优质高值的绿色产品；由资源浪费型向节约型发展，以推广节水灌溉技术、建立节水灌溉制度为中心，最大限度地提高每立方米水的利用率和产出率，同时推广节地、节能、节粮的各种生产方式和管理模式，实现水土资源的可持续利用和科学管理。

2.3 健全水利服务体系和水利资产经营体系，逐步实现水利产业的良性循环

一是多方筹集资金，维修完善水利工程设施。固海、南山台子灌区主要抓好现有工程、设备的养护、维修、技术改造和老化设备更新，盐环定灌区则要抓紧专用工程和配套工程建设，因地制宜建设人畜饮水工程的输水储水设施，积极开发灵武市五里坡、白土岗等低扬程灌区和条件较好的盐池县城西滩灌区、同心县韦州灌区，以充分发挥现有工程作用，较快地提高扬水工程经济效益。

二是加强水利资产的经营管理。不断推进灌区供水的商品化、规范化、科学化进程，完善管水组织，专管与群管结合，依法管水。要在政府支持下，探索实施多种切实可行的节水技术、节水制度；通过挖潜改造，努力降低供水成本；通过发展多种经营，增收节支，减少亏损。

三是逐步调整水价。鉴于扬黄灌区供水成本（0.263～0.341元/m^3）远高于自流灌区（0.021元/m^3），自治区应统筹兼顾，在结构优化、农民增收的前提下，扬黄灌区农田灌溉水价逐步提高到相当于成本70～80%的水平（生活用水、工商业用水应高于成本价），自流灌区农田灌溉水价可提高到相当于成本150～200%水平，以自流灌区水费盈余弥补扬黄灌区亏损。

2.4 着力加强生态环境建设

在灌区内部，必须科学规划土地利用结构，建设有效的防护林系统，适地植树，乔灌草合理结合，生态林和经济林合理结合，保护灌区不受风沙侵袭，逐步改善生态环境。林木应有计划更新，重视防治病虫害、鼠害。

灌区土壤多为灰钙土、风沙土，沙性大，要通过大量增施有机肥（绿肥、秸秆、粪肥等），提高土壤有机质和保水保肥性能。采取切实措施发展节水灌溉，当前首先从搞好渠道衬砌、管道输水和推广小畦灌、节水高产栽培技术做起，抓紧喷灌、滴灌等先进节水技术的试验、示范、推广，减少渠系渗漏和田间入渗，防止土壤盐渍化。某些存在含盐黏土层的灌区，要解决排水出路，改种枸杞等省水耐盐作物、林草。

妥善解决新灌区移民能源供应问题，开发初期由政府补贴发放煤票到户，以后逐步利用薪炭林林木枝条，发展太阳能、风能、沼气等多能互补，逐步扩大煤、电使用。

对灌区周围的荒山荒地（荒漠草原和干草原）要分户承包，封山育林、封沙育草，严禁开荒、过牧、樵柴、滥挖甘草。逐步开展围栏、补播、飞播种草造林等人工改良措施，改善灌区大环境。

新灌区的建设项目必须坚持环境影响评价制度，合理规划工业小区布局，严禁在居住区、水源保护区、基本农田保护区及其上风、上游地段建设污染型企业，保证"三同步"方针和"三同时"规定的切实贯彻。现有的污染源要实行污染总量控制，限期治理。

2.5 控制人口数量，重视社区建设

扬黄灌区必须执行川区人口政策，加强计划生育管理，严格规定生育指标和目标责任制落实，对独生子女实行多方面的奖励优惠措施，培育少生优生的社会风气。

高度重视乡镇、村的基础设施、公共设施的规划、建设、管理，多渠道筹措建设资金，鼓励企业、个人兴办公共福利事业，谁投资谁受益，逐步形成生活方便、治安良好、环境优美、文明进步的农村新社区。

2.6 创建新的移民模式

过去在计划经济体制下实施的移民吊庄模式，依然承袭了分地到户的个体分散经营的传统生产组织方式，谈不到合理的产业结构和规模效益，显露出许多弊端。如何探索适应市场经济的新的移民经营模式，已成为当前新灌区开发的突出问题。建议在盐环定、红寺堡新开发灌区，实行多元化的移民开发模式。一是由单纯的计划分配移民转向招标移民、招工移民与计划分配移民相结合。某些开发项目（如药材基地、蚕桑基地）可以实行开放式招标和分解式招标，便于吸引区内外各类企业家（包括农村能人）、技术人才和资金。招工移民与企业规模、扶贫移民相互配合。二是移民社区建设与农业产业化相结合，所谓一村一品、一乡一品，为农业的专业化、规模化、区域化经营提供条件，逐步形成贸工农、产供销、农科教一体化的新型农村产业链。三是适当扩大移民人均分配耕地数额，除口粮田外，其余主要从事商品化生产经营。现有扬黄灌区也要抓住农村产业结构调整的机遇，以公司加农户的模式，对农村经济进行产业化重组。

2.7 争取尽早兴建大柳树工程

规划拟建的黄河大柳树水利枢纽，总库容110亿 m^3，电站装机200万千瓦，控制灌溉面积近千万亩，技术经济指标优越。水库近期在满足河口镇以上地区工农业和城乡生活用水127亿 m^3，下泄流量不小于250 m^3/s 的基础上，每年5～7月可为下游增加供水32亿 m^3，非汛期增放流量200 m^3/s，是综合开发利用黄河水利水能资源、缓解下游缺水断流的关键性工程。水库正常蓄水位海拔1380米，从水库引水，可将宁夏已建、正建扬黄灌区中的大部分变为自流灌区，其余也将变为低扬程灌区，从而大幅度降低供水成本，提高输水效率和灌溉效益，促进灌区农产品的市场竞争力增强，农民收入增加。这必将从根本上改变目前扬黄灌区水利设施负债经营的被动局面，为宁夏中部300万亩灌区的可持续发展展示更加美好的前景。建议抓紧做好前期工作，争取国家尽早立项兴建。

建议将黄河河套地区建设成为国家战略粮食储备基地的报告

一、黄河河套地区的战略地位

黄河河套地区包括河套平原和鄂尔多斯高原，行政区划分属于宁夏回族自治区、内蒙古自治区和陕西省，面积28万平方公里，人口1 800多万。黄河自中卫市进入宁夏，经宁夏平原（西套平原），进入内蒙古后套平原、前套平原和鄂尔多斯高原，在陕西省榆林市流出本区，流程约1 500公里。河套地区资源丰富，历史悠久，具有承东启西的区位优势，在我国西部大开发中有着极为重要的战略地位。

（一）西北最大的古老人工绿洲

河套属西北干旱气候区，日照充足，热量适中，但降水稀少。广阔的黄河冲积平原及其支流（无定河等）冲积平原，土层深厚，土壤肥沃，坡降适当。2000多年前，从四面八方迁来的移民、戍卒，利用得天独厚的天时地利，开渠引水、自流灌溉，使黄河水与光热、土地资源奇迹般结合在一起，在沙海包围中建成了西北古老的最大人工绿洲。汉代史书盛赞："沃野千里，谷稼殷积……牛马衔尾，群羊塞道……因渠以溉，水舂河漕，用功省少，而军粮饶足"（《后汉书·西羌列传》），"人民炽盛，牛马布野"（《后汉书·匈奴传》），被称为"新秦中"，表明其农牧发展水平可与当时全国最富庶的关中平原相媲美。河套地区成为汉皇朝进击匈奴最重要的粮食、军马供应基地。

1 000多年前的盛唐时代，河套地区水土资源得到进一步开发，汉族和各少数民族和谐共处，以灵州（今宁夏吴忠市区）为中心的朔方节度使成为全国最大军镇，史称灵州兵

内部报告，2010年4月

食完富，士马强盛，甲于诸镇，积谷余粮可由黄河外运，有“天下劲兵在朔方”之称。安史之乱时，肃宗即位灵州城，一时成为唐皇朝的中兴基地。

下至西夏、元、明、清各朝，河套作为北中国粮食、军马基地的地位从未动摇。2000多年来，众多民族在此碰撞、交流、融合，为中华民族多元文化的形成作出了不可磨灭的贡献。可以说，正是黄河水的哺育，让河套地区像颗钉子，深深地扎在大漠之中，撑起了中国版图的“脊梁”。

（二）我国最大灌区和后备耕地集中分布区

河套地区现有耕地2000多万亩，其中绝大部分为有效灌溉面积，还有较多的可灌林草地、鱼塘，灌区规模相当安徽淠史杭灌区的2倍，四川都江堰灌区的2倍多，堪称全国冠军。

河套向为我国北方农牧业精华之区，有“黄河百害，唯富一套”之说。目前粮食年产量800多万吨，人均粮食占有量、亩均粮产量远高于全国平均值，粮食外销率30%以上，是国家优质小麦、玉米等商品粮基地。近些年来，特色优势农业迅猛发展，如牛奶产量占全国总产16%以上，人均牛奶占有量为全国平均值的16倍，奶产业在全国占有突出地位。牛羊肉、羊绒、食用油、枸杞及中药材、果菜、葡萄及葡萄酒等产业异军突起，开始在全国占有一定地位。

河套农业的最大优势在于其发展潜力巨大。一是现有灌区有较大比重的中低产田，通过加强水利建设、农田建设，发展设施农业、草畜产业，实现集约发展，还可大幅度提高农林牧渔产出。二是本区尚有大片宜农荒地资源，它们大多集中连片、平坦开阔，面积1 000万亩以上，是我国重要的后备耕地集中分布区。中国工程院重大咨询项目《西北地区水资源配置生态环境建设和可持续发展研究》（科学出版社，2004）明确指出：“为保证安全，建议将黄河规划中的宁夏大柳树灌区，作为未来的粮食战略储备区……开垦40.0万～66.7万公顷（600万～1 000万亩）农田，作为西北甚至是全国的粮食后备基地。”

（三）我国最大的能源综合富集区

本区中的鄂尔多斯盆地，是全球少有的巨型聚煤生油盆地，预测资源量为煤炭2.41万亿吨，石油86亿吨，天然气11.3万亿立方米，煤层气7.8万亿立方米。仅内蒙古鄂尔多斯市、陕西榆林市、宁夏银川、吴忠市，煤炭探明储量3400多亿吨，天然气探明储量19000多亿立方米，均占全国1/3，还有丰富的石油、煤层气、铀矿、太阳能、风能资源，构成了大西北东部的“能源金三角”。特别是煤藏，煤种全，煤质优，埋藏浅，赋存稳定，地貌和水文地质、工程地质条件良好，开发条件特佳，加以具有连片荒地的优越用地条件，承东启西的重要区位，迅速改善的交通可达性，一定的产业基础和人口集聚，完全有条件建成我国21世纪规模最大、效益最好的能源供应基地和煤基石油替代品生产基地。

(四)我国重要的老少边穷地区

历史上,河套地区是草原文化和农耕文化的交错过渡地带,蒙古族、回族的重要聚居区。1947年、1958年相继成立的内蒙古自治区、宁夏回族自治区则标志着河套地区民族区域自治制度的确立,以及蒙、回、汉各族团结进步、共建社会主义现代化家园的美好前景。

20世纪30~40年代,河套地区各族人民曾为抗日战争胜利和建立新中国作出了永载史册的特殊贡献,陕北、宁东作为中国共产党中央所在地——陕甘宁边区的主要组成部分,更是把革命战争推向胜利的大本营,我国非常重要的革命老区。

然而,由于历史、地理等多种因素,本区仍是经济文化欠发达的边远贫困地区,除呼、包、银、鄂、榆等市人均GDP、居民收入略高于全国平均水平外,贫困县多,低收入人口比重大,总体看,本区是我国西部一个重要的老少边穷地区,必须从加强民族团结、扶持革命老区的高度,加快扶贫开发和经济社会发展。

(五)我国水资源贫乏、生态脆弱十分严峻的地区

河套地区地处干旱区与半干旱区的交汇过渡地带,是对全球气候变化反应敏感的生态脆弱带。水资源贫乏既是地理环境的基本特征和生态脆弱的主导因素,又与经济社会发展对水资源的巨大需求构成尖锐矛盾。近年来黄河枯水年增多,黄河可用水量受到严格限制,导致生产、生活、生态用水严重不足。

本区是黄河流域土壤风蚀、水蚀最严重地区之一,黄河泥沙量的主要输入区,又是全国草原退化、土壤盐渍化较重地区。黄河河道淤积也日趋严重,内蒙古三盛公至三湖河河段已出现220余公里“悬河”,河床高出两岸地面1米以上,凌汛灾害威胁加大,局部地区盐渍化加重,维护黄河健康生命已成为十分紧迫的重大生态问题。而近年来全球气候变暖引发的气候灾难突发事件频频发生,进一步加剧了环境的脆弱性。河套地区既是农业、能源资源极其丰富、潜力巨大、亟待开发以改变落后面貌的区域,又是一个生态脆弱、环境恶化区域,两者构成一对突出矛盾。

由上可知,河套地区确在国家西部大开发中占据着特别重要的战略地位,对于保障国家食物安全、能源安全、生态安全的全局,都是一个非常关键的地区。

二、建设河套战略粮食储备基地的重大意义

(一)国家食物安全的全局需要

我国是一个人口大国,粮食和各种农副产品需求巨大,农业始终是国民经济的基础,粮食问题是关乎国计民生的头等大事。从现状看,全球尚有数亿人口挨饿,世界粮食储备已临危机边缘。我国近些年粮食自给率为95%左右,中国只要增加一点粮食进口量,都会引起全球粮食市场的波动。目前在全国范围内,水资源不足、生态环境恶化、自然灾害增多、耕地减少等因素使我国食物供需平衡一直处在偏紧状态。河套灌区作为我国西北重要的商品粮基地和特色农畜产品生产基地，进一步扩大规模、提高水平，对于保障国家食物安全具有必要性和紧迫性。

（二）支撑“能源金三角”开发建设的必然选择

以鄂尔多斯市为核心的蒙西，以榆林市为核心的陕北，以及宁东基地构成的“金三角”地区，肩负着打造国家21世纪能源“航母”、全国最大、世界一流的现代化高效益能源化工基地的使命，将集聚一大批先进产业集群，集聚更多的城镇人口，需要为其提供充裕的粮、菜、肉、蛋、奶、果等多种多样绿色、优质食品。有了稳定、可持续发展的食物供应基地，才有可能建成强大的工业基地。

（三）建设宁、蒙、陕沿黄城市带的重要基础

宁蒙陕黄河沿岸的银川、包头、呼和浩特、鄂尔多斯、榆林等城市以及其他诸多中小城市构成了我国西北的重要城市群。它们的发展必然依赖于二三产业与农业的联动发展，城市与农村的一体化统筹发展。通过扩大土地流转规模和多种流转模式，实现农业现代化、工厂化、产业化，建立节水、高效、防污的农业生产体系，可以大大促进河套及其周边地区农村人口到沿黄城市带打工、创业、定居，加速城镇化进程。

（四）建设国家西部生态屏障的最优环节

河套现有粮食基地的改造提升，以及新的粮食储备基地的开发建设，必将使这一西北最大绿洲的森林覆盖率、湿地保护率大提高，退化草地、沙化土地、盐渍化耕地大幅度减少，绿洲规模进一步扩大，绿洲生态系统进入良性循环新阶段，成为国家西部生态屏障中环境最优区域。

（五）西部大开发新的经济增长点

西部大开发第一个十年中，河套地区已经在基础设施建设、特色优势产业发展、生态环境恢复治理等方面发生了巨大变化。如能把建设河套战略粮食储备基地列为“十二五”、“十三五”期间的重大建设工程，无疑将成为西部大开发第二个十年新的重要经济增长点。

三、建设河套战略粮食储备基地的主要问题

（一）水资源紧缺

河套原是西北水资源相对较好区域，但随着工业化、城镇化发展，生态保护建设力度加大，农业灌溉用水与工业用水、城市用水、生态用水的矛盾不断加剧，特别是春灌用水与水电用水矛盾很大。近些年来，黄河来水呈减少态势，一些枯水年份已不能满足灌溉用水需求。2003年春灌期间，宁夏平原灌区供水指标削减39.2%，200万亩农田受旱或无灌，粮食减产80万吨。内蒙古河套灌区情况更为严重。

（二）优质耕地减少，中低产田比重大

城镇建设占地上升，且多为高产优质的菜地、园地和灌溉耕地，人均耕地量下降、质量下滑。大部分耕地存在程度不同的障碍因素，处于“亚健康”状态。2006 年调查数据表明，宁夏平原灌区高产田仅占 26.7%，而中产田占 45.4%，低产田占 27.9%。内蒙古和陕西榆林市灌区情况大体类似，而粮食单产水平更低。

（三）生态破坏、自然灾害严重

河套处于腾格里、乌兰布和、库布齐、毛乌素四大沙漠包围之中，大环境严酷，历史时期积累的生态破坏问题尚未根本解决，而土壤、水环境污染以及农村面源污染等问题仍在扩展。受全球气候变暖影响，近 40 年河套气候变化总趋势是变暖、变干，作物病虫害、家畜疫病频发，干旱、暴雨、风沙、冻害等突发气候事件之频率、强度增大。

（四）农业生产方式尚较粗放

无论是农业现代化水平、集约化水平，还是科技服务体系建设，农业产业化程度，与全国先进地区差距甚大，发展方式处于较粗放阶段，反映为耕地和其他农用地投入低、产出低，农林牧渔从业人员人均产值低，导致农民纯收入总体上低于全国平均水平。

四、建设河套战略粮食储备基地的基本途径

（一）坚持节水型社会建设

无论提升现有基地，还是进一步扩大基地规模，都必须首先从节水做起，以节水作为解决水资源供需矛盾的主要途径。宁夏已在全国率先启动省级节水型社会建设，近五年累计减少黄河引水量 39 亿立方米，万元 GDP 用水量由 2000 年 1288 立方米降到 2009 年 851 立方米。但这仅仅是开始，需要继续努力，在整个河套地区、全社会各行各业下大工夫，通过调整产业用水结构、农林牧渔用水结构、种植业内部结构，优化水资源配置，压缩高耗水行业、产品的产能，发展节水型产业，重点把现有农业灌溉节约下来的一部分水量用于适度扩大新灌区，并以水权转让方式将一部分节约水量置换为大工业企业用水。

通过推行各种先进节水技术、节水管理制度和水价调控，加强用水定额管理，提高循环用水率、重复用水率、中水回用率，建设节水、高效、防污的产业体系和生活方式。大力推进灌区节水改造工程，改造、提高灌溉、排水系统，搞好末级渠系及其量水设施建设，实现现代化农田灌溉遥控遥测信息系统管理。加大科技和培训投入，为引进、试验、推广、创新适合区情的新技术、新设备、新工艺提供人才和技术支撑。

（二）加强土地开发整治

要从水土资源相互匹配的要求，制定河套地区土地开发整治规划，针对不同类型区水土资源特点和现状、问题，有计划有步骤地开展土地开发整治工程。一是基本农田保护

工程,划定保护区,完善耕地保护、提质、管理的责任制度。二是中低产田改造工程,针对土壤盐渍化及影响土壤肥力的各类因素,实施渠、井、塘、沟、田、林、草、路、村的综合整治。三是灌区内部及周边插花荒地开发整理和农村并村废弃地的整治复垦工程,通过农田、水利建设,因地制宜开发为水浇地、水稻田、人工草地、林地、园地、鱼塘、湖沼以及建设用地等不同土地利用类型。四是在水资源供给可能的条件下,择优、适度、适时开发宜耕土地后备资源,逐步扩大绿洲规模。

(三)转变发展方式,狠抓内涵挖潜

建设战略粮食储备基地,最根本的是调整、优化农业结构,转变农业生产发展方式,将低投入、低产出、高资源消耗的传统农业转换到高投入、高产出、低资源消耗的现代农业轨道,这需要大规模的资金、技术、智力投入,加强农牧业的基础建设,并与水利、生态建设相互配合。

目前灌区粮食亩产水平,高产田700~800公斤,中产田500~600公斤,低产田300~400公斤。如把低产田改造成中产田,中产田改造成高产田,即可增产粮食440万吨,相当于本区现状粮食年产量的一半。通过改进耕作制度,优化农作物种植结构和农林牧渔结构,推广冬麦北移、麦后复种饲料、蔬菜,扩大设施农业规模,良种繁育和科技服务配套等途径,粮食和特色优势农牧产品的增产也有很大潜力。

(四)建设好河套生态保育试验区

这不仅是建设河套战略粮食储备基地的必要条件,也是建设国家西部生态屏障、保障中东部生态安全的重要环节。其建设要点可概括为:一是加速推进宁蒙陕地区的防沙治沙和水土流失综合治理,以及黄河护岸林建设,减少支流、干流的入黄泥沙;通过削减引黄水量和骨干水库群联合调控,加大调水调沙力度,提高河床冲沙能力,防治黄河宁蒙陕段河床淤积。二是保护好河套灌区生态绿洲,包括灌溉农田生态系统、湿地生态系统、城市生态系统,治理绿洲内部及边缘的沙漠化、盐渍化土地,调控好不同地段的地下水位合理临界值。三是修复、重建农牧交错带的退化草地,通过转移农村人口、减少超载人畜对环境的压力,以及大范围封育、种草造林等措施,实现生态保育的试验、示范、推广。

(五)开拓水源,改善供水条件

针对水资源不足这一最大瓶颈,除大力节水外,还要多方开源。

一是适度扩大开发地下水,作为城乡生活用水和部分灌溉用水。在地下水位较高地区,充分合理开发潜水(浅层地下水),井水与渠水(黄河引水)统一调度、联合运用。强调在做好地下水源勘探和开发规划前提下科学开发、有限开发,严禁超补给量开采,尤其要合理控制深层承压水开采规模。预测2020年本区地下水开采规模控制在44亿立方米左右。

二是充分利用煤矿矿井水。煤矿矿井水经适当处理后可作为井下生产用水、井口工业广场生产用水、洗煤厂用水和种草种树灌溉用水，变废为宝。预测2020年本区煤矿矿井水利用量可达1亿立方米或更多。

三是积极利用中水。通过城镇、工业园区污水处理厂、中水厂对工业废水、生活污水的处理、回用，可用作工业冷却用水、冲洗用水、生活冲厕用水和温室农业用水、绿化用水。预计2020年本区中水利用量可达10亿立方米左右。

四是适当调增黄河分配水量。南水北调东中线工程完工后，黄河下游省市供水量可望有较大增长，建议国家适时适度调增河套地区可用黄河水量。

五是尽快兴建黄河大柳树水利枢纽工程。大柳树工程对于提高黄河上游各梯级的反调节能力，增加黄河宁蒙河段及中下游汛期水量，调水调沙、减轻河床淤积，维护黄河健康生命，以及缓解黄河发电用水与河套灌区春灌用水不平衡的矛盾，缓解灌溉用水与工业用水、城市用水不平衡的矛盾，以自流或低扬程引水方式给原扬黄灌区供水，给“金三角”能源基地供水，改善本区生态用水状况，保障河套地区经济社会可持续发展，都具有不可替代的重要作用和尽快立项建设的紧迫性。

五、几点建议

（一）从国家层面统筹河套战略粮食储备基地建设

建议党中央、国务院把建设河套战略粮食储备基地纳入国家战略全局，列为西部大开发第二个十年的标志性建设工程，列入国家“十二五”“十三五”规划纲要和西部大开发“十二五”“十三五”规划。建议由国家发改委牵头，农业部、水利部、国土资源部等国家有关部门和宁夏、内蒙古、陕西三省区政府参与，共同编制《河套战略粮食储备基地建设总体规划》及各专项规划。

（二）建议国家出台促进河套战略粮食储备基地建设的各项特殊优惠政策

包括财政政策、投资政策、产业政策、土地政策、人口政策、环境政策等系列化政策，以及促进河套地区城乡统筹发展、体制机制改革创新的激励政策。

（三）建议国家将大柳树水利枢纽作为河套战略粮食储备基地的龙头工程予以特别关注

尽快从国家层面协调解决库区淹没损失赔偿及有关问题，合理界定相关省区的利益诉求，理顺有关各方关系，使这项黄河干流上关键性、控制性梯级工程及早列为国家西部大开发重点建设项目，早日立项建设。

建设宁东能源化工基地的战略思考

1. 以煤炭气化为中心，建立资源节约型、环境友好型先进产业集群

作为宁夏回族自治区的“一号工程”，宁东能源化工基地建设已正式启动。为了使她的建设最大限度地减少以至消除三废污染，创造良好的生态环境，建成先进的、科学的产业集群和循环经济，笔者认为关键问题应抓住煤炭气化这一中心环节，亦即把固体燃料变为气体燃料，把固体原料变成气体原料，提高燃烧效率（或转化效率），减少废气、废水、废料排放；也就是说，改变过去以煤炭直接作为原料或燃料的老办法，宁东基地大部分电力、化工、建材等工业都要在煤炭气化的基础上，形成煤—煤气—电力—建材，煤—煤气—化工（甲醇、二甲醚、汽柴油等）—建材，煤—焦化—煤气—电石—化工—建材，煤—煤气—冶金（炼镁等）—建材等多种产业链条的联合企业，实现资源的多层次、全方位综合利用和循环利用。[1]

因此，引进、开发先进的大型煤气化技术是基地建设的关键。在煤炭造气过程中，一揽子解决脱硫（脱硫效率可达98%～99%，二氧化硫回收再利用）、二氧化碳减排、粉煤灰（100%粉尘脱除并再利用）和炉渣回收利用等问题，用净化的高热值煤气发电，合成化工产品，为其他配套企业提供燃料，整体热效率可由目前38%提高到45%，甚至达50%左右，这样就可以较大提高这些企业的经济效益和环境效益，降低能源消耗，大幅度提高企业综合竞争力。

如果这个思路正确而且可行的话，就要在基地总体规划中体现以上技术路线，以此安排产业链的前后向和侧向联系，以及工业园区相关企业的配套布局。笔者以为，在空间

发表于《宁夏工程技术》2006,5(1):91～93

布局上，宁东含煤区除横城（横山堡）矿区、韦州矿区属焦性煤，可走炼焦—提供焦炉气路子外，其他大部分矿区均属不黏煤，是极好的气化用煤，可将固体煤变为气体后再加利用。这是提高资源利用效率、减少环境污染的最佳选择。在时间进程上，除近期上马建设的电力、化工等项目外，远期建设的大部分项目都可以走煤炭气化做原料、燃料的路子。

2. 建设具有综合竞争力的电力系统

前面提到，宁东基地要建设先进的产业集群，如何才能达到“先进”呢？现以电力系统为例，比较具体地阐述这一问题。

宁东基地规划建设两个千万千瓦级电源基地，有的同志担心这么多电当地用不完，能否上网往东输出？笔者认为，关键在于宁夏电力系统从长远看有无较强的竞争力，也就是宁夏的电能否实现量大、质优、安全性好、成本低的问题。目前，宁夏的发电成本和电价比青海电力系统高（因为青海水电比重大），比内蒙古也高（因为他们原煤成本低）。今后看，宁夏的煤炭储量不及山西、陕西、内蒙古，开发条件也并不比他们优越，而向东输电在区位上又处于劣势。所以，如何加强宁夏电力系统的竞争力，是个十分现实的问题

经济落后地区能否建成技术先进的电力系统？美国的 TVA（田纳西河流域管理局）电力系统，为我们提供了可资借鉴的经验。1991 年 TVA 电力装机容量为 $2\,949.7\times10^4$ kW（其中煤电 $1\,764.7\times10^4$ kW，水电 574.7×10^4 kW，核电 359.3×10^4 kW，燃气轮机电厂 251×10^4 kW；居民电价为 5.6 美分 /kW·h，而全美国大部分为 6.4 ~ 15 美分 /kW·h，仅略高于哥伦比亚河流域电力系统 4.8 美分 /kW·h，该系统以水电为主，是全美水电比重最高的电力系统）。由于稳定可靠而又廉价的供电，TVA 地区吸引了大批企业来此创业，改变了其在全国最落后的经济地位。[2]TVA 系统电力为什么能优质、廉价？一是 TVA 立志建设全国最先进的电力系统，几十年来一直追求技术和管理卓越、服务优良、污染最少；二是一直追求技术经济效益和规模经济效益——系统容量大，单个机组容量大。TVA 地区原是美国经济最落后的地区，但他们敢为人先，全美国、全世界最大的先进机组都是 TVA 最先建设投产的，如 1956 年 30×10^4 kW 机组的投产，1967 年 95×10^4kW 组的投产，1972 年 130×10^4 kW 机组的投产，从而在降低单位千瓦基建投资，提高劳动生产率，降低发电成本等方面处于全球领先地位。[3]另外，为解决调峰调频负荷问题，除普通水电外，还建设了抽水蓄能电站 153×10^4 kW，燃气轮机电厂 251×10^4 kW。

因此，宁东电力建设需要重视的问题：①从长远发展看，主要电厂要逐步做到以煤气为燃料，包括利用整体煤气化联合循环发电装置、焦炉气、煤层气等，提高热效率，减少污染物。②重视规模经济效益和引进先进技术，采用技术成熟的超临界参数、大容量、高自动化的大机组。近期单机宜以 $(60\sim90)\times10^4$ kW 为主，远期以 90×10^4 kW 以上机组

为主。据美国统计，大机组除能耗及其费用显著降低外，营运管理费也可由 60×10^4 kW 机组的 0.31 美分 / kW·h 降至 130×10^4 kW 机组的 0.24 美分 / kW·h。③优化电力系统规划，对系统的电源、网架、潮流、稳定、短路、过电压、调峰、调频、调压等进行多方案比较论证，合理规划电源点、电网结构的布局和建设时序，避免电厂布点过多、分散。单个电厂远期规模可达到 500×10^4 kW 上下，电厂厂址尽可能紧靠煤矿井口，以便采用皮带运输等廉价运输方式。④建设一定比重的燃气—蒸汽联合循环发电机组，提高能源利用效率，大幅度降低冷却水用量，解决系统内水电比重过低的调峰调频问题。⑤提高整个电力系统的建设、管理、营运水平，既要抓住机遇加快建设，更要十分重视建设世界一流的先进电力系统，追求长盛不衰的核心竞争力。[4]

这种追求技术先进、综合竞争力强的电力系统建设思路，应该不限于电力建设，应体现到整个宁东基地各条产业链的建设上。一句话，科教兴区、人才强区的战略应该落实到宁东基地建设的各个环节。

3. 保护和改善生态环境

宁东能源化工基地所在的灵盐台地，是鄂尔多斯高原的组成部分，也是毛乌素沙地的边缘地区，它处在长城沿线干旱风沙带上，是全国著名的对气候波动特别敏感的生态脆弱带。该地带的环境状况，特别是草原退化、土地沙化状况，不仅对当地经济社会发展具有关键性的影响，而且对国家中东部的生态环境也有重大影响。保护和改善该地区的生态环境，是宁夏必须肩负的重大责任。

从资源来看，宁东能源化工基地煤炭、建材矿产资源富集，荒地广阔，又便于从黄河取水，有利于能源化工的综合开发。但是从环境来看，这里又不适于大规模的产业、人口集聚，经济发展与环境保护存在一定矛盾。所以宁东基地的开发建设，对当地的生态环境建设必然构成重大挑战。可以设想，宁东基地建设对环境的影响可能有三种前景：由于建设过程中，不重视协调经济发展、人口与资源、环境的关系，造成当地生态环境恶化，贻害当地百姓和子孙后代；由于重视解决环境问题，生态环境维持现状；由于极端重视环境保护和生态建设，重视人与自然和谐共存，而且长期坚持、始终不渝地落实有关措施，不但逐步扭转目前生态恶化的不利局面，还使生态环境不断改善，进入可持续的良性循环。我们别无选择，只能坚决避免第一种前景，努力实现第三种前景。

（1）要按照发展循环经济的要求，实现原料和能源减量化，废料资源化，“三废”零排放。例如，初期建设的电厂，仍以煤炭直接作为燃料的，要采用先进的洁净煤燃烧技术，安装先进的脱硫设备，配套建设利用粉煤灰、炉渣的建材企业，合理利用煤矿水和水循环利用。其次，建设一定数量的大型热电厂和利用煤矸石、洗中煤、煤泥的大型矸石电厂等，以保证大气、水、土壤环境不受污染。

(2)在基地区域(荒漠草原、沙化土地)严格封沙育草、封山育林,严禁一切滥垦、过牧、滥挖、滥樵等有损自然生态的活动。

(3)建设低扬程红临灌区,将灌区建成林茂草丰的生态绿洲,使荒漠草原上的人口转移到生态绿洲。

(4)充分利用宁东基地紧邻银川、灵武市区等绿洲城市的有利区位,将基地多数从业人口的生活服务设施、后勤基地、退休人员生活基地集聚于灵武市区和银川市区。

(5)重视矿区、工业园区、城镇和交通线的防护林带及园林绿化景观建设。

(6)编制包括防治土地沙化、水土流失和矿区采空土地保护恢复的生态建设规划方案,一次规划、分步实施。[5]

4. 矿区、工业园区和城镇的战略布局

20 世纪 50 年代以来,宁夏石嘴山市、青铜峡市等工矿城市的规划建设曾走过很多弯路,宁东灵新矿区中心城镇规划建设也存在一定问题。在充分吸取这些城市规划布局经验教训的基础上,搞好宁东基地城镇体系规划和基地中心城镇规划,是一个带有长远战略意义的重大问题。

要解决好这个问题,首先必须明确几个基本前提:①尽快完成规划煤矿区的资源精查勘探,为矿区布局设计提供科学依据;②产业链条、循环经济的统筹安排,亦即矿区—工业园区—企业布局的总体平面布置,原煤运输、煤气管道、供水管道、产品输送、企业间物料流程设计等;③工矿企业、相关服务企业的职工规模、构成预测。在此基础上,首先要规划好基地范围内城镇体系的职能结构、等级规模结构和空间结构,安排好基地中心城镇与基地其他居民点的关系,并且及早组织编制基地中心城镇的总体规划。千万不要再重复过去那种边规划边建设或先建设后规划而造成的种种失误。

这里要特别强调依托灵武市原有城镇的规划思路问题。根据国内外工矿区城镇规划建设的经验教训,在矿区新建中心城镇常会带来多种不良后果,如增大基础设施和公用服务设施投资,不易较快地形成城镇规模,新城区与煤矿压煤区的用地矛盾等,而依托矿区附近的原有城镇,充分利用原有城镇公用设施和管理经验,往往是一种多快好省的可行选择。八十年代后期规划灵武煤矿区开发时,笔者曾提出以灵武市区(即灵武城镇)作为灵武矿区中心城区的方案,但由于种种原因,有关方面没有经过科学论证和多方案比选研究,就仓促确定将黎家新庄作为矿区中心镇的方案。现在时间已过去了十多年,有没有必要将黎家新庄作为城镇进一步发展,是一个值得研究的问题。[6]

笔者认为,只要解决好灵武市区与基地各矿区、各工业园区的快速交通联系问题,把灵武市区作为宁东基地的中心城镇区和第三产业基地，不仅可以大幅度节约基建投资，充分利用现有城镇设施,加快基地的建设步伐,也有利于促进整个灵武市的经济、社会发展,应当是一个利大于弊的可行方案。至于基地内各矿区、工业园区,当然也可在合理规划的前提下建设某些必要的职工生活设施,形成小型居民点,而企业集团的技术研发中心、营销部门及其配套设施则可配置于银川市区,形成宁东基地优势互补、布局合理的城镇居民点体系。建议有关方面高度重视这个问题,组织专项研究,在完善宁东基地建设总体规划的指导下,尽快编制好科学合理的宁东基地城镇体系规划。

参考文献

[1]汪一鸣.西北在保障国家能源安全中的地位作用及相关问题[J].宁夏工程技术，2002.1(3):205～207.

[2]宁夏计划委员会赴美考察团.美国田纳西河流域和南加州的水资源综合开发与区域经济发展[J] .计划与经济,1992(3):87～96.

[3]李文华,等.流域开发与管理——美国田纳西河流域与中国乌江流域对比研究[M].贵阳:贵州人民出版社,1989:186～193.

[4]汪一鸣.宁夏煤炭资源开发利用的若干设想[J].宁夏科技,2001(6):13～14.

[5]汪一鸣,赵小勇.蒙陕宁甘长城沿线干旱风沙区土地沙漠化防治对策[J] .水土保持研究,2002,9(3):1～4.

[6]宁夏计划委员会等.宁夏回族自治区国土开发整治总体规划[M] .银川:宁夏人民出版社, 1992:99～102,112,199～202.

宁夏煤电化系列产业发展重点及布局优化

煤电化系列产业，既是宁夏的基础产业、优势产业，也是未来的主导产业。进一步优化布局煤电化系列产业，除重点建设宁东大型煤炭基地九大煤矿区、灵武市八大电厂和煤化工产业集群外，还要实施南部山区王洼煤矿等技改扩建，大坝、石嘴山、大武口等电厂技改扩建，六盘山、太阳山等新电厂建设，石嘴山市、同心县等煤化工产业群开发，做到一核（以灵武市为核心的宁东基地）突破，两翼（北翼石嘴山市，南翼同心、盐池、红寺堡区三角地带）齐飞，兼顾青铜峡市、中卫市、固原市（彭阳县）等工业点，实施综合开发、技术领先、保护环境、致富地方四大战略，重点与一般结合，川区与山区兼顾，建成一批上规模、新技术、效益好的能源化工基地和循环经济试验示范区。

1. 煤电化系列产业发展思路和目标

1.1 发展思路

以科学发展观、西部大开发战略、国家能源发展方针为指导，以宁东能源化工基地建设为重点，按照大型化、现代化、信息化、高起点的要求，走科技含量高、经济效益好、资源消耗低、环境污染少的新型工业化道路，举全区之力，政府行为、企业主体和社会力量紧密结合，统筹规划，合理开发，优化布局，建设大型煤炭基地、大型超临界坑口电站、大型现代煤化工系列项目，尽快实现资源优势向产品优势、经济优势的转化，建成具有鲜明时代特色、综合竞争力很强的先进产业集群，带动宁夏各类特色优势产业快速、协调、可持

国家社科基金西部专项课题(2005)，发表于《西部大开发新的战略选择：发展特色优势产业——以宁夏为例》，宁夏人民出版社，2007：187～205

续发展，并与蒙西、陕北基地构建战略协作关系和整体对外竞争格局，最终形成我国规模最大的国家级现代化蒙宁陕能源化工基地。

1.2 **发展战略选择**

1.2.1 综合开发战略——煤为基础，多元发展，建设好煤炭—电力—化工—建材系列的完整产业链条

对以煤炭为主的能源资源实行综合开发、综合利用，重视有关行业、企业之间的合理高效的前向联系、后向联系和侧向联系，除了建设好煤电化这一主要产业链条外，还要重视煤矿瓦斯、矿井水、煤层气和煤炭伴生矿物的综合开发；重视废水、废气、废渣的回收和综合利用，发展环保产业；重视煤化工与石油天然气化工的优势互补、分工协作；重视煤电化系列产业与地质矿产勘探、基础设施和城镇公用设施建设的协同开发，建设好专业性工业园区和综合工业园区。通过资源的综合开发、深度加工、高效利用，发展多种高附加值下游产品、专精产品，建设结构优化、布局合理的能源化工基地。

1.2.2 技术领先战略——把引进先进技术、装备、人才和提高自主创新能力作为煤电化系列产业发展的中心环节

通过引进消化吸收最先进煤炭采选技术、大型煤气化技术、大型超临界、空冷电站和整体煤气化燃气—蒸汽联合循环电站技术、煤炭液化工程（煤制油、煤制二甲醚）技术以及煤电化建循环经济技术，大力提高引进消化吸收再创新能力、集成创新能力以至原始创新能力，把煤电化系列产业的持续、健康发展建立在科教兴业、人才强业的坚实基础之上，不断追求技术卓越、具有核心竞争力的长远竞争优势。

1.2.3 保护环境战略——高度重视污染控制和生态保护，建设资源节约型、环境友好型社会

针对传统的煤电化产业高耗能、重污染问题，必须按照发展循环经济的要求，规划设计生态化的工业园区，力求实现能源和原料减量化，废料资源化，三废低排放甚至零排放。针对宁东基地生态脆弱、土地沙化突出的问题，实行保护优先、综合治理，严格封沙育草，严禁一切滥垦、过牧、滥挖、滥樵等活动，采取防治土地沙化、水土流失以及煤矿区采空土地保护复垦的有效措施，促使生态环境进入良性循环，保证煤电化产业可持续发展。

1.2.4 致富地方战略——不仅为国家能源安全和宁夏经济腾飞作贡献，而且造福当地、致富居民

针对过去资源富集区、资源型城市当地财政收入少、居民生活水平低，特别是资源枯竭后陷入困境的问题，坚持落实以人为本理念，在开发过程中统筹规划能源矿产资源开发与长远后续产业发展，重视农、工、服务业的协调发展和地方公共服务的综合建设，协

调好中央、自治区和地方的利益分配关系，做到造福一方，藏富于民，惠及子孙后代。

1.3 发展目标

1.3.1 总体目标和主要任务

通过十五年或更长一段时间的开发建设，使我区煤炭—电力—煤化工系列产业形成较大规模，较完整的产业链条和产业集群，装备技术和生产管理达到国内领先水平，工业园区循环经济形成气候，经济与资源、环境协调发展，经济、社会、环境效益居国内同类产业前列，建成我国西部具有综合竞争力的重要能源化工基地，并与蒙西、陕北一起，构成全国规模最大、效益最好、世界一流的国家级新型能源化工基地，为保障国家能源安全、推进西部大开发和宁夏经济跨越式发展作出重要贡献。

1.3.2 近期目标

2005 ~ 2010 年，是我区“一号工程”宁东能源化工基地的大规模开发建设期，将以加快煤矿建设为重点，新建若干大型矿井，几座大电厂和西电东送电网，上马煤基甲醇、烯烃、煤炭间接液化、煤制二甲醚等大型煤化工建设工程，相应建设一批关键性基础设施和环保产业，初步形成宁东能源化工基地布局基本框架和先进高效的管理体制与运行机制，较大幅度提高原煤综合回采率、采矿机械化程度、原煤选洗率，降低煤矿百万吨死亡率。预计 2010 年煤电化系列产业增加值达 270 亿元，原煤产量达 8 000 万吨，发电装机容量达 1 300 万千瓦(表 1)。

表 1　　宁夏煤电化系列产业发展目标

产业	工业增加值(亿元)					产品	主要产品产量		
	2005 年	2010 年	2005–2010 年均增长率(%)	2020 年	2010–2020 年均增长率(%)		2005 年	2010 年	2020 年
煤电化系列	100	270	22	750	11.0				
煤炭	30.5	94	25	160	5.5	原煤(万吨)	2600	8000	13000
电力	66.0	140	16	290	7.5	发电装机(万千瓦)	488	1300	2600
						发电量(亿千瓦时)	313	700	1400
煤化工	3.5	36	59	300	24.0	煤基甲醇(万吨)		85	432
						煤基烯烃(万吨)		52	262
						煤基二甲醚(万吨)		21	83
						煤制油品(万吨)			800

1.3.3 远期目标

2010～2020 年期间，煤电产业将由高速发展转入稳定发展阶段，从大规模基本建设转入提高生产、营运水平和更加重视加强自主创新能力建设阶段，由数量扩张转入质量提高为主阶段，同时继续煤化工大规模开发，不断延长煤化工产业链，研发下游深加工精加工产品，大幅度提高煤化工的产值比重和经济效益，逐步使煤化工及其下游系列产品成为宁东基地以至整个宁夏的主导产业，万元增加值能耗、水耗显著下降，循环经济占据主导地位。届时，煤电化工系列产业增加值将达到 750 亿元，原煤达到 1.3 亿吨，发电装机容量 2600 万千瓦，煤化工产品 1000 余万吨。

2. 煤电化系列产业重点领域

2.1 重点领域、重点项目的选择原则

宁夏煤电化系列产业重点领域〈行业、产品〉、重点项目的选择，首先要服从于总体发展思路和发展目标，即以科学发展观、西部大开发战略、国家能源发展方针为指导，结合宁夏实际，以增强我区经济竞争力和可持续发展能力为重要出发点。在此前提下，需要着重考虑以下原则。

2.1.1 从国家急需的能源和化工产品开发着眼

国家的全局需要是产品的最大市场。当前和今后一段时期，制约我国发展的一些长期性深层次矛盾之一，便是耕地、淡水、能源和重要矿产资源相对不足，其中矛盾最尖锐的是石油天然气资源国内可采储量有限，进口比重不断上升，而国际上对油气的争夺日趋激烈，国家能源安全特别是石油供应成为最紧迫的问题。如何加大能源开发力度，特别是加速开发油气替代产品，是今后我国经济发展的重大课题，而利用我国比较丰富的煤炭资源生产油气替代产品是今后的重要出路之一。这也正是宁夏煤电化系列产业长远发展必须优先考虑的重点领域。

2.1.2 从充分发挥资源优势、大力发展特色优势产业、增强我区自我发展能力着眼

考虑重点产业发展，必须把国内外市场导向与本区自身的资源优势很好地结合起来。宁夏最大的潜在资源优势便是煤炭储量大、质量好、开发条件有利，当前全球和我国都面临能源紧缺的形势，为我区更大规模的能源开发提供了千载难逢的机遇。“十一五”期间西部大开发的主要任务，便是优化产业结构、发展特色优势产业，把潜在的资源优势转化为现实的产业优势、经济优势，宁夏煤电化系列产业发展重点的选择也必须以此为着眼点。其中煤炭、电力工业既是支撑宁夏其他产业发展的基础产业，也是宁夏的优势产业，而煤化工的某些重点领域则可发展成为宁夏重要的特色优势产业。

2.1.3 从发挥我区煤电化系列产业的比较优势和竞争优势、扬长避短着眼

宁夏发展煤电化系列产业，与东部和西南的富煤省区比较，具有煤储量大、煤质优良、大型矿区集中、开采条件好、不占或少占耕地、交通方便等优点，但与内蒙古鄂尔多斯市、陕西榆林市比较，煤储量、开采条件、区位交通都有所不及。宁夏火电与青海水电比较，发电成本较高。由此，在同等技术水平和经营条件下，宁夏在西煤东送、西电东送上比蒙西、陕北、青海的比较优势稍差。面对这种形势，宁夏应选择煤炭产品大部就地消化、电力也以当地消费为主的策略，通过积极创造良好的创业环境，努力吸引国内外企业来宁投资创业，重点发展以煤、电为原料与动力的现代煤化工产业，鼓励发展技术一流、具有规模经济效益的现代化大型重点项目，以及用高新技术武装的精细化工下游产品。

2.2 重点领域

2.2.1 煤炭工业

(1)煤炭产业链

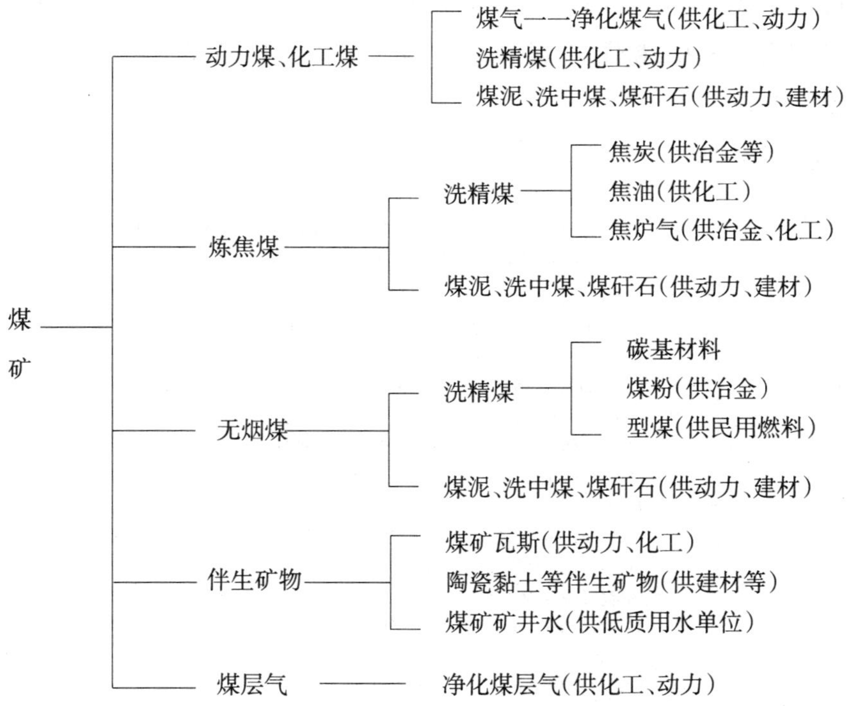

(2)重点产品方向

以开发不粘结煤、长焰煤(动力、化工用煤)为主，大部就地转化为电力、化工产品，部分以精煤输出西北、华东、中南有关省区。同时开发一部分炼焦煤，包括焦煤和气煤、肥煤等配焦煤，保护性开发无烟煤，积极开发、综合利用煤矿伴生矿物，继续积极勘探煤层气，为大规模开发利用煤层气创造条件。完善采煤、选洗、配煤系列，提高原煤选洗率、煤炭气化率。

2.2.2 电力工业

(1)电力产业链

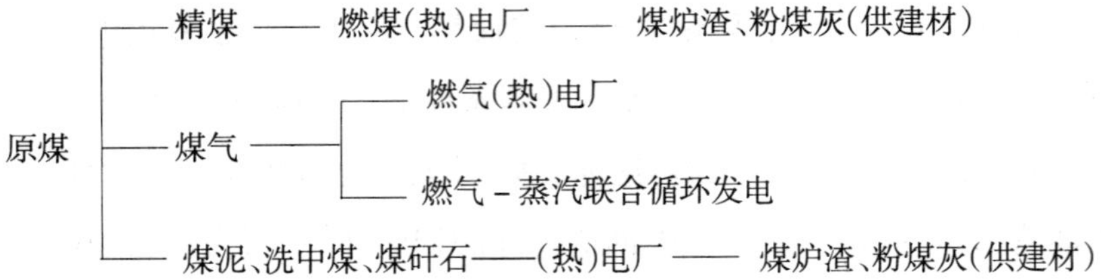

(2)重点产品方向

以煤为燃料的火电工业是宁夏电力工业的主体，在发展过程中提高单机规模 90 万千瓦以上超超临界电站比重,逐步提高整体煤气化联合循环发电机组比重,保证热电厂、煤矸石电厂的适度比重,鼓励利用工业余热发电。同时也要大力发展水电、风电、太阳能发电等可再生能源。煤电工业必须与配套环保产业协调发展,即开展二氧化硫等烟气回收利用,冷却水循环利用,粉煤灰、煤炉渣综合利用(作为建材工业原料)。

2.2.3 煤化工业

(1)煤化工产业链

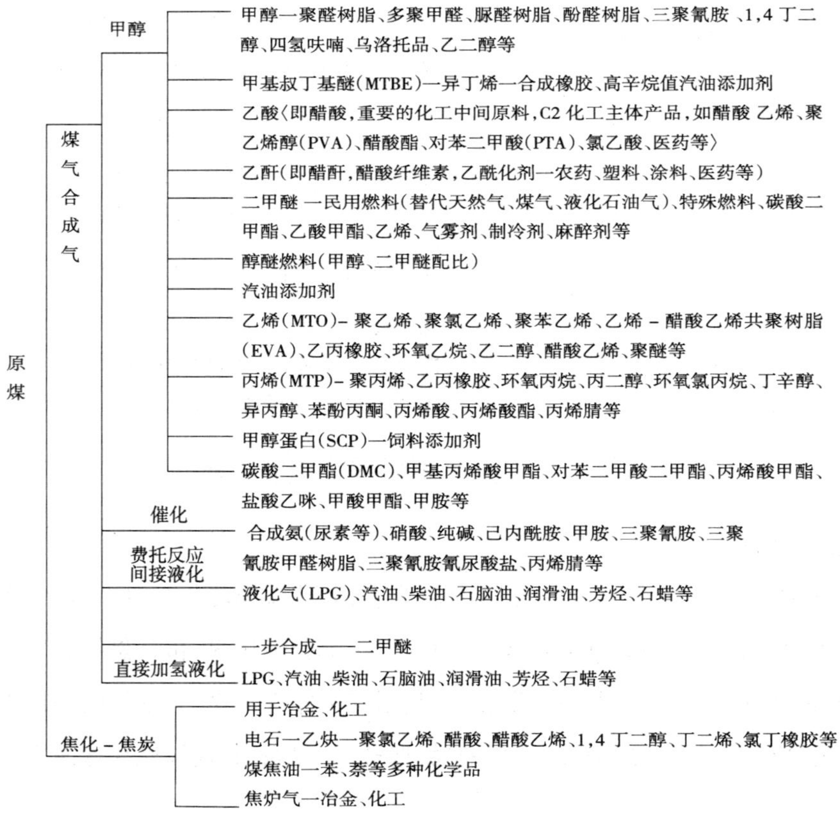

(2)重点产品方向

围绕石油、天然气替代产品的开发方向,重点发展市场紧俏、石油天然气原料不足、投入产出效益显著的煤基甲醇路线的烯烃—乙烯(MTO),丙烯(MTP)产业群,甲醛产业群,醋酸产业群,碳酸二甲酯(DMC)、甲基叔丁基醚(MTBE)、甲醇蛋白等产业群,煤基一步合成法二甲醚产业群,煤炭间接液化燃料产业群;同时适当发展焦炭电石乙炔产业群,煤基合成氨衍生化学品(三聚氰胺等)产业群,煤基甲醇其他下游产品,以及焦化产业群。

A.近期大型重点项目共 14 项(表 2 略)

a.灵武煤矿区

矿区总面积 234 平方公里,属侏罗系延安组含煤地层,地质储量 39.2 亿吨,可采储量 26.7 亿吨,其中精查储量 22.4 亿吨,详查储量 5.7 亿吨,推测储量 11.1 亿吨,煤质为特低灰为主,特低硫、低—特低磷、较高发热量的低变质不粘结煤和长焰煤,开采技术条件、地面建设条件好,是宁东煤田煤层赋存条件最好的矿区之一。因煤层较浅,小煤矿开采历史悠久,已完成灵新矿井技改(300 万吨),磁窑堡矿井技改(300 万吨),羊场湾矿井新建(初期 500 万吨,最终 1 000 万吨)。规划"十一五"新建枣泉矿井(800 万吨)、枣泉洗煤厂、灵新洗煤厂扩建、灵武洗煤厂及配煤中心,"十二五"建英子梁矿井〈120 万吨〉,总投资 26.8 亿元。"十一五"规模达 2 000 万吨,最终 2 620 万吨。这将是宁东大型煤炭基地九大矿区中最先建成的生产能力大于 2 000 万吨的矿区,对于整个宁东能源化工基地开发将起重要的先导、示范作用。

b.鸳鸯湖煤矿区

矿区总面积 299 平方公里,属侏罗系延安组含煤地层,地质储量 74.2 亿吨,可采储量 50 亿吨,其中详查储量 29.9 亿吨,找煤储量 27.5 亿吨,推测储量 16.8 亿吨,是宁夏储量最大的煤矿区。煤质为低—中灰、低硫—中硫、特低—低磷、较高发热量、中等水分的不粘结煤和长焰煤。该区和灵武矿区一起,构成宁东煤田资源条件最好的区域,是近期开发的重点矿区,规划矿区初期规模 2 800 万吨,最终规模 4 400 万吨,将形成宁东大型煤炭基地的主力矿区。该区煤层赋存及地形条件不利于中小型矿井建设,拟自北向南分为清水营、梅花井、石槽村、红柳、麦垛山五个大型、特大型井田集中开发,"十一五"期间先建清水营矿井 1 000 万吨,梅花井矿井 1 200 万吨,石槽村矿井 600 万吨,及相应洗煤厂。

c.横城煤矿区

矿区总面积 70 平方公里,属二叠系山西组和石炭系太原群含煤地层,地质储量 12 亿吨,可采储量 8.4 亿吨,其中精查储量 11 亿吨,详查储量 1 亿吨。煤质为中—富灰煤、特低—低—中—富硫、较高发热量的肥煤和气煤。虽勘探程度较高，但储量有限，同时煤层埋藏深、断层多、构造复杂、倾角较大、瓦斯含量高、开采技术条件较差，不适宜建设高产大井，规划分为三个大型井田一个中型井田，总规模910万吨。“十一五”期间先建马莲台矿井400万吨及相应洗煤厂，“十二五”起再建任家庄矿井240万吨，红石湾矿井180万吨，丁家梁矿井90万吨。

d.灵武电厂

厂址位于灵武市区以北，其特点是靠近黄河，引水方便；邻接市区，便于解决基础设施和公共服务；但与灵武矿区或横城矿区井口均有一定距离，需修建铁路支线或靠公路运煤；处于引黄灌区与灵盐台地过渡带，有较大环境容量。拟作为骨干电厂，建设大容量超临界甚至超超临界机组，近期规模2×60万千瓦，远期规模4×90万千瓦，或更大机组（例如120万千瓦），最终规模达500万千瓦左右。

e.马莲台电厂

位于横城矿区马莲台井田南侧，任家庄井田东侧，离灵武矿区也很近便，近期燃煤由此供给；紧靠宁东基地水源地鸭子荡水库，紧邻宁东基地煤化工工业园区和宁东镇，占有十分重要的有利区位。现已建成2×33万千瓦机组，是宁东基地第一个建成投产的电厂。考虑到未来该厂所在是整个基地的热负荷中心，规划3、4号机组为30万千瓦级供热机组，以实现在节省投资的条件下满足当地热负荷需求。

f.鸳鸯湖电厂

厂址位于灵武矿区与鸳鸯湖矿区之间，以利用鸳鸯湖矿区燃煤为主。供水管道由鸭子荡水库引入。按该厂的区位，有条件建成大型坑口电站，规划装机2×60万千瓦+4×90万千瓦，或更大的单机机组。

g.灵州电厂

位于灵武矿区西北，紧靠大古铁路，区位适中，交通方便，正建2×13.5万千瓦煤矸石发电机组。今后可作为综合利用灵武矿区、横城矿区的煤矸石、洗中煤、煤泥，采用大型循环流化床（CFBC）或增压流化床联合循环（PFBC-CC）锅炉和大型机组的煤矸石电厂进行建设。

h.“西电东输”电网

在国家西电东输北通道中，蒙西、陕北、山西等地承担主要煤电电源点任务，青海则承担主要水电电源点任务，处于青海与蒙西、陕北之间的宁东基地，也承担部分电力外送华北的任务。近期开工建设兰州东至宁东750千伏交流输变电工程和宁东至天津500千伏直流输变电工程，确定水火电打捆向华北送电300万千瓦，其中水电、火电各150万千瓦，规划年送电量150亿千瓦时，预计2008~2009年实现。远期将通过1000千伏特高压交流骨干网架向东输电，预计2015年外送电力合计500万千瓦，年送电量250亿千瓦时，2020年外送电力合计1320万千瓦，年送电量660亿千瓦时。

i.煤基甲醇

煤制甲醇技术成熟，投资少，效益好，具有广泛用途，既是重要的有机化工原料，又可作为替代燃料，开发和应用前景广阔。宁东煤化工基地规划以煤基甲醇作为起步项目，已动工或筹建的4套装置，即2套25万吨能力，2套60万吨能力，合计170万吨。远期生产能力拟扩大至432万吨以上，并将开发重点转移到甲醇的中下游产品和精细化工产品，包括碳酸二甲酯（DMC）深加工，甲酸甲酯深加工，甲基叔丁基醚（MTBE），甲醇蛋白（SCP）等重点产品。

j.煤基烯烃

通过煤基甲醇技术路线加工烯烃产品是煤基甲醇深加工的最重要产品系列，市场前景良好，规划“十一五”期间生产能力达52万吨，远期乙烯（MTO）及其下游产品210万吨，丙烯（MTP）及其下游产品210万吨，形成宁东基地的支柱产业之一。

k.煤基甲醛

由甲醇加工甲醛是一条传统技术路线，但甲醛产品仍有较大市场，规划一期生产能力25万吨，远期生产多聚甲醛、脲醛树脂等多种树脂、1，4丁二醇、四氢呋喃、黏合剂、医药、农药、溶剂、阻燃剂、聚酯纤维等多种下游产品。

l.煤基醋酸、醋酐

针对我国市场需求，将建设宁东基地醋酸产业群，与烯烃产业群、甲醛产业群一起，构成甲醇工业的主要产业链条。规划一期生产能力20万吨，远期生产醋酸乙烯、聚乙烯醇（PVA）、醋酸酯、对苯二甲酸（PTA）、醋酸纤维素、乙酰化剂等多种下游产品。

m.煤基一步法二甲醚

二甲醚既是重要的化工原料(如可加工具有良好市场前景的碳酸二甲酯)，又是很有前途的替代燃料。原先以甲醇加工，在发明一步合成法直接由煤气—合成气加工二甲醚技术后，效益显著提高。拟引进该技术，近期生产能力达21万吨，远期扩大到83万吨以上。

n.煤炭间接液化（CTL）

煤制液体燃料，一般分为煤炭直接液化和先气化再经费托反应间接液化两种技术。宁东基地拟引进先进间接液化技术，近期建设生产能力400万吨，远期扩大到800万吨以上，成为基地重要的支柱产业。

B.一般重点项目及远期重点项目共29项（表3略）

3. 煤电化系列产业布局

3.1 布局原则

3.1.1 依托矿区，靠近水源和交通干线

煤炭工业布局必须以煤炭资源分布状况为主要依托，目前有些矿区还未进行详查、精查，初步划定的井田、井口布局需在详查、精查之后进一步调整优化。电力和煤化工的燃料、原料（主要为煤炭）用量大，耗水量大，产品运量也较大，要尽量靠近矿区、水源和交通干线布局。电厂如在煤矿井口或洗煤厂附近选址，有可能采用皮带运输，将燃料直接由井口或洗煤厂输送至锅炉，成为真正意义上的坑口电厂，比之铁路、公路运输可大幅度节约运输成本，增强电厂的竞争力。

3.1.2 以宁东能源化工基地为重点，形成产业集群

宁夏原先的煤电化系列产业布局，是以贺兰山煤田为依托，石嘴山市为重点。经过几十年的开发，贺兰山煤矿区已进入衰老期，而占全宁夏煤炭储量88%的宁东煤藏富集区则尚处开发初期。因此，宁夏的煤炭开发将进入北部挖潜改造、宁东大规模开发的新阶段，整个煤电化产业也将随之发生大规模转移。以煤矿区建设为基础，逐步建成全国13个亿吨级大型煤炭基地之一，部分煤炭向区外西北（主要是甘肃、青海）、华东、中南输出，大部分则就地消化。通过延伸产业链条，建设大电厂（同样大部分电量就地消化，小部分向区外输送）和煤化工，形成新型、先进的产业集群。

3.1.3 发展循环经济，节约资源，保护环境

针对煤电化系列产业资源消耗量大、排放废料多的特点，以及宁东等地土地沙化、生态脆弱的实际，强调矿区、电厂和工业园区布局必须以循环经济新理念为指导，实行减量化、再利用、再循环的原则，企业内部、企业之间、工业园区总体搞好生态设计。各链条、各环节都要综合利用能源、原料和废料，废气、废水、废渣要经过处理加以循环利用，所有电厂都要安装先进的废气脱硫装置，大幅度减少二氧化硫排放量。还要重视保护自然植被，封沙育草，封山育林，严禁一切滥垦、过牧、滥挖、滥樵等有损自然生态的活动，建设人工林草和园林景观，搞好煤矿采空区复垦和土地沙化、水土流失的综合防治。

3.1.4 处理好工业布局与基础设施布局及人口、城镇布局的关系

在安排矿区和工业园区布局的同时，必须同步建设交通、供水、供电、供气（煤气、天然气）、供热、通信等基础设施，保证其在时间上、空间上的协调配合。针对宁东基地主要地区位于水源不足、生态脆弱、环境承载力有限的灵盐台地，而又紧邻银川市区、灵武市区等绿洲城市的有利区位，在城镇布局上，应重视将基地多数从业人口的生活服务设施、后勤基地、退休人员生活基地等集聚于银川市区和灵武市区。

3.2 总体构想

以位于银川市所属灵武市的宁东能源化工基地开发建设为中心和重点，依托大古铁路和建设中的太中银铁路、35号国道主干线及建设中的盐池—中宁高速公路，展开煤电化系列产业多数新建项目的布局框架。向南延伸至吴忠市同心、盐池、红寺堡区三角地带的韦州矿区、太阳山工业园区新开发区，北部石嘴山市石炭井矿区、石嘴山矿区、河滨工业园等老工业基地着重挖潜改造，形成一个核心，南北两翼，同时兼顾中卫市、固原市的煤电化系列产业建设。最终建成国家级宁东大型煤炭基地和现代化电力煤化工基地，以充分发挥我区的能源优势，将潜在资源优势转化为产业优势和经济优势，实现宁夏经济社会的跨越式发展和可持续发展。

3.3 一核两翼布局

3.3.1 一核——银川市所属灵武市煤电化核心基地

国家规划的全国13个大型煤炭基地之一的宁东基地，不仅包括宁东煤田的灵武矿区、鸳鸯湖矿区、横城矿区、马家滩矿区（在灵武市）、积家井矿区（在灵武市、盐池县）、韦州矿区（在同心县）、萌城矿区（在盐池县），而且还包括贺兰山煤田的石炭井矿区（位于石嘴山市大武口区）、石嘴山矿区（在石嘴山市惠农区），合计九大矿区。但其中最大的煤炭富集区则集中于灵武市。灵武矿区、鸳鸯湖矿区、横城矿区、马家滩矿区、积家井矿区合计212.3亿吨，占宁东煤田储量的77.5%，占整个宁夏的68.1%。其中灵武矿区、鸳鸯湖矿区是煤质优良、开发条件最好的矿区，是近期开发重点中的重点。宁夏近期建设的大型煤电厂、煤化工绝大多数集中于灵武市境，说它是宁夏煤电化系列产业的核心所在，确实当之无愧。

灵武市境的煤电化系列产业布局，应注意以下问题：

（1）根据煤炭资源赋存条件，煤矿井绝大部分应建现代化大型矿井，实行先抽瓦斯、后采煤，提高安全生产水平和资源利用率，建设好配套的洗煤厂和配煤中心。灵新矿现有若干小煤窑，要按规划进行资源整合和矿井改造，依法关闭布局不合理的小煤矿。矿井建设的时间、空间顺序和进度应与有关电厂、化工项目密切配合，同步开发建设，争取最大效益。

（2）电厂布局不宜布点过多、过于密集，以免出现运输、电网布局、环境容量之间诸多矛盾。目前情况是电源点建设出现投资多元化的竞争格局，各企业各行其是，都要自建电厂，导致布点过多，项目达不到经济规模。横城矿区与灵武矿区间原先曾提出四个电厂新建项目（马莲台、灵州、水洞沟、马跑泉），在一个小区内过于密集，建议强调统一规划、科学论证、合理布局，该小区可保留两个正建项目（马莲台、灵州），水洞沟、马跑泉项目撤销,今后马莲台新建机组可由横城矿区供应燃煤。韦州矿区、太阳山工业园区也提出了好几个电厂项目,宜合并成一个大电厂项目。电厂项目应尽量采用大型先进机组,一般采用60~90万千瓦或更大机组,电厂最终规模达到500万千瓦左右,严控30万千瓦及其以下机组的电厂。

(3)尽量引进、吸收、消化先进技术,并进行再创新、集成创新以至原始创新。鼓励在热负荷中心建设大型热电联供项目,如马莲台电厂二期热电厂。鼓励在合适地点建设综合利用电厂,采用煤矸石、中煤、煤泥等低热值劣质燃料发电,如灵州电厂、太阳山电厂、远期的永利厂。鼓励建设整体煤气化燃气—蒸汽联合循环发电装置,并将这种发电厂与有关煤气化装置(如甲醇化工、煤炭间接液化)配套布局,以提高热效率,降低成本,减少耗水量,并从根本上控制三废污染。

(4)从长远看,灵武市电厂、煤化工工业园及其他工业园布局,应以煤炭气化为中心环节,引进、开发一流的大型煤气化装置,一揽子解决脱硫(二氧化硫回收利用)、二氧化碳减排、粉煤灰和炉渣回收利用,用净化的高热值煤气输送至电厂发电,输送至化工厂合成化工产品,为其他配套企业提供燃料,用煤气管道联结各有关产业生产链条,从而大幅度提高企业和工业园区的经济效益和环境效益,提高企业和基地的综合竞争力。

煤炭气化还要与利用矿井瓦斯、开发利用煤层气结合起来,形成人工煤气、天然煤层气以及天然气互补共济的布局。

3.3.2 南翼——吴忠市同心、盐池、红寺堡区三角地带煤电化新基地

即韦州煤矿区太阳山工业园区。韦州矿区南北长38公里,东西宽15公里,面积170平方公里,地质储量19.4亿吨,可采储量13.6亿吨,其中普查储量12亿吨,找煤储量7.4亿吨。煤质为中灰、特低—低硫、特低—低磷、高发热量的肥煤、焦煤、瘦煤、贫煤及无烟煤。分为永安、韦一、韦二及小煤矿整合新发合作矿四个井田、三个勘察区,建设规模450万吨。由于其为可供炼焦的主焦煤、配焦煤,不宜直接作为动力用煤。在开发方向上,应以发展炼焦和焦油化工为主,焦炭、焦炉气可结合当地优质冶镁白云岩的开发发展炼镁、镁合金工业系列。而炼焦煤洗选后的煤泥、中煤连同煤矸石,可作为太阳山矸石电厂的燃料加以综合利用。电厂的规模和选址应与洗煤厂规模及其选址相适应,同步建设,并应重视电厂水源开发,电厂规模与水源规模相协调。

3.3.3 北翼——石嘴山市煤电化老基地

石嘴山市是20世纪50年代开始建设的西北重要能源化工基地,现有石炭井矿区、石嘴山矿区已经历了40多年的开发建设。这次国家对宁东大型煤炭基地规划的批复,把这两个矿区也纳入了宁东基地规划之中,由此带来了矿区挖潜改造的新机遇。规划“十一

五”期间对白芨沟矿井、乌兰矿井、石嘴山二矿、汝箕沟矿井等进行技改扩建，使其生产规模达到年产1600万吨；关闭浪费资源的小矿井，对无烟煤实行保护性开发；相应对大武口、太西等洗煤厂进行技改扩建，加大煤矿采空区的复垦整治工程力度。在原石嘴山二电厂、大武口电厂的基础上，在水源条件较好的河滨工业园进行石嘴山电厂2×33万千瓦技改工程，拆除小机组，建设2×60万千瓦的以大代小工程，在大武口电厂的原址附近建设利用矸石等低质燃料、利用城市中水的大武口电厂2×30万千瓦扩建工程。同时进一步发展焦化系列和电石乙炔产业群，加紧下游精细化工产品的开发，走出资源型老工业城市发展接续产业的新路子，振兴石嘴山市经济。

3.3.4 其他工业点

为适当展开煤电化系列产业的空间布局，也要重视其他工业点的合理均衡布局，做到重点与一般结合、川区与山区兼顾。

（1）吴忠市、青铜峡市

继续扩建大坝电厂3期工程2×60万千瓦，“十一五”末规模达240万千瓦，最终规模可达420万千瓦（即再建2×90万千瓦）。玉泉营厂址具有类似大坝电厂的供煤、取水条件，远景也可考虑建设大型电厂。

（2）中卫市

中卫城区的镇罗等地曾经组织电厂选址，表明煤、水、运、环（境）、网（电网）等均具备建设240万千瓦以上电厂的条件，远期在此建厂，可与大柳树水利枢纽相互配合，水火互济，促进全区电厂合理均衡布局。

（3）固原市彭阳县

宁南含煤区探明储量9.2亿吨，主要分布于彭阳县和原州区。为给南部黄土丘陵区工业发展创造条件，规划扩建彭阳县境的王洼煤矿，使生产能力达240万吨，既为南部山区缓解工业和民用燃料供需矛盾，也可为在水源条件有利之处建设六盘山电厂（一期2×30万千瓦）提供燃煤。鉴于宁南含煤区煤层属侏罗系的长焰煤、气煤、不粘结煤和褐煤，其中长焰煤含油率可达7.3%~12.7%，是全国少有的液化用煤，液化率可达70%左右，远期有希望开发煤炭液化产业。

建设好宁东能源化工基地的几点建议

当前,我们正面临国际金融危机、应对全球气候变化的挑战,要求我们树立全球眼光,加强战略思维,把握调整优化结构、转变发展方式的机遇,从提升区域综合竞争力的视角,进一步理清发展思路,抓住战略重点,探索有效途径。为此,对建设好宁东能源化工基地提出以下几点建议。

第一,把握主攻方向,把煤基烯烃产业集群及其深加工产品系列作为煤化工的主导产业

在鄂尔多斯巨型综合能源盆地中,宁东基地与蒙西、陕北、山西相比,能源的储量规模、品种、质量、地理区位等方面都不具优势。但宁东基地现有规划,却有求大、求全倾向,如煤化工系列几乎包罗了所有煤化工类型,包括煤液化制油、煤基醇醚燃料、煤基烯烃、煤制天然气、煤基合成氨、电石氯碱法聚氯乙烯、炼焦化工等等。什么都搞,可能什么都不容易搞大、搞强。宁东基地要从自身实际出发,在基地建设总体布局上,不追求面面俱到,而要突出重点,求高求精,在提高综合竞争力上下工夫。

从基地条件、市场需求、已有技术等方面综合考虑,建议宁东基地煤化工以重点发展煤基烯烃路线为主要突破口。煤基烯烃是煤化工最有发展前景的重要方向之一,其主要特点是该产品系列市场容量大,能源转化效率高,国内已有趋于成熟的技术,技术创新的前景也极为广阔。由此,可在神华宁煤集团煤基烯烃一期工程投产后,一方面继续完善、改造、提高一期项目,一方面加速筹建技术更先进的二期工程。同时启动煤基烯烃深加工产品链的规划、可研、设计,如丙烯—聚丙烯、丙烯酸、丙烯酸酯、丙烯腈、聚丙烯腈(PAN)

发表于宁夏老科学技术工作者协会《老专家建言》2009(3),2009 年 11 月 23 日

等及其后续精深加工产品设计、研发。建议重视广泛应用于国防军工、航空航天、工业交通装备的超级结构复合材料——碳纤维树脂基复合材料（CFRP）技术的引进、研发。该材料的比强度是钢材的14倍、铝材的10倍，比模量超过钢和铝的3倍，减重效率达20～40%，具有很大的市场应用前景。目前在三种碳纤维原料路线中，PAN基碳纤维约占全球碳纤维总产量的90%，我国已有吉化等10余家企业小量生产。

要相应启动煤基烯烃产业链深加工系列产品建设项目的招商引资引智工作，启动深加工产业集群工业园区的规划、设计，特别重视科技创新型企业的招商引资工作。要有针对性地开展招商引资，例如CFRP生产项目，可在已有研发基础的上海（上海石化、上海星楼实业、上海市合纤所、上海碳素厂等）、安徽（蚌埠市华皖集团）、浙江（嘉兴市中宝碳纤维、浙江省碳纤维工程技术研发中心等）、山东（天泰碳纤维、青岛市恒晨、威海光威集团、东营生产力促进中心等）、江苏（扬州汇通碳纤维、连云港碳纤维等）、吉林（吉化树脂厂、吉林碳素厂等）、广西（桂林市化纤总厂）、甘肃（兰化集团化纤厂）、山西（中科院山西煤化所）以及北京化工大学、东华大学、山东工业大学、安徽大学、浙江大学、长春工业大学等高校研究单位有重点地调研、招商。

依托煤基烯烃项目，筹组自治区煤基烯烃工程技术中心，并积极向国家申报建立国家级煤基烯烃工程技术中心，向国内外招聘有关高端人才，构建产学研结合的研发体系。

争取国家发改委能源局指导、支持，在宁东基地建立国家级煤基烯烃试验示范工业园区，给予该园区在风险投资、技术购买、产品研发、科技创新、人才激励、财政支持、税收信贷等方面以系列化特殊优惠政策和特别扶助措施。

通过上述举措，使煤基烯烃产品系列成为宁东基地煤化工的主导产业，并有望建成全国和全球的煤基烯产业主要基地。如果宁东基地煤基烯烃产能2020年前后达到800万吨（相应减少醇醚燃料系列等产能），则年耗原煤4 000万吨，可替代油基烯烃路线原料石油1 600万吨，这比之煤间接液化等路线，在能源利用效率上是更合算的。

第二，大力扶持建设中型以至大型煤气化多联产项目

以煤气化为基础的电—热—化学品多联产技术，可以真正实现煤电化建（材）一体化生产，包括燃气蒸汽联合循环发电、热电联产、多种煤化工产品清洁生产和循环利用，大幅度提高能源利用效率，一揽子解决废气、废水、废料的处理、回收利用，把常规污染降到最小以至近零排放。煤气化多联产技术的一个突出优点是有可能实现二氧化碳的集中回收处理，达到温室气体大幅度减排的目标，使煤基石油替代品路线（包括煤制氢燃料）的经济效益和环境效益得到极大提升，因而是宁东基地建设低碳经济的长远发展方向，具有深远的战略意义。由于这是一项处于国际前沿的高端技术，目前国内外多处在中小型试验示范装置阶段。宁东基地应有胆识瞄准国际前沿，争抢技术创新的制高点。

建议近期依托国电英力特能源化工集团规划拟建的年产120万吨煤基多联产项目，通过洁净煤气化工艺制备合成气，生产以甲醇为源头的烯烃、醋酸等化学品，利用甲醇合成尾气通过IGCC（整体煤气化联合循环发电装置）发电供热，以及利用部分粗煤气通过深冷分离装置生产一氧化碳，利用合成弛缓气及甲醇膨胀气生产氢气等，实现煤气化多联产、煤电化一体化建设、生产的科技创新。为此要出台系列化的特别优惠政策，给予最优扶持，保证该项目顺利建成达产。以此起步试验示范，为引领我国能源高效开发、节能减排包括减少碳排的绿色经济、低碳经济新潮流，建设更大规模、更高水平的煤气化多联产项目打下坚实基础。

第三，积极开发利用太阳能、风能等战略新能源

宁东基地控制区面积3 500平方公里，位处鄂尔多斯台地的荒漠草原上。除小部分土地用作工业用地、城镇农村居民点用地和少量耕地、园地外，大部分为退化严重的天然草地和沙地等未利用地。这些土地由于缺水，过去被人们视为很难利用的万古荒原。但今天看来，却是太阳能、风能资源丰富的宝贵国土空间。目前在风能资源较优的太阳山、红寺堡、灵武市马家滩（杨家窑）等地建起风电场。随着宁夏扶持新能源政策实施条例的出台，预计将大大促进太阳能发电等新能源有序、快速发展，并且带动太阳能光伏发电装置、风电设备等高新技术产业加速发展。据专家预测，未来随着太阳能电池技术进步，预计其发电成本由目前为常规发电成本的8～10倍，到2020年可降低至与常规发电成本持平，太阳能发电将和风电一起得到大规模开发利用。建议加大太阳能上网光伏电站招商力度，在宁东基地建设大型光伏电站，从而使可再生能源在宁东基地能源构成上占有相当份额，为能源多元化发展、减少碳排放作出贡献。

有鉴于风能电站、太阳能电站上网电量的不稳定性、不均衡性，应配套建设便于调峰、调频的一定规模燃气轮机电站，特别是IGCC发电装置。同时建议抓紧大柳树水利枢纽工程的前期工作，争取该工程尽早上马，做到以一定规模的水电装机容量与风电、太阳能发电装机容量配套运行，提高电网稳定运行质量。

第四，拓展林地，改良草地，增加林草碳汇和土壤碳汇

宁东基地控制区虽有广阔土地可以植树种草，但受到气候干旱、水源不足的严重制约。而众多企业集团的进入，就为宁夏平原灌区农业用水向宁东基地工业用水的水权转换提供了现实可能性。通过对工业废水、城镇生活污水以及煤矿矿井水的处理、加工为中水，除作为生产用水循环利用、重复利用外，可以部分中水用作绿化用水，预计建设用地空间（包括煤矿井口工业广场、电厂厂区、工业园区、城镇、水库地区等）的20%～30%面积将有可能转化为林地。另外,通过对天然草地的大范围封育保护,对沙荒地的封育改造,可以大幅度提高国土空间的灌草植被覆盖率。林草植被数量增加、质量提高,除其本身能吸收、固定大气中一部分二氧化碳外,也会逐步增加土壤的有机质含量即碳储量,从而使该区域内林草碳汇、土壤碳汇较快积累、不断提高。这不仅有助于在很大程度上改善基地的生态环境,而且对吸收、储存大气中的温室气体、应对全球气候变化作出重要贡献。

孙中山交通建设思想与西部大开发

中央关于西部大开发的伟大决策，对加快西部地区的交通建设提出了新的迫切要求。温故知新，我们要在借鉴前人、洋人的理论和实践的基础上，开拓创新，提出新思路、新办法。孙中山先生关于中国交通建设的一整套理论思想和计划方案，虽然是大约一个世纪前提出来的，但今天来看，仍然闪耀着真理的光芒，对于当前我国社会主义市场经济体制下西部地区的交通大开发，依然具有重要的启示意义。

一、西部大开发必须交通先行

《建国方略》中的“实业计划”，是孙中山国土开发建设思想的集中反映。“实业计划”六大计划中，第一至第四计划均是以交通建设为主体的计划，可见交通事业在孙中山心目中的突出地位。[1]孙中山通过对欧美各国的考察，总结西方富强的经验，认为“在于人能尽其才，地能尽其利，物能尽其用，货能畅其流——此四事者，富强之大经，治国之大本也”。进而指出，“无铁路之国，动辄掣肘，比之瘫痪不仁。地球各邦今已视铁路为命脉矣，岂特便商贾之载而矣哉”，“货能畅其流则财源裕”。[2]其后又说：“要解决民生问题，一定要发达资本，振兴实业。振兴实业的方法很多：第一是交通事业……”[3]对于西部新开发区，特别强调交通第一，他在论述西南铁路建设时说：“以西南铁路系统开发西南山地之矿产利源，正与以西北铁路系统开发蒙古、新疆大平原之农产利源，同其重要，此两铁路系统，于中国人民为最必要，而于外国投资者又为最有利之事业也”。[4]

关于公路建设，孙中山指出：“吾侪欲行动敏捷，作工较多，必须以自动车(指汽车)为行具。但欲用自动车，必先建造大路。吾于国际发展计划，提前一部已提议造大路一百万

发表于《21 世纪中国西部交通发展战略学术研讨会论文集》，四川科技出版社，2000：193～198

英里……”[5]还在《国民政府建国大纲》中明确规定，“建设之首要在民生。故对于全国人民之衣食住行四大需要，政府当与人民协力……修治道路、运河，以利民行”，并把“四境纵横之道路修筑成功”作为训政时期各县必须完成的任务。[6]

孙中山交通建设先行的思想，在旧中国是无法实现的。新中国成立后，交通建设取得了史无前例的巨大成就，但由于长期实行计划经济体制的影响，在观念上重生产轻流通，“货畅其流”并没有提到与“人尽其才、地尽其利、物尽其用”同等的地位，导致长期来交通建设滞后。直到改革开放以后，港口、道路、民航建设才取得突破性发展。目前，西部与东部最大的差距之一，就是交通等基础设施的落后。深处内陆的地理区位，幅员辽阔的国土空间，以及高山、峡谷、荒漠的阻隔，使西部内外交通不便，城乡可通达性差，形成封闭半封闭格局，封闭必然导致落后。目前西部的交通运输能力，远不能适应 21 世纪初叶经济发展和对外开放的需求。应该说，没有西部交通的大发展，就不可能有西部的大开放、大开发。加强交通建设，对于保持民族地区稳定和巩固祖国边防，也具有重要的战略意义。交通先行应成为西部大开发的一条基本指导思想。

二、建设具有地区特色的综合运输体系

孙中山的一个重要思想是交通线、交通枢纽要形成综合运输系统（网络）。他强调“用系统的方法指导其事”。[7]其第一计划，即以北方大港为龙头，修建西北铁路系统，开通黄河兰州以下航道以及渭河、汾河等航运，整修京杭大运河等，形成海运、河运、铁路相结合的综合运输网。全国建设三个世界大港、二、三等海港及渔业港“以完成中国之海港系统”，以及全国河运系统与海港相联结的水运系统，[8]并提出“敷设一网式铁路”的主张。[9]

对于水运、铁路、公路等不同运输方式，提出了发挥各自优势，因地制宜布局，使之相互联络、补充，各种运输方式都能发挥各自的独特作用，又都能不亏本而赚钱的原则。[10]

西部地域广大，有高原、山地，有荒漠、绿洲，地质、地貌复杂，人口密度、发展水平相差悬殊，必须因地制宜，建设各具特色的综合运输网络。总体上说，要在发挥市场对资源配置的基础性作用的基础上，立足当前，考虑长远，科学论证，合理布局，统一规划，分步实施，调动各方积极性，抓好重大骨干工程。要以高速公路、铁路干线为骨干，以四通八达的公路网为重点，重视发挥民航的作用，在有条件的地方适当发展水运，积极建设天然气管道和某些原油、成品油管道，做到优势互补，相互衔接，联成网络。

三、以外向型大通道为运网骨干

孙中山论中国交通建设，一个非常重要的着眼点，是立足于发展与国外的交通和流通，建设外向型的运输大通道系统。

一是特别重视建设外向型的大海港。三个世界大港在实业计划中居于核心地位，“以为世界贸易之通路”,“海洋交通之枢纽”,“与纽约媲美之可能”。[11]

二是重视内河航运和河港的外向化。如整治长江水道以通航外洋巨舶,发展武汉为“沟通大洋计划之顶水点”等。[12]

三是构建连通沿海港口与周边邻国甚至横贯亚欧非大陆的铁路大通道。北方大港“必成将来欧亚路线之确实终点,而两大陆于以连成一气”。与之连通的西北铁路系统分别西通蒙古、俄罗斯,“盖将为欧亚铁路系统之主干,而中、欧两陆人口之中心,因以联结。由太平洋岸前往欧洲者,以经此路线为最近;而由伊犁发出之支线,将与未来之印度、欧洲线路(即行经巴格达,以通大马士革及开罗者)联络,成一连锁。将来由吾人所计划之港,可以直达好望角城”。与南方大港相通之西南铁路系统,则有广州腾越线“当与缅甸铁路系统之仰光、八莫一线相接,将来此即自印度至中国最捷之路也”,[13]等等。

此外,孙中山计划的中央铁路系统、东北铁路系统、西北铁路系统、西南铁路系统、高原铁路系统所提出的22条外向铁路,分别通往俄、蒙、朝、印、缅、越、锡金、尼泊尔等国,也都是作为国际通道考虑的。

当今沿海、沿江、沿边、沿路开放日益扩大,按照未来国际贸易、经济合作的发展态势和格局,积极筹划外向型大通道的线路走向方案,并按轻重缓急有步骤地进行建设,是交通事业的大事,西部大开发与此关系尤为密切,必须尽早研究规划。

建议近期抓紧下述重点工程:一是加强新亚欧大陆桥的通道建设。如新建太原—中卫铁路,形成大陆桥北通道(相对于兰新—陇海线的主通道),该线走向是大陆桥国内部分各线路的最短通道,也正是孙中山规划的亚欧间最近线路。它将显著拉近环渤海经济圈天津、青岛、黄骅等港口与大西北之间距离,对于促进东西合作和双向开放、加速西部开发步伐具有重要的战略意义;如新建西安—合肥铁路,将以上海港为龙头的长江三角洲经济圈纳入大陆桥吸引范围,构成大陆桥的南通道;如宝中铁路复线建设,将对增加大陆桥主通道运力具有直接作用;如连云港—霍尔果斯(GZ45)、青岛—银川(GZ35)等高等级公路的抓紧全线建成通车;如塔里木—靖边—上海、中亚—北京等天然气管道的规划建设;等等。由此,大陆桥将形成由若干条铁路、高速公路、光缆通信干线、输气输油管道等一系列运输通信方式构成的“多端束状桥”,综合性国际交通干道,逐步形成我国北方重要的沿桥经济开放带。

二是加强东中西部联系的通道建设,如长江航道整治及沿江铁路,青藏铁路,丹东—拉萨(GZ25)等高速公路,等。

三是加强西北、西南联系的通道建设,如兰州至重庆铁路、银川至武汉高速公路、喀什经噶尔至拉萨高等级公路等。

四是加强西部与毗邻国家之间的通道建设，如新建新疆至吉尔吉斯斯坦至乌兹别克斯坦铁路，昆明至畹町通缅甸铁路，昆明至河口通越南高速公路，以及新疆额尔齐斯河、云南澜沧江等国际河流航道建设，等。

四、重视交通建设的综合效益

孙中山把交通干线作为国家经营的基础设施，指出其对私营企业发展的基础意义，以及必须追求综合效益的原则。他指出："中国实业之开发应分两路进行，一是个人企业，二是国家经营是也。凡夫事物之可以委诸个人，或其较国家经营为适宜者，应任个人为之，由国家奖励、而以法律保护之。今欲利便个人企业之发达于中国，则从来所行之自杀的税制应即废止，紊乱之货币立需改良，而各种官吏的障碍必当排去；尤须辅之以利便交通。至其不能委诸个人及有独占性质者，应由国家经营之……于详议国家经营事业开发计划之先，有四原则必当留意：(1)必选最有利之途以吸外资；(2)必应国民之所需要；(3)必期抵抗之至少；(4)必择地位之适宜。"[14]

这四条合起来可称之为综合效益原则。孙中山在论述各海港的区位、腹地、筑港条件时，在论述各铁路、航道的线路走向、吸引范围、沿线土地增值及其对工农业的促进作用时，均以此原则为衡量标准。如论述连接北方大港与伊犁间的铁路线时，即对此四原则作了具体论证，指出该线"并无高山大河自然之梗阻横贯其中也"，符合"抵抗至少"原则；"实居支配世界的重要位置。盖将为欧亚铁路系统之主干"，符合"地位适宜"原则；"以'国民需要'之原则言之，此为第一需要之铁路。盖所经地方，较诸本部十八行省尤为广阔。现以交通运输机关缺乏之故，丰富地域，委为荒壤……倘有铁路与此等地方相通，则稠密省区无业之游民，可资以开发此等富足之地。此不仅有利于中国，且有以利世界商业于无穷也。故中国西北部之铁路系统，由政治上经济上言之，皆于中国今日为必要而刻不容缓者也"；孙中山又以很大篇幅详细论述了西北铁路系统为"由人口众多之处筑至人口稀少之处之铁路，其利尤大"，更为符合"必选有利之途"原则。[15]

孙中山还在其他许多地方反复论述了这些原则。[16]指出了道路建设对于沿线土地增值的直接效益："比如在乡间有四十亩，用人耕作，不过足养一人；如发达后，可值六千万，则成一大富翁。此家资从何得来？则大抵为铁道及他业发达所坐致……"[17]并把这种土地增值收益作为国家建设资金的重要来源。

孙中山重视交通建设综合效益的思想，对于交通建设与房地产开发相互促进、以土地有偿使用作为开发资金重要来源的思想，以及他对西北铁路系统效益的具体分析，对于当今西部的交通大开发，无疑具有重要的现实意义。应当看到，目前西部拟建的重大交通建设工程，大多属于国土开发型项目，其效益主要体现在完善我国西部综合运输网布局，提高路网的通达深度和整体水平，促进内外流通和对外开放，加强扶贫开发，较快提高当地人民生活水平，增强民族团结和维护国家长治久安，以及巩固祖国边防等方面，因而社会效益重大。目前一些拟建铁路、高等级公路沿线地区经济落后，但考虑到市场经济下交通新干线建设的诱发运量，如能早日建成这些项目，必将促进沿线地区经济加速发展，远景运量增加有相当潜力，从长远看，这些线路本身的经济效益会逐步提高。

为了提高新建交通项目的综合效益，当前应特别重视交通建设与发展当地优势特色经济相结合，与把区域潜在资源优势尽快转化为现实经济优势相结合，与发展西部大旅游业相结合，与推进城市化进程、构建布局合理的城镇体系相结合。

五、引进国外的资金、技术加速交通建设

孙中山对于外国的经验、资金、技术，有非常明确的观点，即“洋为中用”。具体说：

第一，要学习外国的长处，为我所用。他说：“恢复我一切国粹之后，还要去学欧美之所长，然后才可以和欧美并驾齐驱。如果不学外国的长处，我们仍要落后。”又说：“我们要学外国，是要迎头赶上去……所谓‘后来者居上’”。[18]

第二，要利用外国的资本、技术，为我所用。孙中山说：“我们要拿外国已成的资本，来造成中国将来的共产世界，能够这样做去，才是事半功倍。如果要等待我们自己有了资本之后才去发展实业，那便是很迂缓了。中国现在没有机器，交通上不过是六七千英里铁路，要能够敷用，应该要十倍现在的长度，至少要有六七万英里才能敷用。所以，不能不借助外资来发展交通运输业，又不能不借用外国有经验的人才来经营这些实业……如果交通、矿产和工业的三种大实业都是很发达，这三种收入每年都是很大的。假若是由国家经营，所得的利益归大家共享，那么全国人民便得享资本的利，不致受资本的害”。[19]

孙中山还针对国人顾虑，论述了借债办实业可以争取时间、争取效益的道理：“至中国一言及外债，便畏之如鸩毒，不知外债以营不生产之事则有害，借外债以营生产之事则有利。美国之发达，南美阿根廷、日本等国之勃兴，皆得外债之力。吾国借债修路之利，如京奉以三年收入，已可还筑路之全本，此后每年所进，皆为纯利；如不借债，则无此项进款。美国铁道收入，岁可得七万万美金，其他附属之利尚可养数百万工人，输送各处土货。如不早日开办，迟一年即少数万万收入”。[20]

孙中山关于引进国外资金、技术以加速我国交通建设的思想，自改革开放以来，已成为全国上下的共识。当前，国家实施西部大开发战略和积极的财政政策，国家财力向西部交通建设倾斜，形势大好。如何引进更多外资投入西部交通大开发，也是加速西部建设步伐的重大问题。建议国家和西部各省市区制定更积极、更优惠的政策，如允许外资独立或合资对西部交通项目进行商业性投资，允许外资在投资西部交通项目时参与沿线（或机场附近)部分房地产开发项目,等等。同时,还要向联合国开发计划署、世行、亚行等国际组织和有关国家政府争取更多的西部开发援助、贷款,实现西部交通开发筹资渠道的多元化。[21]

参考文献

[1]孙中山.建国方略(1917–1919).孙中山选集.人民出版社.1981:215~216.

[2]孙中山.上李鸿章书(1894).同上:2~9.

[3]孙中山.三民主义(1924).同上:841.

[4]孙中山.建国方略.同上:291.

[5]孙中山.建国方略.同上:358~359.

[6]孙中山.国民政府建国大纲(1924).同上:601~602.

[7]孙中山.建国方略.同上:227.

[8]孙中山.建国方略.同上:293.

[9]孙中山.建国方略.同上:321.

[10]孙中山.三民主义.同上:293.

[11]孙中山.建国方略.同上:220,231,235,268~269.

[12]孙中山.建国方略.同上:260.

[13]孙中山.建国方略.同上:220,224,289.

[14]孙中山.建国方略.同上:217~218.

[15]孙中山.建国方略.同上:224~227.

[16]孙中山.建国方略.同上:228,232,286,339~340.

[17]孙中山.在南京同盟会员饯别会的演说(1912).同上:95.

[18]孙中山.三民主义.同上:688~690.

[19]孙中山.三民主义.同上:843.

[20]孙中山.在南京同盟会员饯别会的演说.同上:97.

[21]汪一鸣.论孙中山的运输大通道系统思想.市场经济研究,1999(1):54~56.

兴建太中铁路、促进西北大开放大发展

中央领导指出:“加快开发西部地区,对于推进全国的改革和建设,对于保持党和国家的长治久安,是一个全局性的发展战略,不仅具有重大的经济意义,而且具有重大的政治和社会意义。加快中西部地区发展的条件已经基本具备,时机已经成熟。从现在起,这要作为党和国家一项重大的战略任务,摆到更加突出的位置”。并强调指出,国家要逐步加大对西部地区的支持力度,统筹规划包括交通通信设施在内的各项建设。加快太中铁路建设,是贯彻落实中央决策的重要举措之一。规划中的太中铁路,原先是指东起山西省太原市附近的榆次,向西经吴堡、绥德、定边至宁夏中卫县镇罗,全长828公里,为横贯黄土高原中部的东西干线,在全国路网布局中将形成东起青岛和天津,经太原、中卫、武威至乌鲁木齐的平行于陇海、兰新线的又一条横向大通道,构成新亚欧大陆桥的重要组成部分。近年来,有关部门从节省初期建设投资,有利于早日建成通车考虑,提出利用已建成的地方铁路山西孝义—柳林线和宁夏大坝—古窑子线,以及通过南同蒲线由介休引入太原枢纽,通过包兰线由大坝引入中卫枢纽,则只需新建柳林至古窑子段线路453公里,而榆次至中卫枢纽全线总长为885公里。

1. 新亚欧大陆桥(国内部分)各线路的最短通道

80多年前,伟大的革命先行者孙中山先生在其所著《建国方略》中,即已论述了交通建设必须先行、以外向型大通道为运网骨干,引进国外资金和技术加速交通建设等思想,并且明确指出,北方大港(指天津新港)向西经西北至欧洲的铁路大通道,“实居支配世界的重要位置。盖将为欧亚铁路系统之主干,而中、欧两大陆人口之中心,因以联结。由太平洋岸前往欧洲者,以经此路线为最近……以‘国民需要’之原则言之,此为第一需要之铁

发表于《21世纪中国西部交通发展战略学术研讨会论文集》,四川科技出版社,2000:481~484

路。盖所经地方，较诸本部十八省尤为广阔……倘有铁路与此等地方相连，则稠密省区无业之游民，可资以开发此等富足之地。此不仅有利于中国，且有以利于世界商业于无穷也。”孙中山所说的这条亚欧间最短线路，正是太中线走向的新亚欧大陆桥北通道。

表 1　乌鲁木齐至天津、青岛、日照、连云港铁路运距

起止点	经由线路	铁路运距（公里）
乌鲁木齐 -- 天津	兰新、干武、宝中、陇海、京广、京山	3 867
	兰新、包兰、京包、京山	3 832
	兰新、干武、太中、石太、石德、京沪	3 344
乌鲁木齐 -- 青岛	兰新、陇海、京沪、胶济	4 218
	兰新、干武、太中、石太、石德、京沪、胶济	3 629
乌鲁木齐 -- 日照	兰新、陇海、侯月、新兖、兖石	3 788
乌鲁木齐 -- 连云港	兰新、陇海	3 731

由表 1 可见，乌鲁木齐至天津港的距离，经由太中线可比原有线路缩短 400 多公里，比新亚欧大陆桥主通道（乌鲁木齐至连云港的兰新、陇海线）也近 300 多公里；乌鲁木齐至青岛港，经太中线可比原有线路缩短 500 多公里，比新亚欧大陆桥主干道也近 100 多公里。从长远看，太中线与邯济线之间新建直通联络线之后，那么乌鲁木齐至青岛港的运距还可缩短二三百公里。太中铁路作为新亚欧大陆桥国内段运距最短的北通道，其吸引范围包括宁夏、陕西、甘肃、青海、新疆、内蒙古、山西、河北、北京、天津、山东等省市区的部分地区，可以强化银川、乌鲁木齐等西北中心城市与天津、太原等华北经济中心的直通联系，显著拉近环渤海经济圈与大西北之间距离，从而把我国的东西两头紧密地联系在一起。

相应地，太中线也缩短了整个大陆桥的运距，特别是为中亚国家寻求距离较近的出海口和安全可靠的过境通道提供了现实的可能性（表 2）。

表 2　中亚五国出海口线路运距比较

出海口方向	路径	铁路运距（公里）
独联体出海口	中亚 -- 海参崴、纳霍特加港	10 000 ~ 11 000
	中亚 -- 圣彼得堡、里加港	8 000 ~ 9 000
	中亚 -- 敖德萨、新罗西斯克港	6 000 ~ 7 000
西欧出海口	中亚 -- 俄罗斯 -- 西欧港口	大于 10 000
中国出海口	中亚 -- 中国天津、青岛港	5 700 ~ 6 700

注：据李同升文适当调整。

2. 拓宽大陆桥、增加桥头堡的重要作用

交通线不仅是两点(或多点)之间的联系纽带,而且对于吸引范围内整个区域通达性的改善,具有直接或间接的作用。而区域发展水平又与通达性好坏呈正相关。西北经济社会落后的重要原因,就是因为深处内陆的地理区位、幅员辽阔的国土空间,使其远离沿海经济发达地带,对外交通不便,内部联系也不够密切,形成相对封闭的格局,封闭必然导致落后。近些年来,国家把加速交通建设作为开拓大西北的突破口,放在优先地位予以安排,特别是新亚欧大陆桥的开通与加强,沿桥开放开发经济带的逐步形成,为西北地区走向西亚、中亚和欧洲,为走向统一的世界市场提供了现实可能性和展示了良好的发展前景。

但是,西北的交通运输能力,相对于辽阔的空间仍显得非常不足,不能适应经济发展和对外开放的需求。由一两个起点港口、一两条铁路干线构成的新亚欧大陆桥,目前情况也不容乐观,一是通道本身运力有限,某些卡脖子段构成货流瓶颈;二是沿线连接的城市、辐射的区域有限,难以承担推动中西部开放开发的重任。从长远看,要进一步发展中亚、西亚、欧洲与我国(包括港澳台)之间大量而繁重的陆上国际贸易和经济合作,通道建设规模较小和档次较低现状,也远不能满足需要。

由此,不少专家指出,新亚欧大陆桥不应局限于一两条铁路干线,大陆桥端点应分别由我国东部沿海一系列港口群和西欧大西洋沿岸一系列港口群组成,横贯亚欧大陆的综合性大通道则应由若干条铁路、高等级公路、光缆通信干线、民航空中走廊、输油输气管道相平行的运输通信方式构成,使内陆地区与沿海众多港口建立起密切联系,从而在我国腹地以至整个亚欧大陆腹地形成一个较广阔的开放带和辐射区域。也只有这样,才能全面带动我国中西部地区的经济发展。

我们认为,尽早修建太中铁路,应成为加强大陆桥建设战略部署中的优先举措和关键项目。尽快打通古窑子与山西柳林之间的直达铁路干线,使其成为新大陆桥的北通道,通过石太等线与天津港、黄骅港相接,通过邯济等线与青岛港、烟台港相连,这将为300多万平方公里的西北地区开辟一条直达沿海大港的新的大通道,把以天津等大港为龙头的环渤海经济圈纳入大陆桥吸引范围,并将大陆桥的辐射区域向北推进一大片,起到了拓宽大陆桥、增加桥头堡的重要作用。这无论在提升大陆桥本身的地位作用方面,还是在促进西北、华北广大地域的双向开放方面,其深远意义都是不容低估的。

3. 促进西北大开放大发展

除了从全国路网战略布局和加强新亚欧大陆桥的高度来评价太中铁路的意义作用之外,我们还可从促进西北地区开放、开发的角度来展开评价。以下从5个方面作一简要论述。

3.1 提高沿线地区的通达性，优化投资环境

以宁夏为例，目前东向联系必须通过包兰、京包线向北绕行，或通过宝中、陇海线向南绕行，运距长、限制口多、运输费用高。建设太中线将为宁夏打开东大门，建立便捷的东向直通道，从而使其具有更好的可接近性和可联系性。同时通过带动其腹地范围内相关交通设施的发展，使综合通达性提高，投资环境改善，有助于原先区位劣势向相对的区位优势转化。如果说，50 年代包兰铁路建成，90 年代初宝中铁路通车是宁夏打破封闭、走向开放的二级跳，那么 21 世纪初太中线建成必将促使宁夏发生第三次跳跃式发展。

3.2 大幅度推进东西合作和双向开放

我国西部加速发展的一条重要经验是大力促进东西联合，实行东部资源密集型产业和劳动力密集型产业西移和中西部农村剩余劳动力东移，通过这种双向转移，把东部的资金、技术、人才、管理、市场优势与中西部的能源、原材料、土地、劳动力等资源优势以各种具体方式结合起来，实行联合开发、共同发展。太中铁路将有助于减少东西合作中的距离障碍，促进人流、货流的规模、密度迅速提高。西北与亚太国家、与中亚西亚等国都有很强的优势互补性，新亚欧大陆桥运力的加强无疑将为东西双向开放提供更为便捷的交通条件。

3.3 加速沿线资源综合开发

太中铁路沿线大多为老少边穷地区，经济社会欠发达，但又是资源富集地区，诸如河东、神府、宁东等巨型煤田、煤层气田，世界级的大型天然气田(陕甘宁盆地油气田)，量大质优的铝土矿、建材矿产，农牧业也有极大潜力。这里还荟萃着众多名山大川和历史人文景观，例如宁夏境内的黄河漂流游、沙漠探险游、长城访古游、丝路寻踪游、西夏秘境游、回族风情游等都独具魅力，但它们大多“藏在深闺人未识”。太中线开通将为能源产品、载能产品的大规模开发和东运提供了可能，也必然会促进农业产业化、农村工业化的大发展，促进西部旅游热的大兴起。

3.4 带动沿线流通产业和城镇体系的发展

交通干线的建成、营运必然带动一大批流通产业及其他各类第三产业的发展，带动各类市场的形成，促进原有城镇发生质的飞跃和新城镇的出现，使城镇群体在新的产业经济网络和空间联系网络中构成全新的城镇体系格局。例如宁夏中卫县这一小县城，在太中铁路通车后，必将迅速成长为新亚欧大陆桥上的重要商埠和地区性中心城市，成为宁夏回族自治区新的经济增长点。

3.5 形成太中铁路沿线开放开发经济带

由于太中线填补了南北宽 700 余公里的黄土高原广大国土东西向铁路的空白，在全国路网布局特别是东西横干线中占据重要地位，必然会成为沿线地区生产力布局的主轴

线，从而逐步演化为新亚欧大陆桥沿桥走廊的重要经济带。

4. 显著的社会效益

太中铁路沿线地区约10万平方公里，有1 000多万人口，人均国内生产总值远低于全国平均水平，贫困人口比重大、返贫率高，老区人民对修通铁路已翘首盼望几十年，希望依靠交通开发来打破封闭状态，形成流通网络。因此，它是一项雪中送炭工程，是一个很大的交通扶贫项目，必将对沿线革命老区脱贫致富和经济起飞起到关键性作用。太中铁路作为加速西部开发的国土开发型项目，其效益主要体现在通过加强有关地区的扶贫开发，较快提高当地人民生活水平，增强民族团结，维护国家长治久安，以及形成我国北方一条新经济走廊，政治意义和社会效益重大。

目前太中铁路沿线地区经济落后，铁路建成初期运量不会很多，考虑到市场经济下铁路新线建设的诱发运量，如能早日建成太中线，必将促进沿线地区经济加速发展，远景运量增加有相当潜力，从长远看，铁路本身的经济效益会逐步提高。

太中线的修建，将构成一个东跨黄河进华北、南走延安下关中、西进河西援边境、北过沙漠入河套的强大国防交通网络，为华北战区与西北战区的相互支援、实施部队快速机动和军事物资运输提供一条便捷通道，有利于加强西北战区后方建设，对保持民族地区稳定和巩固祖国边防具有重要的战略意义。因此太中铁路既是一条开发线、扶贫线，也是一条战备线。

鉴于修建太中线的必要性和紧迫性，中央有关部门已将修建太中铁路作为实施西部大开发的跨省区重大基础设施项目，列入国家铁路建设“十五”计划的争取开工项目。建议有关方面抓紧前期工作，沿线省区积极配合，提供优惠条件，争取早日上马。

参考文献

[1]金瓯，等.黄土高原地区综合运输网的发展及合理布局.北京：科学出版社.1991：40～43.

[2]宁夏计委，等.宁夏回族自治区国土开发整治总体规划.银川：宁夏人民出版社，1992：159～161.

[3]汪一鸣.不发达地区国土开发整治研究.宁夏人民出版社，1994：106～110，150～152，166～170，235～236.

[4]汪一鸣.论孙中山的运输大通道系统思想，市场经济研究 1996(1)：55～56.

[5]李同升，等.关于我国新亚欧大陆桥经济带规划与建设的若干思考.经济地理，

1997，17(1):6～10.

[6]李同升.中国与中亚内陆国家沿桥经济合作的前景分析.经济地理，1998，18(3):78～82.

[7]魏立桥，等.建设大通道，联合走西口.北京：中国计划出版社，1998:15～16，451～452，466～468，486～489.

[8]汪一鸣.抢抓机遇，大力加快基础设施建设.市场经济研究，1998(5):10.

加速培育宁夏旅游业的特色产品系列

一、提高认识，把旅游业作为战略产业来抓

关于旅游业在现代经济社会发展中的重大作用，似乎世所公认，不必多说。问题是，在宁夏经济社会发展的全局中，旅游业究竟应摆在什么样的地位上。在全国各省市区中，目前宁夏旅游业处于落后地位。为什么我区旅游业上不去?有人认为，主要原因一是我区缺乏有特殊吸引力的旅游景观，二是地理区位较偏，交通通达性差。由此进一步认为，宁夏旅游业没有大的发展前景。我认为这是需要澄清的一个认识误区。宁夏的旅游资源与西南的四川、云南、西北的陕西、新疆等旅游大省比，的确有不如人家之处；区位条件也不太有利。但宁夏并不是事事不如人，宁夏也有其独具魅力的特色旅游资源，宁夏的交通通达性也正在逐步改善。所以并不是我区旅游业注定上不去，主要还是观念问题和工作问题。近年来，自治区党政领导十分重视旅游业发展，把它提到我区最有潜力的新兴产业之一，对外开放突破口的高度，这是很有远见卓识的。旅游业发展与对外开放程度一般呈正相关。宁夏经济发展不快的一个重要原因是开放程度不够，开放水平太低。而宁夏旅游业发展滞后又影响开放程度。如果旅游业发展起来了，随着区内外人流的加大，会带来信息流、资金流、货物流等相应加大的乘数效应。由此看来，对于宁夏来说，旅游业不仅是一种大有前途的新兴产业，而且又是扩大对外开放的先导产业。我们应从全局的、战略的高度来认识加速发展旅游业的重大意义，把旅游业作为关系到宁夏跨世纪经济社会发展的重大战略产业来抓。同时又要从市场经济的观点、竞争的观点，对我区旅游业发展现状树立清醒的危机意识，面对跨世纪之交难得的发展机遇与严峻挑战，认真分析存在问题与不利因素，振奋精神，实干巧干，下决心把旅游业尽快搞上去。

宁夏旅游业发展研讨会(1999 年 7 月 9 日)发言稿，发表于《宁夏旅游》，2002:181～188

有人说，旅游业既然是花钱少、见效快、效益高的产业，那么在市场经济条件下，只要有好的景点，它就会自发发展起来，没有好的景点，再努力也没用。这是需要澄清的另一个认识误区。旅游业能带来巨大的经济效益确实不假。宁夏的沙湖旅游区，自治区在景区的道路、码头等基础设施、旅游设施上投资仅 400 多万元（加上对外公路投资合计 800 多万元），但自 1990 年投产以来，8 年营业收入近亿元。由于沙湖旅游区的迅速发展，也促进了其他旅游景区（如华夏西部影视城、西夏王陵等）的发展，使宁夏这个旅游业十分薄弱的省区，1997 年接待国内旅游者达 157 万人次，旅游收入达 3 亿元。这不能不说是高产出、快回报。但如果一开始没有政府主导，没有国家和自治区的投入的引导，可能就不会有今天。开发旅游资源、改善旅游环境、建设旅游设施，很多带有基础建设的性质。再说，旅游业又是个综合性极强的产业，需要交通、邮电、旅馆、餐饮、金融、商贸、文化等许多相关产业配合，发展旅游业实际是要发展以旅游业为龙头的系列产业。旅游业发展会带来直接的经济效益，更重要的是带来更多更大的间接效益、长远效益和社会效益，特别是扩大对外开放的连锁效应。所以，旅游业发展不仅是旅游企业的事，不能完全寄希望于依靠市场，尤其在市场发育初期，应强调政府主导与市场运作的有机结合，政府行为与企业行为的有机结合。在旅游业发展起步阶段，尤其需要政府一定的投入，包括加强领导、配备得力干部、制定加速发展旅游业的政策，以及必要的资金投入倾斜等。旅游业要有行业管理，但加速发展旅游业不是政府旅游业务部门一家能办好的，而应列入党委、政府的重要议事日程，党政领导亲自抓，真正把它作为发展经济的一项战略产业、作为振兴宁夏的一个重要环节抓紧抓好。

二、突出重点，加速培植宁夏特色旅游产品的品牌优势

加快宁夏旅游业发展的核心问题，是能否在较短时期内开发出有巨大吸引力、有较高知名度的特色旅游产品。这就需要通过从客源市场定位，特色产品抉择，到产品形象设计以至产品促销、广告公关等一系列环节，进行研究策划。从宁夏地域较小、经济基础薄弱、开放度小，旅游业尚处于初级发展阶段等区情出发，我认为在近期应采取重点开发战略，旅游产品的开发强调少而精，近期集中力量对重点产品（拳头产品）进行跨门槛投资，切忌撒胡椒面、分散使用力量，切忌一哄而上、搞低水平重复建设。

从我区旅游资源看，目前已有或正在形成沙湖、银川、青铜峡、沙坡头、六盘山等旅游区，黄河游、沙漠游、回族风情游、丝路古道游等旅游线。应该说，它们各有其优势和特色，都具有较大开发潜力。但由于客源市场现状和我区人力、财力的制约，不可能同步开发建设，而宜分清轻重缓急，分级分期开发，逐步建设。近期如何选定重点开发景区和线路、培育具有品牌优势的特色产品，对开发步骤、开发项目作出具体安排，是需要通过慎重规划、反复论证才能确定方案的大事。作为抛砖引玉，我认为，从发展大旅游的观点和全区经济社会发展的全局着眼，建议把一区两线作为近期自治区级的拳头产品率先开发建设。一区即银川旅游区，这一产品系列主要由四部分组成，包括银川城区，银川西郊——贺兰山—西夏王陵国家级风景名胜区，银川东郊——正在起步建设的黄河东岸金水旅游区，银川远郊——沙湖旅游度假村，主要面向国内市场并兼顾海外市场；两线即黄河游、沙漠游，主要面向海外市场并兼顾国内市场。

银川作为回族自治区首府、国家历史文化名城，具有“回族首府，西夏文化，塞上江南风貌”的鲜明城市特色，本身即有其独特魅力。银川的吸引力和有利条件还在于：①5～10月的温度、湿度条件是最适人类休养、旅游的气候环境，是夏日避暑佳地。②蓝天、白云、绿荫的无污染、少污染环境。③黄河、古渠、湖泊、水田、鱼塘形成大西北少有的水乡风光。④60公里交通半径内可见高山、大河、沙漠、草原、湖泊等各类自然景观，以及长城、王陵、古塔、岩画等多种历史古迹。⑤对外交通比较方便。⑥城市发展的用地、用水综合条件良好，发展潜力在西北大中城市中首屈一指。⑦城市公用设施和旅游服务网络已有一定基础。⑧农业基础良好，蔬菜瓜果、肉奶禽鱼、葡萄美酒等供应充足。⑨把银川及其周边地区作为全自治区旅游业发展的拳头产品来抓，既最容易搞上去，近期效益有保证，又对全区旅游业长远发展的辐射扩散效应大，对全区对外开放和经济社会发展的促进作用大。由此可见，银川有条件发展成为我国西部的重要旅游城市，如果搞得好，国家有关方面支持，也有条件可争取发展成为中国西部国家级的会展中心、水上活动中心、体育运动中心和避暑度假疗养中心。

如果这一思路可取的话，是否应在规划指导上、产业政策上、优惠措施上、资金投入上给予倾斜，集中较大部分力量，进一步搞好银川大旅游区的有关基础建设和景区配套建设，首先抓好城区高标准绿化建设和沙湖旅游区的升级换代建设。

关于沙湖旅游区建设问题。沙湖旅游区是国家级的王牌旅游景点，宁夏最大的旅游热点。但是应当看到，目前已有客源停滞不前甚至萎缩的兆头。旅游产品的生命力在于为旅游者提供一个求新、求知、求乐的独特环境，所以在某种意义上也存在一个产品不断升级换代、推陈出新的问题，存在一个不断培育品牌优势、竞争优势的问题。前些年，中卫沙坡头旅游区也曾热过几年，但后来不注意升级换代建设，加上管理不善，市场客源就逐渐萎缩了。所以，我要强调沙湖旅游区需要进一步开发建设，例如，把沙湖湿地自然保护区的建设与观鸟设施建设结合起来，使沙湖逐渐培育成为我国一个独特的观鸟宝地，那将使它的产品特色更上一个台阶，可以吸引海内外鸟类爱好者前来旅游，即从较为狭小的周边市场跨向海外市场。沙湖的管理水平、服务质量也需要大大提高，才能巩固已有客源,增加游客的回头率。同时,把沙湖旅游度假村作为银川大旅游区的一部分来统筹规划,统一开发、建设、管理,对提高我区旅游业整体水平也是有深远意义的。

关于两线的开发建设问题。我认为,我区最能吸引海外游客,特别是海外年轻游客(也包括一部分国内年轻游客)的特色产品就是黄河游、沙漠游。两条旅游线已提出并运作多年,但进展不大,主要问题是开发思路不够广阔,工作没有做到家,投入不足。黄河游应针对不同类型的客源对象,设计出各具特色,多层次、多方式的旅游线路,特别要考虑国外年轻人追求冒险、刺激的特点。五十年代包兰铁路通车以前,多少人曾乘坐皮筏从兰州下宁夏,体味过黑山峡峡谷中礁石惊险万状和急流飞泻的难忘场面。应该说,黄河峡谷漂流游是具有极大吸引力的全国独有的旅游项目,可以开辟万里黄河第一漂——黑山峡漂流探险游,根据不同游客的需求,漂程可有长有短(如甘肃五佛寺到中卫,甘肃靖远到中卫,等等),游览内容可各有特色,载体可有古老的羊皮筏(浑脱)、宽敞的牛皮筏或现代化的橡皮艇等。沙漠游也要搞升级换代,设计多种旅游线和多种活动方式。在唐代到西夏一段时期中,丝绸之路北道有一条从中卫经腾格里沙漠到武威的沙漠通道,穿越大漠中沙丘、湖沼、草地、部落居民点。今天我们也可以打出腾格里沙漠古丝路探险游的品牌,组织旅行驼队在沙漠中跋涉、野营几天,领略古人走丝路的惊险和甘苦。通过黄河游、沙漠游两条特色旅游线的开发,可以带动中卫沙坡头旅游区建设更上一层楼。这两条旅游线都具有人无我有的鲜明宁夏特色,都具有极大的新奇性、知识性、探险性,也都可以做到周密部署,有惊无险。它们有可能形成我区特有的旅游品牌,是值得进一步考察探讨、规划设计的。

三、加强联合,发展旅游业的多层次、全方位合作

要加强宁夏旅游业发展,需要正确处理好许多方面的关系,采取一系列得力措施。这里就加强联合问题谈些看法。马克思有句名言:“由协作和分工产生的生产力,不要资本分文。”(《马克思恩格斯全集》第23卷423页,人民出版社,1972)系统论有一著名公式:“整体大于部分之和。”邓小平则说:“联合起来作战……就不是增加一倍力量,而是增加好几倍力量”(《邓小平文选》第三卷25页,人民出版社,1993)。在宁夏这样一个经济实力很小的省区,尤其必须充分利用合作的力量,在发展旅游业的过程中不断扩大对外开放的程度。

加强联合,概括地说,一是区内合作,包括自治区政府与市县政府的协调(如建设银川市旅游基础设施,以及旅游规划与银川城市总体规划包括历史文化名城保护规划的相互衔接);自治区政府与有关单位、企业的协作;旅游部门与其他有关部门的合作等。二是国内合作,包括自治区与中央有关部门的合作(如争取全国体育总局支持,在银川合作建设某些项目的西部训练中心、比赛中心等);东西合作,特别是通过与对口帮扶的福建旅游大省的协作,联合开发旅游产品,联合进行产品促销,并通过福建渠道,扩大与台港澳的旅游合作;西西合作,特别与甘、陕、新、内蒙古等省区,联合组织丝路考古游、黄河漂流游、沙漠探险游等旅游线路。三是国际合作,有步骤地开展与亚太国家、地区,与中亚、西亚、欧洲国家等有关旅游组织与企业的合作。只要我们把几个主要方面的联合协作搞好了,相信会使宁夏旅游业发展出现一个全新的局面。

四、区内外专家结合,编制高水平的旅游业发展总体规划

规划的作用人所共知。编制规划的过程,也就是摸清情况、统一认识、明确思路、协调关系、找准方法、选择项目的过程。我认为,迄今为止,虽然我们已经有了全区旅游业发展"九五"计划和2010年远景目标,有了不少重点旅游区的规划方案,但是还缺乏一个统筹协调全局的、高水平的、具有科学性、权威性的自治区旅游业发展和布局的总体规划。事不宜迟,建议自治区政府早下决心,抓紧组织规划领导班子,并且拿出一定经费,保证规划工作顺利开展。规划编制队伍要强调领导干部、旅游专业工作者与专家相结合,旅游专家与经济专家相结合,区内专家与区外专家相结合,通过调查研究,反复论证,就我区旅游业发展、布局的有关重大问题作出科学决策。还要通过规划方案论证会、规划成果发布会以及多种新闻媒体的报道,宣传规划成果,扩大影响。有了一个好的规划,再有一个执行规划的好的工作班子,宁夏旅游业发展必将前景灿烂、大有希望。

发达国家中欠发达地区的旅游业发展

发达国家走过的路，往往对发展中国家有一定的启迪和借鉴作用。发达国家中相对欠发达地区的发展经验，对于发展中国家可能有更直接的借鉴价值。本文以美国田纳西河流域地区（TVA）、比利时瓦隆区为例，分析发达国家中欠发达地区发展旅游业的特点和途径，想必对宁夏等旅游业落后省区是有启示意义的。

一、把握机遇，适时加快旅游业发展

旅游业作为一种“朝阳”产业，在国家（或区域）经济社会发展中占有重要的战略地位。旅游业由行、住、食、旅、购、娱六大系统支持，外延广泛，关联带动性强，旅游业直接就业一人可带动间接就业五人。旅游业包括国内旅游、国际旅游，是促进对外开放的先导产业。旅游业收入占国民生产总值的比重不断提高，市场前景广阔，据世界旅游组织资料，全球旅游业 1996 年总收入 3.6 万亿美元，占全球国民生产总值 10.1%，占服务业总产值 1/3（我国分别为 4%和 1/6），预计全球国际旅游人数将由 2 000 年 7 亿人次提高到 2010 年 10 亿人次，年创汇由 6 000 亿美元上升到 1 万亿美元。但是，发展旅游业又是有条件的，什么地方发展，什么时候发展，如何发展，关系到成败和效益。

田纳西河流域地区位处美国东南部，阿巴拉契亚山脉西侧，地跨田纳西等 7 个州。20 世纪 30 年代初实施流域开发规划以来，取得举世瞩目的成就，由一个经济落后、生态破坏严重、灾害频繁之区逐步变成投资环境良好、风景优美之地。其重要经验之一是统一规划，分期开发，不断改革。开发第一阶段（1933 ~ 1950）、第二阶段（1950 ~ 1960）主要为水利化、电气化建设，相应开发城镇、交通等基础设施、服务网络和旅游景点。第三阶段

发表于《宁夏经济与社会发展研究文集》，甘肃文化出版社，2000：181 ~ 188

(1960～1973)伴随环境问题突出,进入生态环境保护和旅游业发展规划时期,实施一系列旅游业项目。第四阶段(1973年以来)服务业、旅游业比重迅速提高,旅游业发展突飞猛进,建设了上千个公园、游览地,星罗棋布于山间水滨,1980年观光者已达7 000多万人次,1985年提供旅游收入60亿美元,占整个服务业56.5%,提供就业岗位33.6万个,占服务业65.4%,旅游业成为新的主导产业,产值仅次于制造业。这种适应不同发展阶段,适时调整经济结构,紧抓不同阶段的主导产业和重点开发区,以此带动其他产业和整个区域发展的做法,是成功的。

瓦隆区位于比利时内陆腹地区。20世纪70年代以后,情况发生变化:一是高速公路等交通设施的建设,大大提高了其可通达性,这里已由原来的偏僻之乡变成欧洲心脏;二是随着欧洲各国人民生活水平的提高,周末旅游、度假旅游成为时尚,旅游市场需求迅速扩大;三是欧盟的建立发展,使瓦隆区与荷、德、卢、法等邻国的关系更加紧密,越界活动十分方便,欧盟对瓦隆区发展也加强了援助。这就为瓦隆区多姿多彩的旅游资源开发提供了良好前提。他们也正是抓住机遇,把旅游业作为农村整治和国土规划的重要内容,使其迅速起步,成为欧洲农村旅游业发展较快较好的地区,并且促进了整个区域的开放、开发。

表1　TVA地区与全美国旅游业发展态势比较　(%)

项目	美国				TVA地区			
	1970	1980	1990	2000预测	1970	1980	1990	2000预测
旅游等服务业从业人员比重	15.5	19.1	24.9	27.8	16.5	16.2	20.2	22.9
年均增长率	4.6	4.5	4.7	2.3	2.0	2.2	4.3	2.7
旅游等服务业产值比重	12.3	14.2	16.6	16.8	11.8	12.2	13.8	13.9
年均增长率		4.1	4.4	2.4		3.8	4.9	3.0

由表1可见,欠发达地区旅游业等第三产业的发展,一般在时序上落后于发达地区。但在适当时候一旦启动,也有可能逐步加速发展,甚至后来居上。政府旅游部门和企业家则要把握机遇,选择适当时机,采取有效措施。而适当时机的到来早晚,则有赖于有关前提条件的具备和创造。

二、因地制宜,开发特色旅游资源

(一)水域游与山景游的结合

田纳西河流域最具特色的旅游资源是多种水域和山地森林。河流、水库、湿地面积达2 590平方公里,湖岸线长17 699公里。旅游与航运、防洪、发电、渔业、环境保护等一起构成水系的综合利用体系。很多河流小溪、水库又处于山地丘陵之间,湖光山色,瀑布深谷，相映成趣。由此发展起了划船、游泳、滑水、赛艇、垂钓、观鸟、登山、赛马、狩猎、野餐、野营、小溪找宝石、娱乐、休养等多类型、多层次旅游活动，出现了国家公园、国家森林以及州立、市立、县立各种公园500多个，数百处商业旅游区、野营地、俱乐部，数万条游船。

（二）自然景观与人文景观的结合

田纳西河流域、瓦隆区的旅游资源均以自然景观为主，但也充分挖掘人文景观的潜力。以田纳西河流域为例，这一带历史上曾是印第安人的拓居地，又是独立战争、南北战争的重要战场，留下不少古迹。如位于诺克斯维尔西南的特里科水库区曾为印第安人聚居地，弗特卢当博物馆、州立历史公园等与峡谷、水库一起，成为文化旅游佳地；查塔努加国家军事公园为全美最大的军事公园，加上市内的印第安人贸易区，游客如云。此外，纪念独立战争领袖华盛顿的秘书G.H.诺克斯维尔的诺克斯维尔市，现存布朗特别墅博物馆（W.布朗特为南北战争著名政治家）、布朗特学院（现为田纳西州立大学），每年9月在此举行全流域商品博览会；孟菲斯市每年5月中的棉花狂欢节，9月的美国中南部商品交易会；纪念国内战争英雄G.F.纳什、号称“南方雅典”的纳什维尔市，为全美乡村音乐、西部音乐活动中心；美国原子能研究中心、原子能博物馆所在地奥克里季；现代化的大型水电站等等，也吸引了众多游客。作为全美闻名的旅游疗养地大雾山国家公园，原以山林、溪涧、草地、水库的自然风光为主，近年来开发众多游乐设施，涌现出加特林堡等一大批旅游城镇，成为游客的晚间活动中心。

（三）城市旅游与农村旅游的结合

传统上，城市往往是旅游业的主要据点。随着人们回归自然的旅游需求上升，旅游开发向广大农村扩散的态势方兴未艾。不论在美国或比利时，原先的旅游城市更加兴旺发达，而在那些旅游风景区，则出现了成群的旅游小城镇，它们紧靠景区，交通便利，设施完善。而农村庄园旅馆、野营地也在不断扩展。

田纳西河流域最著名的旅游城市阿什维尔，位于流域东部蓝岭山区，正处于大雾山国家公园与谢纳多赫国家森林之间蓝岭大路的要冲，附近还有两处国家森林。市区海拔701米，气候宜人，风景绝佳。自19世纪初建设木结构旅馆以来一直是著名的山区避暑过冬旅游胜地。市内以古迹众多、设施豪华著称，又是陶器、银器、编织、雕刻等手工艺品生产地。近年来，以它为中心，周围地区出现了更多的新兴旅游小镇。类似阿什维尔旅游区城镇群的情况很多。

瓦隆区有很多古老的农村庄园和文化古迹，加上优美的山地丘陵环境和完善的服务设施，对于比、荷、德国西部、法国北部等平原地区居民具有很大吸引力，不到3小时的汽车里程使其成为上述地区居民周末家庭两日游度假热点。例如列日省乌尔特河、昂布莱河流域8乡有50个古城堡,30个典型农庄,13个博物馆,还有滑雪场、高尔夫球场、游泳池等各种配套娱乐设施,离列日市仅30公里,是城里人度假的好去处。其中埃瓦伊乡有800年历史的阿尔泽古城堡,及其水磨博物馆、古代风俗展览、工艺品展览等,吸引着无数游客,构成两河流域的农村旅游中心,旅游业成为其经济收入支柱。很多乡镇,通过庄园住宅改造、古迹文物保护、生态环境治理和基础设施建设,促进了农村和城郊旅游业加速发展。目前瓦隆区已建成30个农村度假村,1000个农村家庭旅馆,700个农村旅馆,400个露天营地,2 800个乡村度假床位,并正在急剧扩大中。

三、科学定位,发挥政府在旅游开发中的应有作用

在市场经济国家,旅游业发展主要是企业行为,但政府也起重要作用。据我们考察,田纳西河流域管理局(TVA)、有关州、县、市政府以及瓦隆区各级政府,都十分重视对旅游业的宏观引导,把政府行为和市场机制恰当结合起来,其主要做法值得我们借鉴。

(一)注重规划管理,引导旅游业有序发展

TVA作为一个联邦政府机构兼公司,具有行政管理与企业经营的双重职能,对田纳西河流域旅游业发展起着关键作用。30年代起即组织旅游资源调查,发起规划领域的一系列会议,建设示范公园,出版旅游图书,促进流域内各州旅游立法;1940年提交国会规划报告《田纳西河流域系统旅游发展》,以引导旅游业发展。40年代与各州自然保护部门签署备忘录,以公共投资完成一批旅游开发项目。1959~1964年期间,对位于肯塔基水库、巴克莱水库间的湖间地建设大规模旅游区进行可行性研究,向联邦政府提出项目建议,并开展具体规划,成立管理机构,规范企业经营。1975年起实施《田纳西河流域户外旅游计划》。1984年在田纳西州164个自然保护和旅游区建立计算机信息管理系统。通过规划和技术业务指导,以及为有关机构、企业提供情报信息,帮助改善有关旅游设施。我们曾于1992年4月2日实地参加田州哈里曼市规划委员会讨论兴办旅游项目问题,获得深刻印象。

瓦隆区国土规划把旅游开发列为重要内容,包括旅游开发区建设(列日省规划确定绍丰丹、比内斯等5个农村旅游开发区)、历史名城保护(全瓦隆区共6个,如列日省列日市、卢森堡省阿隆市等)、考古遗址保护(全瓦隆区共12个)等。地区国土规划和乡镇国土规划内容均以土地利用为主,作为空间管理工具,把休闲、公园、绿化带等旅游景区用地和有关基础设施用地都落实到土地利用规划图上,给旅游规划以应有地位和得到切实的用地保证。

(二)改善基础设施,为旅游开发提供良好前提

在这方面,政府通过公共投资大力改善旅游景点的交通条件最为引人注目。如1965

年美国国会通过《阿巴拉契亚区域开发法案》，其核心项目是公路交通规划，开发资金由联邦政府、州政府、县市政府等多渠道筹集、共建 4 000 多公里公路，使田纳西河上游丘陵山区每个居民点通达高速公路的汽车路程不超过半小时，原先人迹罕至的风景区提高了可通达性。我们参观大雾山国家公园道莱坞旅游区时，只见伸入山中的新公路两侧，建设中的旅馆、餐厅、咖啡馆、野营地如雨后春笋，显示出蓬勃生机。

同样，瓦隆区农村旅游业的勃兴，也和交通、通信基础设施改善密切相关。如卢森堡省山地、丘陵、河谷、高原交错，森林、草场、急流、温泉广布，到处有古老别致的农村庄园和文化古迹，但由于原先十分封闭，是比利时最落后的地区。近些年 E40 号、E9 号等高速公路的兴建，为其打通与国内外（包括卢、德、法、荷等国）的联系创造了条件，由首都布鲁塞尔去卢省，汽车 1 ~ 2 小时可达。加之通过农村整治—农村庄园住宅的改造，农村环境的治理等，形成良好的环境质量和完善的配套服务设施，农庄旅馆和农村度假中心便应运而生。

（三）重视生态环境、文物古迹的保护，保证旅游业可持续发展

TVA 下设环境保护部、林业渔业及野生动物部，瓦隆区国土整治局下设 5 个部中有国土整治部与城市规划部（包括自然保护管理等）、文化遗产保护部，它们专责管理生态环境、文物古迹保护。

TVA 对于自然、文物的保护可说不遗余力。如水库建设初期即进行各种实验，避免水库建成后影响鱼类繁殖；建立国家野生动物保护区、“避难所”、“储存区”等，其中国立、州立有 30 个；1972 年出台了保护全流域自然风景、文化遗址的政策，与各州自然保护机构签订协调保护的管理协定，与流域内各大学合作调查、鉴定各类文化古迹、历史遗产，发布管理规定等。瓦隆区农村整治的一项重要内容就是建设天然公园，维修历史文化古迹，发展传统手工业生产，由欧盟和瓦隆区政府提供资助。在保护基础上进行旅游开发，旅游与自然、历史遗产保护紧密结合，是他们实行可持续发展的好经验。

（四）实施系列化的优惠政策，鼓励企业发展旅游的积极性

TVA 为私人企业兴办旅游产业提供了一系列优惠政策，包括无偿提供信息服务和业务技术咨询，80 年代即为 65 个县和区域性旅游集团提供了研究、技术与支持，与企业合作建设示范项目，划出水库、湖滨等某些地段租让、出售给企业从事旅游开发，从政策、基础设施建设、资金补助、广告宣传等方面鼓励发展私人娱乐场所。在瓦隆区，旅游业是政府重点支持的行业，农村庄园旅游建房可得到银行优惠贷款，一般旅游项目由有关方面提供 30%的开发经费资助。旅游业的蓬勃发展反过来促进了地区经济社会发展，增加了政府税收。

参考文献

1.TVA, A History of the TVA, 1983.

2.TVA, TVA and Regional Development, 1983.

3.Ch.Ghristians, et al.Belgium, Societe Geographique de Liege, 1988.

4.李文华等.流域开发与管理.贵州人民出版社, 1989.

5.TVA,Recreation on TVA Lakes, 1991.

6.Valley Resource Center, Economic Outlook.TVA, 1991.

7.TVA, TVA's Annual Report, 1991.

8.宁夏计委赴美考察团.美国田纳西河流域和南加州的水资源综合开发与区域经济发展.计划与经济, 1992(3):89～95.

9.汪一鸣，等.比利时农村整治和国土规划的经验及启示.国土与区域经济, 1996(3):48～52.

10.文云朝，等.土地规划与农村整治.地理研究 1998, 17(2):201~207.

11.戴学锋.旅游业：新的经济增长点.经济日报.1999-6-7.

新世纪我国东西合作的地位作用、目标选择与指导方针

一、东西合作在我国经济社会发展和西部大开发中的地位作用

在中国，由于历史的和现实的东西部之间的显著发展差距，东西合作成了国内区际经济合作中最突出的问题。

1996 年中央扶贫开发工作会议确定了福建省与宁夏回族自治区建立对口帮扶关系，这是中央“组织经济发达地区与经济欠发达地区开展扶贫协作”的英明决定，福建与宁夏的东西合作翻开了新的一页。为了认真贯彻中央扶贫开发工作会议精神，全面落实对口帮扶，积极开展东西合作，1996 年 11 月，在福州召开了两省区对口扶贫协作首次联席会议，签署了福建省与宁夏回族自治区开展对口帮扶协议书，这标志着两省区对口帮扶协作进入实质性阶段。五年来，两省区党委和政府，以党的十五大精神为指针，以“三个有利于”为标准，以促进贫困地区经济发展为中心，坚持“优势互补、互利互惠、长期合作、共同发展”的原则，加强领导，拓宽思路，创造条件，在企业合作、项目援助、人才交流等方面，全方位、多层次、宽领域建立扶贫协作关系；福建省各级财政、企业和社会各界无偿援助宁夏大量扶贫资金，福建支持建设的“井窖工程”、“坡改梯工程”和移民开发等扶贫工程进展顺利，30 多万贫困人口从中受益；积极促进企业间的经济技术协作，达成了一批东西合作项目，投资 7 亿元。福建企业家在宁夏注册的企业已达百余家，许多已成为当地的龙头和骨干企业。[1]

闽宁对口帮扶合作作为我国东西合作的一种新模式，已经大规模、全方位、多层次、

发表于《西部发展评论》2002(2):1～7

多形式展开，深入广泛地渗透到闽宁两省区的各个领域，发展迅速，成果丰硕，并正进一步向长期合作的广度、深度进军。与闽宁对口帮扶合作类似的东西合作，还有北京帮内蒙古，天津帮甘肃，上海帮云南，广东帮广西，江苏帮陕西，浙江帮四川，山东帮新疆，辽宁帮青海，深圳、青岛、大连、宁波帮贵州等帮扶对子。近年来，东部13个省市政府和社会各界累计捐款、捐物折款近21.4亿元，双方签订项目协议5475个，协议投资280多亿元，实现投资40多亿元，从贫困地区输出劳动力51.7万人。此外，东西部地区在干部交流、人才培训、援建学校、建设基本农田、修筑公路、解决人畜饮水困难等方面也开展了协作。1992年以来，国家教委、国家民委组织发达省市对口支援民族、贫困地区教育工作，新建、改建中小学1400所，救助失学儿童近4万人，培养和培训中小学教师1.6万人次。从宁夏与中东部地区的联合协作来看，自20世纪80年代以来，一直保持着良好的发展势头，建立了广泛的协作网络，执行了近4 000项协作项目，全自治区已有1 000多家内联企业，目前东西合作工业企业的工业增加值占全区工业增加值约10%，对宁夏经济建设起到了极大推动作用。这启示我们，东西合作在我国经济社会发展的全局和西部大开发进程中具有极为重要的地位作用。

（一）东西合作体现了先富带后富、最终达到共同富裕的社会主义本质特征

以闽宁对口帮扶合作为代表的十个东西合作帮扶对子，打开了我国东西合作的新天地。闽宁合作的成功是新形势下东西合作的新典型，即以政府引导为主的对口帮扶与发挥市场机制基础性作用为主的企业合作紧密结合，并由近期以对口帮扶为主逐步向全面经济合作为主转变的新典型。

从闽宁对口帮扶合作的实践看，东西合作实质上分为两大类：一类是对口扶贫协作或对口支援，它是按照国家的全局需要和行政指令，进行东西结对，按计划开展的，属于以政府行为为主，在政府引导下各有关部门、企业、非政府组织和社会各界自愿参与的道义性援助，以无偿援助为主，主要适合于非营利的社会发展领域，也涉及某些经济发展领域。对口支援无论是采取物资、技术援助，还是资金、智力援助，其实质是发达省市的部分财力无偿转移到不发达省区。早在1979年7月，中共中央召开边防工作会议，并批转了中共中央(1979)52号文件，文件确定组织东部发达省市实行对口支援边境地区和少数民族地区，即北京支援内蒙古，河北支援贵州，江苏支援广西、新疆，山东支援青海，天津支援甘肃，上海支援云南、宁夏，全国支援西藏。根据这一精神，各地组织力量，制订计划，积极开展支援协作和经济联合。1984年9月，经国务院批准，国家经委、计委、民委等共同召开全国经济技术协作和对口支援会议，又增加了上海支援新疆、西藏，广东支援贵州，沈阳、武汉支援青海等对口支援任务。以后中央又提出了东部省市对三峡地区的支援帮扶任务。这类对口支援带有政治任务的性质，它既是中华民族扶贫济困传统美德的传承和发扬，更是加强社会主义精神文明建设的生动体现。通过对口支援和对口扶贫协作，还有助于增强东西部之间、各民族之间的团结合作，形成患难与共、同舟共济的亲密关系。闽宁五年多来的对口帮扶岁月中，涌现出无数动人的帮扶故事，在群众中广为传颂，就是明证。

另一类是属于市场行为的区际贸易和经济技术合作，它是市场经济条件下区际关系（或区际联系）的重要形式，是以企业为主的经济主体追逐利益的自觉行为，它按区际合作动力学的客观规律进行运作。在社会主义市场经济体制下，合作双方遵循“优势互补、互利互惠、长期合作、共同发展”的合作基本原则，即只有在长期维持双赢——合作确能提供净效益（合作形成的毛利扣除合作各方机会成本后的余额）并为合作各方合理分享的格局下，合作才能永续发展。在开展结对帮扶合作的初期，一般往往把重点放在对口帮扶上，但随着市场经济的逐步高度化、现代化和规范化，市场机制对资源配置的基础性作用发挥得更加充分，那么，经济技术合作的各种类型、方式便会越来越多，在整个帮扶合作中的比重、分量越来越大，最后发展成为东西合作的主体。实践已经证明，通过结对帮扶，促进了区际经济全面合作的大发展，形成了先富带后富、贫困地区迅速脱贫致富、区域经济加速发展的生动局面，这也是我国社会主义市场经济体制优越性的体现。

我们认为，在社会主义初级阶段，我国各地区经济社会发展差距较大的现实情况下，无论是对口帮扶，还是区际经济合作，都有其不可替代的作用，都将长期存在，相互促进。从长远的区域经济发展全局来看，毫无疑问，互利互惠的区际经济合作将是经常的、大量的、占主要地位的合作方式，对口帮扶则是一种辅助性的合作方式。我们的任务之一，就是要促进近期以对口支援、对口扶贫协作为主的合作方式向以区际全面的经济技术合作为主的合作方式转化，使东西合作成为实现各地区共同富裕的重要手段和捷径。

（二）东西合作是东部人参与西部大开发的主要途径

西部是东部地区产业调整和市场扩展的新空间。据统计，苏浙沪地区每年的销售额中至少有30%是在中西部市场上实现的。南京金蛙集团1999年农用汽车销售额35亿元，其中新疆1亿元。一辆高档金蛙农用车，南京出厂价8 000元，新疆售价1.2万元，其中运费2 000多元。2 000年金蛙集团在甘肃武威市设立分厂，使成本降低，运费减少，售价大幅下降，西部销售额直线上升。集团得到发展，分厂成了当地利税大户，解决了当地部分就业问题，又使农民得到实惠，一举四得。又如上海的劳动密集和资源密集型企业白猫日用化工集团，在重庆市万州投资4 000余万元，组建白猫（重庆）有限公司，使白猫洗涤剂系列产品在西南的市场占有率上升到23%，并为当地增加800多就业岗位。目前仅内蒙古、宁夏、新疆、西藏四个自治区,已与沿海省市协作开发各类经济技术合作项目近2万个,引进资金、物资总额100多亿元,初步形成纺织、机械、矿产开发等行业的协作网络,新建了150多个以资源开发为主的大中型企业,为东部企业西进提供了巨大的发展空间和市场。

"十五"时期是实现中国现代化建设第三步战略目标的关键时期。在这一时期,中国经济社会发展将同时面临着缩小"两大差距"的任务。一方面要保持国民经济持续快速增长,不断增强综合经济实力和国际竞争能力,逐步缩小与世界发达国家之间的发展差距;另一方面要通过实施西部大开发战略,加快中西部地区经济社会发展步伐,逐步缩小国内地区间的发展差距。这两方面任务是紧紧联系在一起的,都是全国人民共同的任务。当然,东部地区现有基础较好,社会经济综合实力较强,有条件率先向现代化、国际化目标迈进,因此,缩小与发达国家之间的差距,自然需要更多地依靠东部地区;而西部地区的经济腾飞,也必然会促进这一大目标的加速实现。另一方面,国家实施西部大开发,自然首先要充分发挥西部的优势和作用。但是,西部大开发不仅是西部人的事,它是包括东部人在内的全国人民的伟大事业。东部要走向现代化、国际化,也离不开与西部的合作。可以说,在新时期中,我们既要靠东西合作来搞西部大开发,促进西部跨越式发展,也要靠东西合作提升东部的国际竞争力,不断加强我国的整体实力,逐步赶上发达国家。

从2000年起,西部各省市区全社会固定资产投资年均增长率远远高于全国平均水平,为东部的生产资料、资本、技术、人才等生产要素西进提供了巨大商机。西部广阔的消费品市场,廉价的劳动力资源,能源、矿产、绿色农畜产品、生物药材资源和独具魅力的旅游资源,以及大量闲置的存量资产(停产半停产企业、半拉子工程等),均对东部企业构成强烈吸引力。东货西进、东资西进、东人西进形成热潮。以闽宁对口帮扶合作为代表的东西合作已经积累了许多成功经验,风起云涌的全方位、多层次、多形式的东西合作,将为未来东部人参与西部大开发提供更多的机遇。

(三)西部扩大开放,首先要对东部扩大开放,在东西合作的基础上更好地参与国际分工和国际合作

我国东西部间存在较大的发展差距,其最大差距是改革开放的差距。与东部国民经济中以股份制企业、私营企业、三资企业为主的所有制结构不同,西部经济仍以国有资产占据主体地位,在建立完善社会主义市场经济体制的进程中,西部显著落后于东部一大段。西部的现状是,市场在资源配置中的基础性作用尚未充分发挥,政府对经济的宏观调控、科学指导和市场服务功能尚不健全,符合市场经济规律的现代企业制度尚未真正建立,与西部大开发相适应的政策体系尚未形成,经济生活中传统体制的弊端依然存在,占主导地位的国有企业效益低下,大量国有资产闲置甚至流失,而非国有经济则因缺乏良好的创业环境而发展不足。体制障碍、政策障碍也是对外部资源缺乏吸引力、影响对外开放的主要因素。西部只有首先把东部地区市场化的经济体制和运行机制学过来,东部企业通过体制合作的方式介入西部企业,西部政府通过干部挂职、培训等方式把东部政府的管理、服务方式嫁接过来,促进西部加速经济体制改革和市场经济发育,才能从根本上改善西部的投资创业环境,为扩大开放奠定稳固基础。而东西合作是促进西部加速改革开放最有效的途径。

笔者前几年通过在宁夏、贵州等地的调查考察,发现西部许多企业有一个规律性的表现,即近些年来外资独资、中外合资企业的正常开工率和投入产出回报率低,相当比例的三资企业名存实亡,而东部人在西部的独资企业、股份制企业、东西合资企业则成功率相当高,有的正在向大型企业集团发展。原因很清楚,在目前西部普遍处于欠发达的较低层次经济发展阶段的情况下,由于我国东西部之间的距离障碍、文化障碍、环境障碍等阻力因素相对较小,东西部人之间比之中外人之间的沟通、协调、融合相对比较容易办到,现阶段企业的东西合作成功率远高于国际合作应是顺理成章之事。西部人要走向国际市场、与国际经济贸易规则接轨,似乎首先应与东部搞好合作,通过东西部之间的优势互补、合理分工和紧密合作,作为学习、试验、“练兵”,在提高市场竞争力的基础上以较高的水平参与国际间的地区分工和经济合作。

当然,市场是多层次的、多元化的,从总体上强调扩大开放首先对东部开放,并不妨碍西部同时也要千方百计扩大对国外开放,特别是重视通过新亚欧大陆桥向西、向东双向开放。西部向中亚、西亚、南亚、东南亚以及欧洲、非洲的扩大开放,也必将有力地促进东部沿海省市以西部为据点的向西扩大对外开放。

(四)东西合作是我国东西部内部经济结构优化升级、对外拓展经济发展空间的内在要求和必然趋势

根据系统科学理论,区域经济系统的效能决定于系统内部结构和系统与外界环境间的物质能量交换状况。这内外两方面又是相互联系的,因为区外负熵流(即要素流)的流入并与区内自身生产要素组合而成新的结构,会形成新的合作生产力,提高系统效能。而区内经济结构的调整优化升级和重组,又必然要求加强与区外的联系、协作,提高区内外之间要素流的强度和频度。

实际状况也正是这样。东部发达地区附着于既有产业上的资金、技术、品牌、管理、营销网络等要素,由于当地某些要素成本(如土地、劳动力、能源、原材料价格以及环境成本等)的上升,资金等要素的报酬率呈下降趋势。追求要素高报酬率的动机,驱使资金等要素向其他区域扩散，追求区外的合作伙伴。发达地区产业结构重组升级的步伐越快，这些要素向外扩散的速度和规模也越大。而欠发达地区方面，主要优势是自然资源、劳动力等方面的潜在优势，它们如果不与资金、技术、人才等要素相结合，就无法转化成现实的产业和产品优势，就不会有任何效益。因此，对欠发达地区来说，"以资源换项目"、"以市场换技术"等理念是必然的选择。由此，"东资"、"东人（人才）"、"东技"西进、"西劳（廉价剩余劳动力）"东进、"西气"、"西油"东输、"西电"东送等，也必然成为东西部之间优势互补、互利合作的重要内容。

青岛红星化工集团西进便是这方面的一个典型案例。该企业是一家具有 40 多年历史的无机化工重点国有企业，进入 20 世纪 90 年代，由于原材料、能源、运输费上涨，企业一度濒临破产绝境。为摆脱困境，决定转移无机盐生产基地，到西部原料产地寻求新的发展空间。1993 年开始，红星集团在重庆、贵州、陕西等地先后兴办 6 家企业，7 年来全公司总资产、销售收入、出口创汇等指标的年增长率均在 20%以上，1999 年集团公司总资产达 4 亿元，销售收入 5.2 亿元，利润 5 000 万元，成为全球碳酸锶、碳酸钡产量最大的化工企业之一，产品的国际市场占有率分别达 20%和 30%左右。红星集团的西进，不仅实现了自身的经济腾飞，而且盘活了西部国有企业的资产存量，带动了西部的资源开发和经济发展。

总起来说，东西部除了优势资源开发互补、人才和劳动力互补之外，还有经济体制与运行机制互补、区位优势和对外开放互补、特色商品贸易互补等效应，它们对于东部地区优化产业结构、开拓发展空间，对于促进西部地区改革、开放和发展，从而在推动全国经济社会发展的全局中具有极为重要的地位作用，将在今后的实践中愈来愈清晰地显露出来。[2]

二、东西合作的目标选择

东西合作是我国区域经济发展的重要内容。东西合作的目标任务与区域经济发展基本目标密不可分。

（一）总体目标

我国东西合作（指东西部之间的对口经济支援和经济技术协作）的总体目标是：启动和强化商品和生产要素的互补流动机制，建立全国统一的大市场，形成市场引导的开放型的区域经济系统和合理的地域分工，充分发挥各区域的比较优势，逐步缩小区域间发展差距，实现我国区域经济持续、协调发展。[3]

（二）我国 21 世纪初期的东西合作目标

1.打破地区封锁和条块分割，加快市场化进程，通过建立、完善商品和生产要素市场体系，到 2010 年，基本消除商品和要素流动的体制障碍和政策障碍，扩大要素流动规模，实现东西部市场的对接、融合，形成全国统一的大市场体系。远期进一步减少和消除东西间和国际间要素流动的环境障碍、距离障碍和文化障碍，大幅度提高东西部间要素流的密度和强度，以及全国和区域的外贸依存度和全球投资份额，成为世界市场体系的重要力量。

2.发挥市场机制配置资源的基础性作用与加强国家宏观调控相结合，充分发挥东西部各省区市的比较优势，在区域产业结构升级、优化过程中培育各自的特色经济，东西部间、各省区市间构成优势互补、合理分工、长期合作的关系，中心城市与其腹地间构成紧密协作的产业联系网络和城乡空间网络，2010 年初步形成全国和区域不同层次的合理的地域分工体系，提高资源的空间配置效率。远期进一步完善国内地域分工，并在国际分工体系中占有重要地位。

3.在发挥政府行为对于协调区域经济的主导作用前提下，充分发挥企业作为东西合作主力军的作用，特别重视跨地区、跨国经营的大企业集团在东西合作和国际合作中体制创新、技术创新、管理创新的龙头作用，增强东西合作企业及其产品在国内外市场上的核心竞争力和市场占有率。

4.加强国家和东西部各省市区政府的宏观调控能力，加快建设东西部之间的交通、通信大通道工程，西气西油东输工程，西电东送工程，南水北调西线工程等重大工程，进一步加大对西部贫困地区、少数民族地区的政策倾斜和资金投入倾斜力度，为东西合作创造良好的基础条件和基础环境。

5.通过上述目标的实现，在最近 10 年内打好西部经济起飞的稳固基础，即西部沿长江、沿主要交通干线的产业密集带和主要中心城市形成适应生产力持续发展的投资创业环境，成为东西合作的重点地区，争取西部大多数省区市于 2010 年前后分头进入经济高速发展阶段，实现跨越式发展，逐步缩小与全国平均水平的差距；东部的某些省市争取在近 10 年内率先实现初步现代化；通过东西部均保持较高的发展速度，进一步缩小我国与发达国家的发展差距。远期西部要与全国同步实现现代化建设的第三步战略部署。

三、东西合作的指导方针

为了实现东西合作的长期目标和近期目标，合作各方都要无例外地坚持贯彻关于区际合作运行的基本原则和基本途径。从现阶段我国东西合作的实际出发，当前东西合作应遵循的指导方针可归结为如下七方面的有机结合。

（一）东西合作与调整优化地区产业结构、空间结构、城乡结构紧密结合

东西合作的基本目标之一是发挥地区优势、实现地区合理分工，也就是要形成各具

特色的地区经济结构。合作项目能否成功，关键在于其产品有无一定的竞争力，真正能占领国内外市场，达到提高微观经济效益，优化生产要素流动与组合的目的，从而成为企业和地区资本积累的来源，为当地经济起飞和产业结构升级创造条件。在这里，既要发挥企业作为市场经济主体的作用，通过投资者利用市场的价格信号和竞争机制，从对投资回报率的追求，自主地确定合作项目及其区位抉择，又要发挥政府的规划协调、信息引导、政策鼓励、优化环境等作用，使东西合作朝着有助于当地建立起富有特色的专业化部门并相应发展关联产业的方向发展。

通过东部股份制、股份合作制、私营、个体、三资等各类所有制企业的西进，以参股、控股、兼并、收购、租赁、承包等多种资产重组形式，使西部地区中小型国有企业和整个国有经济布局实现战略性调整，解决国有经济分布过宽、战线过长、效率不高的问题，鼓励和引导非公有制经济大发展，使地区经济所有制结构与生产力发展相适应。

东西合作要着眼于优化企业组织结构，通过资本运作，实现大跨度的生产要素整合，促进生产要素向优势企业集中，培育一批跨地区的、主业突出、品牌著名、技术先进、管理科学的企业集团，把原先企业间的竞争关系转化为集团内的合作关系，更有效地组织管理资源。同时大力扶持中小企业特别是科技型企业和劳动密集型企业，鼓励其向专、精、特、新方向发展，建立小企业与大中型企业合理分工协作的关系，提高生产的专业化、社会化水平。

东西合作还要鼓励东部大企业集团参与西部城镇的公用设施建设与房地产开发，通过促进城镇化发展，进一步优化城乡结构。

（二）东西合作与推进以信息化带动工业化紧密结合

如按工业化阶段划分，我国东部已处于第二阶段（重化工阶段）后期与第三阶段（高加工度化阶段）前期的转折时期，其中沪、粤等地则正向第四阶段（技术知识集约化阶段）发展。而西部地区则大体处于第一阶段（早期工业化阶段）向第二阶段的转型期。东西部差异十分显著。西部地区要加速完成工业化进程，必须采用“吸收型”与“创新型”相结合的技术进步战略，通过争取中央扶持和东西合作，把东部的先进技术引进来，首先重视利用高新技术对传统产业的技术改造，即以现有企业为依托，以市场为导向，在充分利用企业原有生产要素的基础上，通过适量投入，以增量投资优化存量资产，积极采用国内外先进技术和管理经验，提高效率，培育新的经济增长点。另一方面，通过开展跨部门跨地区的经济技术合作，开发有自主知识产权和核心竞争力的产品，一是与有关企业优势互补，合作开发特色产业、拳头产品、知名品牌；二是与有关科研院所、高等院校、相关企业联合开发高新技术产业；三是积极开展技术转让、技术咨询、技术服务、技术培训等活动，或以技术入股、技术性承包等形式联合开发新项目、新工艺、新产品。

21世纪是知识经济和信息化的时代,信息化建设将成为带动西部工业化进程、发挥后发优势、实现经济跨越式发展、缩小东西部差距的重要推动力。东西合作的一个重要切入点是通过东人西进,首先实现东西间信息化高级人才的交流合作,把信息化与工业化紧密结合起来,以信息化加速西部产业升级。通过实施企业上网工程,运用网络信息资源和技术,不断提高企业的生产、经营、管理、决策的效率和水平,提高技术创新能力,拓宽产品宣传营销渠道,进而提高企业经济效益和竞争力。对重点骨干和大型企业,要建立信息主管(CIO)制度,建立完善的企业基本指标体系和相关的企业产品数据库等信息系统,实行动态目标管理。通过计算机辅助设计(CAD)技术、计算机集成制造系统(CIMS)、企业资源计划(ERP)和企业局域网的应用,逐步实现基础管理、研究与开发的信息化。借助内部局域网和外部互联网,加强企业外部资源的利用;通过建立客户资源管理系统(CRM),密切与供应商、销售商的联系,逐步实现电子商务。

加强西部地区与东部发达省市的信息交流合作,共同开发国内外信息资源,将成为未来东西合作的重要内容,并渗透到经济、社会、文化交流合作的一切领域,为我国经济社会可持续发展和东西部相互促进注入新的动力。

(三)东西合作与加强西部地区基础结构建设紧密结合

东西合作能否顺利开展,与西部地区有无稳固的基础结构密切相关。所谓基础结构,一般指东西间交通运输大通道、宽带高速信息网络、油气管道、超高压大容量远距离输电网络,区域性的交通通信、水利、能源基础设施以及智力开发、科技开发,城镇和开发区的基础设施环境等,它们对商品、资本、人力资本、信息的流动有直接和间接的影响,也是各种合作项目能否操作实施的基本条件。

人所共知,如何尽可能减少商品和生产要素流动成本,是实现区际分工合作的必要条件之一。当前,现代交通运输和通信设施的发展,现代化物流服务(信息化、自动化、智能化、集成化)的发展,现代电子商务的发展,都正为要素流动提供能力大、时间快、成本低的最大可能性,但实际情况是我国不同区域间的经济网络建设还存在极大的不平衡,从而对东西合作发生重大影响。由此,必须依靠国家对东西部间经济联系通道的优先投入建设,依靠国家对西部基础结构投入的倾斜以及当地政府的努力,多渠道多元化地筹集建设资金,改变目前基础结构不适应经济发展的现状。另一方面,加强对西部基础结构建设的投入,也正是东西合作的重要项目选择目标。其中某些项目可以采用对口支援帮扶的形式,由东部省市无偿援助参与某些部分的建设。更多的项目则可以在市场化充分发育、与国际经济规则接轨的前提下,把利用外资的新兴方式移植到引进东部资金参与基础设施建设上来。这些新兴方式包括融资租赁、项目融资、BOT(建设—经营—转让)、TOT(转让—经营—转让)、ABS(资产证券化)等。这些方式就其本质而言,是围绕某种特许权(如公路所有权、收费权、码头使用权等)而进行的产权制度创新,从而造成参与项目各方在相互协作中双赢的格局。[4]

西部努力、国家扶持、东部合作三股力量结合,形成"三位一体"战略,可以大大加快西部基础结构的发展速度,并且反过来促进东西合作的更大发展。

(四)东西合作要坚持有形资产投入与无形资产投入的紧密结合

过去西部人搞招商引资、经济合作,眼睛主要盯在钱上——引进资金。以后逐步打破了这个观念误区,认识到不但要引资,还要引进技术、人才,引进品牌、营销网络,引进管理经验、企业文化。东西合作项目要做到各种资源——资本、人力资本、土地、自然资源和各种无形资产的有机结合、综合投入。从某种意义上来说,决定合作项目最终是否成功的,首先是企业的管理体制和运行机制,以及与其他所有要素的最佳匹配,是能充分发挥管理者、技术人员和全体劳动者创造潜能的企业制度,而这种企业制度在西部地区往往是最缺乏的资源。这种企业制度还要"与时俱进",随着经济全球化的发展,不断地滚动发展、改革创新。

(五)东西合作要坚持经济合作与社会文化交流合作的紧密结合

区域经济发展不但受各种经济因素的影响,而且还受政治、社会、文化等非经济因素的强烈影响。实践表明,东西合作既要搞好以企业为主体的经济技术协作,还要进行教育、科技、文化、卫生等各个领域的全面交流合作。闽宁对口帮扶合作就几乎涉及一切领域,包括省区四套领导班子的互访考察,政府各业务主管部门的交流学习,民主党派、社会团体的相互沟通,一直到学校师生的各种学术交流、委托培养、联谊活动,等等,形成了社会文化合作与经济技术合作相辅相成、相互促进的生动局面。社会文化的交流融合,是消除东西经济合作中观念和文化障碍的重要条件。

(六)东西合作要坚持对口支援帮扶与经济技术合作的紧密结合

东西合作包括两种性质不同但又紧密联系的类型:政府行为主导下的对口支援帮扶与市场机制支配下的经济技术合作。前者涉及经济(特别是基础产业、基础设施领域)、生态环境建设、教育科技扶贫、文化卫生建设、救济性的扶贫济困等广泛领域,后者主要是经济贸易合作及技术转让等领域。今后我们要继续以往的成功实践,坚持对口帮扶与经济技术合作这两种方式并举,不断提高这两种类型的合作水平和合作效率,并且逐步朝着在数量上、比重上不断扩大全方位经济技术合作的方向发展。

(七)东西合作与西西合作、区域性合作、国际合作紧密结合

东西合作实质上是我国沿海发达省市与西部不发达省区间的一种合作,它是目前我国区际经济合作最突出的一种合作类型,是西部对国内开放的主要途径。但东西合作并不排斥其他的区际合作,包括西西合作,即西部省区市之间、西部与中部省区市之间的相互合作;区域性合作,即毗邻区域间的合作(如闽台合作、粤港澳合作,黄河经济协作区,西北经济区,以兰州为中心的黄河上游多民族经济开发区,陕甘川宁毗邻地区经联会,宁蒙陕毗邻地区经联会等)。东西合作与西西合作、区域性合作是一种相互补充、相互促进的关系,它们各有其不可替代的作用与功能。从长远来看,相互毗邻的区域性合作对于形成地区性的综合经济区和区域(集团)经济一体化,联合起来参与国内、国际分工、合作和竞争,将具有深远的意义。

东西合作本身要强调与国际经济贸易规则接轨,因此,通过东西合作的实践,对于西部地区扩大对外开放无疑具有重大的引导、促进作用;对于东部发达省市来说,则可通过西进在西部省区建立面向中亚、西亚、东南亚、南亚等国家的对外开放据点。通过东西合作的不断扩大规模、提高水平,进而向国际经济合作发展,应是不可阻挡的必然趋势。我们在东西合作的发展过程中,就是要因势利导,重视两者的相互促进,不失时机地把东西合作引向扩大对外开放的良性循环轨道。

参考文献

[1]汪一鸣.东西合作新典型:闽宁对口帮扶.中国市场经济报,1998-5-27.

[2]汪一鸣.东西合作新模式在宁夏的应用.宁夏改革开放二十年,银川:宁夏人民出版社,1998:171~176.

[3]汪一鸣.从宁夏看地区经济协调发展问题.我国地区经济协调发展研究,北京:改革出版社,1996:168~185.

[4]汪一鸣.孙中山交通建设思想与西部大开发.21 世纪中国西部交通发展战略学术研讨会论文集.成都:四川科技出版社,2000:193~198.

面对经济全球化的中国东西合作

在中国,由于历史的和现实的东西部之间的显著发展差距,东西合作成了国内区际经济合作中最突出的问题。21世纪是知识经济与经济全球化趋势主导的新时代,中国东西合作将迎来一系列全新的机遇与挑战。我们已在有关著作中,对当前东西合作面临的国内外环境作了一定分析。[1]本文拟进一步论述以下四个问题:中国东西合作与国际经济合作的联动发展,中国西部对外合作距离障碍的弱化趋势,跨区域公司、跨国公司在东西合作中的重大作用,旅游合作可作为东西合作的重要突破口。

1. 中国东西合作与世界经济合作的联动发展

随着经济全球化趋势不断加强,以及我国加入WTO的新形势,中国东西合作与中外经济合作正在实现联动发展,将有助于推动西部开发和提高我国参与国际分工、合作、竞争的整体水平。

在经济全球化的背景下,出口贸易和外商直接投资已成为推动我国东部地区经济高速增长的重要力量,外向型经济战略进一步拉大了我国东西部地区经济差距(见表1)。近几年,西部外向型经济得到较快发展,但其开放水平仍与东部存在极大差距(见表2)。

西部外向型经济发展滞后的主要原因是改革滞后,较多的体制障碍、政策障碍导致对外部资源缺乏吸引力。相对于东部,西部与国外的距离障碍、文化障碍、环境障碍等阻力因素也大得多。从总体上看,目前西部进出口总量规模小,外商直接投资多为小项目,效益不好,成功率低,尚处于起步和初期阶段。

随着国家西部大开发战略的实施,从1999年起,西部各省市区全社会固定资产投资

中国西部经济发展国际研讨会(2002年8月)论文,发表于《经济地理》2003,23(2):167~170,210。本文英文本发表于《宁夏大学学报(自然科学版)》2004,25(2):167~173。合作者:李少华

年均增长率远高于全国平均水平(如宁夏 1999 年固定资产投资增长率为 19.8%,2000 年为 23.1%,2001 年为 21.8%,分别高出全国 14.7、12.8 和 9.7 个百分点),为东部的生产资料、资本、技术、人才等生产要素西进提供了巨大商机。西部广阔的市场,廉价的劳动力资源,能源、矿产、绿色农畜产品、生物药材资源和独具魅力的旅游资源,以及大量闲置的存量资产(停产半停产企业、半拉子工程等),均对东部企业构成强烈吸引力。东货西进、东资西进、东人西进形成热潮。而西部人要走向国际市场,首先通过搞好东西合作,作为学习、试验、"练兵",在提高市场竞争力的基础上以较高的水平参与国际经济合作,也是顺理成章的必然选择。

表 1　　东西部外向型经济发展与经济差距

区域	2000/1989 年出口额年均增长率(%)	2000/1990 年外商直接投资年均增长率(%)	1990 年人均 GDP(元)	2000 年人均 GDP(元)	2000/1990 年人均 GDP 年均增长率(%)
全国	23.9	35.0	1558	7078	16.3
东部	28.4	35.3	1993	11026	18.7
广东	34.2	29.6	2379	12885	18.4
西部	19.3	40.2	1091	4597	15.5
宁夏	25.8	61.4	1319	4839	13.9

资料来源:参考文献[2]。西部概念为包括西北、西南 10 个省、自治区、直辖市(不包括广西、内蒙古),以下同。年均增长率按现值计算,系高于实际数的近似值。

表 2　　2000 年东西部外向型经济发展差距

区域	出口额占全国份额(%)	出口额占 GDP 比重(%)	外商投资企业出口额占出口额比重(%)	外商直接投资占全国份额(%)	外商直接投资占全社会固定资产投资比重(%)	国际旅游人数与人口数之比(人次 / 万人)	人均国际旅游收入(元)
全国	100.0	23.1	47.9	100.0	10.2	247	106
东部	90.7	32.4	51.4	87.0	15.2	473	191
广东	37.5	80.0	53.0	27.7	29.7	1507	428
西部	3.0	4.7	10.0	3.0	2.0	114	33
宁夏	0.1	11.0	12.1	0.04	0.9	14	4.5

资料来源:参考文献[2]。

我国加入 WTO,将促使我国更深更广地加入经济全球化进程,进一步发展开放型经济,提升国家竞争力,同时降低开放风险。这就要求西部地区加速建立开放型经济体制和机制,逐步改变现存的各种体制和机制扭曲,实现东西部市场经济网络的一体化,通过在体制、机制整合一体化基础上的东西合作，发挥东西部各自的区位、资源等比较优势，共建长江与成昆—南昆铁路沿线经贸区、新亚欧大陆桥经贸区，形成东西合作与中外合作相互促进、向东开放与向西开放紧密结合，联合参与全球经济竞争与合作的新格局。这不仅有利于兼容并蓄国内外先进经验，吸收越来越多的国外资金和技术参与西部开发，给东西部合作双方都带来巨大效益，促进全国区域经济协调发展，而且将有助于提高我国参与国际分工合作的整体水平，更充分有效地利用国际国内两种资源、两大市场。

目前东西合作与中外合作联动发展已涌现多种模式：对口帮扶引入国际合作——通过对口地区牵线搭桥，扩大对外贸易、科技交流、经济合作，包括帮助建立对外联系窗口、外贸公司，介绍合作对象、合作项目等；借船出海——西部借助于东西合作企业扩大对外贸易、融通资金、引进技术，进而实施走出去战略；东部的中外合资企业或港澳台合资企业西进——如原在沿海发展的台湾旺旺食品集团到陕、甘等地设立 30 多个分厂；东西部联合发展海外劳务输出——沿海劳务输出公司为中西部开拓境外就业岗位；等等。据四川省招商引资局统计，2001 年该省的内资（主要是东部沿海地区企业）投资额 127.8 亿元，外资投资额 90 亿元，已初步呈现东西合作和中外合作联动发展的喜人局面。

2. 中国西部对外合作距离障碍的弱化趋势

知识经济和现代信息技术的发展，使得经济要素流动的经济空间变得"滑溜"，中国西部对外合作的区位劣势和距离障碍减小，而投资环境和人文因素的重要性则相对上升，成为影响要素流动的主要参数。

最近十几年来，信息技术和知识经济的发展导致现有世界经济格局出现重大变革，现代化交通运输、物流服务、数字革命、网络技术使商品、资本、技术流动的范围、速度进一步扩展、加大，运输费用、电信费用、计算机成本大幅度下降使市场空间距离大大缩小；90 年代以来网络化、信息化、虚拟化的经济活动形式的出现，使经济要素流动的经济空间变得"滑溜"(slippery)，减少了各类要素流动对空间、时间的需求。[3]有人认为，"网上银行"将使任何距离间的资金流动在瞬间完成，"地理位置在金融界中已全无价值或其价值将大不如前"。[4]跨国公司将使劳动力和生产资料在全球范围就近配置，产品生产就地进行，商品销售就近供应。计算机业、通信业和信息业的数字融合，使市场不再以地理位置为核心而是以网络空间为核心，亦即人员交流、货币流动均以不受时空限制的网络为基础。过去距离作为经济要素流动最关键的阻力因素，现在对知识经济发展的束缚已变得很小了。[5]

上述趋势，对于中国西部的对外开放是非常有利的。因为原来对西部发展影响极大的区位劣势和距离障碍——远离沿海发达省市、港澳台和亚太国家的不利条件，将越来越变得并不最重要了。各国各地区间经济要素的快速、自由、低成本流动的新趋势,增加了发达地区与落后地区生产要素相互结合的机会,亦即为推进东西合作和国际合作提供了良好机遇。从长远看,现在你处于什么地理区位并不最重要,关键在于你能否迅速调整自己,在新形势下找到最有利的新经济增长点,通过扩大区际合作,优势互补,分工协作,重点突破,求得新的发展。

障碍要素流动的距离因素的弱化趋势,对于当前中国东西合作至少有以下几点重要启示:

一是环境因素和文化因素对要素流作用的重要性相对上升,成为进一步推进东西合作需着重研究改进的主要问题。这牵涉到一系列大大小小的问题。对于西部而言,头号问题是经济体制和运行机制的落后,是制度性资源的稀缺。因此当务之急,首先应重点改善西部地区中心城市、经济技术开发区、工业(农业)科技园区以及其他试验区的投资环境,尤其要加速软环境建设,在法规政策、体制机制、市场体系等诸多方面实现与国际惯例的全面接轨,为东西合作者提供一个宽松、良好的体制环境。

二是为加速弱化东西部间的距离障碍做好必要的基础条件建设,从四个方面改善东西部人流、物流、资金流、信息流的物质基础:加快构筑联结东西部的交通大通道,加强长江航道、沿江铁路、沿江国道主干线建设,加强新亚欧大陆桥多端束状桥(包括铁路、公路国道主干线、西气东输管道、西油东输管道等)建设;提高流通领域的现代化水平,逐步实现客运快速化、货运物流化、运输管理智能化;建设联结东西部的宽带高速信息网络,发展电子商务,建成西部网上交流平台;构筑与东部、国际金融接轨的西部金融体系,形成东西部资金融通的多种渠道。

三是充分利用西部与俄罗斯、中亚、中东、南亚、印度支那半岛等毗邻国家的地缘优势,通过东西合作与跨国性区域经济合作的联动发展,使西部地区成为东部企业集团、跨区域公司、跨国公司向西扩大对外开放的桥头堡和基地。

3. 跨国公司、跨区域公司日益成为东西合作中的主体力量

跨区域企业集团和跨国公司在东西合作中的地位、作用迅速提高,越来越成为影响东西部间、国际间经济要素流运动状态的决定性力量。

在经济全球化过程中,跨国公司起着关键性作用。它有可能在全球范围内更合理地进行资源配置,实行高度科学化的经营管理,从而最大限度地降低成本,提高劳动生产率和经济效益。它已成为当代国际经济活动中的行为主体,新的国际分工、合作、竞争的主角。跨国公司内部"贸易"实际上是公司根据公司体系内部国际分工的需要,有计划地协调企业内部供需关系的一种经济活动,亦即把一部分原先的市场竞争关系转化为企业内部合作关系，传统的国际分工、合作、竞争及其协调机制已有相当部分、在相当程度上为跨国公司内部的协调机制所取代。目前，跨国公司内部"贸易"和它们之间的相互贸易约占世界贸易的2/3，世界劳务贸易几乎全部为跨国公司控制；世界对外直接投资的4/5以上由跨国公司完成；世界技术研究与开发成果和技术转让的9/10以上掌握在跨国公司手中。[6]

随着西部大开发战略的实施，西部也正开始融入经济全球化的进程中去。近几年中，东西合作正迅速以原先政府主导的对口支援、对口扶贫协作为主的合作方式，向市场机制主导的全面经济技术合作为主的合作方式转化；由以过去商品贸易为主向技术贸易、跨地区投资、企业重组为主转化；由过去许多中小企业西进发展为一批跨地区企业集团和跨国公司大举进入西部，进行数亿元甚至数十亿元级的战略性投资。我们认为，随着国外跨国公司更多进入中国，以及我国大型企业"西进"战略和"走出去"战略的推进，跨区域公司、跨国公司在东西合作中的地位、作用将不断提高，越来越成为影响东西部间要素流运动状态的决定性力量。深入探讨跨国公司的投资区位选择(包括生产厂地、营销网络、研究与开发机构的区位选择等)和空间活动轨迹及其对东西合作的影响，是当前我们面临的重要课题。

近年来进入西部的跨国公司或跨区域公司，可大致分为三种类型。

(1) 充分利用廉价原料供应地的资源型。如国际大型能源集团美亚电力有限公司已达成投资6亿美元开发陕北天然气的合约。

(2) 利用当地廉价劳动力和就地就近销售优势降低生产费用、运输费用的低成本型。如上海白猫日用化工集团在重庆市万州组建白猫(重庆)有限公司。

(3) 以产品技术优势、品牌优势拓展市场、加强营销有利地位的市场效益型。如青岛海尔集团与贵州省遵义市风华冰箱厂合资成立贵州海尔电器有限公司，使贵州海尔成为海尔集团抢占西南市场、出口东南亚的桥头堡。

当然，很多跨国公司则属于上述三种类型兼有的综合类型。

跨国(区)公司参与东西合作方兴未艾，其重大作用已初露端倪：①促进经济要素的加速加大流动，带来大量长期投资、先进技术和管理机制。如上海西门子公司在成都、重庆等地设立能源、信息、医疗、家用电器等多种工业企业以及投资污水处理、天然气管网等基础设施，资金超过2.5亿美元。②充分发挥要素流的通路效应和乘数效应。如贵州海尔不但本身成为一家具有很强市场竞争力的先进企业，同时带动了贵州省内20余家企业为海尔冰箱配套生产，又吸引山东、浙江等地多家企业到贵州建厂为其生产配套产品，带动了相关企业快速发展，为当地经济注入了新的活力。③通过东西合作形成新的经济增长点，促进西部的某些比较优势、后发优势加速转化为现实经济优势，实现区域产业结构的重组。如世界500强企业之一的日本京瓷株式会社与中国合资成立京瓷振华通信设备有限公司，总部设于贵阳市，将形成中国最大的绿色手机生产基地，将对优化贵州区域经济结构和发展外向型经济起到重要作用。

4. 旅游合作可成为东西合作的重要突破口

21世纪初叶将是中国特别是西部旅游业空前大发展时期，旅游客流成为经济空间中非常重要和活跃的要素流，旅游业合作应成为未来一个阶段东西合作的重要突破口。

1999年，全世界旅游业总收入超过4万亿美元，占全球国民生产总值的10.7%，成为当今世界第一大产业。随着全球和我国经济总量的稳定增长，人均收入的持续提高，21世纪初叶将是旅游业空前大发展时期。据世界旅游组织（WTO）预测，2020年中国将年接待海外游客1.37亿，向世界输送1亿中国游客，成为全球第一旅游目的地国和第四旅游客源输出国；国内游客将达年20亿人次，成为第一国内旅游大国。[7]

中国西部拥有一大批精品、极品旅游资源，在6 000多个旅游景点中，有100多个举世无双的世界级垄断性资源，其中已开发的只占1/7。西北的大漠、黄河，丝路花雨，华夏历史文化长廊，西南的奇山秀水，植物王国，民俗风情，青藏高原的雪域高原，世界屋脊，神山圣水，都是西部开发潜力巨大的突出优势资源。旅游业是西部促进生态环境保护与经济发展的双赢产业，是西部兴地富民、关联带动性强、提供就业机会多的朝阳产业，又是扩大对外开放的先导产业。西部大开发战略的实施，基础设施建设和生态环境建设的突破性进展，以及我国加入世贸组织的新形势，都为西部旅游业的大发展提供了难得的机遇。

表3　2000～2001年东西部入境旅游增长率

区域	入境（过夜）旅游者人数			旅游外汇收入（亿美元）		
	2000（万人次）	2001（万人次）	增长率（%）	2000	2001	增长率（%）
全国	3123.56	3316.67	6.2	162.24	177.92	9.7
东部	2479.47	2692.4	8.6	121.13	133.89	10.5
广东	1198.94	1292.38	7.8	41.12	44.84	10.9
西部	328.55	365.52	11.3	11.52	12.75	10.7
宁夏	0.78	0.87	11.5	0.03	0.03	（持平）

资料来源：参考文献[8]。

表 4　　2000 年东西部国内旅游与入境旅游的比较

区域	旅游人数(万人次)				旅游收入(亿元)			
	总人数	国内	入境	入境旅游者比重(%)	总收入	国内	入境	入境旅游收入比重(%)
东部	66847	64368	2479	3.7	5656	4653	1003	17.7
广东	7663	6464	1199	15.6	1150	810	340	29.6
西部	19763	19434	329	1.7	952	857	95	10.0
宁夏	243.8	243	0.8	0.3	9.32	9.01	0.31	3.3
西藏	56.5	42.6	13.9	24.6	6.5	2.5	4.0	60.9

资料来源:参考文献[9]。

近年来,西部旅游业发展速度已经赶上甚至超过东部(见表 3),尤以国内旅游增长更快。2000 年国内旅游收入比上年的增长率,贵州为 32.5%,西藏为 33%,宁夏达 39%,青海竟达 187%。西部旅游业已进入跨越式发展的新阶段。由于西部对国外的开放度远低于东部,所以西部各省市区除西藏情况比较特殊外,在旅游总人口和旅游总收入中国内部分均占绝对优势,亦即西部旅游业以吸引当地、毗邻地区和东部地区(特别是珠江三角洲、长江三角洲、京津地区)游客为主(见表 4)。预计在近期一、二十年内,西部入境旅游者和国内旅游者人数均将呈高速增长态势,而国内旅游占大头的情况则不会有大的变化。

由此可见,以旅游客流为主的人流,将成为中国经济空间中非常重要的一种要素流。由于旅客流具有极强的通路效应,一批旅客光临西部,往往成为后续人流以及信息流、资金流、物流源源进入的开路先锋,产生巨大的乘数效应、连锁效应。国内旅游客流与国际旅游客流又将相互促进,中国西部的神奇大地必将成为吸引全国、全球关注的世界级热点旅游目的地。旅游业大发展也将带来西部生态农业、能源化工、新材料、绿色食品、生物医药以及其他高新技术产业的大发展。

由此,旅游业合作应成为未来一个阶段东西合作的重要突破口。西部要依托东部沿海省市特别是旅游大省(如京、沪、苏、鲁、粤、浙等)的优势,联合组织旅游企业,联合开发西部特色旅游产品,联合建设旅游设施,联合开辟若干新的精品旅游线路,联合对外宣传促销,双向组织内外旅游客源,共同扩大旅游市场。东部省市要通过帮助西部培训旅游专业人才,提高旅游服务的管理水平和经济效益。特别是通过东部的客源市场渠道,扩大与台港澳、与国外的旅游合作,实现旅游业东西合作与西西合作、毗邻地区区域性合作和国际合作的紧密结合,尽快形成优势互补、利益共享、全方位联合、共同发展的新局面。

参考文献

[1]汪一鸣,等.闽宁合作动力机制与运行机制[M].银川:宁夏人民出版社,2001:257～268.

[2]国家统计局.1990年、1991年、2001年中国统计年鉴[M].北京:中国统计出版社,1990、1991、2001.

[3]Markusen A. Sticky places in slippery space:a typology of industrial districts [J].Economic Geography,1996,72 (3):293～313.

[4]O'Brien R. Global financial integration:The end of geography[M]. London:Royal Institute of International Affairs,1992.

[5]缪磊磊,阎小培.知识经济对传统区位论的挑战[J].经济地理,2002,22(2):142～144.

[6]李小建主编.经济地理学[M].北京:高等教育出版社,2000:251～254.

[7]刘锋.中国西部旅游发展战略研究[M].北京:中国旅游出版社,2001:64～70.

[8]国家旅游局.2001中国旅游统计年鉴,2001年中国旅游统计摘要[M]. 北京:中国旅游出版社,2001,2002.

[9]中国旅游年鉴编辑委员会.2001中国旅游年鉴[M].北京:中国旅游出版社,2001.

国土规划理论方法的几点新认识

由国家自然科学基金和国家计委国土规划地区经济司联合资助，我们从1993年起开展《中国国土规划方法论研究》，从1995年起开展《中国—比利时现代化乡镇建设及其规划方法论比较研究》。通过总结我们的规划实践，学习吸收国家和兄弟省市区的宝贵经验，考察借鉴国外的某些成功经验，在原有认识的基础上，对于国土规划的若干理论方法问题获得以下几点新认识。

1. 发展社会主义市场经济必须加强国土规划工作

在计划经济体制下，必须通过计划来管理组织社会经济活动。当今我国正向社会主义市场经济转变，仍然需要国土规划。

国土规划开始是在市场经济国家、本世纪初发展起来的。无论是德国大柏林和鲁尔区的区域总体规划（一种由城市总体规划延伸、发展而来的规划类型，后又演变为区域整治规划），还是美国田纳西河流域综合开发规划（一种由地区资源开发规划延伸、发展而来的规划类型）……这些规划都是市场经济发展到一定阶段（所谓现代市场经济）的产物，它们适应了强化国家宏观调控的客观要求，通过协调全局与局部、长远与近期、城市与乡村、发展与环境以及产业之间、地区之间的利益冲突，达到充分合理地利用和配置人、财、物、自然力等资源的目的。实践证明，国土规划是市场经济体制下一种重要的政府行为和公共干预手段。

我国是一个幅员辽阔、地域差异显著的大国，又是一个人口多、底子薄、人均资源少、生态环境脆弱的发展中国家。在当今中国进入经济持续、快速发展的历史阶段，在由计划

国家自然科学基金项目(49261005)，发表于《宁夏大学学报(自然科学版)》1999,20(3):268~273。合作者：文云朝、刘加清

经济体制向市场经济体制转变的过程中，由于多种因素的制约，将长期面临人口、资源、环境的巨大压力和地区发展不平衡的尖锐矛盾[1]。现实的社会需求把协调人地关系和区际关系的国土规划工作推到了更重要的位置上。十多年来，我国国土规划工作在协调地区经济发展，协调经济，社会发展与人口、资源、环境的关系等方面，已经取得明显成效。但作为科学利用国土、合理配置资源的一种调控手段，在很多方面还有待完善。这里的首要问题是提高认识，明确市场经济体制下国土规划的重要性。要实现资源永续利用、环境有效保护和区域生态经济复合系统的可持续发展，必须进一步加强各级各类国土规划和管理工作。

面对 21 世纪人口、资源、环境的严峻挑战，以及当前我国实现两个具有全局意义的根本性转变的重大任务，新时期的国土规划，要把充分发挥市场对资源配置的基础性作用与政府的调控管理更好结合起来，把研究市场需求与资源、环境的开发利用和保护治理更好结合起来，把合理利用区内外、国内外的资源和市场条件结合起来，把运用经济法规、经济政策、经济杠杆与规划实施更好结合起来，通过加强和改善国土规划工作，来促进经济体制和经济增长方式的加速转变。

2. 可持续发展理论和战略是国土规划的理论基础和指导思想

在国土规划实践中，地理科学的一些重要理论，如人地关系理论，劳动地域分工和经济空间结构优化理论，以及区域综合开发的系统科学理论等，都得到广泛应用，对于推进国土规划工作发挥了重要作用。近 20 年来，许多国家在实践中面临一系列重大的经济、社会、环境问题，对发展提出了许多新的概念和思想。1980 年 3 月，联合国向全世界发出呼吁:“必须研究自然的、社会的、生态的、经济的以及利用自然资源过程中的基本关系，确保全球持续发展”[2]。1992 年联合国环境与发展大会通过的《21 世纪议程》，则是凝聚了当代人对可持续发展理论认识深化的结晶。它主张人类与自然和谐相处，建立保护地球自然生态系统基础上的持续经济增长，以满足当代和后代全体人民的基本需求[3]。

1994 年，国务院发布了《中国 21 世纪议程——中国 21 世纪人口、环境与发展白皮书》，这是中国走向 21 世纪的可持续发展战略框架，是制定我国国民经济和社会发展中长期计划的指导性文件。全国《国民经济和社会发展“九五”计划和 2010 年远景目标纲要》也明确规定，我国今后要实施科教兴国战略和可持续发展战略。国土规划就是贯彻可持续发展战略的重要手段，其重点是搞好两个协调，即协调地区的经济社会发展，协调经济、社会发展与人口、资源、环境的关系。

人地关系理论是国土规划理论基础最重要的组成部分，该理论不仅研究区域经济系统各环节的协调(如产业之间、地区之间、城乡之间)，而且重点探索区域人地系统的交互作用和演化规律，强调区域的整体优化和持续发展，追求经济、社会、环境效益综合最优。国土规划的本质就是优化区域人地系统结构，开发人地相互作用潜力，加速人地相互作用在区域系统中的良性循环，实现区域人地系统的动态管理和整体调控[4]。这与当前所说的可持续发展理论和战略是一致的。

可持续发展理论是人地关系理论在当代条件下的新发展，其内涵十分丰富，包括公平性（当代人地区间的公平、代际间的公平、资源分配的公平等）、持续性、共同性等原则。可持续发展理论基本要求是以自然法则和社会法则的协调统一为依据，强调运用经济、技术、法律等手段不断调整当代社会的供需平衡，实现发展与环境的良性循环，以保证维持和提高其满足当代和后代需求的能力。这种能力可由下列要素来衡量：资源的承载能力，区域的生产能力，环境的缓冲能力，社会发展的稳定性，管理的调节能力[5]。由此可见，国土规划的理论体现了可持续发展理论、现代区域科学理论和现代系统科学理论的有机结合。

可持续发展战略必然要落实到不同层次的区域。新时期的国土规划，实质就是区域可持续发展规划，其基本任务是：主要通过国土空间、资源环境的合理供给和重大基础设施优化配置的总体规定，使可持续发展战略具体化、空间化，以实现效率、公平、环境价值取向(或经济、社会、环境效益)的协调统一。由于区域系统的复杂性，决定了规划既要研究资源、环境、经济、社会各方面的内外空间关系，又要研究环境变迁、人口演化、结构递进等方面的时间过程，以及横向、纵向的交叉作用和发展机制。

根据国土规划的性质、任务，考虑到我国发展前景、国土整治面临的主要问题和政府调整能力等因素，在编制新一轮国土规划时，应突出以下三方面的长远目标：

（1）使国土空间逐步得到充分、合理的开发利用，促进地区经济协调发展。

（2）正确处理人口、资源、环境与发展的关系，建立资源节约型的经济社会体系，实现可持续发展。

（3）生态经济系统进入良性循环，形成舒适、优美的国土环境。

以可持续发展理论指导国土规划的编制、实施，将把新时期的国土规划工作推向一个更为成熟的发展阶段。

3. 加强基层区域规划，构建完整的系列化的国土规划体系

1981 年以来，我国已经开展了不同层次、不同类型的国土规划工作，这些工作包括全国、跨省区（大区域）、省（市、自治区）、重点开发区各级综合规划以及各类专项规划，有的省区还进行了某些地区（市）和县级国土规划，开始形成一个国土规划体系。它们各有不同的任务和深度要求，又相辅相成，协调衔接，有利于规划的分级、分部门具体实施。

国外经验表明，基层区域规划是很重要、很有实用价值的规划。德国区域规划有悠久历史和严密方法，其规划系列按行政区分为联邦、州、区、县四级。前两级是纲领性规划，主要是确定区域政策、国土发整治的目标、原则，重点开发区、重大基础设施和主要措施等。后两级非常具体，对土地利用、基础设施布局、环境保护等作出明确安排，批准后具有指令性、法律性，可与城乡建设规划相衔接（Federal Ministry for Regional Planning，Building and Urban Development.Guide lines for regional planning——General principles for spatial development in the federal republic of germany.Bonn，1993）.比利时于 1962 年颁布的国土整治和城市组织法，规定国土规划分为全国、大区（Region）、省、地区（Secteur）、乡（市、镇）五级。在全国法规和上一层次规划宏观研究成果的指导下，首先进行乡(市、镇)级规划和地区规划。这两级规划具体到土地利用分区，对乡镇和地区建设具有法律效力，即所谓控制性规划，它们是贯彻、落实高层次规划宏观决策的重要手段。为保证基层区域国土规划的可操作性，比利时政府还把行政区划调整(进行全国范围的乡镇合并措施)和土地产权调整 (进行土地并块专项规划) 两方面作为开展国土规划的先行准备条件（Jean-Cluade Bonnefront.L'amenagement du territoire en wallonie.Revue Geographique de I'Est，1989，22）。

随着国土工作的深入展开，对地区级和县级规划的需求也日趋迫切。国土空间的组织管理具有职责分明的层次性，这就要求规划相应地形成不同级别、不同层次、不同类型的完整系列（图 1）。当前，基层区域国土规划已成为我国国土整治工作中最薄弱的环节。表现在：

（1）以县级国土规划为代表的基层区域规划尚未引起普遍重视，而随着农业产业化、农村城镇化过程的加速发展，资源利用、环境与发展之间产生一系列矛盾，特别是土地用途管制问题等成为矛盾的焦点，集中反映在县一级国土空间的组织管理上显得混乱，亟待完善与提高。

（2）以往开展的县级规划，比较侧重宏观决策方面的内容，缺少土地利用等方面的具体规定，导致实践中应用价值不大、可操作性差。我们认为，土地利用规划应作为县级规划的核心。在确定经济社会发展目标基础上，从总体上规定长远的土地利用方向，划分出土地利用类型的功能区，这些功能区有农村保护区（农田、绿地、自然保护区、水源保护地、历史文化遗产保护点等）、非农产业区（居住区、居民点后备用地、工业区、采矿区、商业服务区、公共设施用地、休闲用地等）、大型基础设施用地区及预留地区（交通线网和枢纽、供电线路、水利工程和供排水管道用地等），将这些区定向、定量、定位地落实在图纸上，使其真正成为具有法律效力的空间管理手段。把国土工作的重点及时转移到基层区域国土规划上来，实现国土规划与农村开发整治的紧密结合，对于新形势下国土工作实

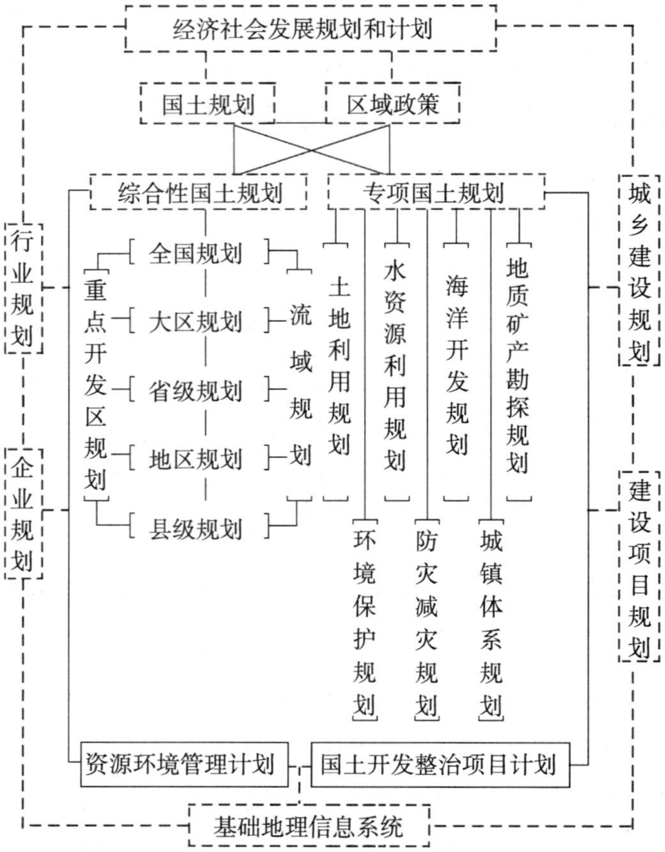

图 1　中国国土规划体系框图

现新的突破具有十分重要的意义[6]。

4. 制订技术规范，确立规划内容、方法、程序的统一标准

我国迄今已搞了大量的国土规划工作，国家和有些省市区也颁布了《国土规划编制办法》以及地方性《国土开发整治管理条例》等法规，对于国土规划编制和实施的有关问题做了规定。但与丰富的实践相比，理论方法的研究总结相当滞后，许多规定还不够完备、不很具体，缺乏综合性国土法规和规划技术规范。这方面，不但无法与外国相比，就是与国内的其他类型规划（例如城市规划）的规范化程度相比也相差甚远。

国土规划的目标、重点等具有地区性和阶段性，不同时期不同区域的规划侧重点和具体指标必然有差异，但基本目标和要求——促进资源的优化配置、合理开发、高效利用，保证两个协调，则是一致的。所以各级各类规划具体内容不同，不等于不需要统一的技术规范。要把"同"的方面明确规定下来，"异"的方面则要留出灵活处理的空间。我们认为，当前急需通过总结实践经验和汲取国际经验，尽快编写各级各类国土规划的技术规范或实施细则（试行草案），确立规划内容、方法、程序的统一标准，包括诸如规划的方针、原则、基础,资源、环境评价指标体系和国土开发整治目标体系,不同等级区域和不同类型规划的内容结构体系,方案论证和资产评估方法,规划图件系列和规划报告的质量标准及其验收评审办法,规划编制—协调—审批—实施—管理—检查—修订程序等等。以规划技术规范为基础,加上充分发挥各地的主观能动性,才能编制出既保证基本质量又体现地方特色的科学规划。

不同层次、不同类型的规划应有不同的重点和标准。例如,国土规划作为协调空间布局性质的规划,地图既是重要的研究手段,又是规划成果的主要体现形式。各级各类国土规划都应包含地图、文字、图表等内容,这是共同的。但不同等级、不同尺度的区域,对地图系列(包括现状图、分析评价图、规划图)的内容、比例尺等应有不同的要求。高层次、大范围的区域规划因内容、重点的要求不同,文字报告篇幅较大,而范围较小的基层区域规划,由于其工作主要内容是现状图调绘和规划方案(以土地利用为主的规划系列图)的确定,因此,图件编绘占有很大工作量,而文字说明相对要简明扼要。比利时的地区规划,明确规定现状图和规划草案图件比例尺为 1 : 10 000, 最终确定的规划方案图件 1 : 25 000,他们的现状图、规划图与我国的地形图一样,形成相互接边、全国统一的分幅。德国区级规划(如汉诺威区包括市、县,面积 2 200 km^2,人口 115 万人)现状图比例尺为 1 : 20 000,规划图则为 1 : 50 000,文字报告中另外附缩小的各种图件。图件的内容、图例均实现了标准化、规范化(Zweckverband Grossraum Hannover. Regional esraumordnungs programm fur den grossraum Hannover.Hannover,1990,94 ~ 102)。

5. 采用地理信息系统等先进手段,实现规划方法现代化

国土规划工作现代化包括规划思想和规划手段两方面的现代化。规划思想现代化主要指以可持续发展理论、现代区域科学理论、现代系统科学理论为规划指导思想,在对区域自然生态、经济、社会系统进行现状调查和综合评价的基础上,提出区域经济、社会与人口、资源、环境协调发展的方案,通过多方案比选和咨询论证、修改完善,最终确定具有科学性、可操作性的规划。这方面,我国近几年进展较大。但在规划手段现代化方面,我国与发达国家差距很大,亟需加大工作力度。我们在美、德、比、法等国考察时,看到他们在资源环境调查监测、建设项目开发管理、区域规划编制实施等方面,已广泛运用遥感、电脑等先进技术,地理信息系统(GIS)技术已进入州(省)、地区、市各级国土整治部门甚至某些经济开发小区(农村工业园)的管理部门,初步实现了 GIS 的实用化、网络化。

由于区域是一个动态系统和开放系统,只有对系统内外的物质、能量、信息的流动、交换进行连续不断地跟踪观察、监测和分析评估,才能把调研、规划和决策过程紧密结合起来,把规划的编制、实施和修订程序紧密结合起来。如果说,过去做不到这一点,那么,由于近些年 GIS 技术的迅速发展，已经为建立区域规划的调查、监测、预警、辅助决策、跟踪反馈和动态管理等多功能信息系统提供了十分有效的手段。遥感、GIS 已成为当代国土规划的重要技术基础。

我国国土部门建立的 GIS，应以服务于国土开发整治调查、规划、管理为主要目标，以自然生态（资源、环境）、经济、社会复合系统为主要研究对象，由全国和各级区域、各专业部门分工协作，构成多要素、多时相、多层次的三维空间信息系统网络，把国土工作建立在现代化高新技术（遥感技术、信息科学、计算机技术、系统工程、人工智能）的基础上。区域性 GIS 由空间多媒体数据库、图形文字资料管理系统、机助绘图系统、方法库、模型库、专家系统等组成，它利用高速度、大容量、多功能的软硬件系列和数字化、标准化、通用化的各类信息，并与专家群体的科学理论和知识、经验有机结合，作为多维分析、动态模拟和综合集成的有效载体，可以发挥它多层次结构和泛目标开发的功能，以迅速高效为有关领导部门和国土部门提供现代化信息服务和辅助决策的依据，从而把国土规划工作的质量、效率大大向前推进一步。

6. 确立国土规划的法律地位，组织公众参与规划的编制和实施

基于国土规划的性质、任务、地位和作用，国土规划应具备科学性、权威性、可行性和社会性。所谓权威性，从根本上说应确立规划的法律基础，建立合法权威。这就要求，首先要把规划编制纳入一定的法律程序，通过立法，对国土规划体系所包含的不同层次、不同类型规划的性质、任务、内容、方法以及从编制到实施的一整套基本程序作出原则规定，明确国土规划与经济社会发展规划、行业规划、城乡规划等各类规划的相互关系，为国土规划的编制、实施提供法律保障。其次，要进一步明确其法律效力。国土规划应与经济社会发展长远规划、城市规划一样，一旦按法律程序通过审批、颁布，便成为具有法律性质的文件。这既可提高国土规划的权威性，又可保证与经济社会发展规划、城市规划更好地相互衔接。

为了保证国土规划任务的顺利实施，还要通过立法程序，明确各级国土主管部门的地位、职责，确定国土开发整治基金的筹集、使用管理办法，使之做到有责有权有资金，实现国土开发整治的调查、规划、管理紧密结合，规划的编制与实施紧密结合，从而保证规划得以持续、稳定实施，并真正建立起滚动修订制度。

在这方面，发达国家的实践值得借鉴，依法编制规划并依法实施，是他们的规划工作取得成功的最重要经验。这也应是加强我国国土规划工作不可缺少的前提。

规划可行性、社会性的实现，还在很大程度上取决于规划工作的民主化、公开化，即能否自始至终组织干部、群众参与规划的编制和实施，实行公众参与。欧美国家在公众参与规划工作上有不少做法值得借鉴。例如,美国1983年以来编制和实施切萨皮克湾综合整治规划,由于广泛的公众参与,取得巨大成功。德、比等国都把公众参与纳入规划程序。比利时的地区国土整治规划程序按规定分为四个阶段。

(1)编制草案。从基本情况的调查评价、已有计划的分析综合到规划草案的研究确定,都表现于现状图、专业分析图、规划图和文字说明书上。

(2)行政协调。将规划草案提交同级权力机构、有关行政管理部门、社会团体及下级政府征求意见,在规划协调委员会委员主持下召开座谈会、讨论会,与地区、乡镇的国土整治部门官员逐一访谈,对重要的不同意见进行评估、论证。通过协调各方意见,引导人们提出更积极、合理、可行的国土整治方案,以修改补充规划草案,并将修正案上报上级国土整治部门。这是时间最长也是最重要的协调各方意见阶段,一般编制草案只需要两三个月,而协调阶段往往长达半年以上。

(3)公开征询。上级初步批准修正案后,即进入向社会各界群众公开征询意见阶段。通过广播、电视、出版物、张榜公布、群众集会等多种方式,广泛宣传,并通过专线电话,接

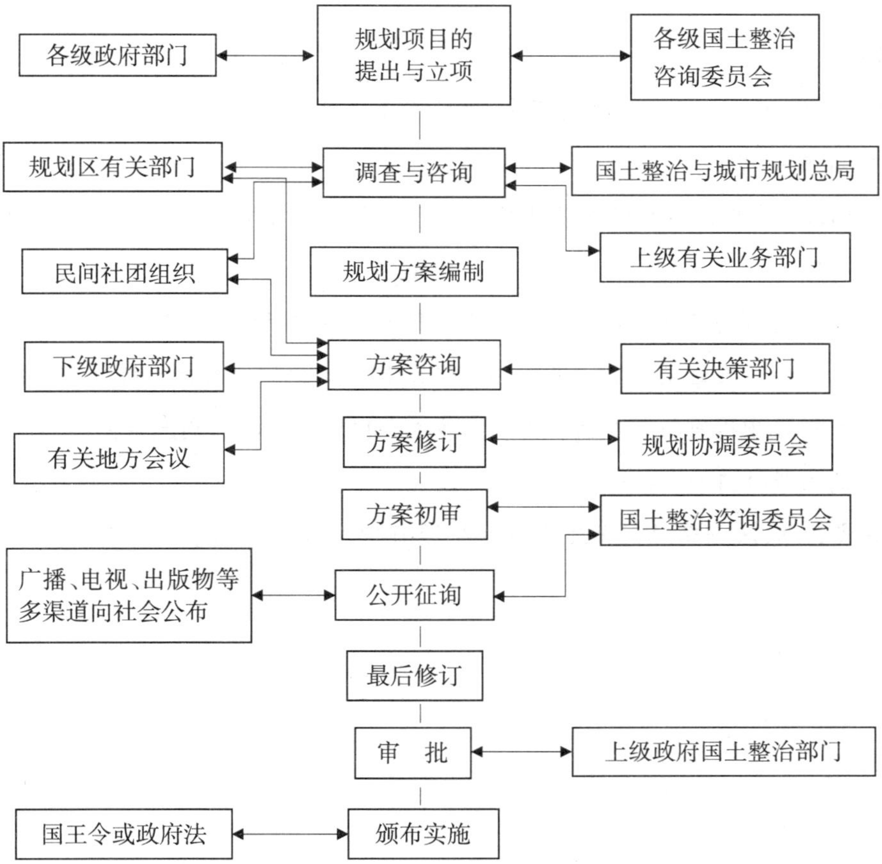

图2　比利时国土规划编制程序框图

纳群众意见。意见整理汇总交国土整治咨询委员会研究讨论,一般要求在两个月内完成对各种意见的审议,确定最后方案。咨询委员会成员具有广泛的代表性,其中一半成员由各社团产生,另一半由议会及跨区域经济社会团体成员中产生,其基本条件是必须确保能反映公众利益,熟悉本区情况,有足够能力对各种意见进行客观评估。

(4)批准实施。最后方案报上级政府正式批准,产生法律效力,并由上级政府颁布与实施该规划相关的法令(图2)(Direction generale de I'amenagement du territoire et dulogement de la region wallonne.Regional planning,informal council meeting on regional policy and regional planning。namur,1994)。

编制国土规划本身就是动员、组织群众自觉参与国土开发整治事业的重要手段,理所当然地要求其具有广泛的社会基础。借鉴国内外公众参与城乡规划、国土规划工作的经验,分层次地组织干部、群众广泛参与,实现多重决策权威(专家、官方、企业、公众)的协调,是搞好规划不可缺少的重要环节。

参考文献

[1]《中国21世纪议程》编制领导小组.中国21世纪议程[M].北京:中国环境科学出版社,1994:6~9.

[2] 北京大学中国可持续发展研究中心.可持续发展之路[M].北京:北京大学出版社,1994:33~37.

[3] 张坤民.可持续发展论[M].北京:中国环境科学出版社,1997:12~32.

[4] 汪一鸣.不发达地区国土开发整治研究[M].银川:宁夏人民出版社,1994:15~19.

[5] 牛文元.中国可持续发展战略的初步构想[A]// 李政道,周光召主编.绿色战略[C].青岛:青岛出版社,1997:46~62.

[6] 文云朝,汪一鸣.土地规划与农村整治[J].地理研究,1998,17(2):201~207.

比利时农村整治和国土规划的经验及启示

为执行国家自然科学基金资助的国际合作研究项目《中国—比利时现代化乡镇建设及规划方法论的比较研究(以宁夏回族自治区和瓦隆区为例)》,由比利时列日大学地理系接待,我们于1995年4月24日至5月29日,先后访问了瓦隆区国土整治与城乡建设局等8个单位,重点考察了列日省、卢森堡省埃瓦伊等25个乡(镇、市)和一些中心村,阿图斯等17个农村工业园或手工业园(相当于我国的经济开发小区),以及农村旅游中心、天然公园、水库等,查阅了大量图件、资料,取得丰硕收获。

瓦隆区处于比利时内陆腹地,地势较高,以高原、丘陵为主,土地肥力一般次于北部平原佛兰芒区。过去交通不便,种植业不够发达,人口密度较小,而在煤、铁等矿产基础上发展起来的钢铁等工业又趋向衰落,一直是比利时相对落后地区。但近些年来,情况发生了新的变化:一是由于高速公路等交通通讯设施的迅速发展,这里已由原来的偏僻之地变成欧洲的心脏,大大提高了其地理区位的重要性;二是欧洲联盟的建立发展,使瓦隆区与邻国的关系更加密切,一些跨边界地域活力增加,有些已成为国际联合开发的重点(如列日省东北部的比、荷、德毗邻地区,卢森堡省南部的比、法、卢毗邻地区),欧盟对瓦隆区发展也加强了援助;三是瓦隆区复杂多样的地理景观、多姿多彩的旅游资源得到开发,成为欧洲农村旅游业发展较快较好的地区,促进了区域的综合开 发;四是比利时对三大区级议会、政府的成立(即佛兰芒区、布鲁塞尔区、瓦隆区),使瓦隆区的自治程度强化,为农村整治规划提供一系列崭新的条件,也出现了许多新问题有待研究。

以下是我们的几点考察体会。

国家自然科学基金资助项目(49261005),发表于《国土与区域经济》1996(3):48~52。合作者:文云朝

1. 农村发展(农村振兴)、农村整治、农村城市化的内涵及其相互关系,以及它们与区域开发政策、国土整治规划的关系

瓦隆区农村振兴、农村国土整治都是区域发展的宏观形势下提出的现实需求。例如卢森堡省,面积大(4418 平方公里),人口少(22.4 万),人口密度最低。尽管工场手工业(诸如炼铁、造纸)发展很早,但长期来一直衰落不振,工业化程度低,国土资源得不到充分开发,农村封闭落后,人口外流。农村振兴成为区域发展的关键问题,同时区域开发又是农村振兴的基础和前提。

第一,国家和大区兴建的重大基础设施为农村振兴提供了重要前提,如连结布鲁塞尔—纳穆尔—巴斯托内的 E40 号高速公路和连结列日—巴斯托内—阿隆—卢森堡的 E9 号高速公路,为卢森堡省打通与国内外(包括 卢、德、法、荷等国)的交通联系,以及扩大与各农村居民点的交通联系创造了条件,使沿线成为经济社会发展最有活力的地区,从而在原有的默兹河谷(列日—纳穆尔—沙勒罗瓦—蒙斯)发展轴之外,形成了两条新的发展轴,在扩散布鲁塞尔等大中城市人口和高新技术、促进城市郊区和农村的城市化方面起到重大作用。

第二,农村工业园(经济开发小区)、农村旅游业的迅速发展以及若干重大项目开发成为农村振兴的重要内容。

第三,农村整治与农村发展虽是两个不同的概念,但它们之间具有深刻的内在联系。前者包括农村基础设施和公用设施建设,农村分散、小块土地的合并(即土地并块),农村庄园住宅的改造和新住宅建设,农村工作、生活环境的改善治理和自然资源、古迹文物的保护等一系列内容。它与农村振兴相辅相成、不能分离。农村发展、整治的过程也就是农村人口职业变化、乡镇建设不断完善、农村(和城市郊区)城市化的过程。

第四,农村发展、整治提出了编制和实施国土整治规划的迫切要求。1962 年颁布的比利时国土整治和城市规划组织法为此提供了法律依据。该规划分为全国、大区(Region)、省(Province)、地区(Secteur)、乡(市、镇)(Commune)五级,其中地区规划和乡镇规划都要落实到具体的土地利用分区图上。而 1977 年完成的全国范围内的乡镇合并(从原每乡面积平均 12 平方公里、人口不足 1000 人并为目前的平均 64 平方公里、人口 2000 ~1 万人),以及 50 年代开始的土地并块的调研、规划,则是实施国土整治规划的行政、技术保证。

第五,政府机构、半官方和民间组织提出的区域开发政策和吸引投资的特别措施对于农村发展、整治具有重大促进作用。列日省产业开发协会(SPI)和卢森堡省乡镇联合经济开发协会(IDELUX)所采取的吸引二、三产业投资的灵活政策即是鲜明的实例。

从瓦隆区的实践可以看到,农村发展和整治的宏观决策研究具有特殊的重要性,它不仅影响着整个城郊城市化和农村城市化过程，也牵涉到整个区域的开发进程。他们获得成功的因素分析和规划决策经验值得我们深入研究。

2. 不同类型地区因地制宜发挥地区优势、各有侧重地向经济多样化发展的经验

从考察中看到，不同类型地区，农村振兴的方向和内容侧重点是不同的。从农业地理区划看，我们考察的列日省、卢森堡省从北至南分属于赫斯贝高原、埃夫地区、孔特罗兹高原、法尼法曼内地区、阿登高原、洛林地区等农业地理单元，它们的地貌、气候、土壤、植被、资源(矿产、森林及旅游资源)等自然禀赋具有明显差异，其农业结构、经济社会特征也不同。从地理区位、交通通达性、城乡关系等角度来考察，则不同地区农村振兴更是各具特点。

2.1 郊区型

列日市是瓦隆区最大的城市，都市区面积 807 平方公里，人口 60 余万，郊区农村的发展受城市的辐射影响极大。由于城市产业（主要是工业、商业及其他服务业)向郊区扩散，自 60 年代以来，已在周围郊区先后建立起 13 个重要工业园(实际是包含各种产业的经济开发小区)，占地面积 1446.6 公顷，其中最大的北部阿兹塞兹工业园，位于伦敦 —布鲁塞尔—汉堡高速公路与慕尼黑—鹿特丹高速公路、巴黎—阿姆斯特丹高速公路交叉口附近，区位特好，建有电力、汽车、印染、印刷等几十家企业，而工业园四周则仍为广阔的草场、农田，形成郊区独特景观。南郊的夏迪芒科技工业园则依托列日大学雄厚的人才优势，分布于孔德罗兹高原的森林之中，景色宜人。

郊区很多农村以房地产开发获得新的繁荣。列日市早先从煤炭开采起家，以后因资源枯竭和能源消费结构变化，采煤工业逐渐衰落，但却在郊区农村多处留下废矿坑和破落的煤矿工人村。现在，圣尼古拉乡等许多废矿坑，已改造成为农田、草场、林地，增加了郊区的绿地空间。原先工人村的旧房经过装修改造成为郊区新的住宅区，吸引许多城里人来乡村居住。而原先的农民村(如维莱汤普莱村)，农庄主人绝大多数到城市工作，因而有钱改造旧宅或新建现代化的住宅，村子经整治，路、水、电、气齐备，家家都有花圃、绿篱、车库，整个居民点犹如置于大公园之中，环境优美，有城市的各种现代化设施(包括高速公路旁新建购物中心)，却避免了各种“城市病”。宽广廉价的用地为不少城市居民提供“第二住宅”成为该村重要特色。南郊的森林新村(Bois La Neuvile)，则将森林保护与住宅建设结合起来，为富裕的城市人提供林中豪华住宅区作为土地开发方向，取得了很好的经济效益和环境效益。

郊区某些农村利用优美的风景资源、离城市近、交通方便等发展旅游业，如南郊乌尔特河畔的提尔夫，东南郊的绍丰丹(以温泉著称)，均位于铁路沿线，它们以旅游带动各项建设，成为市郊的旅游中心。

2.2 国际型

比利时学者把列日省东北角的埃夫地区称之为国际城市化地区，这里正处比、荷、德三国边界地区，国际间物资、人员、信息的流动方便，便于吸引外资来此设厂。我们重点考察了两个工业园：埃夫镇附近的巴迪斯工业园和韦肯来特乡的韦肯来特工业园。它们均位于伦敦—布鲁塞尔—汉堡高速公路沿线(绝大多数工业园都沿高速公路，可说是工业园布局的首要因素)。巴迪斯村原先是农民和煤矿工人家属居民点。煤矿关闭后很多技术工人失业外流。在此办工业园，除国际因素外，还有交通方便、离大中城市近便(列日20公里，维尔维埃5公里)，有埃夫镇的基础设施作为依托，当地技术工人较多，以及地价便宜等有利条件。工业园有外资兴办的玻璃品、塑料制品、运输、商业等多种企业。工业园的兴起也促进了埃夫镇新的繁荣。

另一典型是"欧洲发展极工业园"，是在比国阿图斯市、法国隆韦镇、卢国罗达日镇之间的三国边界地区发展起来的产业综合体，被称为欧洲腹心"金三角"。这个跨国工业园有其特殊有利的条件：a，位于欧盟国家中心区位，在300公里半径内具有7500万消费人口，跨国边界的特性形成其在欧洲产业联合和商品流通上的有利区位。b，与欧洲高速公路网(E25、E411、A28号公路)和铁路枢纽的直接联系。c，原先的废铁矿山、废渣山整治变成了地势平坦、整洁的工业园用地，广阔空间和较低地价是其重要资产，可以保证经济布局上较大的自由度。d，可依托阿图斯等小城市，充分利用其基础公用设施和住宅区。该工业园紧靠奥邦日镇火车站，离阿图斯火车站3公里，离阿隆市14公里。e，有一支尚未就业的1.3万劳动力可以利用，与工业园的三国共同服务中心提供的职业培训计划结合，可以适应所有新建企业的劳力需求。f，三国当局给予工业园特殊政策和关税优惠措施，并由欧盟和三国给予直接的投资资助。该工业园可用地面积达412平方公里，已有基础设施(路、水、电、气、污水处理等)的用地205平方公里。仅比利时部分已有企业16家，职工1149人，包括钢铁、机械(交通、建筑设备等)、汽车、电器、油漆、化肥、交通运输、商业、仓储等。

2.3 发展轴中心型

马尚法曼内市是法尼法曼内地理单元最近发展起来的一个很有活力的小城市。该市历史悠久，7世纪已形成村镇。它地处布鲁塞尔与卢森堡国间的交通要道，古代为军事、商业要地，但长期一直发展不大。60年代以来编制地区、乡镇国土规划，将其作为布鲁塞尔—纳穆尔—阿隆—卢森堡新发展轴上的中心和重点来考虑，其主要条件是：a，布鲁塞尔—阿隆高速公路的修建以及处于新发展轴的中心区位，并在纳穆尔、列日、卢森堡、沙勒罗瓦等城市引力平衡点上，经济腹地广阔。b，距首都布鲁塞尔109公里，汽车一小时可达，是扩散首都圈人员、资金、技术的优良地点。c，市镇设施有一定基础，工作、居住环境良好。d,农村整治进展较快,土地并块为扩大二、三产业用地提供良好基础,附近农村可为城市发展提供农林产品和环境优美的住宅区。e,人口增长快(吸引年轻人口迁入)、年轻人的比重大,受教育人口多,是瓦隆地区促进就业的重点试验区。失业率不到 4 %,是比利时失业率最低的地区。目前该市已新办两个农村工业园,大多为用高新技术装备的外向型高效、高值企业,如制药、医疗器材的研究、设计、生产,电脑硬件开发和电脑用纸生产,汽车零配件、装饰件生产等,以及一系列批发、零售商贸和运输服务企业。

2.4 农村旅游型

瓦隆区地貌类型多样,山地、河谷、急流、温泉、森林、草场错综分布,到处都有古老别致的农村庄园和文化古迹,加上优良的环境质量和完善的配套服务设施,对于比利时以及荷兰、德国西部、法国北部等平原地区的居民具有很大的吸引力。随着度假生活习惯的形成发展,瓦隆区因交通便利、距离不远而成为上述地区居民的旅游热点,该区许多农村以旅游业为中心,促进了农村振兴,其中最突出的是乌尔特河、昂布莱河流域的埃瓦伊乡,在各种产业中旅游业发展最快,水磨博物馆、阿尔泽古城旅游中心等吸引了无数游客。旅游项目作为重点支持项目由有关方面提供 30%的开发经费资助。此外,卢森堡省杜尔贝乡的韦莱圣日特鲁得,列日省斯里蒙乡的比内克斯,马尔马迪镇的博特朗日和马尔马迪等,都是著名的农村旅游区。

2.5 农村综合发展型

可以卢森堡省阿泰尔乡为代表。该乡具有典型的农村景观,前些年面临的问题是:a.失业人口多,需发展经济,促进就业。b.农村人口外流,需通过农村整治,包括道路建设、住宅治理,稳定农村人口。该乡近年来通过一系列工作,扩大了就业岗位,全乡人口由 1975 年的 2 500 增至 1995 年的 3 650 人。主要措施是:a.整修道路,使农村各居民点均与公路干线连结起来,为农村人口外出谋职(至卢森堡及其他城市工作)而仍居住在本乡农村创造了条件。b.支持农户扩大经营规模、发展农产品加工,实行农工贸一体化,增雇农业工人,仅此一项近年即扩大 100 个就业岗位。c.振兴手工业,引进先进技术发展家具、家庭装饰品、雕刻工艺、金属器皿、奶制品、巧克力等各种传统手工业生产。d.建立旅游度假中心和农庄旅馆,维修历史文化古迹,由欧盟和瓦隆区政府提供资助。e.帮助大、中、小三种类型农庄整修改造住宅,改善居住环境。f.建设天然公园,保护和合理利用森林资源。g.建设农村公共福利设施,如扩建中小学、农村文化活动中心、科技推广站等。

3.在国土整治规划方法论上的新启示

3.1 强调基层区域规划的重要作用

比利时国土整治法规是 1962 年颁布的,当时面临着每年减少 1.3 万公顷农地的尖锐矛盾，其中瓦隆区年减少5 000公顷，相当于5～10个村子。为此要在规划中划定各种产业用地，既保证二、三产业发展的必要用地，又要保护农业生产必需的农业用地。比利时国土整治规划基本上是自上而下进行的，即在全国国土整治法规和上一层次规划宏观研究成果的指导下，首先进行乡（市、镇）级规划和地区级规划。瓦隆区现有262个乡（市、镇），23个规划地区，1977年完成第一个地区级规划，1987年完成全部地区级规划。由于规划具体到土地利用分区，对于乡镇建设具有法律效力，是很重要、很有实用价值的规划。我国的国土规划重视大区域（跨省区、省区级）的宏观决策研究，是必要的，但过去对县级规划及地区级规划则重视不够，对规划的法律依据和法律效用研究不够，是应予加强的薄弱环节。

3.2 规划内容以土地利用为主，以图件为主要文件

比利时把国土规划看作是管理空间的工具，因此其核心是确定未来可利用土地的最佳利用方案，为此，要把各种用地（城市或乡村住宅区、农地、林地、工业区、服务区、基础设施用地、休闲、公园和绿化带、水源保护区、特殊用地、预留用地等）落实到地图上。由此，规划的主要内容也就是现状图的调绘和规划方案（土地利用等规划图）的比较确定。规划草案是1:1万的土地利用规划图，规划方案是1:2.5万的图件，规划的主要工作量是图件绘制，而文字说明则简明扼要，篇幅很小。

3.3 规划编制程序上强调公众参与

比利时的规划程序分为以下几个阶段：一是通过基本情况的调绘到确定规划草案。二是将规划草案提交有关行政部门、有关乡镇当局征求意见，与有关官员逐一访谈，这是时间最长也是最主要的步骤，即协调各方意见阶段。三是公开征询意见阶段，即草案得到上级初步审批后，通过广播、电视、张榜公布等手段，征求各方（包括公众）意见，并将有关意见整理汇交该乡镇（或地区）规划咨询委员会讨论，确定最后方案。四是上级部门正式批准，产生法律效力。

3.4 规划具有一定弹性

考虑到情况在不断变化，而修改规划在具体操作上困难较多，因此，一是规划设定部分备用地；二是可以编制、报批"补充性的特殊规划"，即在某一点（或某几点）上对原来的规划进行修改补充而不需变动原来的图件。

土地并块的调查制图和规划研究在乡级规划中具有重要地位，是一种专题性规划。对于土地并块的工作内容、程序与方法，农村土地质量评价指标体系，以及地理信息系统在该项工作中的应用等，也作了初步了解。比利时土地并块的实践、经验和方法，特别是土地质量评价的方法和指标体系，对宁夏农村适度规模经营，调整农村用地结构，现代化乡镇建设扩大用地以及农村房地产开发将面临的土地调整，具有十分重要的现实意义。

筹组宁夏内陆开放型经济试验区专门智库的建议

2013年9月初,我应邀参加斯德哥尔摩国际和平研究所、上海国际问题研究院联合召开的《保护海外能源利益:中国与欧洲的方法和经验》国际学术研讨会,顺访了上海国际问题研究院,与该院著名专家杨洁勉(原院长,现该院学术委员会主任,中国国际关系学会副会长)、李伟建(该院外交政策研究所所长,中国中东学会副会长,杨、李均被聘为宁夏内陆开放型经济试验区专家咨询委员会委员)等就中国、宁夏向西开放研究问题作了交流讨论。回银后,又专门查阅了有关资料,深感宁夏急需加强试验区研究队伍建设,筹组直接服务于中国向西开放大局和试验区建设的专门智库——宁夏向西开放研究所。具体建议如下:

1. 筹组宁夏试验区专门智库(研究实体)的必要性、紧迫性

所谓试验区专门智库,是指除了协调整合区内现有相关机构研究力量,以及充分发挥2013年4月建立的试验区专家咨询委员会(以下简称专咨委)的智库作用外,还应筹建一个直接服务于中国向西开放大局、服务于宁夏试验区建设的专门智库——直属于自治区政府的宁夏向西开放研究所(暂名)。

国务院批复的《宁夏内陆开放型经济试验区规划》已将宁夏定位为"国家向西开放的战略高地",宁夏重任在肩,必须研究先行。王正伟(原宁夏回族自治区主席,现全国政协副主席、国家民委主任)在第三届中阿经贸论坛理论研讨会上指出:"要通过举办中阿经贸论坛,推动高端智慧碰撞;积极打造阿拉伯国家研究中心,通过整合国内研究阿拉伯

发表于宁夏老科学技术工作者协会《老专家建言》2013(15):1～8(2013年10月30日)

问题的资源，加强对中阿经贸合作的理论研究和工作研究；通过举办会议、创办杂志、建设网络、打造媒体，使宁夏成为国内研究中阿经贸理论问题的前沿阵地和研究中心、宣传中心。”提出中国外交“西进战略”的著名学者王缉思（北京大学国际关系学院院长）在其《“西进”，中国地缘战略的再平衡》（《环球时报》2855 期，2012 年 10 月 17 日）文中建议：国家“需制定长远规划并给予相当大的财政支持，以整合国内各部门的外事、经济、文化教育和学术资源，增强‘西进’的协同力。”李伟建在《加强彼此研究交流，促进中阿新型关系——兼论宁夏的研究队伍建设》一文中论证了宁夏加强专门智库建设的必要性、紧迫性，指出：“宁夏应尽快将试验区研究队伍建设提上议事日程……宁夏自己必须建立起一支与国家向西开放的战略高地定位相匹配的一流研究队伍”。区内不少专家，也对加强宁夏研究队伍建设、组建专门研究机构提出建议，如宁夏社科院马平，宁夏大学马宗保、康丽，宁夏党校赵磊、李喆，宁夏民委丁克家等。

筹建试验区专门智库——宁夏向西开放研究所，与发挥宁夏大学、宁夏社科院、北方民族大学等相关研究机构作用，与发挥试验区专咨委作用，并不是相互重复，而是相辅相成、分工协作的关系，即以新建向西开放研究所为主力、以相关研究机构为依托、以专咨委为支撑，构成三足鼎立、综合与专业研究互补之势。新建研究所应是针对中国内陆开放、向西开放、中阿合作的综合性研究机构，直接服务于中国向西开放、中阿合作大局，服务于试验区建设，是理论研究与实践紧密结合的高层次智库。它与区内相关研究机构是统、分关系，合作、竞争的关系。试验区专咨委则是试验区领导小组的决策咨询机构，是借用外脑的一种有效形式，但借用外脑毕竟具有过渡性和不确定性，因为外脑大多年事已高，一般都有自己的繁重研究任务，不可能拿出大块时间来承担宁夏试验区的任务。有了宁夏自己的专门智库（研究实体），与区外、国外相关研究实体、专家进行交流、合作、对接，才有可能充分发挥外脑作用，也才有可能更好地实现“举办会议、创办杂志、建设网络、打造媒体，使宁夏成为国内研究中阿经贸理论问题的前沿阵地和研究中心、宣传中心”的构想。

2. 试验区专门智库的名称、性质、研究内容建议

新建研究实体可定名为宁夏向西开放研究所（条件成熟时扩大为研究院），也可选用其他合适名称，如宁夏内陆开放研究所、宁夏中阿合作研究所等。

2.1 性质

该研究所是宁夏回族自治区政府主办的官方学术研究机构，为中国内陆开放、向西开放、中阿合作以及宁夏试验区建设提供智力支撑。自治区政府可指定某个机构（如试验区领导小组办公室）具体领导管理，筹组阶段也可实行试验区领导小组办公室与宁夏社会科学院(或宁夏大学)双重领导体制。

该研究所应按《宁夏内陆开放型经济试验区规划》规定:“支持有关研究机构加强对阿拉伯国家及世界穆斯林地区 政治、经济、文化的研究,支持其与国内外机构开展合作,为我国与阿拉伯国家及世界穆斯林地区深化交流合作提供智力支持”作为办所宗旨和研究方向。正如李伟建所说的,该研究所既对试验区建设“展开全局性、前瞻性和战略性的宏观研究,也对诸如未来五年宁夏在对阿拉伯世界和伊斯兰地区开放所面临的内外环境变化、促进开放的有效手段和方式、重点与难点以及如何提升中阿博览会在中东地区的认知度和认可度等具体问题展开深入细致研究”。

2.2 主要研究领域

(1)中国内陆开放、向西开放的战略,中国西部大开发与大开放的联动,向西开放与全方位开放的联动,向西开放与中国东、中、西部区域合作的联动,宁夏开发与开放的联动,宁夏向西开放与全国向西开放的联动。

(2)从中阿合作的视角,研究阿拉伯国家(特别是海湾国家和北非大国)的国情、民情,包括政治法律、经济、社会、文化、生态、对外关系现状、发展趋势,阿拉伯国家“向东看”的思路、政策、需求,中国、宁夏能为阿拉伯国家提供什么,中阿之间利益、价值观的相通性,中阿交流合作的历史、现状、问题、发展方向和突破口选择。

(3)从中国与穆斯林世界合作的视角,研究穆斯林世界(特别是中东的伊朗、土耳其等穆斯林大国,南亚、东南亚的巴基斯坦、孟加拉、印尼、马来西亚等穆斯林大国)的国情、民情,以及中国与穆斯林世界交流合作的历史、现状、问题、发展方向和突破口选择。

(4)“丝绸之路经济带”建设的有关问题,新的陆上丝绸之路、空中丝绸之路、海上丝绸之路交通物流通道建设,人流、物流、资金流、信息流便利化建设,输油管道、输气管道、相关油气田开发和我国西部油气储备基地、油气加工基地建设,新丝绸之路沿线国家能源(包括新能源)、金融、商贸、劳务、旅游、人文交流合作发展,中国与沿线国家基础设施互联互通和合作建设模式。

(5)中国及其宁夏试验区内陆开放、向西开放的制度创新(体制机制改革)、政策创新、发展环境创新,作为宁夏试验区核心龙头的银川阅海湾中央商务区、滨河新区、银川综合保税区向高层次自由贸易试验区的提升,中国、宁夏清真食品、穆斯林用品产业的加工、流通、出口发展,等等。

3. 宁夏向西开放研究所发展目标、人员来源建议

3.1 发展目标

迅速改变宁夏在内陆开放、向西开放、中阿合作等方面战略研究、政策研究基础薄

弱、几乎空白的状况，尽快集聚一批人才，建立与宁夏要打造国家向西开放战略高地相匹配的一流研究团队，最终目标是将研究所建成能够引领国家向西开放战略研究的高层次智库，中国与阿拉伯国家、穆斯林世界相关智库间交流、合作、对接的重要平台，具有国家级、国际性重要影响力。

3.2 人员来源

要求以开阔胸怀、满腔热情、特殊政策、优惠待遇招募人才，集聚精英，逐步壮大。一是从区内现有相关机构中选拔具有家国情怀、国际视野、战略思维、创新能力、国际交流才能的某些人才，二是通过报纸、网络等多种媒体，在国内外公开招聘能为宁夏试验区立志作贡献的杰出人才，三是从国内外相关机构柔性引进或借调某些人才，四是通过建设博士后工作站、访问学者流动站招募不定期工作的交流访问学者，五是通过与有关大学、研究院所（如北京大学、中国社会科学院、上海国际问题研究院等）联合建立硕士、博士研究生培养点，合作培养国际性人才。

在筹建阶段，最关键的是要选定一、二位具有远见卓识的“将才”（帅才）主持研究所筹建工作，以高起点、高标准建所。只要聚集了七八位得力研究人员，就可正式建所、起步工作，走由小到大、由弱到强的发展之路。

宁夏参与丝绸之路经济带建设的几个问题

1. 宁夏在古代丝绸之路中的地位作用

中外学者把古代沟通中国与西方(远至地中海沿岸亚非欧各国)的商路统称丝绸之路,其历时至少2000余年,纵横(包括陆路、海路)2万余公里。丝绸之路的开辟是人类文明史上一大创举,是沿线各国人民的集体创造,人们在大漠戈壁上"驰命走驿,不绝于时月",在汪洋大海中"云帆高张,昼夜星驰"。千百年来,丝绸之路承载的和平合作、开放包容、互学互鉴、互利共赢精神薪火相传,对于促进中华文明与古代埃及文明、巴比伦文明、印度文明、波斯文明、希腊罗马文明、阿拉伯文明以及伊斯兰文明之间的交流起到了无可估量的巨大作用。丝绸之路按线路分,有以下几类。

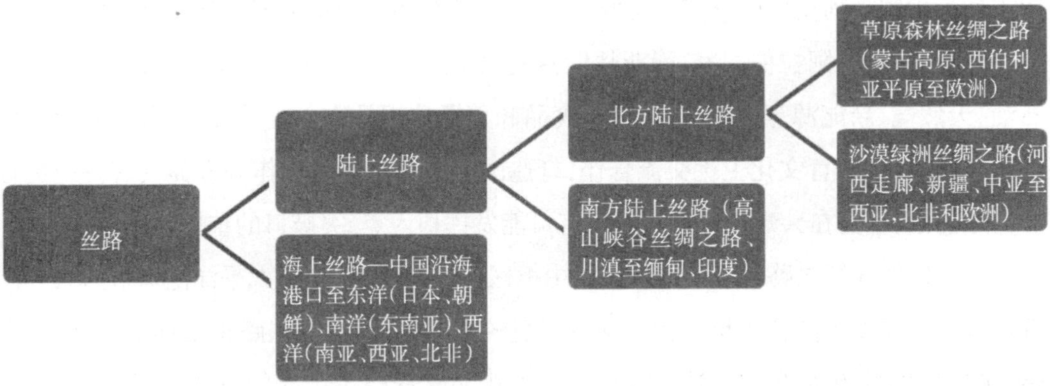

作为陆上丝绸之路主干道的沙漠绿洲丝绸之路,先起于中国的长安(今西安),后又东延至洛阳、开封、北京。其东段分中北南三条支道到达敦煌。古代宁夏处于绿洲丝绸之

中国地理学会黄河分会2014年会·丝绸之路经济带建设高层论坛讲演稿,2014年7月15日。合作者:崔永庆、牛国元

路东段北道的必经之地：源于先秦、形成于汉、繁荣于南北朝、唐代的长安—原州（今固原市原州区）—凉州（今武威）道（史称萧关道），唐末宋初西夏时期的长安—灵州（今吴忠市利通区）—凉州道（史称灵州西域道），西夏、元代时期又兴起长安—六盘山—兰州道，大都（今北京）—中兴府（今银川）—凉州道。元初意大利著名旅行家马可波罗就是由凉州直插中兴府而东去大都的。

丝绸之路东段北道虽然沿线人口不多、大城市少，但其有线路顺直距离短，较中道、南道具有路径便捷、地势平坦、地质情况相对简单（沿线很少发生山崩、塌方、滑坡、泥石流等地质灾害）等突出优点。当代太中银铁路、干武铁路、宝中铁路、定武高速公路以及新疆通向东部的西气东输管道等都选择走这条线路。可以说，宁夏是古代丝绸之路最短通道的重要节点，汉代、盛唐的原州为丝绸之路名城，宋代、西夏、元代的灵州、中兴府更先后成为丝绸之路国内段的交通枢纽。

2. 宁夏在当代丝绸之路经济带建设中具有重要地位

宁夏回族先民沿丝绸之路而来，回族商人活动与丝绸之路息息相关。宁夏在当代丝绸之路经济带建设中更具有重要地位。宁夏回族自治区作为“中国的穆斯林省”，与“一带一路”沿线的阿拉伯国家、穆斯林世界，在文化传统、宗教信仰、生活习俗等方面有诸多共同相通之处，宁夏与他们是共建“一带一路”的天然合作伙伴。

宁夏具有民族团结、社会稳定的有利条件。2012 年 9 月，宁夏内陆开放型经济试验区正式获准设立，这是我国唯一一个覆盖全省域的国家级内陆开放试验区，宁夏首府银川市作为中国—阿拉伯国家博览会的永久会址，肩负着建设向西开放战略高地的国家使命，将成为中国与阿拉伯国家、穆斯林世界文化交流、经贸合作的战略平台，特别在加强石油、天然气、新能源等国际合作、清真食品和穆斯林用品产业贸易合作、贸易和投资便利化合作、科技教育文化卫生交流合作、打造国际旅游目的地合作等方面具有特殊优势和良好前景，宁夏在共建“一带一路”中有可能发挥切入点、突破口的重要作用。

宁夏地处丝绸之路经济带国内段的中枢区位。宁夏处于连接太平洋港口群与大西洋港口群的新亚欧大陆桥中枢位置。穿越宁夏的太中银、干武等铁路正是孙中山《建国方略》中提出的北方大港（天津塘沽新港）西去亚非欧铁路主干线的重要一段，是较之陇海—兰新线等其他东西向铁路线距离最短的线路。新疆西气东输管线也正是与该线平行通过宁夏中卫市节点，由此分别北送京津、东送沪宁杭长三角、南送广深港澳珠三角。宁夏又处于连接中国与中亚、西亚、北非、南欧的主要国际民航线路即所谓雅布赖航路上，银川至中东航班，较之东部北上广等大城市到中东，要节省时间、航油 20%以上。同时国家已授予银川河东机场向阿联酋等阿拉伯国家开放第三、第四、第五航权，从而具有扩大空域资源的很大潜力。目前已开通银川至阿联酋迪拜客运航班，银川直达哈萨克斯坦、乌兹别克斯坦货运包机。借助银川综合保税区、临空经济区等有利条件，有可能发展成为大西北重要国际空港，空中丝绸之路的重要门户。

3. 紧贴国家战略，在丝绸之路经济带互联互通建设上发挥宁夏作用

3.1 做强空中丝路

分期扩建银川河东机场，建设机场与铁路、高速公路、城市轻轨、城市公交的综合换乘枢纽，实现铁、公、机之间人流、物流的无缝对接。逐步增辟至阿拉伯国家和穆斯林大国的直达航班，逐步形成中阿、中穆（穆斯林世界）间的门户空港。通过中外合资建设航空公司、临港产业园区，把银川综合保税区升格为中阿自由贸易试验区。把建设空中丝路与开发丝路旅游产品、建设宁夏成为国际穆斯林休闲、度假、养生旅游目的地结合起来，以旅游客流发展为先导，促进中阿、中穆文化交流、经济合作的全面发展。

3.2 创建网上丝路

在建设丝路信息高速公路、推广云计算、大数据、物联网等新一代信息技术基础上，从建设跨国电子商务平台着手，以打造网上贸易中心、定价中心、信息中心、结算中心、物流管理中心、金融服务中心和信息化口岸为基本内容，加强中阿信息技术、信息产业的全方位合作，打破宁夏与阿拉伯国家间的距离障碍。

3.3 开拓陆桥丝路

借鉴开通渝新欧、豫新欧铁路货运直达列车经验，根据宁夏实际，筹划先行打通宁新伊（银川—新疆—中亚哈萨克斯坦、乌兹别克斯坦、土库曼斯坦—伊朗）铁路货运直达列车，建设银川南站（太中铁路银川联络线）、中卫站（太中铁路正线）等大陆桥国际化集装箱口岸，依托宁夏有关企业（如宝塔石化、清真食品和穆斯林用品等民营企业）和中东部有关企业，集运有关出口伊朗货品（清真食品和穆斯林用品，马铃薯、蔬菜、水果、奶制品等农产品，机械装备、汽车、家电等），由伊朗运回石油、液化气和其他商品，建立以人民币为结算单位的商品贸易、金融服务机制。在此基础上，可进一步将货运列车向西（伊拉克、土耳其等）延伸。

3.4 延伸油气丝路

在不断新建、扩建俄罗斯—中国新疆西线油气管道、中亚哈乌土三国—新疆油气管道、伊朗—新疆油气管道、巴基斯坦瓜德尔港—新疆油气管道的同时，将油气管道通过河西走廊延伸至中卫，将中卫建成新时期亚洲大陆油气管道的中转枢纽，由此分流转运东中部市场。同时利用中卫周边地区沙漠、戈壁广布的土地和地缘优势，建设国家级地下油气战略储备基地。

4. 加强中阿(宁阿)科技合作的建议

科技交流与合作是经贸合作和文化交流的重要内容和重要方式。历史上中阿文明交流合作首先是从科技交流与合作开始的,今日中国向西开放,阿拉伯世界“向东看”,同样蕴含着对科技合作的主要载体。基于在丝绸之路经济带建设中,宁夏要成为重要战略支点和争当深化中阿合作排头兵的重大现实需要,特就丝路经济带建设中阿(宁阿)科技合作重点项目的选择和关键措施提出若干建议。

4.1 中阿(宁阿)科技合作的重点项目选择

在《中国—阿拉伯国家合作论坛 2014 年至 2016 年行动执行计划》、《中国—阿拉伯国家合作论坛 2014 年至 2024 年发展规划》的有关条文中,都已经明确规定了中阿科技合作的重点领域和重点项目。宁夏地方虽小,但凭借中阿博览会等战略平台,依托自身特点,如果能准确选择有效科技合作项目先行先试,必将在深化中阿科技合作中有积极作为。初步建议先行选择以下三个重点项目。

4.1.1 中阿互联网经济试验示范项目

(1)宁夏实施中阿互联网经济试验示范项目具有现实必要性:一是可充分发挥我国信息技术产业的比较优势,助推中阿合作发展互联网经济,形成新的经济增长点;二是可创新对外开放模式,构建网上丝绸之路,有利于克服宁夏地处内陆的劣势,有效推动宁夏与阿拉伯国家开展科技经贸合作和文化交流;三是可有效带动宁夏产业与合作对方国结构转型升级,促进信息技术产业与跨国电子商务、服务外包、金融、物流、旅游等产业的快速融合发展;四是还可开拓大数据、云计算产业、远程医疗、远程教育、在线旅游、网络文化娱乐等服务领域,最终可为建成中阿贸易投资便利化示范区、中阿金融合作示范区、中阿人文交流合作示范区提供高水平信息服务。

(2)宁夏实施中阿互联网经济试验示范项目的有利条件:一是宁夏正式成为国家级内陆开放型经济试验区,银川综合保税区已建成运营,银川是中阿博览会永久会址;二是宁夏是国家工业和信息化部确定的超大型数据中心建设区,已纳入国家云计算产业布局地。宁夏区政府已与阿联酋签订了为 2020 年迪拜世博会提供数据处理等信息业务合作的协议;三是宁夏中卫市正在建设北京中关村高新科技产业园中卫分园,引入西部云计算公司、全球最大的电子商务公司亚马逊公司、阿里巴巴集团等信息技术企业;四是中国西部云计算基地、大数据中心已在银川开工建设,银川已获准建设跨境电子商务试点城市,与中兴通讯集团合作组建中兴(银川)智慧产业公司,必将有效带动宁夏物联网、大数据、云计算产业发展,将衍生形成新型的信息产业链。

(3)项目实施的主要内容:宁夏中阿互联网经济试验示范项目可先从跨境电子商务

试点起步，通过依托信息技术实现中阿贸易投资全流程透明化，打造网上商品交易和金融服务（包括现货、期货、服务特色的贸易中心、定价中心、信息中心、结算中心、物流管理中心等内容），并与电子物流枢纽、电子口岸系统连为一体，为创建网上丝绸之路、促进经贸合作提供全方位服务。

4.1.2 中阿新能源开发试验示范项目

（1）必要性和有利条件：一是阿拉伯国家新能源资源异常丰富，广阔的沙漠荒地为发展光伏发电、风电提供了良好基础；阿拉伯国家又具有雄厚的资金优势，近年来，为保护石油、天然气能源，发展低碳经济，纷纷制订庞大的新能源开发计划，如阿联酋投资220亿美元打造地球首个零碳城马斯达尔，投资50亿美元打造"太阳岛"，投资22亿欧元打造世界上最大的海上风电场等。沙特阿拉伯计划投资数千亿美元，在2020年建成全球最大的太阳能光伏电场，并发展风电、地热发电等项目。目前，发达国家对阿拉伯国家新能源市场已形成激烈竞争态势。二是中国已成为全球风电光伏发电第一大国。2012年全国风电装机容量7594万千瓦，占全球容量的17%。2015年中国太阳能光伏发电装机将达3500万千瓦，远超世界其他大国。预计今后10年中国新能源增长将领跑全球，光伏发电制造产业技术水平有望在2020年前后赶上德、美、日等先进国家，跻身国际领先水平行列，这为中国与阿拉伯国家合作开发新能源展示了良好前景。新能源已列入中阿合作三大高新领域突破口之一，并列入十年规划第四条，近期行动计划第四条。三是宁夏在发展新能源方面具有独特优势：宁夏与阿拉伯国家的地理条件有不少相似之处，同样拥有丰富的风能、太阳能资源以及风电、太阳能光伏发电所需的大量荒地，具有电网接入能力强的良好条件和一定的产业基础，已建成风电装机规模356万千瓦，占全国装机容量的4.7%，太阳能光伏发电装机160万千瓦，占全国15%，相对于宁夏国土面积仅占全国0.54%的比重，新能源开发位居全国前列。风电设备制造、太阳能光伏产业制造也已初具规模，形成了相对完整的产业链。2012年国家能源局批复宁夏在全国首个创建国家新能源综合开发利用示范区。由宁夏先行先试开展中阿合作新能源试验示范项目，具有独特优势和良好前景。

（2）项目实施的主要内容：可选择中卫市沙坡头区西部荒漠化土地建设中阿合作新能源试验示范基地，首先可与某个阿拉伯国家（如阿联酋）合作，双方共同投资、共同研发，合作培训技术人员，在对方合适地点筹建试验示范基地。同时努力提升落户宁夏的风电太阳能开发及相关设备制造产业，不断研发新工艺、新产品，强势参与阿拉伯国家新能源开发。

4.1.3 中阿生态农业、生态环境保护建设试验示范项目

宁夏与阿拉伯国家同为干旱半干旱的生态脆弱地区，发展农林牧受到水资源不足的

严重制约,生态环境保护建设都面临严峻形势,在应对全球气候变化方面面临共同的挑战。水资源严重短缺的宁夏在建设节水型社会方面进行了一系列实质性探索,已成为中国首个省级节水型社会建设试点;依靠科技治沙使宁夏实现了沙漠治理速度大于沙漠化速度的历史性转变,被确定为全国防沙治沙综合示范区。宁夏在建设北部现代农业示范区、中部高效节水农业示范区和南部生态农业示范区方面取得重要进展,在生态环境保护建设方面积累了丰富经验, 对于阿拉伯国家而言都是希望加强科技合作的重点所在。中阿合作十年规划第六条中明确提出要"实施在农业、粮食安全、动物和渔业资源、食品工业、荒漠化防治、环境技术等领域的共同项目,建立中阿荒漠化防治技术培训中心",并将防治荒漠化合作、农业合作列为重要内容。近期,宁夏已与阿联酋签订科技合作框架协议,就旱作节水作物品种技术、种苗繁育技术和相关人才技术培训等达成了合作协议。双方决定在迪拜共建中阿生态园林景观与现代农业高新技术示范园, 为 2020 年迪拜世博会提供绿化景观建设服务。共建中阿生态园林,建立定期会商机制,向海湾国家大力推广宁夏的园林绿化树种、农业果蔬品种及配套栽培技术,其本身就已经意味着中阿共建生态农业及生态环境保护建设试验示范项目开始起步。进一步依托丝绸之路沿途省区高校、科研机构,开展中阿在现代农业开发、生态环境保护建设等领域的全面合作,具有广阔的合作空间和美好前景。

4.2 实施中阿(宁阿)科技合作项目的支持措施建议

积极争取把中阿(宁阿)科技合作重点项目纳入"一带一路"国家规划。做到全国统筹规划,有关省市区分工协作。建立区域协同互动机制,不仅能充分整合宁夏区内科技资源,而且可实现有关省市区科技资源优势互补,进而形成国家重点科研院所和高校多方参与,技术贸易、技术援助、合作研发等共同推进的局面。

开展中阿科技金融合作试点,为中阿科技合作提供资金支持。科技合作能否顺利进行,有赖于双方能否投入足够的资金。因此,要把中阿科技合作参与中阿科技伙伴计划与建设中阿金融合作示范区紧密结合起来,加快引进阿拉伯国家金融机构,设立中阿产业投资基金,争取国家将"中国阿联酋共同投资基金"、"阿拉伯投资风险基金"等布局于宁夏,逐步确定宁夏作为中阿金融合作中心的地位。

争取国家支持搭建"一带一路"国际科技合作政府平台。建议在国家科技部设立中阿科技合作交流办公室,统筹协调有关省市区与阿拉伯国家的科技合作事宜。设立中阿科技合作专项基金和"中国—阿拉伯国家技术转移中心",支持中阿科技合作重点项目,逐步形成政府引导,机构参与,产学研相结合的中阿科技与经贸合作联动架构。

区域经济规律性探索和对策性研究的重要成果
——陈栋生主编《区域经济学》评介

改革开放十多年来，我国区域经济取得了前所未有的大发展，同时在发展过程中也暴露出许多需要研究解决的矛盾和问题。在社会需求的强大推动下，我国区域经济研究异常活跃，涌现出了一批著名的专家学者，中国社会科学院研究员、博士生导师、中国区域经济学会副会长陈栋生先生就是其中一位杰出的区域经济学家。他主持撰写的《"七五"和后十年（1990～2000）中国生产力布局战略研究》、《对九十年代经济布局方针的建议》以及《九十年代我国区域经济政策研究》等成果，在若干方面取得突破性进展，其中不少观点、意见已为国家"七五"计划、十年规划和"八五"计划所采纳。在大量调查研究工作的基础上，借鉴西方区域经经济理论与研究中国国情相结合，通过一番去伪存真、由表及里、去粗取精的分析综合，宏观探道，微观寻真，总结撰写了200多篇论文和10部学术著作。由陈栋生先生主编的《区域经济学》可说是他累累成果中的一部代表作。

近些年来，我国出版界已经先后推出好几部区域经济学专著、译著，陈栋生主编的《区域经济学》以其下列优点而独具特色。

1. 理论与实践紧密结合

作者大学毕业三、四十年来，一直在从事中国生产力布局和区域经济的对策研究、实证研究和理论方法研究，特别是80年代初以来，他更时时关注着改革开放方针下我国区域经济新变化的跟踪调查研究。正如本书在论述区域经济学的研究方法时指出的，区域研究的基本原则是理论与实践的统一，亦即强调从国情出发借鉴西方区域理论，规范研究与实证研究相结合，定性分析与定量分析相结合。作者本身对此身体力行，其著作也正是这

发表于《市场经济研究》1993(4):124

种理论与实践相结合的结晶。本书是一部从中国土壤上产生、具有鲜明中国特色的区域经济理论著作,这从书中一系列中国及其各区域实例的分析论证可以得到很好的证明。

2. 博采众长,自成体系

作者凭借丰富的实践经验和深厚的理论功底,对中国区域经济发展中的大量实际问题进行了理论分析和总结。在此过程中,重视吸收东西方区域经济学家、发展经济学家、区域科学专家和经济地理学家的理论研究成果,以及我国区域经济学术界的各家学说。例如区域经济分异的客观基础——生产要素的不完全流动性、经济活动的不完全可分性和距离成本三者即采纳了美国区域经济学家埃德加·M·胡佛所谓区域经济学“三个基石”的说法(见胡佛著《区域经济学导论》第7页);区际分工理论主要引用了马克思主义经典著作的科学论述;绝对利益和比较利益原理则吸收了西方古典政治经济学的学说,以及在他们这些学说基础上发展起来的生产要素秉赋学说(瑞典新古典主义经济学家B.奥林)和协议性分工学说(日本经济学家小岛清),等等。作者博采众长,融会贯通,从而构筑起中国的区域经济理论体系,形成一家之言。

3. 脉络分明,结构合理

本书共分四个部分:导论部分分别对区域经济这门学科的客观基础、形成发展、对象内容、研究方法作了说明;第一篇从时间过程、产业结构、空间结构几方面探索区域经济发展的客观规律,并且紧接着提出了如何运用客观规律采取科学对策即区域经济发展战略的问题;第二篇着重探讨区域之间关系的客观规律,即区域经济系统与周围环境的差异,以及由此而引起的物质能量交换,包括人流、物流、信息流、资金流、技术流、意识流等,亦即区际的分工、贸易、要素流动,进而提出了如何运用客观规律采取对策即加强区际经济合作的问题;第三篇则论述如何根据区域经济的运动规律,进行政策选择与设计,也即在市场经济的条件下,如何实行政府干预、宏观调控的目标、途径和措施。全书逻辑严密,思路清晰,脉络分明,结构合理,充分体现了科学性与应用性的密切结合。

4. 重点突出,要而不繁

有的经济理论著作,往往篇幅浩繁、文字艰涩,使人看了半天仍抓不住要领,往往很难卒读。本书在表达上颇有独到之处,即重点突出,内容精干,文字简练,深入浅出,通篇读来简单明瞭,没有繁复的头绪或多余的枝蔓,而且文、图、表并茂,辅之以必要的数学表述。只花了20多万字的笔墨,便构成了一部完整、系统的理论专著,在某种意义上,本书也可以说是一部兼具普及性的入门书。理论家读了,可以得到不少新的启迪;实际工作者读了,能够打开新的理论天地;初学者读了,便可步入区域经济学的殿堂。本书既可作为理论工作者和实际工作者的重要参考书,也可作为高等院校研究生、本科生的教材或学习材料。

本书是区域经济研究园地中的一枝鲜花，它的问世，必将对推动我国区域经济发展以及有关理论研究的深化产生良好的作用。我们也期待着由此而引出更多更好的学术研究成果问世。

丝绸之路绿洲研究集成、开拓之鸿篇大著

——评钱云《丝绸之路绿洲研究》

20世纪90年代，新疆人民出版社曾出版联合国教科文组织丝绸之路考察合作项目成果《丝绸之路研究丛书》计13卷，推动了丝绸之路学和中西文化交流史的发展。10多年过去，为了集中反映改革开放以来我国丝绸之路学取得的新成果，2008年初，新疆人民出版社通过申报国家出版基金项目获准，计划重新编辑出版包含20余种选题的新版《丝绸之路研究丛书》，钱云《丝绸之路绿洲研究》即是丛书之一，于2010年末付梓发行[1]。钱云《丝绸之路绿洲研究》分为"丝绸之路绿洲历史演变""丝绸之路绿洲经济与绿洲文化""丝绸之路当代绿洲研究"共三编十五章，洋洋50万言，参考文献达120部(篇)，几乎吸收融合了我国有关丝绸之路绿洲研究的各种重要成果，可以说是当代丝绸之路学与绿洲学相互交融集大成、又具开拓性的一部鸿篇大著。

统观全书，笔者认为，钱云《丝绸之路绿洲研究》主要学术贡献体现在以下三方面。

一、点线结合，明确界定绿洲与丝绸之路构成相辅相成、融为一体的陆上交通和人流、物流体系

起自我国中原洛阳(或西安)，经我国西北、中亚、西亚以至地中海沿岸等地的丝绸之路，沿途大多数地区属干旱、半干旱地区，绝大部分地区降水稀少，水源奇缺，无水处为荒漠，即大面积的沙漠、戈壁，寸草不生，沙尘频发，生态脆弱，有水处即为绿洲或部分草原。绿洲面积仅占我国西北干旱区的4%，却养育了干旱区90%以上的人口，集中了98%以上的城镇。历史上形成偏北的草原丝绸之路和偏南的绿洲丝绸之路两大类，它们在中国

发表于《宁夏大学学报(人文社会科学版)》2014,36(4):190～192

古籍上分别被称“行国”(草原游牧民族居地)和“居国”(绿洲灌溉农业城邦)。草原丝绸之路出现于较早的史前时期,可以说是绿洲丝绸之路的前身;绿洲丝绸之路则在汉代以来的两千余年中一直处于主导地位。钱云《丝绸之路绿洲研究》一书运用丰富史料和确凿数据,揭示了丝绸之路上不同类型绿洲的发生、发育、演变的客观规律,以“负水担粮,筑城驻军,戍兵屯田,临路行商”16个字,论证了绿洲“点”的开发对于丝绸之路“线”的畅通无阻之支撑保障功能。而丝绸之路“线”的开发则把众多分散的“点”串为一气,使原本相对封闭、大小不等、分散布局的绿洲“节点”结成了一个宏大的开放系统,不但相邻绿洲之间可以互通有无、彼此交流,而且可以迎送远方来客,促成了中西之间经济与文化的持续交流。不同时期、不同类型绿洲的繁荣壮大或退化衰亡,它们的此消彼长则对丝绸之路的宏观走向或微观转折产生重大影响,形成绿洲与丝绸之路之间不可分割的共生共荣关系。诚如钱云《丝绸之路绿洲研究》第五章所指出的,“古代丝绸之路是一条点线紧密相扣的链条,是一项伟大的接力运动……驿传过程中要确保丝路上的人流和物流能不断地前进,势必要在绿洲上对人员和物资给予补充,而且要有一定的制度,能使绿洲承担“负水担粮”的重任……确保路的贯通,先要保城安全,必须在绿洲设置军政机构和沿途军事设施,以及有一定规模的驻军……绿洲驿传、绿洲城堡、绿洲屯田、绿洲集市环环相扣,全链驱动,保障了丝绸之路千百年来的通行。”(钱著61页)

笔者曾在一篇文章中指出,中国西北绿洲开发和丝绸之路建设是西北开发的成功经验,绿洲不仅孕育了古代丝绸之路的辉煌,更是当代新亚欧大陆桥的基石,是西北大开发的主阵地和干旱区可持续发展的依托。今日中国西北开发,仍要借鉴成功历史经验,实行以点、线开发模式为主的重点开发战略[2]。

二、文理结合,以地理学自然、人文相容互补的理论和方法研究丝绸之路绿洲,得出不少新观点、新启示

众所周知,丝绸之路的概念最早是由19世纪到中国进行地理考察的欧洲探险家提出的。德国地理学家李希霍芬(曾任柏林大学校长、国际地理学会会长)于1868～1872年多次到中国考察,1877～1912年出版《中国,亲身旅行和研究成果》一书(文字5卷,图集2卷),首次提出古代中国北方有一条称得上丝绸之路的横贯亚洲大陆的交通大动脉。李希霍芬的学生、瑞典地理学家斯文·赫定会同中国地理学家丁文江、翁文灏等人共同发起,联合组建“中瑞西北科学考察团”,于1927～1935年开展多次综合考察。作为总结,斯文·赫定写出英文版《丝绸之路》一书,包括地理、生态、民族、考古等系列成果,为中外学术界建立了丝绸之路学,成为中外科学家开展多元文化交流研究的平台。少年时代的笔者,仰慕斯文·赫定的考察探险活动,曾为借阅其科普著作《亚洲腹地旅行记》而到处求索。

丝绸之路学是一门综合性、跨学科、人文科学和自然科学交叉的学问，但以往国内的研究绝大多数以历史、考古、民族、宗教、文化、艺术等学科的视角展开，而缺少自然科学家的参与。这种不全面、不平衡的局面必然在相当程度上影响研究的广度和深度。钱云先生作为一位地理学家，兼容自然地理（包括地质地貌、气候水文、植被土壤、景观生态等学科）与人文地理（包括人口、民族地理，聚落、城市地理，经济、文化地理等学科）的综合素养，具有扎实的理论功底和天然的学术优势。同时，他又充分吸收了国内当代绿洲学研究成果，如1995年版中国科学院新疆地理研究所的《干旱区资源环境与绿洲研究》；陈仲全等《甘肃绿洲》；刘甲金等《绿洲经济论》；1998年版黄文房等《绿洲发展与生态环境建设》；2000年版钱云等《新疆绿洲》；2001年版韩德林《新疆人工绿洲》；申元村等《中国绿洲》；2003年版黄盛璋《绿洲研究》；2008年版傅小锋《绿洲经济可持续发展研究》，等，足以对丝绸之路绿洲的自然环境变迁、经济社会文化演变，对绿洲生态、绿洲经济、绿洲文化的发展规律、当今问题和发展趋势，都做出了科学、系统的分析论证，弥补了国内丝绸之路研究重文轻理的缺憾。如钱云《丝绸之路绿洲研究》第十章、第十一章，分别从气候变化、水系变化、植被演变、自然灾害以及民族迁移、人口变化、战争破坏等因素对不同类型绿洲的影响，剖析了塔里木河下游楼兰古城，且末河中下游、尼雅河下游、克里雅河下游、和田河流域等十多个古绿洲萎缩、消亡的过程，以及当代吐鲁番盆地绿洲过度抽取地下水造成坎儿井危机等系列化问题，对今后丝路绿洲的生态、经济、文化建设给出了许多有益启示。

三、中外结合，以扩大开放的理念重视总结境外丝绸之路绿洲建设经验，以及加强中国与丝绸之路沿线国家交流合作发展模式的建议

古丝路的开通，既促进了国内中原文化与西部草原游牧文化、绿洲文化的相互碰撞与交融，更促进了中国华夏文明与古埃及文明、古巴比伦文明、古波斯文明、阿拉伯文明、伊斯兰文明、古希腊罗马文明以及印度文明之间的经济与文化大交流，传播、扩大了中华文明的影响力，也在交流合作中丰富、发展了更加辉煌灿烂的中华文明。改革开放以来，在对港澳台地区，对欧美各国以及东亚日、韩、俄等方向的开放取得了巨大进展，但是相对来说，向西开放的步伐还不够大，抚今思昔，重振古丝路辉煌，加强与中亚、西亚、北非、南亚各国的交流合作，应是我国当前面临的重大机遇和挑战。

中国境内丝路各段的绿洲，既有共性特征，也有其个性特征。而境外丝路各段（中亚、西亚、北非等）的绿洲，由于地理背景、资源特征不同，特别是民族宗教、历史文化、经济发展的巨大地域差异，更是各有其自身特点。钱云《丝绸之路绿洲研究》的一大优点是，突破了过去局限于丝路国内段的研究范围，把研究触角伸向境外。丝路绿洲研究重点分为三大块，即三个典型区：国内河西走廊的石羊河、黑河、疏勒河三流域绿洲；新疆的于田、石河子、吐鲁番盆地、伊犁盆地等丝路绿洲；境外的中亚绿洲——中亚五国阿姆河、锡尔河两河流域和注入巴尔喀什湖七河流域的典型绿洲，分别进行了具体剖析。例如位处中亚两河流域之间的泽拉夫尚河畔撒马尔罕绿洲，其古城已有两千余年历史，也是今日乌兹别克斯坦的第二大城市。中国元明之际，撒马尔罕城的统治者帖木儿可汗（1336~1405年）是位伟大的建筑设计师，他对该城深挖沟，高筑墙，建设了市中心大市场和城市道路系统，“绿化很好，每家每户都有一个花园，从泽拉夫尚河引渠浇灌，大树冠的悬铃木属树木形成浓密的树阴。在市区，很多喷泉和水池为当地居民和旅客增添了凉爽和舒适，”（钱著57页）成为中亚著名的绿色城市。钱云《丝绸之路绿洲研究》还专设一节，论述“中亚绿洲的发展与区域经济合作”，提出了中国与中亚五国区域合作的各种模式[3]。

中国自古即有对外开放的传统，丝绸之路就是光辉例证。今日中国自当继续发扬光大，把中国新一轮的西部大开发与建设新的丝绸之路（包括新亚欧大陆桥铁路、高速公路的陆上丝路、当代空中丝路，以及西亚—中亚—中国新疆的石油天然气管道、印度—孟加拉—缅甸—中国云南经济走廊、巴基斯坦—中国油气管道等互联互通设施），以及实施向西开放战略结合起来。2013年9月国家主席习近平访问中亚哈萨克斯坦、土库曼斯坦、乌兹别克斯坦三国，特别造访了丝路绿洲名城撒马尔罕，提出了建设新时期“丝绸之路经济带”的伟大构想，意义深远。因此，钱云《丝绸之路绿洲研究》的出版，不仅具有重要的学术价值，而且也具有为建设新丝绸之路、进一步扩大向西开放提供科学依据的重大现实意义。

钱云先生比笔者早两年进入北京大学地质地理系经济地理学专业学习，与笔者是同门同行师兄弟。钱云先生在校时政治上受到不公正待遇，1960年，头戴荆棘之冠被发配边陲。可新疆人民欢迎这位北大才俊，不但接纳了他，还为他提供用武之地。钱云先生把青春献给了他所钟情的第二故乡，作为新疆师大教授，秉承中国古代地理学家“行万里路，读万卷书”的优良传统，走遍丝路新疆段的大小绿洲，深入野外、基层考察，为新疆农业资源调查、农业区划等研究做出重要贡献，成为享受国务院特殊津贴专家。钱兄与笔者有同乡、同门、同好之谊，20世纪70年代，均分头投入新疆绿洲和宁夏平原绿洲研究，其成果已分别出版[4-6]。笔者同钱云先生交流互访，一起出席学术会议，切磋学问难题，抒发人生感悟，不觉间结成莫逆之交。1999年钱兄退休回家乡定居，2008年新疆人民出版社邀约他编著《丝绸之路绿洲研究》，他怀着家乡杭嘉湖丝绸之府与古丝路机缘巧合的遐想，以及对新疆绿洲第二故乡的深厚挚爱之情，在古稀之年组织本校和西北师大等一帮中青年才俊，通力合作，用一年多时间完成皇皇大著。而今，我辈均已步入人生暮年，但彼此相约共勉：对第二故乡西北绿洲的挚爱之情不变、对丝路研究的关注不变、对为“丝绸之路经济带”新的繁荣崛起略尽绵薄之力之衷心不变。

参考文献

[1]钱云，金海龙，等.丝绸之路绿洲研究[M].乌鲁木齐：新疆人民出版社，2010：1～389.

[2]汪一鸣，赵亚峰.点线开发：西北国土开发的历史经验[J].宁夏大学学报(人文社会科学版)，2005，27(5)：35～37.

[3]新疆师范大学中亚绿洲研究中心.中国新疆与中亚五国区域经济合作研究[R].2006：25～115.

[4]钱云，郝毓灵.新疆绿洲[M].乌鲁木齐：新疆人民出版社，2000：1～396.

[5]汪一鸣.宁夏人地关系演化研究[M].银川：宁夏人民出版社，2008：201～227.

[6]汪一鸣.黄河大柳树枢纽供水区生态绿洲建设研究[J].宁夏大学学报(自然科学版)，2003，24(2)：101～105.

《宁夏人文地理》序

从地理学的角度来看，宁夏回族自治区是一个十分奇妙、很有特色的地方：自然景观绚丽多彩，高山、长河，大漠、草原，黄土丘陵，绿洲水乡，呈现出生态类型多样、地域差异鲜明的环境特征；人文积淀厚重非凡，石器遗址，先民岩画，丝路古道，历代长城，千年古渠，历史名城，交织成黄河文明、西夏文化、回族风情的灿烂画卷。在这块神奇的土地上，自古到今，不知演出过多少人间活剧！宁夏作为一个省级自治区，地小、人少、经济文化比较落后，但人类活动与地理环境的相互关系，却又是那么丰富而深刻，生动而典型！宁夏人文地理现象（人地关系地域系统的空间差异、空间结构）及其时间演化过程，历来受到国内著名地理学家的关注。

然而，遗憾的是，相当一段时期内，宁夏人文地理领域的系统研究，似乎一直处于处女地拓荒的原始状态，研究成果片断、零碎，研究基础相当薄弱。倒是有些学者从区域经济学、社会学、生态学的视角，进行了若干课题研究，促进了对某些宁夏人文地理问题的认识，但这毕竟是大大不够的。

随着近些年宁夏大学资源环境学院的发展壮大，尤其是新世纪伊始，学院人文地理学硕士学位点以及人文地理校级重点学科的建立，情况有了转机，一批矢志于人文地理研究的教师群体迅速茁壮成长，他们绝大多数是年青同志，既具较扎实的理论功底和专业训练，又有献身地理科学、服务国家建设的雄心抱负，在学术带头人米文宝教授等人带领下，生气勃勃，团结协作，走出书斋，深入实践，完成了不少大大小小的研究项目，对宁夏人文地理许多方面的问题做了有益的探索。这些研究，不仅是学科建设和培育高素质

发表于《宁夏人文地理》，中国社会科学研究出版社，2006：1~2

人才的需要，也是直接服务于社会的良好开端。本书即是这个研究团队科学探索的部分结晶。

宁夏有不少在全国甚至全球独具特色的人文地理现象和过程，例如历史上众多少数民族的进入和交融，东中部各地汉人的迁入和交融，当代的易地扶贫开发移民和生态移民工程更是闻名遐迩。本书对此专章进行了讨论。具有深厚文化底蕴、魅力无限的生态旅游、沙漠旅游，也是宁夏近年来吸引世人眼球的独特景观，本书作者也对此进行了有一定深度的探讨。书中还有不少可圈可点之处。

毋庸讳言，本书也有不足。例如，宁夏南部黄土丘陵区、中部干旱风沙区突出的生态问题和贫困问题，宁夏独特的回族社会文化地理，作为西北明珠的宁夏平原绿洲及沿黄城市群地理，书中着墨不多。好在近年来已出版了一些相关的人文地理著作，如米文宝等著《宁夏西海固贫困少数民族地区可持续发展研究》（西安地图出版社，2001 年 10 月），刘小鹏主编《区域经济分析与规划研究》（宁夏人民出版社，2005 年 12 月），笔者著《宁夏人地关系演化研究》（宁夏人民出版社，2005 年 11 月），以及陈忠祥等著《宁夏回族社区人地关系研究》（即将由宁夏人民出版社出版）等，它们都是宁夏大学人文地理研究团队的作品，把本书与这几本书配套起来阅读，可收互补之效。

另外，本书对某些问题的讨论，可能还是初步的、不够成熟的，有待于进一步的深化研究。记得中国现代历史地理学奠基人之一顾颉刚先生说过："我们研究的成绩，或浅陋，或错误，这是无关紧要的，因为每一种学问在创始时代必不能免于浅陋和错误。唯其能在浅陋与错误之后再加以不断的努力，自然能做到高深的地步。"我想，本书的出版，不是有关研究的终结，而是创造更高深学问的开始。热诚希望以此为起点，宁大人文地理学教学研究团队能源源不断地涌现出更多更好的创新研究成果，能有更为系统更加成熟的宁夏人文地理新著问世。

《宁夏回族社区人地关系研究》序

陈忠祥等同志所著的《宁夏回族社区人地关系研究》，是作者主持完成国家自然科学基金课题“宁夏回族社区的空间结构及人地关系研究”的成果汇总。它包括宁夏回族社区的形成变迁、社区类型及其空间结构的变化、社区文化及其发展、社区旅游资源开发、社区反贫困问题、社区生态环境建设、社区规划与发展等重大问题，而回族社区的人地关系研究则是贯穿于全书的主线。它是一部探讨宁夏回族社区人文地理的具有开创性的学术著作。

纵观本书的学术观点和内容，我认为其中有不少创新之处。

从国内外有关成果可以看出，目前尚很少有人从社区空间结构和人地关系入手来研究社区问题，本书则是对宁夏回族社区人地关系研究的一个开创性尝试。作者通过对回族社区社会、经济变迁和空间结构变化之间的关系，以及社区内人与资源环境之间关系的探讨，为回族社区发展提出了一些新思路、新方略，为社区研究提供了一个交叉性、多方位研究的新途径。

本书在对回族社区形成的环境分析中，着重从环境变迁与社区空间结构的演化及社区经济发展态势之间的互动关系入手，提出了环境变迁促成回族社区“大分散、小集中”的空间格局，环境负向变化迫使社区经济贫困化加剧的结论。在对回族社区空间结构的变迁研究中，作者从变迁受制的生产力发展水平、政治经济形势和社区的文化内涵、宗教信仰等因素分析，对社区空间结构的变迁态势、变迁过程及变迁效应进行了实证分析。书中对宁南山区回族社区划分了四种基本地域类型，提出未来演化趋向是：搬迁改造坡地

发表于《宁夏回族社区人地关系研究》，宁夏人民出版社，2007：1～3

型、半川半坡型社区，抑制河谷型社区发展，向高宽阶地集聚；扩张川地型社区，向大村落、城镇化推进。目前，宁南山区的社区改造与整合，正在按此趋向调整优化布局。

本书还重点研究了伊斯兰文化与回族社区之间的关系，特别是伊斯兰经济思想对回族社区发展的影响，指出伊斯兰文化在相当程度上支配着回族社区的经济观念和经济行为，支撑着社区商贸业、羊毛绒业、清真食品业等主要产业；而社区经济进一步发展则要充分发挥伊斯兰经济思想潜能，进军大伊斯兰市场。在讨论回族社区人地关系时，作者以历史演绎的方法，站在人口、资源、钚境协调和可持续发展的高度，揭示了人地关系的内涵和若干重要理念，为社区产业结构调整、生产力布局、生态环境建设和长远发展指明了方向。其他诸如对回族风情旅游资源开发的见解，回族社区反贫困理论分析与对策等，都不乏新观点新建议。

本书的另一重要特色是立论、分析的综合性。作者综合运用地理学、历史学、社会学、生态学、民族学等多学科理论方法，以宁夏回族社区人地关系和可持续发展为中心，融社区研究、环境演变、区域开发、反贫困战略、民族发展等重大问题于一体，体现了自然科学和社会科学的有机结合。本书的许多建树，对宁夏乃至全国少数民族地区的社区建设、区域开发等都有重要的参考价值。

总之，本书的学术意义和实践价值是显而易见的，这反映了作者深厚的学术功底、严谨的科学态度和丰富的研究积累。我与陈忠祥教授是多年的老朋友了，在相交中我们常谈到，作为工作生活于宁夏回族自治区的地理科学工作者，应该有志于填补回族地区人文地理研究这一科研空白。现在，忠祥等同志终于开始填补这一空白，可喜可贺。

我在祝贺本书出版之际，高兴之余，更期盼着作者及同行专家有更多更好的民族社会文化地理著作问世，为宁夏和祖国的地理科学发展做出更大贡献。

第四篇

银川城及银川平原城镇群发育的地理基础

银川城的形成、发展,既遵循城市发育的一般规律,又与其所在区域独特的地理环境紧密相关。本文试图从城市地理学和历史地理学的视角,来分析银川城及银川平原城镇群发育的自然地理基础和人文地理环境。

一、城市发育的一般规律

城市是社会生产力发展到一定阶段的产物,是人们公认的人类三大文明标志之一。从地理学角度看,城市是占据地表一部分土地、以非农人口为主的居民聚落,作为人类活动中心,与周围区域保持着密切联系,具有控制、管理和服务等机能。

我国城市的起源,可概括为三种情况。一是防御需要。先是为保护族群、部落,以后又为了保护私有财产,传说中夏代已“筑城以卫君,造廓以守民”(《世本》引《吴越春秋》),很多情况下,城为君主、贵族宫廷和军人等居住区,廓为市民、奴隶生活区,择险而筑、高墙深池(池指护城壕沟)常为早期城市重要特征。二是集市兴起。在出现社会分工、剩余物资后,需要固定交易场所即市集,伴随手工业作坊、商业服务设施的集聚。三是宗教中心。维系血亲、宗族、集团凝聚力的宗庙、祭坛往往位居城市重要部位,利用自然地形或人工建设夯土台址,居高临下。不少城市则是经济、军事、政治、社会文化等多种因素结合影响而产生。

关于城市的区位和选址:一是在土壤肥沃、水源充裕的农业地区居中建城,处于区域的核心位置,有广阔的农牧腹地,成为农产品、手工业品集散中心。二是在多种条件有利的原始居民点、农村居民点基础上就地扩展。三是巧用山川地貌以利生产生活,一般是避风、向阳、近水,如位于较高爽的向阳山坡、山麓有泉处,或依邻河湖岸畔的河流Ⅱ级阶地或Ⅰ级阶地,既近水源又避水患,所谓“高毋近阜而水用足,下毋近水而沟防省”(《管子·

发表于《西夏研究》创刊号,2010:109~117

乘马》)。四是凭险设城,特别是军事城堡必选山河险要、易守难攻之处。五选道路四通八达或水运方便的交通枢纽位置。六是与特定资源、产业的关系,如青铜时代夏朝都城与铜锡矿、铸铜工场之分布有关。

关于城址迁移:城市一旦形成,由于区域经济的循环积累增长效应和城市经济的核心边缘效应,一般呈惯性就地扩展,而仅在某些特殊情况下发生较长距离的城址迁移现象,如领土扩展或新区开发导致都城或中心城市转移;战争军事形势变化,如商代都城迁至太行山东麓地带是为了对付山西、河北一带的敌对势力,成汤都亳是为了战胜夏朝及其残余势力;经济腹地条件变化,如周围区域水利失修、农业衰退,导致粮食供应困难,或交通道路出现大的变化;河流改道,山洪威胁,河水泛滥,水源恶化,地震和地质灾害,以至生态环境的重大影响等。[1]

二、银川平原城镇发育的主要环境因素

银川城的形成发展,与其所在的银川平原地理环境密不可分。而银川城又与银川平原上的其他城镇息息相关。要弄清楚银川城形成、发展的过程,必须跟银川平原城镇群的发育联系起来进行研究。影响银川平原城镇群形成、发展的主要环境因素可概括为以下三个方面。

(一)黄河及其沿岸冲积平原

宁夏北部属西北干旱区,年均降水量200毫米左右,自然植被为荒漠草原。但黄河干流穿越宁夏北部,不但带来了丰富水源,还造就了广达1万平方公里的沿岸冲积平原,即宁夏平原,其中青铜峡以南称卫宁平原,以北称银川平原。平原地势平坦,坡降适当,土层深厚,土壤肥沃,厚达数百米的第四纪松散沉积物还储蓄了充裕的地下水。水、土与充沛的光、热资源组合良好,为发展灌溉农业提供了十分优越的条件。没有黄河,就不可能发育宁夏平原(包括银川平原),也就无所谓中国古代即负盛名的宁夏引黄灌区。从古至今,宁夏平原绿洲与内蒙古河套平原绿洲一起,构成黄河上游和西北地区最大的人工绿洲。灌区绿洲与荒漠草原的环境,对于城市形成、发展的影响显然大相径庭。从银川平原内部说,靠近青铜峡口的南部和滨河地带,地面坡降大、地表径流和地下径流通畅,易于引水,灌排方便,常为最早开发灌区之处,也往往是城市起源之处。

(二)贺兰山和牛首山

银川平原西有贺兰山,南有牛首山。古代(秦汉时为暖湿气候)山地植被茂密,有保持水土、调节气候、涵养水源等多种作用,峻峭的贺兰山还阻挡、削弱了西来的寒流、风沙。贺兰山东麓、牛首山北麓的洪积扇地带多有泉水出露,又较易获得食物、燃料、木料,是古代居民聚居的优选之地。山地与平原交接地带,往往具有险要的军事地理形势,有建筑城堡之利。

(三)交通通道

城市形成往往与道路及其汇聚点密切相关。古代,银川平原上最早的交通通道一般有以下几种类型:贺兰山东麓、牛首山北麓洪积扇缘与黄河冲积平原交汇地带,地势高爽,地基良好,地势平坦,水源方便,成为人、马、车最便于通行的地带;黄河河道,水运的天然航道;黄河沿岸,因洪水定期泛滥而成天然堤,是天然陆路通道;黄河河岸相对稳定之处形成渡口,是往返黄河两岸的必经通道;贺兰山等山地的某些沟谷,是穿越山地的天然通道。而平原开发中期,随经济的逐步全面开发,平原中部腹心地区却往往变为四通八达的交通枢纽。

三、银川平原城镇起源的三种类型

(一)秦代的两座军事城堡

先秦时期,银川平原作为荒漠草原和疏林灌丛草甸草原,是游牧民族的家园,没有城镇。

史载,秦代开发北方,始于始皇二十六年(公元前 221 年)统一天下后,为解除匈奴对关中的威胁,使蒙恬将兵 30 万(或说数十万、10 万、50 万)攻匈奴,于三十三年将匈奴赶至黄河以北甚至阴山以北,"悉收河南地,因河为塞,筑四十四县城临河,徙适戍以充之。""西北斥逐匈奴,自榆中并河以东属之阴山,以为三十四县城,河上为塞。"[2]看来,这四十四县城(或三十四县城)大多临黄河而筑,多数在内蒙古黄河沿岸。宁夏境内则有黄河东岸的浑怀障(今平罗县河东陶乐镇以南至银川兴庆区河东月牙湖北部一带)、神泉障(今吴忠市利通区关马湖农场二中队一带)两座军事要塞,以及在神泉障基础上所建的富平县城。"富平,北部都尉治神泉障,浑怀都尉治塞外浑怀障。"[3]可见,秦代银川平原上的两座城堡(由《水经注·卷三》可知,富平县城与神泉障应大致在一处,实为一座城池),都是因秦皇朝与匈奴对峙的军事需要而产生的,主要官员是掌握军队的都尉。而富平县境则包括银川平原相当范围的一块地域,安置了部分秦人移民,因而需置县设县令管理。这些移民也是为稳定边地而强制迁来的,当是银川平原上第一批中原移民,主要从事旱地农业(当时属于暖湿气候)、地下水灌溉农业、引用黄河水漫灌的小型灌溉农业、洪漫地农业,以及以牧马为主的畜牧业。

这里有三个有争议的问题。

第一个问题是富平县为秦代所置还是汉代所置?有人以《汉书·地理志》为据认为汉代始建。其实,《水经注》说得很清楚:"河水又北,迳富平县故城西,秦置北部都尉,治县城。"[4]不说秦置北部都尉"治神泉障"而是说"治县城",可见秦代已有富平县,神泉障与富平县城位于一处。

第二个问题是富平县城有三处还是一处？有人以《水经注》为据，认为秦富平县城、汉富平县城、神泉障是不同的三个地方，汉富平县城在金积附近，秦富平县城（即“水经”富平故城）约当今吴忠市西北，神泉障距富平城不远，可能在今吴忠市西到青铜峡口一带。笔者认为，这种解释是不符《水经注》原意的。《水经注·卷三》在叙述黄河银川平原段时，第一句话“又北，过北地富平县西”，是《水经》原经，是整段的“纲”或“标题”。其下全部为郦道元原注，进一步说明黄河在银川平原的地理状况：“河水又北，迳富平县故城西，秦置北部都尉，治县城”，这里的“富平县故城”即是原经的“富平县”，因为《水经》作者说的富平县汉代犹在，而在郦道元看来，北魏时期已无富平县建制，仅剩县城遗址，当然是“故城”了。下面郦道元又说：“河水又北，与枝津合。水受大河，东北迳富平城，所在分裂，以溉田圃。北流入河，今无水。”这里说的“富平城”与第一句原经的“富平县”、原注的“富平县故城”也是一回事，因为从“水受大河…”开始，是补叙枝津（即人工灌渠）由黄河峡口分出后，经过富平县城附近东北流和通过支渠灌溉农田的情况，是描述枝津灌渠的一段倒叙。

按照城镇迁移的一般规律，没有特殊原因，城址具有强烈的传承惯性。富平县城在秦代一共只经历了 8 年，就改朝为汉代了，其时该城仍为一座建成不久的新城，怎么可能弃之不用、又重建一座富平县城呢？

第三个问题是在神泉障置富平县，为什么浑怀障不置县？这应与两障不同的地理环境有关。浑怀障正处银川平原与灵盐台地（鄂尔多斯台地的一部分）的交接过渡地带，军事地理形势优越，城址居高临下，为扼守黄河的重要渡口，既不受洪水影响，又便于取得水源。但此处以台地为主，平原面积很小，虽利于畜牧，但发展农耕的限制因素多，资源环境承载人口能力有限。相对而言，神泉障环境优越得多。关于神泉障、富平县城址的考证，前人已有论述。[5]富平县城位于牛首山北麓洪积扇外缘，海拔 1144 米左右的银川平原Ⅱ级阶地后缘，西距黄河青铜峡口直线距离 12 公里，正处山地、平原、黄河交汇之处，地势高爽平坦，对外道路通畅，扼山水之要冲，便于控制其北之广阔平原和其西之黄河青铜峡口。目前该地虽无泉水出露，但西南离牛首山地小白崖子泉、九泉、长流沟泉、东寺沟桑树泉、小红沟泉等直线距离仅 10 公里上下，想必在古代暖湿气候、山地植被良好的环境下，“神泉”量多、质优、稳定，可供较多人畜饮用而不致枯竭。丰富的地下水源，靠近黄河峡口的地理位置，北部广阔的平原，更为开发灌溉农业提供了极好条件。《水经注》所述枝津灌渠流经线路，正与今日之汉渠（即汉唐时的光禄渠、西夏时的久仁渠）流向基本一致。汉代引黄灌区的开发，使富平县得到进一步繁荣发展，以致在东汉初期一度成为北地郡治，当时银川平原的中心城市。《水经注》说到，“建武中，曹凤，字仲理，为北地太守。政化尤异，…天子嘉之”，曹凤的政绩，是天时(适宜气候)、地利(优异的地理环境和引黄灌区大规模开发)、人和(治理有方)综合影响的结果。

(二)西汉初期的两座军事城堡

汉高祖元年(公元前206年)，刘邦为巩固关中，即遣诸将略定陇西、北地、上郡地，次年，置北地郡等，缮治河上塞(当包括浑怀障、神泉障)。文帝时，开始募民徙边屯戍，但当时匈奴方兴未艾，其后几年常入北地、居河南，甚至攻进萧关(今固原市境)，掳掠子女财畜。景帝时，在灵州县境建有河奇苑、号非苑等国家军马场，却仍受匈奴劫掠威胁。[6]这种与匈奴对抗的战争形势，决定了此时为加强军备而继续兴建城堡的必需。

由《汉书·地理志》可知，西汉除延续秦代的二障一县外，银川平原上又新置灵武、灵州、廉三县，其中灵州县明确记载为惠帝四年(公元前191年)置。通过《水经注》、《元和郡县图志》、《旧唐书·地理志》、《太平寰宇记》、《武经总要》等典籍对有关城镇方位、道路的分析、量算[7]，笔者认为灵武县城当在今青铜峡市北部邵岗镇境，灵州县城在今吴忠市利通区古城湾一带，廉县城在今平罗县崇岗镇暖泉村。从其区位、环境分析，灵州县城、廉县城均为汉初新建的军事城堡。

灵州县城原在黄河洲岛上，所谓“随水高下，未尝沦没”，因号此洲滩为“灵洲”。其县所辖广大地域即为河奇苑、号非苑马场地，大多在县城之北，是当时银川平原畜牧业的核心地段。我认为，灵州县主要功能为：扼守黄河渡口(灵洲正是来往黄河两岸的必经要道)，控扼银川平原河西中南部地域；管理两军马场，为驻军提供坐骑战马；管理移民及其经营的农牧业。据《汉书·地理志》，北地郡共有在籍人口(不包括驻军)210 689人，以19个县平均，每县约有11 000多人。又据史载，北地、西河两郡共置6牧师苑，下分36所(所为牧场)，养马30余万匹，苑监多以郎官担任，放牧守护士卒约3万人，以此平均计算，则灵州县养马约10万匹，牧卒约1万人。加上其他兵卒和民间养马，则数量更多。推测灵州县为北地郡大县，县城附近有大片桃李桑林。

廉县城地处贺兰山东麓洪积扇与黄河冲积平原的交接地带，海拔1107米的阶地上，离最近的贺兰山地桃箕沟口不足6公里。直到清代，当地还有人赋诗吟咏此处温泉。至今在城址附近仍有3个泉眼，为含锶的天然矿泉水，水温13.6℃，矿化度0.3克/升，可采资源量483.6立方米/日，推想汉代泉水更丰。该城遗址尚存，土筑墙基南北长约200米，东西宽100米，按城址面积计，廉县军民较少。推测建于西汉初期，是控扼银川平原河西中北部的一座驻军城堡、边防要塞，而与控扼银川平原河东中南部地区的富平县城(神泉障)、控扼银川平原河西中南部地区的灵州县城、控扼银川平原河东北部的浑怀障相呼应。汉代初期的第一批移民即分布于以上县境。我在“银川城址的起源与演化”一文中对廉县城兴衰的地理基础作过具体分析,这里不再重复。[8]

灵州县城、廉县城始建是作为军事城堡起家的,但汉武帝时期大规模开拓引黄灌区之后,它们也便成为重要的屯田城。

(三)西汉中期的三座屯田城

银川平原在秦汉时期兴起的城堡,除以上四城外,还有三城是与当地引黄灌区的大规模开发、建立边塞屯垦基地以巩固边防相伴而生的,这便是《水经注》所述的[南]典农城(胡城)、上河城(汉城)、[北]典农城(吕城),一般称之为河西屯田三城。它们由专职屯田管理机构(所谓田官)——上河农都尉直接管理,其重要功能是在城堡里修建粮仓积谷备荒,以供军需民食,成为移民安置、屯田管理、粮食集散、军马养殖中心,当然它们同时也是军事城堡。但与前述四城首要功能为军事攻守、其次为移民管理、农牧业发展的城市兴起原因有所差异。

通过史料考证、地图量算,可以确定,南典农城位于今青铜峡市邵岗镇境,今唐西干渠和永清渠之间。南典农城即前述灵武县城。人所共知,银川平原引黄灌区首先在南部青铜峡口附近及滨河地带兴起,因为这些地区地面坡降较大,易于成功引水,加之土壤颗粒粗、地下水位深,地表和地下径流通畅,灌排方便无盐渍化之虞,是平原上发展自流灌溉最好的地段。南典农城正是最先开发、条件最好的灌区所在。此处当在上河三城中集聚更多移民,从而不久之后即建立灵武县,成为河西屯田大县。该城又离贺兰山地不远(距最近沟口的直线距离 20 公里),对控扼贺兰山沟谷(汉代称灵武谷)具有战略意义。

笔者认为,上河城在今永宁县望洪镇东玉村、西玉村一带,海拔 1 119 米;北典农城在今银川市兴庆区掌政镇洼路村一带,海拔 1 108 米。它们均处黄河Ⅰ级阶地前缘,是典型的滨河地带灌区的屯田城,位处今汉延渠灌区,东临黄河故道(今闫家湖等,城址距古河道不足一公里),因此也是控扼古代黄河渡口的军事城堡。它们的共同特点:地势相对高爽(处于黄河故道的自然堤段),地下水丰富,受黄河洪水冲淹的几率较小。其中北典农城便是现银川城的前身,可说是最早的银川城。[9]

上河三城建于何时?这应追溯汉代大规模移民开发引黄灌区的时间。根据有关史书记载,从时间先后顺序上排比分析,可知引黄灌渠兴建是在汉武帝元狩四年、五年向银川平原大规模移民之后,引黄灌溉工程大致在元狩六年至元鼎二年初步建成,屯田城最迟在元鼎三年至五年建设。[10]如此,可把上河三城建城时间推定在元鼎五年(公元前 112 年)前后,这就与次年(元鼎六年)"上郡、朔方、西河、河西开田官,斥塞卒,六十万人戍田之"的记载正好衔接。

移民来自何方?由文献记载可知,有"关东贫民…凡七十二万五千口",有"天下奸猾吏民”，还有以数十万计的“塞卒”。上河城俗称汉城，反映以汉族军民为主。南典农城在北魏时俗称胡城，因北魏破虏收胡户徙此得名。北典农城俗称吕城，可能是由关东的今河南（有吕城）或山东（西周姜尚封地称吕国）移来的吕姓人口较多。

四、银川平原城镇的演化

（一）诸城的历史沿革

秦汉时期银川平原上兴建的七座城镇，据有关专家和笔者研究，可简述其历史沿革如下。[11]

富平县城（神泉障）：秦代始建，东汉初一度为北地郡治，东汉末废。北魏有故城。

浑怀障：秦代始建，北魏徙历下之民居此，因名历城，北周置历城郡建安县。隋初废历城郡，后改建安县为广润县，又改大润县，后一度改灵武县，又迁置于河西汉代之灵武县。后废。

灵州县城：西汉始建，大夏称薄骨律镇，北魏因之，后复改灵州。北魏末曾置普乐郡回乐县，北周因之。隋两度改为灵武郡，唐初复改灵州，一度改灵武郡，先后为灵州大都督府、朔方节度使治。五代、北宋因之。西夏称西平府、灵武郡，一度为西京、大都督府所在。元为灵州，明三迁城址，为灵州千户所，清为灵州直隶州、宁灵厅。

廉县城：西汉始建，东汉末废。北魏有故城。

灵武县城：西汉始建南典农城，为灵武县治。北魏号胡城（胡地城）。隋一度将灵武县治迁置河东浑怀障故址（大润县），后又迁回河西原址，唐因之。北宋初为灵武县，后改灵武镇。西夏初为顺州。后废。

上河城：西汉始建。北魏徙关东汉人屯田，号汉城，立弘静镇，即薄骨律仓城。隋改弘静县，唐改安静县，后改保静县，五代为保静镇。北宋初为保静县，后改保静镇。西夏初为静州，西夏中期为保静县。后废。

北典农城：西汉始建，俗名吕城。大夏名饮汗城（丽子园）。北魏迁来百姓，置怀远县，北周置怀远郡、怀远县。隋为怀远县，唐因之。仪凤二年（677 年）城为黄河水泛损，三年于故城西筑新城，即今银川市兴庆区老城。五代废县。北宋初为怀远县，后改怀远镇。西夏先改兴州，后改兴庆府，为西夏京都，又改中兴府。元初为中兴州怀远县治，至元二十五年（1288 年）为宁夏府路治，一度为宁夏行省治。明为宁夏卫、宁夏镇。清为宁夏府。

银川平原历史时期尚有临河县城（永州）、定远县城（定州）等多个县级城镇，此处不再赘述。

（二）怀远县城西移的地理基础

由上可知，今银川城（怀远县新城）建于唐代初叶，而其前身北典农城（怀远县旧城）

则始建于西汉中期，城址也经历了由银川平原Ⅰ级阶地前缘（傍黄河）向Ⅱ级阶地中部（海拔 1 110 米的平原腹心）的转移。迁址的直接诱因当然是公元 677 年黄河特大洪水对城堡的破坏。但笔者认为，阶地建城一般情况下是安全的，那次洪水推测为千年一遇，也仅使城受“泛损”，而并未导致城的彻底毁灭，在没有其他重大因素影响的情况下，完全可在原地修复。迁址的根本性因素，是唐代唐徕渠灌区的大规模开发，特别是水稻田的大发展，使得平原中部原先湖沼多、盐碱多的荒地变成大片良田，其生产力水平超过了滨河的汉延渠灌区，从而在唐徕渠灌区集聚了更多农业人口。古代银川平原，农业是城市发展的基础，因此，将汉延渠东侧灌区的原城址迁至更为富饶、更为重要的唐徕渠东侧灌区，应是首要内因。

此外，唐代唐徕渠灌区的大开发，还使交通道路发生重大变化。在开发初期的秦汉时代，平原边缘、黄河沿岸和山水交会之处常为交通要冲。到开发中期的盛唐，随湖沼、盐碱地开发为良田，平原腹心部位往往成为东去西趋、南来北往的交通核心位置。而隋唐时期贺兰山军事地位的提升、山中谷道作为交通要道的利用，以及面对西方突厥、回鹘、吐蕃等部族崛起的军事地理形势，使处于平原中心、距山离河不近不远的地理位置变得更为重要，这应是唐代银川城址西移的第二个内因。

这里要解释一下，为什么说怀远县旧城“泛损”并未遭受毁灭性破坏。我们知道，西夏京师地界，包括中兴府，以及由南而北的灵武郡、保静县、临河县、怀远县、定远县。其中怀远县即西夏初所设的怀州。根据西夏地形图等文献，推断西夏怀远县治即唐怀远县旧城所在（北典农城址），系河水泛损后修复而成。之后，该地元代称“下省”，与一度作为西夏中兴行省省治的中兴府城为“上省”相呼应。由于其旁有西夏高台寺，又称高台寺城。直到明代，高台寺故城尚在。[12]

这里还要提到，地震等自然灾害也对城址迁移起到重要作用。清初曾在宁夏府城东北 5 里处筑宁夏满营（俗称满城），故址在今银川城东北的满春村（现兴庆科技园）。1 739 年平罗—银川 8 级大地震使该城几乎全部震毁，导致 1 740 年在府城西 15 里处另筑新城满营，即今银川火车站东侧新城。满城城址西移，正好避开了穿越银川城东侧的银川活动断裂带和低洼湖沼地区（海拔 1 107 米），而转向地势较高、工程地质条件较好的Ⅱ级阶地后缘（海拔 1 112 米）。新中国成立后进一步向包兰铁路以西开拓新市区，为银川城市用地开辟了更广阔的地域。

（三）银川平原中心城市北移的地理基础

由前述可知，秦汉时期银川平原七城中，银川城前身北典农城可能是一座最小的城镇，而富平县城则为平原最大城市。这一方面是因为它建城时间早，地理条件好，更重要的是银川平原河东引黄灌溉工程特别是光禄渠(今汉渠)灌区的开发,使其成长为东汉初期的北地郡治,银川平原及其周围广阔地域的中心城市。但永初二年(108 年)之后 20 余年,战乱频繁,地方官员争徙内郡,北地郡治由富平迁池阳(今陕西泾阳西北),官方强迫百姓内迁,“边民死者不可胜数”。永和六年(141 年)之后,战乱又起,平原灌区受到沉重打击,富平县城成为朝廷与西羌战争的主要目标,破坏最大。汉朝灭亡,辉煌一时的富平县城也随之没落衰亡。[13]

大夏至北魏时,薄骨律城崛起,替代富平城成为平原中心城市。这主要是它地理位置靠近平原中南部,比之富平偏处平原南端为优。特别是通过历代灌区开发,地域较广的河西人口比重提高,灵州城更有利于控制河西、河东整个灌区。唐代丝路北道灵州西域道的地位逐步提升,灵州城更成为西北最重要的军事重镇、交通枢纽。

西夏时期,随着平原经济重心逐步西移(河西灌区超过河东灌区,银川平原面积 7 295 平方公里,其中河西 5 590 平方公里,占 77%)和北移,以及京都由灵州迁兴庆府的变化,银川平原以至整个西夏王朝中心向北转移至兴庆府,银川城从此由一座边塞小镇一跃而为今宁、蒙、陕、甘毗邻地区重要的区域中心城市,历千年而不衰。银川平原中心城市由富平城——灵州城——兴庆府城的转移过程,是与整个银川平原经济开发由边缘向腹心、由河东向河西、由南向北的经济重心转换相伴而生的。而中心城市北移过程,则与非洲文明古国埃及中心城市由尼罗河上游、南部上埃及阿拜多斯,逐步向北迁移到尼罗河下游三角洲顶端的孟菲斯(今开罗附近)的经济和城市的发展过程,可说有惊人的相似之处。[14]

五、银川城作为银川平原及周边广阔区域中心城市的地理基础

从北典农城——银川平原最小的城镇,发展到今日银川城——银川平原以至周边辽阔地域的中心城市,是哪些因素成就了她从丑小鸭到金凤凰的跨越?

我在“西夏建都兴庆府的地理基础”一文中,曾对西夏初期银川平原与鄂尔多斯高原,银川平原的河东与河西地区,兴庆府与夏州、灵州的地理环境进行比较分析,概括西夏时期兴庆府的地理优势在于:

其一,形势利便,边防重镇。所谓“西北有贺兰(山)之固,黄河绕其东南,西平为其屏障”。[15]靠山建城而又近大河,高山、大河距离适度,贺兰山成为城市的安全屏障和可靠后方,形成非常有利的军事地理形势。

其二,平原腹心,交通枢纽。银川平原北上南下交通通道中枢,控扼贺兰山山间谷道和黄河渡口的汇合点,丝绸之路灵州西域道要地,“北控河朔,南引庆凉,据诸路上游,扼西陲要害”,[16]交通地理形势独具优势。

其三,农业发达,供给充足。银川平原绿洲是西北最富饶的绿洲之一,“沃野千里,谷稼殷积,”“故灌溉之利,岁无旱涝之虞”,[17]农林牧渔基础雄厚,足以保障城市及周边地区的军需民食。

其四,众多民族,聚合交融。党项、吐蕃、回鹘等少数民族与汉族在此交流融合、和谐共处,体现在经济上农牧结合,贸易互市,优势互补。

其五,生态良好,环境优美。城市用地广阔,地下水量丰质优,平原遍地绿荫,贺兰山林区成为皇家避暑林苑。

今日银川城,作为宁夏回族自治区首府,宁夏沿黄城市带和银川都市圈的核心,宁蒙陕甘毗邻地区中心城市,在传承历史时期地理环境特点的基础上,更具有其新的地理优势和非凡的发展潜力。

(1)有利的区位。从地缘政治学角度看,银川处于全国陆地腹心部位和新亚欧大陆桥国内部分中段,东中部和西部地带的结合部,蒙古、回、藏、维吾尔等少数民族聚居区的战略要冲,国家战略重点西移的桥头堡。

(2)广阔的腹地。直接吸引范围除宁夏全区外,还远及内蒙古西部、陕西北部、甘肃部分县等毗邻区域,辐射面积10余万平方公里,人口近千万,是该区域交通运输、商贸服务、教育卫生等方面的中心城市。

(3)巨大的发展空间。供城市发展的用地、用水综合条件,即水土资源和环境的承载能力,在西北各大中城市中名列前茅。

(4)突出的灌溉农业和能源优势。位处富庶的银川平原绿洲中央,农业基础雄厚,作物稳产高产,城市人均粮、菜、果、肉、乳、蛋、鱼占有量居全国各省会城市前列。煤炭、煤层气资源丰富,风能、太阳能、地热等潜力巨大。

(5)绚丽多彩的旅游资源。气候宜人,空气清新,蓝天、白云、绿荫的少污染环境,黄河、沟渠、湖沼、水田形成的湿地风光,半小时交通半径内可见高山、长河、大漠、草原等绚丽自然景观和恐龙化石、石器遗址、岩画、长城、王陵、古塔等多彩历史古迹,以西夏古都、回族新府、塞上江南风貌为特色构成国家历史文化名城,有条件建成中国西部运动休闲之都和旅游文化名城。

(6)独特的回族文化优势。作为“中国的穆斯林省”,回族在传统文化、生活习俗、宗教信仰等方面与国内外穆斯林有诸多共同、相通之处,构成了面向10多亿人口的伊斯兰国家、地区开放,发展经贸合作和文化交流的特殊优势。

我们完全有理由相信,凭借优越的地理环境和人民群众的无限创造力,银川城不仅有一段不平凡的辉煌历史,而且将迎来更加灿烂的明天。

参考文献

[1]许学强等,城市地理学[M],北京:高等教育出版社,1997,24～34;邹逸麟,中国历史人文地理[M],北京:科学出版社,2001,294～310;同济大学城市规划教研室,中国城市建设史[M],北京:中国建筑工业出版社,1985,3～14;叶骁军,中国都城发展史[M],西安:陕西人民出版社,1988,1～76;顾朝林,中国城镇体系[M],北京:商务印书馆,1992,5～23;姚士谋等,中国的城市群[M],合肥:中国科学技术大学出版社,1992,50～56;胡欣等,城市经济学[M],上海:立信会计出版社,2005,24～25;朱祖希,营国匠意[M],北京:中华书局,2007,1～8.

[2]史记·匈奴列传;史记·秦始皇本纪.

[3]汉书·地理志.

[4]水经注·卷三.

[5]许成,宁夏考古史地研究论集[M],银川:宁夏人民出版社,1989:212～216.

[6]史记·高祖本纪;史记·孝文本纪;史记·景帝纪.

[7] 水经注·卷三;元和郡县图志·卷四;旧唐书·地理志;太平寰宇记·卷三十六;武经总要·前集卷十八.

[8]汪一鸣.宁夏人地关系演化研究[M].银川:宁夏人民出版社,2008:301～304;张黎等.宁夏地下水资源[M].银川:宁夏人民出版社,2003:221～223.

[9]汪一鸣.宁夏人地关系演化研究[M].银川:宁夏人民出版社,2008:304～306,336～338.

[10]史记·匈奴列传;史记·河渠书;史记·平准书;汉书·武帝纪;汉书·沟洫志;汉书·食货志.

[11]鲁人勇,等.宁夏历史地理考[M].银川:宁夏人民出版社,1993:11～143;汪一鸣.宁夏人地关系演化研究[M],银川:宁夏人民出版社,2008:336～340.

[12] 汪一鸣.宁夏人地关系演化研究[M].银川:宁夏人民出版社,2008:336～340,374～381;宣德宁夏志·卷上;弘治宁夏新志·卷一.

[13]后汉书·西羌列传.

[14]汪一鸣,宁夏人地关系演化研究[M],银川:宁夏人民出版社,2008:304～311.

[15]西夏书事·卷十.

[16]西夏书事·卷七.

[17]金史·西夏传.

不发达地区综合开发与城镇化
（成果简介）

项目批准号:48960003

该项目从我国西部不发达地区的实际出发，以宁夏回族自治区和甘肃省为案例，研究区域人—地系统点—面关系的内在机制，探索不发达地区特有的区域发展和城镇化规律，提出不发达地区综合开发和城镇化的理论和战略。主要运用以下研究方法：(1)在调查研究和国土规划工作基础上，总结实践经验，上升为理论；(2)通过文献信息和美国田纳西河流域等实地考察，进行中外不同类型地区的比较研究；(3)构建空间动力学模型和系统动力学模型，进行模拟、分析、预测。

研究成果

《区域开发理论与研究方法》(甘肃科技出版社，1993)，《不发达地区国土开发整治研究》(宁夏人民出版社，1994)；城镇体系规划经济分析与模型软件包；10多篇论文在IGU亚太区域地理大会(1990)、发展中国家区域科学国际讨论会(1993)、干旱区环境整治与资源合理利用国际讨论会(1993)等国际国内学术会议交流，国内外学术刊物发表，受到学术界广泛重视和好评，并被有关著述频繁引用。本研究分别评为省级自然科学、社会科学成果一、二等奖。有的论文提交国家计委作为制定"九五"计划和2010年远景目标纲要的重要参考资料，并在《宁夏回族自治区国土开发整治总体规划》(1992)中有所体现。参与研究的兰州大学研究生潘金根等4人，其硕士论文作为本研究成果的组成部分，以后

发表于《国家自然科学基金委员会地区科学基金资助项目成果选编(1989～1999)》，国家自然科学基金委综合计划局。合作者：朱德威、李崇阳、蔡光柏、徐建华

又相继修读博士并取得学位。

本研究成果的创新点

(1)提出了测度区域发展水平的指标体系和评价方法,以及不发达地区的类型划分。

(2)在概括区域发展和城镇化一般原理基础上,论证了不发达地区发展和城镇化的特殊性,从时、空等方面总结了不发达的主要原因以及向发达转化的可能性。

(3)首次构建我国市场经济条件下的区域人口迁移空间动力学模型,提出了一个解决城镇与区域间扩散量、集聚量度量问题的新的差分积分方程模型,为研究一定时间段内空间点面关系(城乡间、城镇间)的定量分析模拟开拓了一条新途径,是区域城镇化动态过程研究领域的重大发展;首次将自组织理论与系统动力学模型结合起来,模拟区域开发与城镇群体发育的相互作用机制,预测城镇体系发展过程。上述研究为区域规划、区域城镇体系规划与地理信息系统的有机结合展示了良好应用前景。

(4)研制城镇体系规划软件包,为区域城镇体系研究、规划、管理的微机应用程序集。

(5)总结提出了不发达地区经济起飞的前提条件,以及适用于我国不发达地区的综合开发和城镇化战略,这不仅对中国西部不发达地区的开发和城镇化有指导意义,而且对于建立具有中国特色的区域开发理论、深化区域规划和城镇体系规划研究提供了重要的科学依据。

模拟区域城乡间、城镇间人口迁移的空间动力学模型

20世纪70年代以来，以Prigogine I．教授为首的布鲁塞尔学派创立的耗散结构理论，德国Haken H.教授创立的协同学，美国Forrester J.W.教授创立的系统动力学等等，从研究物理、化学演化过程起步，发展到地理系统、人文系统，建立了系统演化的自组织理论。他们中一些人对区域和城市系统动力机制、空间相互作用的非线性模型研究，模拟了系统动态演变的平衡调整过程，例如荷兰自由大学Nijkamp P.教授利用主方程方法，建立区域人口迁移模型，取得较好结果。[1~11]国内也相继开展了城镇人口演化的自组织模型、城市体系的自组织发展模型、基于分形理论的城市群空间特征、基于元胞自动机模型的城市空间演化模拟等研究。[12~23]但总的看，对国外研究的评介综述和模型引进较多，而自主创新、实证研究很少。

我们在国家自然科学基金项目《不发达地区综合开发与城镇群体发育相互作用机制》研究过程中，深感以空间动力学模型模拟区域发展与城镇群体发育相互作用机制的重要作用。在借鉴中外相关成果的基础上，瞄准国际学科发展前沿，采取地理学家、应用数学家、计算机专家三结合方式，构建了一组模拟城乡间、城镇间人口迁移的新的空间动力学模型——差分积分方程，以宁夏城镇体系为案例进行实证研究，可以说是一项很有意义的创新试验。

国家自然科学基金项目(48960003)，发表于《宁夏大学学报(自然科学版)》2014，35(4)：371～379。
合作者：朱德威、任重

1. 建模思想

关于建模思想和模型框架，我们已在《对地理数学方法的新思考》一文中作了较具体的表述。[24]这里我们就其要点作简明提示。

1.1 空间与时间相结合的地理模拟量

我们研究的是地理问题，首先要解决一般动力学模型中地理模拟量没有空间位置特征的问题，由此要把各种地理模拟量 u 表示为地理坐标(x,y)与时间坐标 t 的函数，即

$$u=u(x,y,t)$$

地理信息系统(GIS)的发展，为这种函数表示提供了有力工具，图形上建立的属性数据覆盖层就构成了这种函数在某一特定时段 t 的表示，即函数 $u=u(x,y,t_1)$、$u=u(x,y,t_2)$……的表示式。

1.2 地理模拟量的集聚量、扩散量的度量

u(x,y,t)经时段(t,t+1)变成 u(x,y,t+1)是三种作用综合的结果，即(x,y)点处自身的涨落作用，来自(x,y)点以外四面八方各点的集聚效应(极化效应)，以及(x,y)点处向四面八方各点的扩散效应。这种空间相互作用无法用梯度向量或偏导数来描述，而可以一个二重积分式来表示。由此，描述 u(x,y,t)的动态变化可以用对于时间 t 的差分形式与对于空间(x,y)的积分形式，即差分积分方程来表示。这是建立本文空间动力学模型的中心思想。

1.3 模拟集聚量、扩散量的理论依据

这样一种空间动力学模型，既可作为一种经济模型，模拟一个区域内各点之间资金(资本要素)的自由流动(即各点投资效益——投入产出率差异导致的集聚或扩散)，也可作为一种人口模型，模拟一个区域内各点之间人口(劳动力要素)的自由流动(即各点人均收入差异导致的集聚或扩散)。本文主要模拟人口迁移。而该模型的理论依据则是德国地理学家 Christaller W.于 1933 年提出的中心地理论(市场区位论)，即市场、交通、行政三原则，以及瑞典国际贸易学家 Hagerstrand T.于 20 世纪 30 年代提出的空间扩散模式，美国区域科学家 Isard W.于 20 世纪 50 年代提出的国际经济流通的引力关系模式，英国区域科学家 Wilson A.G.于 70 年代初发展了空间相互作用理论模式，美国经济学家、地理学家 Krugman P.R.于 80 ~ 90 年代提出的贸易分析模型、工业集聚模型和垄断竞争模型等。这些理论模型无一例外地指出市场的决定性作用，即资金流动主要决定于地区间、城镇间投入产出效益差异，人口流动主要决定于地区间、城镇间经济收入差异(即劳动力的市场因素)和就业岗位最大容量(这与资本流入量直接相关)，当然也与各地的生活质量(如食、住、行、教、医、文设施)、环境质量指数等相关。

2. 理论模型

设 Ω 是一个完整的行政地域，假设它与外界没有人口的流动。(x,y)是 Ω 内点的坐标，t 是时间变量。设置以下函数：

u(x,y,t)为 t 时刻(x,y)点的人口密度；

θ(x,y,t)为 t 到 t+1 时段(x,y)点处可允许迁入的人口数；

α(x,y,t)为 t 到 t+1 时段(x,y)点处有可能迁出的人口数；

β(x,y,t)为 t 到 t+1 时段(x,y)点处的人均收入；

ϕ(x,y,t)为 t 到 t+1 时段(x,y)点处的人口自然增长率；

r(x,y; ζ,η)为 Ω 内(x,y)点到(ζ,η)点的直线距离。

Ω 内点(ζ,η)处人口向点(x,y)迁移，主要受经济收入差异的影响，同时(ζ,η)点处有可能迁出人数、(x,y)点处可允许迁入人数、两点间距离也起影响作用。

经济收入差异可以用两地间人均收入差异 β(x,y,t)−β(ζ,η,t)来表示。但是"人往高处走"，因此，只有高收入点对低收入点的人口有经济吸引力，而不会是相反方向。所以用

$$G(x,y;\zeta,\eta,t)=\frac{1}{2}\{\beta(x,y,t)-\beta(\zeta,\eta,t)+|\beta(x,y,t)-\beta(\zeta,\eta,t)|\}$$

来表示经济差异的引力因素更为合适。当(x,y)点处人均收入高于(ζ,η)点处时，G(x,y; ζ,η,t)=β(x,y,t)−β(ζ,η,t)，而当(x,y)点处人均收入低于(ζ,η)点处时，G(x,y; ζ,η,t)=0。为了起调整作用，经济引力因素用

$$G^{\mu}(x,y;\zeta,\eta,t)$$

其中 μ 是一个参数。

在时段 t 到 t+1，(x,y)点处的人口受周围高收入点(ζ,η)吸引的另一因素是(ζ,η)点处可允许迁入的人数 θ(ζ,η,t)，因此(x,y)点处向(ζ,η)点处人口扩散潜力可表示为：

$$G^{u}(\zeta,\eta;x,y,t)\,\theta(\zeta,\eta,t)/D(x,y;\zeta,\eta,\delta,\nu)$$

其中 $D(x,y;\zeta,\eta,\delta,\nu)$)是距离递增函数，它可以是

$$r^{\delta}(x,y;\zeta,\eta) \text{ 或 } e^{\nu r(x,y;\zeta,\eta)} \text{或 } r^{\delta}e^{\nu r}$$

等等，δ，ν 是参数，0≤δ<2。于是(x,y)点向周围扩散的总潜力就可用二重积分

$$f_{扩}=(x,y,t)=\iint_{\Omega}\frac{G^{\mu}(\zeta,\eta;x,y,t)\,\theta(\zeta,\eta,t)}{D(x,y;\zeta,\eta,\delta,\nu)}d\zeta d\eta$$

来表示。

同样的，在 t 到 t+1 时段，(x,y)点周围的低收入点(ζ,η)向(x,y)点人口集聚的总潜力也可用二重积分

$$f_{集}=(x,y,t)=\iint_{\Omega}\frac{G^{\mu}(x,y;\zeta,\eta;t)\,\alpha(\zeta,\eta,t)}{D(x,y;\zeta,\eta,\delta,\nu)}d\zeta d\eta$$

表示出来。

那么在时段 t 到 t+1，(x_0,y_0)点处可能迁入的期望人口数，应是其周围低收入点(x,y)向(x_0,y_0)点处扩散人口数的总和。对于具体的一点(x,y)来说，向(x_0,y_0)点扩散潜力为

$$G^{\mu}(x_0,y_0;x,y,t)\,\theta(x_0,y_0,t)/D(x_0,y_0;x,y,\delta,\nu)$$

它占(x_0,y_0)点扩散总潜力的比重为

$$\frac{G^{\mu}(x_0,y_0;x,y,t)\,\theta(x_0,y_0,t)}{D(x_0,y_0;x,y,\delta,\nu)f_{扩}(x,y,t)}$$

所以(x,y)点向(x_0,y_0)点处迁移的人口数应是

$$\frac{G^{\mu}(x_0,y_0;x,y,t)\,\theta(x_0,y_0,t)\,\alpha(x,y,t)}{D(x_0,y_0;x,y,\delta,\nu)f_{扩}(x,y,t)}$$

综上所述，在时段 t 到 t+1，(x_0,y_0)点处的期望迁入人口可以用积分

$$I(x_0,y_0,t)=\iint_{\Omega}\frac{G^{\mu}(x_0,y_0;x,y,t)\,\theta(x_0,y_0,t)\,\alpha(x,y,t)}{D(x_0,y_0;x,y,\delta,\nu)f_{扩}(x,y,t)}dxdy$$

算出。

同理，(x_0,y_0)点处在同一时段内期望迁出人口数应是

$$O(x_0,y_0,t)=\iint_{\Omega}\frac{G^{\mu}(x,y;x_0,y_0,t)\,\alpha(x_0,y_0,t)\,\theta(x,y,t)}{D(x_0,y_0;x,y,\delta,\nu)f_{集}(x,y,t)}dxdy$$

这样，Ω 内人口迁移模型就可以表示成

$$u(x_0,y_0;t+1)=u(x_0,y_0;t)[1+\phi(x_0,y_0,t)]+I(x_0,y_0,t)-O(x_0,y_0,t)$$

显然，这个模型就其数学形式来说，对时间变量是差分形式，对空间变量是积分形式。这种形式对于地理学研究来说，应具有普适性。因为不可能设想地理模拟量对空间变量(x,y)会具有连续性、可微性等光滑性质，所以企图用微分方程形式来描述地理模拟量在空间的分布特性是很少有机会的。

3. 理论模型的离散化

为了实用，可以把空间变量(x,y)离散化，为此，可以根据实际把地域 Ω 分成 N 个小区域，$\Omega_1,\Omega_2,\cdots\cdots,\Omega_N$。划分的原则应该以行政因素为主。这样，在每个小区域内人口密度就可以用一个常数——人口平均密度来表示。令

$M_i(t)$为 t 时刻小区 Ω_i 上的总人口；

$u_i(t)$为 t 时刻小区 Ω_i 上的人口平均密度；

$\theta_i(t)$为 t 到 t+1 时段小区 Ω_i 可允许迁入人口数；

$\alpha_i(t)$为 t 到 t+1 时段小区 Ω_i 有可能迁出人口数；

$\beta_i(t)$为 t 到 t+1 时段小区 Ω_i 上的人均收入；

$\phi_i(t)$为 t 到 t+1 时段小区 Ω_i 上的人口自然增长率；

$$G_{ij}(t)=\frac{1}{2}\{\beta_i(t)-\beta_j(t)+|\beta_i(t)-\beta_j(t)|\}$$

这样，就有当(x,y)属于 Ω_i 小区时的扩散总潜力、集聚总潜力可分别表示为

$$f_{扩}^{(i)}(x,y,t)\sum_{j=1}^{N}G_{ji}^{\mu}(t)\theta_j(t)\iint_{\Omega}\frac{d\zeta d\eta}{D(x,y;\zeta,\eta,\delta,\nu)}$$

$$f_{集}^{(i)}(x,y,t)\sum_{j=1}^{N}G_{ji}^{\mu}(t)\alpha_j(t)\iint_{\Omega}\frac{d\zeta d\eta}{D(x,y;\zeta,\eta,\delta,\nu)}$$

Ω_i 小区在时段 t 到 t+1 期望迁入人口数应是

$$I_i(t)=\sum_{j=1}^{N}G_{ji}(t)\theta_j(t)\alpha_j(t)W_{ij}(\delta,\nu)/f_{扩}^{(i)}(t)$$

期望迁出人口数应是

$$O_i(t)=\sum_{j=1}^{N}G_{ji}(t)\theta_j(t)\alpha_i(t)W_{ij}(\delta,\nu)/f_{集}^{(i)}(t)$$

其中

$$f_{扩}^{(i)}(t)=\iint_{\Omega_j}f_{扩}^{(i)}(t)(x,y,t)dxdy;\qquad f_{集}^{(i)}(t)=\iint_{\Omega_j}f_{集}^{(i)}(t)(x,y,t)dxdy;$$

$$W_{ij}(\delta,\nu)=\iint_{\Omega_j}dxdy\iint_{\Omega_j}\frac{d\zeta d\eta}{D(x,y;\zeta,\eta,\delta,\nu)}$$

离散形式的人口模型为

$M_i(t+1)=M_i(t)(1+\varphi_i(t)+I_i(t)-O_i(t))$，i=1,2,…,n。

附注：

①容易看出，函数 G(x,y; ζ，η,t)是可以增加因素的，如果觉得单一的人均收入不能达到预想结果，那么就可增加因素。

②这里提出的建模思想是广义的，不局限于人口模型。

4. 实例试验

4.1 收集整理模型原始数据

开展国家自然科学基金项目(48960003)(1990～1993 年)同期，正是编制宁夏国土

规划（1989～1992 年）期间，我们结合国土规划专项规划之一宁夏城镇体系规划编制工作，把全自治区分为 86 个小区单元，其中 66 个市区、县城、建制镇单元，20 个市县农村单元（名称、编号略），开展 86 个小区的实地调查、勘察、访问、座谈，依据模型对各种变量、参数的要求，收集 1992 年度各小区发展现状、人口状况、收入水平、人流物流信息流状况、建设条件、发展潜力等资料。

4.2 有关变量、参数的赋值

4.2.1 因 86 个小区人均收入数据不完整，最终以人均消费值代替。

4.2.2 为适应宁夏作为不发达地区、市场化程度低、城镇体系发育远未成型的条件，仅以人均消费值作为主参量是不切实际的，因此特别对影响就业岗位增量的城镇化发育条件综合指数 m5（i）进行测度评价。该综合指数以 3 类 14 项指标构成，即：A.区域基础：A_1 区位交通，A_2 腹地实力，A_3 能源矿产，A_4 农业资源，A_5 旅游资源；B.建设条件：B_1 用地，B_2 用水，B_3 环境容量，B_4 自然灾害；C.现状基础：C_1 人口规模，C_2 经济实力，C_3 用地用水规模，C_4 基础设施，C_5 公用服务设施。采用层次分析法和模糊线性加权综合评价法，测算出 86 个小区各自的综合指数，其中最高银川市新城区 0.811，最低海原县农村、西吉县农村、固原县农村均为 0.335。具体测算过程、测算结果略。由此某小区的序参量为人均消费值 β i(t)乘以城镇发育条件综合指数 m5（i,t）。

4.2.3 各小区可迁入、可迁出人数的年变化量取值为乘以 50%来构想。

4.2.4 编程中 m3（i）、m4（i）分别为可允许迁入、有可能迁出人口数的原始数据。

4.3 模型编程

一般 BASIC 语言编程容纳不了模型较大的数据量，故采用快速 BASIC 编程。

4.4 结果分析

为便于分析主要问题，我们将 86 个小区单元的模型运算结果简化归并为 20 个市县城镇人口数据，见表 1。其中实际人口为第五次人口普查数。[25] 由试验结果看，模型预测 2000 年城镇人口与实际数的吻合率似乎很不理想。分析原因，既有客观因素影响，也有参数、变量选择的问题。

第一，城镇人口统计口径前后不同的重大影响。模型依据的 1992 年城镇人口为户籍城镇人口（即户籍非农业人口，俗称小口径），而 2000 年普查的城镇人口却为常住城镇人口（俗称大口径），两者数据相差很大。据我们 2000 年调查，宁夏 1999 年户籍城镇人口 146.57 万，常住城镇人口 183.56 万，前者为后者的 79.8%。那次调查还发现宁夏与区外人口流动数很大：宁夏农村人口净流出区外，主要是中南部贫困地区农村人口流出至东部沿海省市及新疆、内蒙古等地。而城镇人口则为净流入，1999 年及之前几年年均净流入 2.5 万～3.5 万人，包括来宁夏创业、就业人员（如银川市集聚浙江企业家即有数万人，还集聚甘肃、陕西、内蒙古等周边地区众多农民工），回乡就业的大中专毕业生、复员转业军人等。[26]而为了使模型简化，假定与区外没有人口流动，但实际城镇人口数却包含了区外净流入人数。这两部分的客观影响，必然使模型预测数偏低。由此看来，表 1 中宁夏全区预测吻合率 75.2%应是基本符合实际的。我们还可推定，统计口径出入差和区外城镇人口净流入两项相加，凡是吻合率在 65%以上的市县（表中共有 10 个）可以说是预测准确或

表 1　　宁夏各市县 2000 年城镇人口模型预测与实际数比较

序号	市县区	1992 年城镇人口（人）A	1992 年城镇化率（%）	2000 年预测城镇人口（人）B	2000年实际城镇人口（人）C	2000 年城镇化率（%）	预测与实际吻合率（%）B/C
	宁夏	1085007	22.6	1356754	1803700	32.9	75.2
	银川市	407188	50.8	550378	677933	57.6	81.2
1	银川市区	368611	76.3	516919	605437	75.0	85.4
2	永宁县	19760	11.4	183.44	33163	17.3	55.3
3	贺兰县	18817	11.2	15115	39559	22.2	38.2
	石嘴山市	317353	49.4	332236	406841	60.2	81.7
4	石嘴山市区	265891	94.5	286464	314296	100.0	91.1
5	平罗县	42769	17.1	37708	69185	26.9	54.5
6	惠农县	4476	6.3	4331	17895	24.0	24.2
7	陶乐县	4217	18.5	3733	5465	18.8	68.3
	吴忠市	272237	16.3	326958	563199	29.5	58.1
8	利通区	72524	36.2	86631	206461	68.0	42.0
9	青铜峡市	49885	21.8	58370	89086	35.8	65.5
10	灵武市	47963	21.0	47069	75045	30.0	62.7
11	同心县	19311	6.6	23806	32474	8.5	73.3
12	盐池县	17658	12.2	17063	40357	26.3	42.3
13	中卫县	36719	12.2	59888	73593	23.0	81.4
14	中宁县	28177	13.3	34131	46183	18.5	73.9
	固原地区	88229	5.2	147182	155727	9.0	94.5
15	固原县	45898	9.7	70619	73295	15.6	96.3
16	海原县	11469	3.6	12550	24134	7.0	52.0
17	西吉县	11879	3.0	28352	20739	5.1	136.7
18	隆德县	6763	3.5	16509	18574	9.4	88.9
19	泾源县	5736	5.9	7246	6054	8.0	111.4
20	彭阳县	6484	2.9	11906	12481	5.4	95.4

注：1993～2000 年间宁夏行政区划有如下变化：1996 年撤销灵武县，置灵武市（县级）；1998 年撤销县级吴忠市，设地级吴忠市，原县级吴忠市地域设利通区。

比较准确的。这 10 个市县共有实际城镇人口 127 万人，占全区城镇人口 70.5%，即全区 2/3 以上城镇人口的预测比较准确，其中全区中心城市银川市区吻合率 85.4%，次位城市石嘴山市区吻合率 91.1%。这两个城市预测准了，也就抓住了全区的大头。

第二，对紧邻中心城市的县城发展潜力估计不足。如银川市属的贺兰县、永宁县，石嘴山市属的平罗县、惠农县，它们与市区相距不足 20 公里，因而成为城市扩散二三产业和人口的卫星城。1993～2000 年间，银川市区与贺兰县邻接处的德胜工业园区组团，以及周边相应崛起的商住小区发展很快，表明银川市在强化集聚效应的同时，也显示其扩散效应逐步加大的趋势，而模型试验中城镇化发育条件综合指数对此反映不够。从更宏观的角度看，吴忠市利通区、青铜峡市、灵武市与区域中心城市银川市公路距离仅 60 公里左右，它们都是银川都市圈的一部分，它们承接产业、人口转移的潜力在模型试验中被低估了。

第三，对政府调控作用估计不足。模型是以完全市场经济为基础构建的，但该阶段宁夏仍处在计划经济模式向市场经济过渡阶段，相当部分劳动力流动受到政府计划指标的控制、干预。最典型的如宁夏中南部贫困县与福建省相关市县结成对口帮扶协作关系，其中福建莆田县政府与宁夏西吉县政府共同组织西吉县大批量青年农民到莆田县各工厂打工，这无疑是好事，但必然影响到西吉县城镇人口集聚量。又如陶乐县、惠农县等地域小、人口少（陶乐县总人口 1992 年仅 22 000 多人，2 000 年不足 3 万人），县域经济从业人员中很大部分为行政、事业单位员工，其流动基本不决定于模型的序参量，因此模型预测与实际出入较大也在情理之中（附誌：2004 年已撤销陶乐县，其大部分地域划归平罗县，惠农县则与石嘴山市石嘴山区合并置惠农区）。

4.5 讨论

4.5.1 未作经济模型试验的缺陷。前已述及，影响人口流动的决定性因素有二：就业岗位最大容量（或就业岗位增量），人均收入水平。在市场经济发育不完全的宁夏，前一因素尤为重要。原设想要做两部分实证试验，即经济模型（资金流动模型）、人口迁移模型，两者有似两条腿，具有重要的互补效应。严格来说，没有经济模型支撑的人口模型必然是有缺陷的。本文构建的理论模型稍加调整，即把地理模拟量的主参量改为资金投入产出率，通过各点间资金集聚量大小来测算各点就业岗位增量，使它成为人口迁移模型的主参量之一。但因无法取得 86 个小区单元完整的投资效益数据，最终放弃实验留下遗憾。表 1 中银川市贺兰县、石嘴山市平罗县、吴忠市利通区、青铜峡市、灵武市等市县吻合率差，主要是产业资本流入较多或者说招商引资成效超过预期的结果。

4.5.2 人均收入（实际以人均消费值代替）仅使用 1992 年一年数据，客观性差。人均收入这一主参量，没有收集到各点1992年以前的历史数据进行规律研究，用以预测各点1993～2000年各年人均收入变化，而是统一以年均增长率8%作简单化处理，显然有一定偏差。其他参量也存在同样问题。如果当初把小区单元数由86个缩减为40个，即以市县为单元，删去县城以下各建制镇单元（或把建制镇城镇人口并入县城计算），便可节约因很多建制镇缺乏现成统计数据而需反复调查测算的精力、时间付出。

4.5.3 实例试验区与完全市场经济存在较大差距的客观现实。作为市场经济条件下的人口迁移模型，模型构建的指导思想和模型本身是正确的，但在实证研究中，应充分考虑实例区域与完全市场经济的实际差距，尽可能做到对区域城镇化发展阶段、城镇化率发展速度、城镇体系的规模等级结构等有一个宏观调控的总体把握。

4.5.4 与GIS的结合问题。本次模型试验未与GIS方法相容结合，影响到结果仅有各点数据而缺地图输出。

5.结论

本文运用地理系统理论和协同学理论，提出以差分积分方程描述我国市场经济条件下区域空间结构中点面相互作用的集聚效应和扩散效应的动态过程，以一个区域城乡间、城镇间人口迁移为例构建了一组全新的空间动力学模型。这类模型在国内外文献中多有讨论，但本文模型中设置的开关函数G_{ij}^{μ}则是首创。该模型为区域城镇体系的定量分析模拟开拓了一条新途径，是区域城镇化动态研究领域的重大发展。本文还以宁夏城镇体系作为模型实证研究案例，通过实地调研测算确定模型各项参量，作了一次很有意义的探索性实例试验，为进一步改进模型实证研究、为编制区域城镇体系规划提供技术支撑积累了不少经验和启示。

参考文献

[1] Batty M.,Foot D. etal,Spatial System Design and Fast Calibration of Activity Interaction-Allocation Models[J],Regional Studies,1973,(7):351～366.

[2] Wilson A.G,Catastrophe Theory and Bifurcation—Application to Urban and Regional System[M],1981.

[3] Clark M.,Wilson A.G,The Dynamics of Urban Structure,The Progress of A Resaph Programme,Transactions Inst[J],Br.Geographers ,1985,(10):427～451.

[4] Nijkamp P.,Reggiani A.,Spatial Interaction and Input-Output Models:A Dynamic Stochastic Multi-Objective Framework [R],Vrije Universiteit Research memorandum

1987, Amsterdam, 1 ~ 15.

[5]Nijkamp P., Dynamic Spatial Interaction:New Directions[J], Environment and Planning (A), 1988, 20(11): 1449 ~ 1460.

[6] Nijkamp P., Non-Linear Dynamic Modelling of Spatial Interactions[J], Environment and Planning(B), 1988, 15(4): 433 ~ 436.

[7] Nijkamp P., Qualitative Impact Analysis for Dynamic Spatial Systems [J], Economic Geography 1988, 64(3): 226 ~ 241.

[8] Batty M., On the Fractal Measurement of Geographical Boundries [J], Geographical Analysis1989, 21(1): 48 ~ 67.

[9] Breheny M., Growth and Change in a Core Region [J], London Papers in Regional Science 1989, (20).

[10] Batty M., Generating Urban Forms from Diffusive Growth [J], Environment and Planning(A), 1991, (23): 511 ~ 544.

[11] 刘妙龙, 区域科学回顾与展望[J]. 经济地理, 1991, 11(1): 26 ~ 30.

[12] 邬翊光, 姜璐, 等.城镇人口演化的自组织理论研究总结报告[R], 北京师范大学人口演化自组织理论课题组, 1989 年 10 月: 1 ~ 24.

[13] 梁进社, 蔡渝平.城市体系的自组织发展模型[J], 地理新论, 1(2), 69 ~ 80.

[14] 黄震方, 朱晓华.分形论、界壳论与山地研究理论及地理学创新和发展[J].山地学报, 2001, 19(1): 92 ~ 96.

[15] 岳文泽, 徐建华, 等.分形理论在人文地理学中的应用研究[J].地理学与国土研究, 2001, 17(2): 51 ~ 56.

[16] 吴兵, 葛昭攀.分形理论在地理信息科学研究中的应用[J].地理学与国土研究, 2002, 18(3): 23 ~ 26.

[17] 谭遂, 杨开忠, 等.一种基于自组织理论的城市与区域空间格局演变模型研究[J].经济地理, 2003, 23(2): 149 ~ 153.

[18] 王红, 闫国年. 城市细胞自动机模型研究的回顾与展望[J]. 经济地理, 2003, 23 (2): 154 ~ 157.

[19] 秦耀辰, 刘凯.分形理论在地理学中的应用研究进展[J].地理科学进展, 2003, 22 (4): 426 ~ 436.

[20] 王良健, 周志刚, 等.基于分形理论的长株潭城市群空间结构特征研究[J].地理与地理信息科学, 2005, 21(6): 74 ~ 77, 79.

[21] 柯长青,欧阳晓莹.基于元胞自动机模型的城市空间变化模拟研究进展[J].南京大学学报(自然科学版),2006,42(1):103～110.

[22] 王丽艳,张学儒等,CLUE-S 模型原理与结构及其应用进展[J].地理与地理信息科学,2010,26(3):73～77.

[23] 赵璐,郑新奇.空间动力学研究概述[C].2009 全国数字地球科学与地学信息学术会议论文集,中国地质学会,2010:280～287.

[24] 朱德威,张弛. 对地理数学方法的新思考[J].宁夏工学院学报(自然科学版),1992,4(1～2):1～7.

[25] 宁夏人口普查办公室.宁夏回族自治区 2000 年人口普查资料上册[M]北京:中国统计出版社,2002:1～15.

[26] 宁夏发展计划委员会. 宁夏回族自治区国民经济和社会发展第十个五年计划(2001～2005)[R].2001 年 12 月:81～88.

作者附志:朱德威先生(1930～2000)原为北京大学数学力学系副教授,后任北京大学城市与环境学院副教授、教授,为我国著名应用数学家、计量地理学家。不幸因病逝世,使本文模型的进一步深入研究无法继续。现整理发表此文,以表达我们对朱先生的深情缅怀和永恒纪念。同时我们也对同济大学海洋与地球科学学院刘妙龙教授赠送有关空间动力学模型的多种英文文献表示衷心感谢。

美国田纳西河流域地区综合开发与城镇化

田纳西河流域地区原为美国典型的贫困地区。经过60年的开发建设，1990年时已接近美国平均发展水平。显著的区域开发成效使得田纳西河流域开发成为世界上广受赞誉的区域开发规划。

1. 田纳西河流域地区概况

田纳西河流域位于美国东南部，阿巴拉契亚山脉西侧，是美国最大河流密西西比河东岸支流俄亥俄河的一条流程最长、水量最大的支流，全长1 600公里，下游年径流量567亿立方米。流域大部位于田纳西州境内，并跨肯塔基、弗吉尼亚、北卡罗来纳、佐治亚、亚拉巴马、密西西比六个州。上中游为丘陵山区(海拔600～1 800米)，水能资源约414万千瓦，下游为谷地开阔的平原(海拔500米以下)。降水年均1 000～1 500毫米，水网发育，有一级支流19条，二级支流31条。流域内有较丰富的水利、森林、矿产和旅游资源。煤炭探明储量413亿吨，磷矿储量24亿吨，石油、天然气、锌、铝、铁、铜、铅等也具重要地位。

20世纪30年代初，田纳西河流域是美国最贫困的地区之一。流域内230万人口中，城镇人口仅占25%，而当时全美国城镇人口比重已达56%。1929年居民人均收入仅相当于全国平均水平的45%。洪涝灾害、水土流失严重。仅4.2%农庄通电（全美农村为13.4%），3%农庄有自来水。工业只有一些小水电、煤矿，和少数生产初级产品的中小企业。由于经济文化落后和环境恶化，1920～1930年10年中，约有125万人流向区外，30年代美国经济大萧条，那些外出谋生的人重返家园，进一步增加了对流域内原本脆弱环境的压力。

国家自然科学基金项目(48960003)，发表于《世界地理研究》2013，22(3)：50～56

1933 年,联邦政府机构田纳西河流域管理局(Tennessee Valley Authority,TVA)成立,被美国国会和联邦政府授予规划、开发、经营、管理流域内各种资源的广泛权力,使它能够统一协调流域内经济社会发展与人口、资源、环境的关系,各州与联邦政府有关部门之间的关系。在 TVA 努力下,经过半个多世纪综合开发,建成了一条全长 1 291 公里、水深 3.35 米的航道, 洪水危害和水土流失得到成功控制;TVA 电力系统装机容量 2 949.7 万千瓦,1991 年发电 1 204 亿千瓦时,工农业和第三产业迅速发展,工业职工增长速度为全国平均数的 3 倍。1990 年居民人均收入 14803 美元,相当于全国平均值 80.1%,由于当地生活成本较低,实际生活水平已接近全国水平。

目前,TVA 电力系统服务地区(即田纳西河流域地区,以下简称田区)包括田纳西河、康伯兰河两个流域,共 7 州 170 个县(其中田纳西州 66 个县),亦即本文所述范围,面积 20 万平方公里,1990 年人口 740 万。[1]

2. 区域综合开发与城镇化过程

早期田区居住着印第安人,于沿河肥沃土地上从事作物种植。18 世纪后期,白人移民大规模进入,建立城堡,如田纳西河干流最上游的诺克斯维尔,支流赫斯顿河畔的金斯敦。当时森林广布,农业比较发达,盛产棉花、马铃薯、蔬菜。20 世纪初以后,土地过度开垦,森林过伐,东部山地达克镇铜矿区周围森林被砍光用作燃料,加剧了水土流失和生态恶化。20 世纪 30 年代初,东部地区经济以农业为主,仅诺克斯维尔和查塔努加为主要工业中心。位于北卡罗来纳州境的阿什维尔市则以旅游业为主。查塔努加以北还有一些在采煤工业基础上发展起来的煤矿城镇。西部地区有棉区、粮区、草场、林地,工商业以纳什维尔市较为发达。51%属农业人口,24%是居于农村的非农业人口,只有 25%居住于城镇。

2.1 城镇化第一阶段(1933~1973),即工业化阶段

1933 年起,田纳西河干流上兴建了具有防洪、航运、发电、供水、灌溉、旅游、渔业、环境保护等综合效益的 9 个梯级水利枢纽,支流上共建 52 个水利枢纽,形成一个庞大的水库体系,可调蓄一半以上的地表径流。干流 9 个梯级和支流 1 个梯级使河道实现渠化通航,通过密西西比河、俄亥俄河连接 21 个州的水运网,可北通五大湖,东去大西洋,南达墨西哥湾。在开发水电、河运的基础上,又把本区东部、美国最大的阿巴拉契亚煤田所产原煤就近转化为电力,充分发挥煤水组合良好的优势,至 70 年代初建成 12 座燃煤电厂,形成水火互济的大容量、高质量电力系统,TVA 成为美国最大的电力生产企业。

田纳西河流域水资源的综合开发,大大改善了当地的投资环境:稳定可靠而廉价的供电供水(1991 年 TVA 居民电价为 56.03 美元 / 千度, 而美国东南部各州电价分别为 64.41 ~ 91.91 美元,美国各主要城市电价分别为 81.03 ~ 150.6 美元,仅美国西北部哥伦

比亚河南岸的波特兰市因电网以水电为主而略低于 TVA 电价；田区工商业和机关文教科技单位电价更低，分别为居民电价的 70%和 45%），[2]无洪水泛滥的廉价土地，发达而廉价的水运，吸引了大量国有企业（如与国防有关的原子能、化工、冶金、机械等）和私人资本来此办工业。过去一些城市由于洪灾威胁，发展受到阻碍。如 1867 年洪水使地势低洼的查塔努加市水位上升 8.5 米，全城被淹，损失 5 亿美元。由于水库调蓄洪水，该市 1936～1948 年间因洪灾造成的实际损失仅为 47.6 万美元，估算避免洪灾损失 4123.4 万美元，大大改善了城市的投资环境。位于瓦茨巴水库北岸的哈里曼市，是 1890 年建立的小城市，至今仍保留着 19 世纪的一些古建筑，该市曾三次被淹，损失惨重，城市发展缓慢。水库建成后原先的泛滥土地得到利用，发展起了颇有特色的服装工业和第三产业，成为环境优美的田园城市。

随后，机械、纺织、电器、橡胶、造纸、服装、食品等行业也相应加速发展。截至 1973 年，田纳西河航道沿岸新建扩建的工厂和码头，仅私人投资累计即达 25.33 亿美元，其中 30～40 年代 5900 多万美元，50 年代 6.67 亿美元，60 年代 12.87 亿美元，1970～1973 年 5.19 亿美元。滨河工业走廊仅私人工业投资即为当地居民提供了 3 万多就业职位，而间接引发的就业机会则更多。[3]

廉价的河运刺激了当地农业、矿业经济向专业化、外向型升级，沿河小城镇作为农村贸易中心和工业中心迅速发展。1973 年田纳西河货运量达 2935 万吨（1933 年为 94 万吨，1950 年为 305 万吨），其中原煤、焦炭 1169 万吨，砂石 782 万吨，石油制品 243 万吨，化工品 240 万吨，粮食及其制品 199 万吨，钢铁 110 万吨。货运周转量达 39.5 亿吨哩。运量增长是和沿河城镇发展紧紧联系在一起的。火电厂燃煤的大量水运，使本区发电成本保持在较低水平。煤炭占总运量的比重由 1973 年 39.8%上升至 1983 年的 48%，表明电力增长仍是本区经济发展的主要支柱。滨河一些城市则形成以高耗能、大耗水、大运量工业集聚为特征的城镇群，如诺克斯维尔、查塔努加、汉茨维尔、弗洛伦斯、帕迪尤卡、纳什维尔等。[4][5]

廉价电力通达全区农村，1945 年农村用电户仅占 28%，1955 年已达 93%。农户户均年生活用电量迅速增加，1950 年平均为 2 000 度，1960 年达 8 806 度（全国平均为 3864 度），在全国率先实现农村电气化。农村企业用电以类似速度增长。农村电气化是农村工业化、城镇化的强大动力和物质基础。由于远距离输电以及交通发展，使广大农村出现工业相对分散的小城镇，特别是那些只需要常规技术的农林牧产品加工业和机械制造业，它们耗电不多，而农村劳动力工资较低，又可缩短与原料地的距离，因而发展较快。许多农民就地转化为非农业人口，出现了许多新型小城镇。例如田区具有丰富的森林资源，由于TVA和有关州的努力,林业大发展,森林达800余万公顷,可采木材蓄积量由原3亿立方米增加到21.5亿立方米,林木生长量超过采伐量181%,为就地就近发展林产品加工业提供了物质基础,林区许多小城镇发展起了木材和家具工业,而用水量、运输量大的造纸工业则沿河布局。林产品工业产值达20亿美元,提供了4.5万个就业职位。

1973年时,田区就业人口结构已经发生重大变化,即制造业就业人口比重由1933年的12%上升到28.2%,农业劳动者由1933年的62%下降为5%,基本完成了工业化过程(表1)。田区制造业职工增长速度远超过全国平均水平,城镇人口由30年代初25.2%上升到1980年的50.6%。人口增长较快的大中城市有孟菲斯、阿什维尔、纳什维尔、查塔努加以及诺克斯维尔至布里斯托尔之间的走廊地带。一些小城市,如肯塔基州帕迪尤卡、博林格里,田州约克森、约翰森、金斯波特,密西西比州哥伦布,亚拉巴马州马瑟肖尔斯,规模也有扩大。

表1　全美国和田区就业人口结构变化

年份	全美国						田区					
	人口（万人）	就业人口（万人）	农业（%）	制造业（%）	服务业（%）	人均收入（美元）	人口（万人）	就业人口（万人）	农业（%）	制造业（%）	服务业（%）	人均收入（美元）
1960	18090	6580	8.3	25.5	51.3	2263	536.2	185.9	17.2	23.5	47.4	1507
1973	21200	8510	4.1	23.7	61.0	5196	622.8	273.9	5.0	28.2	50.4	4044
1980	22790	9930	3.4	20.4	65.2	9912	686.4	308.6	4.3	25.0	54.1	7704
1990	25150	11790	2.5	16.2	72.4	18471	739.7	382.1	3.0	22.5	56.9	14803

注:资料来源:见参考文献[7]。

田区作为一个落后地区,能在40年这段较短时间内实现工业化和城镇化,除了TVA实行了一整套科学的综合开发规划之外,还与当时有利的外部条件有关:一是第二次世界大战促进了田区的开发。战时体制加速了水利水电建设步伐,当时有12个水利枢纽工程同时开工,2.8万建筑工人战斗在工地上;同型大坝"成对"设计施工,道格拉斯水利枢纽仅用13个月即建成投产。而军事工业(如飞机制造)对铝的大量需求和原子能工业大发展,又促进了田区高耗能工业和电力工业加速增长。以后朝鲜战争也刺激了本区工业的进一步高涨。二是1973年世界能源危机,使美国许多地区经济趋于停滞或衰退,而本区则凭借突出的能源优势而深受其利,制造业再一次得以高速发展。

2.2 城镇化第二阶段(1973年迄今):以旅游业为中心的服务业大发展阶段,或称后工业化阶段

由于能源、运输等优势,本区对投资仍有较大吸引力。1972~1986年间,外来投资达238亿美元,增加就业职位45万个。其中1974~1984年,仅田纳西河沿岸工业城市即新增私人投资22.34亿美元。在前三年(1989～1991年)全美国电价普遍上涨而TVA电价稳定不变的条件下,有一千家企业即将在田区新建扩建,计划投资88亿美元,可新增6.5万个职位。1992年3月,TVA宣布再为工业企业降低电费5%,又增加了对新投资的吸引力。但1973年以后,美国对世界市场扩大开放,本区出口工业产品(如机械)和内销商品(如纺织品、服装、家具)遭遇国外商品的激烈竞争。70年代后期和80年代初期美元增值,更使制造业处境恶化,1982年失业率曾达12.2%(全美为9.7%),制造业处境维艰。80年代中期美元汇率下跌和1989年提高利率,使制造业在周期性波动中缓慢增长,表明本区经济活动与世界经济联系日益密切。

另一方面,这一时期商贸、旅游、运输业等则有更快增长,比重迅速提高。由表1可见,1973～1990年间,制造业职工的比重下降了5.7个百分点,而服务业职工则上升了6.5个百分点。但与全美国比较,田区进入后工业化阶段显然晚了十多年。

服务业中,旅游业发展突飞猛进,成为新的主导产业。田纳西河流域有山峰溪谷,林草优美,水库水面达2 590平方公里,湖岸线长17699公里。国家、州、地方(市县)和私人在河湖之滨、山间林中共建设了1100多个公园、自然保护区、国家森林、公用娱乐区、商业性游息疗养地等,面积达9万多公顷,提供了许多可供休养、野餐、划船、钓鱼、游泳等水上运动、野营、徒步旅行、娱乐、狩猎、野生动物及鸟类保护和研究、环境教育等旅游设施。在水利水电建设初期,TVA即已注意结合发展疗养旅游业,建设示范公园和游船码头。1940年提出了一份交总统和国会的报告《田纳西河系统旅游发展》。1950年各水库和火电厂经营的旅游收入为1 300万美元,到1960年增为1亿美元。但大规模发展旅游业则是70年代以后的事。1972年TVA制订了保护旅游资源的政策,1973年起为市县旅游部门提供开发旅游业项目的资金援助,制订了旅游业大发展规划,实施一系列旅游业建设项目。1980年游客达7 000多万人次。1990年旅游业成为仅次于制造业的第二大产业。位于东部山区田纳西河支流赫斯顿河上的水库,湖光山色,风景如画,使这一带的金斯波特、约翰森城、布里斯托尔、伊丽莎白顿等小城镇都成了闻名的旅游城市。[6]

3. 城镇体系特征

本区原先是美国一个不发达地区和农业区域,城镇发展在时间上滞后于全美的城镇发展。另一方面,由于它吸取了许多大城市地区发展的经验教训,因而在城镇体系及其空间结构上具有鲜明的地区特色,在某些方面避免了"大城市病"等社会问题。

3.1 城镇规模结构以中小城市和小城镇为主,分布相对分散、均衡

本区的城镇平均规模低于全美水平,大部分是中小城市和小城镇(图1、表2、表3)。1980年大城市占全地区人口的比重仅为9.5%,低于全美国12.5%的水平。按不同人口规

模城市的人口数量排序,中等城市 > 镇 > 大城市 > 小城市。

表 2 田区城镇等级规模结构 (1980 年)

城镇等级	城镇数	城市名
大城市	1	孟菲斯(田纳西州)
中等城市	4	纳什维尔,诺克斯维尔,查塔努加(以上田纳西州),汉茨维尔(亚拉巴马州)
小城市	18	约克森,约翰森城,金斯波特,克拉克斯维尔,奥克里季,默弗里斯巴勒,哥伦比亚,克利夫兰,布里斯托尔,亨德森维尔(以上田纳西州),博林格里,帕迪尤卡,霍普金斯维尔(以上肯塔基州),迪凯特,弗洛伦斯,贝瑟默(以上亚拉巴马州),阿什维尔(北卡罗来纳州),哥伦布(密西西比州)
镇	100	田纳西州 58,肯塔基州 6,佐治亚州 6,亚拉巴马州 13,密西西比州 12,弗吉尼亚州 2,北卡罗来纳州 3

注:资料来源:见参考文献[8]。

1970 年以来, 两种类型城镇得到最快发展: 一类是大中城市郊区的小城市和小城镇,例如纳什维尔东北的亨德森维尔,原为一个人口不足 300 的农村集镇,1980 年时已成为具一定规模的小城市,10 年内人口增长近百倍。其他如纳什维尔附近的古德莱茨维尔、拉弗恩,孟菲斯附近的巴特莱特、科利维尔、格曼唐,查塔努加附近的莱克维、福特奥格莱桑佩,人口都有成倍以至成十倍的增长。另一类是旅游区的小城市或小城镇,主要是旅游人口(流动人口)大幅度增长,带动了城镇人口和基础设施的发展,赫斯顿河各水库间的山区城镇,如林恩加登、布卢明代尔等,发展特别快。

表 3 田纳西州城镇等级规模结构

城镇等级	1970 年			1980 年
	城镇数	人口数	人口比重(%)	城镇数
大城市	1	623530	15.9	1
中等城市	3	741546	18.9	3
小城市	6	192102	4.9	10
镇	51	521234	13.3	58
集镇	661	493702	12.6	452
农村		1352050	34.4	
合计	722	3924164	100	524

注:市区人口 > 50 万为大城市,10 万 ~ 50 万为中等城市,2.5 万 ~ 10 万为小城市,0.5 万 ~ 2.5 万为镇。美国城市的面积、人口有两种统计口径:标准都市统计区(俗称都市区或大市区)和市区,前者包括市区及其邻接的城镇市区人口。集镇和农村属农村人口,镇以上属城镇人口,即田州 1970 年城镇人口占 53%,农村人口占 47%。

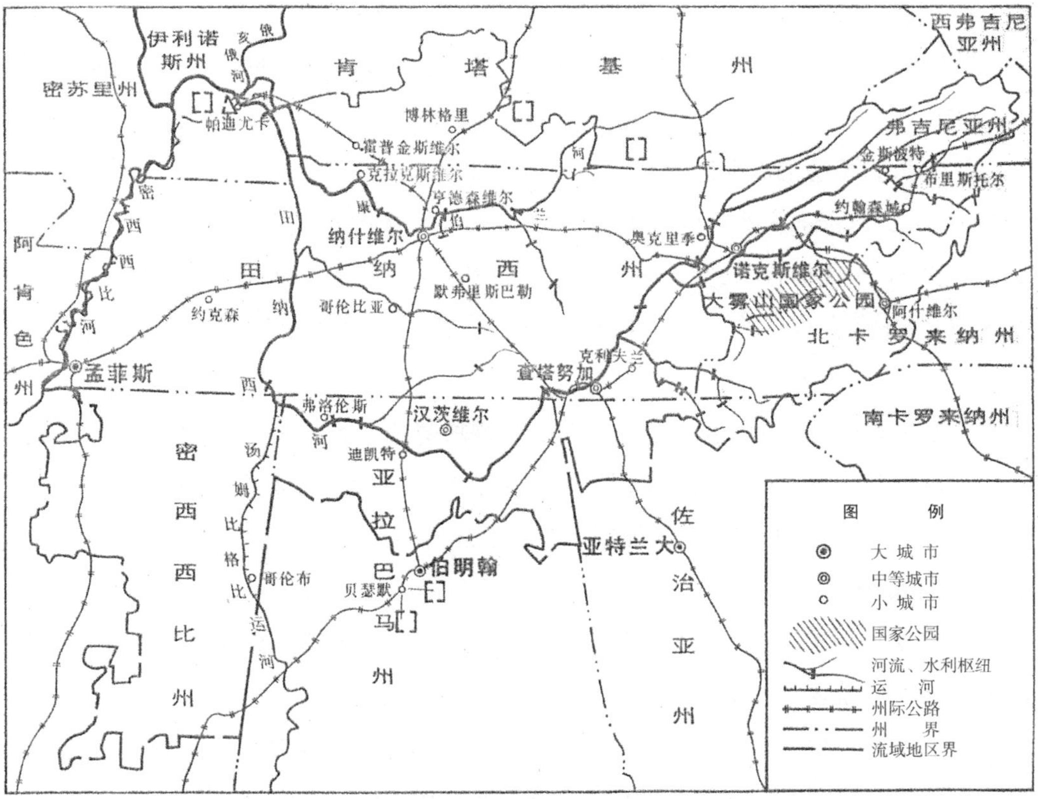

图1　田纳西河流域地区城市分布示意

本区城镇类型多样,除少数为综合性城市外,大多数专业化程度较高。本区首位城市孟菲斯是市区人口规模超过50万的工商业大城市。次位城市纳什维尔是田州政治、文化中心和工商业城市,1980年市区人口已接近50万。再次为诺克斯维尔、查塔努加、汉茨维尔,市区人口不足20万人。中小城市和小城镇在城镇体系中占据重要地位,而且城市的空间分布比较分散和均衡,这与美国发达地区显然有别。形成这种城镇体系格局的主要因素是:

第一,城镇化过程中以发展小城镇为主的规划思想占据主导地位。不同的历史阶段和地域类型,城镇化有其不同的特点。30年代大萧条期间,美国一些大城市的部分失业人口回流农村,兼业经营农业和二、三产业。本区的城镇化过程起始于30年代经济大萧条之后,大城市各种危机留下的深刻教训,使得本区开发过程中,工业和城镇布局注意了与农村产业的结合和协调,与水利建设、能源建设、交通建设的结合和协调。一些农民初始时以部分时间去城镇兼营工业或服务业,以后逐步转化为城镇居民。50年代初,美国提出了建设小城镇、分流大城市人口的规划方案。出于避免"大城市病"和改善环境的考虑,国会于1968年通过"新城镇开发法",首批建成63个规模约2万人的新城镇。80年代以来，提出建设“都市化村庄”设想，要求乡镇公用设施向大城市看齐。田区城镇化过程正是在大力发展小城镇思想的指导下完成的，从而使小城镇在较宽松的政策环境中得到顺利发展。

第二，人口稀疏的农业区有利于中小城市和小城镇发展。本区原本人口稀少，30 年代至 50 年代，由于本区明显落后于其他地区，人口外流量大于农村人口向当地城镇的转移量，直至 60 年代仍有少量人口流出。总计 1930 ~ 1970 年间，有 160 万人外流寻找就业机会。可见本区在相当长时期内城镇发展的人口源不足，使得客观上发展大城市的条件甚差。

第三，农村电气化和公路、汽车的普及，使得城镇的工业园区与居住区相隔一定距离有了可能，也使小城镇的现代化生活质量不亚于大城市，而环境状况却远优于大城市，在同等消费水平下生活开支也比大城市节省，从而抑制了大城市发展，更多地出现以中等城市为核心的城镇群。[7][8]

3.2 城镇布局与河流综合开发紧密结合——城镇沿河分布，呈集团式群体和串珠状走廊带，构成城镇体系的主干

田纳西河流域综合开发有一条十分成功的经验，即兴建水利枢纽与城镇布局、移民安置同步规划、配套建设。以最早兴建的诺烈斯水利枢纽（在田纳西河支流克林奇河上）为例，在规划设计时，即把建筑工人临时居住的工棚设计建成永久性示范住宅，作为未来的诺烈斯镇住宅区，同时匹配相应的基础设施、加工企业、服务网络和旅游景点，包括配套建设家具、金属器件、电器、陶瓷等商店，并注意与周围农村发展结合，包括建设示范性奶牛场、养鸡场，推广先进技术的示范农场等，把水利枢纽建设与城镇建设、郊区建设、新农村建设有机结合起来，工程完工后随即出现新兴小城镇。沿河（主要是沿水库、航道）大耗能、大耗水、大运量工业企业的发展，则使本区形成几条沿河城镇走廊——主要是沿田纳西河，还有沿康伯兰河、沿密西西比河、沿田纳西河—汤姆比格比运河的城镇走廊带。其中又以七个大中城市为核心，相对集中，形成集团式布局。

3.2.1 孟菲斯城镇群

位于密西西比河沿岸。孟菲斯 1970 年市区人口 62.3 万多人，都市区 77 万余人。为本区西部经济中心，也是美国南部的大工商业城市和最繁忙的河港之一。河上横跨 3 座大桥，40 号、55 号州际高速公路、多条铁路和机场在此交汇，为重要的交通枢纽。田州西部、阿肯色州东部、密西西比州北部生产的棉花、木材在此集散，为世界闻名的棉花、硬木贸易中心。工业有化工、机械、食品、造纸、木材加工等，输出商品包括棉籽加工产品、家具、纸、饲料、农机、拖车、化工品、药品、电机等。全市有 100 多个公园和游乐场。1931 年开始举行的每年5月中的棉花狂欢节吸引无数游客，每年9月的美国中南部商品交易会也是本市一大盛会。本城镇群包括田州的科威通、米利通、巴特莱特、格曼唐、科利维尔，密西西比州的桑赛文，河西岸的西孟菲斯等。附近有汤姆斯海伦火电厂，4个机场。

3.2.2 纳什维尔城镇群

位于康伯兰河切赛姆水库和老海克雷水库之间。纳什维尔文教事业发达，有10多所著名大学和许多希腊式建筑，别名“南方雅典”。1970年市区人口44.7万多人，都市区54.1万余人。地处康伯兰河广阔、肥沃的河谷，称为纳什维尔盆地，是田州农业最发达的地区。附近煤炭、天然气等资源丰富，加上发达的康伯兰河航运和廉价电力，使其成为田区北部经济中心。65号、40号、24号州际公路交汇于此。工业有印刷（以出版宗教、商业书刊闻名于全国）、化工、纺织、鞋袜、食品、汽车玻璃、电器、金属、飞机零件等，也是全国乡村音乐和西部音乐录音带制作中心。本城镇群包括亨德森维尔、格拉丁、古德莱茨维尔、拉弗恩、布伦特坞、黎巴嫩、斯米那、弗兰克林、默弗里斯巴勒、克拉克斯维尔、迪克森、斯普林菲尔德等。附近有格拉丁火电厂，9个机场。

3.2.3 诺克斯维尔城镇群

位于田纳西河及其支流的福特劳登水库、米尔通希尔水库、诺烈斯水库、切罗克水库、道格拉斯水库之间。诺克斯维尔于1930年后因田纳西河水能大规模开发而加速发展。市区人口17.5万人，都市区47.7万人。为田区东部经济中心，地处肥沃的田纳西河谷地，适于种植烟叶，每年12月～3月的烟草大拍卖在此举行。附近有煤矿、大理石采石场，又是田纳西河最上游的河港，河运发达，多条州际公路以及铁路在此交会。周围有一系列风景优美的山地和8个水库，南侧40多公里有著名的大雾山国家公园，既是一个靠近原料地的工业城市和旅游城市，又为吸引范围广达42个县的农产品集散中心。每年9月田纳西河流域商品博览会在此举行，贸易以烟草和牲畜为主。联邦政府机构田纳西河流域管理局（TVA）总部所在地。工业有纺织、服装、机械、电器、金属制品、有色金属、食品、采石、玻璃、陶瓷、化工、塑料、木材加工等。田纳西州立大学是田州最大的高等学校，在孟菲斯、纳什维尔、查塔努加、马丁等地均设有分校。本城镇群包括克林顿、奥克里季（橡树岭）、劳登—莱纳尔城、罗克坞、哈里曼、莫里斯唐、杰弗逊城、阿尔科、玛丽维尔、勒福利特、金斯敦等，附近有布尔伦火电厂，3座机场。奥克里季是美国的原子能科研和工业中心，有多座试验用核反应堆和核燃料加工厂，美国三大浓缩铀工厂之一，第一颗原子弹在此制成，现有原子能博物馆。诺克斯维尔市区与奥克里季之间已发展成为著名的高科技走廊。阿尔科为美国重要的电解铝工业中心。

3.2.4 查塔努加城镇群

位于田纳西河中游尼卡亚克水库和切卡莫加水库之间。查塔努加为田纳西河冲积平原通向阿巴拉契亚山区的交通要冲，75 号、59 号、24 号州际公路交会于此；工业发达，能生产 1500 多种商品，主要为纺织、冶金、机械、金属制品、化工、橡胶、食品、木材、造纸、水泥等，也是核电站设备制造中心。查塔努加国家军事公园是美国最大的军事公园，面积达 6 340 公顷，地跨田纳西、佐治亚两州，加上卢考特山、切罗克印第安人贸易区，都是吸引游客之处。市区人口 11.9 万余人，都市区 30.4 万多人。本城镇群包括田州的代通、索迪代西、赖德伯克、辛格纳尔芒通、克利夫兰、伊斯特里季（东岭）、贾斯珀和佐治亚州的莱克维、福特奥格莱桑佩、拉法特、代尔通、卡尔洪等。附近有拉考恩抽水蓄能电站、威杜斯里克火电厂、西库亚核电站，4 个机场。克利夫兰为造纸工业中心。

3.2.5 汉茨维尔城镇群

位于田纳西河中游威尔逊水库、惠勒水库和冈特斯维尔水库之间。汉茨维尔于二战后设立马歇尔空间中心，30 年间人口增长 9 倍，一跃而为中等城市，美国航天工业基地之一。65 号州际公路由此通过。市区人口 13.7 万多人，都市区 22.8 万余人。本城镇群包括亚拉巴马州的迪凯特、阿森斯、哈采尔、斯科茨布罗、阿拉伯、冈特斯维尔、阿伯特维尔、波兹、克尔曼、弗洛伦斯、设菲尔德、杜斯肯比亚、马瑟肖尔斯、罗斯尔维尔等。附近有柯尔布特火电厂、布朗斯费里核电站、贝尔方特核电站，7 个机场，其中马瑟肖尔斯、弗洛伦斯、设菲尔德和杜斯肯比亚四城镇是全美化肥工业的研究开发基地。

3.2.6 帕迪尤卡城镇群

位于田纳西河和康伯兰河汇入俄亥俄河的入口处。帕迪尤卡是本区的水运中心，24 号州际公路在此通过，是原子能工业基地、美国三大浓缩铀工厂之一。市区人口 3.1 万多人。本城镇群包括肯塔基州的普林斯顿、默里、梅菲尔德，伊利诺伊州的开罗、梅特罗波利斯等。附近有肯塔基水库、巴克莱运河、肖尼火电厂和 3 个机场。

3.2.7 哥伦布城镇群

位于田纳西河—汤姆比格比河运河畔。哥伦布是运河上的重要河港。市区人口 2.5 万多人。本城镇群包括密西西比州的西点、斯达克维尔、阿伯丁、埃默里等。城镇群北侧有位于匹克威克水库南岸的耶罗克里克核电站，5 个机场。

此外，在广大农村地区，以纺织、服装、木材加工、食品、机械等工业为主、第三产业较发达的小城镇，则与农业紧密结合、相互促进，呈星散型布局。

3.3 旅游业大发展推动新型小城镇发展，主要沿公路或水道布局

70 年代以来，田区作为美国最著名的旅游区之一，旅游业蓬勃兴起，至今方兴未艾。

本区几乎到处都有观光休闲胜地，许多城镇、农村集镇由于旅游业以及相应服务设施扩展而日趋繁荣，城镇转化为以旅游业为主要职能。一些原来靠旅游业起家的城市，如阿什维尔目前更加兴旺发达，成为本区东部山区的旅游中心城市。而在那些著名的旅游风景区，则沿公路或水道（河流、水库）出现了成群的旅游城镇，它们一般规模不大，但设施完善，而且还正在不断扩展。

3.3.1 阿什维尔等城镇

位于蓝岭山区，田纳西河支流弗伦奇布罗德河上游。阿什维尔正处大雾山国家公园与弗吉尼亚州境谢纳多赫国家公园之间蓝岭大路的交通要冲，附近还有纳哈塔拉国家森林和匹斯根国家森林。40 号、26 号州际公路在此交会。市区海拔 701 米。1830 年开始建设木结构旅馆以来，一直是著名的山区避暑度冬休闲胜地。市内有北卡罗来纳大学等著名建筑。为陶器、编织、雕刻、银器、铁器等精美手工艺品的生产中心，还有合成纤维、纺织、服装、儿童食品、家具、电器等工业。市区人口 5.7 万多人，都市区 14.5 万余人。其他城镇有韦恩斯维尔、布莱瓦特、亨德森维尔等。附近有一个机场。

3.3.2 金斯波特等城镇

位于田纳西河支流赫斯顿河上的福特帕瑞克亨利水库、鲍纳水库、南赫斯顿水库之间。金斯波特是典型的山区旅游业小城，兼有木材、纺织等工业。81 号州际公路通过。市区人口 3.1 万多人。其他城镇有约翰森城、布里斯托尔、布卢明代尔、林恩加登、伊丽莎白顿、欧文等，附近有 2 个机场。欧文是原子能工业基地。

3.3.3 大雾山国家公园城镇

位于田州与北卡罗来纳州交界处，是全美闻名的旅游疗养区，每年 4～11 月间游人如织。以山林、溪涧、草地、水库（田纳西河支流小田纳西河上的弗特纳水库）的自然景观为主，近年来开发了众多的游乐设施和乡村旅馆。最著名的有加特林堡、汤森特（以上田州）、布赖森城、切罗克（以上北卡罗来纳州）等旅游城镇。

3.3.4 纳哈塔拉国家森林和查塔胡奇国家森林区城镇

位于大雾山国家公园以南，田州、北卡罗来纳州、佐治亚州交界处。林区中掩映着田纳西河支流赫瓦斯河上的赫瓦斯水库、诺特利水库、蓝岭水库、查杜格水库、帕克斯维尔水库等，湖光山色，是徒步旅行、野营、狩猎、小溪中采集红宝石、划船等活动的好去处。有北卡罗来纳州的墨菲、富兰克林，佐治亚州的赫瓦斯、布赖斯维尔、海斯维尔、蓝岭、库珀希尔、麦凯斯维尔、达克唐等城镇。

3.3.5 特里科水库区城镇

位于诺克斯维尔西南的小田纳西河上。曾是印第安人聚居地，博物馆、历史公园与峡谷、水库等是文化旅游和长距离划船佳地。有沃诺、塔拉西等城镇。

3.3.6 道格拉斯水库和戴维克罗克特水库区城镇

位于诺克斯维尔以东的田纳西河支流弗伦奇布罗德河上，以钓鱼、观鸟著称，有纽波特、格林维尔、丹德里季等城镇。

3.3.7 湖间地旅游区城镇

位于田纳西河、康伯兰河下游肯塔基水库和巴克莱水库之间，有田区最大的水体和湖岸线，仅肯塔基水库沿岸即有5个州立公园，80个以上休养地，是娱乐、休闲、野生动物保护和环境教育中心，可满足不同生活风格、不同年龄的人参观、度假。有田州的多弗尔、奥洛拉和肯塔基州的凯迪兹、格兰德里弗等城镇。

3.4 大中小城市、城镇与农村居民点的各种交通线联接为一体，形成城镇网络，促进了城乡一体化进程

田区内河航运发达，是区内外经济联系的大动脉，仅田纳西河干流上即有帕迪尤卡、格兰德里弗、默里（以上肯塔基州）、帕里斯、新约翰逊维尔、康斯（以上田州）、卢卡（密西西比州）、弗洛伦斯、威尔逊坝、迪凯特、汉茨维尔、冈特斯维尔、布里奇波特（以上亚拉巴马州）、南匹兹堡、查塔努加、莱诺尔城、沃诺利、诺克斯维尔（以上田州）等18个河运港口城镇，26个公共货运码头，106个专用货物的私营码头。

为开发贫困山区，1965年美国国会通过了《阿巴拉契亚区域开发法案》，核心项目是公路建设规划。到1985年在阿巴拉契亚区域修建公路4022公里，使原先交通闭塞的状况发生根本性变化，实现了丘陵山区每个居民点通达高速公路路程不超过半小时的要求。全地区州际高速公路，东西向有2条：40号公路从大西洋沿岸向西，横贯阿什维尔、诺克斯维尔、纳什维尔、孟菲斯，通向太平洋沿岸；24号公路由查塔努加向西北接连纳什维尔和帕迪尤卡。南北向有3条：55号公路自孟菲斯北通五大湖，南至新奥尔良；65号公路自北向南经纳什维尔、迪凯特至墨西哥湾沿岸；75号公路由底特律经诺克斯维尔、查塔努加去迈阿密。还有由查塔努加向南去的59号公路，东部山区去南卡罗来纳州的26号公路，由诺克斯维尔经布里斯托尔向东去的81号公路。更有稠密的联邦公路、州级公路，保证陆上交通四通八达。铁路干支线密度也相当大。航空运输方便，仅田州即有132个机场。这些交通线把城镇和农村联成一个完整的网络体系，加强了城镇间、城乡间联系和城乡一体化趋势。[9]

4. 结语

田区是发达国家中内陆落后地区城镇化的一个典型，它的经验反映了某些落后地区城镇化的客观规律，对发展中国家尤其是内陆不发达地区无疑有一定参考价值。特别是我国西南的乌江流域、红水河流域，西北的黄河上中游地区等，在水利水电开发潜力较大、能源和矿产资源比较丰富、山区多、农村人口比重大、经济文化落后等方面，与 20 世纪前期的田区有很多相似之处。可以认为，田区的某些城镇化经验和城镇发展模式、城镇体系格局，对我国这些内陆欠发达地区的综合开发与城镇化具有重要的借鉴意义。[10][11]

参考文献

[1] TVA，A History of the TVA[M]，1983,TVA.

[2] TVA，TVA & Electroric Power[R]，1983,TVA.

[3] TVA，TVA & Regional Development[R]，1983，TVA.

[4] US Army Corps of Engineers，The Tennessee–Cumberland Rivers Navigation System [M]，1984，TVA.

[5] TVA，River Traffic and Industrial Growth[R]，1986，TVA.

[6] TVA，Recreation on TVA Lakes[R]，1991，TVA.

[7] Valley Resource Center，Economic Outlook[R]，1991，TVA.

[8]TVA，TVA's Annual Report[R]，1985～1991，TVA.

[9]TVA，TVA Financial Statements[R]，1985～1991，TVA.

[10] 李文华，等.流域开发与管理——美国田纳西流域与中国乌江流域对比研究[M].贵阳：贵州人民出版社，1989.

[11] 宁夏计委赴美考察团.美国田纳西河流域和南加州的水资源综合开发与区域经济发展[J].计划与经济，1992(3)：87~95.

“十五”时期推进宁夏城镇化进程研究

城镇(宁夏包括地级市、县级市、建制镇)是非农产业、非农业人口高度集中的地域空间,是市场经济的主要载体。城镇化是由农业人口占很大比重的传统农业社会,向非农业人口占多数的现代文明社会逐步转变的历史过程,是工业化、经济现代化在地区布局上的必然表现形式,是人口、土地、资本等要素在空间上的重新组合。城镇化的结果表现为:城镇数量增加,城镇地区扩展和城镇人口不断增长,城镇体系逐步完善,城镇功能和环境不断充实改善,城镇经济社会发展的进一步社会化、现代化、集约化。实施城镇化战略,推进城镇化进程,一方面要促进城镇的经济和社会加快发展,促进工业化和服务业现代化,为人口向城镇集中创造物质基础;另一方面要消除阻碍城镇化进程的体制和政策障碍,为人口向城镇集中营造体制环境。

衡量人口城镇化水平的基本指标是城镇人口占区域总人口的比重,即城镇化率。计算城镇人口,目前人口统计部门有小口径和大口径两种算法。小口径以市、建制镇非农业人口计算,即“市镇非农业人口”;大口径以市辖区全部人口、建制镇居委会全部人口(不含市辖郊县人口、建制镇所属村委会人口)计算,即1990年人口普查的“市镇人口”。

一、城镇化现状

(一)城镇化水平

1999年末,宁夏有银川、石嘴山、吴忠3个地级市,2个县级市青铜峡、灵武,66个建制镇。城镇建成区面积239.6平方公里。全区按大口径计算城镇人口183.56万人,城镇化率为33.8%;按小口径计算城镇人口146.57万人,城镇化率为27%,均略高于全国平均水平。由于我区设市设镇的标准比东部发达省市为低,所以各种口径的城镇化率与东部

发表于《市场经济研究》2000(4):42～45

省市、全国平均水平存在不可比因素。

表 1　宁夏城镇化率与全国平均水平的比较　（%）

区域	大口径		小口径	
	1998	1999	1998	1999
全国	30.4	30.9	23.9	
宁夏	32.6	33.8	26.8	27.0

衡量城镇化水平高低，除城镇化率之外，还有城镇经济发展水平、区域城镇体系完善程度、城镇功能特别是中心城市功能、城镇质量(规划、设计、管理水平)、城镇环境等方面指标。在这些方面，我区均处于落后状态，如宁夏首府和首位城市银川市，近几年间，按其城镇人口数，居全国 600 多个城市的第 100 位之内，而按国内生产总值，则居于第 300 位之后，1999 年人均国内生产总值 11627 元，城市居民人均可支配收入 5168 元，均低于全国省会城市和大中城市平均水平。

（二）城镇现状特征和问题

1. 中心城市已有一定基础，但开放功能、龙头作用薄弱。

银川市辖区作为宁夏的政治、经济、文化中心，在全区国内生产总值、社会商品零售总额、利用外资、财税收入等方面占有很大份额，具有较强的中心城市综合功能，已有较好基础。吴忠市利通区、石嘴山市大武口区、固原地区固原县城作为地区级中心城镇，也已具备一定基础。但面对大开放、大开发的新形势，经济素质、投资环境、市场机制等方面存在很多问题，经济实力不够强，集聚能力、龙头带头作用薄弱。

2. 大多数城镇规模偏小，尚未形成较完善的城镇等级规模结构体系。

全区有一个刚够线的大城市，首位城市银川市辖区城镇人口 59.4 万人，在全国省会城市中仅大于拉萨。全区有石嘴山 1 个中等城市，吴忠市利通区有 13 万人，仅为小城市。灵武市区(灵武城镇)规模处于小城市下限（3.76 万）。县城平均规模 3.38 万人，全部建制镇平均规模 1.5 万人，县城以下建制镇平均规模仅 5312 人，远低于全国平均水平，其中实际城镇人口不到 5 000 人的 28 个，接近全部建制镇的一半(见表 2)。可见我区设市设镇的标准较低，城镇发展的集约程度不高，大部分城镇经济基础薄弱，吸纳人口能力低下。

3. 除少数城镇外，多数建制镇职能单一，即多数职能类型为政治和农村商贸中心。

除银川市辖区已有较强综合功能外，三个地区性中心城市，吴忠市区商贸发达，但因与银川市距离很近，发展潜力受到一定限制；石嘴山市辖区是能源重化工城市，工业职能突出，第三产业有待加强；固原县城已有一定人口规模，但经济实力薄弱。青铜峡、灵武两县级市则为新兴工业城市。县镇以外多数建制镇为农村物资集散地，工业和基础设施水平极低。总体上看，我区城镇的经济规模小，综合功能差，带动地区发展的辐射作用弱。

表 2　宁夏城镇分级　（1999，实际城镇人口）

规模等级	城镇
50万～60万	银川市辖区(1)
30万～40万	石嘴山市辖区(1)
10万～20万	吴忠市利通区，固原城关(2)
5万～10万	青铜峡市区(小坝)，中卫城关(2)
2万～5万	习岗，平罗城关，灵武市区(灵武城镇)，海城，中宁城关，同心，西吉城关，杨和，盐池城关(9)
1万～2万	白杨，马家滩，隆德城关,金银滩，马家湾，香水，宣和，镇罗，汝箕沟(9)
0.5万～1万	韦州，金积，大水坑，太西，红果子，陶乐城关，洪广，三营，西大滩，下马关，磁窑堡，常乐，宝丰，豫旺，河西，石空(16)
0.2万～0.5万	黄渠桥，李俊，白面，峡口，崇兴，七营，兴隆，沙塘，头闸，惠安堡，王团，望远，兴仁，瞿靖，联财，鸣沙，什字路，黑城，李旺，叶盛，立岗，姚伏(22)
<0.2万	金贵，古城，新华桥，王洼，园艺，甘塘(6)

注：2000 年新设高闸、临河、迎水桥三个建制镇；实际城镇人口为建设厅提供数据，大致接近大口径数。

4.城镇布局地域差异显著。

一是北部川区城镇发育水平远高于南部山区，两者处于不同的城镇化发育阶段。全区所有城市和 2/3 建制镇，90%以上城镇人口，都集中分布于北部引黄灌区。这是与经济发展整体水平相适应的(表 3)。二是绝大部分城镇沿交通干线分布，主要城镇均沿包兰铁路、宝中铁路、国道主干线分布，小城镇也通一般公路。三是南部山区城镇发展、布局受水资源条件的重大影响，一些城镇水源不足，制约了工业、人口的集聚。

表 3　宁夏城镇化地区差异　(1999)

区县	总人口(万)	大口径		小口径		实际	
		城镇人口(万)	城镇化率(%)	城镇人口(万)	城镇化率(%)	城镇人口(万)	城镇化率(%)
全区	543.29	183.56	33.8	146.57	27	191.01	35.2
银川市	95.38	66.09	69.2	54.26	56.8	68.16	71.5
市辖区	59.38	59.38	100	47.6	80.2	59.38	100
石嘴山市	68.67	40.64	59.1	38.56	56.2	43.89	63.9
市辖区	32.59	32.59	100	31.57	96.8	32.59	100
吴忠市	187.33	62.31	33.3	40.14	21.4	53.64	28.6
利通区	30.33	30.33	100	9.73	32.1	13.16	43.4
青铜峡市	24.4	8.25	33.8	7.88	32.3	9.05	37
灵武市	25.65	8.77	34.2	5.83	22.7	6.91	26.9
中卫县	33.01	6.65	20.1	5.52	16.7	11.1	33.6
固原地区	191.91	14.52	7.6	13.61	7.1	25.32	13.2
固原县	51.67	7.03	13.6	6.94	13.4	12.68	24.5

5. 城镇基础设施和市政公用设施薄弱。

由于经济欠发达，建设资金紧张，城镇建设总体水平低，城镇综合功能很不完善。"九五"期间，在国家实施扩大内需战略、加大基础设施建设投入并向西部地区倾斜的有利形势下，城镇基础设施投入力度以及占全社会固定资产投资的比重显著加大（见表4），其中银川市等中心城市面貌变化尤为突出。但从总体上看，基础设施和市政公用设施还远不能满足西部大开发和人民生活提高的需求，城镇的投资环境普遍较差，例如人均公共绿地面积和绿化率居全国各省市区第29位，城镇垃圾、污水和大气污染物处理率居全国各省市区倒数第3位，大多数指标均远低于全国平均水平（表5）。

表4　宁夏城镇基础设施投资变化　（万元）

项目	"八五"累计	1996	1997	1998	1999
全社会固定资产投资	2506766	773191	881027	1086536	1301500
其中：城镇基础设施投资	48868	22020	33334	50316	81470
城镇基础设施投资比重（%）	1.9	2.8	3.8	4.6	6.3

表5　宁夏城镇公用设施水平

项目	1990	1995		1999	
	市	市	镇	市	镇
供水普及率（%）	80.2	91.0	83.9	97.7	85.3
人均生活用水（升/日）	150.2	179.0	150.9	214.0	157.9
排水管密度（公里/平方公里）		2.90	2.13	3.78	3.34
污水处理率（%）	0	15.9	10.0	16.7	11.1
供气普及率（%）	15.4	59.4	37.2	76.6	62.1
人均道路面积（m^2）	6.0	7.8	8.2	8.5	8.2
万人拥有公共汽车（标台）	4.0	4.9	3.1	6.5	4.1
人均公共绿地（m^2）	1.8	2.6	2.0	4.3	3.3
绿化覆盖率（%）	8.7	18.0	11.8	19.6	13.6
人均居住面积（m^2）	6.7	7.8	7.8	9.2	9.1

（三）城镇化进程的回顾

新中国成立以来，宁夏城镇化经历了曲折的发展过程。由于统计资料的局限，以小口径计算，新中国成立的1949年城镇化率为5.9%，宁夏回族自治区立前夕的1957年为8.0%。1958～1960年间搞大跃进，城镇非农业人口急剧增长，1960年城镇化率上升到17.7%。随即因三年经济调整，部分城镇人口复归农村，1964年城镇化率急降至12.1%。

1966～1976 年“文化大革命”期间，城镇经济停滞不前，以及大批城镇知识青年上山下乡，城镇化率一直在低位徘徊。直到 1978 年开始实行改革开放政策，城镇化率才逐步提高(表 6)。从 1950 年到 1999 年，城镇非农业人口年均增加 2.8 万人，城镇化率年均增加 0.42 个百分点；其中改革开放以来的 21 年(1978～1999)，城镇非农业人口年均增加 4.6 万人，城镇化率年均增加 0.62 个百分点。1994 年因迁入人口较多，加之实行收费农转非，城镇非农业人口一年增加 13.7 万人，为有史以来的峰值，城镇化率由 1993 年的 22.8%。猛升到 25%，即一年内增加达 2.2 个百分点。

表 6　　宁夏城镇化率的变化　　(小口径)

项目	1950	1960	1970	1980	1990	1999
城镇非农业人口	77530	376733	360818	542425	1033993	1465730
总人口	1259619	2130316	2773480	3737169	4656774	5432891
城镇化率(%)	6.2	17.7	11.2	14.5	22.2	27.0
城镇化率年均增百分点	1.15	-0.65	0.33	0.77	0.53	

按大口径计算，1990～1999 年的 9 年中，城镇人口年均增加 7.1 万人，城镇化率年均增加 0.9 个百分点。

推进城镇化是经济结构战略性调整的重要任务，是解决我区经济社会发展诸多矛盾的重要途径，是优化城乡结构、促进经济良性循环和社会协调发展的重大举措，是实施西部大开发的重要战略，对于加速宁夏经济社会发展具有一系列重大作用：一是依托中心城镇作为经济增长极进行重点开放开发，可以争取较快发展速度和较高经济效益，带动全区工业化和区域经济发展；二是提高城乡人民收入，扩大市场需求，促进城镇化与农村现代化良性互动；三是有利于改善城乡生态环境；四是促进现代社会文明发展，加快城乡经济联系、社会进步和生活方式的一体化步伐。

二、推进城镇化的方针和目标

(一)指导方针

把大力推进城镇化作为宁夏实施西部大开发的重要战略，通过加速城镇化进程，以促进农村剩余劳动力和农村人口进入城镇为中心，逐步形成社会主义市场经济条件下的新型城乡关系，实现城乡经济良性互动和经济、社会协调发展。遵循客观规律，从区情出发，加速中心城市建设，积极发展中小城市，大力促进小城镇规范、有序发展，形成大中小城市和小城镇有机结合、布局合理、功能完善、各具特色的城镇体系。

具体说，推进城镇化要体现以下原则：

(1)城镇化与调整优化产业结构紧密结合。通过巩固和加强农业的基础地位，加速农业产业化、农村工业化和非公有制经济发展，促进乡镇企业和各类个体、私营企业向城镇集聚，促使城镇经济不断繁荣发展，工业化与城镇化相互协调，为农村剩余劳动力和农村人口较大规模转化为城镇人口创造物质基础。

(2)因地制宜，科学规划，完善城镇体系。建设大、中、小城市和建制镇协调发展、合理布局的城镇体系，形成以大中城市为核心，以小城市和县城为纽带，以建制镇为基础的城镇网络。针对我区城镇规模偏小、中心城市功能较弱的实际，强调加速中心城市发展和规范小城镇建设，坚持“科学规划，分类指导，突出重点，有序推进”的原则，首先提高现有城镇的经济实力、设施水平和综合功能，充分发挥中心城市对区域经济的带动作用。

(3)城镇化与调整地区结构、优化生产力布局相结合。根据宁夏北部川区、南部山区处在不同发展阶段的实际，“十五”期间应以川区为加速城镇化的重点地区，特别以宁夏经济核心区即银川市及其周围小城镇、吴忠市利通区、青铜峡市、灵武市等城镇群作为加快发展的突破口，对大城市和中小城市讲行重点建设，坚持高起点、高标准、适度超前。同时，与经济发展水平的提高相适应，有步骤地推进南部山区的城镇化进程，积极、有序地建设小城镇，有重点地培育中心城镇。

(4)发挥潜力，走集约式的城镇化道路。正确处理推进城镇化与保护耕地、新城镇开发建设与现有城镇改造扩建的关系，充分挖掘城镇现有潜力，实现城镇建设由外延扩张为主向调整改造为主的转移，发挥规模效益。新设市、新设建制镇要对建设条件、发展潜力进行综合评价，科学论证，慎重决策，讲求建市建镇质量。特别注意对新设市镇的地理区位、腹地范围、交通条件、水资源状况、生态环境的综合研究，在区域规划的指导下统筹安排不同层次、不同类型的城镇布局。

(5)实现体制创新和政策创新，依靠市场机制推进城镇化。按照完善社会主义市场经济体制的要求，打破城乡分割的体制，更新观念，大胆改革，勇于创新，逐步排除阻碍城镇化进程的体制和政策障碍，用市场经济办法加快城镇公用设施建设。

(6)着眼长远，提高城镇的可持续发展能力。正确处理推进城镇化与保护资源环境、加强生态建设的关系，加强历史文化遗产保护，合理开发旅游资源，丰富城镇文化内涵，发扬城镇特色，促进城镇化与资源、环境的协调发展。

(二)发展目标

到 2005 年，基本确立适应社会主义市场经济体制的新型城乡关系，初步形成加快城镇化进程的体制框架、政策框架和规划体系；按大口径计算的人口城镇化进程有所加快，城镇化率年均提高 1.0 ~ 1.2 个百分点，2005 年末达到 39% ~ 40%，“十五”期间全区城镇共吸纳农村人口 29万 ~ 33 万人，农村人口绝对数开始下降(见表 7)，城镇经济保持持续快速健康发展,城镇综合功能进一步完善。

到2010年,加快推进城镇化进程的体制和政策比较完善,城乡结构与产业结构、地区结构之间趋于协调,城镇化滞后的状况得到扭转,城乡差距有所缩小;城镇化率年均提高1个百分点,2010年末达到44%以上,基本形成结构协调、布局合理、分工有序、功能互补、规模适度的城镇体系。

今后五到十年,依托构成新亚欧大陆桥发展轴的包兰铁路、宝中铁路、太中铁路和25号、35号国道主干线、银川至武汉、中宁至营盘水等高速公路,充分发挥银川、吴忠、石嘴山、固原、中卫等中心城市作用,以线串点,以点带面,有重点地推进开放、开发,促进全区城乡经济和川山经济协调发展。

表7　宁夏城镇化率预测　（大口径）

项目	1999年实际	2000年	2005年	2010年
总人口(万)	543.3	554	590	628
城镇人口(万)	183.6	190	230~235	276~282
农村人口(万)	359.7	364	355~360	346~352
城镇化率(%)	33.8	34.3	39~40	44~45

三、推进城镇化的主要任务

(一)完善城镇体系

加快完善中心城市,积极发展中小城市,加强中心镇建设,规范小城镇发展,逐步优化城镇体系的等级规模结构、职能分工结构和地区布局结构(表8)。

表8　2005年宁夏城镇规模结构预测　（实际城镇人口）

规模等级		城镇
大城市(50万~100万)		银川市辖区(1)
中等城市(20万~50万)		石嘴山市辖区,吴忠市利通区(2)
小城市(<20万)		固原(城关),中卫(城关)、青铜峡(小坝),灵武(城镇),平罗(城关)(5)
建制镇	5万~10万	习岗,中宁城关,杨和,同心,海城(5)
	2万~5万	西吉城关,盐池城关,白杨,隆德城关,马家湾,香水(6)
	1万~2万	陶乐城关,马家滩,金银滩,宣和,镇罗,汝箕沟,韦州,金积,大水坑,太西,红果子,磁窑堡,洪广,三营,西大滩,下马关,常乐,宝丰,石空(19)
	<1万	迎水桥,豫旺,河西,黄渠桥,李俊,白面,峡口,崇兴,七营,兴隆,沙塘,头闸,惠安堡,王团,望远,高闸,临河,兴仁,瞿靖,联财,鸣沙,什字路,黑城,李旺,叶盛,立岗,姚伏,金贵,古城,新华桥,王洼,园艺,甘塘(33)
	新设<1万	红寺堡,将台等

1. 突出发展银川市,充分发挥中心城市的龙头作用

银川市区位优势突出,生态环境良好,发展空间广阔,城市现状小而发展潜力巨大。作为我区的中心城市,针对龙头作用不强的弱点,要以调整结构、完善功能、突出服务、美化环境、提高质量、适度扩大人口规模为方针,从西北开发和我区经济社会发展的全局需要出发,集中较多力量进行重点建设,使其投资环境有极大改善,增强吸引力和辐射力,提高规模效益和集聚效益,成为大西北独具特色的区域性中心城市,逐步建成西北区东北部的商贸、科教、高新技术产业和旅游中心,吸引大量海外投资、东部投资和国家投资的大西北重要增长极和对外开放窗口,争取利用外资额和人均国内生产总值在"十五"期间有突破性发展,对带动全区和毗邻地区经济社会发展作出更大贡献。2005 年全市城镇人口达到 75 万 ~ 80 万,其中市辖区 66 万;2010 年全市城镇人口达到 90 万 ~ 100 万,其中市辖区 75 万。贺兰县城(习岗)、永宁县城(杨和)建设成为银川市区的卫星城。

2. 积极发展中小城市,形成宁夏城镇体系的重要支柱

中小城市具有进入门槛低、发展空间和吸纳农村人口潜力大等优势。要以挖掘潜力、夯实基础、吸纳人口、壮大规模、完善功能、增强集聚力为方针,积极发展中小城市。加快石嘴山市、吴忠市的经济结构调整优化和市政基础设施建设;强化吴忠市及其所属青铜峡市、灵武市的农产品加工等工业职能,使一区两市构成的吴忠市城市群逐步形成宁夏次位城市;加速石嘴山市新材料工业园区建设,提升服务业和农业水平,形成工业特色鲜明、又有较大辐射力的中等城市。"十五"期间,要尽快在南部、中部城镇规模小、密度低的地区增设城市,逐步形成在局部地域具有一定服务功能和辐射力的经济中心,其中固原县为固原地区中心城镇,宁夏南部山区的交通、商贸、文化中心,区位重要,腹地广阔,已集聚较多城镇人口,尽快设市对带动宁南山区经济社会发展具有重要作用;中卫县是卫宁平原中心城镇,新亚欧大陆桥中段的重要交通枢纽,随沙坡头水利枢纽的建成,经济发展将上一个新台阶,是宁夏很有发展前景的工商、旅游城市。

3. 规范小城镇发展,加强中心镇建设

要把大力推进全区农业产业化,同鼓励非公有制经济大发展(包括个体、私营、三资企业发展和乡镇企业二次创业、城镇社区服务企业发展等)、推进市场体系建设、加快小城镇发展有机结合起来。小城镇发展要合理规划、增强特色,强化功能、优化环境,繁荣经济、集聚人口,积极、稳妥、规范、有序、有重点地推进。发展重点是县城和部分基础条件好、发展潜力大的建制镇。规划"十五"期间选定 40 个条件较好的建制镇(其中县城 14 个,含新增红寺堡新灌区管委会所在中心镇 1 个,示范镇 26 个),作为重点建设的中心镇、示范镇,适当集中城镇建设投资,通过城镇工业小区、商贸小区、居住小区的合理布局

和完善水、电、路等基础设施建设，吸引更多的农村劳动力向这些中心城镇集聚，建成特色鲜明、功能健全、交通便利、环境良好的县域经济、文化中心，区位优势和经济优势比较明显、能带动县域经济的小龙头（县级增长极）（见表9）。在重点建设中心镇的同时，普遍提高一般建制镇的人口规模、经济素质和活力，突出特色，规划好工矿型、交通枢纽型、商贸型、旅游型、卫星城型、综合型等不同类型的城镇，城镇间合理的功能分工和经济联系，重视加强为农业、农村和农民的服务功能，实现小城镇的规范发展。同时有步骤地撤乡并镇，提高建制镇的人口、经济规模。对于新设镇必须在充分调研的基础上，经过科学论证，慎重决策，避免乡改镇的盲目性、随意性。

表9　“十五”重点建设的中心镇、示范镇

县城	杨和，习岗，平罗城关，马家湾，陶乐城关，中宁城关，盐池城关，同心，海城，西吉城关，白杨，隆德城关，香水，红寺堡（14）
示范镇	望远，李俊，立岗，洪广，姚伏，宝丰，红果子，金积，峡口，崇兴，石空，鸣沙，宣和，镇罗，大水坑，韦州，河西，三营，七营，李旺，兴仁，兴隆，将台，古城，沙塘，白面（26）

（二）发展城镇经济

城镇是不同层次区域的经济中心，是区域经济发展的火车头。推进城镇化，必须坚持以经济建设为中心，不断增强城镇的经济实力。通过结构调整，促进城镇经济发展；依靠体制创新和科技创新，推动城镇经济发展；大力改善投资环境，以开放带动发展；以创造更多的就业岗位为中心，提高居民生活水平，吸引更多农村人口进入城镇。

“十五”期间宁夏城镇的主要新经济增长点是：加快形成特色优势产业，包括葡萄酒、清真肉乳制品、马铃薯淀粉等绿色食品工业，枸杞、麻黄、甘草、苦豆子等精深加工的生物制药、保健品工业，综合利用天然气、石油、煤炭的化工业，稀有金属、有色金属合金、稀土材料、无机非金属材料等精深加工的新材料工业，以及特色旅游业；快速扩展生活服务业、生产服务业和现代服务业，优先发展房地产业和社区服务业，使第三产业的规模、结构、水平迈上一个新台阶，部分地区级中心城市和部分城镇实现“三二一”结构。

（三）充实城镇功能

城镇功能是城镇生命力和竞争力的基础。要从城镇现有功能和规模出发，以面向未来、统筹规划、合理布局、量力而行、完善系统为方针，加强基础设施建设，完善社会服务和居住服务功能。

城镇基础设施投资占全社会固定资产投资比重，由目前6%左右逐步提高到9%以上。重点是：增强城镇工业、生活用水保障能力，建设污水处理厂；建设面向现代化的综合交通体系，完善城镇内部路网，加强进出城道路建设；建设安全、稳定、高效的城镇能源供应体系,大力发展民用天然气管网和集中供热;加强现代信息基础设施建设;加强城镇防灾减灾能力,建设和人民防空设施建设。"十五"期间新增供水能力22.5万吨/日,供水普及率由85.3%提高到97%,人均生活用水量由158升/日提高到190升/日;新增道路127公里,人均道路面积由8.2平方米提高到10平方米;下水道普及率达到70%;人均居住面积由9.1平方米提高到12.5平方米,供气普及率、供热普及率分别由62.4%、35%提高到80%和55%。

以人为本,加强城镇公共设施建设,完善教育、科技、文化、卫生、体育等方面的社会服务体系。高度重视为进城农民提供创业、就业、生活等方面的条件,加强各类职业技术培训。扩大住宅供给,发展物业管理,鼓励进城农民在统一规划下自建住房。加强社区组织建设,创建设施配套、生活方便、环境优美、管理有序的文明社区。

(四)改善城镇环境

良好的生态环境是城镇可持续发展的基础,也是推进城镇化的重要内容。要以创造良好的人居环境为中心,面向未来,注重长远,全面提高各类城镇的生态和环境质量。

各类城镇都要因地制宜,合理划定城区范围内的绿地空间,建设公园绿地、环城绿化带、社区居住区绿地、工厂绿地和风景林地,围绕城镇交通线、水系建设绿色走廊。加强城镇间和城镇周边地区的植被建设、水土保持、湿地保护。根据城镇不同地区的功能和环境容量,对城镇建设规模、发展形态和开发方式进行分区控制,严禁自然保护区、水源保护地、基本农田保护区和滞洪区的城镇建设活动。加强风景名胜资源、历史文化遗产和古城风貌街区的保护,实现自然、历史、文化景观的永续利用,挖掘、丰富城镇的地理、历史、民族、文化特色。"十五"期间,选定若干城镇,实施生态城镇示范工程。到2005年,城镇绿化覆盖率提高到20%,人均公共绿地面积提高到6平方米。

加强城镇污染综合治理,加强环保设施建设,提高环境治理标准,改善环境质量;地级市都建成污水处理厂,新增污水处理能力22万吨/日,污水处理率由11.1%提高到30%;市及较大的县城建成垃圾、粪便无害化处理场,无害化处理率由24%提高到30%。

(五)提高城镇质量

城镇质量关系到城镇的良好形象和长远发展。要以先进的规划设计思想为指导,提高城镇规划、设计和建设质量,提高城镇管理水平。高标准、高质量地编制或修编好各类城镇规划,建立规划实施机制。城镇建筑设计要从塑造城镇整体形象出发,把城镇建筑的民族传统、地方特色和时代精神有机结合起来。坚持"先规划、后建设,先设计、后施工,先地下、后地上"的原则,完善城镇建设的法律法规体系。政府部门要全面提高城镇土地、市容市貌、园林绿化、风景名胜、环境卫生、道路交通、社会治安、社区管理等方面的管理水平,改政出多门、多头管理为城镇管理综合执法。鼓励非政府组织和社会公众参与管理,提高城镇管理的社会化程度。

四、推进城镇化的对策措施

(一)统一认识,实施大中小城镇协调发展的多元化城镇发展战略

针对我区城镇规模偏小、素质偏低、中心城市带动作用偏弱的实际,以及我区所处的经济发展阶段实际,川区以发展大中小城市为重点,南部山区以发展小城镇为重点,亦即走一条大中小城镇协调发展的多元化战略的路子,近期首先要突出中心城市银川市的发展。要统一干部群众的认识,科学规划,在全区城镇体系规划指导下,统筹考虑各级城市、建制镇的性质、规模、布局,制定或修编城镇总体规划,并与经济社会发展、土地利用、水利、交通、生态环境等规划搞好衔接协调,保证城镇规划的有效实施,一次规划,分期建设,做到健康有序发展。

(二)扩大城镇就业渠道,加快农村剩余劳动力的转化步伐

从加大结构调整力度入手,通过建设城镇工业小区、商贸小区、居住小区和市政公用设施,促进建筑业、房地产业发展,吸引乡镇企业进入,新建改建的乡镇企业原则上必须进入城镇发展;依托当地优势特色产业,通过前向、后向、侧向效应,吸纳一批相关企业和服务设施集中布局;大力发展各类第三产业,快速培育信息、旅游、文化教育产业、社区服务业等新的经济增长点,提供一大批新的就业岗位,为农村剩余劳动力向城镇转移创造基本条件。

(三)建立、完善劳动力、土地等要素市场,为农民进城提供有利环境

坚持城乡统筹就业的改革方向,逐步实现城乡劳动力市场一体化。通过市场调节,实现劳动力自由、有序流动,引导农村劳动力跨地区流动就业。建立培训上岗制度,设立劳动力培训服务中心,为农村劳动力提供学习培训条件。深化城镇土地使用制度改革,依法保障城镇建设用地,注意节约用地,适当降低土地使用费以降低企业的基建投资和营运成本。扩大土地使用权出让的招标、拍卖比例,推行年租制,规范城镇一级土地市场。要在土地使用、转包制度,农民进城办企业、建房的税费收缴办法等方面出台优惠政策,对他们承包的耕地在一定时期内允许转包、出租、入股等,可以保留原宅基地的土地使用权。对务工务商农民给予必要的税费减免,促进小城镇加速发展。

(四)改革投融资体制,加大城镇公用设施的投资力度

坚持市场化的改革方向,充分发挥财政资金的导向作用,逐步形成城镇建设投资主体多元化格局。改革、完善城镇财税体制,充实城镇财力,完善土地出让金用途分解机制。在加大国有资产投资的同时,采取市场经济的办法,多方筹集资 金,对城镇住宅、工业小

区、市政公用设施等进行综合开发，配套建设。通过股权转让、拍卖经营权等方式盘活基础设施存量，利用回笼资金建设新项目。通过出台优惠政策，鼓励各种社会资金投资建设和经营城镇基础设施，改革城镇供水、供气、供热、环卫、公交等的价格形成机制，逐步实行企事分离，形成投资、经营、回收的良性循环。

(五)改革户籍管理制度，扫除城乡人口流动障碍

现行的户籍管理制度，虽然对城镇人口管理起过一定作用，但阻碍了农村人口向城镇的迁移，是形成城乡二元结构的重要因素。要适应西部大开发、加速城镇化的新形势，改革户籍管理，逐步用不同级别城镇有区别的准入条件取代“农转非”的计划指标，放开农民进入县级市市区、县城及建制镇的户籍限制。农民在城镇有稳定收入或有固定住所，就允许登记为城镇户口，逐步建立以职业、居住地划分城镇、农村人口的户籍登记制度。在此基础上，允许各城市根据当地实际，放宽落户限制，为农民进城创造宽松条件。要实行社会保障制度，进城农民子女在入学、参军、就业、医疗、社会保障等方面与原城镇居民享有同等待遇。

(六)适应经济发展要求，调整市镇建制和行政区划

随着城镇经济和地区经济布局的发展变化，适时调整市镇建制和行政区划。“十五”期间，搞好固原“地改市”的工作，争取新设中卫、平罗等县级市。研究调整银川、吴忠、青铜峡、灵武等城市中心区与周边乡镇的行政区划，扩大市区规模，拓宽发展空间，积极研究其他撤乡并镇方案。

(七)调整人口政策，严格控制农村人口过快增长

目前我区的人口政策，允许农村居民生两胎，南部山区少数民族农民允许生三胎，农村人口自然增长远大于城镇人口。从宁夏加速经济社会发展和城镇化的总体要求，从少数民族本身的健康发展要求，以及从南部山区人口、资源、环境协调发展的要求考虑，应严格规定农村生育指标，狠抓计划生育目标责任制的落实，以重奖、实施老年保险等措施鼓励农民少生优生。研究在适当时候实施城镇居民双方均为独生子女的夫妇允许生两胎的政策。

(八)大力建设南部山区“生命工程”，为城镇发展积极探明水源

南部山区水源不足，有些是苦咸水、高氟水地区，不适于饮用，大部分城镇缺乏大中型水源地，城镇发展受到水源紧缺的严重制约。为此，在考虑南部山区城镇布局时，必须注意城镇规模与水资源条件的协调，同时要抓紧勘探地下水源，开辟新的水源地，建设固原东山坡引水工程等水源工程，确保山区重要城镇的可持续发展。

论宁夏农村人口的战略转移

人口问题是社会主义初级阶段长期面临的重大问题，是制约我国经济和社会发展的关键因素。近些年来，经济发展与人口、资源、环境之间的矛盾日趋尖锐，“我国人口规模对资源环境容量已经‘超载’……我国人口的生存和发展在很大程度上是以拼资源和环境破坏为代价的”。[1]对于水资源不足、生态脆弱、经济文化落后的宁夏来说，统筹协调经济发展与人口、资源、环境的关系，坚持城乡协调发展，解决好农村剩余劳动力转移以及相应的农村人口战略转移，是宁夏建设社会主义新农村、推进和谐社会建设的一个关键问题。

1. 宁夏农村人口转移的必要性和紧迫性

宁夏农村人口转移具有十分重要和深远的战略意义，它涉及宁夏所有市县区的农村，但对于宁夏中南部地区的农村，则更具有特殊的紧迫性和典型性。

1.1 减轻超载区人口对资源、环境的过大压力，改善生态环境的必然选择

宁夏中部干旱风沙区、南部黄土丘陵区水资源不足，生态脆弱，资源、环境承载能力有限，但清代以来，人口增长过快，人地矛盾日趋紧张，原先的森林、草场被垦殖为农田，草原超载过牧、滥采滥樵，导致土地沙化、水土流失加剧，干旱、沙尘暴等灾害频发，生态环境出现巨大“赤字”。近几年退耕还林、封草禁牧等工程对改善生态初见成效，同时也使农村剩余劳动力进一步增加。要从源头上解决问题，还得把这些人口超载区的农村人口逐步降下来，“釜底抽薪”，因地制宜地实行限制开发或禁止开发，从根本上减轻人口对资源环境的过大压力，恢复和改善当地生态环境，为保障大西北和黄河流域生态安全作贡献。

发表于《科学技术与新农村建设》，宁夏人民出版社，2007:389~399。合作者：岳晓燕、赵亚峰

1.2 实现贫困地区脱贫致富、解决三农问题的重要手段

宁夏中南部又是全国出名的西海固贫困地区，农民生产门道少，文化技术低，观念落后，自然资本(水土资源)、生产资本(经济基础)、人力资本均差，原始积累缓慢，投入产出率不高。青年农民走出大山，不仅较快增加自身收入和摆脱家乡贫困，也促进其思想观念解放、综合素质提高、生产生活方式变化，回流者转而成为建设当地新农村的有生力量。

1.3 加速农业产业化、农村城镇化的主要动力

从托达罗的人口流动模型可知，农村剩余劳动力向农村工业转移是一重要途径。[2]东部沿海省市的经验表明，农村劳动力向农业产业化龙头企业和市场运销等第三产业转移，向当地小城镇和异地城镇转移，形成农村人口产业转移与空间转移相结合的战略转移，这种转移付出较低的转移成本和创业费用，是推进农业产业化、农村工业化和城镇化的一种重要机制。[3]宁夏农村工业化、城镇化的实践，包括北部川区近年来相当一部分农村人口向城镇集聚，以及宁夏中南部一些城镇发展马铃薯加工业、牛羊屠宰业、建筑业、运输商贸业的过程，也大体类似。由此，有人提出西部实现农村剩余劳动力个人成本和社会成本双低的转移模式[4]。

1.4 缩小城乡差距、地区差距的有效途径

现实存在的城乡差距、地区差距，有其诸多形成因素，包括历史因素(历史遗留的生态破坏、经济基础薄弱、社会文化落后等)、地理因素(区位不利、资源环境承载能力低等)、产业比较效益差异因素(农业的自然风险、市场风险大于二三产业、比较效益低)、体制和政策因素(政府公共产品供给在城乡间、地区间配置不平衡，政策障碍导致农村滞留大量剩余劳动力)等。因此，要较快缩小城乡差距、地区差距，除了发挥当地比较优势、后发优势、竞争优势促进经济社会加快发展，以及更公平地分配政府公共产品供给之外，促使人口由限制开发区、禁止开发区向重点开发区、优化开发区流动，由农村向城镇流动，当是一条有效途径，即通常所说的在人均 GDP 的分母上做文章，要致富农民必须减少农民。

2. 宁夏农村人口转移数值的理论计算

宁夏有多少农村人口需要转移？运用不同的理论方法可能得出不同答案。我们以国土空间主体功能区理论为指导，根据资源环境承载能力、现有开发密度和发展潜力，统筹考虑未来人口分布、经济布局、国土利用和城镇化格局。[5][6]具体采用两种资源承载力模型，计算宁夏农业剩余劳动力和农村超载人口数量，亦即需转移的劳动力数和人口数。

2.1 宁夏农地资源劳动力承载力模型及其计算结果

我们构建了一组农地资源劳动力承载力模型如下：

$$S_{min}=\frac{B}{V/L}\cdots\cdots(1)$$

式中，S_{min} 为最小劳均农地面积（公顷 / 人），B 为区域平均农业劳动力收入标准（元 / 人），V/L 反映农地现状生产力水平，其中 V 为农林牧渔业增加值（元），L 为区域经济农用地面积（公顷）。

$$K=\frac{S_{min}}{L/C_a}\cdots\cdots(2)$$

式中，K 为规模农业压力指数，C_a 为区域农业劳动力（人）。

表 1　2004 年宁夏各市县区农地资源劳动力承载力差异

市县区	L(公顷)	C_a(人)	S_{min}(公顷 / 人)	实际劳均农地面积(公顷/ 人)	K	C(人)	I	农业剩余劳动力(人)
宁夏	1221447	1439822	1.11	0.85	1.31	1098560	0.76	341262
银川市	142626	217112	0.50	0.66	0.76	285811	1.32	-68699
银川市区	40805	54641	0.44	0.75	0.58	93711	1.72	-39070
永宁县	34181	60385	0.49	0.57	0.86	69956	1.16	-9571
贺兰县	39879	61273	0.60	0.65	0.92	66772	1.09	-5499
灵武市	27760	40813	0.50	0.68	0.74	55372	1.36	-14559
石嘴山市	82910	100481	0.61	0.83	0.74	136168	1.36	-35687
石嘴山市区	25933	27921	0.57	0.93	0.62	45292	1.62	-17372
平罗县	56976	72561	0.63	0.79	0.80	90876	1.25	-18315
吴忠市	344469	298986	1.25	1.15	1.08	276281	0.92	22705
利通区	33757	55444	0.33	0.61	0.55	101660	1.83	-46216
青铜峡市	37719	60880	0.46	0.62	0.74	82802	1.36	-21922
盐池县	106171	47549	3.15	2.23	1.41	33689	0.71	13860
同心县	166821	135113	2.87	1.23	2.32	58130	0.43	76983
中卫市	244197	316557	1.14	0.77	1.48	213286	0.67	103271
沙坡头区	42591	83391	0.50	0.51	0.98	84842	1.02	-1451
中宁县	44911	106112	0.54	0.42	1.27	83746	0.79	22366
海原县	156696	127054	3.51	1.23	2.84	44699	0.35	82355
固原市	407246	506686	2.14	0.80	2.67	190110	0.38	316576
原州区	128271	129617	2.11	0.99	2.13	60769	0.47	68848
西吉县	136890	177514	2.70	0.77	3.50	50668	0.29	126846
隆德县	33714	59856	1.54	0.56	2.74	21824	0.36	38032
泾源县	19381	51164	1.33	0.38	3.50	14607	0.29	36557
彭阳县	88990	88535	2.11	1.01	2.10	42242	0.48	46293

注：红寺堡开发区合并于同心县一并计算，表 2 同。

$$C=\frac{L}{S_{min}} \cdots\cdots(3)$$

$$I=\frac{C}{C_a} \cdots\cdots(4)$$

式中，C 为农地资源劳动力承载力（人），I 为农地资源劳动力承载力指数。

计算结果见表 1。由农地资源劳动力承载力指数可知，承载力富余区（$I \geqslant 1.1$）有吴忠市利通区、银川市区、石嘴山市区、青铜峡市、灵武市、平罗、永宁县，承载力临界区（$0.9 \leqslant I < 1.1$）有贺兰县、沙坡头区，承载力轻超载区（$0.6 \leqslant I < 0.9$）有中宁、盐池县，其余为重超载区（$I < 0.6$），其中西吉、泾源县超载最重，农业剩余劳动力占其农业劳动力数的 70%以上，剩余劳动力量最大的为西吉、海原、同心、原州区，均在 6 万人以上。

由表 1 尚可知，在当前生产力水平下，宁夏中南部各县区共有农业剩余劳动力 51.2 万人，相当于超载农村人口 138.4 万人需要逐步转移。而北部宁夏平原引黄灌区尚有增容农业剩余劳动力 17.4 万人的潜力，相当于可吸纳农村人口 47 万人。[7]

2.2 宁夏相对资源承载力模型及其计算结果

所谓相对资源承载力模型，一是把农地资源延伸到经济资源，二是以全国平均水平作为参照区，计算出宁夏的相对资源承载力，以更准确地分析土地资源与人口增长、经济发展的相互关系，包括以下四个模型的组合：

$$C_{rC}=I_C \times Q_C \cdots\cdots(1)$$

式中，C_{rC} 为相对耕地资源承载力，I_C 为耕地资源承载系数（$I_C=Q_{P0}/Q_{C0}$，其中 Q_{P0} 为参照区即全国人口数，Q_{C0} 为参照区即全国耕地面积），Q_C 为研究区即宁夏标准耕地面积（由耕地标准系数即宁夏耕地生产力 / 全国耕地生产力与宁夏实有耕地面积之积）。

$$C_{ra}=I_a \times Q_a \cdots\cdots(2)$$

式中，C_{ra} 为相对农用地资源承载力，I_a 为农用地承载系数（$I_a=Q_{P0}/Q_{a0}$，其中 Q_{a0} 为参照区即全国农用地面积），Q_a 为研究区即宁夏标准农用地面积（算法类似于 Q_C）。

$$C_{re}=I_e \times Q_e \cdots\cdots(3)$$

式中，C_{re} 为相对经济资源承载力，I_e 为经济资源承载系数（$I_e=Q_{P0}/Q_{e0}$，其中 Q_{e0} 为参照区即全国 GDP），Q_e 为研究区即宁夏 GDP。

$$C_s = W_1C_{rc}+W_2C_{ra}+W_3C_{re} \cdots\cdots(4)$$

式中，C_s 为相对综合资源承载力，W_1、W_2、W_3 分别为三个指标各自的权重，专家估分法确定为 $W_1=W_2=0.25$，$W_3=0.5$。

表 2　　2004 年宁夏各市县区相对资源承载力比较

市县区	人口（万人）	相对耕地承载力 C_{rc}（万人）	相对农用地承载力 C_{ra}（万人）	相对经济承载力 C_{re}（万人）	相对综合承载力 Cs（万人）	综合承载力指数(%)	超载人口（万人）
宁夏	587.71	778.66	450.16	437.18	525.80	89.5	61.91
银川市	137.79	182.52	114.46	179.45	163.97	119.0	–26.18
银川市区	75.82	47.89	37.28	123.86	83.22	109.76	–7.40
永宁县	20.40	52.35	28.35	18.07	29.21	143.17	–8.81
贺兰县	17.84	48.43	26.77	13.73	25.67	143.91	–7.83
灵武市	23.73	34.17	22.05	23.79	25.95	109.34	–2.22
石嘴山市	72.62	89.33	53.02	85.29	78.23	107.73	–5.61
石嘴山市区	44.15	22.14	17.39	64.18	41.97	95.1	2.18
平罗县	28.47	67.18	35.62	21.11	36.26	127.3	–7.79
吴忠市	123.81	182.02	110.87	100.23	123.34	99.6	0.47
利通区	35.90	48.46	38.60	35.10	39.31	109.5	–3.41
青铜峡市	25.17	48.92	31.34	35.63	37.88	150.5	–12.71
盐池县	16.09	25.74	15.35	21.31	20.93	130.0	–4.84
同心县	46.65	49.50	25.58	8.19	22.86	49.0	23.79
中卫市	102.21	122.47	87.31	47.96	76.42	74.8	25.79
沙坡头区	34.66	42.55	35.99	24.34	31.81	91.8	2.85
中宁县	29.38	50.70	33.23	17.00	29.48	100.3	–0.1
海原县	38.17	30.24	18.10	6.62	15.39	40.3	22.78
固原市	151.28	175.05	84.58	34.05	81.93	54.2	69.35
原州区	48.91	56.70	26.02	15.53	28.44	58.2	20.47
西吉县	46.14	54.71	21.72	7.13	22.67	49.1	23.47
隆德县	18.61	20.56	10.77	3.41	9.54	51.2	9.07
泾源县	12.31	9.36	7.21	2.59	5.44	44.2	6.87
彭阳县	25.30	34.65	18.87	5.38	16.07	63.5	9.23

计算结果见表 2。由综合承载力指数可知，承载力富余区（ > 105%）有银川市各市县区、青铜峡市、盐池县、利通区、平罗县，承载力临界区（95% ~ 105%）有中宁县、石嘴山市区，轻超载区（70% ~ 95%）有沙坡头区，其余为重超载区（ < 70%），其中海原、泾源、同心、西吉最重，超载人口占其全县人口一半以上，超载人口量最大的为同心、西吉、海原、原州区，均在 20 万人以上。

由表 2 尚可知，宁夏中南部各县区超载人口达 118.8 万人，而北部宁夏引黄灌区具有吸纳 48 万人的潜力。[8]

2.3 宁夏农村超载人口的主要转移方向

笔者曾就固原市原州区如何推进农村劳动力大转移指出五个方向。[9] 比较前述两个承载力模型的计算结果，可以发现宁夏中南部超载人口理论计算值前者为 138.4 万人，而后者为 118.8 万人，相差约 20 万人，这是因为后一模型考虑了当地城镇集聚人口的潜力，亦即宁夏中南部超载农村人口第一个流向是向当地中小城镇二三产业就近低成本转移，预计近期内转移潜力在 20 万人左右。

比较前述两个模型计算值，还可知北部宁夏平原引黄灌区具有再增容 47~48 万人的潜力，可见宁夏超载农村人口第二个流向是北部宁夏平原绿洲，特别是宁夏沿黄城市群各城镇，包括属于重点开发区的宁东能源化工基地。

我们在构建相对资源承载力模型时，还对大西北的内蒙古、宁、陕、甘、青、新 6 省区作了计算和比较分析，发现宁、陕、甘、青 4 省区的相对综合承载力指数均属超载，分别为 89.5%，69.5%,65%和 70%，而内蒙古、新疆则均为富余，分别为 127%和 134.7%，亦即分别有再吸纳 643 万人和 681 万人的潜力。由此可以认为，新疆、内蒙古是宁夏超载农村人口的第三个重要流向。

最后，毋庸计算，宁夏中南部资源贫乏区、生态脆弱区、经济落后区超载人口，以及川区的部分农村人口，当然还可以向东中部经济发达省市的优化开发区、重点开发区以至国外流动转移，这是范围更大的广阔天地。

前述两模型并无测算区域发展潜力的功能，因而无法计算宁夏北部宁夏平原引黄灌区各城镇可能吸纳的农村人口数值。

3. 宁夏农村人口转移实践及其主要经验

改革开放以来，宁夏农村人口转移，除了传统的自发移民或自发劳务输出外，主要有以下几种途径或方式。

3.1 吊庄移民

1983 年以来，在国家支持、自治区政府的组织实施下，采用异地开发(在宁夏中北部建设灌溉工程)、吊庄移民的办法，把贫困地区农户迁到新区，开拓脱贫致富新路。到 1992 年共建成吊庄 20 多处，搬迁安置 20.9 万人，之后通过建设扶贫扬黄工程，又在红寺堡、固海扩灌区搬迁安置约 10 万人。

吊庄移民经济、社会、生态效益显著，其中最突出的如宁夏华西村，采用东西合作方式，政府主导与市场运作结合，智力开发先行，一、二、三产业协调配合，由移民社区快速发展为现代新型小城镇;[10]以南部贫困移民为主体的红寺堡县级开发区，近几年经济发展速度、农民人均收入增长率均高居宁夏各市县区前列。

主要经验:①有明确的指导思想:以协调人地关系为根本出发点,把原来成为包袱的山区超载人口与灌区待开发土地合理结合,转化成新的生产力,同时推动了灌区农村劳动力向二三产业转移。②有完善的配套政策:尊重区域开发和人口迁移的客观规律,政府出台了一系列鼓励开发、迁移的具体政策,注重合理使用国家财力、物力和充分调动移民本身的主观能动性。③重视吊庄(定居点)的规划设计和配套建设,体现以人为本的理念。④政府部门抓好组织和服务是吊庄移民成功的保证。[11]

3.2 生态移民

“十五”开始,中央为加快贫困地区脱贫致富进程,决定在宁夏、内蒙古、云南、贵州进行试点,对部分自然条件严酷、资源贫乏、生态恶化地区的贫困人口,实施易地扶贫移民试点工程,使扶贫开发与生态环境建设有机结合,这是新形势下实施西部大开发战略的重大举措。2001~2005年,已从自然保护区、生态脆弱区迁出11.8万人,安置于彭阳县长城塬、盐池县城西滩、红寺堡新区、中卫南山台子、中宁长山头农场等灌区,这是吊庄移民在新世纪的新发展。

生态移民的特点是结合退耕还林工程,从缓解区域人口压力出发,更加重视提高移出区的生态恢复功能,移入区的高标准生态建设和社区建设,进一步完善相关政策、补偿标准、信贷支持、技能培训,强化对移民的劳务输出信息和产前、产中、产后一条龙服务,从而取得良好的综合效益。规划“十一五”期间从大六盘生态经济圈实施生态移民11.3万余人。[12]

3.3 向城镇集聚

“十五”期间，宁夏城镇化进入快速发展阶段，城镇人口由2000年底190万增至2005年250万,即净增60万人。估测其中一半以上由农村人口转入。农村人口向城镇转移,主要有以下几种情况:

一是城镇建成区扩张,周边农民失地而转为城镇人口。2002~2004年3年中,全区涉及被征地农民3.5万户,计11.4万人,大多分布于银川市、吴忠市利通区、中卫市沙坡头区、固原市原州区等地,其中大部分转为城镇户,但其中稳定就业的只占劳动力数的48%。[13]

二是通过上学(考入高校、职业技术学校)、毕业生就业、参军、军人复员转业等途径进入城镇,估测五年约5万人。

三是通过投亲靠友、投资购房、由打工转为定居等途径,估算五年有10余万人,一般就近向小城镇集聚为多。

四是由于县改市、乡改镇(如中卫县改市、永康乡改镇),市镇建成区农业人口转化为城镇人口。

五是由于工业园区开发建设,邻近乡村人口投入建筑、建材、运输、商贸、餐饮等服务业,如宁东能源化工基地的工业园区带动周围宁东镇、临河镇、马家滩镇、梧桐树乡、白土岗乡的农业人口进入小城镇。

主要经验:①营造良好的城镇创业环境,大力发展科技型中小企业、第三产业和各类非公有制经济,提供一大批新的就业岗位,优先向附近农村招工,增强城镇拉力。②加大人力资本投入,健全农村教育体系,包括职教、职业培训,重视能力建设,全面提高农村劳动力的思想准备、知识、工作能力、生活能力,把劳动者能力置于拉力、推力同等重要的地位。[14]③重视政府扶力建设,包括引导劳动力市场健康发展,健全农民进城的社会保障体系,扫除城乡人口流动的体制障碍。[15]

3.4 劳务输出

在市场经济条件下,各种形式的劳务输出是农村劳动力转移的主要途径,通过劳务输出,可以逐步达到移民异地进城定居的结果。2004、2005 年,宁夏分别输出劳动力 58 万和 72.5 万,各占全区总人口的 9.9%和 12.1%,人均劳务收入分别为 2600 元和 3039 元,劳务收入总额分别为 15.1 亿元和 22.0 亿元,占全区财政收入的 40%和 46%。尤其在中南部贫困地区,农户基本实现户均输出 1 人,劳务收入占到农民人均纯收入的 40%左右,成为增收的主要来源。劳务人员遍布东部各省市及新疆、内蒙古、陕西、甘肃等地,还有少量出国务工经商。2004 年统计,其中西部占 86.7%(区内达 71.4%),东部、中部各占 6.8%和 6.5%。[16]

3.4.1 近年劳务输出趋势

(1)输往区外增加,由 2004 年占 28.6%升至 2005 年占 33.2%。(2)政府有组织输出比重提高,2005 年达 34.1%,比 2004 年提高 5.3 个百分点。(3)年轻化,2005 年 35 岁以下比重占 66.1%,比上年提高 1 个百分点,比 20 世纪 90 年代明显提高。(4)民族以汉族为多,2004 年占 59.1%,但回族输出劳力占回族人口的比重大于汉族。(5)男性明显多于女性,2005 年占 73.9%,但女性较上年增长 28.7%。(6)文化以初中为主,2004 年占 56.4%,其次为小学及以下,占 32.2%。高中以上 2005 年占 13%,高出 2004 年 0.5 个百分点。一般在本县打工者文化较低,到东部打工者文化较高。(7)从事行业以服务业为多,2004 年占 42.4%,其次建筑业 32.5%,再次工业、农业。(8)输出地区以固原市最多,2004 年占全区总数的 31.3%,其中西吉县占总数的 10.1%。近年来川区输出量增加较快,2004 年川区输出人数占总数的 53%,收入占总收入的 62.7%。[17][18]

关于人口流动与区域经济发展的关系，有人通过对固原市一区四县的流动人口（县区内流动，县区外流入人口、流出人口）的灰色关联系统理论分析，得出3条结论：①固原市流入人口与当地经济发展具有极高关联性，促进了城镇化的发展。②县区内流动人口对经济发展的贡献低于县区间流动人口的贡献水平。③流出人口（即劳务经济）的贡献优于流入人口，可见劳务输出对于当地经济发展的贡献极大。[19]

3.4.2 主要经验

（1）从战略高度上认识与推进劳务经济大发展，目标是把它发展成宁南山区最大的产业，相当部分农村人口得到实惠最多的产业，通过从打工到创业，从候鸟型到部分定居，最后形成宁夏新的城乡人口分布格局，建设人与自然和谐社会。（2）通过人力资本开发，使劳务输出由体能型向技能型转变，培育宁夏知名劳务品牌。2005年初至今已有近20万农村劳力接受专业技能培训，其中近4万人取得建筑、餐饮等四五十个工种的初级职业资格证书。目前，同心县阿拉伯语翻译、吴忠市利通区清真餐饮、平罗县电焊工、灵武市和固原市原州区建筑工、海原县汽车司机等，已成为区内外劳务市场有一定影响的品牌，同心786名阿语翻译活跃在浙江义乌、广东深圳、福建石狮等市，人均年收入万余元。[20]

参考文献

[1] 邬沧萍.人口始终是我国经济持续增长中的一个重大问题[J].人口研究，2006，30（2）：2~9.

[2] 高立金.托达罗的人口流动模型与我国农村剩余劳动力的转移[J].农业技术经济，1997（5）：35~38.

[3] 李王鸣，王纯彬.温台地域城市化机制与转型分析[J].经济地理，2002，22（5）：598~601.

[4] 罗亚萍，姜红星.西部实现农村剩余劳动力低成本转移的模式选择[J].宁夏社会科学，2005（2）：45~47.

[5] 中华人民共和国国民经济和社会发展第十一个五年规划纲要[M].北京：人民出版社，2006：37~40.

[6] 国家发展和改革委员会国土地区研究所课题组.我国空间结构调整的基本思路研究[A]// 马凯主编."十一五"规划战略研究（上）[C].北京：北京科学技术出版社，2005：387～403.

[7] 岳晓燕，汪一鸣，白林波，米文宝.宁夏农地资源劳动力承载力时空分析[J].干旱区地理，2006，29(5)：754~759.

[8] 岳晓燕，汪一鸣，赵亚峰.宁夏相对资源承载力研究[J].干旱区资源与环境，2007，21(3)：55~59.

[9] 汪一鸣.大力推进农村劳动力的战略转移[J].市场经济研究，2002(6)：19~20.

[10] 董晓峰，汪一鸣，等.现代智能型扶贫开发区模式：宁夏华西村[J].兰州大学学报社会科学版，2003，31(2)：122~126.

[11] 汪一鸣.80 年代中国宁夏的"吊庄"：农村区域开发和协调人地关系的新模式[J].中国人口·资源与环境，1993，3(4)：36~41.

[12] 甘肃省林业调查规划院.宁夏大六盘生态经济圈建设规划研究[R].2005：115~118

[13] 段庆林，王旭明，等.宁夏缩小城乡差距逐步解决二元结构问题研究[R].宁夏社会科学院，2006：90~92.

[14] 程伟.我国农村人力资本投资状况对农业剩余劳动力转移的影响分析[J].人口与经济，2006(3)：44~49.

[15] 王旭明.宁夏农村劳动力就业与转移途径[J].宁夏社会科学 2005(2)：54~57.

[16] 李禄胜.宁夏劳务经济发展新走势[A].宁夏蓝皮书：2005~2006 年宁夏经济社会形势分析与预测 [C]，银川：宁夏人民出版社，2006：450~462.

[17] 曹广忠.农村外出就业劳动力的结构特征与就业地区分布[J].经济地理，2002，22(6)：731~735.

[18] 王锋.宁夏城市化进程中的流动人口对社会经济发展的影响及其对策研究[J].西北人口，2006(3)：53~57.

[19] 马金龙，李莉.人口流动与区域经济发展关系的实证分析[J].西北人口，2006(2)：19~20.

[20] 汪一鸣.对当前宁夏经济发展的几点看法——在自治区经济形势会商会上的发言[R].2005-11-15.

银川市经济腹地范围研究

一、引言

经济腹地，又称经济吸引范围、经济辐射区域，是评价城市规模及其影响区域范围（即城市经济区）、研究城市之间、城市与区域之间相互关系的重要概念。城市的经济腹地，是该城市的主要服务区域，而该城市则是腹地区域内各市县的主要经济联系方向。因此，“每一座城市的规模都反映区域腹地的需要。”[1]随着城市与区域的发展，城市经济腹地特别是其边缘部分经常发生变动，经济腹地的划分是一个相对稳定的动态平衡概念。

关于银川市经济腹地范围，作者在1987年曾指出：“在全国城市体系中，银川位置适中，正处于西安、兰州、包头三大城市的引力平衡点上。因此，加速发展银川也是全国形成城市网络的客观要求。”1993年进一步提出：“银川……吸引范围除本区外，还包括内蒙古西南部、陕北和甘肃环县等毗邻地区。”[2]2000年，自治区和银川市“十五”计划提出将银川市建成现代化区域中心城市，商贸、旅游、科教和高新技术产业中心。2002年，自治区、银川市党委、政府提出实施加速城市化战略和中心城市带动战略，建设“大银川”成为全区上下的大事。于是银川市经济腹地范围成为热门话题，归纳起来，目前大致有以下几种说法：

（1）银川市“是陕甘宁蒙周边地区10万平方公里、1000万人口范围内的区域中心城市。与周边区域相比，气候条件较好，可用资源特别是水资源和能源丰富，发展潜力和城市发展空间大。”[3]

（2）“银川市的经济辐射范围已不仅仅在宁夏境内，而且辐射到陕西、甘肃、内蒙古等周边省区的十几个市、县，银川市的生活和经济发展环境越来越具有吸引力。”[4]

发表于《银川调研》2003(4):40~50

(3)“她还是方圆 500 公里唯一的区域中心城市，被国家西部开发战略列为陇海兰新线重点开发城市 。”[5]

(4)“把银川建设成为现代化的区域中心城市”，就是指将银川建设成为能够聚集、辐射和带动方圆 300 公里、拥有 1300 万人口的区域经济和社会发展的中心城市。根据银川与周边地区经济发展的关联强弱程度，我们利用(GPS)地图，以银川为中心，将该区域划分为 3 个区域圈进行分析。

核心经济圈：即银川方圆 100 公里……有银川市 3 区 2 县，利通区、青铜峡市、灵武市、石嘴山市和内蒙古的阿拉善左旗。该区域行政区划面积为 31.22 万平方公里，总人口为 384.94 万人……

内经济圈：即银川方圆 200 公里覆盖的地区。有银川市、吴忠市、石嘴山市，内蒙古的乌海市、巴彦淖尔盟部分地区和阿拉善盟部分地区（含左旗）。该区域行政区划面积为 37.83 万平方公里，总人口为 607.9 万人……

外经济圈：即银川方圆 300 公里覆盖的地区。有银川市、吴忠市、石嘴山市、固原市，内蒙古的乌海市、巴彦淖尔盟、阿拉善盟，甘肃省的白银市和陕西省的榆林市。该区域行政区划面积为 45.98 万平方公里，总人口为 1301.72 万人……”[6]

上述几种说法无论在腹地的半径、面积、人口还是市县数上都出入很大，没有提出腹地范围划分的科学依据。本文拟就此问题作一较系统的计算分析，以供讨论。

二、腹地范围划分的计算方法及其改进

关于城市、港口、交通线的经济腹地的计算划分，是城市体系、城市经济区、客货流区划研究的一项基础工作，在经济地理学、区域经济学领域已有一整套成熟的理论方法。其中最常用的是基于美国人莱利(W.J.Reilly)、斯图瓦特(J.Q.Stewart)在 20 世纪 20 ~ 40 年代提出的城市间、城市与区域间人流、货流的引力模型基础上，康弗斯(P.D.Converse)于 1949 年提出的断裂点模型，两个城市腹地区域的分界点可以下列公式求得：

$$D_B = \frac{D_{AB}}{1+\sqrt{P_A/P_B}} \cdots\cdots\cdots\cdots \text{公式}(1)$$ [7]

式中，D_B 为从分界点到 B 城的距离(即 B 城腹地范围的半径值)，D_{AB} 为 A 城、B 城间距离(空间直线距离或交通线距离)，P_A 为较大城市 A 城的城镇人口数，P_B 为较小城市 B 城的城镇人口数。

该公式表明，城市腹地范围与城市规模呈正比，与距离平方呈反比，城市规模较大，其腹地区域相应较大，因此分界点更靠近较小城市 B 城处。

该公式的局限性是：第一，影响城市腹地范围的因素不限于人口数，而且还有经济实力、服务业发展水平、人流和物流的规模和密度等诸多因素。由此,有的研究者用 GDP 作为城市经济规模指标;有的用 GDP 与人口数(通常采用城镇人口或城市非农业人口)的乘积之开方值作为规模指标。作者认为,中心城市作为人流、物流的集散、吞吐中心,人流、物流、资金流、信息流的规模和密度应得到考虑。第二,城市之间的腹地区域由于地势地貌、生态环境、农业基础、交通状况、民族宗教、行政区划等诸多差异,而使距离因素复杂化,其中交通通道、交通门户、交通可达性,特别是新建铁路、高速公路的分布对腹地范围影响很大,单纯的空间直线距离很难反映实际情况,因此有人使用铁路里程、公路里程,在使用直线距离的公式时加上某种修正系数。

要划定银川市腹地范围,必须确定与相邻三大区域中心城市(西安、兰州、包头)之间的腹地分界点(线)。根据这四个城市及其所在的宁蒙陕甘毗邻区域的实际情况,我们对康弗斯断裂点公式作出如下改进:

$$D_B = \frac{D_{AB}}{1+\sqrt{L_A/L_B}} \cdot f \quad \cdots\cdots 公式(2)$$

式中,L 是某城市一组指标体系经加权后的规模综合指数,可表示为如下模型:

$$L = \sum_{i=1}^{n} \lambda_i X_i \quad \cdots\cdots 公式(3)$$

式中,X_i 为构成城市指标体系的各指标,λ_i 为各指标的给定权重值。

公式(2)中的 f 是考虑不同城市间实际影响距离因素后对空间直线距离的修正系数。

三、银川市经济腹地范围计算

(一)城市规模综合指数 L 值计算

以城市的 GDP、城镇人口(采用 2000 年普查数)2 项作为主要指标,同时以反映城市

表 1 西兰包银四城市规模数据(2000 年)

城市	GDP(亿元)	城镇人口(万人)	商品销售总额(亿元)	客运总量(万人)	货运总量(万吨)	邮电业务总量(亿元)	高校教师数(人)	医院床位数(张)
西安	601.53	375.75	510.50	10756	10191	44.11	15679	22954
兰州	270.64	191.68	267.88	2002	5167	18.54	6140	12340
包头	189.33	142.00	68.45	1269	9457	9.67	1331	7824
银川	75.60	69.83	47.61	2465	1474	7.03	1714	4696

注:据《中国城市统计年鉴 -2001》、《陕西省 2000 年人口普查资料》、《甘肃省 2000 年人口普查资料》、《内蒙古自治区 2000 年人口普查资料》、《宁夏回族自治区 2000 年人口普查资料》。除客运总量、货运总量为市域数据外,其余均为市区数据。

的商品流(部分反映资金流)、人流、货流、信息流以及教育、卫生服务能力的批发零售商品销售总额、客运总量、货运总量、邮电业务总量、高校教师数、医院床位数6项作为辅助指标,构成公式(3)的X值。其数据系列如表1所示。

为消除原始数据在量纲、量级上的差异,采用极大值标准化方法对表1数据进行处理,并以专家评分法给各指标赋以权重值,8项指标值相加求得各城市规模综合指数L值(表2)。

(二)距离修正系数f值计算

先列出四城市间的距离矩阵(表3)。

表2 西兰包银四城市规模综合指数

城市	GDP(35)	城镇人口(30)	商品销售总额(10)	客运总量(5)	货运总量(5)	邮电业务总量(5)	高校教师数(5)	医院床位数(5)	综合指数(L)
西安	35.00	30.00	10.00	5.00	5.00	5.00	5.00	5.00	100.00
兰州	15.75	15.30	5.25	0.93	2.535	2.10	1.96	2.69	46.515
包头	11.03	11.34	1.34	0.59	4.64	1.095	0.425	1.705	32.165
银川	4.41	5.58	0.93	1.145	0.725	0.795	0.545	1.02	15.15

注:括弧中为各指标权重值(λ_i)

表3 西兰包银四城市间距离(公里)

距离类型	西银间	兰银间	包银间	西兰间	西包间	兰包间
空间直线距	516	338	387	498	697	732
铁路里程	794	468	511	676	—	979
公路里程	662	455	461	638	955	916

考虑到包银间,银川方向以平原为主,交通网密集,农业基础较好,包头方向除平原外还有高原、沙漠的实际,包银间直线距的f值采用1.1。兰银间兰州方向多为黄土丘陵和山地,交通线多弯曲,f值采用1.3。西银间考虑西安方向多为坡度较大、沟壑发育、盘山道路的黄土丘陵和山地,以及行政区划、民族分布等因素,f值采用1.4。经用直线距、铁路、公路三种距离分别代入公式(2)试运算进行相互校核,证明该3项f值符合当地实际距离状况。

(三)计算结果

1. 包银间腹地分界点计算

直线距:$\dfrac{387}{1+\sqrt{32.165/15.15}}\times 1.1=173$ 公里

分界点在内蒙古磴口县城以南40公里处。

铁路距：$\frac{511}{1+\sqrt{32.165/15.15}}$=208 公里

分界点在磴口县城以南 25 公里处。

公路距：$\frac{461}{1+\sqrt{32.165/15.15}}$=188 公里

分界点在磴口县城以南 14 公里处。

②兰银间腹地分界点计算

直线距：$\frac{338}{1+\sqrt{46.515/15.15}}\times 1.3$=160 公里

分界点在宁夏中卫县城以西 20 公里处。

铁路距、公路距计算结果略。

③西银间腹地分界点计算

直线距：$\frac{516}{1+\sqrt{100/15.15}}\times 1.4$=202 公里

分界点在宁夏同心县与原州区分界处，甘肃省环县城以北 25 公里处。

铁路距、公路距计算结果略。

四、银川市经济腹地及经济社会辐射区域范围的确定

（一）图上作业确定腹地范围

根据前述分界点数据，在地图上以银川市区为圆心，从东北、西南、东南三个方向分别以 173 公里（包银间）、160 公里（兰银间）、202 公里（西银间）为半径画出圆弧，可以得出银川市经济腹地区域的范围，其包含的行政区和面积、人口见表 4。

（二）腹地边缘区划分和潜在腹地区域

从图上作业可知，内蒙古鄂托克旗的一部分地域不在银川市腹地半径所画的圆弧以内，但因其另一部分地域以及旗府所在地在银川市腹地半径以内，故应划为银川市腹地范围。而内蒙古磴口县、甘肃环县、陕西靖边县、宁夏海原县虽然也各有一部分县域在银川市腹地半径以内，但其县城及另一部分县域位于半径以外，目前不应作为银川市腹地范围，而分属于包头市（磴口、靖边）、西安市（环县）、兰州市（海原）的腹地范围。

但是，从长远来看，如果银川市的发展速度超过相邻大城市，集聚效应和辐射效应增强，那么上述边缘区未来有可能变成银川市腹地，它们是银川市潜在腹地区域（其面积、人口见表 5）。

（三）银川市的经济社会辐射区域

经济腹地是属于经济区的一种概念，它与行政区是不同的。但行政区除了行政管理

表 4　银川市经济腹地范围

市旗县		面积（平方公里）	人口					
			总人口（万人）	城镇人口（万人）	回族人口（人）	蒙古族人口（人）	外来居住人口(人)	外来人口中宁蒙陕甘人口(人)
合计		156337	488.17	229.6	1056649	95344	810367	135528
宁夏	银川市	7180	146.13	85.43	357223	2758	352953	64576
	石嘴山市	4454	69.10	41.08	138816	1002	104759	13765
	吴忠市	23383	169.51	40.53	543147	881	150973	20829
内蒙古	乌海市	1700	42.76	39.77	7944	13904	98460	13587
	阿拉善左旗	80412	14.87	10.11	9060	31990	39765	12521
	鄂托克旗	20064	10.01	4.70	400	23788	26512	6023
	鄂托克前旗	12318	6.69	2.81	59	21021	10045	2915
陕西	定边县	6826	29.10	5.17			26900	1312

注：人口数为 2000 年普查数据。

表 5　银川市潜在腹地区域

县		面积（平方公里）	人口					
			总人口（万人）	城镇人口（万人）	回族人口（人）	蒙古族人口（人）	外来居住人口(人)	外来人口中宁蒙陕甘人口(人)
合计		23871	106.08	14.01	249073	4485	77294	3928
内蒙古	磴口县	4167	11.76	4.89	4803	4342	21257	2459
甘肃	环县	9236	32.11	2.7	692	92	7625	483
陕西	靖边县	4979	27.81	4.01			41079	697
宁夏	海原县	5489	34.4	2.41	243578	51	7333	289

注：人口数为 2000 年普查数据。

职能外，还具有社会公共服务职能和一定的经济管理服务功能，所以行政区对经济区具有重要影响。银川市作为宁夏回族自治区的首府和政治、经济、文化中心，其经济社会辐射区域无疑应包括整个自治区。因此，虽然固原市一区五县从主要经济联系方向看，它分属于西安市经济腹地（包括原州区、彭阳县、隆德县、泾源县）和兰州市经济腹地（包括海原县、西吉县）范围，但由于行政区划的关系，它们与银川市具有十分密切的经济联系。由此，银川市向南部的辐射半径直到泾源县南端达 357 公里，其经济社会辐射区域应包括自治区和经济腹地范围内的内蒙古一市三旗和陕西一县，即辐射区域面积为 173120 平方公里，2000 年普查人口 665.07 万，其中城镇人口 244.69 万。

(四)银川市的强辐射区域和弱辐射区域

我们把中心城市辐射区域(吸引区域)称为城市影响力的“力场”,则可以引入衡量其影响力大小的“场强”(S)概念,可建立场强引力模型如下:

$S=Q/R^2$……………………………………………公式(4)[8]

式中 Q 为中心城市综合实力指数,以城镇人口与 GDP 的乘积为指数,R 为辐射区域的半径距离(公里)。

将有关数据代入公式(4):

银川—固原市原州区市区:

$(69.83 \times 75.6) / (273)^2 = 0.07$

银川—吴忠市利通区市区:

$(69.83 \times 75.6) / (52)^2 = 1.95$

银川—吴忠市利通区南缘:

$(69.83 \times 75.6) / (108)^2 = 0.45$

上述分别反映了银川市对三个地区不同的辐射场强。一般认为,场强大于 1 的属强辐射区域,即大致在银川市区高速公路汽车里程半小时以内,其中银川市三区二县一市及吴忠市利通区、青铜峡市之间经济联系特别密切,正在形成一个城镇密集 区——银川城镇群(参见作者另文“论银川城镇群的形成与发展”),其面积仅占银川市经济社会辐射区域的 5.8%,但人口占 30.6%,城镇人口占 43.5%,可称为银川市经济社会辐射区域的内经济圈。其他辐射区域属于场强小于 1 的弱辐射区域,可称为银川市的外经济圈。

五、结论

(一)银川市严格意义上的经济腹地范围包括宁夏的银川、石嘴山、吴忠三市,内蒙古的乌海市、阿拉善左旗、鄂托克旗、鄂托克前旗及陕西定边县,面积 15.6 万平方公里,2000 年普查人口 488.17 万,其中城镇人口 229.6 万。

(二)银川市是宁夏回族自治区和宁、蒙、陕毗邻地区经济社会辐射区域 17 万平方公里、约 700 万人口的区域中心城市,其中银川城镇群(包括银川市三区二县一市及吴忠市利通区、青铜峡市)属强辐射区域,可称内经济圈,其余地区属弱辐射区域,可称外经济圈。

(三)银川市区的辐射半径除自治区内向南端达 357 公里外,其他方向的辐射半径为 160~202 公里,认为银川辐射区域方圆 300 公里或 500 公里的说法是缺乏根据的。

参考文献

[1]胡兆量,等.地理环境概述[M].北京:科学出版社,1994:205～206.

[2]汪一鸣.不发达地区国土开发整治研究[M].银川:宁夏人民出版社,1994:358～359,170.

[3]王正伟.抢抓机遇,开拓创新,为建设现代化区域中心城市奋力拼搏[A]// 城市化:大银川腾飞之路[C].银川:中共银川市委政策研究室,2003:49～50.

[4]郝林海.真抓实干,富民强市,为把银川市建成现代化区域中心城市而努力奋斗[A].// 城市化:大银川腾飞之路[C].银川:中共银川市委政策研究室,2003:61~62.

[5]中共银川市委政策研究室.推进城市化进程,加快大银川建设步伐[A]// 城市化:大银川腾飞之路[C].银川:中共银川市委政策研究室,2003:120～121.

[6]马宏德.建设大银川的构想与对策[A]// 宁夏经济社会形势分析与预测[C].银川:宁夏人民出版社,2003:323～326.

[7]许学强,等.城市地理学[M].北京:高等教育出版社,1996:127～129.

[8]陈宗兴,等.经济活动的空间分析[M].西安:陕西人民出版社,1989:247～252 .

论银川城镇群的形成和发展

国家“十五”计划城镇化发展重点专项规划提出，完善城镇体系的基本任务之一，是要“引导城镇密集区有序发展”[1]。宁夏“十五”计划城镇化发展重点专项规划则具体指出，“十五”期间应以“银川市及其周围小城镇、吴忠市利通区、青铜峡市、灵武市等城镇群作为加快发展的突破口”[2]。所谓城镇群或城市群(conurbation)亦即城镇密集区(urban agglomerations)，是指若干城镇集中发展的地区，为当代城镇空间结构形式之一，也是城镇化进程发展到一定阶段的产物[3]。研究银川城镇群形成、发展的有关问题，对于充分发挥银川中心城市功能、加速宁夏城镇化进程，具有十分重要的现实意义。

1. 银川城镇群雏型的形成及其现状评价

1.1 城镇群雏形的形成与性质界定

银川城镇群位于宁夏回族自治区北部川区，富饶的银川平原中南部。行政区划包括银川市(兴庆、金凤、西夏 3 区，永宁、贺兰 2 县，灵武市)和吴忠市的利通区、青铜峡市，面积 10 050 km^2。空间直线距离由北端贺兰县城到南端利通区市区仅 65 km, 公路里程 72 km。90 年代，该地区城镇人口由 1990 年 59 万多增加到 2000 年 105 万多，增长 77%，城镇化率由 38.8%上升到 53.3%，是宁夏全区城镇化发展最快的地区。随着城镇产业结构升级和现代化交通通信设施发展，各城镇间的相互联系日趋密切，其中利通区、青铜峡市虽然行政区划不属银川市，但却在银川市区的直接吸引范围之内，从区域经济的角度分析，它们实质上也是银川市区的卫星城。银川市区经济辐射范围(间接吸引范围)则已达到陕、甘、内蒙古毗邻地区，区域性中心城市和城镇群雏形已经形成(表 1)。

发表于《经济地理》,2004,24(1):57~61,66

表 1　银川城镇群 1990～2000 年变化　万人,%

地区	1990 年			2000			1990~2000		
	总人口	城镇人口	城镇化率	总人口	城镇人口	城镇化率	城镇人口增量	城镇人口年均增长率	城镇化率提高百分点
全自治区	465.40	109.58	23.5	548.64	180.39	32.9	70.81	5.1	9.4
北部川区	264.96	98.20	37.1	322.48	158.16	49.0	59.96	4.9	11.9
银川城镇群	153.44	59.48	38.8	197.97	105.50	53.3	46.02	5.9	14.5
银川市辖区	50.21	40.21	80.0	80.75	59.83	86.5	29.62	5.7	6.5
永宁县	16.91	1.63	9.6	19.17	3.32	17.3	1.69	7.4	7.7
贺兰县	16.97	1.74	10.2	17.84	3.96	22.2	2.22	8.6	12.0
灵武市	22.04	4.84	22.0	24.99	7.50	30.0	2.66	4.5	8.0
吴忠市利通区	25.20	6.11	24.2	30.36	11.98	39.5	5.87	7.0	15.3
青铜峡市	22.11	4.95	22.4	24.86	8.91	35.8	3.96	6.1	13.4

注:据参考文献[4]和[5],由于统计上划分城乡人口的规定,2000 年较 1990 年略有变化,故对 1990 年银川市辖区城镇人口由 50.21 万调改为 40.21 万,以与 2000 年统计口径一致。

根据姚士谋(1992)对中国城市群定量指标系统的意见,由表 2 可见,银川城镇群是一个人口规模较小的城镇密集区,没有特大、超大城市和中等城市,城镇等级规模结构不完整,但多数指标均已够格,是一个处于初级发育阶段的小型单核城镇群。

表 2　中国城市群定量指标系统和银川城镇群指标

指标	超大型市群	其他类型(大、中、小)城镇群	银川城镇群(2000)
城市群区域总人口(万人)	1500~3000	<1500	197.97
区域内特大城市(≥100 万)(座)	≥3	≤2	0
区域内城市人口比重(%)	≥35	<35	45.7
城镇化率(区域内城镇人口比重)(%)	≥40	<40	53.3
区域城镇人口占全区比重(%)	≥55	55±	58.5
城市等级规模结构(超大、特大、大、中、小城市·建制镇)	6 级	≤5 级	3 级
交通网络密度(km/万 km^2)	铁路250~550,公路≥2500	铁路 250~400,公路<2500	铁路 567,公路2104
社会商品零售额占全省区比重(%)	≥45	<45	62.6
流动人口占全省区比重(%)	≥65	<65	61.7
工业产值占全省区比重(%)	≥70	<70	57.1

注:据参考文献[3]略作修改,参考文献[5]和[6]。

1.2 城镇群的区域地位和内部结构

从银川城镇群在宁夏回族自治区的地位看，虽然土地面积仅占全区 19.4%，但 2000 年区域总人口占 36.1%，城镇人口占 58.5%，2001 年 GDP 占 55.8%，其中非农产业增加值占 57.5%，主要经济社会发展指标高出全区平均水平 46%以上，确是宁夏的经济核心区，对于全自治区的经济社会发展，起着主导、支柱和龙头的重大作用。

表 3　银川城镇群的经济社会发展指标

地区	2001 年				2000 年		
	人均 GDP（元）	人均社会消费品零售额（元）	人均财政收入（元）	农民人均纯收入（元）	人员产业结构指数	文化水平指数	城镇化率
全自治区	5340	1769	494	1823	65.0	50.9	32.9
北部川区	7768	2736	600	2840	70.2	57.7	49.0
银川城镇群	9067	3366	725	2914	72.2	58.8	53.3
银川市辖区	12779	6358	1395	3316	84.3	65.8	86.5
永宁县	6122	1242	349	2712	61.4	52.8	17.3
贺兰县	5542	1015	246	2664	59.7	52.6	22.2
灵武市	5689	1111	274	2837	65.2	52.6	30.0
吴忠市利通区	7069	3153	328	3040	70.9	54.8	39.5
青铜峡市	10117	1529	580	3009	65.3	55.7	35.8

注：参考文献[5]和[6]，按定性排序与定量转换公式求得产业结构指数和文化水平指数。

表 4　银川城市群与其他城市群发展水平比较（2000 年）

城市群	总人口（万人）	占省区人口比重（%）	城市非农业人口比重（%）	GDP（亿元）	占省区 GDP 比重（%）	人均 GDP（元）	人均固定资产投资（元）	人均商品销售额（元）	人均外商直接投资（美元）
银川群	145.11	25.8	52.7	131.81	49.6	9083	4668	3878	7
苏锡常群	1159.24	15.6	46.1	2912.45	33.9	25124	2453	11443	338
长株潭群	647.90	10.1	45.3	866.68	23.5	13377	3544	5756	26
成都群	1006.76	12.1	39.3	1315.57	32.8	13067	2769	5514	23
呼包群	262.44	11.0	78.2	349.63	25.0	13322	4829	5415	66

注：据参考文献[7]，银川城市群包括银川市区、吴忠市区（利通区）及所属 2 县级市，苏锡常城市群包括苏州市区、无锡市区、常州市区及所属 10 县级市，长株潭城市群包括长沙市区、株洲市区、湘潭市区及所属 4 县级市，成都城市群包括成都市区、德阳市区、绵阳市区及所属 8 县级市，呼包城市群包括包头市区、呼和浩特市区及东胜县级市。

从银川城镇群内部看，银川市区作为宁夏首位城市和区域性中心城市，已从 90 年代初的中等城市跃迁为大城市，10 年间城镇人口增量占到全区 41.8%，而外来流动人口则占到全区 61.7%，显示其集聚效应正在迅速增强。目前，银川市区人口占城镇群 40.8%，GDP 则占 49.7%，其在整个城镇群和全区城镇体系的中心作用进一步凸现。由表 3 可见，银川市区的主要指标显著高于其他城镇，其主导地位十分突出。吴忠市利通区 10 年间城镇人口几乎翻了一番，由小城镇升级为小城市，未来 10 年有可能成为城镇人口超过 20 万的中等城市，居城镇群“副中心”地位。

1.3 与国内其他城市群发展水平的比较

我们选取东部沿海的苏锡常城市群，中部地带的长株潭城市群，西南的成都城市群，西北的呼包城市群，与银川城市群进行发展水平比较(表 4)。

可见：①银川城市群人口、经济规模小，人均 GDP 和人均商品销售额少，不但与发达地区的苏锡常群无法相比，与中西部的呼包群等也有一定差距，反映其发展水平和辐射效应还处在较低层次。②实施西部大开发以来，在国家大力支持下，西部基础设施、生态环境建设等固定资产投资额迅速上升，投资增长率高于全国平均水平，为东部和海外的各类生产要素进入西部提供了巨大商机，一些跨国公司已纷纷抢滩成都群、呼包群等西部城市投资市场，但银川群在这方面仍未取得重大突破，2000 年人均实际外商直接投资仅相当于西部呼包群的 10.6%，东部苏锡常群的 2%，对外开放度处于很低水平。③与其他城市群显著不同的是，银川群虽然现状规模小、水平低，但在区域经济中所占地位十分突出：人口占 1/4 以上，GDP 占一半。这既反映了宁夏区域经济非常落后的现实，也说明银川群能否加速发展对于带动整个宁夏以及陕、甘、内蒙古毗邻地区发展具有特别重要的作用。

2. 城镇群进一步发展的 SWOT 分析

2.1 长处(strengths)

2.1.1 区位独特，腹地广阔。

银川城镇群正处于全国陆地腹心部位，内蒙古高原与黄土高原的交接地带。历史上为牧业与农业区、少数民族与汉族区的交错过渡地带，历代西部开发的前哨据点。11 ~ 12 世纪曾为疆域横跨陕、宁、蒙、甘、青等地的西夏王国都城所在，战略地位十分重要。又处天津、青岛、连云港等东部沿海港口通向新疆的新亚欧大陆桥国内段中枢位置，国家西部开发重点之一西陇海兰新经济带的重要组成部分，从长远看，具有东西合作、双向开放的潜在优势。银川至兰州、包头、西安直线距离分别为 338 km、387 km 和 516 km，城镇群正位处三大城市的引力平衡点上。其腹地范围除宁夏外，还包括内蒙古乌海市、鄂尔多斯市西南部、阿拉善盟东部，陕西榆林市西部等毗邻地区，合计 10 多万 km²，近 1 000 万人口。

2.1.2 发展空间巨大。

城镇群位于黄河冲积形成的银川平原上中游，地势平坦而略有坡度，水资源取给便利且相对充裕，城市发展的用地、用水综合条件之优越在西部少有。

2.1.3 农业自然资源、能源和旅游资源优势显著。

光能丰富，热量适中，土壤肥沃，灌溉便利，光热水土资源匹配良好，粮、菜、瓜、果、乳、肉、蛋、鱼、药高产稳产，旱涝无虞，发达农业为城镇群体发育打下良好基础。以灵武市为中心的宁东含煤区煤藏量大质优，由陕甘宁油气田输入油气近便。高山、大河，绿洲、大漠，西夏文化，回族风情，岩画、长城等多姿多彩的精品、极品旅游资源密集于此，贺兰山东麓为国家级风景名胜区。

2.1.4 内外交通通信联系密切，商贸有一定基础。

城镇间有铁路、高速公路或一级公路连通，银川与各城镇车程仅半小时左右。近年来本地电话、移动电话、互联网用户增长突飞猛进，1998 ~ 2001 年年均增幅分别达 24%、104%、423%，2001 年银川市区平均每百人有本地电话 46.8 部，移动电话 28.1 部。银川市区、吴忠市利通区历来是黄河上游重要的水陆码头，为西北著名的土特产集散市场和商贸城市。

2.1.5 面向伊斯兰国家开放的有利条件。

城镇群回族人口占 29.6%，他们在文化传统、生活习俗、宗教信仰等方面与国内外穆斯林有诸多相通之处，有利于与伊斯兰国家、地区开展经济贸易合作。

2.1.6 生态环境相对良好。

西侧的贺兰山与平原相对高差 2000 多米，阻挡了西来的寒流、风沙；山中现有天然次生林 2 万 ha，利于涵养水源、调节气候，构成平原的天然生态屏障。银川平原渠沟纵横、湖沼广布，湿地效应和绿洲效应使气候温和、相对湿度增加，是大西北少有的适宜人居的绿洲城镇群[8]。

2.2 弱势（weaknesses）

2.2.1 区位较偏。

远离沿海发达省市、港澳台和国外市场，经贸合作距离障碍（费用、时间）较大。

2.2.2 经济基础薄弱。

区域工业化水平低，产业结构调整升级进展缓慢，1990~2000 年间虽然第三产业发展较快，但第二产业从业人员比重停滞不前，银川市区工业发展缓慢问题尤为严重（表 5）。

表 5　银川城镇群从业人员结构变化与城镇化关系　%

地区	1990 年					2000 年				
	第一产业	第二产业	第三产业	结构指数	城镇化率	第一产业	第二产业	第三产业	结构指数	城镇化率
全自治区	72.4	14.1	13.5	60.8	23.5	63.9	14.9	21.2	65.0	32.9
北部川区	59.9	22.3	17.8	65.4	37.1	50.7	21.4	27.9	70.2	49.0
银川城镇群	57.4	21.5	21.1	66.8	38.8	46.6	21.4	32.0	72.2	53.3
银川市辖区	23.7	37.8	38.5	80.4	80.0	19.7	28.5	52.1	84.3	86.5
永宁县	83.5	6.8	9.7	56.9	9.6	72.2	11.7	16.1	61.4	17.3
贺兰县	84.1	6.7	9.2	56.6	10.2	76.5	10.1	13.4	59.7	22.2
灵武市	72.5	14.5	13.0	60.8	22.0	61.5	19.3	19.2	65.2	30.0
吴忠市利通区	67.5	15.3	17.2	63.1	24.2	49.0	22.1	28.9	70.9	39.5
青铜峡市	69.6	19.8	10.6	61.0	22.4	61.2	19.4	19.4	65.3	35.8

注:数据来源同表 1。

2.2.3 改革滞后,市场化程度差。

与东部省市城镇群相比,一是国有企业的现代企业制度改革尚未真正解决,二是非公有制经济比重小、活力差,三是市场发育落后,特别是资本、人才、技术、房地产等要素市场不完善,四是政府职能转换尚跟不上形势发展要求。由此导致企业整体效益较低,工业企业全员劳动生产率、总资产贡献率、成本费用利润率都低于全国平均水平。

2.2.4 投资环境欠佳,开放度小。

银川城镇群当前最大问题是对外开放、东西合作尚处于很低层次。表 4 各项指标中,与其他城市群差距最大的是实际外商直接投资。这也反映了当地投资环境较差、招商引资工作尚未打开局面的落后状态。

2.3 机遇(opportunities)

2.3.1 国家实施西部大开发战略。

国家对西部的建设项目、转移支付和政策倾斜,特别是加强基础设施、生态环境建设,加大教育科技发展的支持力度,加大对中心城市的重点开发建设,为银川城镇群固定资产投资高速增长带来千载难逢的机遇。

2.3.2 东西合作迅速扩大的新态势。

随着西部开发和东部产业结构重组升级的要求,东部某些资源密集型、劳动密集型产业逐步向欠发达的西部转移,东货、东人、东资西进形成热潮,与西气东输、西电东送等工程形成优势互补、东西互动效应,同时东部发达省市对西部省区的对口支援正逐步加强。近年来还出现了东西合作与国际经贸合作联动发展的新趋势[9]。

2.3.3 经济全球化和信息化的迅猛发展。

特别是我国加入世贸组织后，随着与国际经贸规则的全面接轨，将促进银川城镇群加速政府职能转变和改革开放步伐。现代化交通通信技术发展和信息化、虚拟化经济活动形式的出现，使影响西部对外开放的区位劣势和距离障碍渐趋弱化，国际和地区间经济要素快速、自由、低成本流动的新趋势增加了发达地区与落后地区生产要素相互结合的机会，有利于区位较偏的银川城镇群发挥后发优势，更好地参与国内外的竞争和合作[10]。

2.4 挑战(threats)

2.4.1 迟发展效应的不利影响。

面对发达国家、东部发达省市机制、管理、技术、规模均占优势的既成现实，在激烈的市场竞争中往往陷于从属、被动的不利局面，引资、聚才的形势严峻[11]。

2.4.2 经济全球化和知识经济发展的不利影响。

由于人才、信息等经济要素处于落后状态，潜在的自然资源优势和政策资源优势相对下降，产业结构调整升级面临很大困难，在全国和国际产业分工中处于弱势地位。

总起来看，国内外环境提供的机遇大于挑战，只要坚持发挥好自身的比较优势，扬长避短，克服制约因素和现存问题带来的困难，城镇群发展前景看好。

3. 加快发展的对策建议

通过对银川城镇群现状特点和自身优劣势、外部发展环境的分析，我们认为，要实现加快发展，必须重视做好以下几方面工作。

3.1 做大做强银川市，充分发挥区域中心城市的龙头作用

在银川城镇群内，银川市的人口、经济规模都占有绝对优势(总人口占72.1%，城镇人口占80.2%，GDP占71.8%)，其中银川市区约占一半，为城镇群无可争议的主体和龙头，对整个城镇群起着核心、主导和示范的作用。但相对于其广达10多万km^2、人口1000万的腹地区域，作为中心城市的银川市区还是规模偏小、辐射力太弱。由表1可知，1990~2000年中银川市区城镇人口增长很快，年均增长2.96万人，以此计算，2010年可达99.4万人；10年间城镇人口年均增长率5.7%，以此计算，2010年可达121万人。我们认为，通过产业结构的优化升级和加速农村劳动力转移，首先把银川市做大做强，争取2010年前后市辖区城镇人口达百万，GDP达300亿元以上，经济效益显著提高，现代化程度不断提升，成为西部的特大城市之一，是完全有可能的。

3.2 以工业园区布局为重点，调整优化城镇群内部空间结构

由于近年来银川市发展背景和城市规划指导思想的急剧变化，原有的城市功能分区

和空间分布格局已经打破，亟待调整优化。其中最重要最紧迫的是优化工业园区布局。银川市前些年工业发展滞后，经济增长质量不太好，这与工业园区建设薄弱迟缓、招商引资尚未取得重大突破有关。银川市开放度明显偏低，也与此有关，其中尤以银川国家级经济技术开发区进展不太理想。目前，金凤区北部正作为全市中心区（新街区）进行建设，原有的银川高新技术产业开发区变成紧贴中心区的区位，继续在此开发显然将发生诸多矛盾，必须从现在起严格控制新的大型企业进入。应结合城市总体规划修编，统筹考虑全市各工业园区的合理布局，其中有条件的要向环城高速公路或城郊交通干道附近选址，保证远期工业原料、产品的物流畅通无阻，不致干扰城市内部交通[12]。在此基础上，统筹规划整个城镇群的空间布局，使吴忠市利通区、青铜峡市与银川市 3 区 2 县 1 市的工业科技园区构成优势互补、分工协作、紧密联系的空间网络。同时还要安排好城市中心商务区（CBD）、旅游商务区（TBD）、大学城、市场区、仓储用地、住宅区和环城游憩带（REBAM）的合理布局[13]。

要把工业园区、科技园区的开发建设和投资环境优化放在银川市建设的最优先地位，抓紧抓好。特别要加快银川国家级经济技术开发区的建设步伐，为东部、海外企业以及大量非公有制中小企业提供一个优良的创业乐园，争取招商引资在较短时期内取得突破性进展。

3.3 建立完善城镇群职业教育、职业培训体系，促进农村劳动力向城镇转移

农村劳动力进入城镇打工、创业，是城镇化的主要动力。农民能否向城镇转移，一方面取决于城镇二、三产业的发展空间，即提供就业岗位的数量，另一方面则取决于农民的文化科技素质等因素。从宏观看，人力资源开发水平是区域经济持续健康发展的根本性因素，从微观看，则是个人竞争就业岗位的决定性因素。而缺乏文化和技能，往往是农民进城的主要障碍。由表 6 可见，人口文化水平指数与区域人口流动率（流入率加流出率）、城镇化率及表 5 中的结构指数呈正相关。由流入的外来人口文化水平指数远高于当地现有人口，可知加强人力资源开发对于促进城乡间、地区间人口流动的极端重要性。为此，要加快建立完善职业教育（不同层次的职业技术学校、职业技术学院）和职业培训体系。从远期看，要使不能上大学的农民子弟都能受到一定的职业技术教育，获得上岗资格。从近期急需看，要以市场为导向，大力发展城镇需求量大的建筑技工、物业修缮、社区服务等系列化职业培训基地，为青年农民进城打工、劳务输出提供智力、技能开发服务。政府可从教育发展资金、扶贫开发基金中切出一块，专门用于支持农民的职业培训工作。

此外，还要从改革户籍制度、土地流转制度、进城农民劳动保障制度以及劳动力市场中介服务等方面着手，为农村劳动力转移扫除一切体制性、政策性障碍。

表 6　银川城镇群人口文化水平、人口流动与城镇化的关系(2000 年)

地区	现有人口文化水平指数	外来居住人口/万人	区域流入率/%	其中进入城镇外来人口/万人	城镇流入率/%	外来人口文化水平指数	外出半年以上人口/万人	区域流出率/%	城镇化率/%
全自治区	50.9	67.25	12.3	49.77	27.6	61.8	63.24	11.5	32.9
北部川区	57.7	56.80	17.6	43.92	27.8	63.8	34.40	10.7	49.0
银川城镇群	58.8	41.47	20.9	32.74	31.0	66.6	19.59	9.9	53.3
银川市辖区	65.8	28.86	35.7	25.93	37.1	69.9	9.55	11.8	86.5
永宁县	52.8	1.69	8.8	0.82	24.7	56.7	1.24	6.5	17.3
贺兰县	52.6	1.98	11.1	0.86	21.7	55.4	1.71	9.6	22.2
灵武市	52.6	2.76	11.0	1.64	21.8	58.9	3.00	12.0	30.0
吴忠市利通区	54.8	2.89	9.5	1.21	10.1	60.8	1.92	6.3	39.5
青铜峡市	55.7	3.29	13.2	2.28	25.6	62.2	2.17	8.7	35.8

注:据参考文献[5]。

3.4 健全城镇群协调机制,推进经济一体化进程

目前,银川城镇群分属银川市、吴忠市 2 个地级市管辖,与经济上联为一体形成一定矛盾。为此,除充分发挥市场对资源配置的基础性作用外,近期要加强银川市与吴忠市的战略性经济合作。可由自治区党委、政府的权威部门牵头,有关市、县、区参与,研究制定城镇群的经济社会发展战略,以及基础设施共建、工业园区发展、旅游开发营销、生态环境共建等区域规划,明确各自的功能定位、分工合作重点,逐步实现主要资源共享,重大基础设施项目共建。通过推进城际交通公交化、资本市场一体化、土地开发一体化、科技创新一体化、服务业一体化、生态环境保护建设一体化进程,最终实现城镇群经济社会发展一体化。从远期看,随着行政区划体制改革(如逐步缩小地级市事权、财权,将原一级政权的地方行政管理权改为自治区政府派出机构的监督权,即由实变虚),银川市与吴忠市利通区、青铜峡市将自然形成一个以银川市区为核心的现代化城镇密集区,西北一个重要的大都市圈(metropolis)。

参考文献

[1]汪洋."十五"城镇化发展规划研究[M].北京:中国统计出版社,2001:4~6.

[2]项宗西.宁夏回族自治区国民经济和社会发展第十个五年计划[M].银川:宁夏回族自治区发展计划委员会,2001:86~87.

[3]姚士谋,等.中国的城市群[M].合肥:中国科学技术大学出版社,1992:11～27.

[4]宁夏回族自治区人口普查办公室.宁夏回族自治区1990年人口普查资料[M].北京:中国统计出版社,1992.

[5]宁夏第五次人口普查办公室,等.宁夏回族自治区2000年人口普查资料[M].北京:中国统计出版社,2002.

[6]宁夏回族自治区统计局.宁夏统计年鉴2002[M].北京:中国统计出版社,2002.

[7]国家统计局城市社会经济调查总队.中国城市统计年鉴2001[M].北京:中国统计出版社,2002.

[8]汪一鸣.论银川市在西部大开发中的地位和战略[J].塞上论苑,2000,(2):18～21.

[9]汪一鸣,李崇阳,等,闽宁合作动力机制与运行机制[M].银川:宁夏人民出版社,2001:261～268.

[10]汪一鸣,李少华.面对经济全球化的中国东西合作[J].经济地理,2003,23(2):167～170.

[11]徐建华,岳文泽.中国西部地区迟发展效应与后发优势及创新对策研究[M].北京:海洋出版社,2002:12～19.

[12]何兴刚.城市开发区的理论与实践[M].西安:陕西人民出版社,1995:58～59.

[13]吴必虎.区域旅游规划原理[M].北京:中国旅游出版社,2001:333～345.

建设银川都市圈的几个问题

1. “大银川”内涵认识的深化

1.1 第一阶段:从市区到市域

20 世纪末编制的《银川市城市总体规划》,最早提出“大银川”的概念。规划指出:“针对银川市区及周边城镇的发展情况,银川远景不宜只限于市区发展,未来的银川市应该是在市域范围内的银川,简称‘大银川’。”它把习岗镇、长庆小区、望远镇、杨和镇等三区二县地域均囊括其中。这是银川市城市规划指导思想的重大突破,因为一般意义上的城市总体规划,都是以市区为基础划定的“规划区”为规划范围的。

笔者早在 20 世纪 80 年代初即曾呼吁,要重视借鉴西夏都城兴庆府城市规划建设把大面积郊区一并考虑的历史经验[1]。可以说,2000 年版的《银川市城市总体规划》吸纳了笔者的这一建议。

1.2 第二阶段:从自治区首府到西北的区域中心城市

关于银川市的经济腹地(或辐射区域),有关规划早有论述。1991 年编制完成的《宁夏回族自治区国土开发整治总体规划》指出,银川市吸引范围除宁夏全区外,“包括内蒙古的乌海市、阿拉善盟和伊克昭盟的部分地区,陕西的定边、靖边和甘肃的环县等毗邻地区。正处于西安、兰州、包头三大城市的引力平衡点上,具有优越的地理区位……将银川市建设成为……现代化城市, 对带动宁夏和毗邻地区经济发展将起重大作用和深远影响”。[2]《宁夏回族自治区第十个五年计划城镇化发展重点专项规划》则指出:“突出发展银川市,充分发挥中心城市的龙头作用……成为大西北独具特色的区域性中心城市,逐步

世界银行第四期技术合作项目《银川市现代化区域中心城市发展战略研究》(TCPIV-YC-2003-01)部分中间成果,发表于《宁夏社会科学》2004(4):57~60

建成西北区东北部的商贸、科教、高新技术产业和旅游中心……对带动全区和毗邻地区经济社会发展作出更大贡献。”[3]

2002 年 5 月，银川市党委、政府正式宣布建设大银川的思路和目标，“大银川”概念的主要内涵就是它不仅是宁夏回族自治区首府，而且是宁、蒙、陕、甘毗邻区域的中心城市，同时也有市域扩大（除市区外，还有永宁、贺兰两县和新划入代管的灵武市，市域面积由 3934km^2 增加到 7475 km^2，人口和经济规模相应增大）、统一管理各层次的企业和开发区以及提升城市综合竞争力、做大做强做美现代化区域中心城市发展目标等多方面含义。

1.3 第三阶段：从银川市到银川都市圈

国家“十五”计划城镇化发展重点专项规划提出，完善城镇体系的基本任务之一，是要“引导城镇密集区有序发展”。[4]所谓城镇密集区（urban agglomerations）亦即城镇群（或城市群，conurbation），是指若干城镇集中发展的地区，为当代城镇空间结构形式之一，也是城镇化进程发展到一定阶段的产物。笔者认为，由银川市三区、二县、一市及吴忠市利通区、青铜峡市构成的银川城镇群已经初步形成，银川市区与灵武市区、青铜峡市区、利通区市区的公路里程分别为 52、54、58 公里，即车程仅半小时左右。随着城镇产业结构优化升级和现代化交通通信设施发展，它们之间的分工协作和相互联系日趋密切。再过十来年，将形成西北一个重要的都市圈（或都市区，metropolis）。[5]“大银川”亦即意味着成长发育中的银川都市圈。

历史往往有惊人的相似之处。由西夏中期（1149 ~ 1169）颁布的《天盛改旧新定律令》可知，西夏京师（即国都、京都）的政区范围包括中兴府、灵武郡和保静、临河、怀远、定远四县，其中包括贺兰山一部分，相当于今日银川平原中南部灌区（北至平罗县南部，南至灵武市、吴忠市利通区、青铜峡市）。[6]西夏中期京师的地域范围是以当时的精华灌区和军政核心要地划定的，而今日银川都市圈范围则是区域经济和城镇化发展的必然趋势，它们相隔 800 多年，却在地域范围上高度重合，令人惊叹。

不久前，经自治区政府会议讨论通过的《宁夏城市化发展纲要》，也提出了建设银川都市区的构想，但其范围稍大，还包括北部的石嘴山市，其中大武口市区距银川市区 80 公里，惠农区市区距银川 103 公里。

2. 建设银川都市圈的指导思想

提出建设银川都市圈的任务，要求我们在经济体制、行政区划、运行机制等方面实现一系列创新，而这首先要以观念创新为先导。

2.1 全球背景：“新城市主义”、“新区域主义”思潮的兴起

20 世纪 90 年代以来，随着经济全球化、区域一体化的发展趋势，在北美、欧洲的学

术界、规划界出现了一股所谓“新城市主义”、“新区域主义”(包括西方“马克思区域主义”)的思潮,其主要特点是:关注城市、区域的特性研究,通过定性、定量分析的结合,把握城市环境结构、环境感知与行为模式的相互关系;直面城市市区与郊区之间、城市之间、城市与区域之间的差距和矛盾及各种社会问题;综合考虑社会公平、环境优化、经济增长的“3Es”(Equity, Environment and Economy)可持续发展目标;重视经济社会发展规划与区域规划、城市规划的配套、协调及发挥其指导作用;探索城市群、都市圈协调发展的组织形式和联合管治的实施机制,等等。[7]这些思想对建设银川都市圈有很多有益启示。

2.2 国家方针:树立全面、协调、可持续的科学发展观

党的十六届三中全会明确提出,“坚持以人为本,树立全面、协调、可持续的发展观,促进经济社会和人的全面发展”;强调“按照统筹城乡发展、统筹区域发展、统筹经济社会发展、统筹人与自然和谐发展、统筹国内发展和对外开放的要求”,推进改革和发展。科学发展观是我国全面建设小康社会和实现现代化的根本指针,当然也是建设银川都市圈的根本指导思想。

2.3 发展理念:建设银川都市圈的基本原则

以科学发展观为依据,参照国内外城市群、都市圈的发展趋势,提出当前建设银川都市圈的基本指导原则如下:

2.3.1 培育极核,龙头先行

实施中心城市带动战略,加速建设作为核心区、增长极的银川市区,在较短时期内形成具有较强综合竞争力的特大城市,在加强集聚能力的基础上逐步把重点转向发挥中心城市的辐射带动效应,同时充分发挥都市圈内各城镇的比较优势、竞争优势,龙头先行,相互促进。

2.3.2 以线串点,结成网络

形成都市圈的一个基本前提条件,是都市圈内各城镇基础设施建设的一体化,首先是共建便捷的交通通信设施,推进城际客运快速化、公交化,货运物流化和运输管理智能化进程,以及供电、供气、水务等重大基础设施项目共建,使各城镇成为基础设施网络中有机联系的高效节点。

2.3.3 内外协作,整合配套

统筹银川市区与市域、城镇与农村、银川市与吴忠市、银川市与整个腹地区域的协调发展,统筹规划都市圈各城镇的功能定位、产业分工协作与工业园区布局,整合人力资本、土地资本、产业资本、金融资本等各类资源,逐步形成优势互补、分工有序、规模适度、结构协调、布局合理的城镇体系。

2.3.4 优化环境,创新文化

按照都市圈各城镇的环境、文化特点,发展各具特色的生态文明和文化景观,因地制宜地发展生态农业、生态工业、环保产业和生态旅游业,创建资源节约型、生态保护型、循环经济型的绿色城市群,传统文化与现代文化有机融合、相互辉映的特色城市群,实现经济、社会、环境协调发展。

3. 建设银川都市圈的关键问题及建议

由上论述可见,建设银川都市圈,除了继续加快其核心区——银川市区的发展之外,一个关键问题是强化城市间及城市与区域间的合作:如何协调银川市区与永宁、贺兰二县及灵武市的关系,如何协调银川市区与吴忠市利通区、青铜峡市的关系,如何协调银川市与石嘴山市的关系,以至如何协调银川市与整个腹地区域的关系,走城乡一体化、区域协调发展的道路,都是需要认真研究、作出统筹安排的大问题。

3.1 尽快研究编制银川都市圈建设战略规划

目前,世界银行第四期技术合作项目《银川市现代化区域中心城市发展战略研究》即将完成,建议趁热打铁,在该研究成果基础上,不失时机地开展编制《银川都市圈建设战略规划》(或称概念规划或协调规划)工作,为银川都市圈的总体建设部署描绘出一幅更清晰的蓝图,以此作为修编银川市城市总体规划及其他相关城市总体规划的指导性文件,以不断完善城市与区域联动发展的良性机制。同时,在编制银川市、吴忠市、石嘴山市等市域城镇体系规划时,要把如何加强城市间、城市与区域间的协作整合作为重点内容予以研究规划。

3.2 建立、健全都市圈协调机制

目前,银川都市圈分属银川市、吴忠市两个地级市管辖,与经济、社会联为一体必然形成一定矛盾。从近期看,首先要加速推进经济市场化进程,包括国有工业企业、国有商业银行的现代企业制度改革,非公有制经济发展,统一大市场建设,政府职能转换等,充分发挥市场对资源配置的基础性作用。同时要加强银川市与吴忠市的战略性合作,通过协商、谈判、投资调控、制度激励、地方立法、设立特别基金等多种方式,建立协调机制,加强有关政府机构之间的联系、沟通,逐步形成缓解行政区域与区域利益矛盾、反对地方保护主义的协调新模式,明确各自的功能定位、分工合作重点,逐步实现主要资源共享、重大基础设施项目共建,推进经济、社会、生态环境建设一体化。

要把这种协调机制逐步推广到整个银川市腹地区域。例如,协调首位城市银川市与腹地区域内第二大城市乌海市、第三大城市石嘴山市的发展,协调宁蒙姊妹城市石嘴山市与乌海市的发展。内蒙古乌海市与宁夏石嘴山市在地域上连成一气,它们是同属贺兰山地区的工矿城市,其煤炭、石灰岩、石英岩、陶瓷黏土等矿藏实为一体,两市的资源优势既有相似之处(如能源和非金属矿产,濒临黄河,土地资源丰富),又有互补之处(如原盐、芒硝、天然碱等资源为石市所缺乏),如果没有行政区划藩篱的分隔,它们可能早已自然融合发展成为一个大城市(2000 年普查人口,乌海市 42.76 万,石嘴山市区 31.43 万,两者合计 74.19 万),目前因分属两个自治区,往往形成同类产业的重复建设、无序竞争,浪费了大量宝贵资源。加强石嘴山市与乌海市的战略合作和协调发展,对于加速这两个城市以及整个银川腹地区域的工业化、城镇化进程,无疑将具有极其深远的战略意义。

3.3 改革、调整行政区划,促进都市圈健康发展

从长远看,要解决城市功能空间与行政区域不一致的矛盾,使行政区与经济区达到尽可能大的统一,必须逐步改革、调整行政区划及其管理体制。

3.3.1 取消地级市管县(市)的体制

我区从 1972 年开始实行地级市管县(市)体制,这种体制曾对新旧体制交替阶段发挥中心城市作用,解决"条条"、"块块"分割问题起过积极作用,但随着社会主义市场经济体制的逐步建立,它就失去了存在的基础,目前这种体制已无法真正解决发挥中心城市的作用问题,反而带来了地级市与有关县(市)的若干利益冲突。我区地小、人少,只有 20 多个县(市),取消地级市管县(市)体制,由自治区直接对县(市)进行管理,地级市集中精力管好直属市区,可以简化行政区划层次,节约管理成本,提高行政效率。

如果实行了这种改革,银川都市圈内将不再存在银川市与吴忠市之间的行政区与城市功能区不相一致的矛盾,有利于它们之间更好地协调和合作。

3.3.2 逐步扩大银川市辖区地域

鉴于银川市优越的地理区位和良好的发展条件,作为西北重要的区域中心城市,作为宁蒙陕甘毗邻区域的发展重点,做强、做大、做美,以使其在带动区域发展中发挥更大作用,应有步骤地扩大银川市辖区地域;第一步,近期永宁、贺兰两县撤县设区;第二步,中期灵武市撤市设区;第三步,在条件成熟时,将吴忠市利通区、青铜峡市划归为银川市的两个市辖区。到那时,银川市的政区范围将大致相当于银川都市圈的地域,银川将成为大西北一个拥有 8 个市辖区的特大城市和一中心、多组团的大都市圈。

3.3.3 争取国家在调整省区规模时将乌海市、阿拉善左旗划归宁夏

目前,我国省级政区大小过于悬殊,不利于统一行政管理,某些省区划分不尽合理,在一定程度上分割了完整的经济区域,因此,在适当时候,适当调整某些省区规模是必要的。[8]鉴于内蒙古的乌海市、阿拉善左旗与宁夏有着特别密切的经济、社会联系,它们同属银川市的经济腹地,而且历史上长期属于宁夏管辖(阿拉善左旗包括乌海市在内,

从 1686 年建旗开始至今的 317 年间共有 269～279 年由宁夏实际管辖)，建议国家在适当时候将乌海市、阿左旗划归宁夏，这必将有利于宁夏、内蒙古两自治区的更好发展，同时也会促进乌海市与石嘴山市融合发展为一个大城市，有利于带动相关区域协调发展。届时宁夏将形成与内蒙古呼和浩特—包头大都市圈相似格局的银川—乌海、石嘴山大都市圈。

参考文献

[1]汪一鸣，等.从银川城的历史发展谈银川城市总体规划的几个问题[R].工业、城镇布局与区域规划研究第三辑.北京：中科院地理研究所，1982 年 5 月：45～51，68.

[2]宁夏计委，等.宁夏回族自治区国土开发整治总体规划[M].银川：宁夏人民出版社，1992：82～86.

[3]宁夏计委.宁夏回族自治区国民经济和社会发展第十个五年计划[R].银川，2001：86~90.

[4]汪洋."十五"城镇化发展规划研究[M].北京：中国统计出版社，2001：4～6.

[5]汪一鸣.论银川城镇群的形成和发展[J].经济地理，2004，24(1)：57～61，66.

[6]史金波，等译.天盛改旧新定律令[M].北京：科学出版社，1994：350，391~404.

[7]吴超，魏清泉."新区域主义"与我国的区域协调发展[J].经济地理，2004，24(1)：1～7.

[8]刘君德，等.中国政区地理[M].北京：科学出版社，1999：165～181.

建设大银川的几个问题

本文针对宁夏回族自治区学者、干部、群众普遍关注的若干问题，对大银川建设的一些不同认识作一讨论。

一、建设大银川与发展其他城市的关系

强调加快建设大银川，是否意味着不重视自治区内其他中小城市的发展了？当然不是。银川要发展，其他城市也要发展。

过去一个时期，全国、西部都曾争论过，是以发展小城镇为主，发展中等城市为主还是以发展大城市为主？20 世纪 60 年代初，毛泽东主席提出，“城市太大了不好”，要“多搞小城镇”。1980 年国家明确提出“控制大城市规模，合理发展中等城市，积极发展小城市”的城市发展基本方针。1989 年颁布的《中华人民共和国城市规划法》对上述方针稍作调整，规定为“国家实行严格控制大城市规模、合理发展中等城市和小城市的方针”。一些人还认为，农业剩余人口“离土不离乡，进厂不进城，大力发展小城镇，是我国实现城镇化的一个特有模式，是一条符合我国国情的城市化道路”。但近些年的实践证明，农民“离土不离乡，进厂不进城”的模式并不成功，因为它违背了城市化的客观规律。人们也认识到，在一定区域内，不同的城市由于其性质、功能和经济腹地的差异，必然会有不同的人口规模，大、中、小城市各有其不可替代的作用。在一个区域内，大、中、小城市各司其职、协调发展，构成一定的城镇体系，是一条客观规律，按某些人的主观愿望，想人为地控制某个大城市发展或控制某些小城市发展，都是不现实的。当然，事物发展不会千篇一律、齐头并进，总是有差别、有先后。在某个地区、某一发展阶段，根据需要和条件可能，采取符合

发表于《宁夏蓝皮书:2004~2005 年宁夏经济社会形势分析与预测》，宁夏人民出版社，2005:510~521

客观实际的政策、措施,因地制宜地集中较多力量加速发展某种类型城市,有可能更快更好地促进城市化进程的持续、健康发展。

因此,国家实施西部大开发,不是全面推进、遍地开花,而要实行“以线串点,以点带面”的战略。银川作为国家西部开发重点地带——西陇海兰新经济带与包兰兰青经济带上的重要节点,以及西北地区东部的重要区域中心城市,有必要也有条件进行重点开发。所以,突出发展银川市,是实施国家西部大开发战略的必然要求,也是加速宁夏城镇化进程的客观需要。

由于银川市集聚效应和吸纳能力迅速加强,今后一定时期,银川市的经济社会发展可能会更快一些,从而可能会在某些方面影响区内某些中小城市的发展。但是从整个自治区看,中心城市率先发展,区域经济会得到较快发展。同时也可预期,在中心城市迅速壮大后,其扩散效应将逐步增强,从而在随后一定时期将出现周边中小城市加速发展的新局面。这种率先建设中心城市从而逐步带动其他城市发展的做法,已为许多国家、许多区域的城市化实践所证明。

二、银川市与辐射区域的关系

所谓“大银川”,首先是指不限于银川市区,而是包括 3 区 2 县 1 县级市的广大市域;还可以把整个银川城镇群叫作大银川,把与银川市区有密切联系的吴忠市利通区、青铜峡市也包罗进来,即成长发育中的银川都市圈。从历史上看,西夏王国京师地界包括一府(中兴府)、一郡(灵武郡)、4 县(定远、怀远、临河、保静),其地域范围与 800 多年后的今天的银川都市圈惊人相似。大银川,指它不仅是宁夏回族自治区首府,还是幅员辽阔的宁蒙陕甘毗邻区域的中心城市。笔者采用改进的康弗斯断裂点模型,计算得出银川市区的经济社会辐射区域(或称腹地区域、服务区域、城市经济区)半径为 160 公里 ~ 202 公里(仅个别方向即自治区最南端为 357 公里),面积 17 万平方公里,约 700 万人口,包括内蒙古的乌海市、阿拉善左旗、鄂托克旗、鄂托克前旗及陕西的定边县等地。

我们知道,通过城市科学的研究,发现城市化规律中,除了前述大、中、小城市协调发展的规律,还有一条城市规模发展的客观规律,即城市与区域相互制约、相互促进的规律。如果把区域比作一个细胞,中心城市就是它的细胞核。中心城市的发展方向、发展规模必然要受整个辐射区域范围大小、人口数量、经济水平、产业结构等重大影响,而中心城市的发展也必然对区域经济、社会发展产生巨大作用,它们是相辅相成的关系。由此,建设大银川,除了强调培育极核、龙头先行,加快银川市区发展之外,还要充分考虑为整个区域服务的功能,重视都市圈、整个辐射区域的重大基础设施共建,主要资源(如土地资本、人力资本、产业资本、金融资本等)共享,统筹市区与市域、城镇与农村、银川市与吴忠市、银川市与整个腹地区域的协调发展，建立、健全都市圈、腹地区域的协调机制。从长远看，在条件成熟时，还要改革、调整行政区划，尽可能减少行政区与经济区不一致的矛盾，例如取消地级市管县(市)的体制，扩大银川市辖区地域等。

三、城市经济规模与人口规模的关系

银川市委、市政府提出要做大、做强、做美银川市，口号很好。做大银川，到底是首先做大人口，还是首先做大经济？肯定地说,两者都要大。由于人口规模〈以及相应的城市用地规模〉是衡量城市规模的主要指标，所以有人一说城市发展就首先想到人口扩大问题，城市“人气旺”的问题。但是，我们的着眼点还是应首先盯住发展经济，使经济总量较快增长。所谓做大，就是 GDP 要大,财政收入要多，人均收入要高。经济发展快,就业岗位增长多，外来企业家和进城农民多，人口自然会相应增加。只有 GDP 增长远远高于人口增长，人均 GDP 和人均收人才能较快提高,这是十分明显的道理。

“每一座城市的规模都反映区域腹地的需要。”1958 年银川市编制城市总体规划时,受当时“大跃进”思潮影响，预测规划期城市人口达 100 万,但当时全市人口仅 10 万,全自治区也仅 193 万,这一规划超越了实际可能，导致规划新市区摊子铺得过大，架子拉开，却无法实现，造成严重浪费。而 20 世纪 80 年代初、90 年代末的两次规划，却又对经济和城市化发展势头估计不足，预测人口低于实际，导致规划落后于形势发展。可见城市人口规模的预测是否准确,能否科学地制定城市总体规划，以及城市建设能否以较小投人获得较大产出和较满意的综合效益至关重要。其实，就如城市人口规模并非越大越好那样，包括道路建设、林草建设、湿地保护等好事，也不是越大越好、越多越好,而要从当地实际条件出发，科学规划，重视“度”的把握,才能避免劳而无功、劳民伤财之类的盲目性和浪费。

有人提出，银川市经济辐射范围为宁蒙陕甘周边地区方圆 300 公里、面积 45 万多平方公里、人口 1300 万的广阔区域，由此预测银川未来人口规模可达 300 万的设想。这一估算是不准确的(参见拙作《银川市经济腹地范围研究》)。按我们对银川辐射区域的前述计算结果，2000 年银川市区(即兴庆、金凤、西夏 3 区)实有人口(指第五次人口普查数)占辐射区域总人口的 12.1%，由此可判断银川市区确实有较大的集聚人口潜力。从解决“三农”问题、全面建设小康社会着眼，我们必须着力化解城乡二元结构，把农村人口的产业转移和空间转移提到战略的高度，通过加强对青年农民的职业培训，促使银川辐射区域内的更多农民进城打工、创业。应该看到,银川周边区域大部分属资源环境承载力较差的生态脆弱区域，通过农村人口城镇化和较大规模的劳务输出，促进人口有序转移,逐步减少农村人口，可以减轻对资源、环境的过大压力。这对整个西北的生态安全十分重要。

而银川绿洲则是资源环境承载力较高、开发建设条件较好的经济、人口密集区，未来在集聚产业、吸纳人口方面仍有相当大的潜力。那么，银川市近期、远期城市人口到底可以达到多大规模呢？

对比1990年与2000年人口普查资料，自治区人口年均增长率为1.66%，而银川城镇群为2.58%。，其中银川市区达4.87%，是自治区人口增长最快的。2000年自治区外来常住人口合计67.25万，其中银川市区占42.9%。银川市区城镇人口中，外来常住人口竟占37.1%。由此可见，银川市区的人口吸纳能力在20世纪90年代已得到迅速增强。按照这样的增长速度，按户籍人口计算，预测2010年银川市域总人口152万，其中城镇人口102万；市区总人口84万，其中城镇人口78万。2020年市域总人口181万，其中城镇人口140万；市区总人口106万，其中城镇人口102万。如按实有人口（即包括外来常住人口）计算，则预测2010年，银川市区总人口可达111万，其中城镇人口104万左右，成为西部一个特大城市，市域总人口则达179万，其中城镇人口129万。2020年市区总人口140万，其中城镇人口136万；市域总人口215万，其中城镇人口174万。只要我们坚持首先做大经济实力的指导思想，未来五六年大银川经济有可能实现真正的起飞，那么上述人口发展预测方案是可能实现的。推测2020年以后，城市人口将呈现缓慢增长、渐趋稳定的趋势。

四、做大与做强的关系

怎样做大银川市的经济规模和人口规模？关键在于做强——培育和提高城市综合竞争力。

在市场经济体制下，在当今经济全球化时代，既存在着企业的竞争，也存在城市、区域、国家之间的竞争。中国作为一个发展中大国，面对世界舞台上那些经济强国、竞争对手，如何扬长避短、发挥优势、增强综合竞争力，以整体力量迎接挑战，是一个十分现实的大问题。而提高城市竞争力，正是增强国家综合竞争力的基点之一。银川作为西部的一个区域中心城市，也不能不面对这一问题。

一个城市的综合竞争力是指该城市在一定区域范围内集散资源、提供产品和服务的能力，是经济、社会、科技、环境等综合发展能力的集中体现。一般来说，它包含综合经济实力、综合服务功能、综合发展环境、综合创新能力、综合管理水平、市民综合素质等6大要素。我们综合国内外专家的研究成果，构建了一套4大类、10小类、34个指标组成的城市综合竞争力指标体系，以西部省会级中心城市及东部沿海人口规模相当的城市作为比较对象，采用德尔菲法、主成分分析法及因子分析法（包括正交旋转、斜交旋转分析法）进行比较分析，最后运用Q型聚类分析法将比较城市分为高中低3个层次。银川市处于低级层次的中间位次，即发展层次较低，城市综合竞争力较弱，经济实力指标明显偏低，其中财政收入、对外开放程度、科技支撑能力这3个方面的指标最为落后，而城市基础设施则已有明显改善。因此，加大对外开放、兴工强市、制度创新力度尤为迫切。我们应通过扬强扶弱，全面提高银川市的城市综合竞争力来加快将银川做强、做大、做美的步伐。

五、发展工业与第三产业的关系

发展经济，要走农业产业化、新型工业化和城镇化的道路，这是宁夏乃至整个西部每个市县面临的共同任务。但是具体到某个市县，发展哪些行业，一、二、三产业的比重和布局，却不能盲目跟风、相互攀比，而要尊重经济规律，因地因时制宜，一切从本地实际出发，引导和鼓励企业充分发挥各自的比较优势和竞争优势，发展优势产业、特色经济。一般来说，单一化的工矿城市或旅游城市，其发展规模必然受到较大限制。银川作为宁蒙陕甘毗邻区域的中心城市，其发展方向应是一个综合性城市，远景应发展成为高新技术产业、商贸、旅游、文教科技中心。毫无疑问，它既要大力发展以工业为主的第二产业，也要积极开拓以旅游业为龙头的第三产业，实现一、二、三产业协调发展。从近中期看，兴工更为迫切；从长远看，第三产业将会有更大的发展。

有人说，发展工业特别是能源重化工，岂不是会影响旅游业的发展，影响建设美好的人居环境？如果处理得不好，两者的确是会有矛盾的。我们的想法是从规划布局、工业园区生态设计上作出妥善安排。一是搞好城市功能空间的498分区布局，城市中心区主要安排金融、信息等中心商务区、旅游商务区；城市周边建设"环城游憩带"；工业园区向城市外围、靠近高速公路、交通枢纽地带布局，要求远离住宅区、旅游景区，避开水源保护地，建设林草隔离带或农田隔离带；高载能、大运量、大耗水、污染型企业要慎重选址，严禁进入中心城区。二是按照产业集群、循环经济的原则规划和建设生态工业园区，相关项目成组配套布局，力求把废水、废气、废渣纳入产业链，实现废料资源化，形成工业生态系统的良性循环。三是对可能造成环境污染的工业项目严格把关，帮助企业在工艺流程、废料回收等环节采用清洁生产先进技术，否决污染严重、选址不当的项目。

六、规模扩张与水资源制约的关系

有人说，银川是个严重缺水城市。这种说法并不完全符合实际。宁夏乃至整个西北水资源严重不足，这是事实，但银川市有黄河流经，有黄河过境水量可用，情况就大不相同了。可以说，银川是全自治区和西北地区的相对富水城市，目前农业灌溉用水靠黄河，城市生活用水和工业用水靠地下水。银川市区每平方公里地下水资源量24.57万立方米/年，是西北地下水资源最丰富的地区之一。2002年全市人均用水量为2372立方米，远大于全区1 606立方米、西北949立方米、全国430立方米的指标，这一方面说明银川市现状水资源源利用效率很低，但也反映出目前并不缺水。可以说银川市城市用水的富裕程度、取水便利程度在西北地区都是少有的，这对吸引区外投资，扩大人流、物流、资金流的集聚无疑是十分有利的。

但是，我们也要清醒地看到，随着工业化、城镇化的发展，工业用水、城市生活用水量将迅速上升。据测算，到 2010 年前后，银川市区现有探明深层地下水资源将无法满足用水需求，未来的大银川将面临水资源供需矛盾严峻的形势。我们必须统筹经济发展、人口增长与水资源的关系，寻求以水资源可持续利用支撑经济社会可持续发展和生态环境不断改善的途径。

我们初步考虑，通过以下途径来解决未来城市规模扩张与水资源之间的矛盾。第一，采取多种节水措施，厉行农业灌溉节水、工业节水、城市生活节水，生态用水(林草用水、湿地补水等)也要讲求节约，全面建设节水社会。规划宁东能源化工基地近期（2010 年）年耗水量 1.8 亿立方米；中期（2020 年）年耗水量 3.7 亿立方米，需从银川绿洲节约农业灌溉用水、转让黄河水权解决；远期年耗水 6.5 亿立方米，需依靠南水北调西线调水解决一部分。第二，防治水污染，保护水源地、水环境。第三，严格保护、节约利用宝贵的深层承压水资源。近期关闭大部分工业企业的自备深井，企业高质用水由自来水公司统一供应，低质用水可打自备潜水井替代。第四，污水资源化。污水二次处理后的中水供工业企业低质用水和城市生态用水。第五，控制市区人口。银川市区远景最终人口规模控制在 200 万人以内为宜，其余城市人口分布于永宁、贺兰、灵武等卫星城，形成一中心、多组团的城市空间结构、人与自然和谐发展的格局。

七、建设占地与失地农民出路的关系

城市建设占地甚至占用一部分耕地，这是城镇化进程中一个无法回避的问题。城市用地范围扩大、失地农民转为市民，是城镇化的必然趋势。但是，我国又是一个耕地资源严重短缺的国家，目前 13 亿人口、19 亿亩耕地，经退耕还林（草）和建设占地，耕地将不足 17 亿亩。而城市占地往往是高产菜地、农田。保护基本农田与城市建设占地常常形成尖锐矛盾。

为此，一要合理确定城市人口规模和人均用地指标；二要切忌开发过热、寅吃卯粮、提前圈地；三是必须占地时要尽可能占用那些非耕地或非高产耕地；四要杜绝打着“经营城市”的旗号，干那种炒卖地皮的勾当。一句话，城市建设占地必须科学规划、严格论证。须知耕地是农民最基本的生产资料、财富收入之母，是农民生产生活的“保险金”，在征地、转让土地过程中，一定要贯彻以人为本的科学发展观，切实保障农民权益，认真解决失地农民的培训、就业、社会保障、社会救助等问题。近几年，银川市在这方面已积累了不少成功经验，也还存在一些问题，必须继续努力，完善有关政策措施。

八、产业开发与生态环境保护的关系

生态环境是人类生存、发展的物质基础，没有良性循环的生态环境，就谈不到舒适优美的人居环境、有吸引力的创业环境和旅游环境，就无法实现资源开发和产业可持续发展。

银川平原作为多年来劳动人民辛勤开发的人工绿洲，总体上生态环境不断得到改善。银川城内外，渠沟纵横、湖沼广布、绿荫处处、稻谷飘香，湿地效应和绿洲效应使其气候温和、相对湿度增加，是大西北少有的生态相对良好的绿洲城市。但是，山洪、沙化、盐渍化、草原退化等生态灾害仍旧存在。水环境、大气环境污染尚未得到控制，宁东能源化工基地建设过程中如何保护、改善生态环境，都是我们面临的重大挑战。我们必须下更大的力气，因地制宜地发展生态农业、生态工业、环保产业和生态旅游业，走生态建设产业化、产业发展生态化之路，要搞好城市建设的生态景观设计，避免走入劳民伤财的“城市化妆运动”误区，建设好人性化的公园、广场、绿地，尽可能保留市区之内的若干菜圃、果园、鱼塘、农田，重视以较小投入创造较大效益，把城市与周边区域的湿地保护、生态建设有机结合起来，创建资源节约型、生态保护型、循环经济型的绿色都市圈生态文明。

九、建设现代化城市与保护历史文化名城的关系

当代城市建设的一个突出问题是千城一面。城市现代化只讲求修建高楼大厦、宽马路、大广场等等，而往往忽视继承和弘扬优秀历史文化传统、保护和发扬名城特色。近些年，银川城市面貌日新月异，在历史文化名城的保护、建设上也做了不少工作。外地人来到银川大多留下了很好的印象，但也常为看不到回族自治区首府的鲜明特色、看不到浓郁的回族风情而遗憾。

我们说，特色是城市的形象、城市的品牌，城市特色也是竞争力、生产力，是对游客、商人、投资家的强大吸引力。银川市作为国家历史文化名城，回乡风情、西夏文化、塞上江南风貌的保护、建设，对于发展旅游业，发展传统文化与现代文化有机融合、相互辉映的民族地区文化，对于改善城市整体的生态环境和人文环境，都具有重大的、综合的、长远的效益，因而是一个需要特别关注的重要问题。保护历史文物古迹与旅游景区开发，如果关系处理得好，做到规划得当、保护得力，两者不但不矛盾，相反可以达到“双赢”。因此“特色建市”的口号应当落实到城市规划、建设、管理、经营的一系列行动之中。

十、城市建设、经营中政府行为与市场机制的关系

城市规划、建设是市政府的首要任务。政府要发挥主导作用，建好发展平台——基础设施、公共产品、投资环境，还要重视软环境建设，提高法治水平和服务效率，营造一个良好、宽松的创业环境和一个与国际规则接轨的市场体系。

同时,城市建设、经营也必须充分发挥市场机制的作用。一是深化城市基础设施建设的投融资体制改革,通过政府投入、市场筹措两条腿走路,建立完善政府投入和市场补偿相结合的体制。对半市场化类型的市政公用设施.政府通过财政补贴等方式引导社会资金投入;对可完全市场化的基础设施项目,在政府统一规划、规范管理的前提下,通过市场机制配置资源,逐步形成投资、经营、回报的良性循环;可经营的基础设施和公用事业应推向市场,组建企业化的经营实体,走产业化经营路子。二是实行组织化协调和企业化管理相结合,提高基础设施和公共服务的效率和水平,包括全面推进城建系统事业单位向企业转制,开展现代企业制度改革,打破垄断、鼓励竞争,将公共物品供给更多地交给商业化公司运作,保证城市市政公用设施低成本、高效率运转。

银川市提升城市公用设施竞争力战略研究

1. 银川市城市公用设施现状评价

1.1 居西北中上水平，但与东部沿海城市差距较大

我们选用衡量城市公用设施水平的13项指标，构成一组城市公用设施指标体系，与宁夏其他两个地级市、西北6个大城市，以及若干东部沿海城市进行比较分析。为了进行指标体系综合评价，采用极大值标准化方法对数据进行处理，以消除原始数据在量纲、量级上的差异，并以专家评分法给各指标赋以权重值，13项指标值相加求得各城市综合评价指数（见表1）。

由综合指数可见，银川市公用设施水平显著高于石嘴山、吴忠两市，在宁夏回族自治区内占有很大优势，是全区城市公用设施水平最高的城市。即使如此，其某些指标（人均城市维护建设资金、人均日生活用水量、人均道路面积、污水处理率、人均公共绿地面积）仍略低于石嘴山市。

在西北各主要城市中，银川综合水平仅次于乌鲁木齐，居中等偏上。按单项指标比较，多数指标处较高水平，如人均年生活用电量、人均日生活用水量、燃气普及率、每万人国际互联网用户、人均道路面积居第二，而资金投入（第7）、污水处理率（第6）、每万人公交车辆、每万人高校教师数（均列第5）则水平较低。

与东部沿海广州、上海、南京、大连等发达城市相比，银川综合水平明显落后，与东部人口规模大致相当的海口、秦皇岛、威海、绍兴等城市相比也有较大差距。但银川具有能源优势和首府城市地位，故用电、高校教师数、医院床位数等指标并不落后。

世界银行第四期技术合作项目（TCPIV-YC-2003-01）部分中间成果，发表于《宁夏大学学报（自然科学版）》2007，28（1）：70～74。合作者：赵小勇

表 1　银川市与其他城市公用设施水平综合指数计算(2001)

	人均城市维护建设资金(10)	人均日生活用水量(7)	燃气普及率(7)	每万人公交车辆(6)	人均道路面积(8)	污水处理率(7)	人均公共绿地面积(8)	人均年生活用电量(7)	每百人本地和移动电话用户(8)	每万人国际互联网用户(8)	人均住房使用面积(8)	每万人高校教师数(8)	每万人医院床位数(8)	综合指数
银川	1.97	3.08	5.76	2.64	4.05	2.30	2.44	3.88	4.76	2.64	6.30	3.80	6.45	50.1
石嘴山	2.02	3.44	3.91	0.8	5.73	3.34	3.93	1.83	2.97	0.47	5.76	0	4.83	39.0
吴忠	1.30	2.75	2.41	0.69	1.84	0	0.41	1.0	1.97	1.0	3.85	0.94	2.05	20.2
呼和浩特	2.27	2.56	3.87	1.41	2.86	4.0	3.05	2.36	3.19	0.42	6.05	8.0	4.92	45.0
包头	2.04	2.38	4.05	1.84	3.51	3.74	4.47	1.72	2.97	0.61	7.05	1.56	5.05	41.0
兰州	2.55	1.98	2.14	3.04	3.30	3.56	1.49	4.05	4.87	0.86	7.42	6.0	6.10	47.4
西宁	4.03	2.79	2.18	4.99	2.97	0	3.93	3.04	2.80	0.71	3.73	3.41	6.63	41.2
西安	1.74	3.08	4.24	2.75	2.92	2.03	2.51	3.12	3.62	3.97	4.40	6.58	5.89	46.9
乌鲁木齐	2.72	1.83	6.97	6	3.89	5.46	6.51	3.77	4.90	1.77	5.80	5.33	8.0	63.0
上海	10.0	4.10	7.0	5.75	5.73	5.74	3.12	4.36	6.32	3.06	7.17	2.69	5.29	70.3
南京	5.27	6.53	5.99	4.27	6.05	6.54	6.31	3.97	4.44	3.32	6.42	7.08	4.40	70.6
广州	7.73	7.0	6.34	4.3	5.51	2.96	5.49	7.0	7.46	7.50	7.83	4.02	5.09	78.2
大连	2.73	2.43	5.48	5.57	4.11	7.0	4.01	4.51	5.51	4.99	6.63	4.36	5.74	63.1
秦皇岛	7.68	2.52	5.18	3.07	7.73	2.67	3.86	2.12	4.28	5.68	6.67	4.52	6.63	62.6
威海	3.31	2.11	4.94	1.99	8.0	6.62	8.0	2.42	4.56	2.70	7.01	1.72	2.89	56.3
绍兴	7.08	1.93	6.41	2.35	3.84	5.48	4.75	2.06	4.48	3.65	7.75	2.70	3.43	55.9
泉州	1.21	5.55	3.21	1.84	2.92	2.90	2.71	4.16	7.67	4.23	8.0	2.08	3.30	49.8
海口	3.82	5.28	6.05	3.83	7.03	6.94	4.95	2.09	8.0	8.0	7.13	1.81	6.86	71.8

注：前 7 项数据引自《中国城市建设统计年报(2001)》(2002,中国建筑工业出版社);后 6 项数据引自《中国城市统计年报 2002》(2003,中国统计出版社);均为市区数据(不包括市辖县);括弧中为各指标权重值。

1.2 与现代化城市国际标准尚有很大差距

按照国际现代化城市标准，现列出银川市公用设施水平的实现率如表 2。

表 2　　银川城市现代化公用设施实现率

	国际标准	银川市实际	实现率(%)
电话普及率(%)	90	50	55.6
家庭电脑普及率(%)	50	10.3	20.6
家庭上网率(%)	30	9	30.0
人均居住面积(m^2)	30	16.4	54.7
人均道路面积(m^2)	25	8.4	33.6
燃气普及率(%)	100	86.7	86.7
人均生活用水(升/日)	400	203	50.8
人均生活用电(kwh/年)	2500	423	16.9
人均绿地面积(m^2)	30	3.64	12.1

注：国际标准引自《中国城市发展报告(2001~2002)》(西苑出版社，2003)；银川市实际除人均生活用电为 2001 年数外，其余为 2002 年数。

由表 2 可见，距离国际现代化标准，大多数指标尚需走很长的路，其中人均绿地面积、人均生活用电、家庭电脑普及率指标差距最大。

1.3 公用设施服务价格在西北不具优势，但明显低于东部城市

由表 3 可见，银川市公用设施服务价格大多与西北其他城市持平，而电价稍高。与东部城市相比，电价、天然气价、工业用水价、煤价明显偏低，反映了银川市与东部城市相比的显著能源优势。其中蜂窝煤价不到东部多数城市的 30%，甚至低于产煤大省山西省会城市太原的煤价(11 元/百公斤)，属全国最低价之列。

1.4 近年来城市公用设施加速发展

国家实施西部大开发战略以来，银川市城市建设出现了跨越式发展的势头(表 4)。2001 年以后，市政府垄断土地一级市场，通过经营城市资产，大幅度加大资金投入，公用设施取得突破性进展，如 2002 年新增道路 94 万 m^2，集中供热面积新增 203 万 m^2，绿化覆盖面积新增 110 公顷，移动电话用户比上年增长 55.6%，互联网用户增长 1.3 倍。2003 年更是建设规模空前，预计完成城市建设项目的投入和工程量为前四年的总和，未来几年公用设施水平可望有较大幅度提高。

表 3　银川市与其他城市服务价格比较

	居民用电(元/千瓦时)	普通工业用电(元/千瓦时)	居民生活用水(元/吨)	工业用自来水(元/吨)	污水处理费(元/吨)	民用管道天然气(元/m^3)	工业用天然气(元/m^3)	民用一级蜂窝煤(元/百kg)	民用采暖(热水)(元/建筑m^2)	出租汽车(元/km)	长途客车(元/km)	住房综合租金(元/月·m^2)
银川	0.447	0.504	1.15	1.4	0.4	1.25	1.25	8.5	2.2	1.2	0.1	1.44
石嘴山	0.447	0.434	0.95	1.4	0.4							2
吴忠	0.447	0.447	0.9	1.5	0.4					1.2	0.15	0.7
呼和浩特	0.355	0.685	1.5	2	0.35			14.2	2.55	1	0.1	1.7
包头	0.355		1.3	1.5	0.25					1.5	0.04	1.5
兰州	0.47	0.334	0.7	0.6	0.2	1.45	1.2	18	2.5	1.4	0.11	0.99
西宁	0.394	0.347	1.15	1.64	0.27	1.05	0.92			1.2	0.08	1.94
西安	0.412	0.445	1.2	1.86	0.16	1.6	1.6	27.5	3.87	1.4	0.08	1.61
乌鲁木齐	0.472		1.2	1.2	0.3	1.34	1.5		3.2	1.3		0.98
上海	0.61	0.635	1.03	1.3	0.7	2.1	2.1	31.65		2	0.07	2.3
南京	0.52	0.664	0.9	2.3	1			32		1.6	0.06	2.3
广州	0.61	0.74	0.9	1.25	0.7					2.6	0.09	3.5
大连	0.45	0.636	2.3	3.2	0.2			28	18	1.2	0.07	2.14
石家庄	0.49	0.56	1.5	2.4	0.5			24	4	1.4	0.07	2.5
烟台	0.52	0.58	1.5	1.53	0.12							
绍兴	0.53	0.688	1.3	1.6	0.5					2.2	0.09	1.95
泉州	0.422	0.617	1.3	1.8	0.3			30		1.6	0.08	
海口	0.6	0.594	1.3	1.3	0.45	2.7		30		1.8	0.15	

注：数据源自宁夏物价局、银川市物价局，系 2003 年 6 月底数；因缺秦皇岛、威海数据，以石家庄、烟台替代。

表 4　　1999–2002 年银川市区公用设施水平变化

	人均城市维护建设资金(元)	人均日生活用水量(升)	用水普及率(%)	燃气普及率(%)	每万人拥有公共交通车辆(标台)	人均道路面积(m^2)	污水处理率(%)	人均公共绿地面积(m^2)	建成区绿地率(%)
1999	645	210	98.6	93.4	9.0	7.8	24.9	4.24	18.4
2002	1303	203	100	100	10.4	10.9	61.3	4.7	19.3

注:据《中国城市建设统计年报(1999)》(中国建筑工业出版社,2000),《宁夏城市建设统计年报(2002)》(宁夏建设厅城建处);为同口径比较,人均值按市区非农业人口计算。

1.5 公用设施的利用效率和综合效益有待提高

银川市某些公用设施虽有较快发展,但实际利用率和经济效益较差,如民用天然气到户率低,天然气公司效益不尽理想;供电网和自来水贷款发展,利润大多用于还贷付息;信息高速公路有路少“车”、有车少“货”,利用率和实际效益较差,某些电信公司出现亏损。

2. 提升城市公用设施竞争力战略

城市公用设施是城市生存和发展的基础，是城市物质文明和精神文明的主要标志。城市公用设施竞争力是城市经济社会综合竞争力的重要组成部分,对于优化城市投资环境、支撑产业发展、改善人居环境、培育城市特色品牌具有直接作用。城市公用设施水平是衡量城市现代化程度的重要指标,改善公用设施条件是增强城市综合服务功能的关键措施。

2.1 战略目标

通过加速城市公用设施建设,增强城市供水保障能力,建设面向现代化的综合交通体系,建设安全、稳定、高效的城市能源供应体系,加强现代信息基础设施建设,加强城市防灾减灾能力建设。到 2010 年,人均住房使用面积达 25 m^2,自来水普及率 100%,人均日生活用水量达 270 升,燃气普及率 100%,生活污水处理率 90%,人均公共绿地 12 m^2,其他公用设施水平有大幅度提高,公用设施现代化程度超过全国大城市平均水平;到 2020 年,公用设施现代化程度赶上东部发达省市大城市水平,从而极大地增强城市的社会服务和居住服务功能,为提升银川市综合竞争力作出重要贡献。

2.2 战略指导思想

2.2.1 根据城市功能定位和发展规模,面向未来,合理布局,量力而行,完善系统,公用设施建设与工业园区发展、第三产业布局、人口增长、建成区扩展相互协调、配套布局。

2.2.2 坚持以人为本和可持续发展战略、生态立市战略,城市公用设施建设着眼于不断优化生态环境、投资环境和人居环境,保障城市经济社会的可持续发展。

2.2.3 牢固树立公用设施优先的发展战略，将公用设施建设置于城市建设的首要地位,适度超前进行建设。

2.2.4 坚持先规划、后建设的原则,在城市总体规划指导下,编制各类公用设施建设规划,一次规划,分期实施,滚动修订,避免急功近利的规划调整和劳民伤财的形象工程。

2.3 战略重点和措施

2.3.1 建设完善的城市供排水和污水处理系统

实施节流优先、治污为本、多渠道开源的水资源可持续利用战略。以提高水资源利用效率为核心,把节水放在突出位置,从水价政策、节水管理制度、节水器具和设备推广、企业节水改造、降低供水管网漏失率等多方面鼓励节约工业用水、生活用水、生态用水和农业灌溉用水,建设节水型城市。

严格水资源勘探、规划、开发、保护的统一管理。水资源主管部门要对全市特别是市区的地表水、深层地下水、潜水资源的勘探、开发、保护进行统筹规划、严格管理。首先加速探明市区及其相邻地区深层水水源地,正确划定水源保护地范围,妥善处理城市用地功能分区、工业园区布局与水源保护地的关系,严禁其他用地侵占、影响水源地,严禁在水源地违章开发建设。目前有的开发区已占用或将占用部分水源地(如银川高新技术产业开发区二区占用部分南郊水源地),有可能影响水源地未来的开发建设和保护,需从速研究、适当调整。严禁乱采、混采、重采、超采地下水,采用各种措施预防对水源的污染。有步骤地扩建、新建自来水公司所属水厂,市区内企业饮用水、锅炉用水等高质水统一由自来水公司供应,逐步关闭大部分企业的深机井自备水源,允许企业依法打井取用浅层地下水。

逐步新建、扩建污水处理厂,形成分区污水处理系统。实施污水资源化工程,建立完善中水管道系统,推广中水利用。据第一污水处理厂资料,中水生产成本 0.55 元 / m^3,低于现银川市城市自来水绿化供水价 0.85 元 / m^3。

节约使用黄河水,保持地下水位动态平衡。在全市范围内通过推广节水管理、节水技术和土地利用结构调整,降低亩灌水定额,腾出农灌节约的部分水量转用于工业用水、城市生态用水(人工林草灌溉和湿地补水),提高水资源的利用效率和综合效益。通过黄河水的节约利用和潜水的合理开发利用,达到适度降低过高的地下水位,保持市域范围内适度地下水位的动态平衡,以从水源补给上维持湿地生态系统的良性循环。完善地表水、地下水监测信息管理系统,保证水资源持续利用和生态环境持续改善。

2.3.2 建设城市现代化综合交通体系和信息网络

以提高城市路网密度为重点,坚持公交优先原则,健全快速、方便、畅通、安全的综合运输体系,特别重视城市对外交通与内部道路的协调衔接,加强进出城通道建设,完成环城高速公路,提高路网效率,逐步做到城镇群内部(银川市区至灵武市区、吴忠市利通区、青铜峡市区)汽车里程半小时左右可达,与辐射区域联系3~4小时内可达。加强城市道路、立交桥、停车场、行人过街桥涵建设,优化路网结构,搞好人流、车流高峰地段交通组织,实现城际交通公交化、货运物流化和运输管理智能化。

以率先实现信息化为目标,发展公用信息平台,建设资源环境、公共交通、地下管网、社会保障、防灾减灾、社会治安等信息管理系统,加快建立联结国内外的宽带化、智能化、个人化、现代化的信息网络,加速用户接入网建设,逐步形成以公用网为主干,与专用网互联,地面网与空中网互为备份,三网合一(电话、有线电视、数据通信)、进入千家万户的城市信息高速公路。

2.3.3 建设安全、稳定、高效的能源供应体系

积极推进清洁能源供应设施建设,有计划地发展燃气蒸汽联合循环发电、天然气热电厂、风能电站、太阳能、地热水等利用设施,减轻城市环境压力。

继续完善城市电网改造工程,逐步实现电网双环网结构,提高供电质量和可靠性。

继续实施民用天然气工程和清洁能源城市工程,稳步扩大天然气输送网,实现居民用气从液化石油气到天然气的转换,工业企业、供热锅炉燃料从以煤为主到以天然气为主转换,公交车辆从以燃油为主向以燃气为主转换,将城市中心商务区、行政新区、文教区、住宅区、旅游景区等部位建设成为无燃煤区。

进一步发展热电联产和集中供热,除现有热电厂外,在城市不同区域选址新建燃气热电厂,提高其在全市的供热面积比重;在热电厂供热范围之外建设单台容量14MW以上大型锅炉集中供热,淘汰分散供热小锅炉,实行区域性供热;启动城市供热单户计量工程;全方位实现用热消费商品化,热能生产和输送集约化,供热机制产业化。

2.3.4 加快城市生态环境建设

严格保护现有湿地和自然植被,有计划地建设景观水道、绿色廊道和环城游憩带,加强公共绿地、居住区绿地、企业生产区绿地和风景林地建设,形成乔灌草立体镶嵌、点线面合理结合的绿地系统,把城市绿地系统与农村大地园林化、贺兰山水源涵养林和东麓防护林、黄河沿岸防护林带建设有机结合起来,争取人均公共绿地面积每年新增0.5~1m^2,特别重视较快地改善工业园区生态环境和人居环境,提高旅游景点的环境质量,把银川市建成为生态城市、绿色城市和塞上湖城。

2.3.5 完善城市及其社区的公共服务设施布局

着力搞好学校、医院、文体活动场所、社会福利等设施建设,发展社区文化产业、卫生

产业。高度重视为迁入人口和进城农民工提供各类服务。加强社区组织建设,创造设施配套、生活方便、环境优美、管理有序的文明社区,满足居民多样化的文明生活需求。

2.3.6 以银川城镇群为整体,统筹规划公用设施建设

包括银川市三区两县一市及吴忠市利通区、青铜峡市,现状已形成一个城镇群(城镇密集区),相互间经济、社会联系密切,未来将逐步发展为西北一个重要的大都市区。但目前因分属银川市、吴忠市两个地级市管辖,与经济一体化形成一定矛盾。为此,除充分发挥市场对资源配置的基础性作用外,近期要加强银川市与吴忠市的战略合作,建立健全城镇群协调机制,研究制定公用设施共建的统一规划和分工协作,做到公共资源共享,城际交通公交化,公用设施布局和生态建设一体化,避免城镇之间低水平重复建设,提高整个城镇群的公用设施竞争力。

2.3.7 深化城市公用设施建设的投融资体制改革

通过政府投入、市场筹措两条腿走路办法,建立完善政府投入和市场补偿相结合的投融资体制,加快城市公用设施建设步伐。

一是进一步强化政府投资的公共物品供给职能。集中必要财力加大对一般城市道路、公共绿地、休憩场所、园林绿化、排水防洪等纯粹公益性市政设施的直接投资;对公交、停车场、污水处理、垃圾处理等半市场化类型的市政公用设施,政府通过财政补贴等方式引导社会资金的投入;对能源、电信、供水、高速公路等可完全市场化的公用设施建设项目,应在政府统一规划和规范管理的前提下,通过市场机制配置资源,逐步形成投资、经营、回报的良性循环。

二是发展多元化、社会化投资,将可经营的公用设施和公用事业推向市场。允许社会资金、外商以独资、合作、联营、参股、特许经营、BOT(建设—经营—转让)、BLT(建设—租赁—转让)等方式进行投资,实行“四自”建设办法(即实行业主制,由其自筹资金、自主建设、自行管理、自行还贷),组建企业化的经营实体,加快城市道路等建设。按照“行业管、社会办”的原则,对供水、供气、供热等管网型设施,可在一些生产环节,积极引入在政府管制下私人部分直接参与建设、运营;对城市公交,在统一规划、管理前提下鼓励社会资本进入城市客运领域;鼓励社会力量投资兴办非基本公共服务的教育、医疗、文体、社区服务等产业;对市政设施、园林绿化养护、公共场所保洁等,通过招投标交由社会力量承办,走产业化经营路子。

三是稳步推进市政公用事业价格改革,建立健全的公用设施建设费用补偿机制。按国际通行“谁投资,谁受益”,“谁使用,谁付费”原则推进价格改革。对凡能确定受益者并能计价收费项目,如供电、供水、供气、交通、通信等,按“成本 + 税费 + 微利”原则调整价

格,保障投资者通过先进技术、科学管理获得合理回报。实行公用事业定价价格听证制度,规范和约束政府垄断公用事业价格的行为。

2.3.8 实行组织化协调和企业化管理相结合，提高公用设施和公共服务供给的效率和水平

一要对城市市政公用设施和公用事业管理体制进行系统改革,实行政企分开、政事分开、政社分开,政府由包办建设项目转到规划、协调、监督、服务上来,促使某些维护管理行业和单位社会化、产业化、专业化,保证城市公用设施高效率运营。实行城建政企分开,政府转为间接投资者,组建服务性实体,实行管养分开,全面推进城建系统事业单位向企业转制。

二要开展现代企业制度改革,真正使市政公用企业成为面向市场、自主经营、自负盈亏的法人实体,形成多元主体的产权机制,倒逼成本的减亏机制,有效竞争的管理机制,适应市场的营销机制,客户至上的服务机制,强化企业管理,提高服务水平。

三是打破垄断,鼓励竞争,保证公用设施低成本、高效率运转。采用招标、承包、租赁等方式将公共物品提供更多地交给市场化、商业化的公司去做。管网型公用事业,实行产销分离,形成多个自来水、燃气、暖气生产企业竞价上网的局面,促进降低成本。很难引入竞争机制的自然垄断部门,如公交服务,采取专利协议方式,委托法人或民间资本经营。

以国际化视角规划建设好银川滨河新区

银川作为宁夏内陆开放型经济试验区的核心区中心城市,如何加快建设和完善符合国际化发展需要的现代综合服务体系,有如阿联酋迪拜建成中东国际化交通物流商贸中心、金融中心、旅游度假中心那样,对于试验区提升综合开放水平、推进与阿拉伯国家及穆斯林世界的全面经济文化合作,具有关键性的作用。这里我就以国际化视角规划建设好银川滨河新区谈几点看法和建议。

1. 银川滨河新区的城市功能定位

银川市及其滨河新区,作为宁夏内陆开放型经济试验区核心区龙头,作为中国西部重点开发区之一宁夏沿黄经济区核心区中心城市, 作为国家级宁东能源化工基地所在地,肩负着打造国家向西开放战略高地的重大历史使命,以大开放促进大开发、引领宁夏及大西北跨越式发展的光荣任务。具体说,可归结为以下三点:

1.1 中国内陆向西开放的新门户, 中国与阿拉伯国家、穆斯林世界交流合作的新窗口,我国内陆城市国际化的新品牌

充分发挥区位优势, 加快建设中国内陆地区连接阿拉伯国家和穆斯林世界的人流、物流、资金流、信息流的综合枢纽,为促进要素集聚和区域合作,更好开拓两个市场、利用两种资源创造条件,构建内陆地区向西开放的新门户。充分发挥回族自治区优势,依托中阿博览会、银川综合保税区等重要平台,推动政府、企业、民间不同层次的文化交流、经济合作,促进中华文明与阿拉伯文明、伊斯兰文明的国际对话,全面展示我国加强民族团结、繁荣民族文化、尊重宗教信仰、实施扶贫开发、建设生态文明等方面的光辉成就,形成

宁夏内陆开放型经济试验区专家咨询委员会成立大会暨座谈会发言稿(2013年4月21日),10月19日修改定稿

我国与阿拉伯国家、穆斯林世界友好合作的新窗口。充分借鉴国内外城市国际化经验，以全球视野、国际标准，全面提升城市开放水平、管理效率、发展环境，打造“东方迪拜”，形成国际穆斯林商贸金融之都、文化交流之都、旅游休闲度假之都的全新品牌。

1.2 中国西部深化改革、先行先试的国家级新区

借鉴迪拜和深圳、浦东、天津滨海新区等开发经验，大胆开拓创新、先行先试。依托滨河新区的特殊优势，解放思想，遵循科学发展观，实行更加开放、宽松、灵活的制度创新、政策创新、发展环境创新的试验探索，对内开放与对外开放相结合，全方位开放与重点向西开放相结合，开拓内陆国际化城市发展的新路径，统筹产业集聚与人口集聚相结合，城市建设与生态文明建设相结合，文化大繁荣与旅游大发展相结合，把新区建成为我国内陆独具魅力、特色鲜明的生态城、产业城、文化城、旅游城，争取成为中国西部改革开放综合试验、自由贸易区试验的国家级新区。

1.3 引领中国西部内陆开放、开发的新的经济增长极

积极探索以大开放促进大交流、大合作、大发展的新路子。建设国家级能源化工科技创新基地和循环经济示范区，加快承接东部和国外产业转移，大力发展战略性新兴产业和国际化现代服务业，在服务宁夏、服务银鄂榆国家能源金三角、服务大西北、服务中阿、中穆（穆斯林世界）合作中求得自身更大发展，不断攀上新水平、新高峰，成为名副其实的中国西部内陆新的经济增长极。

2. 银川滨河新区的城市发展路径选择

通过建设国际化城市，来提升自己的综合实力和现代化水平，以适应加速推进内陆开放型经济试验区建设进程的要求，对于银川市来说可能是一种科学的、高水准的发展路径选择。对于滨河新区来说，一张白纸，可以描绘最新最美的图画，具备后发优势，似乎更应该重视和强调。现在的问题是，银川及其滨河新区应不应该建设国际化城市，有没有可能建成国际化城市？

据专家研究，国际化城市可分两类，一类是综合性国际化大都市，对此美国经济学家曾提出若干标准，即国际金融中心，重要的世界交通枢纽，跨国公司集聚地，国际机构集中地，第三产业高度发展，主要制造业中心等。以此衡量，我国一线城市“北上广深”目前也还不能说完全达标。另一类是区域性或专业性国际化城市，它们规模不一定很大，对世界不具全局性影响，但却在某一方面或某些区域具有重要国际影响力，担负国内外经济、文化交流合作的某些重要角色，例如中东迪拜那样。

按照国家西部大开发和向西开放的战略部署，国家政策导向要求银川作为向西开放前沿阵地和桥头堡走国际化发展道路，即所谓“国家使命”。从银川的深厚穆斯林文化底

蕴，丝绸之路（今日雅布赖航线和新亚欧大陆桥）要冲的区位，灌溉农业、能源和旅游资源等优势，以及国家历史文化名城、十大新天府之一等城市名片，银川有条件在西北率先突破，建设“东方迪拜”，在不断提升面向阿拉伯国家和整个穆斯林世界开放的国际化水平进程中，引领整个宁夏实现现代化，即所谓“银川所能”。从银川及其滨河新区实际出发，建设国际化城市不求大而全，而要力争高而特，即水平高、有自己的鲜明特色，起到中阿合作、中穆（穆斯林世界）合作门户城市、形象窗口、全新品牌的作用。

3. 迪拜建设国际化城市的做法和经验

迪拜地域小、人口少（阿拉伯国家中地域、人口较少的阿联酋的一个小小酋长国），生态差（地处亚热带沙漠，天然淡水和自然植被稀缺），资源不多（是阿联酋中油气资源相对贫乏之国，油气储量占阿联酋总储量的不足5%，现已接近枯竭），经济基础薄弱（20世纪70年代以前几乎没有什么工商业），在许多方面比20世纪中期的银川还差。但就是这样一个地方，却在几十年中快速转型发展，建成中东著名国际化城市，其发展理念、建设经验值得银川滨河新区借鉴。

迪拜是阿拉伯联合酋长国（简称阿联酋）七个酋长国中地域较小、但人口最多的一个，位于阿拉伯半岛的波斯湾南岸，海湾地区中心，战略地位重要。迪拜市区面积1287平方公里，人口120万。20世纪50年代只是一个5000多人口的牧民小镇，70年代以来快速发展，所谓“70年代开运河（迪拜河，实为海湾），80年代做贸易，90年代推观光”，现拥有中东最大空港、世界最大人工海港（杰贝阿里港），全球最大购物中心，世界唯一的七星级酒店金帆船酒店（阿拉伯塔），最高建筑哈利法塔（比斯迪拜塔，162层、高828米），最大室内滑雪场，世界第八大奇迹迪拜地球群岛等。2010年GDP 799亿美元，经济以商贸流通（占GDP 44%）、金融、旅游为主，空港年旅客吞吐量达2500万人，海港年集装箱运量1 000万箱，旅游观光客由1996年不足200万激增至1500万人次，为世界第三大转口贸易中心，中东旅游购物城、科技网络城，全球国际化发展最快速的城市之一，号称“世界机会之城”、“世界时尚之都”、“中东天堂”。

迪拜所以能快速建成国际化城市，其主要做法和经验可概括为：

第一，实行稳定、宽松、开放的自由贸易区体制机制和政策，形成对资本、人才的强大吸引力，大开放促进了大发展

空港、海港均建自由贸易区，外资企业免征营业税、所得税和个人所得税。外汇自由汇兑、自由汇入汇出。外商进入手续便捷，并得到专家全程指导。移民可取得住宅永久居住权。政府服务效率高、提供多种便利化措施。由此吸引大量外资（全球有7000亿美元流入）、大量移民（城市人口80%以上为外籍人士，包括180多国的人才精英，以印度、巴基

斯坦、孟加拉、阿拉伯人、伊朗人、菲律宾等东南亚人、英国人及欧美各国人为多，中国小老板也有13万人)。近年为发展高新技术产业，出现大量媒体、康体、金融、生物科技等免税区。迪拜媒体城(包括迪拜好莱坞)专为媒体及其营销、出版、音乐、影视娱乐等业服务。新建迪拜网络城已有835家跨国公司入驻、3.5万多高科技人才工作。全球第一个专注软件外包行业的自贸区“迪拜外包开发区”100%免税。投资40亿美元的迪拜学术城(包括迪拜知识大学超大园区)专为媒体城、网络城等培养输送高端人才。

第二，借助先进制度、管理和资本运作建设国际性贸易市场体系

国家法律法规比较完备，治安良好，保证了商人、游客的人身、财产安全。每年世贸中心举办百余场国际性大型博览会、展销会、招商引资会。一年一度的购物节把全市变成主题乐园，1998年即吸引来游客200多万，带来10多亿美元消费。迪拜航空展已发展为世界第三大航展。

第三，政府领导的远见卓识和创新决心

迪拜决策团队敢于兼收并蓄，紧跟世界潮流，瞄准世界一流，建设创世界纪录的基础设施、公用设施和观光设施，如耗费巨资打造绿树成荫、鲜花夹道、芳草处处的沙漠绿洲(通过海水淡化解决水源，种一棵树成本1000多美元，一平方米草坪年耗3000美元)，在中东率先开发太阳能、风能等可再生能源。扩建中的空港投产后，年旅客吞吐能力可达1.2亿人次，货运能力达1200万吨，从而跃居全球最大空港，预计2013年10月底可开通客运。

迪拜也有自己的问题和教训，如迪拜投资国外许多城市房地产业，引发资金链断裂、债务危机；迪拜河畔500幢摩天大楼与市区贫民窟并存、贫富阶层对立严重，等等。

4. 银川滨河新区建设国际化城市的几点建议

4.1 打通面向中东的人流、物流、资金流、信息流国际化大通道，建设好人流、物流无障碍、便利化的综合枢纽和信息网络

加紧改变目前人流、物流、信息流通道十分狭窄的现状，有序扩建河东机场，逐步建成大西北的重要国际空港，率先与迪拜空港对接，增加银川至西亚、北非的航班。依托太中、干武、兰新等铁路构成的新亚欧大陆桥，建设大陆桥银川南站集装箱枢纽，加快实现“丝绸之路经济带”沿线各国商贸物流、金融、基础设施互联互通。如巴黎戴高乐空港、上海虹桥空港那样，建设河东机场铁、公、机(场)综合交通换乘枢纽，并为2020年后更大发展留足建设空间。围绕畅通信息流、资金流的需求，改造、升级服务于产业、金融、文化、旅游合作、政府管理、居民生活的信息网络、物联网系统，建设数字城市、智慧城市。

4.2 创新城市现代服务体系

滨河新区除了现已确定的若干战略性新兴产业外，重点是通过加大中阿合作力度，

围绕建设国际穆斯林商贸金融之都、文化之都、旅游休闲度假之都的功能定位，发展现代化、国际化的服务业体系，实行旅游、商贸双轮驱动发展模式。

以商贸流通中心建设为例，诸如总部经济（研发、营销采购、检测、物流配送、投资、结算、培训中心等企业专业职能总部）、现代物流业、科技研发服务业、新型业态商贸业（电子商务、网上购物、期货交易等），塑造专、精、特的专业市场体系，推动专业市场从单一交易功能向信息发布、会议展览、价格形成、品牌培育、物流集散等多功能中心方向发展，实现有形市场与无形市场、现货交易与期货交易的结合。与发展互联网经济相结合，筹组银川能源交易所，打造石油天然气、煤炭、新能源的交易中心、定价中心、信息中心、结算中心、物流管理中心和金融服务中心。通过大力引进外资，充分利用我国在阿拉伯国家已有知名经贸品牌，如迪拜龙城、沙迦中国商品展等，发展国际化服务贸易，包括运输、通讯、商务、金融、建筑工程承包、科教卫生、文化资讯、旅游度假等，特别要推进油气化工、农业技术、沙漠治理、环境保护、新能源开发、信息网络等方面的科技合作，相应建设体制、机制与国际全方位接轨的软硬件环境，打造国际化的城市现代服务体系，以此服务全市、服务宁夏、服务全国，为中阿合作、文明对话提供最便捷的平台，在创新服务中不断壮大自己。

要大力发展文化创意产业、旅游休闲产业、康体养生产业，以黄河河滨公园和水上公园、黄沙古渡国家湿地公园、长城和水洞沟遗址公园、中华回乡文化园、世界穆斯林文化城、希诺国际健康城、华夏河图园国际文化艺术交流中心以及高端医疗保健设施等项目为依托，与贺兰山东麓文化旅游带、贺兰山东麓葡萄长廊、贺兰山岩羊狩猎区等联合，培育猎隼、猎犬等特种狩猎休闲产业，打造穆斯林国际旅游目的地，阿拉伯人士度假养生天堂。

4.3 打造国际化标准的城市基础设施、公用设施和生态文明

4.3.1 建设世界一流的生态文化城

滨河新区很大一部分地段生态脆弱、环境本底较差，必须高度重视规划好荒漠化治理、林草建设、湿地保护、公共绿地布局，特别是要搞好“2+1”生态文化景观轴建设。所谓“2”是指以南北向的黄河河道及其河流湿地生态系统、东西向的水洞沟河流湿地生态系统和长城遗址为生态文化景观主轴，保护优先，加强生态文化旅游休闲带建设。笔者在十几年前曾提出“银川八景”方案，其中第一景是“贺兰夕照”（包括贺兰口岩画、苏峪口国家森林公园、拜寺口等西夏王家林苑等景点），第二景即是“双龙晨曦”。滨河新区要建成万里长城蜿蜒西来、九曲黄河奔腾北去的双龙聚会生态文化景观，使滨河新区“双龙晨曦”一景与贺兰山东麓生态文化旅游带“贺兰夕照”一景交相辉映，更好地体现“贺兰巍然、长河不息”的银川精神。所谓“+1”就是要在南北向穿越滨河新区的“黄河一灵武地震活动断裂带”两侧一定范围内建设好生态文化景观次轴，构成以南北、东西三条景观轴为主干的生态文化旅游休闲带格局。

要把新区建设成为森林城市和花园城市,在新区周边和各组团之间(如综合保税区周边,红墩子、横山等产业园周边)广建生态防护林带和片状森林,在各组团内部均衡布局公园绿地,人均公共绿地达到30平方米左右的国际标准,并留足后备生态用地空间。要合理利用黄河水源、充分利用工业园区和城市再生水源(废水经处理后的中水)作为生态用地灌溉水源。

4.3.2 建设全球一流的低碳城

新城要严格控制工业企业的环保准入门槛,建设红墩子、横山等循环经济产业园区,大力推行天然气、太阳能、风能、地源热泵、新能源汽车等清洁能源,生活燃气普及率达到100%国际标准。大力推广建造绿色、节能、节材、太阳能光热一体化建筑、光电一体化建筑(分布式太阳能光伏发电系统)等公共建筑和民用住宅,精心建设几座引领世界潮流的节能、新能源地标式建筑。借鉴阿联酋阿布扎比启动"源泉计划"(2009~2016年间投资220亿美元)兴建全球第一个零排放无碳城市马斯达尔(国际可再生能源机构已正式迁入该城),山东德州"中国太阳城"等建设理念,采用中阿投资、技术合作模式,建设国际水准的低碳公用设施,为打造美丽银川、美丽宁夏作贡献。

4.3.3 重视建筑、构筑物抗震,建设防灾抗灾安全城

滨河新区范围内的"黄河—灵武地震活动断裂带"是今后若干年内宁夏北部地震危险性最大的活动断裂带,有可能发生6~7级破坏性强震。为此,滨河新区建设必须高度重视建筑、构筑物防震问题,一是一切永久性建筑、构筑物必须避开断裂带。二是所有重要建筑尽可能采用抗震安全性高的新材料、新技术,例如宁夏远大可建科技公司生产的高科技低碳建材——节能、可循环利用的预制钢结构、石棉建材,可实现9度抗震,且比常规建筑降低造价。

4.3.4 控制空港净空保护区建设

以河东机场跑道为中心、半径20公里的净空保护区,禁建超限高层建筑,并确保周边工业废气达标排放,维护明澈、洁净的大气环境,保证飞机安全起降。

5. 新区建设风险及预防对策

5.1 新区建设主要风险

国内外城市新区建设既有许多成功经验,也有不少问题和教训。银川滨河新区建设也可能存在某些潜在风险,其中主要风险,一是"空城"风险:城市规模、建设速度和规划预测脱离实际,导致建设摊子铺得过大,建设速度过快,变成不切实际的"造城运动",或者用地扩展、基础建设、产业布局、人口集聚相互脱节,形成有城少市、有市少人、"空城"、

"鬼城"现象;二是低效风险:资金投入产出率低,政府基础设施投入、土地投入回报率低,企业的产业投入收益低,出现资不抵债,甚至资金链断裂、债务危机,或地方政府债台高筑,人民群众得不到预期实惠。

5.2 风险预防对策

5.2.1 科学规划,有序开发

首先应按"政府主导,部门协作,专家领衔,公众参与"的原则,科学制定滨河新区城市总体规划、各专项规划以及各功能区控制性详细规划、修建性详细规划,特别对规划目标、土地利用布局、实施进度、筹资途径严格论证,力求务实可行。按照一次规划、分期开发的思路,在实施规划过程中根据新情况、新趋势,适时对规划方案进行评估、修订,做到规划滚动调整,建设滚动发展。在建设速度掌握上,既要只争朝夕、抢占先机,又要防止一厢情愿、单兵冒进。

5.2.2 实施产城一体化战略,产业集聚、人口集聚同步发展

城市建设(尤其是基础设施、城市公用设施建设)与产业开发特别是现代服务业体系发展协同推进,以产业集聚带动人口集聚,包括吸纳区外人才、农民工转化为市民、宁东基地等工矿区职工定居新区、主城区和其他城市人口迁入,以及来银川投资置业的某些外籍人口定居,等等。实现各类产业、产业园区相互衔接、配套布局,掌控好相关重大建设项目的轻重缓急和快慢节奏,城市商贸区、居住区与道路、绿地、公用服务设施合理安排、配套发展。

5.2.3 发挥市场的决定性作用和政府引导的宏观调控作用

创新开发、开放的体制机制,企业主体运作、政府行为和社会力量紧密结合,严格企业投资与政府投资的分工,政府管好基础保障和公共服务投资,为市民提供最基本的服务保障。发挥市场主体作用,为不同收入阶层提供不同层次的衣食住行、游购娱等服务,统筹兼顾政府、企业、市民的利益分配关系,使城市的国际化、高端化进程与大众化、公平化进程各得其所、和谐发展。

5.2.4 以扩大开放促深化改革,加强新城建设的对外合作

通过不断推进对外开放、全方位开放,包括巩固提高国内东、中、西部的合作联合,向港澳台、东亚韩、日、俄以及向欧美国家开放,大力扩展向中东、中亚开放和向东南亚、南亚开放,特别是通过中阿博览会、银川综保区等平台,引进阿拉伯国家、穆斯林世界资金、智力、经验,合作建设滨河新区若干重大项目,在开放合作过程中不断推进新区的体制机制、政策和环境创新,保障新区国际化、现代化建设取得巨大成功。

宁夏沿黄经济带一体化发展问题

一、宁夏沿黄经济带为什么要走一体化发展道路——科学依据和必要性分析

明确宁夏沿黄经济带的功能定位和产业导向，是解决建设什么样的经济带的问题，而是不是要走一体化发展道路，则是解决怎样建设该经济带的一个重大问题。

我们认为，宁夏沿黄经济带要走一体化发展道路，是由其一系列内因、外因所决定的。

（一）历史形成联系紧密的沿黄城市带（群）

早在2000多年前的秦汉时期（秦始皇至汉武帝时期），黄河宁夏段沿岸平原（宁夏平原）作为中原王朝对抗匈奴侵扰的北方边防重镇和屯垦戍边基地，接纳了数以十万计的中原移民和戍卒，伴随引黄灌区大规模开发，陆续出现富平、灵州等8座城市，包括一个郡治（省级中心城市）、5个县城，它们担负着军事防守、水利开发、屯田管理、粮马集散等职能。它们彼此呼应，形成一个相对完整的军事屯垦体系和原始的沿黄城市群。

南北朝的北周时期，长江下游移民进入更多，宁夏平原灌区已有“塞北江南”之誉。盛唐时，灌区及其城市得到更大发展。灵州城（今吴忠市利通区北部）作为宁夏平原的中心城市，已成为丝绸之路东段北道（灵州西域道）上的重要交通枢纽。以灵州城为治所的朔方节度使于天宝年间成为唐朝最大军镇，领兵6万多。安史之乱时，还曾成为全国的临时军政中心，唐皇朝的中兴之地。

10世纪初，西夏在兴庆府（今银川市兴庆区老城，后改称中兴府）建都，使其由一座边塞小城一跃而成为跨今宁、甘、陕、青、内蒙古辽阔地域的西夏王朝政治、经济、文化中心。西夏王朝通过制订国家大法（《天顺改旧新定律令》）明确划定了西夏京师的地域范

中国国际工程咨询公司《打造黄河金岸、实施沿黄经济带城市群一体化发展战略研究》课题部分中间成果，2011年4月

围，即一府（中兴府）、一郡（灵武郡，即灵州城）、四县（保静、临河、怀远、定远）等城镇，相当于今日南到吴、青、灵，北抵平罗县南部之间的地域。可以说，900 年之前，已经出现银川都市圈的雏形。

新中国成立后，特别是改革开放和西部大开发战略的实施，宁夏沿黄地带工业化、城镇化迅猛推进，它们已经形成一个相互联系紧密、不可分割的城镇群整体，构筑了一体化发展的初步基础。

（二）水资源和生态系统的统一性是一体化发展的地理基础

沿黄经济带以宁夏平原引黄灌区为基础，而宁夏灌区是黄河水哺育形成的一个相当独特的人工绿洲生态系统。该系统一个重要特点是无严格的水利管理即无稳定、持续的效益。历史时期，由于黄河年际间、季节间水量、水位的巨大变化，加以河水含沙量大易致渠首、渠道淤塞，平原下游地势低洼、排水不畅易于引发土壤次生盐渍化，以及绿洲周围均为沙漠包围的严酷大环境等问题，要求地方政府必须加强统一管理，不但重视水资源引、输、灌、排工程配套建设，而且强调平时水利设施的严格管护，坚持“岁修”和科学配水、灌水制度。如果一旦失去水资源—生态的平衡，整个沿黄经济带便会陷入衰退、破坏甚至崩溃。汉、唐、西夏以至明、清各代，宁夏灌区实际都是在军政强力体制下运行、管理的。

即使在水利科技发达进步的当代，也要在国家分配黄河可用水量方案的框架之下，强调宁夏平原绿洲生态经济系统用水一盘棋，经济发展、生态保护、社会效益统筹兼顾，由政府合理分配农业灌溉与工业、城乡生活、生态各类用水量，合理分配各市县、各渠系灌区用水量，以寻求最大的综合效益。

宁夏沿黄经济带具有突出的区位、资源、生态等优势。众所周知，水资源不足是制约宁夏发展的主要瓶颈，而沿黄经济带的最大特点就在于依托黄河干流来水，可用水资源量相对较多。全自治区在黄河多年平均来水条件下（即平水年）可耗用水量为 41.5 亿立方米，保证率 75%来水条件下（即一般枯水年）为 33.5 亿立方米，而沿黄四地级市则分别可用 38.08 亿立方米或 31.1 亿立方米，即分别占全区黄河水资源可利用量的 91.8%或 92.8%。按《宁夏节水型社会建设规划》的水资源承载力计算，沿黄经济带可承载人口分别为 657 万人或 517 万人，亦即未来人口增长潜力最少可达 130 万人以上，这是保障沿黄经济带集聚更多产业、更多人口的基本因素。我们还通过对宁夏各市县农地资源劳动力承载力和相对资源承载力的测算，得知中南部 9 市县目前农村超载人口达 110 万左右，其中很大部分需向沿黄经济带转移。如何在建设节水型社会和生态安全屏障的前提下，统筹考虑水资源、土地资源、生态系统承载力、环境容量与产业、人口布局的匹配关系,是今后沿黄经济带发展的关键问题。

可以说,宁夏沿黄经济带水资源—生态系统的强烈整体性,决定了其今后一体化发展的客观必然性。

(三)一体化发展是协调工业园区布局与人口布局的必然选择

宁夏沿黄经济带的主体是灌溉绿洲,但绿洲内部及其周边则交错镶嵌分布着干旱地区的荒漠草原、沙地、半荒漠和荒漠台地。由此,人口密集区常分布于绿洲中心城镇,而工业园区则充分利用非农地而大多分布于荒漠、半荒漠的未利用地上,呈现出人口中心与工业园区区位分离、不完全一致的现象,这在宁东能源化工基地表现得尤为明显。

宁东基地绝大部分位处灵盐台地(鄂尔多斯高原的西南部分),多属干旱区荒漠草原和沙荒地,植被退化严重,生态环境脆弱。但煤炭等矿藏丰富,目前正在建设大型煤矿区、火电厂及煤化工、新材料等工业园区,工业用地不占农田,用地条件良好。因煤矿井田分布面广,很大面积的压煤地区不宜作为建设用地,又使城镇建设用地与工业园区建设用地形成尖锐矛盾,例如基地中心城镇宁东镇,周围皆为压煤区,城镇用地规模扩展受到严重制约,限制了较大规模的人口集聚。因此,许多大型企业集团在宁东基地建设工业,而把职工生活后勤基地布局于银川、灵武市区等沿黄城市。这种产业集聚与人口集聚相分离的特殊分布模式形成沿黄经济带的一道独特景观。但由此也带来通勤服务、房地产开发、交通物流网络等一系列问题。

由此,宁夏沿黄经济带的一体化发展,对于协调工业园区建设与人口中心布局,协调产业集聚与人口集聚的相互关系,包括协调工业布局与农业发展、服务业布局的分工协作,具有特别重要的意义。由宁东基地与沿黄城市关系向外延伸,协调好沿黄城市群与宁蒙陕甘毗邻区域(特别是鄂尔多斯—榆林—宁东能源化工金三角)的分工协作关系,协调好沿黄城市群与中部干旱带、南部黄土丘陵区产业集聚、人口集聚、生态保护的关系,亦即从总体上安排好建设用地空间(主要是城镇用地、工业园区用地)与农业用地空间、生态用地空间的关系,既是宁夏沿黄经济带一体化发展的客观要求,也是一体化发展主题中的重点所在。

(四)全面落实科学发展观的迫切要求

今后十年是深入实施西部大开发承前启后的关键时期,也是实现宁夏沿黄经济带跨越式发展的战略机遇期,必须以全面落实科学发展观总揽经济社会发展全局,坚持“五个统筹”,即统筹经济社会协调发展,统筹城乡协调发展,统筹区域协调发展,统筹人与自然和谐发展,统筹国内发展与对外开放。在新的形势下,要进一步树立全局观念、大局意识、一盘棋思想,更加注重基础设施建设,着力提高发展保障能力;更加注重生态环境保护,着力建设美好家园和西部生态安全屏障;更加注重经济结构调整和自主创新,着力推进特色优势产业发展;更加注重社会事业发展,着力促进基本公共服务均等化和民生改善;更加注重区域化布局,着力培育新的经济增长极;更加注重体制机制创新,着力扩大对内对外开放。

由此可见,实现宁夏沿黄经济带一体化发展,既是“五个统筹”的客观要求,也是西部大开发新的十年必须坚持的重要指导思想。

(五)经济全球化、区域化的大势所趋

面对国际后金融危机时代和应对全球气候变化、发展低碳经济时代的来临,以新能源、新材料、生物技术、信息技术等新兴产业为标志的新一轮科技革命和国际产业调整步伐加快,经济全球化、区域化进一步深入发展,既为宁夏沿黄经济带更好利用外部资金、技术、资源和全球市场提供了契机,也将参与全国、全球更加激烈的经济技术竞争。当今时代,已经不再是单个城市之间的竞争,而是城市群、区域之间的竞争。对于宁夏沿黄经济带各城市来说,由于其经济总量、人口规模都小,不但与东部的长三角、珠三角等城市群无法相提并论,也远小于西部周边地区西安—天水、乌鲁木齐、呼包、兰(州)西(宁)等城市群,特别需要把沿黄经济带作为一个城市群整体,甚至作为一个大城市来打造,真正走沿黄经济带一体化的路子,才能较快地提升产业集聚、人口集聚能力,不断增强发展动力和活力,较大幅度提升经济社会发展总体水平,最终提升其在国内外的整体竞争力。

二、宁夏沿黄经济带一体化发展途径(摘要)

(一)交通通信一体化——一体化基础

构筑便捷的交通通信网络,减少距离障碍。

建设包兰铁路石嘴山—兰州段复线、宝中铁路复线、太中银铁路复线、干武铁路复线等扩能改造工程,新建银川—西安高速铁路,新建银川市区—宁东基地城际轻轨,以及宁东—乌海、宁东—鄂尔多斯、宁东—太阳山等铁路联络线,形成银川至兰州、武威、呼包、西安、太原的“三小时经济圈”。

完善银川—福州、银川—巴彦浩特、银川—鄂尔多斯、鄂托克前旗—西吉等高速公路,以及110、211、309、312等国道的高速公路建设,打通各联络线,消灭省际、城际、县际断头路,加强农村公路网建设,滨河大道畅通无阻,实现村村通沥青路或水泥路。

完成银川河东机场三期扩建工程, 开通银川至所有省会城市和其他大城市直达航线,银川至日、韩、中东国家的国际航线。完善中卫、固原支线机场建设。

进一步完善电信三网融合,建设沿黄经济带一体化的电子商务口岸。

构筑沿黄带特别是银川—吴忠—宁东的闭环式城际快速通道系统，形成银川国际空港、银川陆港、惠农陆路口岸三大口岸和七大物流中心，建成为全国区域性物流中心、新亚欧大陆桥国内中段重要的物流枢纽。

推行统一的城市公交、城际公交、出租车一卡通服务，统一的通信系统：电话同网、同号、同费，社保信息系统联网、社保关系无缝对接等同城化发展，建设银川半小时通勤圈、一小时都市经济圈。最终形成宁夏沿黄经济带人流、物流、能流（输电等）、资金流、信息流无障碍自由流动的一体化基础平台。

（二）产业布局一体化——一体化支撑

抢抓机遇，突破区位交通障碍、资源环境障碍、观念意识障碍，实现资源优势向经济优势的新跨越，由“两高一资”（高能耗、高污染、依赖资源）向节能节水减排低碳经济的新跨越，由偏远闭塞的少数民族欠发达地区向国际化内陆先进开放经济区的新跨越。

从沿黄经济带一盘棋全局考虑，积极完善区域调控政策，推进生产要素的合理配置。从各市县的优劣势条件和现有基础出发，统筹规划产业布局的分工协作，统筹规划承接国内外发达地区的产业转移，积极支持重大产业项目在重点开发区落户，形成若干先进产业集群和循环经济工业园区。重点建设好宁东能源化工基地、银川经济技术开发区、石嘴山、吴忠太阳山、中卫等五大园区，做精做特灵武羊绒、永宁生物制药、吴忠清真食品和穆斯林用品、青铜峡新材料等十个特色园区。构建一带三区多园的石嘴山—银川—青铜峡—太阳山新材料产业带，包括石嘴山稀有金属、碳基材料、光伏材料研发生产基地，银川高端新材料及其电子产品加工基地，青铜峡—太阳山铝镁材料生产加工基地；石嘴山—银川—吴忠先进装备制造业产业带，包括煤机、特种汽车、数控机床、精密仪表、新能源装备以及机械装备再制造，等等。

构建以优质小麦、水稻、玉米产业带，特色林果产业带为主体的特色农业产业带，一系列现代农业示范基地，推进设施农业、枸杞、牛奶、牛羊肉、水产、葡萄等产业提质增效，建成全国最大的枸杞生产加工基地，全国重要的清真牛羊肉、乳制品、葡萄酒生产基地，世界一流的羊绒产业基地。

依托区位、资源、环境、人文优势，面向国家能源化工“金三角”，面向全国，面向穆斯林世界，拓展服务业发展新空间，发展为能源化工基地配套的科技研发、工业设计、人才培训，设备制造、维修、再制造，物流、营销等服务，抢占生产性服务业制高点。大力发展房地产、餐饮购物、教育医疗、农副产品供应、休闲度假、文化娱乐等生活性服务，将银川、石嘴山、吴忠等建成“金三角”的生产生活服务基地，大西北宜居、消费城市，总部经济城市，以及穆斯林贸易、金融、文化交流中心城市，旅游目的地城市。

(三)城乡发展一体化——一体化主体

统筹城乡发展,推进社会基本公共服务一体化。协调产业集聚与人口集聚的合理布局,构建一核(银川吴忠核心区)、二翼(北翼石嘴山市、南翼中卫市)、一基地(宁东能源化工基地)即四大组团的城镇乡村体系的一体化布局。

把积极推进健康的新型城镇化作为统筹城乡发展的主攻方向,把促进农民工市民化作为统筹城乡发展的突破口,把促进城乡基本公共服务一体化作为城乡统筹发展的着力点,实现工业向园区集中、土地向规模化特色产业集中、人口向沿黄城镇集中,农村由分散居民点向大社区集中,城市基础设施和市政公用实施逐步向农村延伸,形成用地少、就业多、要素集聚能力强、产业和人口分布合理的精品城市带。

突破传统框框,打破行政分割,从有利于区域市场一体化着眼,实现体制机制创新。逐步改革地级市管县的行政区划体制,推行自治区直管市县制度,构建有利于市场化运作的城市间协调机制和强县扩权体制,理顺自治区、市、县各层次的事权、财权、人事权,充分发挥各级政府推动一体化发展的主动性、积极性。

(四)环境保护一体化——一体化保障

大力推进节水型社会建设,加强黄河宁夏段水资源的统一管理和水环境保护,加强地下水开发利用的管理监控,有步骤地开展水权转换交易,调整优化用水结构。保护沿黄湿地,改造盐渍化土壤,促进宁夏平原绿洲生态系统进入良性循环。

进一步推进贺兰山森林生态系统自然保护区、白芨滩荒漠半荒漠生态系统自然保护区、青铜峡库区湿地自然保护区、沙湖湿地自然保护区建设。

推进宁夏平原农田防护林带、林果经济林带和黄河、渠沟护岸林发展。

全力抓好全国防沙治沙综合示范区建设,构筑西部重要的生态安全屏障,发展沙区沙产业和循环经济。

加强城市污水处理及配套管网、城市垃圾处理等环保基础设施建设。加强农村环境保护,搞好农村小康环保行动计划试点。开展城乡、工业园区的重点节能减排工程。加强环境监管能力和监管体系建设。

(五)文化建设一体化——一体化品牌

以黄河金岸工程为载体,以海纳百川的胸怀,汇聚黄河文化、回族文化、丝路文化、西夏文化等多元文化,推陈出新,打造现代黄河文明,突出回族穆斯林文化品牌,建设开放型多元文化交流基地,形成中国和具有全球影响力的国际穆斯林文化交流中心。

拓展宁夏沿黄城市带的新功能：面向穆斯林世界的经贸合作、文化交流平台

一、问题的提出

第一个问题，宁夏当前与东部发达省市最大的差距在哪里？按 2007 年主要经济指标测算，经济产出指标（人均 GDP、人均财政收入）我区相当于东部发达省市（以江苏省为代表）的 44%左右，拉动经济增长的主要指标（人均全社会固定资产投资额、人均社会消费零售总额）则分别为 63%和 37%，反映人民生活水平的指标（城镇居民和农民人均收入）分别为 66%和 48%，而反映国际开放度的人均进出口额仅相当于江苏省的 5.6%，外商直接投资、海外游客人数的人均指标与此情况类似。可见，我区仍是一个开放度小、国际化水平低的内陆较封闭省区，开放度低是宁夏面临的一个突出问题。[1]

但是，我们还要看到另一方面，近五年我区招商引资出现爆发性增长，到位资金年均增长 40%。我在 2005 年 11 月自治区经济形势会商会的发言中曾指出："宁夏回族自治区的招商引资工作正处在大突破、大跨越的前夜，正处在量变到质变的量变积累阶段"。[2]特别是今年，对外开放形势喜人，正在进入大跨越阶段。我们必须加倍努力，寻求新的突破。

第二个问题：宁夏资源优势向经济优势的转化目前达到什么程度？我认为，宁夏有四大资源优势。其中古老的灌溉农业优势历久弥新，转化度较高，目前正向现代化的节水农业、绿色农业、设施高效农业前进。能源优势转化长期停滞不前，作为一个煤炭资源大省

上海世博会宁夏论坛（"黄河金岸"建设与城市发展）讲稿，2009 年 9 月 10 日，发表于《宁夏日报》2009 年 9 月 11 日

区，却一直是个煤炭产量小省区，但近几年能源大开发初见成效，不仅采煤、煤电、煤化工转化迈开大步，而且风电、太阳能光伏发电等可再生能源转化也风起云涌、方兴未艾。旅游资源转化已经起步，近五年旅游人数以年均百万人的速度递增，发展前景看好。而我区最突出的人文资源优势回族文化优势仍处于有待充分发挥的原始、初级状态。

人所共知，回族是一个四海为家、包容开放、诚信经营的少数民族，我国所有大中小城市几乎都有回族活跃的身影，宁夏是我国最大的回族聚居区，人称"中国的穆斯林省"。回族在文化传统、宗教信仰、生活习俗等方面与国内外穆斯林有诸多共同相通之处，所谓"天下穆斯林是一家"，构成了面向有15亿人口的穆斯林国家、地区开放、发展经贸合作和文化交流极为有利的条件。充分发挥这一优势，将对前三种资源优势向经济优势的进一步加速转化、实现宁夏全方位、多领域扩大对外开放、促进经济社会跨越式发展产生不可估量的作用。

《国务院关于进一步促进宁夏经济社会发展的若干意见》明确指出，宁夏要"全面提升对外开放水平，大力改善投资环境，加强国内外、区内外经济技术合作，主动承接国际和东部地区产业转移，构筑内陆开放型经济的新格局。"[3]无论是从应对当前国际金融危机，还是从长远更大发展着眼，将宁夏沿黄城市带打造成为我国面向穆斯林世界的经贸合作、文化交流平台，作为我区扩大全方位开放的重要突破口，构筑全国向西开放的创新阵地和独具特色的内陆经济开放区，正如新时期天津滨海新区、广西北部湾经济区的开放开发一样，不仅对宁夏，而且对全国，都具有重大的战略意义并产生深远影响。[4]

二、打造面向穆斯林世界的经贸合作、文化交流平台的战略重点

建设好这个平台，有许多重要方面要抓，其中最重要者有以下几项。[5]

（一）建设全国重要的清真食品、穆斯林用品生产基地和总部经济

依托宁夏沿黄城市带盛产优质牛羊肉、牛奶、枸杞、酿酒葡萄、瓜果、马铃薯、羊绒等灌溉农业优势，以及回族穆斯林文化优势，通过引进东部发达省市和海外的资本、人才、技术和体制、机制，特别是以向穆斯林世界开放为突破口，培育跨区域、跨国的现代化大型企业集团，大力发展清真特色食品、方便食品、特色医药、穆斯林服装、工艺品等生产、展示、交易等产运销一条龙产业体系，发展总部经济，建设全国清真食品认证管理中心、国际化特色工业园、商品展销城、穆斯林商业街等，逐步形成全国、全球穆斯林品牌之乡，确立国内外穆斯林商品市场的龙头地位，构建沿黄城市带具有穆斯林特色的支柱产业集群。

（二）建设面向穆斯林世界开放的自由贸易区

以建立宁夏内陆经济开放区——综合保税区、自由贸易区为目标，打造面向穆斯林世界的贸易合作平台，包括空港物流保税区、新亚欧大陆桥（太中银铁路—干武铁路、高速公路等)陆路枢纽物流保税区,全面建设空港口岸、陆路口岸和电子口岸,办好国际投资贸易洽谈会、回商大会和各种节庆活动,争取国家给予宁夏对外开放的特殊政策,建立新时期的陆空“丝绸之路”,多方组建政府间贸易促进会、民间商会等商务交流组织,实现双向开放尤其是向西(中亚、西亚、北非等国家、地区)开放的重点突破,更好地实施全方位、多元化开放战略。

(三)建设中国的伊斯兰金融中心

争取中央和国家金融监管机构的指导和大力支持,制定税收、财政等特殊政策,完善银川市的软硬投资环境,通过友好协商和资本运作,引进海湾国家的石油美元,逐步实现伊斯兰金融合作组织和各穆斯林国家银行在银川市建立分支银行,逐步形成中国最大的伊斯兰金融中心,为全面经贸合作提供金融支持。

(四)建设具有回族风情特色的国际旅游目的地

要在不断提升原有的旅游特色品牌——浪漫沙都大漠风光游、西夏王陵寻找失落的西夏文化探秘游、贺兰山岩画先民文化游、丝绸古道和边塞遗址怀古游、黄河湿地和绿洲文明生态游、六盘山避暑休闲度假游等基础之上,加快建设纳家户回族风情村,完善中华回乡文化园,新建宁夏世界穆斯林城等景区,并通过挖掘开发回族建筑、饮食、服饰、音乐舞蹈、体育游戏、民俗风情等深厚文化内涵,营造穆斯林风情游的独特魅力,使穆斯林游客有宾至如归之感,使欧美日等国游客有神奇体验之趣,把沿黄城市带建成举世闻名的国际旅游目的地。

(五)建设面向穆斯林世界的文化交流中心

大力开展与穆斯林国家政府间、企业间和民间的科技、文化、教育、卫生、体育交流,有步骤地派出农业科技、医疗卫生、建筑劳务等合作交流团队和志愿者队伍,加强高校、科研机构间的教育、科研合作,培育软件产业服务外包基地,交换高校留学生,建设中国宁夏——穆斯林国家会议中心和文化交流中心,承办定期合作交流论坛,拓展多样化的民间文化交流模式和渠道。

三、主要措施

(一)规划要先行

尽快编制宁夏沿黄城市带打造面向穆斯林世界经贸合作、文化交流平台的专项规划,统筹谋划战略目标、战略重点、战略布局、战略步骤和战略措施,以便按规划有序实施。

(二)中央给政策是关键

向党中央、国务院呈报建设宁夏内陆经济开放区的特别报告,争取国家赋予宁夏系列化的特殊政策。

(三)人才是保证

在现有宁夏大学、北方民族大学、宁夏伊斯兰经学院、同心阿语学校等相关学科基础上，引进高端人才，增强教育科研实力，加速培育大批面向穆斯林世界的经贸合作、文化交流人才，包括研究人才、实务人才、语言人才等不同类型、不同层次人才。

(四)全党动员，抢抓机遇

在做好准备的基础上，打一场建设宁夏内陆经济开放区的大会战，把应对当前国际金融危机、承接国内外产业转移与建设宁夏内陆开放区战略紧密结合起来，全党动员，各行各业齐上阵，分工协作，各负其责，把规划落到实处，争取今年起步，两年初见成效，五年重大突破。

参考文献

[1]汪一鸣，米文宝.迈向可持续发展的宁夏回族自治区[J].经济地理，2008，28(6)：909~912.

[2]汪一鸣.对当前宁夏经济发展的几点看法[R].2005.11.15在自治区政府经济形势会商会上的发言.

[3]国发[2008]29号文，国务院关于进一步促进宁夏经济社会发展的若干意见[N].宁夏日报，2008-09-13.

[4]中国城市规划设计院，等.宁夏沿黄城市带发展规划总报告[R].2009-4.

[5]王正伟.大力发展内陆开放型经济[R].2009-06-22在市县(区)党政领导干部培训班上的讲话摘录.

兰州—西宁—银川城市带与西部开发

国家"十五"计划提出,西部开发要突出西陇海兰新经济带等"二带一区"重点开发建设;国家"十五"计划城镇化发展专项规划则指出,要引导、培育沿江、沿交通干线的城镇密集区有序发展。兰州—西宁—银川城市带是西陇海兰新经济带的重要组成部分,也是沿黄、沿交通干线一个十分重要的城镇密集区。该城市带的形成、发展,对于整个西部开发,具有至关重要的意义和作用[1][2]。

1. 研究区域概况和数据来源

兰州—西宁—银川城市带(以下简称兰西银带)位于黄河上游青海、甘肃、宁夏 3 省区交接地带,包括兰州、白银、西宁、银川、吴忠、石嘴山 6 个地级市,临夏、青铜峡、灵武 3 个县级市,面积 14 020 km^2,2000 年人口 519.64×10^4 人,是 1988 年成立的黄河上游多民族经济开发区的核心区和产业发展走廊(表 1、图 1)。资料源于:2001 年中国城市统计年鉴(国家统计局城市社会经济调查总队,中国统计出版社,2002),1996 ~ 2002 年中国统计年鉴(国家统计局,中国统计出版社,1996 ~ 2002),2002 年甘肃年鉴(甘肃年鉴编委会,中国统计出版社,2002),2002 年青海统计年鉴(青海省统计局,中国统计出版社,2002),2002 年银川统计年鉴(银川市统计局,中国统计出版社,2002)等。

2. 兰西银城市带的形成

2.1 城市带形成的主要因素

2.1.1 良好的资源环境基础。处于黄河上游河谷平原及其支流湟水、大夏河谷地,地势平坦,海拔不高,气候良好,土壤肥沃,水资源供给在干旱缺水的大西北相对充裕,是中国地势第一级阶梯转向第二级阶梯过渡地带中农业自然资源和生态环境相对优越的地

发表于《地理学报》2004,59(2):213~222。合作者:杨汝万、吴永辉

表 1　　2000 年兰西银城市带基本数据

	面积（km^2）	人口（10^4人）	非农人口比重（%）	GDP（10^4元）	人均 GDP（元）	固定资产投资额（10^4元）	商品销售总额（10^4元）	实际外商直接投资（10^4美元）
兰州	1632	181.54	81.6	2706390	14908	1366303	2678782	
白银	3478	45.80	58.3	512188	11183	136838	192979	18
临夏	89	20.20	51.1	57620	2852	11115	19304	733
西宁	350	94.14	66.4	626153	6651	448700	725077	
银川	1295	64.17	77.0	756006	11781	435202	476115	602
吴忠	1112	30.64	33.9	196943	6428	83337	68568	319
石嘴山	529	32.85	96.9	336769	10252	207185	80775	400
青铜峡	1886	24.80	32.6	230106	9278	120881	11752	
灵武	3649	25.50	33.9	135050	5296	37944	6219	100

注：地级市均为市区数据。

段，而其周边地区又是水能、油气、煤炭、有色稀有金属、盐类、建材矿产以及旅游资源的富集区。

2.1.2 历史时期的战略据点。作为古代丝绸之路上交通、屯垦和军事政治的重要据点，汉代以来不断开发建设，成为西北的重点开发地带。

2.1.3 交通廊道效应。黄河和湟水既是重要水运航道，其谷地也是发展陆上交通的极好通道，由此形成的黄河上游点轴系统是本城市带形成的主导因素[3]。

2.1.4 当代西北内陆的经济增长点。“一五”时期、20 世纪 60 年代三线建设时期以及西部大开发战略实施以来，工矿业和城市建设较快发展，奠定了相当的经济基础。

2.1.5 城市间的相互联系、分工协作。以兰州特大城市为核心，与西宁、银川等大中小城市之间，初步构成联系紧密、优势互补、各有特色的单核型带状城市群，以中心城市 GDP 与非农业人口乘积为综合实力指数，代入场强引力模型得出：兰西间辐射场强达 211，兰银间 119，均属强辐射影响力。

2.2 城市带形成的标志

2.2.1 该带已成为我国西部的能源、化工、有色稀有金属冶炼基地以及交通商贸、旅游、教育科技中心，具有较强的集聚能力和一定的人口、经济规模。兰西银带仅占青海、甘肃、宁夏 3 省区国土面积 1.1%，而城市带人口却占 3 省区 14.3%，国内生产总值 677.7 × 10^8 元，占 3 省区 44.8%，人均 GDP 达 13 042 元，为 3 省区人均 GDP 4 153 元的 314%，

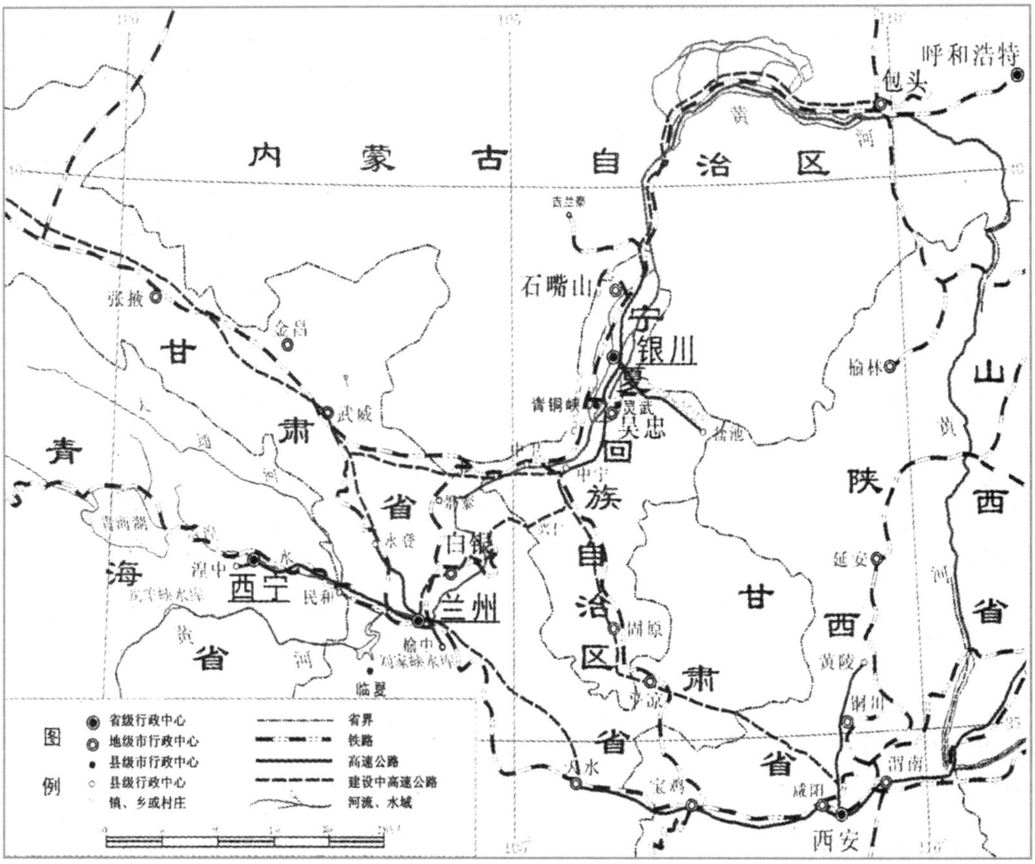

图 1 兰州—西宁—银川城市带示意

在 3 省区区域经济发展中占有举足轻重的地位。

2.2.2 兰西银带已形成较密切的内部联系。该带依托黄河水道、GZ25 国道主干线、109 国道、兰青和包兰铁路以及民航航线等，构成便捷通道。城市带内人流、物流、信息流通畅、频繁。据铁道部门资料，银兰间目前开行客车 6 对，2000 年上下行旅客流量合计 252×10^4 人（其中兰州方向 131×10^4 人），1998 年货流密度上下行分别为 1189×10^4 t 和 $1\,378\times10^4$t，预测 2010 年将分别增至 $2\,020\times10^4$ t 和 $2\,510\times10^4$ t。据公路部门资料，银兰间的中卫节点调查，2000 年兰州方向直通车 1800 辆 / 日，过境车达 2 800 辆 / 日，分别占该点对外公路交通量的 21.3% 和 40.9%，远高于西安、包头方向的交通量。据第 5 次人口普查资料，2000 年银川等城镇的外省区进入居住人口合计 140 430 人（主要为打工和投资创业者），其中甘肃省籍达 37244 人，占 26.5%，高居首位，远多于内蒙古（5 766 人）等其他毗邻省区和浙江（6 959 人）等东中部省市。据 1998 年宁夏旅游局抽样调查，银川旅游区游客中，甘肃游客占 21.1%。在能源方面，宁、甘与青具有很好的互补效应。兰、西

表 2 2000 年西北 4 大城市带基本数据

项目	面积 (km^2)	人口 (10^4 人)	非农人口比重(%)	GDP (10^4 元)	人均 GDP (元)	固定资产投资额 (10^4 元)	商品销售总额(10^4 元)	实际外商直接投资 (10^4 美元)
兰西银带	14020	519.64	68.5	677.72	13042	284.75	425.96	2172
西安宝鸡带	8005	784.43	54.7	926.61	11813	225.43	592.65	17457
包头呼市带	13941	407.36	70.5	454.75	11163	156.77	167.66	18950
乌市伊宁带	72652	452.67	63.4	549.04	12129	279.05	240.39	645

的火电厂及工业、民用燃料相当部分靠宁夏,每年运入的宁夏原煤(主要产于石嘴山市和灵武市)占其 1000 多万吨外运原煤的 50%～60%,而甘、青廉价水电则输入宁夏以弥补其电力不足。宁夏粮食、水产等农副产品自给有余,兰州、西宁等城市为其主要市场,而银川等市的消费商品约有 15%～20%来自兰州方向。

2.2.3 兰西银带已成为西北最重要的城市带之一。按照国家西部开发办公室的意见,西北除陕、甘、青、宁、新外,还包括内蒙古自治区。其中西安宝鸡城市带(含 1 计划单列市、4 地级市、3 县级市)、乌鲁木齐伊宁城市带(含 2 地级市、10 县级市)、包头呼和浩特城市带(含 3 地级市、4 县级市)与兰西银城市带一起构成西北 4 大城市带。它们的面积仅占西北 6 省区的 2.5%,而人口则占西北总人口的 18.7%,国内生产总值占到 43.9%,可见 4 大城市带集中了大西北近一半的产业,是经济社会落后的西部地区中相对发达的地带[4]。兰西银带的非农人口和经济规模,在西北 4 大城市带中仅次于西安宝鸡带而位列第二(表 2)。城市群一般可分为城镇密集区—大都市圈—大都市连绵区(或特大都市圈)—连片巨型大都市圈(或世界性大都市带)几个层次[5][6]。兰西银带虽在大西北具有突出地位,但从经济全球化的视角,则可定位为处于一般城镇密集区发育阶段的单核、带状城市群,也是一个正在向现代化方向急剧发展中的城市带。

3. 在西部大开发中的地位作用

3.1 黄河上游多民族经济开发区的核心地带,我国内陆腹地的战略要地和开发据点

兰西银带历来是大西北的经济、文化、军事重镇。从汉代起,兰州即作为要津(渡口)和货物转运站,成为丝绸之路的要冲,十六国时期西秦王国即以金城(兰州古名)为都城。清代成为农区牧区间茶马互市的总站,西北的交通、贸易、军事要地。新中国成立后,又成为新兴的工业城市和教育科研中心,西北第二大城市。西宁曾为南凉王国都城(西平郡),自古为兵家必争之地,又处丝绸之路东段南路、唐蕃古道的中枢,为汉族、藏族地区间的交通、贸易枢纽。随新世纪初黄河上游水能资源和柴达木盆地资源的大规模开发,以及青藏铁路的兴建,其地位日趋重要。银川曾为西夏王国都城(兴庆府),11 世纪西北最大的

城市之一，丝路东段北道要冲。明代为北方“九边”军事重镇之一，清代成为黄河上游汉、回、蒙古各族通商贸易的著名水陆口岸。今日正在建设高新技术产业、商贸、文教、旅游和人居环境美好的现代化区域中心城市[7]。从我国西北开发的全局看，如果把西安宝鸡带看作为第一核心城市带、内层西进桥头堡，则兰西银带无疑为第二核心城市带、外层西进桥头堡，而在发展空间上它比之西安宝鸡带可能具有更广阔的前景和潜力。从军事地位上看，它处于西北战区的关键部位，东跨黄河联华北，西进河西援新疆，北过沙漠入河套，南走高原下川藏，确为保障国家安全、民族团结的战略要地。

3.2 沟通我国东西部间、我国与中亚、中东、欧洲国家间的桥梁和纽带

兰西银带正处新亚欧大陆桥国内段的中枢地位。兰州为大陆桥重要的集装箱转运中心，也是目前西北最大的铁路交通枢纽；中卫则为包兰、宝中、干武三条铁路的交汇点，亦为西北重要的铁路交通枢纽。一个城市带内拥有两大铁路枢纽，这在西部是少有的[8]。兰西银带又是联结东西南北诸多公路的必经要道。2001 年高速公路已通车 279 km，预计 GZ25、GZ35(青岛—银川)、GZ45(连云港—兰州—霍尔果斯)等国道主干线以及银川—武汉等西部大通道将在“十五”期间实现部分路段高速化，包括 312 线等 11 条国道在内的近 30 条公路干线将改建为一级或二级公路，兰州将成为全国 12 个主干交通枢纽之一，银川将成为全国 45 个公路主枢纽之一。兰西银带也是西北重要的航空港。兰州、中卫均为新亚欧大陆桥与黄河水道的交汇点。西兰乌、京呼银兰、兰西拉、兰成等国家光缆主干

表 3　1998～2001 年甘肃、青海、宁夏电信发展状况

省区	邮电业务总量(10^8 元)			本地电话用户(10^4 户)			移动电话用户(10^4 户)			国际互联网用户(10^4 户)		
	1998	2001	年均增长率	1998	2001	年均增长率	1998	2001	年均增长率	1998	2001	年均增长率
全国	2431.21	4556.26	23.3	8742.1	18036.8	27.3	2386.3	14522	82.6	67.68	3656.2	278.0
甘肃	20.31	49.44	34.5	95.2	250.4	38.0	14.21	143.0	115.9	0.32	23.38	318.1
青海	4.73	13.21	40.8	22.3	47.8	28.9	3.53	45.7	134.8	0.04	3.48	343.1
宁夏	6.66	16.21	34.5	37.4	71.1	23.9	5.00	42.5	104.1	0.06	8.61	423.5

表 4　2001 年兰州、西宁、银川电信业占本省区比重　(%)

市区	邮电业务总量	本地电话用户	移动电话用户	国际互联网用户
兰州市区	36.1	30.2		
西宁市区	60.8	54.2	39.0	53.0
银川市区	68.6	43.1	43.2	

线在兰州交会，成为西北的信息中心枢纽。西部大开发实施以来，以兰西银带为核心的甘、青、宁3省区的信息传输出现了跨越式发展的新局面(表3)。由于兰西银带在省区电信业中占有很大比重(表4)，这种信息化发展的强劲势头实质正是城市带知识经济开始崛起的集中反映。该带必将重振古代丝绸之路，在我国东西合作和双向开放中重新崛起，形成西北地区中优化投资环境、参与全国、全球分工、合作、竞争的开放高地，在西北现代化开发建设过程中充分发挥先导、示范和龙头作用[9][10]。

3.3 国家能源化工基地和重要进口通道

3.31 科学开发、合理利用兰西银带及其周边地区的能源资源。陕甘宁盆地、柴达木盆地的石油天然气开发，兰州、银川的石油天然气化工均已初具规模，西起柴达木涩北气田、全长953 km的涩宁兰天然气输气管道已于近日建成。建设中的塔里木—中卫—靖边—上海西气东输工程，横穿兰西银带，将对该带经济发展和加深东西合作产生深远影响。灵武市的宁东煤田是全国少有的巨型优质煤田之一，将为建设靠煤近水的沿黄10^7 kw级火电基地，以及发展煤炭气化、液化及加工甲醇、二甲醚等替代燃料的大型煤化工基地创造条件，为未来缓解油气短缺闯出一条新途径。黄河上游青甘宁段是水能资源富矿区，已装机500多万kw，尚可建设大中型水电站近$2\,000\times10^4$kw。国家实施西部大开发以来正加速建设电源基地和高压输电网，以把丰富、洁净、廉价的电能源源输往环渤海经济圈等地，尽快形成国家“西电东送”工程的北通道[11]。

3.3.2 加强国家急需矿产资源开发，逐步在兰西银带及其周边地区建立国家稀缺资源供应后备基地。目前兰西银带及其辐射区(如金昌、厂坝)，已开发建设了铝、铜、镍、钴、铅、锌、铬、金、银、铂族元素、稀土金属、钽、铌、铍等有色金属、稀贵金属冶金工业以及相应新材料工业等下游产业，成为该城市带支柱产业之一，在全国占有重要地位。据原地矿部资料，2010年在45种重要矿产中，可以保证需求的仅23种，不能保证需长期进口补缺的有石油、天然气、铁、锰、铜、镍、金、银、硼、硫铁矿等10种，资源短缺主要靠进口的有铬、钴、铂、钾盐、金刚石5种。这些难以保证或极为短缺的矿产，却在兰西银带及其周边地区有较大储量。可在实施保护性开发的条件下，进一步发展有色、稀贵金属的采矿、冶金、加工，开发潜力巨大的盐化工，以高新技术发展新材料产业，逐步建成国家稀缺资源后备供应基地和高新技术产业化基地[12]。

3.3.3 有可能成为输入石油、天然气和稀缺矿产资源的相对安全通道。中亚、西亚各国具有极为丰富的石油、天然气和铜、铅、锌、铬、锰、锑、汞、钼、金、铀等有色、稀有金属矿产资源。在建立战略合作伙伴关系基础上，与俄罗斯、哈萨克斯坦、土库曼斯坦、乌兹别克斯坦以及伊朗等国长期合作，共同勘探、开发其油气、金属资源，通过新亚欧大陆桥和新建油气管道输入我国西北,并可经由兰西银带向东部沿海地区输送。这比起海运将是安全性更好的进口通道,古代丝绸之路将变成新世纪的“油气之路”和“金属之路”,对发展我国西北与中亚、西亚国家的贸易和经济合作将起到重大促进作用[13]。

3.4 保障国家生态安全的重点生态建设区

兰西银带在自然地理上属于我国青藏高寒区、西北干旱区、东部季风区3大自然区域的过渡地带,是对气候变化特别敏感的生态脆弱地带[14]。历史时期特别是新中国成立后人口的过快增长,对这里的资源环境构成沉重压力。这里已成为全国最严重的沙尘暴源区和水土流失区,严重的生态环境问题不仅是制约当地经济社会发展的主要因素,而且对东中部地区特别是黄河下游和首都圈的生态安全和环境质量构成严重威胁。目前,国家已开始实施一系列重大举措,包括退耕还林、草原封育改良、防沙治沙、小流域综合治理、三北防护林建设和天然林保护工程、国家重点生态县建设工程等,投入了空前巨大的人力、物力、财力。人们已认识到,只有大力加强生态环境的治理建设,才有可能改善投资环境,引入外部的资金、人才等生产要素,合理开发利用当地资源,加快发展步伐。同时,加快兰西银带的城市化进程,把更多的农村人口吸引聚集到非农产业和绿洲型城市中来,也有利于减轻对水土资源和环境的压力,有利于改善宏观自然环境,这对于保障国家生态安全是有重要意义的[15]。

4. 当前主要问题

4.1 工业化、城市化水平低,经济空间结构和城镇网络结构不完善

我们选取我国东部的杭州宁波城市带和福州厦门城市带作为发达地区城镇密集区的代表,选取西南的重庆成都城市带作为不发达地区城镇密集区的代表,与兰西银带进行比较(表5)。从城市带的人口规模、占区域人口的比重、经济规模看,兰西银带不但与杭甬带、福厦带差距很大,而且与渝成带也有一定差距,反映了兰西银带周围地域城市化进程迟缓,城市带经济与区域经济的互促机制存在缺陷。从城市带本身看,兰西银带非农人口的比重、非农产业产值比重都比较高,从而使人均GDP略高于渝成带。这一方面反映了在不发达区域背景下兰西银带较高的产业结构水平,但也反映了城市带内中小城市过少和城市等级规模结构不完善的缺陷。从兰西银带所在的甘肃、青海、宁夏3省区的某些经济指标,也可以从另一侧面反映该城市带的实力(表6)。可见,甘、青、宁不但在工业化、城市化等方面远远落后于较发达的粤、浙等省,而且也低于全国平均水平很多。城市带内部,除了兰州作为特大城市外,大中城市和小城市数量少,规模小。这与东部的杭甬城市带(14个城市)、福厦城市带(11个城市)固然无法相比,与西部的渝成城市带(18个城市)、乌市伊宁带(12个城市)等相比也有差距。兰州、西宁等城市与农村间缺乏“二传

表 5　2000 年兰西银带发展水平比较

城市带	总人口(10^4人)	占区域人口比重(%)	非农人口比重(%)	GDP(10^8元)	占区域GDP比重(%)	非农产业占GDP比重(%)	人均GDP(元)	人均固定资产投资(元)	人均商品销售额(元)	人均外商直接投资(美元)
兰西银带	519.64	13.4	68.5	677.72	44.8	95.9	13042	5480	8197	4.2
杭甬带	1211.12	25.9	32.5	2616.74	43.3	92.3	21606	5664	16981	86.5
福厦带	968.37	27.9	32.6	2209.85	56.4	93.7	22820	3633	13932	248.9
渝成带	2662.91	23.3	33.9	2374.87	42.4	88.6	8918	1748	3717	13.1

注:杭甬城市带指浙江省杭甬铁路沿线 2 计划单列市,1 地级市,11 县级市;福厦城市带指福建省福厦高速公路沿线 1 计划单列市,4 地级市,6 县级市;渝成城市带指成渝铁路沿线 1 直辖市,1 计划单列市,4 地级市,12 县级市。

表 6　2000 年甘青宁发展指标比较

省区	人均GDP(元)	二三产业从业人员比重(%)	个体私营企业从业人员比重(%)	人均社会消费品零售额(元)	人均固定资产投资额(元)	城镇人口比重(%)
全国	7084	50.0	10.5	2695	2597	36.22
广东	12885	58.9	13.6	4712	3639	55.00
浙江	13461	62.2	21.2	4915	5024	48.67
甘肃	3838	40.3	6.1	1416	1543	24.01
青海	5087	39.1	11.3	1585	2918	34.76
宁夏	4839	42.2	8.7	1605	2803	32.43

表 7　2000 年甘青宁不同所有制比重比较　单位:%

省区	规模以上工业产值			全社会固定资产投资额		
	国有及国有控股企业	股份制企业	外商及港澳台投资企业	国有经济	股份制经济	外商及港澳台经济
全国	47.3	11.8	27.4	50.1	12.3	7.9
广东	25.0	6.5	58.3	40.1	15.3	17.7
浙江	19.6	10.7	18.7	37.3	18.3	4.0
甘肃	76.4	11.6	3.5	70.3	8.4	1.9
青海	89.1	5.7	2.4	63.6	20.8	1.5
宁夏	73.0	6.5	7.5	62.1	14.0	1.3

注:其余为集体、个体、联营经济等。

手”(中小城市)是本城市带的一个突出问题。虽然黄河上游水电有色金属开发区早已作为全国生产力布局中的一个重点开发区,但带内城市因分属于三个省区而缺乏全带的统一规划和协调机制，城市间还未形成较完善的空间联系网络。而城市带与3省区其他城镇的联系协作以及与其他城市带的交流合作，则尚处于初级状态。

4.2 改革滞后，国有经济比重过大，市场化程度差

兰西银带与东部发达省市的城市带相比，一个重要差距是在建立市场经济体制和有序高效的运行机制上的滞后，城市带的经济结构调整步伐小，最突出的问题是在所有制结构上国有经济比重过大，尚未形成非公有制经济持续健康发展的良好环境，导致非农产业发展缓慢，而国有企业的现代企业制度改革也尚未真正彻底解决。另一重要问题是政府职能转换跟不上经济全球化和加速西部开发步伐的形势发展要求。市场培育落后，特别是资本、人才、技术、房地产等要素市场很不完善。表7反映了兰西银带所在省区的不同所有制比重状况。由此，也导致企业、城市、区域经济的竞争力较弱、工业经济效益较差的现状(表8)。因此这里要着重指出，兰西银带及其周边区域城市化水平低的主要原因是工业化不足问题，这与东部发达省市个体私营经济和三资企业迅速发展，但未能在空间上有效集聚导致的城市化落后于工业化具有不同的性质。

4.3 开放度小，国际化程度低

兰西银带当前最大的问题是对外开放、东西合作尚处于很低层次。从表2、表5看出，兰西银带与其他城市带差距最大的当为实际外商直接投资数额，比重庆成都带、西安宝鸡带、包头呼市带等西部城市带均低了一个数量级，比东部发达区的福厦城市带低了2个数量级，人均额仅相当于1.7%。近些年来，西部省区在国家大力支持下，固定资产投资额迅速上升，投资年均增长率远高于全国平均水平，为东部和海外的各类生产要素进入西部提供了巨大商机。一些跨国公司已纷纷抢滩重庆成都带、西安宝鸡带等西部城市带投资市场，但兰西银带在这方面基本上仍未取得重要突破。而在经济全球化形势下，外

表8　2000年工业企业经济效益指标比较

省区	全部国有及规模以上非国有工业				三资工业企业			
	总资产贡献率(%)	流动资产周转次数(次/年)	成本费用利润率(%)	全员劳动生产率(元/人年)	总资产贡献率(%)	流动资产周转次数(次/年)	成本费用利润率(%)	全员劳动生产率(元/人年)
全国	9.00	1.62	5.56	45679	9.76	1.89	49.68	71403
广东	8.55	1.87	4.82	59775	8.43	1.97	82.52	59588
浙江	11.26	2.02	5.77	48268	11.18	1.97	58.69	54164
甘肃	5.10	1.08	1.34	26819	5.44	1.01	22.30	43974
青海	4.77	0.63	0.41	41175	4.49	2.77	39.14	288542
宁夏	5.50	1.20	1.87	32874	7.98	1.05	26.99	62344

表 9　　甘青宁固定资产投资年增长率和外商直接投资(FDI)比重　　(%)

省区	1996		1997		1998		1999		2000		2001	
	年增长率	FDI 比重	年增长率	FDI 比重	年增长率	FDI 比重	年增长率	FDI 比重	年增长率	FDI 比重	年增长率	FDI 比重
全国	14.8	15.1	8.8	15.0	13.9	13.2	5.1	11.2	10.3	10.2	13	10.4
甘肃	42.0	3.6	17.0	1.4	24.5	1.1	17.9	1.0	11.2	1.3	16.4	1.3
青海	46.2	0.1	13.9	0.2	23.0		7.7	0.3	29.0		29.9	1.5
宁夏	16.0	0.6	19.1	0.6	24.4	1.4	20.0	3.3	23.0	0.9	21.3	0.7

表 10　　2000 年甘青宁外向型经济发展差距

省区	进出口额占 GDP 比重(%)	外商企业进出口额占进出口额比重(%)	FDI 占全社会固定资产投资比重(%)	人均国际旅游收入(元)
全国	44.5	49.9	10.2	106.0
广东	145.6	54.1	29.7	393.0
浙江	38.1	33.7	5.7	91.0
甘肃	4.8	9.9	1.3	17.8
青海	5.0	5.8		11.2
宁夏	13.8	13.8	0.9	4.5

商直接投资将成为不发达地区城市发展极其重要的动力因素。从表 9、表 10 可见，兰西银带所在的甘青宁 3 省区虽然近年来投资增长较快，但外商直接投资占总投资的比重仍处很低水平，成为全国开放度最小、城市国际化程度最低的地区，这对该区域的发展后劲将构成严重影响，必须引起高度重视。

5. 发展趋势和战略选择

5.1 加快城市带交通通道建设

一是加强新亚欧大陆桥多端束状桥建设，依托大陆桥建设东西合作、双向开放的工业园区、高新科技产业园区、高新科技农业试验园区、出口加工区、保税区等开放节点。

二是大力提高城市带流通领域的现代化水平，推广连锁经营、物流配送、网上销售等现代经营形式，推进流通组织创新，逐步实现城市间客运快速化、货运物流化和运输管理智能化。

三是建设联结东西部、国内外的宽带高速信息网络，推进企业上网工程，把兰州、西宁、银川电子商务港建成国内外知名的网上交流平台。除了依靠国家投入倾斜、当地政府努力之外，要在市场化充分发育、与国际经济规则接轨的前提下，多渠道多元化地筹集基础设施建设资金,积极采用利用东部资金、海外资金的新兴方式,如融资租赁、项目融资、BOT(建设—经营—转让)、TOT(转让—经营—转让)、ABS(资产证券化)等[16]。

5.2 将潜在资源优势转化为现实产业优势和经济优势,走新型工业化和跨越式发展路子

依托当地及城市带周边区域的黄河上游水利水能资源优势,灌溉农业、高原牧业、石油天然气化工和有色、稀有金属冶炼加工等产业基础,独具魅力、举世无双的丝路古道、大漠探险、黄河漂流、高原朝圣等旅游资源优势,在大力加强资源和环境保护、加大生态建设力度的前提下,狠抓经济体制和运行机制的改革创新,通过与外部引入的资本、技术、人才以及品牌、营销网络、先进管理、企业文化等生产要素的有机结合,发展优势产业和特色经济,实现产业重组升级,充分发挥管理者、技术人员和全体劳动者的创造潜能,坚持以信息化带动工业化,以工业化促进信息化,走出一条科技含量高、经济效益好、资源消耗低、环境污染少、人力资源优势得到充分发挥的新型工业化和跨越式、可持续发展的新路子,把兰西银城市带建成我国西电东送北通道的主要电源基地和输电枢纽,以新材料、信息制造业、生物医药制品等为特色的高新技术产业和高载能工业的重要基地,西部优秀旅游城市带,也是与中亚、中东国家开展大规模经济贸易合作、大规模输入石油天然气和有色、稀有金属的开放口岸和运转枢纽,将古代的丝绸之路变成21世纪新的“油气之路”、“金属之路”、“高新技术产品之路”和“旅游者之路”。

5.3 加速城市化,创造局部优势投资环境和国际化程度不断提高的开放社会

甘肃、青海、宁夏3省区要在新世纪头10年实现基础设施建设和生态环境建设的突破性发展,必须推进兰西银城市带等重点地带开发。为此,必须实施加速城市化战略,一方面要促进工业化和服务业现代化,加快城镇工业园区建设和商业小区、住宅小区开发,为农村人口向城镇集中创造物质基础;另一方面,要消除阻碍城市化进程的体制和政策障碍,完善劳动力、土地等要素市场,为农村人口向城镇集中营造体制环境。还要统筹规划各层次城市的空间组织、大型公共服务设施建设[17]。“十五”或“十一五”期间,除现有城市扩大人口和经济规模外,还将有永登、永靖、靖远、景泰、大通、湟中、民和、中卫、永宁、贺兰、平罗等县作为小城市或市辖区成为兰西银城市带的成员,逐步形成大中小城市结构协调、布局合理、分工有序、功能互补、规模适度的城市带体系[18]。

要实施中心城市带动战略,集中较多力量,突出发展兰州、西宁、银川等中心城市,建设好城市的中央商务区、工业园区和各类社区,使其投资环境有极大改善,形成局部地段可与东部某些城市比美、与国际经济规则接轨的优良创业环境,不断提高城市的现代化、国际化水平,使跨国公司、跨地区企业集团和大量非公有制中小企业在此有用武之地,真

正建成吸引大量外商直接投资、东部投资和国家投资的大西北重要增长极和对外开放窗口，对带动腹地区域经济发展做出更大贡献[19]。

5.4 特别重视建设教育城、科技城和城市生态文明

作为兰西银带核心的兰州市，目前拥有国家重点实验室 9 个，国家级和省部级实验室 13 个，各类科研机构 744 家，普通高等学校 13 所，科研人员近 20×10^4 人，已有较强的教育科技实力。兰州国家级高新技术产业开发区进区企业达 501 户。西宁、银川的国家级经济技术开发区、高新技术产业开发区也已打下初步基础。在西部大开发进程中，兰州有条件建成面向大西北的基础理论与技术研究基地，世界科技进入我国西部的桥梁和窗口，西部科技人才培养的摇篮，成为我国西北的著名科技城和教育城。西宁、银川也可建设各具鲜明地区特色的大学城。整个城市带都要特别重视教育、科技、文化发展，形成比较完善的现代化基础教育、职业教育、民族教育、成人教育体系和以企业为主体的技术创新体系，为西北长远的大发展打下坚实的教育科技基础。

兰西银带本身的扩大人口、产业集聚规模，当为周围农村区域减轻对水土资源和环境的压力、大规模治理水土流失和草原退化、土地沙化创造有利条件。城市带本身也要走生态建设产业化、产业发展生态化之路，搞好城市建设的生态规划设计，创造绿色城市群的生态文明，并把城市带与周边区域的生态环境建设有机结合起来，发展生态农业、环保产业和生态旅游业，开发“绿色”产品，实现城市带及其腹地区域经济社会与人口、资源、环境的协调发展[20]。

6. 结论

城市化是不发达地区经济发展和社会进步的重要动力，兰西银城市带的开放、开发、建设对于带动甘、青、宁发展和推进西部大开发具有关键性的拉动作用。

兰西银带作为国家西部开发重点之一西陇海兰新经济带的核心地带，其开发建设对于推进东西合作和双向开放，保障国家资源安全和生态安全，以及增强民族团结，都具有特殊重要的意义和不可替代的作用。

推进西部的现代化进程，必须特别重视城市带工业化和信息化的相互促进，重视以发展知识经济强化城市带的集聚能力和辐射带动效应，不断完善城市与区域经济联动发展的良性机制。

致谢：香港中文大学香港亚太研究所力宝城市研究基金资助杨汝万和吴永辉于 2002 年夏考察兰州、青海与宁夏，谨此鸣谢。

参考文献

[1]牛凤瑞.西部大开发聚焦在城镇.北京:社会科学文献出版社,2002:52~53.

[2]许学强,周素红.20世纪80年代以来我国城市地理学研究的回顾与展望.经济地理,2003,23(4):433~440.

[3]曾菊新,冯娟,蔡靖方.论西部地区的城镇网络化发展.地域研究与开发,2003,22(1):22~25.

[4]金凤君.西部城镇及经济发展评价.陈述彭等编,新经济与中国西部开发.香港:香港中文大学香港亚太研究所,2001:119~126.

[5]许学强.城市地理学.北京:高等教育出版社,1998:16~18.

[6]姚士谋.中国城市群.合肥:中国科技大学出版社,2001:56~63.

[7]苏世荣编.中国城市通览.南京:江苏科学技术出版社,1992:1573~1582,1627~1631,1637~1642.

[8]魏立桥.建设大通道联合走西口.北京:中国计划出版社,1998:15~16

[9]姚建华主编.中国新亚欧大陆桥双向开放经济带建设.北京:气象出版社,2002:45~47

[10]方创琳,张小雷.西陇海兰新经济带节点城市的发展方向与产业分工.地理研究,2003,22(4):455~464.

[11]汪一鸣.不发达地区国土开发整治研究.银川:宁夏人民出版社,1994:117~129.

[12]董锁成.中国西部大开发战略研究.西安:陕西人民出版社,1999:14~22.

[13]中国科学院国情分析研究小组.两种资源两个市场.天津:天津人民出版社,2001:106~108,177~181.

[14]奚国金.西部生态.北京:中共中央党校出版社,2001:3~16.

[15] 汪一鸣. 蒙陕宁甘长城沿线干旱风沙区土地沙漠化防治对策. 水土保持研究,2002,9(3):1~5.

[16]汪一鸣等.闽宁合作动力机制与运行机制.银川:宁夏人民出版社,2001:276~281.

[17]顾朝林.经济全球化与中国城市发展.北京:商务印书馆,2000:102~104.

[18]汪洋主编."十五"城镇化发展规划研究.北京:中国计划出版社,2001:1~15,375~385.

[19]宁夏计委课题组."十五"时期推进宁夏城市化进程研究.市场经济研究,2000,(4):42~45.

[20]董晓峰.城市形象建设理论与实践——新世纪兰州.兰州:兰州大学出版社,2002:187~194,177~186.

固原市城镇化问题及其对策

2002 年对固原市是有重大历史意义的一年,它由一个贫困地区撤地设市,在宁夏回族自治区的地位得到了很大提升。但从固原市目前的经济社会发展指标来看,其城镇化进程与其行政建制改革并不相称。抓住西部大开发和撤地设市的难得机遇,从分析当前主要矛盾着手,提出加快工业化、城镇化步伐的思路,实为当务之急。

1. 固原市城镇化现状及问题

1.1 城镇化水平低

在宁夏 4 个地级市中,固原市人口最多,占全区总人口的 31.5%,而城镇人口最少,仅占全区城镇人口的 8.3%,城镇化率为 8.7%,尚处于城镇化的起步阶段,与其他 3 市差距极大(表 1)。全市城镇人口数量少,经济规模小,城镇经济发展水平低,市政基础设施落后,城镇功能很不完善。

1.2 发展缓慢

固原市 1990 年城镇化率为 5.2%,经过 10 年,仅提高了 3.5 个百分点,在城镇人口基数低的情况下(1990 年仅 8.23 万人),城镇人口 10 年间只增加了 6.72 万人。由此,城镇化率与自治区平均水平的差距,由 1990 年 18.3%扩大到 2000 年 24.2%(表 1)。

1.3 中心城市的带动作用薄弱

由表 2 可知,原州区作为固原市的中心城市,城镇人口仅 6.7 万人,城镇化率仅 14.2%,只高出全市平均水平 5.5%。2001 年人均 GDP 仅 1 742 元,相对于银川市辖区(城镇化率为 86.5%,高出全市平均水平 27.2%,人均 GDP 12 779 元)、石嘴山市辖区(城镇化率为 100%,高出全市平均水平 39.8%,人均 GDP 11 255 元)、吴忠市利通区(城镇化率为

发表于《宁夏大学学报(自然科学版)》2003,24(3):275~278

39.5%，高出全市平均水平 15.3%，人均 GDP 7 069 元），原州区的人口较少，经济规模较小，经济实力过于薄弱，很难起到中心城市对区域经济的龙头带动作用和辐射效应.

表 1　固原市城镇化率与其他 3 市的比较

城市	2000 年			2001 年	1990~2000 年	
	总人口（万人）	城镇人口（万人）	城镇化率（%）	人均 GDP/ 元	城镇人口增量 / 万人	城镇化率提高百分点 /%
全区	548.64	180.39	32.9	5 340	70.81	9.4
银川市	142.75	84.61	59.3	9 331	36.18	13.7
石嘴山市	67.54	40.68	60.2	7 959	6.70	5.6
吴忠市	165.61	40.15	24.2	5 232	21.21	10.5
固原市	172.74	14.95	8.7	1 402	6.72	3.5

注：表 1 至表 5 根据宁夏回族自治区统计局第 4 次、第 5 次人口普查资料[1−2]及《2002 年宁夏统计年鉴[3]整理，数据按现行行政区划统计。

表 2　固原市各区县城镇化状况

区县	2000 年			1990−2000 年		2001 年
	总人口 / 万人	城镇人口/ 万人	城镇化率/%	城镇人口增量 / 万人	城镇化率提高百分点 /%	人均 GDP/ 元
原州区	47.07	6.70	14.2	2.24	4.0	1 742
海原县	34.40	7.0	7.0	1.41	3.6	1 159
西吉县	40.32	2.08	5.2	1.09	2.5	1 013
隆德县	19.72	1.86	9.4	1.24	6.0	1 908
泾源县	8.13	0.65	8.0	0.18	2.9	1 242
彭阳县	23.10	1.25	5.4	0.56	2.2	1 364

表 3　固原市从业人员产业结构与自治区、吴忠市的比较

市县	1990 年				2000 年			
	第一产业	第二产业	第三产业	城镇化率	第一产业	第二产业	第三产业	城镇化率
全区	72.4	14.1	13.5	23.5	63.9	14.9	21.2	32.9
吴忠市	78.9	9.9	11.2	13.7	67.3	13.3	19.4	24.2
固原市	90.9	2.1	7.0	5.2	85.7	4.3	10.0	8.7
原州区	86.3	4.1	9.6	10.2	78.9	6.1	15.0	14.2
西吉县	93.9	0.9	5.2	2.7	93.0	1.4	5.6	5.2

表 4　　2000 年固原市人口流动状况与其他 3 市的比较

市县	外来常住人口(万人)	区域流入率(%)	进入城镇的外来人口(万人)	城镇流入率(%)	外出半年以上的人口(万人)	区域流出率(%)
全　区	67.25	12.3	49.77	27.6	63.24	11.5
银川市	35.29	24.7	29.25	34.6	15.50	10.9
石嘴山市	10.48	15.5	8.88	21.8	10.41	15.4
吴忠市	15.10	9.1	8.39	20.9	15.69	9.5
固原市	6.38	3.7	3.25	21.7	21.64	12.5
原州区	2.60	5.5	1.52	22.7	6.45	13.7
西吉县	0.64	1.6	0.34	16.3	6.06	15.0

2. 固原市城镇化严重滞后的主要原因

城镇化滞后是经济贫困、社会落后的综合反映，而造成城镇化滞后的原因又牵涉到多种因素，现从 4 个主要方面做一简要分析。

2.1 经济结构调整进展不大

由表 3 可知，固原市的绝大部分劳动者仍从事农业劳动，二、三产业发展缓慢，1990~2000 年产业结构比例变化不大。全市最落后的西吉县人员产业结构基本停滞不前。没有二、三产业的大发展，城镇无法提供更多新的就业岗位，也就失去了城镇化最根本最重要的物质基础。实际上，20 世纪 90 年代西吉县、泾源县等二、三产业从业人员比例和城镇化率有所提高，但主要是靠吊庄移民和劳务输出而减少相当数量的农村人口来实现的。

2.2 区域基础设施和城镇投资环境建设不完善

虽然近几年加大了在生态、水利、交通、通讯、能源和城镇公用设施方面的建设力度，变化显著，但总体上城镇的投资环境仍较差，个体私营经济的创业环境仍不够宽松、优越，对区内外人才、资金、劳动力等生产要素的吸引力小，城镇集聚能力弱。当地农民进城打工、创业或劳务输出，主要流向东部沿海城市或宁夏北部川区城市。由表 4 可知，人口流动特别是进入城镇的外来常住人口（主要为中长期劳务输出人员和投资创业者）是城镇化的重要动力，因为随着人流的活跃，也必然会发生物流、资金流、信息流的加速联动效应。即使是城镇化十分落后的西吉县，进入城镇的外来常住人口也占到当地城镇人口的 16%以上。与其他 3 市相比，固原市投资环境不佳，突出表现为外来常住人口少，人口流动率特别是区域流入率小，进入城镇的农村人口少，外出人口（主要为中长期劳务输出人口）远多于外来人口。

2.3 人力资源开发水平低

从宏观上看，人力资源开发水平是当地经济社会能否健康发展的长远性因素；从微观上看，则是个人竞争就业岗位的决定性因素，缺乏文化和熟练技能是一般农民进入城

表 5　固原市教育文化水平与其他 3 市的比较

市县	现有人口的文化水平综合指数	外来常住人口的文化水平综合指数	人员产业结构综合指数
全区	50.9	61.8	65.0
银川市	60.1	67.6	73.8
石嘴山市	58.4	56.7	71.6
吴忠市	51.5	54.7	63.6
固原市	39.0	52.1	56.3
原州区	41.5	59.1	59.3
西吉县	35.9	42.3	53.2

注:以 6 岁以上人口受教育程度的不同比例,按定性排序与定量转换公式求得文化水平综合指数;产业结构综合指数的算法相同。

镇的主要障碍。因此,区域人力资源开发水平与产业结构水平、人口流动率、城镇化率等指标呈正相关关系。由表 5 可知,文化水平指数与产业结构指数有很好的对应关系。固原市文化水平综合指数和产业结构综合指数均远低于自治区其他 3 市的平均水平,而外来常住人口的文化水平综合指数则较高。

2.4 思想观念和发展思路的影响

长期以来,固原地区作为全国闻名的贫困地区,一直把主要精力放在发展农业和扶贫开发上,而对发展非农产业和城镇化重视不够。一些干部往往认为:先解决吃饭问题,其他事情往后放,缺钱、缺人才、条件差很难发展非农产业,城镇化时机还不成熟。这些错误观念在诸多体制和政策上的积累形成了保持城乡二元结构的人为障碍。实际上,推进城镇化与大搞生态建设、扶贫开发在主要方面是相辅相成的,只要处理好具体问题,它们之间不但不矛盾,还可以相互促进。近年来,一些干部走出观念误区,对只有减少从事农业劳动人口才能富裕,城镇化是最终解决三农问题和减轻农村超载人口对资源环境过重压力的根本出路的道理有了初步认识。

3. 固原市加速城镇化进程的主要对策

3.1 解放思想,更新观念

只有实现了观念创新,才能谈得上体制、机制、政策的创新。要在深刻领会党的十六大精神和坚决贯彻自治区党委九届二次全会精神的基础上,把实施城镇化战略作为固原市加快发展的重要战略抓紧落实,千方百计想办法,一心一意求发展,走出一条贫困地区城镇化的新路。

3.2 坚持走新型工业化道路

强调四个结合,把大力发展畜产品加工业、马铃薯淀粉产业、中药材加工业、林果加工业、小杂粮和胡麻等经济作物产品加工业与推进农业产业化紧密结合起来；把积极发展建材工业、建筑业、房地产业与推进城镇建设结合起来；把加速发展教育科技产业、建设工业科技园区与用先进技术、高新技术改造提高传统产业结合起来；把推进信息化、市场化与提高二、三产业比例紧密结合起来，不断完善信息服务体系和商品市场、要素市场体系。从当地水资源紧缺、生态环境脆弱的实际出发，大力发展资源节约型特别是节水型工业，严格控制高耗水工业、污染型企业的发展。要大力发展生态旅游、交通通讯、商贸流通、文化教育、金融保险、中介服务等各类现代服务业。宁夏 20 世纪 90 年代的人口数据说明，每提供 1 个城镇非农就业岗位，即可增加 2.0 ~ 2.9 个城镇人口。因此，今后要把增加城镇就业岗位列为各级干部任职考核的主要任务指标，力争在今后四五年内使非农产业比例有一个突破性进展，以此带动城镇经济的全面繁荣。

3.3 突出发展地区性中心城市———原州区

要加快固原市的城镇化进程，首先必须把原州区做强做大。

3.3.1 集中较多的人力、物力、财力，建设好以固原扶贫发展试验区为代表的工业园区，极大地改善其软硬投资环境.以工业科技园区局部环境的较高集聚力参与西部投资市场的竞争，争取在三四年内将其建设成西部少数民族聚居地区的最佳投资热点之一，成为个体私营企业的创业乐园。

3.3.2 以加快六盘山旅游扶贫开发试验区的开发建设和经营管理为中心，积极建设中心城市的旅游商务区（TBD）、环城游憩带（ReBAM），逐步形成以原州区和泾源县为枢纽的全市旅游网络，以旅游业为龙头带动全市服务业的大发展。争取中心城市的城镇人口尽快达到 20 万人以上，人均 GDP 赶上自治区平均水平。

3.3.3 通过完善土地市场，在盘活土地资源、“以地生财”上做文章，实行有序的房地产开发，加速城镇公用设施建设，充实城镇功能，提高规划、管理水平，使城镇生态建设与区域生态建设有机结合，把原州区建设成宁夏南部地区的工业、交通、旅游商贸和教育文化中心。

同时，应重点加强 5 个县城和几个条件较好的中心镇的建设，逐步形成结构协调、布局合理、分工有序、功能互补、规模适度的城镇体系，吸引更多的农村人口向城镇集聚[4]。

3.4 为农村劳动力的战略转移创造条件

要使农村劳动力从分散的农村向城镇顺利转移，必须做好以下工作：

3.4.1 建设农村劳动力培训基地和完善教育体系。人力资源开发是促进落后地区人口加速流动及加快城镇化进程的根本性措施。从近期急需来看，要以市场为导向，大力发展城镇需求量大的建筑技工、物业修缮、家政服务等系列职业技术培训，为农民进城打工和劳务输出提供智力、技能开发服务。政府可从扶贫开发基金、以工代赈资金中切出一块，专门用于青年农民的职业培训工作。从中期来看，要加强不同层次职业教育网络的建设，使初中毕业生、高中毕业生都能够进入合适的职业技术学校（学院），学得一技之长。从长远来看，要完善基础教育体系，保证所有儿童都能受到合格的义务教育，包括农村劳动力进入城镇后其子女应享有与城镇居民子女同等待遇的义务教育。这是保证农村人口参与城镇就业权利，实现经济社会可持续发展的根本所在[5]。

3.4.2 制定、完善农民进城的系列化政策，取消一切不利于城镇化和歧视进城民工的制度和规定，保障农民进城打工的合法权益，包括就业、医疗、保险及其他社会保障等各种必要措施，使他们进得去，留得住，长期在城镇生活、发展。

3.4.3 大力总结推广农村劳动力向城镇转移取得成功的先进经验，建立不同层次的劳动力市场，完善系列化的咨询、中介、服务体系。

3.5 继续实施《人口和计划生育法》及生态移民计划

近年来固原市城镇化率有一定的提高，一个重要因素是其人口自然增长率逐步下降（主要是农村人口自然增长率下降），加之其向中北部灌区移民 20 多万人，使得农村人口数量下降较多。最典型的泾源县通过严格计划生育和向银川市等地移民 2 万多人，农村人口由 1990 年的 8.77 万人下降到 2000 年的 7.48 万人，总人口也由 9.24 万人降至 8.13 万人，虽然 10 年间城镇人口仅增 1 800 人，但城镇化率还是提高了 2.9%。今后除大力引导农民向城镇转移和从事劳务经济外，还要出台少生优生的奖励政策，继续严格控制人口增长，同时要坚持把某些水土资源贫乏、生态极度脆弱、缺乏基本生存条件的偏僻山村、自然保护区、禁农禁牧区的农村人口，通过纳入自治区生态移民计划，逐步搬迁至川区绿洲和其他合适居住的地方。

参考文献

[1] 宁夏回族自治区人口普查办公室.宁夏回族自治区 1990 年人口普查资料[M].北京：中国统计出版社，1992：5～20.

[2] 宁夏回族自治区第 5 次人口普查办公室.宁夏回族自治区 2000 年人口普查资料[M].北京：中国统计出版社，2002：3～25.

[3] 宁夏回族自治区统计局.2002 年宁夏统计年鉴[M].北京：中国统计出版社，2002：2～32.

[4] 宁夏计委课题组."十五"时期推进宁夏城市化进程研究[J].市场经济研究，2000，（4）：42～45.

[5] 汪一鸣.大力推进农村劳动力的战略转移[J].市场经济研究，2002，（6）：19.

《兰州城市概念规划研究》序

20 世纪 90 年代以来，随着经济全球化、区域一体化发展趋势的强化，在北美、欧洲的学术界、规划界出现了一股可谓“新城市主义”、“新区域主义”（包括西方“马克思区域主义”）的思潮，其主要特点是：关注城市、区域的特性研究，通过定性、定量分析的结合，把握城市环境结构、环境感知与行为模式的相互关系；直面城市市区与郊区之间、城市之间、城市与区域之间的差距、矛盾及相关社会问题；综合考虑社会公平、环境优化、经济增长的“3Es”（Equity，Environment，Economy）可持续发展目标；重视经济社会发展规划与区域规划、城市规划的配套、协调及发挥其指导作用；探索城市群、都市圈协调发展的组织形式和联合管治的运作机制，等等。这些思想，对我国城市发展理念无疑提供了若干有益的启示。

面对我国新世纪实施社会主义现代化建设第三步战略部署特别是头 20 年全面建设小康社会的目标和任务，党的十六届三中全会明确提出，“坚持以人为本，树立全面、协调、可持续的发展观，促进经济社会和人的全面发展”；强调“按照统筹城乡发展、统筹区域发展、统筹经济社会发展、统筹人与自然和谐发展、统筹国内发展与对外开放的要求”，推进改革和发展。科学发展观是我国全面建设小康社会和实现现代化的根本方针，当然也是推进城市化进程、实施西部大开发的根本指导思想。

以科学发展观为依据，参照国内外城市规划发展趋势，近年来我国城市发展的概念规划（或战略规划，协调规划）——一种新的城市规划类型正迅速兴起，方兴未艾，其主要特点是从区域的视角、宏观的层面、战略的思维、协调的理念来构架和描绘城市发展、布局的蓝图，在某种意义上，它已成为城市总体规划的“预研究”或“预规划”。杨永春博士的

发表于《兰州城市概念规划研究》，甘肃人民出版社，2004：1～2

新著《兰州城市概念规划研究》正是在这种全球背景和国家方针指引下应运而生的。

在我看来,该书有几个鲜明的特色:

一是研究基础扎实。永春学习于兰州,工作于兰州,对兰州这个城市怀有深厚的感情。记得他攻读硕士学位时,我与兰州商学院安成谋教授,协助李吉均院士,一起作为永春的导师,反复商定他的学位论文时,即明确以兰州作为主要案例,研究中国西部河谷型城市的发展与空间结构问题。此后,他又在兰州的城市土地分等定级、土地定级估价、土地价格调查、土地利用规划、城镇体系研究、都市圈研究、新区建设研究等众多领域做了大量工作,取得了系列化的成果。在师从南京大学曾尊固教授攻读博士学位期间,继续坚持这一研究方向,在完成博士学位论文的基础上,出版了《中国西部河谷型城市的发展与空间结构》(2003)一书。认准方向,耕耘不辍,必有所成,本书即是上述一系列研究的延续与深化拓展的产物。

二是视野全面广阔。本书作者对兰州城市发展进行了多角度、全方位的探 索:历史与现状,自身(优劣势)与环境(机遇与挑战),产业结构与空间布局,生态环境优化与文化特色创新,旧城改造与新区开发,城市群与都市圈发展,体制改革与政策建议,等等,显示了作者比较开阔的知识视野和比较丰富的研究积累,说明读书和实地调查不少,掌握资料颇多,在许多问题上有自己的独立思考和新颖见解。当然,有些问题的研究还只是一个开端,尚需进一步下工夫去探索、去深化。

三是重视城市与区域的互促联动效应。有人认为,在当今信息化与工业化相互促进的形势下,中国正处于以都市区(都市圈)化带动城市化的新时代。西部工业化、城市化水平低,要较快提高城市的综合竞争力,有必要更加重视以发展知识经济强化的城市群、都市圈的集聚能力和辐射带动效应。本书对于兰州的市区与市域、都市圈与城市群(带)各层次给予了更多的关注,提出适时跳出河谷、开拓新的战略空间的思路,从区域的角度规划解决城市的产业布局、交通网络、生态环境、旧城改造、新城建设等一系列关键问题,以此支撑兰州城市未来的更大发展,并使之形成城市与区域经济联动发展的良性机制,这些观点是很有见地的。

在此,我要祝贺凝聚着杨永春博士许多心血的新著问世,同时更希望永春潜心钻研,学问精进,不断推出更趋成熟的创新著述。也期盼有更多的青年才俊投身西部城市化研究领域,为构筑西部城市化知识创新体系、推进西部大开发贡献聪明才智!

附 录

作者简历及学术活动足迹

1935 年　11 月 6 日生，江苏省青浦县（今上海市青浦区）朱家角镇人。父亲在上海市区宝大祥布庄当店员，母亲多数时间寄居于沈巷镇港圩村外祖父家。

1937 年　“8·13”事变，日寇占领上海地区（包括青浦县城、朱家角镇），母亲携我坐亲戚农船逃难，漂泊于泖湖水乡。

1942 年　一飞、一鹏弟于 1938、1941 年出生。日寇每坐汽艇下乡巡逻扫荡，全家即躲藏于宅后竹林。1941 年上海百业萧条，父亲被裁员失业，后在朱家角镇成丰布店当店员。1942 年 8 月由沈巷镇天主教堂小学转学至朱家角镇雪葭浜小学二年级。

1945 年　8、9 月间日本投降，全校师生白天上街贴标语，晚上参加庆祝抗战胜利提灯会。

1947 年　小学毕业考入约光初级中学。在小学、初中地理老师引导下，喜爱地理科学，读了不少课外地理书和探险、科幻小说。

1949 年　5 月 14 日解放军进驻朱家角镇。10 月 1 日在济青中学广场集会听北京开国大典实况广播。成丰布店关门、父亲失业，因年迈无法再就业，全家陷入经济危机，以变卖布料（布店解散费）、家具为生。

1950 年　母亲患伤寒，全家贫病交迫，一飞弟辍学（后上夜校），我初中毕业四处求职。初中校长金尚华先生向政府力荐我担任新组建的青浦县人民法庭第四分庭书记员，12 月初上班，参加土地改革、镇压反革命运动。

1951 年　11 月初调新组建的青浦县农村社会教育工作队佘干区分队做农村冬学（扫盲）工作。

1952 年　2 月调任青浦县佘干区方家窑中心小学教员。

1954 年　因组织学生课外地理活动，被评为全县优秀教师。7 月初加入共青团。

1955 年　8 月中调任青浦县城厢二中心小学（后改名青浦实验小学）副教导主任。9 月底江苏省教育厅临时抽调去江苏人民出版社下属江苏教育社编写全国小学语文教学参考资料。第一篇文章“在地理教学中贯彻基本生产技术教育”发表。

1956 年　2 月正式调任江苏教育社助理编辑，参与编写参考资料 6 种和《江苏教育》半月刊编辑工作。第一篇地理科普文章“太阳辐射强度的变化”发表。

1957 年　以同等学力考取北京大学地质地理系经济地理专业，9 月离职去北大。一飞、一鹏弟同时考取复旦大学、北京大学。课余在北大职工业余中学任教。

1959 年　暑期山西省太原、大同工业地理调查实习。

1960 年　暑期辽宁省本溪市区域规划实习。

1961 年　暑期农业部农业地理调查实习。

1962 年　考察京包线丰沙段铁路工程地貌、天津塘沽新港、秦皇岛港，毕业论文“中国港湾类型及其经济评价”，指导老师杨吾扬教授。毕业分配至中国科学院地理研究所经济地理研究室任研究实习员，被指定当吴传钧研究员助手。在吴先生指导下参加三基（基本理论、基础知识、基本方法包括英语）学习。

1963 年　参与中共中央华北局委托课题《华北工业布局研究》，与吴传钧先生合写“华北主要城市工业用水问题”（参与地理研究的第一份调研报告）。

1964 年　参与《华北地区经济建设战略布局分区》调研。考察大连、上海等城市工业用水问题，写出第一篇地理研究论文“水源条件在工业布局中的作用”。

1965 年　参与《内蒙古西部工业布局》调研。下半年参加甘肃酒泉地区农村社教运动。

1966 年　上半年参加甘肃武威地区农村社教运动。下半年开始参加“文化大革命”运动。

1968 年　4 月 14 日与李承爱在家乡结婚。

1971 年　调至世界地理研究室，参与波斯湾—日本海上航线地理、美国核电站地理、越南自然地理、斯里兰卡自然地理等研究。

1972 年　长子海江 2 月 25 日出生于新疆上游水库。父亲 8 月 23 日在北京病逝，享年 78 岁。

1974 年　下放河南确山中科院‘五七’干校劳动一年。母亲 3 月 20 日在家乡病逝，享年 75 岁。

1975 年　10 月调宁夏农业科学研究所情报资料室（后改宁夏农林科学院情报研究

所),从事期刊编辑、国外科技情报等工作。

1976 年 次子海川 8 月 9 日出生于银川。

1979 年 6 月出席全国农业科技情报工作会议(柳州)。评为助理研究员。

1980 年 开始参与银川市城市总体规划、黄河黑山峡河段开发方案比较和大柳树水利枢纽工程等研究咨询工作,业余开展宁夏历史地理调查研究。12 月加入中国共产党。

1981 年 参与《中国大百科全书·中国地理卷》编撰,任西北地区副主编。中国建筑学会城市规划学术讨论会提交论文"从银川城历史发展谈银川城市总体规划的几个问题"。

1982 年 11 月下旬出席中国地理学会、中国国土经济研究会联合召开的首届国土整治学术讨论会(南京)。

1983 年 9 月中旬出席中国古都学会成立大会(西安)。

1984 年 3 月调宁夏计划委员会(以下简称计委)国土处(后转国土整治办公室),任正处级主任工程师。3 月 14 日起恢复写日记(原从 1950 年 12 月起写日记,文革初烧毁)。主持宁夏南部山区国土规划试点工作,实行领导干部、计划业务人员、科技工作者三结合,与重大建设项目前期工作紧密结合等成功举措。5 月开始参与灵武煤矿区、大坝电厂、矿区至电厂铁路建设等可行性研究审查;出席中国国土经济研究会学术会(黄山)。11 月上海大百科全书出版社中国地理卷西北地名条目讨论,并由沪坐船至重庆出席中国地理学会环境变迁讨论会。12 月中下旬全国国土规划工作会议,国土局长陈鹄等告知,国家计委筹建国土规划研究中心急需学术带头人,商议调我,但电话与宁夏计委主任邓溪晨商调未果。应聘为中国地理学会经济地理专业委员会委员、中国自然资源研究会理事。

1985 年 参与宁夏经济和社会发展第七个五年计划讨论定稿。3 月开始参与《中国地名词典·宁夏卷》编撰工作。9 月向国家计委国土局报送宁南山区国土规划初稿,11、12 月与国土局、中国科学院、北京大学等各方专家座谈讨论国土规划修改意见。应北京大学研究生院聘为 4 名硕士研究生论文评阅人、论文答辩委员会主任。

1986 年 5 月底 6 月初特邀中国科学院吴传钧院士及北京大学、北京师范大学、兰州大学、中国社会科学院等专家来宁夏,宁夏南部山区国土开发整治总体规划通过评审。10 月国家计委国土局以计国土【1986】81 号文件将该规划发送各省(市、区)和计划单列市"参阅",是国家计委向各省(市、区)正式发文转发的唯一一份地区国土规划,宁南山区国土规划试点成功经验在全国产生广泛影响。6 月 5 日宁夏国土经济研究会成立,当选第一届理事会秘书长。1 月起应宁夏大学地理系之聘,为本科毕业班开设国土开发整治规划专题讲座。3 月出席西北发展战略研讨会(兰州)。5 月出席中国国土经济研究会学术会(广东斗门县白藤湖)。11月底出席中国古都学会学术会(杭州)。12月出席中国自然资源研究会资源开发和国土规划讨论会(北京)。

1987年 主持宁夏回族自治区国土规划编制工作启动。结合开展区计委重点研究项目“宁夏经济社会发展中几个主要问题研究”、“宁夏‘八五’发展目标与对策研究”,负责宁夏生产力布局、经济区划等子课题。2月起主持宁夏重点研究项目“宁夏生态环境评价与科技发展战略”,首次提出宁夏生态环境现状评价、问题、区划、发展趋势、战略对策。3月出席中国科学院黄土高原综合考察座谈会(北京)。7月参与宁夏伊斯兰经济特区规划论证会;特邀北京大学朱德威教授等举办系统动力学和灰色系统模型讲习班。7月底8月初新疆阿勒泰地区国土规划评审会作大会发言。应聘银川市地名委员会顾问。

1988年 1月出席中国自然资源研究会第二次会员代表大会暨学术讨论会。5月参加北京大学90周年校庆活动暨经济地理专业发展座谈会。9月出席黄土高原历史地理讨论会(太原)。10月出席中日合作编制海南岛国土规划现场会。12月获高级工程师任职资格,应聘为中国地理学会人文地理专业委员会委员。

1989年 3月出席全国国土规划工作座谈会(济南)。5月参加国家计委地区经济研讨班(烟台)。

1990年 主持国家自然科学基金项目“不发达地区综合开发与城镇群体发育相互作用机制”,构建模拟宁夏城镇化发展的空间动力学模型、系统动力学仿真模型。1月出席青海柴达木国土经济动态仿真系统成果评审会(西宁)。6月陪同美国堪萨斯大学麦考尔教授一行考察宁夏。8月国际地理联合会亚太区域地理大会(北京)作英语发言。10月全国人文地理、经济地理学术讨论会(上海)作大会发言。11月下旬出席全国“八五”农业持续发展、区域开发试验项目专家评审会(北京)。12月出席中国西部地区资源开发与发展战略讨论会(北京)。第一部合作专著《宁夏生态环境评价与科技发展战略》出版。应聘为兰州大学城市研究中心、地理科学系客座教授、兼职硕士、博士研究生导师。

1991年 1月主持宁夏国土开发整治总体规划专家论证会,8月底通过评审,评审意见认为规划在理论方法上有所创新,达到省区级国土规划领先水平。在全国有关会议和某些省计委、高校介绍规划经验。5月下旬出席中国科协第四次全国代表大会。6月邀美国堪萨斯大学麦考尔教授一行举办地理信息系统培训班。8月下旬作为中国科学院黄土高原综合治理专家委员会委员,参与国家“八五”科技攻关项目《黄土高原水土流失综合治理和农业发展》及其14个专题研究成果评审会(西安)。9月上中旬出席甘肃省国土规划评审会。10月下旬中国城市规划学会国外城市研究讨论会(西安)作大会发言,受到与会者很高评价,认为是“洋为中用”的一个典型,当选中国城市规划学会国外城市规划研究专业委员会委员。12月上旬出席地理科学建设与西北开发研讨会(兰州),成立中国地理学会西北建设分会,当选理事会秘书长。应聘宁夏土地管理局技术顾问。

1992年 主持国家自然科学基金项目“中国国土规划方法论研究”,配合申报国际合作项目“中国—比利时现代化乡镇建设及规划方法论比较研究”。3、4月间考察美国田纳西河流域和南加利福尼亚州水资源开发和区域经济发展,途经台北、香港。5月兰州大学本科生、研究生学术讲座,参与硕士、博士研究生论文答辩。8、9月间开展全区各城镇综合考察。10、11月间进行京、沪、苏、浙、闽等省市国土规划理论方法经验考察。应国家计委王一鸣之邀参与“跨世纪中国区域经济发展问题”课题研究。应聘为中国科学院“八五”科技攻关项目黄土高原水土流失区综合治理专家委员会委员、宁夏计委专家咨询委员会委员、宁夏社会科学经济学科规划组成员。10月起享受国务院特殊贡献津贴。

1993年 参与国家能源部“2050年中国能源战略研究”项目。3、4月间出席中国区域科学协会学术会(徐州)、中国历史地理国际学术讨论会(长沙),顺访湘、赣等省考察国土规划经验。5、6月间出席中国地理学会沿边开放与沿海开放协调发展学术会(昆明),兰州大学研究生学术讲座。9月干旱区环境整治与资源合理利用国际讨论会(银川)作大会发言。10月发展中国家区域科学国际讨论会(北京)作英语发言。担任宁夏计委工程系列高级技术职务任职资格评审委员会主任,应聘宁夏社科院特约研究员。

1994年 参与宁夏“九五”经济社会发展规划编制。主持“宁夏能源技术政策”研究,成果由自治区政府以宁政函【1995】48号文(1995年8月25日)发布。主持《宁夏百科全书》地理分编编撰。1月下旬出席全国国土工作会议(广州)。3月中旬出席大柳树工程坝址工程地质地震地质评价讨论会(北京)。5、6月间参与国家计委重点课题“我国地区经济协调发展研究”贵州等地调研。7月起受香港中文大学杨汝万教授委托,指导其博士研究生吴永辉在宁夏做反贫困战略博士论文。11月下旬陪同地质矿产部院士、专家考察大柳树工程坝址。第一部个人地理研究文集《不发达地区国土开发整治研究》出版。8月通过教授级高级工程师任职资格。任宁夏计委学术委员会副主任兼秘书长,应聘宁夏科委专家咨询委员会委员。

1995年 任《中国自然资源丛书·宁夏卷》副主编,提出宁夏农业自然资源区划、矿产资源区划、资源经济区划。4月下旬至6月初访问考察比利时列日大学地理系、瓦隆区国土整治及规划经验,顺访德国国土规划科学院、吉森大学,法国巴黎师范大学等。6月中下旬陪同美国格伦教授一行考察陕北、宁夏、甘肃等地。7月上中旬陪同比利时列日大学奥泽教授一行考察宁夏。8月上旬出席中国西部经济发展战略国际研讨会(兰州)。9月下旬出席未来学研究研讨会(西安)。10月去北京有关单位联系太中银铁路提前建设可行性有关问题。

1996 年 1 月出席全国国土地区工作会议(厦门)。7 月正式提出“关于加强太中铁路建设前期工作的建议”。应聘宁夏科协宁夏科技讲师团教授。

1997 年 闽宁两省区合作开展“闽宁对口帮扶、长期合作的思路、对策和项目选择研究”,9 月陪同福建专家考察宁夏贫困县,11 月去福建有关市县考察。该项目于 1999 年提升为科技部软科学项目“闽宁合作的动力机制和运行机制研究”。主持国家自然科学基金项目“宁夏扬黄灌区可持续发展研究”。中国科协授予全国首届优秀科技工作者荣誉称号。

1998 年 1 月出席黄河上游国土开发整治规划评审会(兰州)。4 月出席面向 21 世纪人地关系与可持续发展讨论会暨吴传钧院士 80 寿辰祝寿会(北京)。5 月初参加北京大学百年校庆活动。5 月下旬参加兰州大学指导博士研究生王爱民及其他博士生的学位论文答辩。6 月成立宁夏北京大学校友会,当选副会长。9 月第二届中亚持续发展国际研讨会(乌鲁木齐)作大会英语发言,顺访上游水库。作为自治区优秀科技工作者受自治区成立 40 周年庆典表彰。

1999 年 1 月中国科协主持黄河大柳树水利工程专家研讨会作大会发言。4 月出席中国水科院水资源研究所有关宁夏课题成果鉴定会。8 月中国科协加快太原 - 中卫铁路建设专家研讨会作大会发言。8 月自治区成立宁夏迎接西部大开发暨“十五”计划领导小组,作为专家代表成为领导小组成员参与工作,负责“十五”计划基本思路、宁夏城镇化等专题研究,起草宁夏第一个城镇化发展规划。10 月中旬出席水利部“黄河重大问题及其对策”讨论会(北京)。10 月底出席中国科学院兰州分院西北开发座谈会。被推荐为科技部国家科技发展战略专家库专家。应聘为宁夏大学兼职教授。

2000 年 2 月开始参与亚洲开发银行技援项目“宁夏沙坡头水资源开发”项目(英国 Halcrow 水务集团主持)的流域管理和环境影响评价研究。4 月评为自治区先进工作者。7 月出席 21 世纪中国西部交通发展战略研讨会(重庆),代表西北省区作大会发言,获很高评价。顺游长江三峡、扬州等地。12 月应聘为银川市政府专家咨询委员会委员,任区域发展组组长。年底与李承爱同时退休。将一批图书捐赠宁夏大学地理系图书馆。

2001 年 1 月应聘为宁夏大学地理系教授,为本科生开设“国土整治与规划”课;协助申报人文地理学硕士学位点成功,2002 年起开设硕士研究生课程,主讲“现代规划理论与实践”、“国土开发整治”等课程,直至 2009 年,其间 2004 年被评为宁夏大学首届优秀硕士生导师,2006 年被评为宁夏大学优秀科技工作者。7 月作为特邀专家,参加宁夏科协常委会组织的六盘山地区生态保护建设考察。10 月参加自治区政府组织的专家休假旅游团赴长江三角洲地区旅游。11 月出席中国资源安全研讨会(北京),当选中国自然资源学会资源经济专业委员会副主任。应聘华东师范大学中国东西合作研究中心特邀研究员,浙江远见旅游研究事务所专家顾问。

2002 年 7 月上旬出席中国国际工程咨询公司主持黄河黑山峡河段开发讨论会(北京)。7 月下旬海峡两岸水土保持、生态保育研讨会(银川)作大会发言。8 月上中旬接待香港中文大学杨汝万教授一行考察宁夏并出席中国西部发展国际研讨会(银川),杨教授宁夏大学讲演并聘为客座教授。8 月下旬出席中国生态经济学会学术会(兰州),考察河西走廊。10 月初去秦皇岛、山海关、北戴河休假旅游。应聘宁夏大学西部发展研究中心顾问,宁夏生态学会顾问,宁夏东西合作促进会专家咨询委员会专家。

2003 年 5 月中国地理学会评选为首批资深会员,条件是 65 周岁以上、在学会工作和学科发展中做出突出贡献的地理学家。6 月 5 日和自治区民政厅官员一起调研中卫县升级为地级市及其他行政区划改革调整事项,起草宁夏行政区划改革调整规划。9 月上旬出席中国国际工程咨询公司主持的退耕还林中期评估专家讨论会。9 月下旬参加宁夏大学资源环境学院 20 周年院庆,作“银川市城市规划建设几个问题”报告。10 月、11 月间应吴永辉博士之邀考察香港并顺访珠三角各城市。应聘为世界银行第四期技术合作项目“银川市现代化区域中心城市发展战略研究”专家组成员(专家组由中国国际工程咨询公司和美国塔拉咨询集团联合牵头组成)。

2004 年 协助西北师范大学地理与环境学院申报人文地理学博士学位点成功,应聘博士生导师。参与宁夏“十一五”发展规划基本思路研究起草,以及银川市、石嘴山市等规划讨论。2 月中国国际工程咨询公司讨论世行项目银川市发展战略研究中期报告。四五月出席市场经济与中国东西部协调发展战略研讨会(昆明),顺游大理、丽江、香格里拉、泸沽湖。7 月出席水利部召开宁夏建设节水型社会规划纲要讨论会(北京)。8 月作为北京达沃斯巅峰旅游景观设计院专家顾问, 参与山西襄垣县旅游规划考察,9 月参与陕西榆林市旅游规划考察,10 月、11 月参与山西长治市旅游规划考察。应聘宁夏林业局技术顾问委员会委员。

2005 年 主持宁夏土地利用总体规划前期工作研究《宁夏土地利用战略研究》课题。4、5 月间故乡及苏、浙水乡古镇游。6 月上旬应聘兰州大学资源环境学院研究生论文答辩委员会主任,主持研究生学位论文答辩。6、7 月间考察宁夏古代历史文化遗址。10 月 30 日宁夏地理学会大会授予从事地理工作 30 年以上荣誉证书,推举为名誉理事长。11 月中旬宁夏大学、宁夏地理学会联合举办“汪一鸣 70 华诞暨学术思想座谈会”,宁夏政协副主席兼宁夏大学党委书记、校长陈育宁等领导出席并致辞,会上发布新著历史地理文集《宁夏人地关系演化研究》。12月六盘山西峡自治区政府会议中心选址考察。上海市青浦区创办“当代青浦名人馆”，首期遴选21人，我和汪一飞、汪一鹏入列，并于2006年1月出版《当代青浦籍名人录》第一辑(19人)，对我们兄弟三人专文报道。应聘宁夏人才办公室、西部开发办公室咨询专家。

2006年 主持宁东能源化工基地(灵武市)土地利用总体规划，2007年6月通过评审。参与宁夏政协重点课题“黄河河套生态经济区建设研究”。1月宁夏政协特聘为“专门委员”。2月参加中国科学院地理研究所主办的宁夏金沙湾旅游开发高峰论坛。4月13日《宁夏自然灾害防灾减灾重大问题研究》(共8卷)出版首发式，该研究专家顾问组长秦大河院士，副组长马宗晋院士和我。5月17日宁夏老科技工作者协会第四次代表大会，被聘为顾问。7月参加宁夏水利厅组团去北京、浙江考察水权交易做法经验。9月上旬黄河景泰石林国家地质公园旅游。9月下旬宁夏政协组团考察呼和浩特、包头、鄂尔多斯、西安。10月宁夏大柳树工程前期工作办公室组团考察内蒙古阿拉善盟、甘肃民勤绿洲生态保护建设。11月中国科学院地理研究所主办的21世纪中国资源型城市经济转型与可持续发展高层论坛(石嘴山市)作大会发言。12月海南岛、北海、桂林旅游。全国老龄工作委员会评为“银龄行动”先进个人。

2007年 参与宁夏主体功能区划研究。参与西夏王陵国家级风景名胜区总体规划修编(2009年规划纲要通过评审，2014年提交规划文本、图集、说明书)。3月出席宁东能源化工基地规划环境影响评价报告审查会(北京)。8月中旬榆林能源化工基地考察。8月下旬宁夏五市城镇化考察。9月宁夏建设厅组团去成渝考察城乡统筹规划。10月出席中国科学院地理研究所编制石嘴山市经济转型规划评审会(北京)。11月考察湖南经济地理研究所，游长沙、岳阳、衡山、张家界、凤凰等景区。

2008年 参与银川市政协“银川建城史研究课题”，2009年4月结题，2009年9月23日银川建城年代碑立碑。参与宁夏及各市县土地利用总体规划评审验收。1月宁夏建设厅组团考察广东珠三角城乡协调规划。4月参加吴传钧院士90华诞祝寿会暨全国主体功能区规划研讨会(北京)。5月去洛阳参加一飞弟70寿辰聚会。6月宁夏政协组团应台湾环保组织之邀考察台湾。7月胶东半岛长岛等渔家乐游。9月自治区党委、政府颁发自治区有突出贡献专家荣誉证书。10月中国可持续发展论坛(杭州)作发言，顺游富阳、千岛湖及苏沪古镇。11月15日母校朱家角小学百年校庆，撰文祝贺。应聘为宁夏国土资源厅专家咨询委员会副主任，宁夏地名学会专家委员会副主任，宁夏党委政策研究室咨询专家。宁夏科协评为优秀老科技工作者。

2009年 参与审查验收宁夏16个开发区、工业园区土地集约利用水平评价成果，各市县城乡建设用地增减挂钩试点项目规划。参与宁夏“十二五”发展规划总体思路讨论、起草。3月宁夏招商局成立招商引资专家组任副组长。4月11日宁夏地理学会成立30周年大会,作西部大开发宁夏发展评价报告。4月中英合作应对气候变化座谈会,论证宁夏应对方案。7月完成宁夏大学协议规定的研究生课程讲授。8月6日宁夏政府举行宁东能源化工基地专家咨询委员会成立大会,被聘为委员。9月10日上海世博会宁夏黄河金岸城市发展论坛作大会发言。10月陪同中国国家地理杂志主编单之蔷一行考察宁夏地理、历史文化景观。11月主持宁夏环保厅专家评估组对各自然保护区进行考察评估。评审验收宁夏各湿地保护区、湿地公园规划。应聘为宁夏气象防灾减灾重点实验室学术顾问,宁夏企业家协会专家委员会委员。10月获评北京大学优秀校友。

2010年 应聘石嘴山市城乡统筹规划专家顾问,4月应成都城乡规划设计院之邀赴成都考察城乡统筹规划建设经验。合作创办银川远谋咨询策划有限公司,任执行董事、总经理,先后承担宁夏内陆开放型经济中长期规划、灵武临空经济区规划基本思路、吴忠清真产业园规划研究、宁夏穆斯林国际语言学校中长期发展规划纲要、永宁文化旅游产业园规划、银川市滨河新区发展战略研究、银川市石嘴山市承接产业转移示范区规划等项目。3、4月间世界银行河东治沙贷款项目考察评估。5月应远见旅游规划设计院之邀赴河南平顶山市作旅游目的地规划考察,顺赴杭州考察。12月宁夏国土资源厅评为土地利用总体规划修编先进个人。3月聘为国家开发银行宁夏分行专家委员会专家,5月聘为宁夏林业局湿地保护技术专家。

2011年 参与自治区及各市县土地利用总体规划中期评估、调整方案的评审验收,自治区及各市矿产资源规划评审验收。主持完成宁夏内陆开放型中长期规划,自治区主席王正伟批示“这个规划很好,有前瞻性,也有指导性”,3月9日中国国际工程咨询公司主持通过专家评审,该规划为报送国务院的宁夏内陆开放型经济试验区规划(国务院2012年9月10日批复)奠定坚实基础。6月宁夏捷创通达国土技术咨询公司聘为专家顾问。6月9~11日参加国家发改委召开的主体功能区规划专题会(北京)。7月20日宁夏高级专家联合会第二次会员代表大会推举为名誉会长、生态专家委员会主任。8月出席青海政协主办黄河上游经济带研讨会(西宁),顺游青海湖、塔尔寺、坎布拉国家森林(地质)公园、原子城等景区。11月参加中国国际工程咨询公司主持评审宁夏政府委托的“十二五”规划11个前期研究课题成果(北京)。12月作为专家组副组长参与宁夏政府委托清华大学、北京大学、中国科学院关于黄河治理、黑山峡河段开发8个课题研究大纲审查会(北京)。

2012年 参与各市县土地整治规划、未利用地开发利用规划评审验收。5月文化部、国家民委等主办第二届感恩母亲河活动，宁夏黄河论坛演讲黄河文明史上的千年梦想。8月兰州大学杨永春教授陪同考察甘南桑科草原、拉卜楞寺、松鸣岩国家森林公园。10月回故乡参加母校朱家角中学70周年校庆活动。11月宁夏气象局防灾减灾重点实验室第四届学术委员会选为委员。12月评为宁夏农业综合开发优秀专家。

2013年 参与宁夏发改委主持的宁夏主体功能区规划修改定稿。参与各市县三旧（旧城区、旧厂矿、旧村庄）改造规划评审验收。4月21日自治区政府召开宁夏内陆开放型经济试验区专家咨询委员会成立大会，代表区内专家委员作大会发言。6月24日试验区领导小组务虚会，作为专家代表作试验区制度创新、政策创新、环境创新专题发言。6月22日中国地理学会人文地理专业委员会举办内陆开放型经济试验区高层论坛（银川）作大会发言。9月出席斯德哥尔摩国际和平研究所、上海国际问题研究院联合召开的保护海外能源利益：中国和欧洲经验国际研讨会作大会发言，顺游嘉兴、观钱塘潮。10月30日参加自治区党委书记李建华主持宁夏城镇化专家座谈会作发言。11月参与宁夏环保厅组团审查验收隆德县、青铜峡市生态示范区建设。

2014年 4月自治区政府成立规划管理委员会，应聘为专家顾问，参与宁夏空间发展战略规划、大银川都市区规划等论证、修改。参与发改委等厅局有关规划论证、评审。参与宁夏大学硕士研究生论文审查、答辩。与李承爱参加欧洲10国游。7月15日中国地理学会黄河分会年会·丝绸之路经济带建设高层论坛（灵武）作大会发言。8月20日自治区党委副书记崔波主持宁夏生态保护建设专家座谈会作发言。10月起参与自治区新一轮开发区、工业园区发展方向区划定方案及土地集约利用水平评价工作。10月中下旬回故乡三兄弟聚会，并赴浙江台州市看望老同学。11月宁夏西北方略决策咨询有限公司聘为专家顾问。

2015年 参与固原市、青铜峡市、海原县等“十三五”经济社会发展规划编制工作。参与银川市政府委托课题银川市永宁、贺兰撤县设市研究。主持宁夏以工代赈建设“十三五”规划编制。参与宁夏大学硕士研究生论文审查、答辩。

作者地理著述目录

(一)1955 年 10 月 ~ 1957 年 9 月江苏人民出版社工作时期

1.在地理教学中贯彻基本生产技术教育,江苏教育 1955 年 23 期,20 ~ 21 页

2.介绍《怎样建立学校地理园》,地理知识 1956 年 2 期,93,77 页

3.太阳辐射强度的变化,科学大众 1956 年 12 月,569 ~ 571 页

4.地下的河流,科学小报(北京市科普协会)99 期,1957 年 3 月 16 日

5.河水的颜色,科学小报 118 期,1957 年 7 月 27 日

6.五色的海洋,科学小报 120 期,1957 年 8 月 10 日

(二)1957 年 9 月 ~ 1962 年 9 月北京大学地质地理系学习时期

7.学习毛泽东同志的工业布局思想 *,地理知识 1960 年 6 期,245 ~ 249 页

8.区域规划的劳动力综合平衡问题 *,北京大学地质地理系内部报告,1960 年 9 月

9. 中国港湾的类型及其经济评价, 北京大学地质地理系五年制本科生毕业论文, 1962 年 6 月

10.中国陆上交通的自然条件评价和自然条件区划 *,中国地理学会一九六二年经济地理学术讨论会论文摘要,中国地理学会经济地理专业委员会,1963 年 5 月,12 页

(三)1962 年 10 月 ~ 1975 年 10 月中国科学院地理研究所工作时期

11.华北主要城市工业用水问题 *,地理研究所内部报告,1964 年

12.华北地区经济建设战略布局分区设想 *,地理研究所内部报告,1964 年

13.内蒙古西部地区工业布局调查报告 *,地理研究所内部报告,1965 年

14.水源条件在工业布局中的作用,中国地理学会一九六五年经济地理学术讨论会

* 为合作,** 为参与

文集,科学出版社,1966年4月,26～38

15.专门勘测地球的卫星(译文)*,地理科技情报,1972年1期,1～3页

16.波斯湾—日本海上航线地理*,地理研究所内部报告,1972年

17.美国核电站的发展和地理分布,地理研究所内部报告,1973年

18.世界核电站的地理分布,地理知识1973年6期,17～20页

19.援外成套项目设计基础资料汇编(越南自然地理)*,中国建筑工业出版社,1974年

20.援外成套项目设计基础资料汇编(斯里兰卡自然地理)*,中国建筑工业出版社,1976年

(四)1975年10月～1984年3月宁夏农林科学院情报研究所工作时期

21.异常天气与水稻(译文),国外农业科技(农作物冷害专辑),1978年4期,32～33页

22.深灌防御水稻低温不育(译文),国外农业科技(农作物冷害专辑),1978年4期,62～63页

23.关于豆类冷害的研究(译文),作物冷害译丛Ⅱ,1980年

24.竺可桢与宁夏,宁夏日报1980年1月9日

25.金字塔是太空人留下的遗迹吗,地理知识1980年1期,29～30页

26.银川平原与宁夏平原,地理知识1980年7期,7页

27.宁夏与银川,地名知识1980年3期,27～28页

28.银川能不能建成旅游城市——对银川市城市规划的建议,宁夏日报1980年8月22日

29.银川地名的由来,宁夏大学学报哲学社会科学版1980年3期,49～52页,获宁夏社科优秀论著三等奖(1981)

30.银川城名的由来,宁夏日报1981年4月5日

31.王太堡的“神鸟”,宁夏日报1981年5月17日

32.灵盐好马,宁夏日报1981年5月31日

33.银川城的年龄,宁夏日报1981年10月25日

34.古代银川城的城市规划,宁夏日报1981年11月1日

35.宁夏古代名产——红花,宁夏日报1981年11月20日

36.赤柽马鞭,宁夏日报1981年11月22日

37.漫话宁夏的鱼,宁夏日报1981年12月6日

38.古代的苏伊士运河,百科知识1981年4期,36～37页

39.试论宁夏秦渠的成渠年代——兼谈秦代宁夏平原农业生产,宁夏大学学报社会

科学版 1981 年 4 期,89 ~ 94 页,获宁夏历史学会优秀论著二等奖

40.银川市历史地理概述,银川城市总体规划基础资料汇编,银川市政府,1981 年

41.阿拉善驼绒,地理知识 1982 年 1 期,12 页

42.天下黄河富宁夏,宁夏画报试刊号,1982 年,封二,获宁夏水利学会三等奖(1985)

43.再谈银川地名的由来,宁夏大学学报社会科学版 1982 年 2 期,64,68 页

44.从银川城的历史发展谈银川城市总体规划中的几个问题*,中国建筑学会城市规划 1981 年会论文,工业、城镇布局与区域规划研究第三辑,地理研究所,1982 年 5 月,45 ~ 51,68 页,获宁夏科协优秀论文二等奖(1985)

45.郭守敬修渠,宁夏科普作品征文选,宁夏科普创作协会,1982 年 6 月,119 ~ 122 页,获宁夏科普作品三等奖

46.饮汗城城址考证,宁夏社会科学 1983 年 1 期,67 ~ 71 页

47.宁夏平原渠名考,宁夏水利科技 1983 年 3 期,34 ~ 38 页

48.再论宁夏秦渠的成渠时代*,宁夏水利科技 1983 年增刊,3 ~ 8 页;又载黄河水利史论丛,陕西科学技术出版社,1987 年,104 ~ 116 页,中国水利学会水利史研究会优秀论文(1989)

49.宁夏平原自然生态系统的改造,中国农史 1983 年 4 期,10 ~ 22 页,中国水利学会水利史研究会优秀论文(1989)

50.大型水利枢纽布局的区域研究和综合论证,国土整治:首届国土整治学术讨论会文集,中国地理学会、中国国土经济研究会,1983 年 7 月,97 ~ 107 页

51.黄河大柳树灌区工程的可行性分析,技术经济 1983 年 6 期,19 ~ 32 页,获宁夏社科优秀成果二等奖(1984)

52.宁夏曾是鹦鹉的家乡,宁夏日报 1984 年 1 月 11 日

53.秦渠不是秦始皇时兴修的,宁夏日报 1984 年 2 月 13 日

54.宁夏的"蓝凤凰"——蓝马鸡,宁夏画报 1984 年 1 期,32 页

55.千年古渠展新姿,宁夏画报 1984 年 2 期,4 ~ 6 页

56. 历史时期黄河银川平原段河道变迁初探, 宁夏大学学报自然科学版 1984 年 2 期,52 ~ 59 页;又载黄河史志资料 1984 年 4 期,24 ~ 29 页

57.西夏都城兴庆府初探*,西夏研究学术讨论会(1981 年 8 月)论文,西北史地 1984 年 2 期,52 ~ 61 页,获宁夏社科优秀成果三等奖(1986)

58.宁夏枸杞,宁夏农业科技 1984 年 3 期,57,56 页

59.黄河上游明珠——青铜峡水利枢纽,光明日报 1984 年 9 月 18 日

60.大型水利枢纽区域规划研究——以宁夏黄河黑山峡河段为例，数量经济技术经济研究 1984 年 3 期，43～49 页

61. 汉代宁夏引黄灌区的开发，水利史研究会成立大会论文集，水利电力出版社，1984 年，43～51 页，获宁夏水利学会优秀论文一等奖（1985）

62.银川城址的起源与变迁，中国历史地理学术讨论会（1982 年 9 月上海）论文，中国地方史志论丛，中华书局，1984 年，139～152 页

（五）1984 年 3 月～2000 年 12 月宁夏计划委员会国土处、国土整治办公室工作时期

63.综合开发黄河上游河段、建设西北第一个大产业带，中国地理学会经济地理学术讨论会（1984 年 9 月乌鲁木齐）论文，经济地理 1985 年 1 期，21～25 页，获宁夏科协优秀论文三等奖（1988）

64.大西北国土开发的若干战略问题，地理学报 40 卷，1985 年 2 期，179～191 页，获宁夏社科优秀成果二等奖（1986）

65.西夏建都兴庆府的地理基础，中国古都学会成立大会暨学术讨论会（1983 年 9 月西安）论文，中国古都研究，浙江人民出版社，1985 年，338～351 页

66.宁夏地理概述、宁夏水利，宁夏风物志，宁夏人民出版社，1985 年，1～39，110～117 页，获宁夏社科优秀成果三等奖（1986）

67.宁夏回族自治区国土规划要点 *，宁夏计委内部报告，1985 年

68.论宁夏在全国经济布局中的战略地位，宁夏计划经济 1986 年 3 期，13～17 页

69.宁夏南部山区国土开发整治总体规划纲要 *，宁夏计划经济 1986 年 3 期，1～3 页

70. 宁夏南部山区国土开发整治总体规划 *（主编），宁夏计委内部报告，1986 年 8 月，获宁夏 1986 年科技进步二等奖

71. 宁夏南部山区国土开发整治的综合研究 *，地理学与国土研究 2 卷，1986 年 3 期，25～31 页

72.地区国土规划的若干方法论问题——以宁南山区国土规划为例 *，地理学与国土研究 2(4)，1986 年，1～6 页，获宁夏科协优秀论文二等奖（1988）

73.西夏京畿的皇家林苑——贺兰山 *，宁夏社会科学 1986 年 3 期，80～84 页

74.综合开发黄河黑山峡河段、加速大西北国土开发整治，数量经济技术经济资料·国土经济专辑，中国社会科学院，1986 年，11～16，42 页；又载黄河大柳树水利工程论证工作四十年，中国科学技术出版社，1997 年 5 月，86～92 页，获宁夏地理学会优秀论文一等奖（1989）

75.对银南地区经济社会发展战略的若干认识，银南地区经济和社会发展战略设想，

银南地区规划办公室,1986 年 10 月,153 ~ 156 页

76.西北夏都——银川,中国历史名都,浙江人民出版社,1986 年,344 ~ 364 页

77.银川,中国历史名城,中国青年出版社,1986 年,442 ~ 448 页

78.论西夏京畿的皇家陵园 *,宁夏社会科学 1987 年 2 期,82 ~ 87 页

79.宁夏技术发展战略刍议 *,开发研究 1987 年 3 期,41 ~ 43 页,获宁夏科协优秀论文三等奖(1988)

80.开发银北荒地的几个战略问题,宁夏计划经济 1987 年 3 期,5 ~ 8,80 ~ 86 页

81.北魏刁雍造船地点考辨及其它,宁夏大学学报自然科学版 1987 年 4 期,80 ~ 86 页

82.西夏都城兴庆府—银川 *,中国历代都城宫苑,紫禁城出版社,1987 年,341 ~ 358 页

83.富饶的银川平原,瞭望祖国大西北,科学普及出版社,1987 年

84.贺兰山考察散记,西北考察记,陕西人民出版社,1987 年,49 ~ 60 页

85.试论当前我国国土规划研究的主要任务,国土资源开发和区域发展研究,人民教育出版社,1987 年,40 ~ 48 页

86. 国土经济区划的几个理论问题,生产力布局与国土规划第八辑,地理研究所,1988 年,1 ~ 7 页

87.历史时期宁夏地区农林牧分布及其变迁,中国历史地理论丛 1988 年第一辑,陕西师范大学中国历史地理研究所,101 ~ 129,176 页,宁夏社科优秀成果二等奖(1989)

88.宁夏种稻始期考,宁夏农林科技 1988 年 6 期,15 页

89.宁夏国土开发史略,宁夏国土资源,宁夏人民出版社,1988 年,40 ~ 58 页,获宁夏 1988 年科技进步二等奖

90.银川市经济社会发展战略的几个问题,银川经济社会发展战略文集,银川市人民政府,1988 年,48 ~ 50 页

91.试论我国干旱半干旱地区国土开发的基本原则,中国干旱半干旱地区自然资源研究,科学出版社,1988 年,42 ~ 48 页

92. 关于国土规划的质量要求与其提高完善的主要途径,地理学与国土研究 5 卷,1989 年 1 期,24 ~ 29 页

93.银川市的历史文化遗存与保护建设问题 *,宁夏史志研究 1989 年 1 期,46 ~ 53 页

94.宁夏南部山区经济与人口、资源、环境协调发展的系统动态分析,干旱区资源与环境 3 卷,1989 年 1 期,12 ~ 22 页;又载自然资源研究文集,科学出版社,1991 年,86 ~ 90 页,获宁夏自然科学优秀论文二等奖(1992),中国地理学会人文地理专业委员会论文一等奖

95.宁夏综合经济区划研究,宁夏社会科学1989年3期,33~38页

96.试论少数民族对开发宁夏引黄灌区的贡献,河套水利史论文集,成都科技大学出版社,1989年,123~128页

97. 西夏京畿的皇家寺院*, 宁夏考古史地研究论集, 宁夏人民出版社,1989年,79~93页

98.潮湖工业开发区总体规划*,1989年,内部报告

99.国土开发整治,当代中国的宁夏第3篇第12章第3节,中国社会科学出版社,1989年

100.宁夏经济社会发展中几个主要问题研究报告*,课题研究领导小组办公室,1989年7月,1~20,135~149页,获宁夏社科优秀成果一等奖(1992)

101.我国国土综合开发整治研究的回顾与展望,全国人文地理、经济地理学术讨论会(1990年10月上海)论文,云南地理环境研究2卷,1990年2期,29~35页,获宁夏自然科学优秀论文二等奖(1992)

102.宁夏产业结构的现状特征和调整方向,科学·经济·社会1990年4期,201~205页;又载中国地区产业结构,中国计划出版社,1990年,584~597页

103.宁夏产业结构调整的思考,宁夏社会科学1990年4期,39~46页

104.宁夏国土经济区划研究,生产力布局与国土规划第10辑,地理研究所,1990年2月,35~44,5页

105. 宁夏回族自治区经济区划, 中国经济区划研究, 中国展望出版社,1990年,402~409页

106.宁夏生态环境评价与科技发展战略*(主编),宁夏人民出版社,1990年,1~278页,获宁夏1990年科技进步四等奖

107.宁夏"八五"发展目标与对策研究*,宁夏计委内部报告,1990年,获宁夏1990年科技进步二等奖

108.宁夏环境整治规划*(主编),宁夏国土整治办公室内部报告,1991年8月,获宁夏国土整治农业区划委员会二等奖(1992)

109.宁南黄土丘陵农林牧分布的历史变迁,宁夏史志研究1991年6期,55~60页;宁夏史志研究1992年1期,59~64页

110.讲求资源效益是发展经济保护环境的关键问题,国土开发与整治1卷,1991年1期,49~53页

111.区域发展水平的综合测度评价*,经济地理11卷,1991年1期,31~35页,获宁

夏社科优秀成果一等奖(1992),中国区域经济学会优秀奖(1994)

112.Integrated Evaluation on the Regional Development Level*,国际地理联合会亚太区域地理大会(1990 年 8 月北京)发言稿,The Journal of Chinese Geograghy 2 卷,1991 年 3 期,36～47页

113.重视研究宁夏和毗邻地区的干旱化问题,宁夏气象 1991 年 2 期,6～7 页

114.黄河综合开发与宁夏经济腾飞,人民黄河 1991 年 3 期,5～9 页;又载黄河大柳树水利工程论证工作四十年,中国科学技术出版社 1997 年,234～241 页

115. 欧洲经济共同体的地区经济分工与地区经济政策, 计划与经济 1991 年 3 期,69～73 页

116.宁夏生态环境的主要问题和整治对策,大西北生态环境论丛,科学技术文献出版社,1991 年,45～50 页

117.Retrospect and Prospect of Integrated Territorial Development and Management Studies in China*,The Journal of Chinese Geograghy 3 卷,1992 年 1 期,95～105 页

118. 黄河上游水资源综合开发与区域经济发展, 计划与经济 1992 年 1 期,92～98 页;又载西部地区资源开发与发展战略研究,中国科技出版社,1992 年,201～205 页

119.银川平原湖沼的历史变迁与今后利用方向,干旱区资源与环境 6 卷,1992 年 1 期,47～56 页

120.论宁夏经济腾飞的关键,统计与社会经济 1992 年 1 期,42～43 页

121.合理利用农村劳动力资源,宁夏科技 1992 年 3 期,7～9 页

122.美国田纳西河流域和南加州的水资源综合开发与区域经济发展 *,计划与经济 1992 年 3 期,87～95 页

123.调整结构、扩大开放、加速振兴灵武经济,市场经济研究 1992 年增刊,27～30 页

124.宁夏的“吊庄”:农村区域开发和人口迁移的新途径,地理知识 1992 年 5 期,6～7 页

125. 宁夏经济发展非常规型战略之管见 *, 宁夏工作研究 1992 年 10 期,16～17,32,41页

126.宁夏回族自治区国土开发整治总体规划 *(主编),宁夏人民出版社,1992 年,1～251 页,获宁夏 1992 年科技进步二等奖

127. 发展中国家城市化的几个理论问题, 中国城市规划学会国外城市研究讨论会(1991 年 10 月西安)论文,中国城市研究 1993 年 2 期

128. “Suspending Village”——A Modal of New Development Area in the Ningxia of

China*,Chinese Geographical Science3 卷,1993 年 2 期,187 ~ 193 页

129.80 年代中国宁夏的“吊庄”——农村区域开发和协调人地关系的新模式,中国人口·资源与环境 3 卷,1993 年 4 期,36 ~ 41 页,获宁夏科协优秀论文二等奖(1998)

130.论国土规划的理论基础,地理学与国土研究 9 卷,1993 年 2 期,24 ~ 28 页

131.Some Theoretical Problem about Regional Development of Underdeveloped Regions, Regional Science for Development,发展中国家区域科学国际讨论会(1993 年 10 月北京)发言稿,China Ocean Press,1993 年,21 页

132.不发达地区区域开发的几个理论问题,地理学报 48 卷,1993 年 6 期,497 ~ 503 页,获宁夏自然科学优秀论文二等奖(1996)

133.我国建立市场经济过程中的反贫困战略,人文地理 8 卷,1993年 4 期,1 ~ 7,20 页;又载跨世纪中国区域经济发展问题,中国计划出版社,1993 年

134.论国土规划的基本指导思想,1981 ~ 1992 年我国国土规划的实践与认识,国家计委国土规划与地区经济研究所,1993 年

135.宁夏经济腾飞的可能性与途径,亚欧大陆桥与西北经济·宁夏分册,香港经济导报社,1993 年,46 ~ 48 页

136.宁夏交通区位演化与区域开发,中国历史地理暨楚越洞庭文化(国际)学术讨论会论文集,讨论会组织委员会,1993 年,83 页

137.宁夏回族自治区、银川市、石嘴山市、银南地区、固原地区,中国地名词典·宁夏回族自治区,商务印书馆,1993 年,1 ~ 6,6 ~ 10,41 ~ 42,63 ~ 64,105 ~ 106 页,获宁夏地名委员会二等奖

138.中国大百科全书·中国地理卷 **(西北地区副主编),大百科全书出版社,1993 年,获国家新闻出版署重要贡献荣誉证书

139.区域经济规律性探索和对策性研究的重要成果——陈栋生主编《区域经济学》评介,市场经济研究 1993 年 4 期,124 页

140.啤酒花和啤酒大麦在宁夏种植业结构调整中的战略地位,宁夏计委内部报告,1993 年 11 月

141.Eco-environmental Characteristics and Their Regionalization in Ningxia,Chinese Journal of Arid Land Research 7 卷,1994 年 1 期,37 ~ 42 页

142.宁夏自然资源区划,宁夏大学学报自然科学版 15 卷,1994 年 2 期,84 ~ 91 页

143.宝中铁路掠影,地理知识,1994 年 9 期,3 ~ 5 页

144.再论饮汗城城址,宁夏社会科学,1994 年 5 期,68 ~ 72 页

145.不发达地区国土开发整治研究，宁夏人民出版社，1994年，1～396页，获宁夏社科优秀成果一等奖（1996）

146.宁夏史地研究的重要工具书——《宁夏历史地理考》评介，宁夏日报1994年8月4日第3版

147.从宁夏看地区经济协调发展问题，宁夏社会科学1995年6期，50～58页；又载我国地区经济协调发展研究，改革出版社，1996年，168～185页

148.中国自然资源丛书·宁夏卷*（副主编），中国环境科学出版社，1995年

149.宁夏回族自治区能源技术政策要点*（主编），宁夏科学技术蓝皮书第2号，宁夏科委等，1995年12月，1～31页，获宁夏1996年科技进步三等奖

150.抓住机遇、下大力建设银川油气化工基地，宁夏油气化工发展讨论会发言稿，1995年9月5日

151.迈向21世纪的宁夏（宁夏"九五"和2010年发展思路及重大项目研究）*，宁夏计委内部报告，1995年，获宁夏1998年科技进步三等奖

152.刘秀丽、潘华编著《中国经济地理》序，宁夏人民出版社，1995年，1～3页

153.论孙中山的运输大通道系统思想，市场经济研究1996年1期，54～56页，获宁夏社科优秀成果二等奖（1998）

154. 比利时农村整治和国土规划的经验及启示*，国土与区域经济1996年3期，48～52页

155.宁夏山川经济布局问题，宁夏金融1996年5期，4～5页

156.宁夏区域经济发展战略*，中国西部地区经济发展战略研究，测绘出版社，1996年，505～509页

157.宁夏扶贫扬黄灌溉工程开发政策研究*，宁夏科委内部报告，1996年

158.加快太中铁路建设前期工作的建议，情况与建议1996年第7期（7月20日），宁夏社科院，1～3页

159.宁夏能源开发与区域经济发展*，中国能源战略研究（2000～2050），中国电力出版社，1997年

160.中国口岸**，立信会计出版社，1997年

161.宁夏可持续发展的主要矛盾和基本思路，宁夏计委内部报告，1997年

162.土地规划与农村整治——比利时瓦隆区国土整治经验借鉴*，地理研究17卷，1998年2期，201～207页

163.宁夏扬黄新灌区开发建设与可持续发展，宁夏大学学报自然科学版19卷，1998

年2期,167～170页;又载宁夏实施可持续发展战略研究,宁夏人民出版社,1998年,243～253页

164.抢抓机遇、大力加强基础设施建设,市场经济研究1998年5期,10页

165.东西合作新典型:闽宁对口帮扶,中国市场经济报1998年5月27日

166.东西合作新模式在宁夏的应用,宁夏改革开放三十年,宁夏人民出版社,1998年,54～58,171～176,255～265页

167.宁夏,中国经济地理,科学出版社,2007年,349～356页

168.宁夏土地的社会经济环境,土地开发史略,新中国土地开发的成就和经验,宁夏土地资源,宁夏国土资源厅,1998年8月,35～69页

169.宁夏百科全书 **(地理分编主编),宁夏人民出版社,1998年,13～164页,获宁夏1999年科技进步二等奖

170.宁夏回族自治区经济地图集 **(副主编),西安地图出版社,1998年

171.L,Amēnagement Rural Ā Ningxia (China) Et En Belgigue Ētude Comparēe*, Gēograghie Rurale,比利时列日大学地理系出版,1998,245～251页

172.加大生态环境建设力度、再造宁夏秀美山川,宁夏跨世纪科技论坛文集,宁夏科学技术协会,1998年,59～67页

173.人口再布局对土地可持续利用的影响——以宁夏荒漠化地区为例,内部报告,1999年

174.Effect of Immigration on Sustainable Land Use:A Case Study in Desertification Affected Land Areas in Ningxia ,第二届中亚持续发展国际研讨会(1998年9月13～18日乌鲁木齐)发言稿,Chinese Journal of Arid Land Research12卷,1999年2期,175～182页

175.宁夏生态环境建设的基本思路及对策,宁夏大学学报自然科学版20卷,1999年2期,113～116页

176.国土规划理论方法的几点新认识 *,宁夏大学学报自然科学版20卷,1999年3期,268～273页

177.宁夏扬黄灌区可持续发展的新思路 *,中国学术期刊文摘(科技快报)5卷,1999年9期,1217～1219页

178.黄河大柳树工程与西北生态环境建设,中国西部生态重建与经济协调发展学术研讨会论文集,四川科技出版社,1999年,53～56页

179.大柳树工程对再造西北秀美山川的重大作用,黄河大柳树水利枢纽工程专家研讨会论文集,中国科协,1999年1月,83～88页

180.不发达地区综合开发与城镇化 *，国家自然科学基金委员会地区科学基金资助项目成果选编(1989～1999)，国家自然科学基金委员会综合计划局，1999 年，111～112 页

181. 加速培育宁夏旅游业的特色产品系列，在宁夏旅游业发展研讨会上的发言(1999 年 7 月 9 日)，宁夏旅游，宁夏党委政策研究室等，2002 年，181～188 页

182.《中国 21 世纪议程》宁夏行动计划 *，宁夏计委内部报告，1999 年 3 月，1～81 页

183. 发扬特色、建设银川历史文化名城的一些构想，宁夏社会科学 2000 年 1 期，50～52 页

184.论银川市在西部大开发中的地位和战略，塞上论苑 2000 年 2 期，18～21 页；又载宁夏新世纪，宁夏人民出版社，2000 年，328～334 页

185.论宁夏在西部大开发中的战略地位，宁夏经济与社会发展研究文集，甘肃文化出版社，2000 年，7～15 页；又载宁夏新世纪，宁夏人民出版社，2000 年，124～133 页

186.西部大开发、宁夏要争先、关键在机制，塞上论苑 2000 年 3 期，17～18 页

187.盐环定扬黄灌溉工程的困境与出路 *，国土开发与整治 10 卷，2000 年 1 期

188.宁夏扬黄灌区当前主要问题和实现可持续发展的几点建议 *，市场经济研究 2000 年 3 期，32～34 页

189. 宁夏扬黄灌溉对土壤环境的影响 *，地理科学进展 19 卷，2000 年 3 期，279～284 页

190.一千年来贺兰山地区生物多样性及其环境的变化，宁夏大学学报自然科学版 21 卷，2000 年 3 期，260～264 页

191.Changes of Landuse Form and Their Ecological Effect on Desert-steppe Area in Ningxia*,The Journal of Chinese Geography 10 卷，2000 年 4 期，356～361 页

192.植被退化、黄沙肆虐，今日西夏王陵怎么办，中国文物报 2000 年 5 月 31 日

193.中国西部河谷型城市地域结构与形态研究 *，地域研究与开发 19 卷，2000 年 4 期，58～61 页

194.“十五”时期推进宁夏城市化进程研究，市场经济研究 2000 年 4 期，42～45 页

195.加强人力资源开发和科技开发、推进精致农业产业化，市场经济研究 2000 年 5 期，60 页

196.发达国家中欠发达地区的旅游业发展，宁夏经济与社会发展研究文集，甘肃文化出版社，2000 年，181～188 页

197.孙中山交通建设思想与西部大开发，21 世纪中国西部交通发展战略学术研讨会

论文集,四川科技出版社,2000年,193~198页

198.兴建太中铁路,促进西北大开放、大发展,同上,481~484页

199.宁夏区域发展简史,中国地区发展回顾与展望·宁夏回族自治区卷,中国物价出版社,2000年,29~37页

(六)2001年~2009年应聘宁夏大学资源环境学院教授时期

200.宁南山区八大基点展望,宁夏科技2001年2期,13~14页

201.黄河沙坡头枢纽工程的流域管理研究,宁夏大学学报自然科学版22卷,2001年4期,433~436页

202.宁夏煤炭资源开发利用的若干设想,宁夏科技2001年6期,13~14页

203. 宁夏生态环境状况与治理措施, 西部生态, 中共中央党校出版社,2001年,58~89页

204.新世纪现代化建设战略选择——宁夏"十五"经济社会科技发展目标与重大问题研究*,宁夏发展计划委员会内部报告,2001年12月,1~175页,获宁夏科技进步二等奖

205.宁夏"十五"计划城镇化发展重点专项规划,宁夏回族自治区国民经济和社会发展第十个五年计划,宁夏发展计划委员会,2001年,81~94页

206.闽宁合作动力机制与运行机制*(主编),宁夏人民出版社,2001年,1~297页,获宁夏2004年科技进步三等奖

207.宁夏国土资源开发与工矿业布局,宁夏国土资源和环境的遥感调查研究,宁夏发展计划委员会内部报告,2001年

208.新世纪我国东西合作的地位作用、目标选择与指导方针,西部发展评论2002年2期,1~7页

209.西北在保障国家能源安全中的地位作用及相关问题,宁夏工程技术1卷,2002年3期,205~207页,获灵州杯征文优秀奖

210.蒙陕宁甘长城沿线干旱风沙区土地沙漠化防治对策,海峡两岸水土保持、生态保育研讨会(2002年7月23日银川)论文,水土保持研究9卷,2002年3期,1~4页

211.生态环境建设的辩证法,宁夏生态建设理论座谈会(2000年10月11日)发言稿,宁夏科技2002年3期,17~18页

212.大力推进农村劳动力的战略转移——简论固原市原州区的经济社会发展战略,市场经济研究2002年6期,19~20页

213.合作项目的七个误区,宁夏日报2002年5月15日

214.煤化工的研究开发与产业化,宁夏日报 2002 年 6 月 21 日

215.吴忠市利通区城镇化的几个问题,吴忠市利通区经济社会发展研讨会发言稿,2002 年 7 月 12 日

216.对发展宁夏县域经济的几点看法,宁夏县域经济发展研讨会发言,2002 年

217.宁夏区域经济发展报告,宁夏蓝皮书:2001~2002 年宁夏经济社会形势分析与预测,宁夏人民出版社,2002 年,112~131 页

218.黄河黑山峡河段开发与宁蒙陕甘风沙区综合治理 *,宁夏发展计划委员会内部报告,2002 年,获宁夏 2004 年科技进步三等奖

219.对银川市西夏区开发建设的几点建议,内部报告,2002 年 11 月

220. 面对经济全球化的中国东西合作 *, 中国西部经济发展国际研讨会论文(2002 年 8 月),经济地理 23 卷,2003 年 2 期,167~170,210 页

221.现代智能型扶贫开发区模式:宁夏华西村 *,兰州大学学报社会科学版 31 卷,2003 年 2 期,122~126 页

222.黄河大柳树枢纽供水区生态绿洲建设研究,中国生态经济学会学术研讨会(2002 年 8 月)论文,宁夏大学学报自然科学版 24 卷,2003 年 2 期,101~105 页

223. 固原市城镇化问题及其对策, 宁夏大学学报自然科学版 24 卷,2003 年 3 期,275~278 页

224.宁夏实施东西合作战略的形式分析与对策建议 *,宁夏蓝皮书:2002~2003 年宁夏经济社会形势与预测,宁夏人民出版社,2003 年,193~202页

225.宁夏基本概况,中国加入 WTO 宁夏经济展望,宁夏人民出版社,2003 年,2 ~ 9 页

226.宁夏水洞沟水库及其流域生态环境综合治理工程可行性项目建议书,内部报告,2003 年

227.品牌:宁夏经济发展的火车头,在宁夏实施品牌战略研讨会上的发言,2003 年 6 月 29 日

228.对加快发展银川城镇群的几点建议,研究与建议 2003 年 4 期,宁夏大学西部发展研究中心,1 ~ 11 页

229.银川市发扬特色的几个问题,在银川市城市特色研讨会上的发言,2003 年 9 月

230.宁夏行政区划改革调整规划 *,宁夏民政厅内部报告,2004 年

231.论银川城镇群的形成和发展,经济地理 24 卷,2004 年 1 期,59 ~ 61,66 页

232. 兰州 – 西宁 – 银川城市带与西部开发 *, 地理学报 59 卷,2004 年 2 期,213 ~ 222 页,获宁夏社科优秀成果一等奖(2004)

233.China's East-West Cooperation in the Economic Globalization*,宁夏大学学报自然科学版25卷,2004年2期,167~173页

234.银川市水资源可持续利用问题探讨,宁夏大学学报自然科学版25卷,2004年4期,379~383页

235.建设银川都市圈的几个问题,宁夏社会科学2004年4期,57~60页

236.宁夏中部风沙区的环境演变*,干旱区资源与环境18卷,2004年4期,7~12页

237.银川市要成为非公有制经济的创业乐园,大银川2004年5期,35页

238.宁夏平原湿地保护、利用的经验教训,干旱区资源与环境18卷,2004年6期,6~9页

239.加意保护干旱半干旱区植被,宁夏生态环境恢复重建的理论与实践,宁夏人民出版社,2004年,6~7页

240.宁夏国土整治,宁夏科技志(1986~2000),宁夏人民出版社,2004年,288~290页

241.银川市现代化区域中心城市发展战略研究**(总报告中文、英文报告,专题报告中文、英文报告),世界银行第四期技术合作项目项目最终报告,2004年10月

242.杨永春著《兰州城市概念规划研究》序,甘肃人民出版社,2004年,1~2页

243.孙世文著《城市生态环境规划研究》序,宁夏人民出版社,2004年,4~5页

244.银川市生态立市之路*,内部报告,2004年

245.银川市能源发展战略研究,内部报告,2004年

246.郦道元与宁夏,宁夏社会科学2005年5期,104~106页

247. 西夏京师政区的沿革地理讨论,宁夏大学学报社会科学版27卷,2005年3期,48~49页

248.点线开发:西北国土开发的历史经验*,宁夏大学学报社会科学版27卷,2005年5期,35~37页

249.西夏时期宁夏平原灌区的水利工程和灌溉管理,人民黄河27卷,2005年10期,58~60页

250.建设大银川的几个问题,宁夏蓝皮书:2004~2005年宁夏经济社会形势分析与预测,宁夏人民出版社,2005年,510~521页

251.宁夏人地关系演化研究,宁夏人民出版社,2005年,1~520页,获宁夏2006年科技进步二等奖

252.提升银川市城市综合竞争力战略和对策研究*,银川市委政策研究室内部报告,2005年

253.宁夏土地利用战略研究 *,宁夏土地利用总体规划前期工作研究子课题之一,宁夏国土资源厅内部报告,2005 年 12 月,1 ~ 35 页

254.建设中卫成为宁夏西部中心城市的战略研究 *,宁夏发改委调查研究报告汇编(2003 ~ 2004)1 ~ 9 页 ,2005 年 1 月,获宁夏 2005 年科技进步三等奖

255.旅游规划的理念和模式问题,在西北第二民族学院旅游系师生大会上的学术报告,2005 年 12 月 16 日

256.生态旅游规划的一些问题,在沙湖景区员工培训班上的报告,2005 年

257.对当前宁夏经济发展的几点看法,在宁夏回族自治区政府经济形势会商会上的发言,2005 年 11 月 15 日

258.银川市的水资源水环境问题,在银川市干部培训班上的报告,2005 年 12 月 28 日

259.建设宁东能源化工基地的战略思考,宁夏工程技术 5 卷,2006 年 1 期,91 ~ 93 页

260.论宁夏农村人口的战略转移 *,宁夏农业经济 2006 年 3 期,12 ~ 18 页 ;又载科学技术与新农村建设,宁夏人民出版社,2007 年,389 ~ 399 页

261.宁夏农地资源劳动力承载力时空分析 *,干旱区地理 29 卷,2006 年 5 期,754 ~ 759 页

262.西夏时期宁夏平原灌区的土地利用和农牧业,宁夏大学学报人文社科版 28 卷,2006 年 5 期,18 ~ 20 页

263.宁夏建设资源节约型社会的几点思考,科学的眼睛看发展,宁夏人民出版社,2006 年,228 ~ 235 页

264.依靠科技创新抓好节水节能,科技工作者建议 2006 年第 1 期,宁夏科学技术协会,2006 年 1 月 8 日,1 ~ 3 页

265.宁夏要建设高效节水防污的现代农业体系,保护水环境珍惜水资源,宁夏人民出版社,2006 年,216 ~ 218 页

266.宁夏特色优势新材料产业重点项目规划研究报告 *,西部大开发重大问题与重点项目研究·宁夏卷,中国计划出版社,2006 年,95 ~ 158 页

267.宁夏沿黄城市带发展条件分析 *,城市化进程的新抉择(宁夏沿黄城市带发展理论研讨会论文集),宁夏回族自治区政府,2006 年 11 月,51 ~ 59 页 ,获优秀论文三等奖(2006)

268. 黄河与宁夏水利 **, 宁夏人民出版社,2006 年,539 ~ 545,671 ~ 708 页,725 ~ 757 页

269.米文宝主编《宁夏人文地理》序,中国社会科学研究出版社,2006 年,1 ~ 2 页

270.合理开发利用资源实现产业经济转型,在“21 世纪中国资源型城市经济转型与

可持续发展”论坛上的发言摘录,石嘴山日报2006年11月10日3版

271.银川市提升城市公用设施竞争力战略研究*,宁夏大学学报自然科学版28卷,2007年1期,70~74页

272.宁夏相对资源承载力与可持续发展研究*,干旱区资源与环境21卷,2007年3期,55~59页

273.土地健康位理论在土地健康评价中的应用——以宁夏为例*,宁夏大学学报自然科学版28卷,2007年3期,271~276页

274.宁东能源化工基地的环境保护问题*,宁夏环境总第4期,2007年9月,7~10页

275.合理利用土地资源,促进人与自然和谐共处*,宁夏蓝皮书:2006~2007年宁夏经济社会形势分析与预测,宁夏人民出版社,2007年,400~412页;又载科学技术与新农村建设,宁夏人民出版社,2007年,274~285页

276.陈忠祥等著《宁夏回族社区人地关系研究》序,宁夏人民出版社,2007年,1~3页

277.《尚德福水利科技论文集》序,宁夏水利厅,2007年,4~5页

278. 宁夏特色优势煤电化系列产业发展重点及布局优化,西部大开发新的战略选择:发展特色优势产业,宁夏人民出版社,2007年,187~205页,获宁夏2007年科技进步一等奖

279.宁夏特色优势新材料产业发展重点及布局优化,同上,206~226页

280.大柳树枢纽立项运作策略研究*,宁夏科技信息研究所内部报告,2007年,获宁夏2008年科技进步二等奖

281.《水经注》黄河银川平原段若干历史地理问题讨论,宁夏社会科学2008年2期,113~117页

282. 推荐宁夏平原作为新天府的讨论,中国国家地理2008年1期,124~125页,127~128页,2期135页

283.宁东能源化工基地的环境保护与生态建设*,宁夏工程技术7卷,2008年2期,190~193页

284.鄂尔多斯盆地能源基地建设的资源节约、环境保护问题,中国人口·资源与环境18卷,2008年106期专刊,68~71页

285.银川市水资源承载力多目标情景分析*,宁夏大学学报自然科学版29卷,2008年3期,272~276页

286.迈向可持续发展的宁夏回族自治区*,经济地理28卷,2008年6期,909~912页

287.为提早建设太中银铁路而奋斗的点滴回忆,与科技同行,宁夏人民出版社,2008

年,41 ~ 46 页 ;又载宁夏老科学技术工作者协会《科技之光》,2009 年,283 ~ 290 页 ,获宁夏科协优秀论文二等奖

288.两年的宁南山区国土规划试点工作,足迹——宁夏经济发展和改革工作回忆录,宁夏人民出版社,2008 年,304 ~ 312 页

289.论红寺堡开发区的主体功能和发展方向,宁夏中部干旱带(红寺堡)可持续发展论坛文集,论坛筹委会,2008 年,189 ~ 199 页

290.宁夏社会扶贫研究,挑战贫困——宁夏农村扶贫开发 20 年回顾与展望,宁夏人民出版社,2008 年,251 ~ 272 页

291.建设蒙陕宁特大型能源化工基地研究,黄河河套经济区建设研究,宁夏人民出版社,2008 年,32 ~ 76 页 ,获宁夏 2008 年科技进步三等奖

292.宁夏人地关系演化研究,宁夏人民出版社,2008 年第 2 次印刷,1 ~ 565 页

293.宁夏回族自治区土地开发整理工程建设标准 **,宁夏国土资源厅,2008 年 4 月

294.宁东能源化工基地(灵武市)土地利用总体规划 *(主编),宁夏国土资源勘测规划中心内部报告,2008 年

295.西北矿产资源开发基地产业集群和循环经济建设研究 *,西北矿产资源开发与资源所在区域经济发展的协调机制、互动模式研究,宁夏科技信息研究所,2008 年,126 ~ 150 页

296. 西北矿产资源开发基地与所在区域经济社会协调发展模式研究 *,同上,151 ~ 179 页

297.气候变化影响自然、人文环境之谜——以宁夏为例,宁夏大学资源环境学院教授学术论坛讲演稿(2008 年 9 月 24 日)

298.扬黄灌溉工程和产业资本对防沙治沙的重大作用,在宁夏防沙治沙研讨会上的发言,2009 年 4 月 15 日

299.宁夏沿黄城市带的新崛起,学者 2009 年 3 期,12 ~ 14 页

300.拓展宁夏沿黄城市带的新功能:面向穆斯林世界的经贸合作、文化交流平台,上海世博会宁夏论坛文集——“黄河金岸”建设与城市发展,宁夏参与上海世博会筹委会,2009 年 9 月;又载:宁夏日报 2009 年 9 月 11 日;宁夏工作研究 2009 年 10 期,45 ~ 47 页 ;宁夏经济特刊(总 127 期),32 ~ 34 页 ;学者 2010 年 4 期,4 ~ 6 页

301.明代韦州、罗山的地理景观——评《大明庆靖王朱栴》对韦州历史地理研究的贡献,红寺堡历史文化研究文集,宁夏人民出版社,2009 年,339 ~ 346 页

302.历史时期宁夏人口迁移的地理基础,同上,363 ~ 379 页

303.建立、完善宁夏水资源、水环境监测信息管理系统的建议,宁夏老科学技术工作者协会《老专家建言》2009年2期,2009年4月1日,1~4页

304.宁夏生态环境保护和建设问题,长庆采油三厂讲座(2009年5月26日);宁夏大学西部生态环境研究中心讲座(2009年11月18日);宁夏环境科学研究院讲座(2010年4月3日)

305.建设好宁东能源化工基地的几点建议,宁夏老科学技术工作者协会《老专家建言》2009年3期,2009年11月23日,1~7页

306.吴忠市利通区经济社会跨越式发展的基本思路*,吴忠市利通区政府内部报告,2009年11月,1~13页

307.人地和谐:宁夏移民文化的重要特征——以红寺堡区为例,内部报告,2009年

308.中国地理百年大发现推荐意见(宁夏篇),内部报告,2009年

309.宁东能源化工基地的经济带动效应及环境保护问题,灵武市党政干部培训班报告,2009年11月22日

(七)2010年以来完全退休时期

310.银川城及银川平原城镇群发育的地理基础,西夏研究创刊号,2010年,109~117页

311.这里的水利能跟都江堰媲美*,中国国家地理2010年1月号,58~73页

312.西部大开发宁夏发展评价报告,宁夏经济蓝皮书:2010年宁夏经济形势分析与预测,宁夏人民出版社,2010年,47~57页

313.银川建城史研究*,宁夏人民出版社,2010年,1~55页,95~110页,111~123页,185~188页

314.黄沙绿洲美如画,黄河史诗:大黄河风采·大河卷·宁夏卷,科学出版社,2010年,218~225页

315.缔造黄河金岸,同上,242~253页

316.千年古渠展新姿,同上,266~277页

317.千里黄河绣金岸,宁夏首届黄河文化论坛论文,2010年7月13日,获论坛二等奖

318.宁夏区域统筹协调与生产力布局战略研究*,宁夏回族自治区“十二五”规划前期课题研究报告汇编下册,宁夏发改委,2010年,1~43页

319.西夏王陵国家级风景名胜区总体规划纲要(2013~2030)*,中国城市建设研究院风景园林研究所规划组,2010年

320.宁夏环境特点和应对气候变化的对策建议,宁夏气候变化风险评估及适应对策

研究中期成果暨研讨会资料汇编，ACCC 宁夏适应气候变化项目协调办公室，2010 年 12 月，3～6 页

321.变害为宝、充分利用煤矿矿井水的建议，宁东能源化工基地专家咨询委员会 2010 年会议资料，2010 年 9 月

322.宁夏生态保护、恢复的几个问题，宁夏地理学会学术报告，2010 年 12 月

323.建议将黄河河套地区建设成为国家战略粮食储备基地的报告，内部报告，2010 年

324.宁夏沿黄经济带的功能定位和产业导向，打造黄河金岸、实施沿黄经济带城市群一体化发展战略研究，中国国际工程咨询公司内部报告，2011 年 4 月

325.宁夏沿黄经济带一体化发展问题，同上

326.宁夏沿黄经济区城市带发展规划 **，宁夏住房和城乡建设厅内部报告，2011 年

327.宁夏内陆开放型经济中长期发展规划（2011～2020 年）*，宁夏发改委内部报告，2011 年，1～91 页

328.大开发大开放驱动下的黄河上游城市经济带发展战略构想 *，加快黄河上游经济带建设、促进区域经济协调发展专题座谈会材料汇编，青海省政协，2011 年 8 月，172～193 页

329.塞上大地绘新图——宁夏国土规划工作纪实，宁夏经济管理纵与横，阳光出版社，2011 年，57～69 页

330.黄河文明史上的千年梦想——母亲河的昨天、今天和明天，宁夏工作研究 2012 年 6 期，40～43 页

331.岩画与环境变迁研究——评《贺兰山岩画研究》，西夏研究 2012 年 4 期，116～122 页

332.把宁夏加紧建设成为祖国西部生态屏障的几点建议，宁夏老科学技术工作者协会《老专家建言》2012 年 6 期，2012 年 9 月 13 日

333. 宁夏目前生态建设的主要任务和建设途径，宁夏工程技术 12 卷，2013 年 1 期，68～72 页

334.以生态文明理念规划建设美丽银川 *，中国人口·资源与环境，23 卷专刊，2013 年，25～28页

335. 美国田纳西河流域地区综合开发与城镇化，世界地理研究 22 卷，2013 年 3 期，49～56 页

336.关于解决南水北调西线受水区及黄河上游干流缺水问题及其线路选择的意见和建议 *，宁夏老科学技术工作者协会《老专家建言》2013 年第 1 期，2013 年 2 月 18 日

337. 筹组宁夏内陆开放型经济试验区专门智库的建议，宁夏老科学技术工作者协会《老专家建言》2013 年第 15 期,2013 年 10 月 30 日

338.以国际化视角规划建设好银川滨河新区,宁夏内陆开放型经济试验区专家咨询委员会成立大会暨座谈会(2013 年 4 月)发言稿,2013 年 10 月修改定稿

339.中国能源安全的多元化战略,斯德哥尔摩国际和平研究所、上海国际问题研究院举办"保护海外能源利益,中国和欧洲的经验"国际研讨会论文(2013 年 9 月 2 日 上海),宁夏工程技术 13 卷,2014 年 3 期,262~265 页

340.银川滨河新区发展战略研究 *,银川市政府内部报告,2013 年 10 月,1~62 页

341.欠发达地区创新型人才队伍建设研究——以宁夏为例 *,宁夏科技发展战略和信息研究所内部报告,2014 年 2 月

342.加强县城建设、促进宁夏城镇化优质高效健康发展,宁夏党委推进城镇化建设专题调研座谈会发言(2013 年 10 月 30 日),宁夏住房和城乡建设 2013 年 5 期,72~74 页

343.西夏王陵风景名胜区总体规划(2013~2030)*(规划文本、图集,规划说明书,基础资料汇编),中国城市建设研究院,2014 年 6 月,1~33,1~154,1~74 页

344.宁夏参与丝绸之路经济带建设的几个问题,中国地理学会黄河分会 2014 年会·丝绸之路经济带建设高层论坛(2014 年 7 月 15 日)发言稿

345.关于建立区域协同互动机制推进丝绸之路经济带建设的若干设想 *,中国科协丝绸之路经济带建设与科技支撑研讨会论文(2014 年 8 月 7 日),宁夏工作研究 2014 年 9 期,42~44,48 页

346.实施主体功能区战略、共建我们的美好家园,宁夏党委宁夏生态保护建设专家座谈会发言(2014 年 8 月 20 日)

347.关于积极谋划宁阿科技合作项目助推丝绸之路经济带建设的建议 *,宁夏老科学技术工作者协会《老专家建言》2014 年第 13 期,2014 年 9 月 15 日,1~7 页

348.丝绸之路绿洲研究集成、开拓之鸿篇大著——评钱云《丝绸之路绿洲研究》,宁夏大学学报人文社会科学版 36 卷,2014 年 4 期,190~192 页

349.关于运用市场机制推进节能减排加快美丽宁夏建设的建议 *,呈送宁夏党委书记李建华的建议书,2014 年 6 月 11 日

350.模拟区域城乡间、城镇间人口迁移的空间动力学模型 *,宁夏大学学报自然科学版 35 卷,2014 年 4 期,373~379 页

351.银川市西夏区"十三五"规划基本思路 *,内部报告,2015 年 1 月

352.银川市永宁、贺兰撤县设市研究 *,内部报告,2015 年 2 月

媒体报道目录

1. 匹夫之责——记宁夏计委高级工程师汪一鸣，宁夏日报 1990 年 12 月 7 日，记者孙明河

2. 国土经济学和地理学专家汪一鸣，宁夏社会科学 1991 年 1 期，99～101，作者康国平

3. 科学家之梦，中国西部发展报 1991 年 3 月 25 日

4. 一介书生汪一鸣，科技日报 1991 年 4 月 15 日，记者孙明河

5. “宁夏通”汪一鸣喜迎 70 华诞，银川晚报 2005 年 11 月 17 日 A2 版，记者王莉萍

6. 汪一鸣先生 70 华诞暨学术思想座谈会在我校隆重举行，宁夏大学报 2005 年 11 月 23 日 1 版，宁夏大学党委宣传部

7. 情系黄土地——记汪一鸣教授，当代青浦籍名人录第一辑，上海市青浦区政协文史资料委员会，2006 年 1 月，28～34，作者王崇德

8. 挥之不去的黄土情——记汪一鸣教授，宁夏大学报 2006 年 3 月 9 日 3 版，作者林智、米文宝

9. 宁夏该不该种水稻、我区专家回应质疑，新消息报 2006 年 5 月 10 日 A7 版，记者庄电一

10. 宁夏土地总体处于“亚健康”状态，新消息报 2007 年 3 月 23 日 B2 版，记者马聘

11. 他为塞上绘春图——记国土规划专家汪一鸣，记忆中的绿叶，中国文化出版社，2007 年 9 月，99～104，作者丁朝君

12. 汪氏三杰，经济城月刊，2007 年 1 期，12～13，作者山宗

注：广播、电视报道（中央电视台 4 频道、10 频道，宁夏电视台、银川电视台、北京电视台、内蒙古电视台、凤凰卫视、宁夏广播电台等）和境外媒体报道未予收录

13. 天府银川敢与江南相媲美,宁夏广播电视报,2008 年 6 月 9 日 A03 版,记者王刚、杨旻

14. 贺兰山、大柳树:生态视角下的宁夏川——访宁夏大学资源环境学院教授汪一鸣,中国经济导报 2008 年 9 月 20 日 C2 版,记者冯洁、张蕾

15. 文史专家历时半年探明首府“生日”,新消息报 2009 年 1 月 10 日 3 版,记者闫文丽

16. 古城银川历史悠悠,宁夏日报 2009 年 1 月 12 日 7 版,记者冯涛

17. 2121 年,银川城史路径图,银川晚报 2009 年 1 月 12 日 22 版,记者唐荣尧、党艳红

18. 银川城 2121 年前从西汉走来,华兴时报 2009 年 1 月 12 日 9 版,记者吴宏林

19. 省区划分应考虑经济区的完整,宁夏广播电视报 2009 年 4 月 2 日 10 版,记者闫璺

20. 将沿黄城市带打造为开放平台,宁夏日报 2009 年 9 月 11 日 17 版,记者李军、左鸣远

21. 朔方人文:汪一鸣,学者 2009 年 4 期,94 ~ 95

22. 新报首届书友会:读书让我们更爱世间万物,新消息报 2010 年 4 月 22 日 21 版

23. 兄长,记者汪一飞:银杏集,天马出版有限公司,2010 年 9 月,135 ~ 137

24. 西部大开发暨“十二五”发展重大思路研讨会:抓好生态移民工程,统筹城乡发展战略,宁夏日报 2010 年 10 月 14 日 3 版

25. 用宁夏的方式应对气候变化,今日中国 59(2),2010 年,30 ~ 33,记者乔天碧

26. 将沿黄城市带打造为开放平台,宁夏环境 2011 年 9 月,64 ~ 65

27. 银川滨河新区:专家学者看滨河,大银川总第 62 期专刊,2013 年 4 月,49 ~ 54

28. 尽“银川所能”建“东方迪拜”——访宁夏内陆开放型经济试验区专家咨询委员会委员汪一鸣,宁夏日报 2013 年 6 月 5 日 13 版,记者贺姗姗

29. 千江映银川:(二)塞上江南、滋生诗意的土地,中国国家旅游 2013 年 10 月,54 ~ 61,记者邓丽颖

作者著述评介选录

《不发达地区国土开发整治研究》评介

改革开放的强大动力，推动着我国的经济建设、人民生活和综合国力迈上了一个新台阶，与此相适应，国土开发建设也以空前的规模全面展开。伴随现代建设事业的迅速发展，工业化和城市化趋向使资源和环境问题日益突出；由计划经济体制逐步向社会主义市场经济过渡，加剧了地区之间的竞争和利益冲突。经济与社会发展的客观形势，迫切要求加强对国土开发整治与区域协调发展的综合研究工作，并在研究的基础上进行规划和调控。因此，国家于80年代初设立了国土整治管理部门，组织有关专业力量在全国不同地域范围广泛地开展了国土开发整治的研究、规划和管理工作，相继取得一批重要成果，成绩斐然。最近出版的《不发达地区国土开发整治研究》，便是其中一种具有重要区域类型的代表性研究成果。

有人形象地将我国不发达地区比喻为中国这个巨人的一条“跛足”。的确，在现代化进程中不发达地区的滞后发展严重地影响乃至制约了我国的经济繁荣和人们的共同富裕。怎样改变这种状况？十余年来，汪一鸣同志带着这个问题，立足宁夏，面向西北，胸怀全国，放眼世界，忘我地投入了不发达地区国土开发整治的研究和规划工作，连续取得一批重大成果，受到学术界的称赞。《不发达地区国土开发整治研究》，凝集着他十余年的心血，是一部具有真知灼见的力作。

全书分为四编。第一编是关于不发达地区国土开发整治和国土规划理论与方法的讨论。对理论问题的阐述，作者不是从概念出发，而是从实践中遇到的具体问题出发，充分运用自己多学科的理论积累和实践经验，提出独到的见解。譬如认为国土规划这门科学的性质，带有综合性、交叉性、边缘性的特点，不能简单化地看作是区域科学或经济科学的一个分支；国土规划作为一门交叉科学和应用科学，在其形成过程中吸收了有关学科

作者邝经邦，发表于《国土开发与整治》1994,4(3):63～64

的多种理论与方法，因而其理论基础不是单一型而是复合型；国土规划决不能局限于国土资源与国土环境本身，而要进一步着眼于国土与人的关系，尤其是贫困落后地区，以控制人口增长和提高人口素质为中心的社会开发，关系到经济社会发展的全局，是实现国土开发整治目标的根本保证；结合自己多年的工作实践体验，明确指出协调是国土规划的灵魂。在方法论上，作者主张将现代系统科学理论（包括系统论、信息论、控制论、耗散结构论、协同学、突变论等）的思想和方法及计算机技术作为国土规划的方法论基础，以提高国土规划研究的水平。第二编是关于西北地区特别是黄河上游地区国土开发整治问题的讨论。作者着眼于我国东西部的协调发展及下个世纪建设重心的战略转移，于 1984 年提出了综合开发黄河上游河段，把建设黄河上游产业走廊地带作为开发大西北的一个重要战略部署的构想，并作了充分论证和全面安排。1990 年又进一步提出综合开发黄河上游水利水能资源，把沿黄产业走廊建设成为青甘宁蒙的经济核心地带。上述意见与建议引起了中央有关部门及有关省区的高度重视，有些内容已被采纳并列入国家及有关省区的建设计划。第三编是全书篇幅最大的一部分，都是关于宁夏国土开发整治的内容，既有整体的布局和规划，也有各个方面的建设方案建议，既有对现实问题的深刻论述，也有对历史经验的系统总结。作者作为一个客籍人对宁夏历史与现状的深刻了解，受到了宁夏籍学者的由衷称赞。第四编分别论述了宁夏各地区、市、县的国土开发整治问题，其中对宁夏南部山区和银川市的研究，充分显示了作者的深厚功底和聪明才智。作者主持编制的宁夏南部山区国土规划，受到国内著名学者的高度评价。对宁夏首府银川市总体规划应体现的特色，作者用“回族首府、西夏文化、塞上江南风貌”14 个字概括，可谓字字珠玑。

汪一鸣同志十分勤奋，近十余年发表各类文章百余篇约百万字。本书是以不发达地区国土开发整治为主题，从中挑选出 50 篇文章汇辑而成。其中，有他主持编制的宁夏南部山区国土规划和宁夏国土规划的经验总结（这两项国土规划均获自治区科技进步二等奖），有他承担国家自然科学基金资助项目和国家计委资助项目的阶段性成果，有他在国内、国际学术讨论会上宣读的论文(有些参加国际学术讨论会的论文文稿曾在新加坡、纽约等地英文刊物上发表)，有的是他作为兰州大学客座教授(与中科院院士李吉均教授合作培养区域开发方向的硕士、博士研究生)，为兰大地理科学系研究生讲课撰写的讲稿的浓缩与升华。透过这些文章，可以看到作者立足本职，对工作精益求精的负责态度；思想活跃、广交学友、积极参与学术交流的进取精神。

当前，不发达地区的开发正面临着新的历史机遇。本书的出版，无论是对专家学者的进一步探讨和研究，或是企业家对不发达地区的投资经营，还是政府部门对这一地区的规划决策，都具有很大的实用价值。

对口帮扶研究的一大力作——《闽宁合作动力机制与运行机制》简评

《闽宁合作动力机制与运行机制》一书新近由宁夏人民出版社出版面世了。这不仅是学术理论研究和新学科建设中的一大力作，更是宁夏学术理论界和出版界的一件喜事。欣喜之余,笔者愿向广大读者倾吐点滴学习体会与感受。

如同能源问题、人口问题、水资源与环境问题和粮食问题一样,贫困问题也是一直困扰人类社会发展与进步的全球性重大问题。长期以来,我国政府致力于消除贫困,制定和实施了一系列反贫困的政策与措施,取得了世人瞩目的成就。但是,应该清醒地看到,由于贫困顽症的复杂性与消除贫困的艰巨性,当今世界,贫困问题仍然是一个困扰人类社会发展与进步的突出问题,人类社会反贫困的任务仍然十分艰巨。

多年来，国内学术理论界和有关部门对我国的反贫困问题进行了大量的分析研究，取得了一系列富有实践指导意义与政府决策参考作用的研究成果。一些研究表明,我国反贫困途径主要有三条(如陈育宁等著《路在何方》):一是贫困地区的自身努力;二是国家的支持;三是东西合作。其中,我国政府倡导开展的东西合作即国内东部沿海发达地区与西部欠发达地区的经济技术合作,体现了我国社会主义市场经济条件下的新型地区关系,是邓小平同志关于先富帮后富,最终实现共同富裕战略思想的具体实践,是反贫困的一条重要途径与方式。1996年,中央对沿海发达省市对口帮扶西部欠发达省区扶贫协作作出战略部署,确定福建帮扶宁夏,北京帮扶内蒙古,天津帮扶甘肃,上海帮扶云南,广东帮扶广西,江苏帮扶陕西,浙江帮扶四川,山东帮扶新疆,辽宁帮扶青海,深圳、青岛、大连、宁波帮扶贵州等。几年来的实践证明,对口帮扶是开展东西合作的一种重要形式,对于促进欠发达地区的扶贫开发具有重大意义。然而,纵观过去,国内反贫困方面的研究成果不少,但其中东西合作问题的研究成果并不多,尤其是全面、系统的东西对口帮扶为题的研究成果几乎没有。换言之,东西对口帮扶在学术研究方面显然落后于实践。因此可以说,《闽宁合作动力机制与运行机制》一书在选题上,立足于学科前沿阵地,其成果填补了学科领域的空白,对于促进学科建设具有重要意义。从中,我们不难发现,作者在学术研究选题方面的独到眼光。笔者认为,该书研究成果具有两大显著特点:

一是学术研究方面既有高度又有深度。首先,该书在前人理论研究的基础上,通过认真总结当前闽宁帮扶合作经验及其他区际合作(包括国际合作)经验,从区域经济学、地

作者汪建敏,发表于《市场经济研究》2002(3):48

理学与系统科学相结合的新视角,对当代区际经济合作的动力机制与运行机制进行了新的探索,为丰富和发展区际合作的基本理论做出了贡献。同时也为后面开展的实证研究铺垫了理论基础,形成了研究成果的理论高度。其次,该书充分运用区域发展理论和耗散结构理论、协同学、超循环理论和混沌理论等自组织理论及投入产出模型,对闽宁帮扶系统从定性与定量方面做了深入分析,采集了大量的数据进行评价与比较。正因如此,所形成的发展条件、优势产业、合作潜力与发展方向等研究结论,是令人信服的,并且符合客观实际,体现了研究成果的深度。

二是在应用研究方面既有指导意义又有可行性。就研究方式而言,本书在理论结合实际方面是很成功的。科学研究,就是要发现规律,总结规律和探索未知世界。作为一项应用研究尤其是案例实证研究,仅仅停留在对过去已有的事物和已经发生的现象进行经验与规律的总结,这是不够的。本书除了全面系统地总结了闽宁对口帮扶的历程、成效、经验与问题外,更为重要的是,在此基础上研究提出了完善政策、强化措施和项目选择三大主要对策,其中包括六方面政策和三方面措施等建设性意见,以及十一方面 85 个产业项目建议。笔者感到,这些对策建议是本书研究的最后落脚点,对于指导实际工作具有重要意义,尤其是关于合作项目的建议,具有较好的实际操作性。最后,在实证研究的基础上,本书又延伸对全国东西合作进行研究。研究中深入分析了我国东西合作的新形势及存在的主要问题,实事求是地提出了东西合作的目标、方针及政策建议。同样,其研究成果对实际工作具有良好的指导意义与决策参考作用。其中,有不少闪光的学术思想与理论观点。如作者将东西合作划分为以政府行为为主的对口扶贫协作或对口支持,与属于市场行为的区际贸易和经济技术合作两大类型,同时认为在社会主义初级阶段,两类方式都将长期存在、相互促进。再如认为从长远的区域经济发展全局来看,区际经济合作将是经常的、大量的、占主要地位的合作方式,对口帮扶则是一种辅助性的方式。应该说,这些学术观点是符合客观实际的科学判断与总结。

本书主要作者汪一鸣教授,是宁夏久负盛名和颇受尊敬的学者,在国内学术理论界颇具影响力。汪教授几十年来专注于学术研究,形成了深厚的功底和学术造诣。汪教授才思敏捷,勤奋钻研,研风严谨,成果颇丰,且以区域开发研究见长,尤其是为宁夏发展研究做出了显著贡献。另一主要作者李崇阳教授,曾经在宁夏工作多年,后调入福建。李崇阳教授多年来著述颇丰,在学术理论界有显著影响,尤其专长于经济数量分析。值得一提的是,本书研究的内容是对口帮扶与东西合作,而作者队伍由福建与宁夏两方面构成,是“东西合作”开展研究。可以说,本书是对口帮扶与东西合作领域的一大力作,也是“东西合作”开展研究的成功范例。

宁夏历史地理集成与开拓之作

汪一鸣教授新著《宁夏人地关系演化研究》(宁夏人民出版社 2005 年 11 月第一版)是对宁夏历史地理研究有着重要贡献和具有重要意义的著作。

长期以来,汪一鸣教授在宁夏回族自治区计委从事国土资源与经济规划、管理工作,并在宁夏大学从事相关研究与教学。他对宁夏历史地理有着偏爱,一直孜孜不倦于此领域的探索,勤奋刻苦,著述颇丰。

宁夏地区在我国地理上是一个过渡地带。其西北部是干旱地区,其东南部是半干旱地区。在人文地理方面,宁夏地区则是我国农业区向牧业区过渡地带,是由汉族分布地区向以少数民族为主的地区过渡地带。宁夏地区在我国历史上曾处于非常重要的地位,发挥过重要作用。而且,历史上宁夏地区自然和人文地理环境都经历了很大变化。这些都为宁夏历史地理的研究提供了丰富的内容。《宁夏人地关系演化研究》一书是有关宁夏历史地理的一部系统著作。

在历史自然环境研究方面,作者充分搜集和总结了已有的相关研究成果,并通过自己野外考察,对历史气候变化、森林的变迁、沙漠化的发展过程、历史上农牧业的演化等方面进行了系统研究和总结,特别值得一提的是,作者系统查阅了大量历史文献,对一千年来贺兰山积雪的变化与全球气候变化的关系,做出了成果。作者还利用大量历史文献,特别是西夏文献中的相关资料,对一千年来贺兰山生物多样性的变化进行了深入探讨,特别阐述了历史上虎、豹等大型兽类以及众多鸟类的分布变化。作者还对宁夏中部风沙区环境演变、历史时期贺兰山生态环境的变化、宁夏和毗邻地区的干旱化问题、历史时期宁夏平原湖泊的变迁、历史时期宁夏地区土地资源的开发、宁夏交通区位的演化与区域开发、宁夏平原修渠与农业开发的历史、宁夏种稻起始之时代、少数民族对宁夏引黄灌区的贡献、西夏京畿的皇家林苑、西夏京畿的皇家寺院、银川城的兴起与发展等一系列问题,发前人所未发,提出许多创新见解,做出开拓性研究。

对于某些已由权威学者得出结论的重要历史地理问题,作者经过认真研究,纠正了已有的一些不确切认识。如北魏时期任薄骨律镇将(相当于今宁夏北部地区最高军事与行政长官)刁雍于“牵屯山河水之次”造船 200 艘,是历史地理上很受重视的一个问题。一些权威学者认为牵屯山即今南部固原地区的六盘山,认为刁雍造好船后是沿清水河再行

作者王守春,发表于《地理研究》2006,25(1)

船到黄河，进而认为古代固原六盘山区树木很多，清水河水量很大（而今天清水河基本上处于半干涸状态）。作者通过缜密考证，认为刁雍不可能在今固原的六盘山造船，牵屯山应是今甘肃黄河之畔的屈吴山。这对于古代宁夏地区环境变化的认识有着重要意义。作者对宁夏历史地理问题思考和研究之深由此可见。

重视与今天环境治理与经济建设的结合，是该著作的突出特点。如《银川平原湖沼的演变与利用方向》、《开发银北荒地的几个战略问题》、《宁夏平原湿地保护、利用的经验教训》、《宁夏国土开发整治的重要成就和历史经验》、《银川市历史文化遗存及其保护、建设问题》、《从银川城的历史发展谈银川城市总体规划中的几个问题》、《发扬特色、建设银川历史文化名城的一些构想》等文章，就是通过历史地理的研究，对当前和今后宁夏地区经济建设提出一系列有重要价值的建议，为区域历史地理研究与今天经济建设的结合树立了很好的典范，也为区域历史地理研究开拓了新的方向。

总之，全书内容丰富，视野宽广，对历史地理学的学科发展以及全球变化的研究有着重要的学术意义。特别是随着西部大开发的推进，宁夏地区的地位和作用也越来越重要，宁夏地区经济建设与银川城市建设都呈现迅速发展的态势，但同时区域的资源与环境也面临前所未有的压力。在此形势下，该著作的出版，对宁夏乃至西部地区生态环境的保护和治理，对区域的合理开发以及建设和谐社会，都有重要意义。

当然，在某些方面的讨论还没有充分展开是该书的不足之处，例如关于银川城市建设与宁夏地区环境治理和区域经济发展关系等问题，还可从历史研究的角度进行更宏观的讨论。

汪一鸣先生的学术思想及其对中国地理学发展的贡献

汪一鸣先生1935年11月出生于江苏省青浦县一个贫困家庭，初中毕业后即步入社会。1957年以同等学力考取北京大学地质地理系经济地理专业。1962年毕业分配到中国科学院地理研究所，担任吴传钧先生的业务助手。1975年来到宁夏，从事《宁夏农业科技》刊物编辑工作。1984年，调任宁夏计委从事国土规划工作。其后，被聘为兰州大学、西北师范大学客座教授、博士生导师，中国科学院黄土高原综合治理专家委员会委员，中国地理学会干旱区地理建设分会秘书长、中国地理学会人文地理专业委员会委员和经济地理专业委员会委员、中国自然资源学会资源经济专业委员会副主任等。2001年，被聘为宁夏大学资源环境学院教授。先生先后被聘为国家科技部软科学咨询专家，自治区政府宁东能源化工基地专家咨询委员会委员，宁夏内陆开放型经济试验区专家咨询委员会委员，自治区党委政策研究室、自治区政府西部开发办公室、国土资源厅、水利厅、建设厅、环保厅、科技厅、民政厅、林业厅等部门的专家顾问，以及华东师大中国东西合作研究中心特约研究员，达沃斯巅峰、远见等旅游规划设计研究院顾问，宁夏高级专家联合会名誉会长，宁夏地理学会名誉理事长等。汪一鸣先生至今已在国内外发表论文200余篇，出版著作(包括合作)20余部，获科技成果奖30余项，其中省部级科技进步奖15项，宁夏社会科学优秀成果一等奖4项。1992年起享受国务院特殊津贴，1997年中国科协授予全国首届优秀科技工作者荣誉称号，2000年宁夏回族自治区政府授予自治区先进工作者称号，2003年被评为中国地理学会首批资深会员，2006年被全国老龄委评选为全国“银龄行动”先进个人，2008年获宁夏回族自治区党委、政府颁发的自治区有突出贡献专家荣誉证书。

作者:刘小鹏、米文宝、赵小勇、王亚娟、黄越、赵莹，发表于《地理学报》2014,69(12):1887~1895

汪一鸣先生是长期在政府部门工作，并坚持将理论研究与实践紧密结合的地理学家。在近60年的学术研究生涯中，汪一鸣先生在人地关系地域系统理论框架下，创造性地提出了发展中地区人地关系地理时空观。他认为，地理学要重视时序—空间关系机理研究，特别是发展中地区要总结吸取自身历史地理过程的经验和教训，立足区域PRED特征和潜力，来解释和揭示发展中地区（发展中国家、区域，或更微观领域）地理过程结构功能的变化规律。先生特别强调地理学具有鲜明的应用性特征。他认为，地理学要紧密结合社会经济发展的需要，着力解决国家和区域发展中的地理问题和相关科学问题，理论指导实践，实践反哺理论。多年来，他从区域PRED系统问题、区域国土开发整治与规划、区域历史地理问题、区域人文地理学人才培养和学术活动等四个方面，实证研究和发展了人地关系地理时空观，并将地理学的理论和方法广泛应用于区域发展和决策之中，产生了积极而深远的学术影响。汪一鸣先生的发展中地区人地关系地理时空观和地理学的应用性特征思想，是对当今地理学理论的重要补充，特别对中国民族地区地理学服务地方发展方面，更是贡献卓著。值此汪一鸣先生八十华诞之际，谨以本文恭祝先生福如东海，寿比南山！

1 区域PRED系统研究

二战后，全球经济工业化、社会城市化的发展，导致人口（Population）、资源（Resources）、环境（Environment）和发展（Development）（简称“PRED”）矛盾和问题日益突出，成为人文地理学研究的重大课题之一。

结合PRED系统问题，汪一鸣从大学时期开始，就开始致力于经济布局与人地关系研究。早在20世纪60年代初，他的大学毕业论文《中国港湾的类型及其经济评价》，因注重把海岸地貌、海洋自然地理与经济地理紧密结合，而获得较高评价，被北京大学校报推介。1962年毕业分配到中国科学院地理研究所，合作承担“华北工业布局研究”项目中“工业布局与水资源条件关系”子课题研究，其《华北主要城市的工业用水问题》研究报告，提出了中国工业用水问题及解决途径，是国内首次系统研究地区工业布局与水资源关系的重要研究成果[1]。1971年承担“美国地理”研究，其研究成果之一《美国核电站的发展和地理分布》，被使用单位认为是“情报准确、信息量大、分析深透，属国内首次系统阐明核电站配置规律”的研究成果。大学五年与科学院地理所十余年，在侯仁之、吴传钧等先生的教育熏陶下，打下了较坚实的地理学理论基础和做人治学的基本功。

1975年，汪一鸣先生调任宁夏工作之后，开始了他学术研究生涯新的征程。近40年来，他紧密结合自然科学与社会科学理论方法，并把生态学与经济学的相关理论和方法引入地理学研究领域，开展了区域资源、区域生态环境、区域经济和区域城镇化等一系列具有创新性的研究工作。先生立足国家战略,系统阐述了不发达地区区域开发的理论问题,提出了不发达地区区域开发的目标选择及综合开发战略思想[2]。基于这一理论思想,先生先后详细研究了中国建立市场经济过程中的反贫困战略[3]、地区经济协调发展和产业结构调整优化战略[4],不发达地区城镇化战略[5],以及经济全球化趋势下中国东西合作的思路[6],构建了中国市场经济和宏观调控条件下的区域与城乡发展的空间动力学模型和系统动力学模型及相关软件,为城镇化过程的定量分析模拟开拓了一条新途径。同时,汪先生将其学术思想融入西北地区区域人口、资源、环境与发展研究之中,系统阐述了西北落后地区城镇化的途径[7],西北在保障国家能源安全中的地位作用及相关问题[8]。结合国家"十五"计划提出西部开发重点建设西陇海兰新经济带的决策,汪先生从国家视野分析了建设兰州—西宁—银川城市带在西陇海兰新经济带发展中的作用和意义[9],得到了决策层和学术界的广泛认同。同期汪先生提出的宁夏南部山区经济与人口、资源、环境协调发展的系统动态理论[10]、农村区域开发和协调人地关系模式[11]、以全球背景、国家方针为背景,论述了建设银川都市圈与城镇群的指导思想和关键问题,提出了都市圈发展的协调机制[12、13]等,成为区域协调发展的重要科学依据。在区域经济发展与生态环境保护方面,汪先生从建设国家西部生态屏障的角度,提出了生态环境建设的辩证法思想[14],首次分析了宁夏区域生态环境的基本特征,提出了环境整治的十条对策和宁夏生态环境科技发展战略,开展了宁夏第一个全面系统的生态环境保护治理和建设规划[14],绘制了宁夏生态环境建设的"一环带、三区块"战略图景[15、16]、宁夏干旱风沙区生态绿洲建设与生态移民方案[17]、能源化工基地建设与生态环境保护的战略问题等[18-22]。

汪先生一系列 PRED 系统创造性研究成果,概括起来就是人地关系地理时空观思想,补充和完善了中国人地关系地域系统理论,展示了先生独特的人文地理思想和敏锐的学术远见,为丰富中国人文地理学理论和民族地区地理学发展做出了卓越贡献。

2 区域国土开发整治与规划研究

国土开发整治与区域规划,是人文地理学重要的研究领域和服务国家与区域发展的直接途径。几十年来,汪一鸣先生将地理学思想深入应用于经济社会和生态环境研究与建设之中,致力于中国国土开发整治与国土规划、区域规划工作,取得了瞩目成就,被学术界尊称为"西北王"、"规划王"。

早在 20 世纪 80 年代初,汪一鸣先生在借鉴国际经验和传承吴传钧先生国土开发的综合性和长远性观点的基础上,提出了国土开发整治的地理时空观思想,即国土开发整治要遵循历史—现状—未来的时序,以地域差异与地区联系为基础开展国土开发、利用、治理、保护与规划,并根据西北地区的地理位置、资源环境因素、经济社会状况等特点,科学地提出了当时西北地区国土开发战略；开发大西北要适应科技革命的新形势，水利和农业建设是开发大西北的基础，西北地区要以能源开发为中心，带动一系列工业部门的发展，实行交通建设与工农业建设齐头并进的方针，移民问题，以及建设黄河上游产业走廊地带等一系列重要论断[23]，这些观点对西北开发乃至国家决策产生了重要影响。结合上述理论观点，汪先生等于1984～1990年系统开展了国家计委下达的《宁夏南部山区国土开发整治总体规划》试点和全自治区国土规划，提出了国土规划的核心是"处理好资源开发与环境整治、国土与人的关系"，国土规划的基础是"搞好国土资源、环境、经济社会现状的调研评价"，国土规划的基本工作方法是"系统工程的方法"，国土规划的根本措施是"组织好协调工作"，组织规划队伍的基本方式是"领导干部、计划业务人员和科技工作者三结合"等国土规划的重要理论和方法。根据1987年8月国家计委颁发的中国《国上规划编制办法》，汪先生首次讨论了国土规划的质量要求及其提高完善的主要途径[24-27]，通过申报、主持国家自然科学基金项目《中国国土规划方法论研究》、《中国—比利时现代化乡镇建设及其规划方法论比较研究》，把国土规划实践经验进一步提升总结为理论，通过对比利时、德国、法国、美国等国土规划、区域规划理论方法的参考借鉴，系统介绍了国外有关规划的做法、经验[28,29]，总结提出国土规划必须具备系列化、规范化、现代化、法制化、公开化(社会化)五化要求，明确应加强基层区域规划，构建完整的系列化国土规划体系；制订技术规范，确定规划内容、方法、程序的统一标准；采用地理信息系统等先进手段，实现规划方法现代化；确立国土规划的法律地位，组织公众参与规划的编制和实施等[30]，对之后全国国土规划工作产生了深远影响。同时，先生结合区域开发和当代区域经济学、地理科学与系统科学理论，通过闽宁合作这一典型案例，对区际合作的动力机制和运行机制进行了全新探讨，提出了基于区域间要素流动的改进型的区际合作动力学模型，为发展区际合作理论做出一定贡献[31]。先生通过深度挖掘孙中山的运输大通道系统思想的内涵，从建设西北至华北的新通道，完善包兰线、陇海线、宝中线和包西线等铁路路网布局，超前提出了加强太中银铁路建设前期工作的建议，对促进该铁路的预可研、可研和立项作出了应有贡献，得到了学术界特别是决策层的高度重视[32-34]。近30年来，汪先生还为建设黄河大柳树枢纽工程奔波于区内外。他的主张主要是黄河大柳树枢纽工程的建设，有利于加速大西北国土开发和生态移民、有利于宁蒙陕甘风沙区综合治理、有利于黄河大柳树枢纽供水区生态绿洲建设和再造西北秀美山川[26,35-36]。宁东能源化工基地于2008年被确定为国家重点开发区，而这一国家决策，早在20世纪90年代初，汪先生就提出"宁夏2000～2020年期间三大国土开发工程之一是灵武煤矿区开发"[37]，其中的"灵武煤矿区"正是指宁东能源化工基地。2005年后，汪先生进一步阐述了宁夏特色优势煤电化系列产业发展及布局优化问题，为宁东能源化工基地的可持续发展提供了坚实的科学依据[38]。

几十年来，汪一鸣先生所致力于的国土开发整治与国土规划、区域规划工作，成为中国地理学界服务国家和区域发展与决策的典范。特别是他将自己的所学奉献于宁夏这片回汉儿女生活的大地上、奉献于祖国大西北的土地上，值得我们青年一代尊敬并将他的精神继承和发扬。

3 区域历史地理研究

汪一鸣先生坚持和倡导历史地理研究的时空观思想，即历史地理研究要通过对特定地域过去的自然环境变化、社会和经济发展演变，揭示人地关系的演化规律，借鉴历史经验和教训，立足现实，探讨对区域未来发展可能的影响。多年来，先生立足宁夏这块土地，从历史自然地理学和历史人文地理学方面开展了一系列创造性的研究工作，践行了他的历史地理研究的地理时空观思想，并将研究成果始终用于指导区域发展和决策，得到学界普遍认同。

20 世纪初，汪一鸣先生根据贺兰山是中国东部季风区域与西北干旱区域、外流区与内流区、温带草原与温带荒漠以及农牧交错带之间的自然界线这一中国地理上极其重要的论断，首次探讨了其 1000 年来生物多样性及其环境演化、积雪和气候变化，并提出了科学保护物种和环境的建议[39、40]，为应对全球气候变化提供了科学依据。

汪一鸣先生的历史人文地理学研究成果十分丰富。20 世纪 80 年代，先生首次研究了宁夏国土开发的历史进程和主要经验教训[41]，科学地质疑了宁夏秦渠的成渠年代说及宁夏平原农业生产始期[42]，从气候变化、民族迁移、人口流散、环境演变与农业生产相互关系的视角论证了历史时期宁夏地区农林牧分布及其变迁[43]，首次以生态系统的观点，分析了宁夏平原引黄灌区开发的成功经验、存在问题及改造建议[44]，特别分析了西夏时期宁夏平原灌区水利工程和灌溉管理、土地利用和农牧业[45、46]，黄河银川平原段河道变迁等若干历史地理问题[47、48]。先生是系统阐述宁夏平原湿地历史变迁第一人[49、50]，其重要论断成为当下宁夏湿地保护与恢复的重要科学依据。结合对宁夏乃至整个西北地区历史地理研究，先生较早阐述了西北国土开发的历史经验，即历史时期西北国土开发成功之处在于丝绸之路等交通路线的建设以及新疆、甘肃、青海、宁夏、内蒙古等地绿洲开发，而黄土高原、鄂尔多斯高原等大范围的面上开发却积累了更多失误或失败经验，系统提出了中国 21 世纪西北国土开发空间战略的科学选择是实施以线串点、以点带面的重点开发战略[51]，成为国家决策的重要参考。同时，先生对西夏京师政区沿革地理[52]、银川地名由来[53]、银川城及银川平原城镇群发育的地理基础[54]、饮汗城城址[55]等考证，引起国内外同行的广泛赞许。

汪一鸣先生的区域历史地理研究成果,为当代宁夏乃至周边地区区域开发、城乡发展等借鉴历史经验教训提供了科学基础。

4 区域人文地理学人才培养和学术活动

汪一鸣先生胸怀博大、思想超前、一丝不苟、探索创新,其严谨的学术态度和学术道德,教育和影响着周围的地理学工作者。他以一位地理学者的历史责任感,长期致力于地理学人才的培养。在政府工作期间,他除了在兰州大学、西北师范大学、宁夏大学等高等院校讲学,还通过学科服务地方发展影响周围同志认可和支持地理学科。退休前后,先生被聘为兰州大学和西北师范大学博士生导师、宁夏大学硕士生导师,讲授的课程包括《人文地理学前沿》、《国土开发整治》、《现代区域规划理论与实践》等,他参编或主编的《宁夏国土资源》(1988)、《宁夏生态环境评价与科技发展战略》(1990)、《中国大百科全书·中国地理卷》(1993)、《中国地名词典·宁夏回族自治区》(1993)、《不发达地区国土开发整治研究》(1994)、《中国自然资源丛书·宁夏卷》(1995)、《宁夏百科全书》(1998)、《中国经济地理》(1998)、《宁夏回族自治区经济地图集》(1998)等重要著作或工具书,成为本科生和研究生教学的重要辅导教材和案例教学教材,培养了一批优秀的人文地理学研究生。先生还将自己长期收藏的大量图书文献资料,全部无私捐献给了宁夏大学,很多文献填补了宁夏大学地理学文献收藏的空白。

汪一鸣先生的学术成就和学术思想,在国际上具有较高声誉。多年来,汪一鸣先生多次应邀参加 IGU(国际地理联合会)亚太区域大会、干旱区环境整治与资源利用国际学术研讨会、区域科学国际研讨会、中国西部经济发展国际研讨会、中亚持续发展国际研讨会等,以及赴美国、比利时、德国、法国和香港地区、台湾地区等进行地理学术考察和学术交流,指导德国、比利时、香港特区人文地理博士、硕士研究生来宁夏做论文等。汪一鸣先生在区域开发与规划、宁东能源化工基地、湿地保护、绿洲开发与保护,以及沙湖旅游区、岩画、六盘山生态移民等学术观点,被中央电视台、中国国家地理杂志、中国国家旅游杂志、今日中国、中国经济导报、凤凰卫视、宁夏卫视等多家电视台、报刊、杂志采访报道。为了促进宁夏乃至西北地区地理学发展与国际地理学界的交流合作,汪先生多次出面邀请国内外著名地理学家出席地区发展高层论坛,有力推动了西北区域发展问题的研究。

5 结论

汪一鸣先生是长期在政府部门工作, 并坚持将理论研究与实践紧密结合的地理学家。他的地理学学术思想在于继承中国古代与当代地理学优秀传统的基础上,集中表现为人地关系地域系统理论框架下的发展中地区地理时空观,对解释和揭示地理过程规律具有重要的理论指导意义，是对当今地理学理论的重要补充。他坚持读书与实践结合，传承古代和当代地理学大师"读万卷书，行万里路"的优秀传统；坚持定性与定量分析结合，站在高处把握宏观方向(定性)，扎根实际深入分析(定量，包括区域空间动力学模型的研制、系统动力学模型的应用、区际合作动力学模型的改进创新等)，在区域PRED系统研究、区域国土开发整治与规划研究、区域历史地理研究、区域人文地理学人才培养和学术活动等方面都有不凡贡献，特别是致力于地理学科服务国家和区域发展的努力。汪一鸣先生的地理学学术思想对提升中国民族地区地理学学科的社会影响和社会认可，起到了巨大的推动作用和深远影响。他的学术思想更值得我们年轻一代继承和发扬光大，先生的学术思想及其致力于地理学服务国家和区域发展与决策方面的杰出贡献，必将载入中国地理学的发展史册。

参考文献

[1]汪一鸣.水源条件在工业布局中的作用.中国地理学会一九六五年经济地理学术讨论会文集.北京：科学出版社，1966：26~38.

[2]汪一鸣.不发达地区区域开发的几个理论问题.地理学报，1993，48(6)：497~504.

[3]汪一鸣.中国建立市场经济过程中的反贫困战略.人文地理，1993，8(4)：1~8.

[4]汪一鸣.从宁夏看地区经济协调发展问题.中国地区经济协调发展研究.北京：改革出版社，1996：168~185.

[5]汪一鸣."十五"时期推进宁夏城镇化进程研究.市场经济研究，2004，(4)：42~45.

[6]汪一鸣.面对经济全球化的中国东西合作.经济地理，2003，23(2)：167~170.

[7]汪一鸣等.不发达地区综合开发与城镇化.国家自然科学基金委员会地区科学基金资助项目成果选编(1989~1999).北京：科学出版社，1999：111~112.

[8] 汪一鸣. 西北在保障国家能源安全中的地位作用及相关问题. 宁夏工程技术，2002，1(3)：205~207.

[9]汪一鸣，杨汝万，吴永辉.兰州—西宁—银川城市带与西部开发.地理学报，2004，59(2)：213~222.

[10]汪一鸣.宁夏南部山区经济与人口、资源、环境协调发展的系统动态分析.干旱区资源与环境，1989，3(1)：12~22.

[11]汪一鸣.80年代中国宁夏的"吊庄"：农村区域开发和协调人地关系的新模式.中国人口·资源与环境，1993，3(4)：36~41.

[12]汪一鸣.建设银川都市圈的几个问题.宁夏社会科学，2004,(4):57~60.

[13]汪一鸣.论银川城镇群的形成和发展.经济地理,2004,24(1):57~62.

[14]汪一鸣.生态环境建设的辩证法.宁夏科技,2002,(3):17~18.

[15]汪一鸣主编.宁夏生态环境评价与科技发展战略.银川:宁夏人民出版社,1990.

[16]汪一鸣.宁夏目前生态建设的主要任务和建设途径.宁夏工程技术,2013,12(1):68~72.

[17]汪一鸣.宁夏生态环境状况与治理措施.西部生态.北京:中共中央党校出版社,2001:58~89.

[18]虞江萍,文云朝,汪一鸣,等.宁夏扬黄灌溉对土壤环境的影响.地理科学进展,2000,19(3):279~284.

[19]汪一鸣.黄河大柳树枢纽供水区生态绿洲建设研究.宁夏大学学报(自然科学版),2003,24(2):101~105.

[20]汪一鸣.建设宁东能源化工基地的战略思考.宁夏工程技术,2006,5(1):91~93.

[21]汪一鸣.鄂尔多斯盆地能源基地建设的资源节约、环境保护问题.中国人口·资源与环境,2008,18卷106期(专刊):68~71.

[22]汪一鸣,赵亚峰.宁东能源化工基地的环境保护与生态建设.宁夏工程技术，2008,7(2):190~193.

[23]汪一鸣.大西北国土开发的若干战略问题.地理学报,1985,40(2):179~191.

[24]汪一鸣,姜有录,李岳坤,等.地区国土规划的若干方法论问题——以宁南山区国土规划为例.地理学与国土研究，1986,2(4):1~6.

[25]汪一鸣.关于国土规划的质量要求与其提高完善的主要途径.地理学与国土研究.1989,5(1):24~29.

[26]汪一鸣.不发达地区国土开发整治研究.银川:宁夏人民出版社,1994.

[27]汪一鸣.我国国土综合开发整治研究的回顾与展望.云南地理环境研究,1990,2(2):29~35.

[28]汪一鸣,等.比利时农村整治和国土规划的经验及启示.国土与区域经济,1996,(3):48~52.

[29]文云朝,汪一鸣.土地规划与农村整治.地理研究,1998,17(2):201~207.

[30]汪一鸣,等.国土规划理论方法的几点新认识.宁夏大学学报(自然科学版),1999,20(3):268~273.

[31]汪一鸣,等.闽宁合作动力机制与运行机制.银川:宁夏人民出版社,2001.

[32]汪一鸣.孙中山交通建设思想与西部大开发.21世纪中国西部交通发展战略学术研讨会论文集.成都:四川科技出版社,2000:193~198

[33]汪一鸣.兴建太中铁路,促进西北大开放大发展.21世纪中国西部交通发展战略学术研讨会论文集.成都:四川科技出版社,2000:481~484

[34]汪一鸣.建设太中铁路前期工作的点滴回忆,与科技同行.银川:宁夏人民出版社,2008:41~46.

[35]汪一鸣.黄河大柳树工程与西北生态环境建设.中国西部生态重建与经济协调发展学术研讨会论文集.成都:四川科技出版社,1999:53~56.

[36]汪一鸣.黄河文明史上的千年梦想——母亲河的昨天、今天和明天.宁夏工作研究,2012,(6):40~43.

[37]汪一鸣,等.宁夏回族自治区国土开发整治总体规划.银川:宁夏人民出版社,1992:64~71,199~202

[38]陈育宁等.西部大开发新的战略选择:发展特色优势产业——以宁夏为例.银川:宁夏人民出版社,2007:187~226

[39]汪一鸣.1000年来贺兰山地区生物多样性及其环境的变化.宁夏大学学报(自然科学版),2000,21(3):260~265.

[40]璩向宁,汪一鸣.近一千年来贺兰山积雪和气候变化.地理研究,2006,25(1):35~42.

[41]周特先,等.宁夏国土资源.银川:宁夏人民出版社,1988:40~58

[42]汪一鸣.试论宁夏秦渠的成渠年代——兼谈秦代宁夏平原的农业生产.宁夏大学学报(人文社会科学版),1981,3(4):89~94.

[43]汪一鸣.历史时期宁夏地区农林牧分布及其变迁.中国历史地理论丛,1988,(1):101~129.

[44]汪一鸣.宁夏人地关系演化研究.银川:宁夏人民出版社,2008.

[45]汪一鸣.西夏时期宁夏平原灌区的水利工程和灌溉管理.人民黄河,2005,27(10):58~60.

[46]汪一鸣.西夏时期宁夏平原灌区的土地利用和农牧业.宁夏大学学报(人文社会科学版),2006,28(5):18~20.

[47]汪一鸣.《水经注》黄河银川平原段若干历史地理问题讨论.宁夏社会科学,2009,(2):113~117.

[48]汪一鸣.历史时期黄河银川平原段河道变迁.宁夏大学学报(自然科学版),1984,(2):52~59.

[49]汪一鸣.银川平原湖沼的历史变迁与今后利用方向.干旱区资源与环境，1992,6(1):47~57.

[50]汪一鸣.宁夏平原湿地保护、利用的经验教训.干旱区资源与环境，2004,18(6):6~12.

[51]汪一鸣，赵亚峰.点线开发：西北国土开发的历史经验.宁夏大学学报(人文社会科学版)，2005,27(5):35~38.

[52]汪一鸣.西夏京师政区的沿革地理讨论.宁夏大学学报(人文社会科学版)，2005,27(3):48~49.

[53]汪一鸣.银川地名的由来.宁夏大学学报(人文社会科学版)，1980,(3):49~52.

[54]汪一鸣.银川城及银川平原城镇群发育的地理基础.西夏研究，2010(1):109~118.

[55]汪一鸣.饮汗城城址考证.宁夏社会科学，1983,(1):67~71.